Deutschbuch

10

Texte, Themen und Strukturen

Handreichungen für den Unterricht

Neue Ausgabe

Herausgegeben von
Bernd Schurf und Andrea Wagener

Erarbeitet von
Gerd Brenner, Ulrich Campe,
Günther Einecke, Dietrich Erlach,
Ute Fenske, Karlheinz Fingerhut,
Margret Fingerhut, Heinz Gierlich,
Cordula Grunow, Rolf Kauffeldt,
Markus Langner, Angela Mielke,
Kerstin Muth, Norbert Pabelick,
Bernd Schurf und Andrea Wagener

Cornelsen

Vorwort

1 Zur Grundkonzeption des Lehrwerks

Das „Deutschbuch“ ist ein **integratives Lehrwerk**. Es trennt den Deutschunterricht nicht in Sprach- und Literaturunterricht mit den traditionellen Leitmedien Sprachbuch und Lesebuch, sondern geht von der Erfahrung vieler Lehrerinnen und Lehrer aus, dass die Binnengliederung des Fachunterrichts in die Teildisziplinen „Sprache“ und „Literatur“ weder von den Gegenständen her gerechtfertigt ist noch dem pädagogischen Grundsatz entspricht, alles erfolgreiche Sprachlernen entwickele sich aus komplexen und realitätsnahen Lernsituationen heraus. Mündliche und schriftliche Mitteilungen, Gebrauchs- oder Sachtexte eröffnen die Möglichkeit, ihre sprachliche Verfasstheit zu thematisieren sowie die Bedingungen sprachlichen Handelns zu reflektieren. Literarische Texte weisen eine besondere sprachliche Komplexität auf, insofern sind sie besonders geeignete Objekte, um Sprachaufmerksamkeit zu erzeugen. Entsprechend ist die Integration von Sprache und Literatur im Fach Deutsch ein didaktisches Konzept, zu dem es eigentlich keine Alternative gibt. Auch die neue Generation der Lehrpläne verlangt die Integration der Teilbereiche des Faches in der konkreten Planung von Lernprozessen.
Integration im „Deutschbuch“ heißt **Integration von den Gegenstandsstrukturen her und Integration von den intendierten Lernprozessen her**.
Ausgangspunkte der fünfzehn Kapitel, in die jeder Jahrgangsband gegliedert ist, sind im Sinne eines erfahrungsbezogenen Unterrichts Problemstellungen und Themen, die sich an der Alltagsrealität der Schülerinnen und Schüler orientieren. Sie erhalten ihre fachspezifische Ausprägung jeweils dadurch, dass in den auslösenden Lebens- und Lernsituationen Sprache und Kommunikation zum Problem werden oder literarische bzw. pragmatische Texte Erfahrungen anderer Menschen darlegen und zur Diskussion stellen.
Die konsequente Anknüpfung an die Lebenswelt der Schülerinnen und Schüler und an gesellschaftliche Schlüsselprobleme verlangt, dass das Integrationsprinzip an manchen Stellen auch die Bereiche des Faches Deutsch überschreitet und die Verbindung zu anderen Fächern herstellt. Dies gilt vor allem dann, wenn Unterricht handlungsorientiert (bis hin zum Projekt) angelegt werden soll und der zu erarbeitende oder zu erforschende Bereich nicht nur Sprache und Literatur umfasst. Hier schließt das fachimmanente Integrationsprinzip nahtlos an das fachübergreifende an. Das ist gerade im Deutschunterricht auch insofern gerechtfertigt, als in den Sachfächern ja häufig sprachlich und an Texten gearbeitet wird. Deswegen wird man im „Deutschbuch“ Aufgabenstellungen finden, die auf Gegenstände, Textbeispiele oder Arbeitsergebnisse anderer Fächer zurückgreifen. Mit der Berücksichtigung der sprachlichen Dimension in den Sachfächern versucht das „Deutschbuch“, einen Beitrag zur Überwindung der Aufsplitterung des schulischen Lernens und Arbeitens im künstlichen System der „Fächer“ zu leisten. Dabei gewährleistet das Prinzip des exemplarischen Arbeitens eine angemessene Reduktion der Stofffülle.

1.1 Die Kompetenzbereiche und ihre Integration

Die neuen Bildungsstandards und Lehrpläne gliedern das Fach Deutsch in die Bereiche „Sprechen und Zuhören", „Schreiben", „Lesen – Umgang mit Texten und Medien" sowie „Reflexion über Sprache". Darüber hinaus heben die curricularen Standards die besonderen Anforderungen an Methoden und Lernstrategien des fachlichen und fachübergreifenden Arbeitens hervor. Das „Deutschbuch" berücksichtigt die **Einteilung des Faches in Kompetenzbereiche** bei der Anordnung der einzelnen Kapitel. Die Kompetenzbereiche werden dabei in unterrichtspraktischer Hinsicht gebündelt und sowohl systematisch entfaltet als auch im Sinne des grundlegenden Integrationsprinzips miteinander verknüpft.

Wie in den vorangegangenen Bänden sind thematisch orientierte Kapitel den zentralen Arbeitsbereichen **„Sprechen – Zuhören – Schreiben"**, **„Nachdenken über Sprache"** sowie **„Lesen – Umgang mit Texten und Medien"** zugeordnet. Den Abschluss bildet ein Kapitel, das methodisches Lernen zum Gegenstand hat. Der Bereich **„Arbeitstechniken und Methoden"** ist im „Deutschbuch" besonders hervorgehoben. In den jeweils abschließenden Kapiteln der einzelnen Bände werden übergreifende Lernstrategien und -techniken an fachlichen Inhalten exemplarisch eingeübt, so z. B. basale Lese- und Verstehenskompetenzen, Textüberarbeitung, Teamarbeit, Recherchestrategien, Techniken des Visualisierens und Präsentierens, die adäquate Nutzung des PCs sowie im aktuellen Band das Anlegen eines Autoren-Portfolios und die Vorbereitung und Durchführung von Seminar- und Facharbeiten. Darüber hinaus kommt das Methodenlernen in allen weiteren Kapiteln integriert zur Anwendung, beispielsweise das Entwickeln von Umfragen und das Führen von Interviews (Teilkapitel 1.3), Strategien des orientierenden, gezielten, intensiven und kritischen Lesens (Teilkapitel 3.2), das Informieren und Appellieren in einem Kurzvortrag und das Verfassen eines Ergebnisprotokolls (Teilkapitel 3.3), das Schreiben zu Bildern (Teilkapitel 5.3), das strategische Vorgehen beim Überarbeiten von Klausuren (Teilkapitel 7.2), das Verfassen eines Collageromans in einem Schreibexperiment (Teilkapitel 10.3), die Planung und Veranstaltung eines Poetry-Slams (Teilkapitel 12.3), die Zusammenstellung einer Bewerbungsmappe (Teilkapitel 14.3) sowie – in einzelnen Arbeitsaufträgen – Internetrecherchen (z. B. S. 30, 56, 60, 72, 131, 159, 213, 253 und öfter), die Durchführung einer Expertendiskussion (S. 33 f.), einer Debatte (S. 35) und eines Hearings (S. 53), das Entwickeln von Schaubildern, grafischen Darstellungen und Diagrammen (S. 56, 90, 132, 189, 220, 260, 284, 291, 293 und öfter), das Erstellen eines Fehlerprofils (S. 145), Textüberarbeitungsstrategien im Rahmen von Schreibkonferenzen (S. 325 f.) und vieles andere mehr.

Die Entscheidung für eine angemessene Berücksichtigung der Leitprinzipien „Schüler- und Wissenschaftsorientierung" ist nach dem Grundsatz getroffen: „So viel Situations- und Erfahrungsanbindung wie möglich, so viel Fachsystematik wie unbedingt nötig." Die Folge des durchgehend geforderten Prinzips **„Lernen in Zusammenhängen"** ist, dass das Lehrgangsprinzip im „Deutschbuch" nur noch dort Gültigkeit für die Organisation von Lernprozessen hat, wo fachlichem Klärungsbedarf anders nicht zu entsprechen ist, z. B. beim Aufbau einer grammatischen „Verkehrssprache" in Sachen Wortarten und Satzbau. Aber auch dort geht es nicht um das systematische Lernen von Regeln und Definitionen, sondern um operatives Erarbeiten und „(sprach-) entdeckendes" Lernen, das Sprachaufmerksamkeit fördert und kontinuierlich Sprachbewusstsein entwickelt. Einheiten des Rechtschreibunterrichts können sich zum Beispiel im Gefolge eines Schreibvorhabens oder aber im Anschluss an eine Sprachreflexion ergeben. Natürlich wird man auch die Grammatik als thematisiertes Sprachbewusstsein wiederfinden: Warum und wie unterteilen wir Wörter nach ihrer Leistung im Satz und nach ihren Bildungsregeln in „Wortarten", warum lernen wir verschiedene Satzfunktionen kennen? Aber es gibt immer Angebote, die Sprachreflexion mit anderen Bereichen des Deutschunterrichts thematisch zu verklammern. Schreib- und Lesesituationen, kommunikative Anlässe oder auch Sprachspiele ermöglichen Einsichten in Bauformen, Funktionen und Leistungen der Sprache.

1.2 Das Prinzip der Integration in den einzelnen Kapiteln

Integration bedeutet im „Deutschbuch" nicht das Hintereinanderschalten von Arbeitsteilen aus den verschiedenen Sektoren des Deutschunterrichts, Integration bedeutet vielmehr, dass traditionell unterschiedlich zugeordnete **fachspezifische Tätigkeiten der Schülerinnen und Schüler im Zusammenhang einer nachvollziehbaren Lernsituation** gemeinsam entwickelt werden. Aus dem Umgang mit literarischen Texten z. B. kann eine produktive Schreibaufgabe, eine analytische Operation, eine Rechtschreibübung oder eine Sprachbetrachtung erwachsen – je nach der konkreten Unterrichtskonstellation.
Die einzelnen Kapitel des „Deutschbuchs" sind nach dem Prinzip des **Dreischritts** aufgebaut:
- Im ersten Teilkapitel dominiert das systematische Arbeiten in einem der Kompetenzbereiche.
- Im zweiten Teilkapitel wird ein weiterer Bereich integriert.
- Das dritte Teilkapitel dient dem Anwenden, Üben und Vertiefen des zuvor Gelernten (bis hin zur Organisation eines Projekts).

Ein Farbsystem informiert über das jeweilige Zusammenspiel von dominanten und zugeordneten Bereichen.
Die Arbeitsaufträge verknüpfen den dominanten Kompetenzbereich mit dem ergänzenden oder erweiternden Bereich. Der Ausflug über die Grenzen der Bereiche hinaus erfolgt also nicht nur auf der Ebene der Materialien, sondern konkret auf der Ebene der einzelnen Tätigkeiten der Schülerinnen und Schüler. Ersatz- und Umstellproben etwa sind nicht nur Operationen des Grammatikunterrichts zur Bestimmung von Satzgliedern, sondern sie haben eine weitere Funktion beim Verbessern eigener Texte und beim Analysieren von Literatur.
Im dritten Schritt, dem der Übung und Festigung, werden die integrativen Momente dadurch verstärkt, dass nicht mehr klassifikatorisch unterschieden wird, wohin nun eine vorgeschlagene Tätigkeit gehört. Gerade das dritte Teilkapitel bietet ein didaktisch abgestimmtes, reichhaltiges Angebot zum Üben, Vertiefen und selbstständigen Anwenden des Gelernten, wie es die neuen Bildungsstandards und Lehrpläne nachdrücklich fordern.
Die Entscheidung für die dreigliedrige Grundstruktur der Kapitel sichert eine Zentrierung auf wesentliche Aspekte. Die Transparenz der Schrittfolge ermöglicht nicht nur eine schnelle Orientierung für die Lehrerin/den Lehrer, sondern fördert im Besonderen den organischen Aufbau des Lernprozesses, sodass die Schülerinnen und Schüler erhöhte Chancen der aktiven Teilnahme und des produktiven Verstehens erhalten.
Die Kapitel sind nicht darauf angelegt, vollständig erarbeitet zu werden. Je nach Lernsituation und vorgesehenem Zeitrahmen können einzelne Teilkapitel oder auch nur wenige Abschnitte in der gewünschten Schwerpunktsetzung behandelt werden.

2 Weitere Besonderheiten des Konzepts

2.1 Lernen in Unterrichtsprojekten

Jeder Jahrgangsband enthält Projektvorschläge, die zwar einen fachspezifischen Ausgangspunkt haben, sich aber nicht auf das Fach Deutsch beschränken, sondern Aspekte anderer Fächer mit einbeziehen. Aus der Didaktik des Projektunterrichts stammen die beiden wichtigsten pädagogischen **Prinzipien des handlungs- und erfahrungsorientierten Lernens und des selbst organisierten und selbsttätigen Arbeitens in Gruppen**. Aus der Fachdidaktik stammen die Prinzipien der besonderen Berücksichtigung des sprachlichen Anteils an den Lernprozessen. Dabei können unterschiedliche Texte, Schreib-, Lese- und Sprachverwendungssituationen zur Verständigung der Teilnehmer und zur Organisation der Arbeit dienen.
Der Anteil „Deutsch“ ist weder zu unterteilen in „Sprechen – Zuhören – Schreiben“ oder „Lesen – Umgang mit Texten und Medien“ noch abzugrenzen gegenüber Fächern wie z. B. Religionslehre/Ethik, Geschichte oder Politik; je nach Thema auch nicht gegenüber Fächern wie Fremdsprachen, Geografie, Musik oder Kunst.

2.2 Fachübergreifendes Lernen

Nicht nur in den projektorientierten Teilkapiteln ist fachübergreifendes Arbeiten sinnvoll. Auch in den übrigen Kapiteln finden sich Fachgrenzen überschreitende Arbeitsschritte. So sind zum Beispiel in Kapitel 1 (S. 20) die Fächer Deutsch und Französisch in Bezug zueinander gesetzt, in Kapitel 3 (S. 55 bis 74) die Fächer Deutsch und Geografie, Politik, Biologie sowie Chemie, in Kapitel 5 (S. 93, 111 f.) und in Kapitel 9 (S. 175) die Fächer Deutsch und Kunst, in Kapitel 6 (S. 116 und S. 119 bis 130) und in Kapitel 13 (S. 269) die Fächer Deutsch und Geschichte, in Kapitel 9 (S. 181) die Fächer Deutsch und Religion. Die fachübergreifenden Schritte sind so konzipiert, dass sie Absprachen zwischen den Fächern sinnvoll erscheinen lassen, dass sie aber auch von der Deutschlehrerin oder dem Deutschlehrer allein durchgeführt werden können.

2.3 Integration des Umgangs mit informationstechnischen Medien

Sowohl Medien- als auch Methodenkompetenzen können nur aufgebaut und erweitert werden, wenn Anwendungen im Zusammenhang mit entsprechenden Lern- und Gegenstandsbereichen ermöglicht werden. Deshalb werden überall dort, wo der Lerngegenstand es erfordert oder sinnvoll erscheinen lässt, Aufgabenstellungen zum Umgang mit den modernen Informations- und Kommunikationsmedien integriert. So liefert das „Deutschbuch“ fachspezifische methodische Grundlagen zur Nutzung des PCs bei der Informationsbeschaffung sowie bei der Be- und Verarbeitung von Texten, z. B. mit Hinweisen zur Überarbeitung von Klausurtexten am PC (S. 143) und mit einer Checkliste zur Bewertung von Print- und Internet-Informationen (S. 331) sowie in vielen Abschnitten und Aufgabenstellungen des gesamten Lehrwerks.

3 Didaktische Prinzipien in den Kompetenzbereichen

Innerhalb der Kompetenzbereiche haben sich in den letzten Jahren eine Reihe **fachdidaktisch begründeter methodischer Neuansätze** ergeben, die in den Bildungsstandards und auch in einem aktuellen Lehrwerk wie dem „Deutschbuch" ihren Niederschlag finden. Im Bereich „Sprechen – Zuhören – Schreiben" sind das die Integration des darstellenden Spiels in den Deutschunterricht und die Reform des Aufsatzunterrichts zur prozessorientierten Schreibdidaktik, im Bereich „Nachdenken über Sprache" der integrative, funktionale und operative Grammatikunterricht und die neuen Wege im Rechtschreibunterricht. Im Bereich „Lesen – Umgang mit Texten und Medien" sind es der erweiterte Textbegriff, speziell die Integration des Umgangs mit den elektronischen Medien, der Aufbau einer basalen Lese- und Verstehenskompetenz im Umgang mit Sachtexten und literarischen Texten sowie der produktiv-gestaltende Ansatz im Literaturunterricht.

3.1 Sprechen – Zuhören – Schreiben

Die didaktisch-methodischen Innovationen im Bereich des „Sprechens und Zuhörens" beziehen sich nicht nur auf den kommunikativen Grundansatz, der weiter ausgebaut wird, indem explizit Gesprächsregeln und bewusste Formen der Gesprächsführung angeboten und gelernt werden sollen, sondern auch auf die Berücksichtigung **rhetorischer Fähigkeiten**, die in den vergangenen Jahrzehnten vernachlässigt worden sind. Zu diesen gehören das **gestaltende Sprechen**, der freie Vortrag und die Präsentation von Texten sowie das szenische Lesen mit verteilten Rollen. Damit hängt zusammen, dass nun auch dem **Zuhören** und den dafür notwendigen Fähigkeiten und Fertigkeiten erhöhte Aufmerksamkeit zuteilwird. Durch die systematische Berücksichtigung methodischer Möglichkeiten des **darstellenden Spiels** bei den Aufgabenstellungen und bei den Vorschlägen zur Projektarbeit soll gewährleistet werden, dass die ästhetische Komponente in diesem Arbeitsbereich angemessen berücksichtigt wird.

Im Bereich „Schreiben" haben sich in der fachdidaktischen Diskussion erhebliche Veränderungen vollzogen. Nach der so genannten „kommunikativen Wende" in der Aufsatzdidaktik waren die traditionellen Aufsatzgattungen und deren Begründung als „Naturarten" der Schriftlichkeit stark in Zweifel gezogen worden. Die Einbeziehung des Adressaten, die Berücksichtigung der Schreibsituation und die Orientierung am Schreibziel beim Verfassen eigener Texte sind wesentliche Funktionen des Schreibvorgangs. Um den **Prozesscharakter des Schreibens** zu betonen, spricht das „Deutschbuch" vom **Erzählen, Berichten, Beschreiben, Erörtern usw. als Tätigkeiten**. Kreative Formen des Schreibens erhalten im „Deutschbuch" einen besonderen Stellenwert. Das Spektrum reicht vom **freien, spontanen, textungebundenen Schreiben** bis zum **produktiv-gestaltenden Schreiben im Anschluss an Textvorlagen**.

Wichtig und neu hinzukommend zu allen Formen des „Aufsatzschreibens" ist das **funktionale Schreiben**. Es handelt sich um Arbeitstechniken der Schriftlichkeit, die nicht zu in sich geschlossenen Texten führen, wohl aber im Alltag für die Bewältigung von Lernsituationen große Bedeutung besitzen. Dazu gehören nicht nur die bekannten „Notizzettel" und „Stichpunktsammlungen", sondern auch der schriftliche Entwurf von Argumentationsskizzen, die Mitschriften in Gesprächen und der Entwurf von Schreibplänen/Gliederungen für umfangreichere Ausführungen.

Eine besondere Art des funktionalen Schreibens ist das Verbessern von Geschriebenem. Der Arbeitsschwerpunkt **„Textoptimierung"** (mit und ohne Einbezug computergestützter Schreibprogramme) besitzt ein großes Gewicht im gegenwärtigen Deutschunterricht. Unter dem Aspekt des Selbstkontrollierens und der eigenen Überprüfung des Lernfortschritts reicht dieses Verfahren bis zur Möglichkeit, Texte von Schülern erst nach der vorgenommenen Textverbesserung zu bewerten. Der Aufgabenschwerpunkt „Überarbeiten von Schülertexten" wird im „Deutschbuch" an zahlreichen Stellen integriert. Dabei ist es Aufgabe der Lehrkraft und der Lerngruppe, im Sinne einer inneren Differenzierung und Individualisierung die jeweiligen Hinweise des Lehrbuchs, insbesondere auch zur Rechtschreibung, situativ angemessen zu nutzen.

3.2 Nachdenken über Sprache

Im Bereich „Nachdenken über Sprache" ergeben sich wesentliche Innovationen. Besonders wichtig ist der Schritt vom systematischen Grammatikunterricht hin zur situativen, funktionalen und integrativen Sprachbetrachtung. Es geht um die **Abkehr vom Regel- und Auswendiglernen hin zum operativen Lernen**. Ausgangspunkt sind spontan gebildete subjektive („innere") Regeln, über die die Schülerinnen und Schüler verfügen, Ziel ist die Schreibentscheidung des erwachsenen und kompetenten Schriftbenutzers. Dementsprechend sind die dem Kompetenzbereich „Nachdenken über Sprache" zugeordneten Kapitel des „Deutschbuchs" nach dem integrativen und themenorientierten Prinzip organisiert.
Der traditionelle und nachgewiesenermaßen für die Beherrschung der Muttersprache völlig wirkungslose Grammatikunterricht arbeitete an Definitionen von Wortarten und Satzformen. Er veranlasste die Schülerinnen und Schüler, aus Beispielsätzen unter der Leitung der Lehrerin/des Lehrers „Regeln" abzuleiten und mit deren Hilfe die eigene Benutzung der Schriftsprache zu verbessern, Fehler zu erkennen und zu vermeiden. In den seltensten Fällen konnten dadurch sprachliche Defizite behoben werden; genauso wenig kam es zu einer hinreichenden Sicherheit in der Benutzung der grammatischen Terminologie.
Deswegen wird im „Deutschbuch" in Anlehnung an neuere didaktische Konzepte ein anderer Weg beschritten. Sprachliche Phänomene wie z. B. Wortarten werden nicht mehr über Definitionen gelernt, sondern **funktional** eingeführt. Dabei sind sowohl die grammatischen Merkmale wichtig als auch deren semantische, syntaktische, stilistische oder kommunikative Funktion. Entscheidend ist, dass es keine allumfassenden Definitionen mehr gibt, sondern Prototypenbeschreibungen: Kann man ein Wort mit einem Artikel versehen, kann man es deklinieren und bezeichnet es einen in der Wirklichkeit vorkommenden Gegenstand, Vorgang oder Gedanken, dann ist es ein Nomen. Die Schüler lernen, mit solchen prototypischen Beschreibungen als Prüfinstrument umzugehen. Ihr deklaratives und operatives Sprachwissen hilft ihnen, Situationen zu bewältigen, die metasprachliche Kompetenzen erfordern. Dies bezieht sich zum Beispiel auf die Erschließung von Texten, das Thematisieren sprachlicher Alltagssituationen und das Bewältigen von Schreibaufgaben sowie auf die Beherrschung der Rechtschreibung. Demzufolge werden Aspekte der Sprachreflexion auch in die Kapitel der Bereiche „Sprechen – Zuhören – Schreiben" sowie „Lesen – Umgang mit Texten und Medien" integriert.
Damit ist zugleich für die **Integration des Rechtschreibunterrichts in die Sprachreflexion** das entscheidende Argument gefallen. Die deutsche Orthografie ist kein willkürliches Regelwerk mit vielen Ausnahmen, sondern eine auf wenigen und plausiblen Grundsätzen aufgebaute Abfolge von Entscheidungen. Die Prinzipien der phonemischen und der morphematischen Schreibung stehen im Zentrum. Ziel ist es, Sprachaufmerksamkeit, das heißt Fehlersensibilität, bei Schülerinnen und Schülern zu wecken und eine sprachbewusste Lösungskompetenz zu vermitteln, die zur Verbesserung der Schreibkompetenz führt. Das geschieht in Form von Übungen, die darauf achten, dass Phänomene, die zwar systematisch gesehen zusammengehören,

einander im Lernprozess aber hemmen, nicht zusammen gelernt werden. Über die thematisch orientierten Rechtschreibkapitel hinaus, in denen Rechtschreibübungen aus Schreibsituationen, Schülertexten und Lesesituationen erwachsen, besteht in den übrigen Kapiteln des „Deutschbuchs" die Möglichkeit, Übungen zur Rechtschreibung integriert einzubringen. Dabei wird ein Schwerpunkt auf unterschiedliche Verfahren der Überarbeitung von Texten gelegt.

3.3 Lesen – Umgang mit Texten und Medien

Besondere Aktualität kommt dem Bereich „Lesen – Umgang mit Texten und Medien" nicht zuletzt nach den PISA-Studien zu. Das **Lesen und Erfassen von Texten** gilt als eine **wesentliche Kompetenz** zum Erwerb von Wissen und ist damit eine wichtige Voraussetzung für die Teilhabe an unserer Kultur, für die Mitgestaltung gesellschaftlicher Entwicklungen und für die personale und berufliche Weiterentwicklung. Im „Deutschbuch" wird dem durch die Auswahl unterschiedlicher Texte und durch vielfältige Anregungen zum Lesen Rechnung getragen.
Den Schülerinnen und Schülern begegnen Texte sowohl in **kontinuierlicher**, schriftlicher Form – zum Beispiel als literarische und anwendungsbezogene Texte – als auch in Form von **diskontinuierlichen Texten** – etwa als Grafiken, Tabellen, Schaubilder und Diagramme. Darüber hinaus rezipieren sie Texte sowohl in gesprochener Form (z. B. Reden) als auch in audiovisuellem Format (z. B. Medientexte wie Film und Fernsehen).
Bei der Textauswahl für das „Deutschbuch" werden unterschiedliche Gattungen, historische Zusammenhänge, Autorinnen und Autoren der Vergangenheit und Gegenwart sowie interkulturelle Themen berücksichtigt. Gleichfalls werden Texte aus dem Bereich der Kinder- und Jugendliteratur, Sachtexte und solche aus audiovisuellen Medien angeboten. Ausschnitte aus Jugendbüchern und altersgemäßen Werken der Literatur sowie Lesetipps sollen zum Weiterlesen als Klassenlektüre oder zur individuellen Lektüre einladen.
Sach- und Gebrauchstexte werden vorwiegend unter dem Aspekt des Lesens, der Entnahme, Verknüpfung und Auswertung von Informationen angeboten. Entsprechende Aufgabenstellungen fördern das sinnerfassende Lesen und das Sichern, Reflektieren und Bewerten von Informationen. Dabei werden auch diskontinuierliche Texte und Bilder einbezogen.
Das „Deutschbuch" widmet dem Umgang mit Medien jeweils mindestens ein eigenes Kapitel (in dem Band für die 10. Jahrgangsstufe Teilkapitel 11.2 „Volker Schlöndorff: ‚Homo Faber' – Die filmische Umsetzung" und Kapitel 14 „Bildung im Medienzeitalter – Sachtexte und Medien"). Dabei werden sowohl medienpädagogische Aspekte als auch filmanalytische und produktive Verstehens- und Handlungskompetenzen entwickelt. Über das Medienkapitel hinaus wird der Umgang mit Medien in weiteren Kapiteln integrativ und projektartig verortet. Da Filmtexte nicht ausführlich dokumentiert werden können, verweist das „Deutschbuch" in den Aufgabenstellungen auf einzubeziehendes Material.
Eine wichtige Form der Auseinandersetzung mit Texten ist das **kreative und produktiv-gestaltende Schreiben** im Literaturunterricht. Gemeint sind unterschiedliche Formen des Wechsels der Schüler aus der Rezipienten- in die Produzentenrolle. Das „Deutschbuch" entwickelt hier zahlreiche Vorschläge, bis hin zur Einbeziehung produktiv-gestaltender Aufgabenstellungen in Klassenarbeiten. Der Sinn dieses didaktischen Ansatzes ist es, den Schülern das Recht auf subjektive Formen des Verstehens zu verschaffen und ihnen nahezubringen, dass das fantasievolle Weiterdenken und das experimentierende Eingreifen in Gegenstände der Lektüre nicht deren Zerstörung bedeutet, sondern einen Weg zu besserem Verstehen darstellen kann. Produktiv-gestaltende Arbeitsweisen beim Umgang mit Texten stellen eine wesentliche Ergänzung analytisch-hermeneutischer Methoden dar, die selbstverständlich ihre Berechtigung behalten.

4 Methodische Entscheidungen

Die methodischen Entscheidungen kommen in besonderer Weise in den Aufgabenstellungen und den dort impliziten Tendenzen zum Ausdruck. Leitend sind die Prinzipien des thematischen, induktiven und selbst regulierten Lernens. Den Benutzern des „Deutschbuchs" wird dabei vor allem die Mischung aus kreativen, handlungsorientierten und analytischen Aufgabenstellungen auffallen.

4.1 Selbstständiges Lernen/ Aufgabenstellungen

Eigenverantwortliches und handlungsorientiertes Arbeiten der Schülerinnen und Schüler fördert die Effizienz des Lernprozesses und stärkt die Selbstständigkeit. Diese Zielsetzung wurde bei der Formulierung der Aufgabenstellungen besonders berücksichtigt. Oftmals kann die Aufgabenstellung von der Lehrkraft je nach situativem Unterrichtskontext problemlos modifiziert werden; sie enthält Alternativen oder sie lädt ein, einen Versuch zu unternehmen, der nicht unbedingt zu einem vorzeigbaren „Ergebnis" kommen muss. Insgesamt ist der Prozess des Lernens wichtiger als das jeweils entstehende Produkt.
Aufgabenstellungen haben im „Deutschbuch" oft einladenden Charakter, sie enthalten mehrere Vorschläge, von denen sinnvollerweise nur eine Auswahl wirklich realisiert werden sollte. Darin liegt auch eine Aufforderung an die Schülerinnen und Schüler, selbst mit zu entscheiden, welche Variante der vorgeschlagenen Tätigkeiten sie für sich aussuchen. Besonders bei Vorschlägen für Gruppenarbeit und in den projektartig angelegten Teilen des Unterrichts ist es wünschenswert, dass die Lerngruppe aushandelt und selbst organisiert, was von wem zu tun ist.
Die Aufgabenstellungen des Lehrbuchs steuern den Verstehens- und Lösungsprozess nicht schrittweise. Materialarrangement und Aufgaben sind so angelegt, dass eigenverantwortliche Entscheidungen von der Lerngruppe getroffen werden. Anregungen zur Anwendung prozeduraler, metakognitiver und evaluierender Strategien fördern den kommunikativen Aufbau des Lernprozesses, sodass Wissen im Zusammenhang verfügbar wird und Ergebnisse nicht beziehungslos nebeneinanderstehen. In wechselnder Akzentuierung erfüllen die Aufgaben Funktionen des entdeckenden Lernens, des operativen analytischen und produktiven Arbeitens sowie der transferorientierten Anwendung.

4.2 Orientierungswissen

Eine wichtige Rolle für das selbstständige Lernen – und dies gilt gleichermaßen für leistungsstärkere wie leistungsschwächere Schülerinnen und Schüler – spielt das Orientierungswissen. Dort, wo in den Kapiteln das von den Schülerinnen und Schülern erarbeitete Wissen gesichert werden muss, weil es die Grundlage für das weitere Vorgehen bildet, wird es zur Orientierung zusammenfassend dargestellt. Auf diese Weise festigt sich auch die eingeführte Terminologie, sodass den Schülerinnen und Schülern die notwendigen Begriffe für ihre weiteren Lernaktivitäten zur Verfügung stehen. Das Orientierungswissen bietet eine überschaubare Zusammenfassung von deklarativem, operativem und methodologischem Wissen. Daneben liefern „Tipps" und mit einem Ausrufezeichen versehene Merk- und Regel-Kästen sowie Hinweise auf „Arbeits-

techniken“ Anregungen und Hilfen zur eigenständigen Problemlösung. In keinem Fall beeinträchtigen die Orientierungshilfen das Prinzip des entdeckenden Lernens.
Entlastende Funktion kommt dem Anhang zu: Dort wird das Orientierungswissen im Überblick dargestellt, sodass die Schülerinnen und Schüler es selbstständig nachschlagen können, wenn sie sich nicht im Kapitelzusammenhang bewegen. Gleichzeitig verschafft das Orientierungswissen den Lernenden einen Überblick über die in den Bildungsstandards und Lehrplänen festgelegten Kompetenzen. Es bietet somit einen wichtigen Hinweis für Leistungsanforderungen bei Lernstandserhebungen, Tests und Klassenarbeiten.

4.3 Hinweise zur Arbeitsorganisation

Die Arbeitsorganisation bleibt in den Aufgabenstellungen weitgehend offen. Ob etwas als Gruppenarbeit, im kooperativen Lernen oder als Einzelaufgabe gelöst werden soll, ist zunächst einmal Angelegenheit der Lehrerin/des Lehrers und der Lerngruppe. Aber das Lehrbuch macht Vorschläge, die sinnvoll sein könnten und praxiserprobt sind.
Arbeitsschritte, Materialien und Aufgabenstellungen sind im „Deutschbuch“ so organisiert, dass Lehrerinnen und Lehrer phasenweise eine stärker moderierende und prozessbegleitende Rolle einnehmen können. Diese Lehrmethoden erlauben den Schülerinnen und Schülern zunehmend ein selbsttätiges und mitverantwortliches Arbeiten, das ihre sozialen und kommunikativen Kompetenzen stärkt.
Die Kapitel des „Deutschbuchs“ eröffnen vielfältige Möglichkeiten für eine situations- und lernergerechte Aufbereitung im Unterricht. Je nach Lernsituation und vorgesehenem Zeitrahmen können einzelne Teilkapitel oder auch nur wenige Abschnitte in der gewünschten Schwerpunktsetzung sinnvoll behandelt werden.

4.4 Freiarbeit

Freiarbeit ist den Schülerinnen und Schülern vielfach aus den vorhergehenden Schuljahren vertraut. In der Sekundarstufe I wird diese Lernorganisation, bei der die Schülerinnen und Schüler weitgehend selbst gesteuert arbeiten, meist phasenweise eingesetzt. Das „Deutschbuch“ lässt sich in dreifacher Weise für solche Freiarbeitsphasen nutzen:

- Das **Schülerbuch** bietet an zahlreichen Stellen Möglichkeiten des Einsatzes von Freiarbeit im Rahmen des themengebundenen Unterrichtsvorhabens. Übungsbezogene Materialien, Hinweise für Projektschritte und vielfältige Impulse für Einzelarbeit finden sich schwerpunktmäßig oft im dritten Teilkapitel, zum Beispiel in den Teilkapiteln 5.3 „Eingefrorene Gespräche – Schreiben zu Bildern“, 9.3 „Parabeln umgestalten am Beispiel von ‚Gibs auf!‘“, 10.3 „Schreibexperiment: Collageroman“ und bei den Schreibanregungen (S. 263) in Teilkapitel 12.3 „Spiegelungen und Brechungen – Einen Poetry-Slam veranstalten“.
- Die **Handreichungen für den Unterricht** liefern zahlreiche Zusatzmaterialien, die zur Akzentuierung einzelner Aspekte oder auch zur Förderung besonders interessierter Schülerinnen und Schüler genutzt werden können.
- Das **Arbeitsheft** enthält ein besonders reichhaltiges Angebot an Freiarbeitsmaterialien. Da den Schülerinnen und Schülern zu sämtlichen Aufgaben die Lösungen in einem Beiheft vorliegen, ist hier die Chance des selbst gesteuerten Lernens im Sinne der Individualisierung und Differenzierung in besonderem Maße gegeben.

5 Zusatzmaterial rund ums „Deutschbuch"

Neben den vorliegenden Handreichungen für den Unterricht und dem Arbeitsheft bietet der Verlag weiteres Übungsmaterial zum „Deutschbuch" an:

- Das **„Deutschbuch – Hörbuch 9/10"** enthält ausgewählte Kurzprosa, Erzählungen und Gedichte sowie einen Dramen- und Hörspielauszug, die das Textangebot des „Deutschbuchs" themenorientiert ergänzen. Prominente Sprecherinnen und Sprecher, in einigen Fällen die Autoren selbst, tragen die Texte vor, machen sie hör- und erlebbar. Indem das Hörbuch an die lange Kultur des Erzählens und Vorlesens anknüpft, weckt es die Fantasie der Schülerinnen und Schüler und fördert das Hörverstehen. Es bietet vielfältige Möglichkeiten zum Einsatz im Unterricht, kann einen besseren Zugang zu langen oder schwierigen Texten vermitteln, Grundlagen für die Diskussion des interpretierenden Vortrags geben und Möglichkeiten für produktiv-gestaltendes Arbeiten schaffen. Das Booklet zum Hörbuch gibt methodische Hinweise zum Textverstehen auf der Basis des gestaltenden Sprechens.
- Die Kopiervorlagenreihe **„Ideen zur Jugendliteratur"** bietet Arbeitsblätter zu aktuellen und schulerprobten Jugendromanen an.
- Im Internet sind weitere Übungsmaterialien zu einzelnen Kapiteln des „Deutschbuchs" unter **www.cornelsen.de/deutschbuch-gymnasium** zu finden.

Auf die zu dem jeweiligen Kapitel passenden Zusatzmaterialien wird im vorliegenden Handbuch auf der Konzeptionsseite jedes Kapitels verwiesen.

Zur Aufgabennummerierung in diesen Handreichungen

1 Diese Form der Nummerierung verweist auf die entsprechenden Aufgabennummern im Schülerbuch.

[1] Diese Nummern kennzeichnen neue Aufgaben zu Zusatzmaterialien oder Lernerfolgskontrollen.

1 Generationen im Dialog – Informative Texte verfassen

Konzeption des Gesamtkapitels

Der demografische Wandel in der Gesellschaft – die Menschen werden immer älter, während die Geburtenrate rückläufig ist – ist hinlänglich bekannt, Stichworte wie „Altersvorsorge" oder „Überalterung der Gesellschaft" sind in allen Medien präsent. Im Jahr 2020 werden in Deutschland ein Drittel der über 65-Jährigen keine eigenen Kinder oder Enkel mehr haben, so eine Prognose. Schon jetzt leben die verschiedenen Generationen einer Familie auf Grund der Mobilität der Arbeitnehmer häufig weit voneinander entfernt. Das übergreifende Thema des Kapitels – „Generationen im Dialog" – berührt das Zusammenleben von Jung und Alt; es soll den Schülerinnen und Schülern eine differenzierte Sichtweise auf das Alter und die Entwicklung positiver Altersbilder vermitteln, Bewusstwerdung und gegebenenfalls den Abbau von Vorurteilen gegenüber Menschen in verschiedenen Lebensstadien bewirken. Fachübergreifend lässt sich die Thematik auch im Religionsunterricht bzw. im Bereich Gesellschaftswissenschaften aufgreifen.

Didaktischer Schwerpunkt des Kapitels ist es, verschiedenen Materialien Informationen zu entnehmen und diese unter bestimmten Schwerpunktsetzungen adressatengerecht zu bündeln und darzustellen. Hintergrundberichte sind heute eine übliche Darstellungsweise in den öffentlichen Medien; das Verfassen dieser Textsorte ist zu trainieren.

Im ersten Teilkapitel (**„Jugend und Alter im Kontakt – Über Sachverhalte berichten"**) mit dem Schwerpunkt im Bereich „Schreiben" stehen informative Materialien im Vordergrund, die die Schülerinnen und Schüler auswerten und zu berichtenden Texten verarbeiten sollen. Kompetenzen im Hinblick auf das Text- und Leseverständnis kontinuierlicher wie auch diskontinuierlicher Texte sind Voraussetzungen für die eigenen Schreibprozesse.

Im zweiten Teilkapitel (**„Generationen im Konflikt – Die Sprache literarischer Figuren untersuchen"**) rücken zwei Romanauszüge – aus Thomas Manns „Buddenbrooks" und aus Jerome D. Salingers „Der Fänger im Roggen" – mit einem sprachlichen Schwerpunkt in den Blick. Soziologen, Politologen, Journalisten, aber auch Literaten haben sich in den letzten hundert Jahren der Thematik des Generationenkonflikts angenommen. Diese kommt auch in der Sprache zum Ausdruck. Immer wieder werden neue Begriffe geprägt, um das jeweilige Bild der Jugend in der Öffentlichkeit zu bezeichnen, tradierte Begriffe erfahren einen Bedeutungswandel. Sprachwissenschaftlich und sprachhistorisch ist die Verknüpfung geschichtlicher Ereignisse mit sprachlichen Erscheinungen von Interesse.

Das dritte Teilkapitel (**„Jung trifft auf Alt – Befragungen durchführen"**) regt den direkten Kontakt zwischen Jung und Alt an. Die Schülerinnen und Schüler werden angeleitet, Umfragen und Interviews vorzubereiten und durchzuführen.

Weiteres Übungsmaterial zu diesem Kapitel

Übungsmaterial im **„Deutschbuch Arbeitsheft 10"**
- Über Sachverhalte informieren: Hintergrundbericht: S. 20–23
- Teste dich! Rund um den Hintergrundbericht: S. 24

Seite		Inhalte	Kompetenzen
S. 9 S. 10 S. 10	**1.1**	**Jugend und Alter im Kontakt – Über Sachverhalte berichten** **Alles hat seine Zeit – Gespräche führen** **Jung sein und alt werden wie Methusalem – Hintergrundberichte verfassen**	**Die Schülerinnen und Schüler können** – über einen Bildimpuls und verschiedene Zitate ihre ersten Eindrücke zum Thema „Jung und Alt“ äußern; – die Begriffe „Jugend“ und „Alter“ für sich klären; – ihre Meinungen im Kugellager-Gespräch austauschen; – unterschiedliche Materialien zu diesem Thema sichten; – Exzerpte von diesen Materialien anfertigen; – Texte und Diagramme lesen, verstehen und auswerten; – Hintergrundberichte mit unterschiedlichem Schwerpunkt zum übergeordneten Thema „Generationen im Dialog“ mit Hilfe eines Schreibplans verfassen.
S. 16 S. 16 S. 16 S. 21 S. 21	**1.2**	**Generationen im Konflikt – Die Sprache literarischer Figuren untersuchen** **Die Sprache der Alten** Thomas Mann **Buddenbrooks** **Die Sprache der Jungen** Jerome David Salinger **Der Fänger im Roggen**	**Die Schülerinnen und Schüler können** – zum Thema „Generationen im Konflikt“ Romanauszüge unterschiedlicher Epochen untersuchen und dabei besonders die Sprache der „Alten“ bzw. die Sprache der „Jungen“ in den Blick nehmen; – Erbwörter, Lehnwörter, Fremdwörter unterscheiden und verstehen; – das Konversationsverhalten in historischen Kontexten analysieren; – den Begriffs- bzw. Bedeutungswandel von Begriffen untersuchen.
S. 25 S. 25 S. 27	**1.3**	**Jung trifft auf Alt – Befragungen durchführen** **Was halten die Generationen voneinander? – Umfragen entwickeln** **„Möchtest du heute noch mal jung sein?“ – Interviews führen**	**Die Schülerinnen und Schüler können** – die Ergebnisse einer repräsentativen Umfrage zu dem Bild, das Erwachsene von der Jugend im Jahr 2007 haben, kommentieren und mögliche Konsequenzen diskutieren; – selbst Umfragen über das Verhältnis der Generationen zueinander entwickeln und durchführen; – Umfrageergebnisse anschaulich präsentieren; – einen Fragenkatalog für ein Interview mit einem älteren Menschen entwickeln; – mit diesem Fragenkatalog Interviews durchführen und anschließend darüber reflektieren; – auf Grundlage der Interviews kurze Lebensbiografien der Interviewpartner/innen verfassen.

1.1 Jugend und Alter im Kontakt – Über Sachverhalte berichten

S. 9

1 *a/b) Auf dem Foto sind zwei Frauen unterschiedlichen Alters im Profil abgebildet. Es könnte sich dabei z. B. um eine Großmutter mit ihrer Enkelin handeln oder um eine Seniorin/Rentnerin und eine ihr gut bekannte Oberstufenschülerin/Studentin. Sie stehen in engem Kontakt, lächeln sich an, sehen freundlich, sympathisch aus. Beide haben eine positive Ausstrahlung. Würde man die Profillinien z. B. mit Hilfe von Pergamentpapier durchpausen (Schattenrissporträt), wäre ein Altersunterschied nicht erkennbar. Das Alter der rechten Frau ist vor allem durch die nachlassende Spannkraft der Haut (Falten) und die Farbe der Haare auszumachen: Spuren des Lebens.*

2 *Die Zitate regen dazu an, über Alterungsprozesse und deren persönliche Einschätzung, Bewertung nachzudenken. Schülerinnen und Schüler der Jahrgangsstufe 10 sind in einem Alter, in dem man noch gerne älter wird – für viele übt das Alter von 18 bis 20 Jahren eine magische Anziehungskraft aus: mit Führerschein, Wahlrecht, Schulabschluss, Ablösung vom Elternhaus, unter Umständen einem Ortswechsel, wenn das Studium beginnt, usw. Doch sicher wird auch der alte Traum von der „ewigen Jugend" thematisiert (Möglichkeiten der Stammzellforschung, Schönheitsoperationen etc.).*

S. 10

Alles hat seine Zeit – Gespräche führen

1 *Hier soll zunächst in einem Kurs das Vorverständnis zu den Begriffen „Jugend" und „Alter" geklärt werden. Als Gesprächsanregung werden einige Aspekte angerissen, z. B. wird häufig ein reichhaltiger Erfahrungsschatz mit „dem Alter" verbunden, allerdings mitunter auch ein zunehmendes Unverständnis Neuerungen und Veränderungen gegenüber. Jüngeren Menschen sagt man häufig eine gewisse Unbedarftheit nach, aber auch Neugier und Lust, Herausforderungen zu suchen. Das Kreis- oder Kugellager-Gespräch bietet methodisch genügend Möglichkeiten, eigene Erfahrungen mit einzubringen, z. B. mit Großeltern, älteren Verwandten, aber auch mit jüngeren Geschwistern. Deutlich wird, dass jede Lebensphase eigene Anforderungen und Aufgaben stellt und sich auch die Bedürfnisse im Leben ändern.*

S. 10

Jung sein und alt werden wie Methusalem – Hintergrundberichte verfassen

1 *a) Publikationsforum Schülerzeitung: Adressat ist in erster Linie die Schülerschaft, in der Regel werden erst nachrangig auch Lehrer/innen und Eltern angesprochen. Die Artikel sind meist in einem eher „lockeren" Ton geschrieben, es dürfen auch jugendsprachliche Ausdrücke Verwendung finden.*
Publikationsforum Seniorenzeitung: Adressaten sind die Bewohner/innen eines Seniorenheims. Eine gehobene Sprache und der Verzicht auf jugendsprachliche Ausdrücke bestimmen die sprachliche Gestaltung.

b) Die im Schülerband vorgegebenen Schwerpunkte bieten Anregungen, sich mit verschiedenen Aspekten der komplexen Thematik „Jugend und Alter" zu beschäftigen: Sowohl über den Ist-Zustand als auch über Zukunftsprojekte kann berichtet werden. Die Materialien lassen aber genügend Spielraum für den Kurs, auch eigene Schwerpunkte zu setzen.

2 *Textarten und thematische Aspekte der Materialien auf den S. 11–14 im Schülerband:*
- *M 1: Diagramm zum Altersaufbau der Gesellschaft (Prognose);*
- *M 2: Zeitungsnotiz zu Forschungsergebnissen von Bevölkerungswissenschaftlern (Ist-Zustand und Prognose);*
- *M 3: Zeitungsbericht über ein generationenübergreifendes schulisches Pilotprojekt;*
- *M 4: Programmtext der Bundesregierung zu „Mehrgenerationenhäusern";*
- *M 5: Werbetext für ein generationenübergreifendes Wohnprojekt.*

3 *Die Fragen helfen den Schülerinnen und Schülern, den eigenen thematischen Schwerpunkt im Blick zu behalten und die Materialien auf Antworten abzuklopfen sowie die Recherche weiterer Materialien zu steuern (siehe Anschlussaufgabe 4). Außerdem dienen die Fragen indirekt als mögliche Gliederungsaspekte: Probleme, Herausforderungen, Chancen etc.*

4 *Mittlerweile gibt es zahlreiche Projektideen und -umsetzungen an Schulen, wie ein gegenseitiges Geben und Nehmen von Jung und Alt aussehen kann. Auf Schulhomepages lassen sich Projektideen und Berichte über deren Durchführung nachlesen (z.B über das Projekt „EULE – Schülerlehrer unterrichten Seniorenschüler" des Friedrich-Ebert-Gymnasiums in Bonn: www.feg-bonn.de/eule.html).*

5 *Die Arbeitstechnik „Einen Hintergrundbericht verfassen" (S. 15 im Schülerband) gibt Hilfestellungen für den Schreibplan. Erfahrungsgemäß schreiben auch in Jahrgangsstufe 10 immer noch viele Schülerinnen und Schüler einfach „drauflos". Das Planen des Schreibens sollte zu jeder Gelegenheit geübt und eingeschliffen werden. Es lassen sich auch die einzelnen Planungsschritte üben.*

Mögliche Zusatzaufgabe

1 *Ältere Menschen wissen, wie es war, jung bzw. jünger zu sein. Aber wie können jüngere Menschen empfinden, wie es ist, „alt" zu sein? Um sich zumindest in körperliche Befindlichkeiten älterer Menschen einfühlen zu können, wurde der so genannte „Altersanzug" entwickelt.*

a) Recherchiert entsprechende Materialien und beschreibt diesen Anzug.

b) Wie beurteilt ihr solche Experimente? Verfasst einen Kommentar.

1.2 Generationen im Konflikt – Die Sprache literarischer Figuren untersuchen

S. 16

„Diesen exaltierten Schlingel von einem Sohn" – Die Sprache der Alten

S. 16

Thomas Mann

Buddenbrooks

1 a) *Themen des Briefes von Gotthold sind die gestörte Beziehung zwischen ihm, dem ältesten Sohn, und seinem Vater sowie die Einforderung des ihm aus seiner Sicht zustehenden rechtmäßigen Erbes in Form von 33 335 Kurantmark.*
Thematisiert wird die Abwendung des Vaters vom ältesten Sohn wegen dessen nicht standesgemäßer Heirat, was eine erhebliche Verminderung des Gotthold zustehenden Erbteils bedeutet und damit auch eine finanzielle Benachteiligung im Vergleich mit den (Halb-)Geschwistern. Gotthold appelliert als Christ und als Geschäftsmann an seinen Vater, seine rechtmäßigen Ansprüche anzuerkennen.
Auf die beiden bisherigen Briefe Gottholds hatte der Vater nicht zufriedenstellend bzw. gar nicht geantwortet. Gotthold schließt den neuerlichen Brief mit der Androhung, dass er den Vater verachten werde, falls er ihm die geforderte Geldsumme verweigere. Der Brief ruft bei dem alten Buddenbrook eine ablehnende Reaktion hervor. Schon die Schrift scheint ihm „Abtrünnigkeit und Rebellion" (Z. 38) auszudrücken. Der Vater ist wütend. Nachgeben würde für ihn einer Demütigung gleichkommen. Er wiederholt noch einmal seine ursprünglich dargelegte Meinung, die er nicht zu ändern gedenkt: Die Heirat mit einer Frau von niedrigerem Stand bedeutet, dass sie weder zur Kaufmannstradition etwas beitragen noch die finanziellen Verhältnisse der Familie Buddenbrook verbessern kann.
Der Bruder Jean glaubt, er sei mit den „verdammungswürdigen Einflüssen" (Z. 106 f.) gemeint, von denen Gotthold schreibt; er ist ratlos, schwankt in seiner Haltung: Im Sinne des Familienfriedens möchte er raten, auf Gottholds Forderung einzugehen, als Geschäftsmann sieht er dies anders. Weiteres Entziehen von Vermögen würde sich schädigend für das Geschäft auswirken.

b) *In den Augen des Vaters hat sich Gotthold nicht den väterlichen Anweisungen gebeugt („meinem strengen Verbot zum Trotz", Z. 182 f.), damit Gehorsam und Anerkennung der väterlichen Autorität verweigert. Das Familienoberhaupt ist in seinem Stolz verletzt und reagiert hartnäckig mit Bestrafung: Die geringe finanzielle Abfindung (Mitgift und Erbteil, das testamentarisch festgelegt wurde) kommt einer Enterbung gleich, obwohl er dies bestreitet (Z. 185 f.).*

c) *Eine Gegenüberstellung der Aussagen könnte z. B. so aussehen:*

Gotthold über die Beziehung zum Vater	Johann Buddenbrook sen. über Gotthold
„Es ist traurig genug, dass Sie [...] sich so überaus grausam und völlig von mir wandten" (Z. 67–73)	„Den Kopf voll christlicher und fantastischer Flausen ... und ... Idealismus" (Z. 157 ff.)
„die Weise, in welcher Sie mich jetzt traktieren, schreit zum Himmel" (Z. 74 f.) [gemeint ist das Schweigen des Vaters]	„und nebenbei die Juli-Monarchie und die praktischen Ideale ... und lieber dem alten Vater die gröbsten Sottisen ins Haus schicken als auf ein paar tausend Taler zu verzichten" (Z. 160–164)

„treiben Sie Ihren unchristlichen Zorn so weit" (Z. 89 f.)	„Ich mache mir diesen exaltierten Schlingel von einem Sohn nicht ergebener, wenn ich mich demütigen sollte und nachgeben" (Z. 168–171)
„ich protestiere [...] mit dem ganzen Rechtssinn des Christen und des Geschäftsmannes" (Z. 109 ff.)	„Damals, als er [...], meinem strengen Verbot zum Trotz, diese Mesalliance einging, da schrieb ich ihm: Mon très cher fils, du heiratest deinen Laden, Punktum. [...] mit unserer Freundschaft ist es zu Ende." (Z. 180–187)
„ich [...] versichere Sie [...], dass, sollten Sie sich nicht entschließen können, meine gerechten Ansprüche zu respektieren, ich Sie weder als Christ noch als Vater noch als Geschäftsmann länger werde achten können" (Z. 111–116)	

2 *a/b/c) Die Tabelle zu den sprachlichen Auffälligkeiten könnte z. B. so aussehen:*

nicht mehr geläufige/ veraltete Wörter	**Anleihen aus dem Französischen**	**sonstige Fremdwörter/ Lehnwörter**
- Spitzenjabot (Z. 6): im 18. Jhd. Krause zum Verdecken des vorderen Verschlusses an eleganten Herrenhemden - Kandelaber (Z. 35): mehrarmiger Kerzenständer, lat. candela = Kerze – frz. candélabre - kontentiert verhalten (Z. 77): in schwierigen Situationen Gelassenheit, Haltung bewahren – frz. contenance = Haltung, Gelassenheit - refüsieren (Z. 91): ablehnen, verweigern - Litanei (Z. 119): Wechselgebet zwischen Priester und Gemeinde; (umgangssprachlich) lange, eintönige Aufzählung, eintöniges Gerede – mhd. letanie, lat. litania, griech. litaneia - Kompanei (Z. 157): Gesellschaft	- ennuyieren (Z. 22): lästig sein, ärgern, langweilen - Monsieur Gotthold – voilà (Z. 23 f.) - conduite (Z. 28): Benehmen, Betragen - Associé (Z. 82): Teilhaber – lat. socius = Gefährte - Pläsier (Z. 118): Vergnügen (frz. plaisir) - Assez! [...] N'en parlons plus. [...] En avant! (Z. 129 ff.): Genug. [...] Sprechen wir nicht mehr darüber. [...] Auf geht's. - Eh bien (Z. 137): Nun - Sottisen (Z. 162): Dummheiten, Torheiten, Flegeleien – frz. sot = dumm, töricht - faux-frais (Z. 166): Nebenkosten, Spesen - Mamsell (Z. 180 f.): Fräulein; (auch) Wirtschafterin auf Landgütern und in Hotels – frz. mademoiselle = Fräulein	- ästimieren (Z. 56): (lat.) hochachten, schätzen; zusätzliche Schreibweise: estimieren - traktieren (Z. 74): schlecht behandeln, (mit Vorwürfen) plagen, quälen - protestieren (Z. 109): widersprechen, Einspruch erheben - respektieren (Z. 113 f.): jmd. oder etwas achten - Idealismus (Z. 159): Glaube an Ideale; Ideal = Begriff höchster Vollkommenheit, erstrebenswertes Vorbild - exaltiert (Z. 169): überschwänglich begeistert; hysterisch erregt – frz. exalté = begeistert, überspannt

nicht mehr geläufige/ veraltete Wörter	Anleihen aus dem Französischen	sonstige Fremdwörter/ Lehnwörter
- Flausen (Z. 158 f.): Unsinn - inflammiert (Z. 181): entflammt, begeistert	- Mesalliance (Z. 183): nicht standesgemäße Ehe, unebenbürtige Verbindung - spectacle (Z. 186): Spektakel, Aufsehen, Aufsehen erregender Vorgang	- Dilemma (Z. 197): Zwangslage, Wahl zwischen zwei Übeln

3 a) *Das Gesprächsverhalten zwischen Johann Buddenbrook senior und junior:*

- *Johann Buddenbrook sen. spricht seinen Sohn Jean zunächst väterlich-familiär an, wenn er sich auf Plattdeutsch nach dessen Befinden nach einem langen Tag erkundigt, bevor sie zu Bett gehen.*
- *Kennzeichnend für den Sohn ist die emphatisch-religiöse Sprache („O Vater, mit Gottes Hilfe wird alles gut gehen", Z. 11 f.). Jean wird von seinem Vater, dessen Verhältnis zur Religion eher distanziert ist, scherzhaft darauf angesprochen (vgl. Z. 14 f.), was jener aber als „gute Laune" verbucht, weshalb er sich wagt, dem Vater den Brief Gottholds auszuhändigen. Er spricht nun seinen Vater vertraulich als „Papa" an (Z. 19) und tastet sich vorsichtig an die schwierige Übergabe heran: „Sie dürfen nicht böse werden, wie?" (Z. 20).*
- *Nach dem Lesen des Briefes wechselt „der Alte" in die hochdeutsche Sprache, durchsetzt mit französischen Wendungen, sein Ton gegenüber Jean wirkt streng („mit böser Betonung", Z. 141) und fordernd („was sagst du? Du musst doch irgendetwas sagen!", Z. 137 f.), seine inhaltlichen Bewertungen – er will die Meinung des Konsuls hören – sind nicht gerechtfertigt, als Jean offen seine Ratlosigkeit bekennt (vgl. Z. 139 f.).*
- *Den Konsul plagt die Forderung des älteren Halbbruders, aber er sieht sich als Bündnispartner des Vaters: „Und er wirft uns Unchristlichkeit vor" (Z. 149 f.).*
- *Daraufhin wendet sich der Senior gegen die jüngere Generation im Allgemeinen: „ihr jungen Leute [...] und wir Alten" (Z. 157 ff.). Klar, wenn auch zornig, legt er seinen Standpunkt dar (Z. 167 ff.).*
- *Noch kann sich Jean seinem Vater nicht deutlich anschließen, noch versucht er, dem Vater sein „Dilemma" (Z. 197) – sein Schwanken zwischen Familieneintracht und Geschäftssinn – zu erläutern.*

b) *Die Sprache Gottholds im Brief: gehoben, emotional gefärbt, gestelzt.*

4 *Die Figuren in Thomas Manns Roman unterscheiden sich markant durch ihre Sprache voneinander. In der jeweiligen Sprache spiegeln sich die soziale Stellung, das Lebensalter, die geografische Herkunft, die Zugehörigkeit zu einer bestimmten geschichtlichen Epoche (Jahrhundertwende) und auch ganz persönliche Eigenarten, die etwas über den Charakter und das Temperament aussagen, wider: Die Lübecker Gesellschaft jener Zeit wird abgebildet und tritt dem Leser lebendig vor Augen.*
Plattdeutsch (oder Niederdeutsch), das Idiom Norddeutschlands, wurde ursprünglich von allen Lübecker Bürgerinnen und Bürger gesprochen und war auch bei den Patriziern der Stadt üblich. Bei Johann Buddenbrook ist das Niederdeutsche die Sprache seiner Heimatstadt. Wenn er die französische Sprache benutzt, wird er als Angehöriger der höheren Gesellschaft Europas charakterisiert. Der alte Johann Buddenbrook vereinigt beide Welten, besonders wenn er sich aufregt, vermischt er die Sprachen; sonst spricht er Hochdeutsch, wie es seinem Stand angemessen ist. Die plattdeutsche Sprachfärbung gibt der Welt der Patrizier etwas Bodenständiges, Solides; zu Beginn des Romanauszugs (Z. 1) wirkt sie vertraulich, familiär.

5 *Interessant ist es, mit den Schülerinnen und Schülern anschließend über heutige Gespräche zu reflektieren. Vermutlich wird zunächst die Reaktion kommen: Wir sprechen „normal" miteinander. Bei näherer*

Beleuchtung werden sicher auch Schwierigkeiten in der Kommunikation mit den Eltern benannt werden, z. B. Äußerungen vom Vater: „Wie sprichst du mit mir?" „So kannst du mit deinen Eltern nicht sprechen!" „Hast du keinen Respekt?" „Wir können reden und reden, es nützt nichts!" Oder seitens der Jugendlichen: „Meine Eltern verstehen mich nicht!" „Ihr habt keine Ahnung!" „Alle dürfen [...], nur ich nicht!" „Du bist gemein." Schweigen oder Abbrechen der Gespräche, Computerverbot, Appelle, Verantwortung zu übernehmen, Hausarrest etc. sind durchaus übliche Reaktionen der Erwachsenen, Türenknallen, Missachtung der Anweisungen, Grollen, Schimpfen, Drohungen die Reaktionen der Jugendlichen.
Allerdings wird es auch Bereiche geben, in denen heute generationenübergreifend eine Sprache gesprochen wird, z. B. beim Sport, etwa über Fußball, Basketball etc.

„Überhaupt hatte er ziemlich einen im Tee" – Die Sprache der Jungen

S. 21

Jerome David Salinger

Der Fänger im Roggen

S. 21

1 a) *Die Sprache des jugendlichen Ich-Erzählers Holden:*
Im Dialog mit Mr. Antolini äußert sich Holden ausgeprochen knapp und formell, das wiederholte „Ja, Sir" (Z. 28, 124), seine sehr kurzen bestätigenden Antworten („Ja", Z. 29; „Ja. Sicher", Z. 38 f.; „Ja, natürlich", Z. 49) verweisen auf den Drill im Internat.
Seine Gefühle bringt der Ich-Erzähler im inneren Monolog zum Ausdruck: In jugend- und umgangssprachlichen Wendungen kommentiert und wertet er das Verhalten des Lehrers, der „scharf auf etwas" ist (Z. 7 f. u.ö.), sich von seinem „Gesöff" (Z. 30) einschenkt, ihm einen „komischen Blick" (Z. 36) zuwirft, den Holden offensichtlich nicht richtig zu deuten vermag, der „ziemlich einen im Tee" hat (Z. 62 f.). Unentschlossenheit, Ungenauigkeit, vielleicht auch Distanzierung kommen in jugendsprachlichen Floskeln zum Ausdruck wie „und so" (Z. 56, 128), „oder was" (Z. 108). Wiederholt verwendet er den Ausdruck „wirklich" (Z. 58, 129), um eine vorher gemachte Feststellung, an der der Leser womöglich Zweifel haben könnte, zu bestätigen. Das Wort „verdammt" gebraucht er als Steigerungspartikel: „verdammt müde" (Z. 60, 72, 132). Mit einem besonders derben umgangssprachlichen Ausdruck kommentiert er sein eigenes Verhalten (das nicht mehr zu unterdrückende Gähnen): „Was war ich doch für ein ungehobelter Arsch" (Z. 148 f.). Die Sprache des Ich-Erzählers rückt in die Nähe der Sprache heutiger Jugendlicher. Statt „wirklich" sagt man heute eher „echt", was aber eine ähnliche Funktion hat.

b) *Die Sprache Gotthold Buddenbrooks (seinen Schreibstil) werden die Schülerinnen und Schüler im Vergleich mit der Holdens als fremd, als „veraltet" empfinden, gar nicht als „Jugendsprache" deuten.*

2 a) *Thema des Gesprächs zwischen Mr. Antolini und dem Ich-Erzähler ist die Zukunft des Jungen (= Ich-Erzähler); er steht an einer Wegscheide, Antolinis Gesprächsführung ist als Provokation zu verstehen: Er will Holden dazu bewegen, weiter zur Schule zu gehen.*

b) *Der Gesprächsverlauf in Stichworten:*
- *Schweigen des Lehrers, er holt einen Drink: Signale für eine Gesprächspause = Zeit des Nachdenkens, „aktive Pause".*
- *Gesprächseröffnung mit Einleiteformel durch den ehemaligen Lehrer: „Na schön. Hör mir jetzt mal einen Augenblick zu ..." (Z. 9 f.); Signal: Es folgt eine längere Redepassage, der Junge soll zuhören.*

- *Wiederholung der Aufforderung, Holden möge zuhören (Z. 13 f.): Verstärkung, Einforderung der zuhörenden Aufmerksamkeit.*
- *Nennung einer Beispielsituation, Verwendung metaphorischer Sprache: Holden renne auf einen „Abgrund" (Z. 15) zu.*
- *Vergewisserung: „Kannst du mir folgen?" (Z. 28)*
- *Gesprächspause, der Lehrer schenkt sich nach.*
- *Ankündigung: Er werde Holden etwas aufschreiben – mehr Nachdruck, mehrfach nachlesbar (Z. 36 ff.).*
- *Unterbrechung des Gesprächs, indem Antolini etwas aufschreibt (Z. 40 ff.).*
- *Liest das Aufgeschriebene vor: ein Zitat eines Psychoanalytikers (= Fachmann).*
- *Junge signalisiert Interesse: liest, bedankt sich.*
- *Dem Leser teilt der Ich-Erzähler Konzentrationsprobleme mit, er beschreibt aufkommende Müdigkeit, nimmt den hohen Alkoholkonsum Antolinis wahr (Z. 58–63).*
- *Lehrer: „Ich glaube [...]" (Z. 63 ff.): Kennzeichnung, dass seine Worte eine momentane Einschätzung sind; wiederholte direkte Ansprache Holdens („du", „dir").*
- *Versuch der Konkretisierung der schulischen Situation (Mr. Vinson), wiederholt Bedingung („wenn du es willst", Z. 88); Betonung der Zukunft: Verben im Futur (erkennen, erfahren, lernen).*
- *Wiederholte Rückversicherung: „Kannst du mir überhaupt folgen?" (Z. 124)*
- *Kurzes „Ja, Sir" des Ich-Erzählers (Z. 124).*
- *Wieder Denkpause (Z. 125).*
- *Der Ich-Erzähler berichtet wiederholt dem Leser, dass er unter großer Müdigkeit leidet, unterdrückt aber das drängende Bedürfnis zu gähnen aus Höflichkeit.*
- *Antolini setzt seine Ausführungen fort.*
- *Der Junge muss doch gähnen, Antolini versteht dies richtig als Signal, dass es spät ist, und beendet das Gespräch lachend.*

3 a) *Unter „wechselseitigem Arrangement" versteht Mr. Antolini, dass jemand etwas lernt und dieses Gelernte später jemand anderem vermitteln, weitergeben kann, sodass dieser etwas lernt usw. Man selbst ist mal in der Rolle des Lernenden, mal in der des Vermittelnden. Man kann aber nur etwas weitergeben, wenn man auch etwas gelernt hat.*

b) *Ein Mensch, der gebildet und gelehrt, kreativ und brillant ist, kann z. B. mit Wissen, Erfahrungen, Kenntnissen auch innovativ umgehen, Neues entwerfen. Als Beispiel könnte man heute etwa an Computerspezialisten denken, an Entwickler von Computerspielen oder Lernprogrammen, die auch (lern-)psychologische Kenntnisse haben.*

c) *Mit der Bezeichnung „Reifezeugnis" wurden nicht nur gute Leistungen bescheinigt, sondern es war auch ein Zeugnis, mit dem junge Menschen als „reif" in die Erwachsenenwelt entlassen wurden; heute spricht man eher von Kompetenzen im Arbeits- und Sozialverhalten (vgl. „Kopfnoten").*
Einige Redwendungen, in denen das Wort „reif" heute verwendet wird:
- *Früchte sind reif.*
- *Ich bin ferienreif./Ich bin reif für die Insel.*
- *Der ist reif!*
- *Die Zeit ist reif für ...*

Gemeinsam ist allen Wendungen: Ein Zustand soll beendet werden und ein neuer beginnen. Eine Grenze ist erreicht: Früchte müssen gegessen werden. Das Arbeitspensum war so hoch, dass jetzt eine Entspannung folgen muss. Jemand hat sich unangemessen benommen, sodass ein Denkzettel, eine Bestrafung erfolgen muss. Eine Entwicklung erfordert Veränderungen.

4 *a) Einige Beispiele für Komposita mit dem Begriff „Leistung“: Leistungsgesellschaft, Leistungssteigerung, Leistungsabfall, Leistungseinbruch, Leistungsschwäche, Leistungsanforderung, Leistungsverweigerung, leistungsstark, leistungsorientiert usw.*

b) Konnotationen entstehen durch den zweiten Teil des Kompositums:
- *z. B. positiv: -bereitschaft, -entwicklung, -steigerung;*
- *z. B. negativ: -abfall, -einbruch, -schwäche, -verweigerung.*

5 *a) Als Bezeichnungen für Jugendliche, die nicht den gesellschaftlichen Erwartungen entsprechen, könnten z. B. genannt werden: Alkis, Drogis, Vandalen, Schulschwänzer, Faulenzer, Rowdies, (Computer-) Freaks, jugendliche Asis, Sprayer, Raver usw.*

b) Zur näheren Beleuchtung der Rebellion der „halbstarken“ Jugendlichen in den 1950er Jahren kann auch der Film von Georg Tressler „Die Halbstarken“ mit Horst Buchholz und Karin Baal gezeigt werden (auf DVD erhältlich).
Während der 1960er Jahre/der 68er-Jugend- und Studentenbewegung wurden (oft pejorativ gemeinte) Bezeichnungen wie „Revoluzzer“, „Gammler“, „Hippie“ usw. verwendet. In den letzten Jahren kamen Jugendkrawalle häufiger in anderen Ländern (z. B. in Frankreich) vor. Im Zusammenhang mit Fußballspielen, bei denen es zu Ausschreitungen kommt, wird der Begriff „Hooligans“ verwendet, der weit pejorativer ist als „Halbstarke“; Hooligans sind äußerst gewalttätig, meist betrunken, oft rechtsradikal.

Lektüreanregungen: Gegenwartsliteratur mit dem Thema „Generationenkonflikt“

Ulla Hahn: „Unscharfe Bilder“

Katja Wild, Hamburger Studienrätin, glaubt, auf einem Foto der Wehrmachtsausstellung ihren Vater erkannt zu haben. Das Foto zeigt ihn bei der Erschießung russischer Zivilisten. Bei Hitlers Machtübernahme war Hans Musbach dreizehn, inzwischen ist er 82 Jahre alt und verbringt seinen Lebensabend in einer Seniorenresidenz mit Elbblick. Als Oberstudienrat mit den Fächern Geschichte, Griechisch und Latein galt er seiner Familie, den Kollegen und Schülern als Humanist des alten Schlages und Spezialist der Erinnerung. Seine Schüler schätzten ihn dafür, dass er sie immer auf die besondere geschichtliche Verantwortung der Deutschen hinwies. Ein Lehrer ohne Fehl und Tadel, ein vorbildlicher Vater. 58 Jahre nach Kriegsende sieht Katja nun dieses Foto. Sie weiß, dass sie ihn dazu befragen muss. Widerwillig beginnt er zu erzählen. Eine schmerzliche Reise in die Vergangenheit beginnt.“

(Zitiert nach: Ulla Hahn: Unscharfe Bilder. Deutscher Taschenbuch Verlag, München [3]2007, Klappentext)

Bernhard Schlink: „Das Wochenende“

Nach zwanzig Jahren im Gefängnis ist er überraschend begnadigt worden. Christiane, seine Schwester, will sein erstes Wochenende in Freiheit mit einem Dutzend alter Freunde feiern, in einer verfallenen Villa auf dem Land, ohne Reporter und Kameras. Der Journalist Henner, die Lehrerin Ilse, der Geschäftsmann mit Frau und Tochter, Karin, Bischöfin einer kleinen Landeskirche, der Rechtsanwalt Andreas – sie alle haben damals mit der Revolution sympathisiert. Heute haben sie ihren festen Platz im bürgerlichen Leben. Kinder von 68er-Revolutionären, die vor der Tötung vor Menschen nicht Halt gemacht haben.

(Zitiert nach: Bernhard Schlink: Das Wochenende. Diogenes, Zürich 2008, Klappentext)

1.3 Jung trifft auf Alt – Befragungen durchführen

S. 25

Was halten die Generationen voneinander? – Umfragen entwickeln

1 a/b) *Vermutlich werden sich die Jugendlichen gegen die Einschätzungen der Erwachsenen abgrenzen. Konsequenzen aus solchen Umfragen werden eher verneint, wobei zu diskutieren ist, welche Funktion dann derartige Umfragen haben.*

2 a) *Bei der Erstellung eines Fragebogens sollen bewusst sowohl offene als auch geschlossene Fragen gestellt werden. Die „Arbeitstechnik" auf S. 26 f. im Schülerband regt dazu an, die Vielfalt der Fragestellungen auszuprobieren.*

S. 27

„Möchtest du heute noch einmal jung sein?" – Interviews führen

1 *Wichtig ist, dass die Schülerinnen und Schüler nicht unvorbereitet in ein Interview gehen. Durch die Erarbeitung eines Fragenkatalogs sind sie angehalten, sich darüber Gedanken zu machen, was sie selbst interessiert, was sie erfahren möchten, und beschäftigen sich so schon im Vorfeld mit dem Gegenüber. Die „Arbeitstechnik" auf S. 28 im Schülerband gibt Hinweise, dass unterschiedliche Fragetechniken auch zu verschiedenen Antwortergebnissen führen (Kurzantworten, Antworten, die abschweifen oder ausweichen, Ausdifferenzierungen, authentische Antworten, gefärbte Antworten usw.).*

2 *Die Schülerinnen und Schüler erhalten die Gelegenheit, ihre Erfahrungen auszutauschen und aus ihren Fehlern zu lernen: Wo sind Kommunikationssituationen gelungen, wo nicht, woran lag es?*

3 *Weitere Verwendung kann das Interviewmaterial in kurzen biografischen Texten finden. Diese lassen sich auch in einer gemeinsamen Wandzeitung präsentieren.*

Lernerfolgskontrolle/ Themen für Klassenarbeiten

Vorschlag 1: Einen informativen Text auf der Basis von Materialien verfassen (Thema: Mehrgenerationenhaus)

1 *Verfasse auf der Basis der Materialien M1 bis M4 einen Hintergrundbericht zu dem Projekt „Mehrgenerationenhäuser" für eine wöchentlich erscheinende Stadtteil-Zeitung.*

2 *Begründe deine Informationsauswahl, die Sprache und die Gliederung deines Berichts im Hinblick auf den Adressaten und die Textsorte.*

Material 1

Mehrgenerationenhäuser

Mehrgenerationenhäuser sind Orte, an denen das Prinzip der Großfamilie in moderner Form gelebt werden kann, wo sich Menschen aller Generationen ganz selbstverständlich im Alltag begegnen, voneinander lernen und Unterstützung erfahren. Sie bieten die Möglichkeit zur vielfältigen Interaktion von Menschen verschiedenen Alters und zur partnerschaftlichen Zusammenarbeit zwischen bürgerschaftlich Engagierten und professionellen Kräften. Schließlich tragen sie dazu bei, der Isolation der verschiedenen Altersgruppen entgegenzuwirken, und fördern die Toleranz und das Verständnis zwischen den Generationen.

(Aus: Mehrgenerationenhaus. Starke Leistung für jedes Alter. Das Aktionsprogramm Mehrgenerationenhäuser. Konzept, 1. 2. 2007. Bundesministerium für Familie, Senioren, Frauen und Jugend, S. 3. Als Download unter www.mehrgenerationenhaeuser.de → Aktionsprogramm → Das Konzept des Aktionsprogramms)

Material 2

Ursula von der Leyen

Was ist ein Mehrgenerationenhaus?

„Mehrgenerationenhäuser eröffnen Räume, die den Zusammenhalt der Generationen festigen", sagt Bundesfamilienministerin Ursula von der Leyen. Mit veränderten Familienstrukturen schwänden selbstverständliche Begegnungen der Generationen, die Weitergabe von Erziehungswissen und Alltagskompetenzen gehe verloren, aber auch Erfahrung und Hilfe der älteren Generation für die mittlere und jüngere Generation blieben oft ungenutzt.
„Unser Ziel ist es, Mehrgenerationenhäuser als Drehscheiben für Dienstleistungen zu etablieren, die Menschen verschiedenen Alters wirklich brauchen: angefangen vom Wäscheservice oder Computerkurs für Internetbanking über die Leihoma bis hin zum Mittagstisch für Schulkinder und die Krabbelgruppe", so von der Leyen weiter. [...]
„Mehrgenerationenhäuser sind wie soziale Bienenstöcke in unserer Gesellschaft", sagt Familienministerin von der Leyen. Der Honig, den sie produzieren – das sind menschliche Beziehungen, die Weitergabe von Kulturwissen und unentgeltliche Hilfe untereinander.

(www.mehrgenerationenhaeuser.de → Mehrgenerationenhäuser → Was ist ein Mehrgenerationenhaus?)

Material 3

Ebba Hagenberg-Miliu

Vor allem muss die Chemie stimmen

In Bonns erstem Mehrgenerationenhaus, dem „Haus der Familie“, werden Leihomas und -opas an junge Familie vermittelt. Beide Seiten profitieren auch emotional.

Ingrid Behrens erzählt gerne von ihrer neuen Rolle. Mit der kleinen Sofia ist sie vor allem auf den Spielplätzen in der nächsten Umgebung zu Gast. Da wird nach Herzenslust gewippt und gerutscht. „Sofia bin ich als Oma inzwischen so wichtig wie sie mir als Enkelin“, sagt sie. Ingrid Behrens ist nicht die leibliche, sondern die Leihoma des Mädchens. „Ihre Eltern freuen sich. Dass wir so gut zusammenpassen, und dass wir uns aufeinander verlassen können, wenn es nötig ist“, erläutert sie die „Bereicherung für beide Seiten“. Eine Oma oder einen Opa nah bei sich zu haben, davon träumen viele Familien und Alleinerziehende, deren leibliche Eltern und Großeltern fern wohnen oder nicht mehr da sind. Das hat Erika Victor-Wieda von Bonns erstem Mehrgenerationenhaus, dem „Haus der Familie“ (HdF), festgestellt. „Aber auch viele ältere Menschen suchen Kontakt zu jungen Eltern und Kindern. Warum also nicht beide Seiten zusammenführen?“ Diese blendende Idee hat das HdF seit gut einem Jahr in die Tat umgesetzt.

Erst einmal hieß es, in einer Kartei mögliche Partner zu sammeln, ihre Wünsche und Vorstellungen abzufragen und sie dann mit viel Sensibilität kurzzuschließen. Allerdings sollten die Leihomas und -opas keineswegs Tagesmütter oder -väter ersetzen oder als billige Babysitter fungieren. [...] Da ist z.B. die deutsch-italienische Jungfamilie, bei der die Chemie zur ebenfalls Italienisch sprechenden Seniorin sofort stimmte. Die „Oma“ springt ein, wenn die Eltern dringend wegmüssen. Ab und zu verbringt man sogar ein Wochenende zusammen, sodass sich die ältere Dame auch angenommen fühlt, eine Art Familienanschluss gefunden hat. In einem weiteren Fall unternimmt ein älteres Paar immer wieder etwas mit einem Jungen, dessen alleinerziehende Mutter schon mit dem Alltag alle Hände voll zu tun hat. „Sie sagt, dieses Paar kann man gar nicht mit Geld aufwiegen“, erzählt die Vermittlerin vom Mehrgenerationenhaus. Inzwischen treten Leihopa und -enkel, beide gleich musikbegeistert, sogar schon als Instrumentalduo auf. „Dieser Opa ist ein männlicher Glücksfalls für den vaterlosen Jungen“, weiß Erika Victor-Wieda. Und die älteren Herrschaften schwärmen davon, wie viel sie aus den Kontakten zurückbekommen“. [...]

(Aus: Bonner General Anzeiger, 22./23. 12. 2007, S. 14)

Material 4

Aus dem NRW-Generationensurvey

NRW-Generationensurvey: Zusatzmodul Kinder

Wie oft siehst du deine Großeltern, also Oma oder Opa? Oder hast du keine Großeltern? Siehst du sie oft, manchmal, eher selten oder gar nicht?

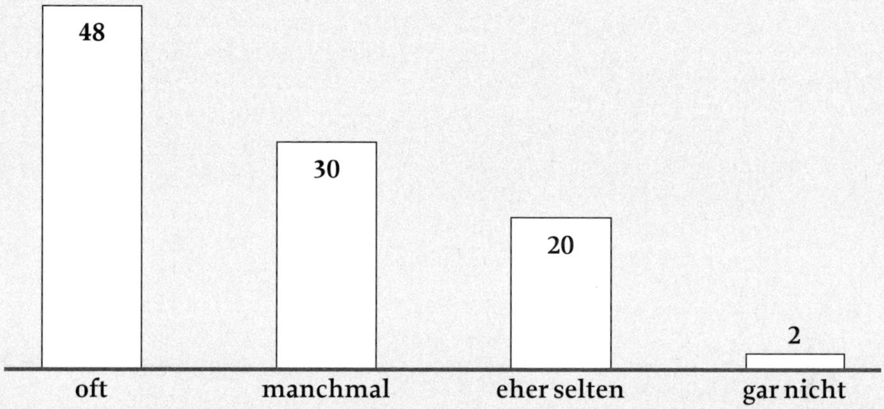

Wie oft verbringst du deine Freizeit, also z. B. Zeit zum Spielen oder für den Sport, mit anderen älteren Menschen? Gemeint sind aber nicht deine Eltern oder Großeltern. Machst du das oft, manchmal, eher selten oder gar nicht?

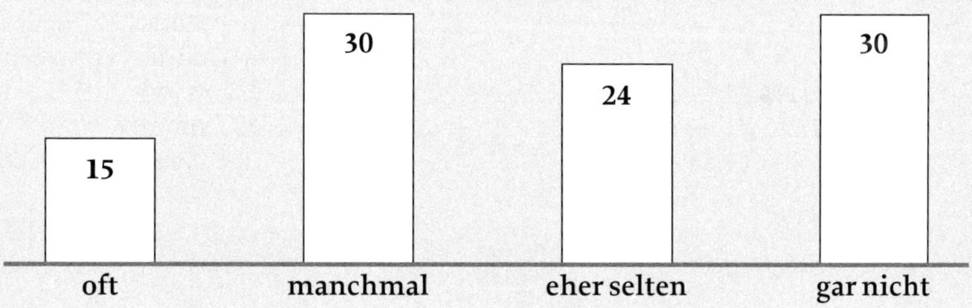

Angaben in Prozent: fehlende Werte zu 100 %: weiß nicht/keine Angabe/habe gar keine Großeltern
Grundgesamtheit: deutschsprachige Bevölkerung zwischen 8 und 13 Jahren in NRW
November 2007

(Aus: Kleiner Generationensurvey Nordrhein-Westfalen. Eine Erhebung von infratest dimap. Auftraggeber: Ministerium für Generationen, Familie, Frauen und Integration des Landes Nordrhein-Westfalen, November 2007. © Infratest dimap)

Erwartungshorizont/Bewertungsraster

	Anforderungen Die Schülerin/der Schüler hat ...	maximale Punktzahl	erreichte Punktzahl
Aufgabe 1			
Über-schrift	... eine treffende Überschrift gefunden.	2	
Einlei-tung	... einen Leseanreiz formuliert.	4	
Mittel-teil	... in einem Hintergrundbericht über das Projekt „Mehrgenerationenhäuser" informiert, indem sie/er – indirekt – auf die Beantwortung der **W-Fragen** (Bericht!) eingegangen ist: – Was ist ein Mehrgenerationenhaus und welche gesellschaftliche Bedeutung hat dieses Projekt? – Konkretes Beispiel: Bonner Haus der Familie/Leihoma. – Welche Vorteile werden gesehen und welche Probleme könnten sich auch stellen (z. B. ältere Menschen als billige Arbeitskraft)?	24 (3×8)	
Schluss	... z. B. eine Anregung, Bewertung, Einschätzung für die Zukunft gegeben	5	
		= 35	
Aufgabe 2			
1	... die **Auswahl** ihrer/seiner Informationen (Materialien) beleuchtet.	3	
2	... die **Gliederung** ihres/seines Artikels dargelegt.	3	
3	... die **sprachliche Gestaltung** (Textsorte/Adressat) reflektiert.	3	
		= 9	
Darstellungsleistung			
1	... alles **im berichtenden Schreibstil geordnet** und **übersichtlich dargestellt**, dabei gliedernde Abschnitte (evtl. Zwischenüberschriften) gemacht.	3	
2	... in ihrem/seinem Artikel hauptsächlich das **Präteritum, mitunter das Präsens** verwendet.	2	
3	... bei der Darstellung des Inhalts die Einleitewörter abgewechselt (nicht immer nur „Dann ... Dann") bzw. sonstige Wiederholungen vermieden.	2	

	Anforderungen **Die Schülerin/der Schüler hat ...**	**maximale Punktzahl**	**erreichte Punktzahl**
4	... Aussagen durch buchstabengetreues **Zitieren** belegt oder	2	
5	... den **Konjunktiv der indirekten Rede** korrekt verwendet, um Aussagen wiederzugeben.	2	
6	... überwiegend **Standardsprache** verwendet.	2	
7	... **gedankliche Zusammenhänge** klargemacht, indem sie/er einleitend jeweils entsprechende Redewendungen verwendet.	2	
8	... Sätze abwechslungsreich konstruiert, indem sie/er verschiedene Verknüpfungen mit **Konjunktionen** wie „weil", „sodass", „obwohl", „wenn" und Adverbien wie „folglich", „daher" usw. verwendet hat.	1	
		= 16	
Gesamtpunktzahl		= 60	

Vorschlag 2:
Einen literarischen Text analysieren und interpretieren
(Thema: Generationenkonflikt)

Hans Fallada

Wolf unter Wölfen (1937)

Wolf(gang) Pagel stammt aus gutem Hause. Sein Vater, ein Künstler, ist gestorben, seine Mutter lebt mit Bediensteten allein in einem großen Haus. Wolf ist auf die schiefe Bahn geraten, kaum hat er Geld in der Tasche, verspielt er es. Er lebt in einem schäbigen Zimmer bei einer Wirtin zusammen mit seiner Freundin Petra Ledig, einer ehemaligen Prostituierten. Wolf gibt Petra, die er mag, aber nicht liebt, ein Heiratsversprechen, doch am Tag der Hochzeit sind beide mittellos. Wolf schleicht sich in sein Elternhaus, um ein wertvolles Gemälde zu holen, das er verkaufen will. Da trifft er auf seine Mutter, die hofft, ihr Sohn habe sich von der Frau, die nach ihrer Ansicht unter seinem Niveau ist, getrennt, und glaubt, ihr Sohn kehre nun nach Hause zurück.

Mama, sagt Wolfgang, und sein Wille entzündet sich immer stärker an ihrem Widerstand. Du befindest dich in einem entscheidenden Irrtum. Ich kam nicht hierher, weil ich mich, ganz oder teilweise, von Petra gelöst hatte. Ich kam hierher, weil ich mir das Geld für diese lächerliche Trauung holen wollte.

Die Mutter sitzt einen Augenblick reglos, sie antwortet nicht. Aber wenn der Schlag sie auch schwer getroffen haben mag, sie läßt es sich nicht merken. Sie sagt bitterböse: Nun, mein Sohn, so kann ich dir sagen, daß dein Weg umsonst war. Dafür bekommst du hier keinen Pfennig.

Ihre Stimme ist sehr leise, aber sie schwankt kein bißchen. Fast noch leiser und ohne Spur von Wärme antwortet er: Da ich dich kenne, habe ich nie eine andere Antwort von dir erwartet. Du liebst nur die Menschen, die nach deiner Façon selig werden wollen, trotzdem man ja eigentlich sagen muß, daß du selbst nicht übermäßig selig geworden bist in deinem Leben ...

Oh ... stöhnt die Frau tief, zu Tode getroffen, in ihrem ganzen Leben, in ihrer ganzen Ehe, in ihrer ganzen Mutterschaft, von dem eigenen Sohn.

Den aber erregt dieser eine Laut des Schmerzes nur noch mehr. Wie es sich draußen seit den frühen Morgenstunden aus Dunst, Schwüle und Gestank zusammengebraut hat, jetzt dem Losbrechen nahe – so hat es sich auch in seinem eigenen Leben zusammengebraut aus Bevormundung, Gängelei, Besserwissen, rücksichtsloser Ausnutzung der Mutterstellung, der der Kasseninhaberin. Und was seinen Zorn am gefährlichsten macht, das ist noch nicht einmal dies, das ist auch nicht die Verachtung der Mutter für Petra (die ihm ohne diese Verachtung ja gar nicht soviel bedeutet). Sondern aus seiner eigenen Schwäche, aus seiner eigenen Feigheit schwelt die stärkste Zornesglut. Daß er ihr hundertmal nachgegeben hat, das muß er rächen. Daß er sich vor dieser Auseinandersetzung gefürchtet hat, das macht ihn so fürchterlich. Daß er das Bild heimlich hat wegholen wollen, das macht ihn schamlos in seinem Zorn.

Oh ...! hat die Mutter gestöhnt, aber in ihm löst das nur tiefe Freude aus. Es ist hungrige Zeit, Wolfzeit. Die Söhne haben sich gegen die eigenen Eltern gekehrt, das hungrige Wolfrudel fletscht gegeneinander die Zähne – wer stark ist, lebe! Aber wer schwach ist, der sterbe! Und er sterbe unter meinem Biß!

Oh ...!

Und ich muß dir noch was sagen, Mama, als ich eben so leise in das Zimmer kam, dachte ich wirklich, du wärest fort. Ich wollte mir nämlich heimlich das Bild holen [...].

Ich wollte es heimlich verkaufen. Viel Geld dafür kriegen, schönes Geld, vieles Geld, Devisen,

Dollar, Pfunde, Dänenkronen – und alles Geld wollte ich meiner lieben, guten Petra bringen [...].
Sie äfft ihn nach: Schönes Geld, vieles Geld, Dollar, Pfunde – aber nicht für die liebe, gute Petra im Kittchen, das Fräulein Ledig, nein, für den Spieltisch ...
Sie macht zwei Schritte, gibt das Bild frei, steht am Tisch, läßt die Knöchel hölzern auf ihm rasseln. Da, nimm das Bild. Ich tue dir das Schlimmste an, was ich tun kann, ich lasse dir das Bild. Verkauf es, bekomme Geld dafür, viel Geld. Aber ich, deine dumme, verbohrte, rechthaberische Mutter werde wieder einmal recht behalten – das Mädchen wirst du nicht glücklich machen damit. Du wirst das Geld verspielen, wie du alles verspielt hast: Liebe, Anstand, Leidenschaft, Ehrgeiz, Arbeitskraft.
Jedenfalls danke ich dir, Mama, sagt Wolfgang, plötzlich sehr müde, alles Streitens, alles Redens überdrüssig. Damit wären wir wohl fertig, wie? Und mit allem anderen auch. Meine Sachen werde ich heute Abend abholen lassen [...]. R

(Aus: Hans Fallada: Wolf unter Wölfen. Roman. Erster Teil. Aufbau Taschenbuch, Berlin 2004, S. 208 ff.

Analysiere den Romanausschnitt. Gehe dabei besonders auf folgende Aspekte ein:

1 *Fasse den Inhalt kurz zusammen.*

2 *Beschreibe das Gesprächsverhalten zwischen Mutter und Sohn.*

3 *Untersuche Erzählhaltung und Erzählperspektive.*

4 *Nimm abschließend zur Aktualität dieses Konfliktes Stellung.*

(Variante zu Punkt 4: Vergleiche diese Konfliktsituation mit der in dem Auszug aus den „Buddenbrooks" dargestellten Vater-Sohn-Problematik.)

Erwartungshorizont/Lösungshinweise

1 / **2** *In dem Romanauszug geht es um ein Streitgespräch zwischen Mutter und Sohn, in dem die gestörte Beziehung deutlich wird. Wolfgang Pagel fühlt sich sein Leben lang von seiner Mutter unterdrückt und bevormundet, empfindet Hass und Rachegefühle ihr gegenüber. In dem Gespräch rechnet er sozusagen mit ihr ab, er wirft ihr vor, nur jemanden zu lieben, der das tut, was sie will. Er verletzt sie bewusst durch seine Kritik. Die psychisch schmerzhafte Wirkung, die durch ihr „Oh" zum Ausdruck kommt, empfindet er als Genugtuung.*

3 *Es handelt sich um einen auktorialen Erzähler, der die Gefühle beider Figuren/Gesprächspartner kennt. Deutlich kommentiert er das Verhalten bzw. den Konflikt, wenn er z. B. mit dem Namen – Wolfgang/Wolf/Wolfzeit – spielt. Mit der Bildlichkeit hebt er darauf ab, dass die Jungen sich gegen die Alten wenden und sie „zerfleischen" wollen (vgl. auch den Titel des Romans).*

4 *Aktualität ist nur mit Einschränkung gegeben. Standesunterschiede als Grund der elterlichen Ablehnung einer Heirat spielen nur in bestimmten gesellschaftlichen Kreisen heute noch eine Rolle. Die Ablösungsversuche von zu Hause und das Scheitern (Spielsucht) sind allerdings durchaus aktuell.*

Variante (Vergleich mit der Konfliktsituation in dem Auszug aus den „Buddenbrooks", S. 16–19 im Schülerband): Hier sind einige Ähnlichkeiten anzumerken. Jeweils entscheiden sich die Söhne für das Verlassen des Elternhauses; beide lehnen sich gegen die elterliche Autorität auf, Tendenzen des sozialen Abstiegs/Versagens/Scheiterns sind sichtbar, bei Wolf stärker als bei Gotthold. Während Gotthold sich aus Liebe für die unstandesgemäße Heirat entscheidet, ist der Heiratsplan bei Wolf Teil der Auflehnung gegen die autoritäre Mutter.

Literaturhinweise

Becker-Mrotzek, Michael/Böttcher, Ingrid: Schreibkompetenz entwickeln und beurteilen. Cornelsen Scriptor, Berlin 2006

Berichten. Praxis Deutsch 195/Januar 2006

Fix, Martin: Texte schreiben. Schreibprozesse im Deutschunterricht. Schöningh UTB, Paderborn 2006

Janke, Klaus/Niehues, Stefan: Echt abgedreht. Die Jugend der 90er Jahre. C. H. Beck, München 1996

Starke Leistung für jedes Alter. Das Aktionsprogramm Mehrgenerationenhäuser. Konzept Stand 1.2. 2007. Bundesministerium für Familie, Senioren, Frauen und Jugend 2007 (www.mehrgenerationenhaeuser.de)

Steets, Angelika: Schreiben. In: Gisela Beste (Hg.): Deutsch-Methodik, Cornelsen Scriptor 2007, S. 53–96

Stötzel, Georg/Wengeler, Martin: Kontroverse Begriffe. Geschichte des öffentlichen Sprachgebrauchs in der Bundesrepublik Deutschland. Walter de Gruyter, Berlin 1994

Weinrich, Harald: Wege der Sprachkultur. Deutsche Verlagsanstalt, Stuttgart 1985

2 Umgang mit Gewalt – Argumentieren und Erörtern

Konzeption des Gesamtkapitels

In diesem Kapitel wird das Schlüsselproblem „Gewalt in der Gesellschaft" mit mündlichen und schriftlichen Formen des Argumentierens kombiniert. Einerseits soll die Breite der Gewaltproblematik deutlich gemacht, andererseits sollen vielfältige Übungsmöglichkeiten für sachgerechte Argumentationen ermöglicht werden.
Das erste Teilkapitel („**Gewalt im Alltag – Diskutieren und Erörtern**") setzt thematisch bei alltäglichen Formen der Gewalt (in der Familie, in der Schule, auf der Straße) an. Methodisch findet ein Rückgriff auf das bekannte Schema der Argumentation (These, Argument, Belege/Beispiele) statt, das in offenen Diskussionen eingeübt werden soll. Im nächsten Schritt geht es um Gewalt in den Medien; die für dieses Thema gewählte Form der Expertendiskussion setzt zunächst eine intensive Recherche voraus. Anschließend wird die Debatte in Abgrenzung zur offenen Diskussion als eine auf Profilierung ausgerichtete Gesprächsform am Beispiel des Handyverbots in Schulen eingeführt. Die Frage der notwendigen Fairness im Kampf der Meinungen lässt sich anhand der Untersuchung von Redetaktiken verdeutlichen. Der letzte Schritt führt von der mündlichen Argumentation zur schriftlichen: Eine steigernde Erörterung ist das Ziel der Auseinandersetzung mit Gewalt als Erziehungsmittel. Schrittweise werden die Schülerinnen und Schüler von der Recherche über Gliederung und Rahmengebung zur kohärenten Ausformulierung ihrer Erörterung und zur Überprüfung von Stil und Inhalt geführt.
Im zweiten Teilkapitel („**Strafmündigkeit – Argumentationen analysieren und verfassen**") steht die Sachtextanalyse als integrativer Schritt im Zentrum. Das Problem, wie jugendliche Straffällige zu behandeln seien, kann in dieser Altersstufe auf großes Interesse stoßen. Die Auseinandersetzung beginnt mit der Argumentationsanalyse von Gesetzestexten und nimmt dann eine Zeitungsdebatte in den Blick. Aufgaben, die neben der Analyse auch die Begründung einer eigenen Position erfordern, leiten über zur dialektischen Erörterung des Themas „Strafmündigkeit", die ebenfalls schrittweise eingeführt wird.
Das dritte Teilkapitel („**Gewalt im Stadion – Ein Hearing durchführen**") knüpft an das erste an, indem eine weitere Diskussionsform (das Hearing) vorgestellt wird. Wenn die Behandlung des Teilkapitels als Rollenspiel angelegt wird, erstreckt sich das Aufgabenspektrum von der Informationsrecherche (Gewalt im Fußballstadion, Möglichkeiten der Eindämmung) über die Erstellung eines Statements (als Experte/Expertin) bis zur offenen Diskussion bzw. zur Diskussion mit klarer Pointierung.

Weiteres Übungsmaterial zu diesem Kapitel

Übungsmaterial im **„Deutschbuch Arbeitsheft 10"**
- Lineare (steigernde) Erörterung: S. 9–11
- Dialektische (Pro-und-Kontra-)Erörterung: S. 12–15

	Inhalte	Kompetenzen
S. 29	**2.1 Gewalt im Alltag – Diskutieren und Erörtern**	**Die Schülerinnen und Schüler können** – das Phänomen der Gewalt definieren, aber auch die Unschärfen des Begriffs erkennen;
S. 30	**Ist Gewalt immer abzulehnen? – Offen diskutieren**	– in einer Argumentation die Elemente These, Argument und Beleg bzw. Beispiel unterscheiden; – Diskussionsbeiträge nach diesem Schema gestalten; – das Ziel einer offenen Diskussion benennen;
S. 32	**Medien und Gewalt – Eine Expertendiskussion durchführen**	– Erscheinungsformen von Gewalt in Medien darstellen; – unterschiedliche Positionen erläutern und dazu Stellung nehmen; – Regeln einer Expertendiskussion benennen, eine solche Diskussion im Rollenspiel durchführen;
S. 34	**Gewaltvideos als Tauschobjekte – Eine Debatte führen**	– Merkmale und Regeln einer Debatte benennen; – eine Debatte regelgeleitet durchführen; – Redetaktiken erkennen und auf einer Skala nach Fairness einstufen;
S. 38	**Gewalt als Mittel der Erziehung? – Eine steigernde Erörterung verfassen**	– eine differenzierte eigene Position entwickeln und argumentativ vertreten; – die Schritte zum Verfassen einer steigernden Erörterung benennen, erläutern und anwenden; – Argumentation und Stil einer Erörterung kritisch überprüfen und verbessern.
S. 43	**2.2 Strafmündigkeit – Argumentationen analysieren und verfassen**	**Die Schülerinnen und Schüler können** – eine Übersicht über die Gesetzeslage zur Strafmündigkeit erstellen;
S. 43	**Zeitungs- und Gesetzestexte**	– eine eigene Position zur Frage der Veränderung des Strafmündigkeitsalters sachlich vertreten;
S. 44	**Die Debatte im „Deutschen Sonntagsblatt“**	– unterschiedliche Arten von Thesen (Behauptungen, Werturteile, Forderungen) erkennen; – unterschiedliche Arten von Argumenten (Fakten-, Wert-, Autoritätsargumente) erkennen;
S. 47	**Strittige Sachverhalte klären – Eine dialektische Erörterung verfassen**	– eine differenzierte eigene Position entwickeln und argumentativ vertreten; – die Schritte zum Verfassen einer dialektischen Erörterung benennen, erläutern und anwenden; – Alternativen im Aufbau einer dialektischen Erörterung gezielt einsetzen; – Argumentation und Stil einer Erörterung kritisch überprüfen und verbessern.
S. 52	**2.3 Gewalt im Stadion – Ein Hearing durchführen**	**Die Schülerinnen und Schüler können** – Regeln des Hearings benennen und anwenden; – die Rolle eines Experten unabhängig von der eigenen Einstellung vertreten.

2.1 Gewalt im Alltag – Diskutieren und Erörtern

S. 29

1 *Die Intention der Anzeige lässt sich durch die Kombination der Flecken auf dem Arm (Bluterguss, Hämatom) und auf dem Stricktop der jungen Frau in Verbindung mit der Überschrift „Raffinierter Tarnstrick" erschließen. Von der Verletzung (Bluterguss) wird durch die gleichartigen Flecken auf der Kleidung abgelenkt, die Folgen der Gewalttätigkeit werden vom Opfer „getarnt". Die Anzeige im Rahmen einer Kampagne des „Weißen Rings" soll darauf hinweisen, dass die Opfer von (häuslicher) Gewalt diese oft verschweigen.*

2 *Gründe für dieses Verhalten könnten sein: Scham, Schutz des Täters (der oft in der eigenen Familie zu suchen ist), Angst vor weiterer Gewalttätigkeit, Angst, als Opfer nicht ernst genommen zu werden, usw. Die Diskussion der Gegenargumente sollte diese Gefühle ernst nehmen, allerdings bedenken, dass ein solcher Teufelskreis oft nur durch Hilfe von außen durchbrochen werden kann. Dies erfordert eine Offenlegung der Gewalttätigkeiten und das Nennen der Täter.*

3 *Die Bezeichnung „Opfer" als Pejorativ (vgl. auch „Loser" etc.) deutet darauf hin, dass nur der Starke, der Durchsetzungsfähige (der „Mann", der „Player") anerkannt wird. Diese Zuordnung führt dazu, dass tatsächliche Gewaltopfer zusätzlich zu ihren körperlichen Verletzungen auch noch psychisch verletzt werden.*

4 / **5** *Wikipedia weist auf die Definitionsbreite des Begriffs hin:*

Im Strafrecht ist Gewalt ein Zwangsmittel zur Einwirkung auf die Willensfreiheit eines anderen, z. B. bei Raub, Entführung, Erpressung und Nötigung; bei Delikten wie Mord, Körperverletzung und Sachbeschädigung geht das Strafrecht vom Ergebnis aus, d. h. jemand wird getötet, verletzt oder eine Sache wird beschädigt bzw. zerstört.

Wird nach einer allgemein gültigen Definition gesucht, muss der Begriff der Gewalt nach Bittner über das Strafrecht hinaus vom Sprachgebrauch im täglichen Leben her entwickelt werden. Danach ist Gewalt „jede Kraft- oder Machteinwirkung auf Menschen oder Sachen, und zwar in negativer Weise" (Wolfgang Bittner: Lese-Kultur gegen Gewalt. In: Schreiben, Lesen, Reisen. Athena, Oberhausen 2006).

Eine ursprünglich positive Begrifflichkeit ist bei „gewaltige Wirkung" oder „gewaltige Leistung" erkennbar, wenn eine über das übliche Maß hinausgehende Leistung anerkennend beschrieben werden soll.

Im Gewaltmonopol des Staates bzw. der Gewaltenteilung wird „Gewalt" neutral interpretiert.

(Zitiert nach: http://de.wikipedia.org/wiki/Gewalt)

Zu unterscheiden sind Gewalt im Sinne von „Macht" und „Herrschaft" (Staatsgewalt, lateinisch „potestas") und Gewalt im Sinne von „Kraft", „Stärke" (rohe Gewalt, lateinisch „violentia").
Einige Schlagworte zeigen die Vielfalt des Begriffs: physische Gewalt, psychische Gewalt, strukturelle Gewalt, sprachliche Gewalt, Staatsgewalt, Gewaltenteilung, Gewalt gegen Sachen, Gewalt gegen Menschen, gewaltig, gewalttätig, sich in der Gewalt haben, Naturgewalten usw.

Ist Gewalt immer abzulehnen? – Offen diskutieren

S. 30

1 *In der Diskussion geht es um zwei Fragen:*

1. *Handelt es sich bei Peters Verhalten um einen so genannten „Regelfall", der eine solch harte Sanktion nicht rechtfertigt (da sie dann auch in anderen Fällen verhängt werden müsste)?*
2. *Ist sein Verhalten, wenn wir es nicht als Regelfall ansehen, so schwerwiegend, dass die Sanktion gerechtfertigt erscheint?*

(Vgl. auch Aufgabe 4 und die Lösungshinweise dazu.)

2 *Das vervollständigte Schema könnte z. B. so aussehen:*

	kontra	Ausschluss Peters?	pro
These	Peters Verhalten ist ein Regelfall.	Wer den Gegner schädigt, darf nicht mitspielen,	Peters Verhalten ist ein Zeichen von Unreife.
Argumente	Wenn man beleidigt wird, reagiert man emotional.	weil der Sport ein Spiel ist und bleiben muss.	Unreif ist, wer seine Gefühle nicht unter Kontrolle hat.
Belege/ Beispiele	So würden wir alle reagieren.	Oberster Grundsatz ist, die Gesundheit des Gegners zu achten.	Das hat er durch sein Foul gezeigt.

3 *Beschreibung der Einleitungen und Abschlüsse in den Lehrer-Statements:*

- *Einleitungen: Anknüpfung an eine Forderung (Herr Suchatzki) bzw. Anknüpfen an den Vorredner (Frau Schmidt);*
- *Abschluss: Fazit, Schlussfolgerung.*

4 / **5** *In den drei Fällen geht es um die Frage, welche Art von Gewalt gerechtfertigt erscheint und welche nicht.*

- *Dem Verhalten des Fußballspielers Peter (körperliche Gewalt) steht die körperliche und verbale Gewalt des Gegenspielers gegenüber. Das enge Regelwerk des Sports lässt Gewalt und Gegengewalt in einem besonderen Licht erscheinen.*
- *Im Fall des Hausmeisters steht die psychische Gewalt, die die beiden 15-Jährigen mit ihrer Forderung und Drohung gegenüber einem viel Jüngeren ausüben, der körperlichen Gewalt gegenüber, die ein Erwachsener an einem Jugendlichen übt. Es gilt, mögliche alternative Verhaltensweisen des Hausmeisters gegen diese „Lösung" abzuwägen. Wird die Situation richtig eingeschätzt? Reicht nicht ein weniger harter körperlicher Einsatz?*
- *Im Fall des Tankstellenüberfalls steht die legitime Gewaltanwendung des Polizisten zur Diskussion. Inwieweit muss auch das Gewaltmonopol des Staates in Relation zum Anlass gesehen werden?*

Die Diskussionen verfolgen nicht das Ziel, eine allgemein gültige Wahrheit zu finden, sondern durch Argumentation die Bandbreite der möglichen Entscheidungen zu erarbeiten.

S. 32

Medien und Gewalt – Eine Expertendiskussion durchführen

1 *Gewalt begegnet den Schülerinnen und Schülern in den Medien in Filmen, Songtexten, Werbebildern, Computerspielen: Gewalt wird rezipiert und selbst angewendet – als Lösung eines Problems, als Faszination, als Bedrohung.*

2 *Wofür stehen die im Schülerband abgedruckten Bilder?*
- *Bushido: Rapper mit gewaltbetonten Texten (Musikbranche);*
- *Lara Croft: eine Figur aus einem Computerspiel, in dem der Einsatz von Gewalt zum Alltag gehört;*
- *Schauspieler eines Actionfilms: „Gute" Gewalt siegt über „böse" Gewalt.*

3 *Der Auszug aus dem Vortrag des Hirnforschers Professor Manfred Spitzer beklagt die umfassende Begegnung mit Gewalt in den Medien, der Kinder ausgesetzt sind. Er deutet an, dass Ausmaß und Art dieser Konfrontation das kindliche Empfinden abstumpfen müssen.*
Der Action-Schauspieler Jackie Chan unterscheidet zwischen „guter" und (unausgesprochen) „schlechter" Gewalt. Gewaltszenen ohne Blut und Tote, in denen die Opfer (die die „Übeltäter" sind) am Schluss wieder ohne Schaden aufstehen, schaden seiner Meinung nach Kindern nicht. Als Beleg wird die Empfehlung solcher Filme durch viele Eltern in Asien herangezogen.
Bei der Stellungnahme wird darauf zu achten sein, inwieweit die Jugendlichen selbst eine positive Einstellung zur „schnellen Lösung" durch Gewalt haben.

4 *Die Rechercheaufgaben für die Expertendiskussion sind recht vielfältig und benötigen ausreichend Zeit, eventuell auch Hilfestellung bei der Analyse entsprechender Diagramme etc.*

S. 34

Gewaltvideos als Tauschobjekte – Eine Debatte führen

1 *Mögliche Hintergründe der Haltung: „So was anzuschauen, ist normal":*
- *bewusste Gewaltinszenierungen auf Handyvideos, weil es die einfache und schnelle Möglichkeit der Aufzeichnung gibt;*
- *Beweischarakter für „Mutproben", schneller „Ruhm", Aufmerksamkeit als Droge;*
- *Verstärkung der Demütigung des Opfers;*
- *Wirklichkeitsempfinden heute: Wirklich ist nur, was medial gezeigt werden kann;*
- *Abstumpfung durch Medien, in denen Gewalt gezeigt wird, Nachahmung;*
- *„Mutprobe" des Anschauens, ohne Gefühle zu zeigen.*

2 *Mögliche Maßnahmen der Schule, wenn auf ihrem Gelände Gewaltvideos aufgenommen oder verbreitet werden:*
- *Verbot von Mobiltelefonen und Fotoapparaten in der Schule;*
- *(harte) Strafen für Täter;*
- *Opfer schützen, statt sie zu verlachen;*
- *Information über strafrechtliche Hintergründe;*
- *Problematisierung im Unterricht;*
- *Antiaggressionstraining;*
- *Schweigespiralen durchbrechen: Zivilcourage fördern usw.*

4 *In Form einer Tabelle (DIN A3 oder größer, eventuell OHP-Folie) lässt sich schnell eine Übersicht (Fairness-Skala) erstellen, indem die Schüler jeweils einen Punkt pro Spalte setzen. Als Ergebnis zeigt sich so sehr rasch, wo Einmütigkeit herrscht bzw. wo Diskussionsbedarf besteht.*

Die Übersicht mit den Fairness-Punkten (0 = völlig unfair, 5 = fair) könnte z. B. so aussehen:

	0	1	2	3	4	5
A						
B						
C						
D						
E						
F						
G						
H						
I						

5 / **6** *Weitere Beispiele zu den einzelnen Taktiken:*

A *Autoritäten für die eigene Position anführen: Neben Personen können hier auch Medien (z. B. Fachzeitschriften etc.) genannt werden.*

B *Die Person des Gegners als Diskutant ablehnen: „Leute wie du sollten hierzu mal schön den Mund halten, denn ..."*

C *Dem Gegner ein persönliches Interesse unterstellen: „Wer im Glashaus sitzt, sollte nicht mit Steinen werfen. Du bist doch genauso betroffen, also ist klar, warum du so redest."/„Sie sind befangen, da Sie mit der Angeklagten verwandt sind, also ..."*

D *Den Gegner auf die eigene Seite ziehen: „Blenden wir doch mal diese nebensächlichen Streitpunkte aus. Im Kern sind wir doch einer Meinung, da ist doch eine solche Diskussion überflüssig."*

E *Den Gegner dumm erscheinen lassen: „Wie bewegen sich denn Nachtelfen oder Orgs? Das wissen Sie nicht? Sie haben wohl noch nie ‚World of Warcraft' gespielt, aber wollen darüber reden?"*

F *Aufwertung der eigenen Argumente: „Horrorfilme sind einfach klasse – da kann ich wunderbar abschalten. Und das kann mir ja wohl keiner übel nehmen."*

G *Dem Gegner unterstellen, allgemein anerkannte Werte zu verletzen: „Jeder Mensch hat das Recht auf seine Individualität und seine persönliche Meinung – was Sie hier wollen, ist Manipulation."*

H *Dem Gegner unterstellen, dass er nicht genau ist: „Ob Gewaltvideos gewalttätig machen, weiß man nicht – vielleicht besonders labile Menschen. Aber was Sie nicht bedenken, sind all die anderen Arten der Beeinflussung. Wenn Sie schon Kritik üben, dann aber auch konsequent!"*

7 *Unfaire Taktiken sind z. B.:*

- *Abwertungen der Person der Gegnerin/des Gegners: B, C, E, F, G, H*
- *Behauptungen, die die Notwendigkeit einer Diskussion in Zweifel ziehen: A, D, F, I*

Gegen Abwertungen der Person kann man sich zur Wehr setzen, indem man nicht emotional zum Gegenangriff übergeht, sondern je nach Situation:

- *schweigt (der Angreifer wird dabei entweder bewusst fixiert oder man ignoriert ihn durch Zuwendung zu den anderen Gesprächsteilnehmern);*

- *nachfragt und die Aussage wiederholen lässt („Könntest du das noch einmal wiederholen?"); oft wird eine emotionale Situation dadurch entschärft und der „Angriff" fällt deutlich milder aus;*
- *ironisch die eigene (Schein-)Betroffenheit darlegt (mit einem Lächeln im Gesicht zustimmen: „Endlich hat mich jemand durchschaut!");*
- *ernsthaft nach dem Grund des Angriffs fragt („Bist du so wütend, weil …?").*

Killerphrasen und andere Versuche, eine Diskussion zu beenden, müssen schlagfertig gekontert werden:

- *„Das haben wir noch nie so gemacht." → Schlagfertige Entgegnung: „Eben, und darum ist es an der Zeit, es zu versuchen!"*
- *„Das funktioniert sowieso nicht!" → Den Gegner zur weiteren Reaktion drängen: „Und was wäre, wenn doch?"*
- *„Professor Schneider hat dazu alles gesagt." → Von der Autorität zur Argumentation überleiten:*
  - *„Kannst du seine Begründung kurz vortragen?"/ Die Autorität in Frage stellen: „Wieso sollten wir gerade Professor Schneider das letzte Wort sprechen lassen?"*
- *„Eigentlich sind wir doch einer Meinung und müssen über solche Kleinigkeiten nicht diskutieren." → Gegenfrage stellen (wer fragt, führt das Gespräch an): „Kannst du mir das bitte erklären? Wo sind wir einer Meinung?" Dadurch bleibt die Diskussion im Gang und der Gegner muss sie weiterführen.*

S. 38

Gewalt als Mittel der Erziehung? – Eine steigernde Erörterung verfassen

3 *Beide Bilder thematisieren Gewalt in der Erziehung. Bei dem Aufkleber „Break the habit!" ist das „paddle", das ausschließlich der körperlichen Züchtigung dient (ähnlich dem „Rohrstock"), zerstört, der Aufkleber fordert so dazu auf, die Gewohnheit des „Paddling" zu durchbrechen, scheinbar „Altbewährtes" abzuschaffen. Das Bild der Familie weist darauf hin, dass Gewalt weitergegeben wird: Erlittene Gewalt macht gewalttätig und lässt etwas als normal erscheinen, „weil es schon immer so war." Diesen Kreislauf der Gewohnheit gilt es zu durchbrechen.*

4 *Die Auseinandersetzung mit der Frage: „Warum kein Austausch mit einer Schule, an der es ‚körperliche Bestrafung' gibt?", könnte dadurch an Reiz gewinnen, dass man sich eine Schule mit einer sehr guten Ausstattung und einer hervorragenden Lage vorstellt.*

Die folgenden Schritte im Schreibprozess einer steigernden Erörterung lassen sich en bloc oder mit mehreren Korrektur- und Ergänzungsunterbrechungen unternehmen.

1. ***Schritt: Stoffsammlung***
   Mögliche Erweiterungen der Mind-Map:
   - *Austausch wäre Unterstützung einer Pädagogik, die wir ablehnen*
   - *genügend Alternativen vorhanden (Beispiele A, B, C …)*
   - *mögliche körperliche Schädigung der Austauschschüler*
   - *fehlender Effekt körperlicher Strafen (keine Einsicht, Herrschaft durch Angst)*
   - *Ziel des reinen Gehorsams unterdrückt kritisches Denken*
   - *Nähe zur Folter*
2. ***Schritt: Gliedern***
   Die Gliederung für Eltern und Lehrer wird stärker auf die abstrakten Argumente ausgerichtet werden können (philosophischer und pädagogischer Art), die Gliederung für Schüler stärker auf pragmatisch-konkrete Gründe (körperliche Schäden, Demütigung, Alternativen).

3. *Schritt: Einleitung und Schluss*

Einige Beispiele:

- *von einem konkreten Fall ausgehen (Einleitung): „Meine Schwester sucht zurzeit eine Schule in den USA, in der sie für einige Monate den Unterricht besuchen kann. Dabei stieß sie auf eine Warnung vor bestimmten Schulen in Texas …" – Schluss (Aufforderung/ persönlicher Wunsch): „Ich möchte die Warnung vor diesen Schulen also nicht nur unterstützen, sondern auch dazu auffordern, diesem Unwesen ein Ende zu machen."*
- *die allgemeine Bedeutung des Problems aufzeigen (Einleitung): „Kann es gut sein, einen Menschen durch Schläge zu angemessenem Verhalten zu bringen? …" – Schluss (Aufforderung): „Also lautet die Forderung: Keine Unterstützung einer demütigenden, falschen Erziehung!"*
- *das Thema in einen aktuellen Zusammenhang stellen (Einleitung): „Auf der Suche nach einer neuen Partnerschule in den USA wurde vor Kurzem die XY-Schule in Z vorgeschlagen. Das lehnen wir ab, da an dieser Schule Fehlverhalten von Schülern körperlich bestraft wird …" – Schluss (Antrag): „Wir beantragen also, diesen Plan fallen zu lassen und andere Schulen für einen Austausch zu suchen."*

4. *Schritt: Formulieren einer Erörterung – Auch eine Stilfrage*

Beispiele für sachliche Umformulierungen:

- *„Wer für einen solchen Austausch stimmt, ist doch wohl nicht recht bei Trost." → „Wer für einen solchen Austausch stimmt, hat sicher nicht alle Argumente bedacht."/ „Unserer Meinung nach sprechen alle Argumente gegen einen solchen Austausch."*
- *„Schläger sollten mal selbst verprügelt werden." → „Ob sich derjenige, der schlägt, in den Geschlagenen hineinversetzen kann?"/ „Messen die, die körperlich strafen, nicht mit zweierlei Maß? Würden sie für sich eine Prügelstrafe akzeptieren, wenn sie zum Beispiel einmal falsch geparkt haben?"*
- *„Kinder, die geschlagen werden, kriegen irgendwann einen seelischen Knacks." → „Aus Geschlagenen können später Schlagende werden."/ „Wer Schläge als Mittel der Erziehung erlebt, kann psychisch krank werden."*

Beispiele für Synonyme:

- *Pranger: Schandpfahl (an den Pranger stellen: öffentlich anklagen);*
- *strafen: bestrafen, ahnden, heimzahlen, züchtigen;*
- *Vergehen: Verbrechen, Fehler, Delikt, Sünde, Übertretung;*
- *Persönlichkeit: Individualität, Charakter, Eigenart, Wesen;*
- *Erziehung: Bildung, Unterrichtung, Formung, Anleitung, Schulung;*
- *beschimpfen: beleidigen, anfeinden, wettern, erniedrigen, demütigen;*
- *Recht: Gesetz, Anrecht, Berechtigung, Freiheit, Anspruch, Befugnis.*

Beispiele für sinnvolle logische Verknüpfungen:

- *„Solche Praktiken sind mit mittelalterlichen Strafen am Pranger zu vergleichen,* ***weil*** *sie die Verurteilten demütigend zur Schau stellen."*
- *„Viele Schulen im Süden der Vereinigten Staaten praktizieren noch solche Strafen,* ***wohingegen/ während*** *andere Bundesstaaten sie bereits abgeschafft haben."*
- *„****Wenn*** *das Schlagen von Kindern richtig wäre, müsste man* ***dann*** *nicht auch erwachsene Straftäter mit Schlägen strafen?"*

5. *Schritt: Überprüfen*

Zur Schreibkonferenz vgl. S. 45 in diesem Handbuch.

2.2 Strafmündigkeit – Argumentationen analysieren und verfassen

S. 43

Zeitungs- und Gesetzestexte – Argumentationen untersuchen

1 *Die Übersicht könnte z. B. so aussehen:*

Konsequenzen bei Begehen einer Straftat

13-Jähriger	14-Jähriger
Kind: schuldunfähig, keine Festnahme	Jugendlicher: schuldfähig, Festnahme
– Familiengericht kann eingeschaltet werden, Erziehungsgedanke steht absolut im Vordergrund, nicht die Strafe – Möglichkeit der Entziehung des Sorgerechts, wenn die Einwirkung der Erziehungsberechtigten schadet	Erziehungsmaßregeln: – Weisungen (zumutbare Gebote und Verbote zur Lebensführung) – Anordnung, Hilfe zur Erziehung in Anspruch zu nehmen: Erziehungsbeistand, Heimaufenthalt
	Zuchtmittel: – Auflagen (Wiedergutmachung, Entschuldigung, Arbeitsleistung, Zahlung eines angemessenen Betrages aus eigenen Mitteln) – Jugendarrest (Freizeit-, Kurz- oder Dauerarrest bis höchstens vier Wochen)
	Jugendstrafe: – mindestens sechs Monate, höchstens fünf Jahre, in besonders schweren Fällen bis zu zehn Jahren – erzieherische Einwirkung

2 *In der Diskussion, ob die Festlegung der Schuldfähigkeit auf ein bestimmtes Alter richtig ist, geht es eher um eine Problembeschreibung (Wie könnten Grenzen anders gesetzt werden? Sind heutzutage 13-Jährige noch „Kinder"? Wandelt sich die Schuldfähigkeit von einem Tag auf den anderen? Wenn für Jugendliche die Möglichkeit existiert, noch als schuldunfähig zu gelten, sollte dann nicht auch für Kinder eine eingeschränkte Schuldfähigkeit denkbar sein?) als um eine umfassende Diskussion, die schon Lösungsvorschläge abwägt.*

S. 44

Die Debatte im „Deutschen Sonntagsblatt"

3 *Zuordnung der Thesen zu den im Schülerband genannten Kategorien:*
- *Behauptung: Thesen D, F*
- *Werturteil: Thesen B, E, G*
- *Empfehlung/Forderung: Thesen A, C*

4 / **5** *Begründung der Thesen und Bestimmung der Argumentationsart:*

	These	Argument(e)	Argumentationsart
A	Diese Tatsachen dürfen für unsere Gesellschaft kein Tabuthema mehr sein (= es muss über sie gesprochen, diskutiert werden),	weil Jugendliche zunehmend Straftaten mit großer krimineller Energie und Brutalität begehen. (Vogler, Z. 4ff).	Faktenargument
B	Die Altersbegrenzung bei 14 Jahren ist überholt,	weil die Pubertät früher einsetzt. (Vogler, Z. 10)	Faktenargument
C	Sanktionen des Jugendstrafrechts müssen bereits ab dem zwölften Lebensjahr verhängt werden können,	weil Kinder schon die Einsichtsfähigkeit in strafbares Unrecht besitzen. (Vogler, Z. 17f.)	Faktenargument
D	Die Bekämpfung der Ursachen der Kinder- und Jugendkriminalität ist zusätzlich notwendig.	(keine Begründung)	–
E	Der Anstieg der Kinder- und Jugendkriminalität [...] ist Besorgnis erregend,	weil sie Zeichen sozialer Desintegration sind (und dies ist schlecht!).	Wertargument
F	Diese Ursachen lassen sich [...] nur durch Maßnahmen in allen außerstrafrechtlichen Politik- und Verantwortungsbereichen beseitigen,	weil sie gesellschaftliche Gründe sind (zu erschließen).	Faktenargument/ Wertargument (ein Einzelner darf nicht die Fehler der Gesellschaft büßen)
G	Die gesetzliche Strafmündigkeitsgrenze von 14 Jahren [...] hat sich grundsätzlich bewährt,	weil sie das Ergebnis einer langen Entwicklung ist. (Geis, Z. 13ff.)	Faktenargument
		weil sie eine Reife bei den Jugendlichen voraussetzt.	Wertargument
		weil sie Rechtssicherheit bietet (und Rechtssicherheit ist ein hohes Gut).	Faktenargument/ Wertargument

7 *Faktenargumente lassen sich durch Beispiele und Belege leichter untermauern, Wertargumente im Kern deutlich schwieriger. Autoritätsargumente lassen sich in der Regel belegen; sie verlieren schnell an Überzeugungskraft, wenn sie nicht nachgewiesen werden können.*

S. 47

Strittige Sachverhalte klären – Eine dialektische Erörterung verfassen

1. Schritt: Eine Stoffsammlung anlegen

1 / 2 *Sammlung und Ordnung der Gedanken könnten z. B. so beginnen:*

Gründe für und gegen die Herabsetzung des Alters der Strafmündigkeit (Beispiele)	
Pro	**Kontra**
– Steigerung der Jugendkriminalität – Wahlrecht schon ab 16, dann auch ... – Entwicklungsveränderungen bei Kindern	– bewährte Regelung – Verantwortung der Eltern – ...
Ergänzungen	
– Ausnutzen der Altersgrenze durch organisierte Banden wird unterbunden – ...	– ungerechte Regelung für „kindliche" Zwölfjährige – Erziehungsmittel reichen aus – Grenze bei zwölf Jahren ebenso „willkürlich" wie bei 14 Jahren

2. Schritt: Die Gliederung des Hauptteils planen

4 *Die angerissene Gliederung ist nach dem „Sanduhr"-Prinzip geordnet.*

5 *„Sanduhr"-Prinzip:*
- *Nachteile: Der Leser benötigt mehr Aufmerksamkeit, um den Zusammenhang der Argumentation zu erkennen;*
- *Vorteile: Form für Erörterungen, in denen der Verfasser deutlich Stellung nimmt; die eigene Position wird an den Schluss gestellt und bleibt stärker beim Leser haften.*

„Ping-Pong"-Prinzip:
- *Nachteile: schwierigere Verknüpfung der Argumente, genaue Abstimmung von Pro- und Kontra-Argumenten notwendig;*
- *Vorteile: wirkungsvollere Form für offene Fragen, in denen der Verfasser auch der Gegenargumentation breiten Raum lässt.*

3. Schritt: Einleitung und Schluss schreiben

6 *Zuordnung der im Schülerband auf S. 50 abgedruckten Einleitungen zu den zuvor genannten Möglichkeiten, eine Einleitung zu gestalten (S. 49 im Schülerband):*
- *von einem konkreten Fall oder aktuellen Zusammenhang ausgehen: „Im Juli 2007 ging ein spektakulärer Fall durch die Presse ..."*
- *die allgemeine Bedeutung des Problems aufzeigen: „Betrachtet man die Kriminalitätsstatistik ..."*
- *eine geschichtliche Entwicklung ansprechen: „Kinder, die Straftaten begehen, gab es schon immer ..."*
- *von einer Definition ausgehen: „Schuldfähigkeit, Deliktfähigkeit, Strafmündigkeit – viele ..."*

4. Schritt: Die Erörterung formulieren/ 5. Schritt: Die Erörterung kritisch überprüfen

8 / 10 *Sowohl beim Verfassen als auch bei der Überprüfung der Erörterung können die Checklisten im Schülerband auf S. 51 und S. 42 als Kriterienkataloge herangezogen werden. Zur Überprüfung und Verbesserung bietet sich die Methode der Schreibkonferenz an (vgl. S. 45 in diesem Handbuch).*

Texte überarbeiten – Die Schreibkonferenz

Selten ist ein Text in der ersten Fassung richtig gut, sitzt jedes Wort an der richtigen Stelle. Wenn in einer Gruppe Texte verfasst werden, hilft die Methode der **Schreibkonferenz** bei der Überarbeitung. Sie kann auch unabhängig von einer Projektarbeit zur Perfektionierung individueller Texte benutzt werden.

1. Eigene Textproduktion
Vor Beginn der Schreibkonferenz schreibt ihr selbst. Das können Texte ganz verschiedener Art sein: Gedichte, Berichte, Reportagen, Werbetexte, Erörterungen ...
Damit genügend Platz für Korrekturen und Hinweise bleibt, lasst beim Schreiben genügend Rand oder klebt die Seite auf ein DIN-A3-Blatt.

2. Gruppenbildung
Besteht die Gruppe bereits, kann diese Phase übersprungen werden, ansonsten sollten sich vier Personen durch Los- oder Auswahlverfahren zusammenfinden (je nach Art der Texte auch durch freie Einteilung, besonders, wenn das Thema Vertrautheit der Personen untereinander verlangt).

3. Konferenzrunde
In der Konferenzrunde stellt ihr eure Texte vor und erhaltet Verbesserungsvorschläge. Eine Möglichkeit besteht darin, den Text vorzulesen und anschließend Fragen zum Verständnis zu stellen, eine andere Möglichkeit darin, den Text oder die Texte still zu lesen und mit Korrekturzeichen zu versehen:

I Inhalt/Aufbau/Logik, z. B. *hier stimmt etwas nicht, hier verstehe ich etwas nicht ...;*
A Ausdruck/Stil, z. B. *das ist zu kompliziert, zu sehr im Jargon, zu sehr ...;*
Gr Grammatik, z. B. *hier passen Prädikat und Nomen im Numerus nicht zusammen ...;*
T Tempus, z. B. *die Zeitform ist nicht angemessen gewählt, das Präsens passt hier besser ...;*
Sb Satzbau, z. B. *der Satz ist unvollständig, im Nebensatz gehört das Prädikat ans Ende ...*

Schließlich prüft ihr noch die Rechtschreibung und markiert die Fehler.
Wichtig: Vergesst nicht zu loben, was an den Texten gelungen ist!

4. Eigene Textüberarbeitung
Ihr schreibt nun eure eigenen Texte noch einmal und bezieht dabei die Verbesserungsvorschläge aus der Konferenzrunde mit ein. Falls nötig, könnt ihr weitere Konferenzrunden einberufen. An den Texten wird so lange gefeilt, bis sie euren Ansprüchen genügen.
Wichtig: Verbesserungsvorschläge können von der Verfasserin/vom Verfasser abgelehnt werden, wenn es gute Gründe dafür gibt.

5. Präsentation der Texte
Schließlich werden die Texte der Klasse oder dem Projektpublikum vorgestellt.

2.3 Gewalt im Stadion – Ein Hearing durchführen

Das Hearing oder die Expertenbefragung wird hier in erster Linie als Rollenspiel geplant und durchgeführt. Die Umsetzung als echtes Hearing verlangt großen Einsatz, bietet andererseits aber noch weiter gehende Anreize. Bleibt es beim Rollenspiel, ist besonderer Wert auf eine ausführliche Recherche und ein umfassendes Verständnis der jeweiligen Thematik bei den „Expertinnen" und „Experten" zu legen, allerdings sollten sich auch die Befragergruppen intensiv mit dem Themengebiet auseinandersetzen. Die jeweilige Perspektive der Erarbeitung unterscheidet sich insofern, als die Expertengruppen eine bestimmte Blickrichtung und Einstellung zum Thema übernehmen (und in ihrer Rolle verkörpern müssen). Zielsetzung ihrer Beschäftigung ist ein Statement, das eine klare Position vertritt – und darüber hinaus ein möglichst umfassender Fundus von Informationen, der es ihnen erlaubt, Fragen zu beantworten.
Die Befrager untersuchen das Themengebiet eher auf Fragwürdigkeiten und kontroverse Positionen, ihr Ziel ist zwar nicht die Darstellung eigener Positionen, dennoch sollten ihre Fragen zur vertiefenden Argumentation der „Experten" führen.

S. 52 **1** *Eine Zusammenstellung zu den Arten der Gewalt in und um Fußballstadien könnte anhand der drei Texte zu folgendem Ergebnis führen:*

Text	*Art der Gewalt*	*Reaktionen*
Text 1: Lokomotive Leipzig	- *spontaner Angriff von Fans auf Polizeikräfte* - *Verletzung von Polizisten*	- *unzureichende Dokumentation* - *schleppende Verfahren* - *erst fünf Verurteilungen* - *milde Strafen* - *Verein spricht Stadionverbote aus*
Text 2: DFB-Spot	- *Hooligan-Ausschreitungen beim Länderspiel 2005 in Slowenien*	- *TV-Spot der Spieler, die sich gegen Gewalt aussprechen* - *klare Distanzierung der Spieler von gewaltbereiten Hooligans („Diese Leute gehören nicht zu uns.")*
Text 3: Aslan	- *rassistische Äußerungen gegen Spieler türkischer Herkunft*	- *keine Gegengewalt* - *„Nerven behalten"*

2 *Denkbar wären Reaktionen auf verschiedenen Handlungsebenen:*

- *Polizei: Überwachung der Fans, Dokumentation von Beleidigungen und Gewalttaten, Ahndung mit harten Strafen, vorbeugende Arbeit in Schulen und Jugendeinrichtungen;*
- *Vereine: Dokumentation und Ausschluss von gewaltbereiten Hooligans (Stadionverbot auf Zeit oder für immer), Sicherheitszonen, die Fans voneinander trennen, Sicherheitsschleusen für Besucher (um Alkohol, Wurfgeschosse, Waffen zu finden), Zusammenarbeit mit Fanclubs, Stellungnahme der Spieler und Trainer gegen Gewalt;*
- *Fanclubs: Gespräche mit Fans, Ausschluss von gewaltbereiten Fans, Stärkung der friedlichen Fans, Treffen von Fanclubs verschiedener Mannschaften (Partnerschaften);*
- *Schiedsrichter/Fußballverband: Abbruch von Spielen, in denen körperliche oder verbale Gewalt geübt wird, Strafen für die Fußballvereine, deren Fans gewalttätig sind (bis zum Entzug der Lizenz).*

Lernerfolgskontrolle/ Thema für eine Klassenarbeit

Eine Argumentation zu einem Sachverhalt erstellen

An eurer Schule sind einige Fälle vorgekommen, in denen Schüler andere Schülerinnen bzw. Schüler eurer Schule in Internetforen (z. B. Schüler-VZ, Facebook etc.) unverschämt beleidigt bzw. bedroht haben. Es wird diskutiert, ob die Schulleitung sich in solchen Fällen einmischen und Disziplinarmaßnahmen verhängen sollte.
In der Schülerzeitung eurer Schule gibt es eine Sparte, in der aktuelle Probleme diskutiert werden.
In der unten stehenden Liste sind Argumentationsansätze für unterschiedliche Positionen zur Problemstellung aufgelistet. Sie können als Basis für deine Stellungnahme dienen. Nicht alle Notizen haben Überzeugungskraft oder Relevanz für die Frage.

1 *Untersuche die Notizen auf ihre Überzeugungskraft für die Leser der Zeitung bzw. ihre Tragfähigkeit zur Entscheidung der Frage. Du kannst ihnen dazu eine Qualitätsziffer zwischen 1 (wichtiges Argument) und 5 (nicht relevantes Argument) zuordnen.*

Argumente:

(a) Die Schulleitung reagiert auch bei Beleidigungen und Drohungen in der Schule. ☐

(b) Der Betreiber des Forums straft falsches Verhalten durch Löschen der Mitgliedschaft. ☐

(c) Die Schule ist der Ort, an dem sich die Beteiligten kennen gelernt haben und täglich sehen. ☐

(d) Beleidigte und Beleidigungen werden durch eine Bestrafung der Täter ebenfalls öffentlich bekannt. ☐

(e) Diese Taten stören den Schulfrieden massiv. ☐

(f) Disziplinarmaßnahmen werten die Taten auf. ☐

(g) Das Internet ist Privatsache. ☐

(h) Eltern haben andere Möglichkeiten der Reaktion. ☐

(i) Dieses Verhalten kann andere Schülerinnen und Schüler „anstecken", sich ebenso zu verhalten. ☐

(j) Internetforen sind für fast jeden zugänglich, also öffentlich. ☐

(k) Werden Lehrerinnen und Lehrer im Netz beleidigt, reagiert die Schule. ☐

(l) Das Internet bewahrt solche Beleidigungen sehr lange, auch wenn der Täter sie gelöscht hat. ☐

(m) Schwere Beleidigungen und Drohungen sind Straftaten. ☐

(n) Wer in einem Forum mitmacht, muss halt damit rechnen, beleidigt zu werden. ☐

(o) ______________________________ ☐

(p) ______________________________ ☐

2 *Wähle die besten Argumente aus und begründe deine Auswahl in einer Liste nach diesem Muster:*

Argument	**Pro oder kontra Strafe/Disziplinarmaßnahmen durch die Schule**	**Warum ist das Argument wichtig?**

3 *Verfasse eine dialektische Erörterung (Stellungnahme) für die Schülerzeitung, in der du die Frage diskutierst und auf die ausgewählten Argumente zurückgreifst. Du kannst natürlich auch noch weitere, nicht aufgeführte Argumente benutzen. Bedenke, dass deine Argumente durch Beispiele gestützt werden sollten. Verwende entweder das Sanduhr- oder das Ping-Pong-Prinzip. Beachte Einleitung und Schluss.*

Erwartungshorizont/Erläuterungen zu den Argumenten

<table>
<tr><th>Argument</th><th>Pro oder kontra Strafe/Disziplinarmaßnahmen durch die Schule</th><th>Erläuterung zu den Argumenten</th></tr>
<tr><td>(a) Die Schulleitung reagiert auch bei öffentlicher Beleidigung und Drohungen in der Schule.</td><td>Pro</td><td>Bedenkenswertes Argument (vgl. Argument (e)).
Fraglich ist, inwiefern Internetforen mit der Schulöffentlichkeit gleichzusetzen sind.
Dafür spricht, dass die Seiten sehr häufig von Schülerinnen und Schülern der eigenen Schule benutzt werden, andere Internetnutzer werden eher zufällig darauf stoßen.
Erschwerend tritt hinzu, dass die zeitliche Kürze einer mündlichen Beleidigung im Internet abgelöst wird durch eine länger andauernde schriftliche, die Beleidigung im Netz also eher mit einer schriftlich ausgehängten zu vergleichen wäre.
Dagegen spricht, dass Zuschauer aktiv werden müssen, um auf die Seite zu gelangen, wohingegen sie im öffentlichen Schulraum ungefragt Zeugen der Beleidigung werden.
Bei Gleichsetzung muss auch gleiche Bestrafung gelten.</td></tr>
<tr><td>(b) Der Betreiber des Forums bestraft falsches Verhalten: Forumsausschluss der Täter/innen.</td><td>Kontra</td><td rowspan="3">Nicht tragfähige Argumente.
Unabhängig von der Bestrafung oder Reaktion an anderer Stelle muss sich die Schule fragen, wie sie reagiert; ein Abschieben der Verantwortung auf andere Institutionen ist kaum möglich, da nicht zu generalisieren.</td></tr>
<tr><td>(h) Eltern haben andere Möglichkeiten der Reaktion: klären das unter sich, erstatten Anzeige.</td><td>Kontra</td></tr>
<tr><td>(m) Schwere Beleidungungen und Drohungen sind Straftaten: Strafanzeige bei der Polizei durch die Schule.</td><td>Kontra</td></tr>
</table>

Argument	Pro oder kontra Strafe/Disziplinarmaßnahmen durch die Schule	Erläuterung zu den Argumenten
(c) Die Schule ist der Ort, an dem sich die Beteiligten kennen gelernt haben und täglich sehen.	Pro	Wenig tragfähiges Argument. Mit dieser Argumentation würde jeglicher „Veranstalter" für die Folgen geradestehen, die durch das Zusammentreffen von Personen auf seiner Veranstaltung entstehen. Hinweis auf Argument (e) „Schulfrieden".
(d) Beleidigte und Beleidigungen werden durch eine Bestrafung der Täter ebenfalls öffentlich bekannt.	Kontra	Bedenkenswertes Argument. Der Schutz der „Opfer" muss immer im Blick sein, demütigende Veröffentlichung darf die Beleidigung nicht vergrößern. Gegenargumente: Die Art der Reaktion muss sehr gut bedacht sein. Aber auch: Beleidigte müssen eine solche angemessene Konsequenz unter Umständen in Kauf nehmen, übergeordnet ist hier das Ziel der Verhinderung einer Wiederholung etc.
(e) Diese Taten stören den Schulfrieden massiv.	Pro	Bedenkenswertes Argument. Zentrales Argument für ein Eingreifen. Die Schule hat auf Schutzbefohlene zu achten, sie steht in der Verantwortung. Die Gegenargumentation setzt auf die Nichtöffentlichkeit, dann müsste auch jede Beleidigung im außerschulischen Bereich in der Schule verhandelt werden. Enger Zusammenhang mit Argument (a).
(f) Disziplinarmaßnahmen werten die Taten auf.	Kontra	Bedenkenswertes Argument. Strafe darf nicht zu einer „Trophäensammlung" beim Täter führen. Einsicht in das Fehlverhalten ist anzustreben. Eventuell bietet sich hier die Möglichkeit eines Kompromisses in einer Art „Täter-Opfer-Ausgleich".
(g) Das Internet ist Privatsache.	Kontra	Beide Argumente sind nicht relevant. Es ist unerheblich, ob die Beleidigung und Drohung im privaten oder im öffentlichen Raum ausgesprochen wurde, wesentlich sind die Folgen für die Schule und nicht der Ort. Ein anderer Aspekt wäre die Rufschädigung der Schule durch die mögliche Öffentlichkeit – allerdings sind hierbei nicht mehr das Opfer oder der Schulfrieden im Blick.
(j) Internetforen sind für fast jeden zugänglich, also öffentlich.	Pro	

Argument	Pro oder kontra Strafe/Disziplinarmaßnahmen durch die Schule	Erläuterung zu den Argumenten
(i) Dieses Verhalten kann andere Schülerinnen und Schüler „anstecken“, sich ebenso zu verhalten.	Pro	Bedenkenswertes Argument. Die Schulleitung muss dafür Sorge tragen, dass in der Schule ein verantwortungsvoller und menschlicher Umgang miteinander gepflegt wird, damit ihre Ziele erreicht werden können. Sie muss bilden und erziehen. Insofern muss sie eingreifen, wenn diese Art des Umgangs gefährdet ist. Das wäre sie, wenn Beleidigungen toleriert werden. Der Umgang mit Mobiltelefonen wird beispielsweise auch von der Schule geregelt, damit es nicht zu Missbrauch und Störungen kommt.
(k) Werden Lehrerinnen und Lehrer im Netz beleidigt, reagiert die Schule.	Pro	Bedenkenswertes Argument. Lehrerbeleidigungen durch Schülerinnen und Schüler sind immer Sache der Schule, weil das Verhältnis der Personengruppen auch außerhalb der Schule immer ein schulisches Verhältnis ist. Wird das Schüler-Schüler-Verhältnis ähnlich gesehen, entsteht eine Analogie (Argument (c)). Wenn nicht, dann gilt dieses Argument nicht.
(l) Das Internet bewahrt solche Beleidigungen sehr lange auf, auch wenn der Täter sie gelöscht hat.	Pro	Bedenkenswertes Argument. Bedenkenswert als Argument zweiter Ordnung, das die Bewertung der Schwere der Beleidigung und die mögliche Reaktion beeinflussen kann, wenn die Entscheidung fällt, dass reagiert werden muss.
(n) Wer in einem Forum mitmacht, muss halt damit rechnen, beleidigt zu werden.	Kontra	Nicht tragfähiges Argument („Killerargument“). Der Hinweis auf gewisse Risiken (siehe Zigarettenschachteln) ist zwar durchaus üblich, beim Internet handelt es sich jedoch um ein Kommunikationsinstrument und nicht um ein Suchtmittel. Mit diesem Argument lässt sich jede menschenverachtende und beleidigende Kommunikation rechtfertigen. Auch im Internet gibt es Regeln, eine „Netiquette“.

Bewertungsraster

Aufgabe	Anforderungen	maximale Punktzahl	erreichte Punktzahl
Die Schülerin/der Schüler ...			
1	... weist den Argumenten eine Qualitätsziffer zu.	6	
2	... wählt eine hinreichende Zahl (mindestens vier) bedenkenswerte Argumente aus, die beide Positionen unterstützen.	4	
	... begründet ihre/seine Auswahl (stichwortartig), indem ein zentraler Grund entweder in Bezug auf die Adressaten oder auf die Streitfrage genannt wird.	10	
3	... bezieht die Ergebnisse in ihre/seine weitere Arbeit ein.	4	
	... formuliert eine Einleitung, die die Fragestellung aufzeigt und adressatengerecht Interesse weckt.	8	
	... erstellt einen Hauptteil im Sanduhr- oder im Ping-Pong-System unter sinnvoller Anordnung der Argumente.	6 oder (4)	
	... formuliert die gewählten Argumente adressatengerecht und erläutert, inwiefern sie eine Position zu begründen vermögen.	14	
	... sichert ihre/seine Argumente durch sinnvolle Beispiele ab.	10	
	... formuliert einen Schlussteil, der ein Fazit zieht und an die Einleitung anknüpft.	8	
4	... erfüllt ein weiteres aufgabenbezogenes Kriterium (z. B. sinnvolle eigene Argumente). (Max. 8)		
		= 70	
Darstellungsleistung			
1	... formuliert gedanklich klar und aufeinander bezogen, benutzt sprachliche Signale des Argumentierens (Ordnung der Aussagen, Logik der Aussagen).	8	
2	... formuliert syntaktisch korrekt und abwechslungsreich.	6	

3	... wählt eine angemessene Stilebene für seine Adressaten, nutzt Fachwörter, wo sinnvoll.	6	
4	... schreibt sprachlich richtig (Rechtschreibung, Zeichensetzung, Grammatik).	10	
		= 30	
Gesamtpunktzahl		100	

Ab 86 Pkte.: sehr gut (-)
Ab 71 Pkte.: gut (-)
Ab 56 Pkte.: befriedigend (-)
Ab 41 Pkte.: ausreichend (-)
Ab 36 Pkte.: mangelhaft (-)

Literaturhinweise

Brenner, Gerd/Brenner, Kira: Fundgrube Methoden I. Für alle Fächer. Cornelsen Scriptor, Berlin [2]2007

Brenner, Gerd: Fundgrube Methoden II. Für Deutsch und Fremdsprachen. Cornelsen Scriptor, Berlin 2007

Gericke, Cornelia: Rhetorik. Die Kunst zu überzeugen und sich durchzusetzen. Cornelsen, Berlin [3]2008

Opfer. Eine Ausstellung. Kampagne gegen häusliche Gewalt und sexuelle Misshandlungen von Kindern und Frauen. Gestaltet von Studentinnen und Studenten der Bauhaus-Universität Weimar in Zusammenarbeit mit dem Weißen Ring. Hg. von Weißer Ring e. V. und Bauhaus-Universität Weimar, o. J.

Petersen, Wilhelm H.: Kleines Methoden-Lexikon. Oldenbourg, München 1999

Schleichert, Hubert: Wie man mit Fundamentalisten diskutiert, ohne den Verstand zu verlieren. Anleitung zum subversiven Denken. C. H. Beck, München 1997

Spinner, Kaspar H.: Was gehört zu einer guten Argumentation? In: Praxis Deutsch 203/2007, S. 21–24

Winkler, Iris: Argumentierendes Schreiben im Deutschunterricht. Theorie und Praxis. Lang, Frankfurt/M. 2003

Winkler, Iris: Argumentierendes Schreiben. In: Abraham, Ulf/Kupfer-Schreiner, Claudia/Maiwald, Klaus (Hg.): Schreibförderung und Schreiberziehung. Eine Einführung für Schule und Unterricht. Auer, Donauwörth 2005, S. 88–98

Winkler, Iris: Argumentierendes Schreiben im Deutschunterricht. Im Spiegel von Aufgaben für Lern- und Leistungssituationen. In: Grundler, Elke/Vogt, Rüdiger (Hg.): Argumentieren in Schule und Hochschule. Interdisziplinäre Studien. Stauffenburg Verlag, Tübingen 2006, S. 145–154

3 Globale Verantwortung – Recherchieren und Präsentieren

Konzeption des Gesamtkapitels

Auch das dritte Kapitel des Lehrwerks thematisiert – wie bereits die beiden ersten Kapitel – eines der drängenden Probleme unserer Zeit, nämlich die globalen Veränderungen unserer natürlichen Lebensbedingungen unter dem Einfluss menschlichen Verhaltens. Da dieses Thema unterschiedlichste Wissensbereiche von den Naturwissenschaften bis zu Ethik und Religion betrifft, eignet sich das Kapitel in besonderem Maße für fachübergreifendes oder fächerverbindendes Arbeiten. Dazu passend werden Kompetenzbereiche weiterentwickelt, die auch in anderen Fächern von besonderer Bedeutung sind: Recherchieren und Präsentieren sowie das Lesen und Verstehen eines längeren Sachtextes.

Das erste Teilkapitel (**„Klimawandel – Informative Referate halten"**) regt zu einer intensiven Beschäftigung mit einem Thema an, das in der Politik und den Medien in jüngster Zeit zwar zunehmend an Bedeutung gewonnen hat, dessen von Wissenschaftlern immer nachdrücklicher aufgezeigte existenzielle Brisanz aber nach wie vor nur zögerlich das politische und individuelle Handeln tatsächlich verändert. Es ist deshalb ein Anliegen dieses Kapitels, neben den fachlichen Kompetenzen bei den Schülerinnen und Schülern auch das Bewusstsein für die Reichweite des Klimawandels und für die persönliche Verantwortung, die jeder Einzelne in diesem Kontext trägt, zu fördern. Verschiedene Unterthemen werden in den Abschnitten des Teilkapitels mit den Kompetenzen verbunden, die zur Erarbeitung eines Referats oder einer Präsentation notwendig sind. Das Kapitel bietet damit ein Grundgerüst, das in der unterrichtlichen Realisation (z. B. als Gruppenpuzzle oder als Projektarbeit) flexibel eingesetzt werden kann.

Das zweite Teilkapitel (**„Welt ohne Menschen – Einen längeren Sachtext untersuchen und bewerten"**) greift ein in jüngerer Zeit von verschiedenen Wissenschaftlern angedachtes Gedankenexperiment auf und bietet dazu einen längeren (allerdings gegenüber dem Original immer noch gekürzten) Sachtext zur Erarbeitung an. Der Text ist typisch für populärwissenschaftliche Artikel, wie sie in Zeitschriften wie „GEO", „National Geographic", „Süddeutsche Zeitung Wissen" oder anderen erscheinen, und repräsentiert damit eine Textsorte, zu deren Leserschaft auch interessierte ältere Schülerinnen und Schüler gehören (können/sollten). Indem zentrale Lesestrategien hier unter dem Vorzeichen der Textlänge vermittelt und geübt werden, leistet dieses Teilkapitel einen besonderen Beitrag zur Wissenschaftspropädeutik, da das Lesen umfangreicherer Fachtexte zum Alltag jedes Studiums gehört.

Nach den eher pessimistischen Bestandsaufnahmen im ersten und der möglicherweise auch desillusionierend wirkenden Zukunftsvision im zweiten Teilkapitel bietet das dritte Teilkapitel (**„Verantwortung für die Welt – Eine eigene Rede verfassen und frei halten"**) inhaltlich mit dem Projekt der Friedensnobelpreisträgerin Wangari Maathai ein positives Angebot, das eine Möglichkeit zu verantwortungsbewusstem und optimistischem Handeln aufzeigt. Ergänzend zu den Präsentationstechniken im ersten Teilkapitel erarbeiten die Schülerinnen und Schüler hier einen appellativen Kurzvortrag; aus dem Kompetenzbereich „Schreiben" wird zudem das Verfassen eines Protokolls integriert.

		Inhalte	Kompetenzen
S. 55	**3.1**	**Klimawandel – Informative Referate halten**	**Die Schülerinnen und Schüler können**
S. 56		**Zu einem Begriff recherchieren**	– Recherchetechniken im Umgang mit digitalen und gedruckten Informationsquellen anwenden;
S. 57		**Informationen prüfen, Begriffe klären**	– die Relevanz, die Verlässlichkeit und die Verständlichkeit von Informationen einschätzen;
S. 59		**Das Protokoll von Kyoto**	– einen schwierigen Text mit Hilfe entsprechender Strategien für sich verständlich machen;
S. 61		**Wissen strukturieren und grafisch umsetzen**	– eine komplexe Grafik im Rahmen eines Vortrags erläutern;
S. 62		**Wirkungsvoll appellieren und persönlich motivieren**	– eine Präsentation mit gezielt eingesetzten Appellen wirkungsvoll abschließen.
S. 63	**3.2**	**Welt ohne Menschen – Einen längeren Sachtext untersuchen und bewerten**	**Die Schülerinnen und Schüler können**
S. 63		**Gedankenexperimente – Zugang zum Thema finden, Vorwissen aktivieren**	– sich durch das Aktivieren von Vorwissen und/oder das Entwickeln von Assoziationen zu einem Thema einen Textzugang erschließen;
		Bob Holmes **Welt ohne Menschen**	– durch überfliegendes Lesen eine Vorstellung von den Inhalten eines längeren Textes gewinnen und so die Relevanz eines Textes bei einem bestimmten Leseinteresse beurteilen;
S. 64		**Erstes, überfliegendes Lesen**	
S. 68		**Gezieltes Lesen – Konzentriert nach Informationen suchen**	– anhand bestimmter Kriterien in kurzer Zeit gezielt Informationen aus einem längeren Text entnehmen;
S. 69		**Intensives Lesen – Textstrukturen und Aussageformen durchschauen**	– die Struktur eines längeren Textes erläutern, seine Aussageformen klassifizieren und wichtige Inhalte wiedergeben;
S. 70		**Vorwissen und Textwissen verknüpfen**	– ihr Textverständnis durch den Einbezug von Vorwissen aktiv und bewusst erweitern;
S. 70		**Kritisches Lesen – Sich mit der Textintention auseinandersetzen**	– auf unterschiedlichen Ebenen (z. B. Argumentation, Intention, sprachliche Gestaltung) ein begründetes Urteil über einen Text abgeben.
S. 71	**3.3**	**Verantwortung für die Welt – Eine eigene Rede verfassen und frei halten**	**Die Schülerinnen und Schüler können** – appellative Strukturen in Brief und Rede vergleichen;
S. 72		**Der Antrag – In einem Kurzvortrag informieren und appellieren**	– in einem kurzen Vortrag Information und Appell schlüssig miteinander verbinden; – den Vortrag entsprechend der Redesituation inhaltlich und sprachlich angemessen gestalten;
S. 74		**Die Entscheidung**	– ein Ergebnisprotokoll verfassen.

3.1 Klimawandel – Informative Referate halten

S. 55

1 *a/b) Das Foto gehört zu dem im Teilkapitel 3.2 abgedruckten Artikel „Welt ohne Menschen". Will man möglichst ungesteuerte Assoziationen, sollte man das Bild auf Folie ohne die Kapitelüberschrift präsentieren.*

2 *a) Die zweite Angabe im Schülerband, die sich auf die jährliche Ausdehnung der Wüste bezieht, passt zum Foto, das die Eroberung von Häusern durch Wanderdünen in Namibia zeigt.*

b) Es ist lohnenswert, jede einzelne Angabe in ihrer Bedeutung zunächst zu thematisieren und zu hinterfragen, z. B.: Was ist „Luftverschmutzung" überhaupt? Warum verbraucht ein Amerikaner so viel mehr Öl als ein Deutscher? Ist es gut oder schlecht, wenn mehr Menschen in Städten leben? Etc. Übergeordnete Themen könnten z. B. sein: „Der Umgang des Menschen mit der Natur", „Der Einfluss des Menschen auf die Natur", „Vom Menschen bewirkte Änderungen des Lebensraums Erde", „Umweltzerstörung", „Globale Verantwortung" (wie die Kapitelüberschrift), „Verantwortung für die Welt" (wie die Überschrift von Teilkapitel 3) oder Ähnliches.

S. 56

Klimawandel – Zu einem Begriff recherchieren

1 *a) Die Mind-Map kann ersetzt oder erweitert werden durch eine Wandzeitung, auf der Schlagzeilen und Artikel aus der aktuellen Presse gesammelt werden.*

b) Es wird sehr schnell deutlich werden, dass kaum ein Lebensbereich nicht mit dem Thema „Klimawandel" in Verbindung zu bringen ist. Klimawandel wird z. B. verursacht durch:

- *Konsumverhalten (z. B. Verpackungsmüll, umweltschädlicher Anbau von Baumwolle für Kleidung etc.);*
- *Mobilität (z. B. berufsbedingte und private Autofahrten, unterschiedlich umweltfreundliche Autotypen, Reisen mit dem Flugzeug etc.);*
- *Energieverbrauch (Licht, Heizung, Stand-by-Funktionen bei elektrischen Geräten etc.);*
- *Ernährung (Fleischkonsum etc.).*

Wenn man sich bei dieser Aufgabenstellung nicht auf die knappe Auflistung der traditionellen Wissenschaften beschränken möchte, die sich mit dem Klimawandel beschäftigen: Biologie (Ökologie), Biochemie, Chemie, Geografie, Land-, Forst- und Tierwirtschaft, Maschinenbau, Ökonomie, (internationales) Recht etc., kann die Aufgabe auch zur Berufsorientierung genutzt werden: Schülerinnen und Schüler, besonders solche mit einem persönlichen Interesse, können mit dem Rechercheauftrag betraut werden, speziellere Studiengänge und Berufsbilder zu suchen, die mit dem Thema „Klimawandel" zu tun haben (vgl. auch die im Text auf S. 65 ff. im Schülerband erwähnten Wissenschaftler/innen).

2 *a–c) An dieser Stelle steht die Entscheidung an, ob das Kapitel eng geführt entlang den im Schülerband vorgegebenen Unterthemen und Aufgabenstellungen umgesetzt werden soll oder ob ein (fächerverbindendes) Projekt initiiert werden kann, zu dem das Kapitel dann nur einige Anregungen, Tipps und Arbeitstechniken liefert. Auch kooperative Arbeitsformen wie z. B. das Gruppenpuzzle (vgl. S. 320 f. im Schülerband) sind geeignet, um in differenzierten Gruppen Themen erarbeiten und später die Erkenntnisse untereinander vermitteln zu lassen.*

3 a) *Wenn für die Recherche in der Schule selbst nicht genügend Möglichkeiten (Schülerbibliothek, Selbstlernzentrum, Internetplätze) zur Verfügung stehen, muss die Aufgabe in die nachmittägliche Vorbereitung verlegt werden. Je nachdem, wie viel Zeit man dafür zur Verfügung stellen möchte, kann eines der beiden anderen Teilkapitel zwischengeschaltet werden, da auch hier wichtige Voraussetzungen für das selbstständige Arbeiten und Präsentieren trainiert werden.*
Vgl. zur Informationsbeschaffung und -auswertung auch S. 330 f. im Schülerband.

b) *Bei kooperativen Organisationsformen (s. o.) reicht es aus, wenn hier der Austausch auf der Ebene der Stammgruppen stattfindet. Als übersichtliche Form der Recherchesicherung bieten sich vor allem für die Internetrecherche* ***Rechercheprotokolle*** *an, die anhand folgender Stichworte gegliedert sein können:*

Rechercheprotokoll

- Suchmaschine:
- Suchbegriff:
- Information (in Stichworten):
- Internetadresse:
- aufgerufen am:
- Bewertung:

Für Suchergebnisse aus Büchern, Zeitschriften o. Ä. können ***Quellenprotokolle*** *angelegt werden (vgl. S. 330 im Schülerband).*

4 a) *Zuordnung von Arbeitsschritten und Tätigkeiten bei einer Recherche:*

Arbeitsschritte	**Tätigkeiten**
die Recherche planen – Recherchestrategien entwickeln	- das Thema eingrenzen und Sachgebieten zuordnen - Fragen zum Thema sammeln - Suchbegriffe zum Thema und zu den Fragen sammeln
die Recherche durchführen	- das Literaturverzeichnis eines Sachtextes zum Thema sichten - einen Online-Bibliothekskatalog aufrufen - Suchmaschinen nutzen
die Recherche dokumentieren	- ein Rechercheprotokoll anfertigen - die Qualität/Seriosität einer Quelle beurteilen
Rechercheergebnisse auswerten und miteinander verknüpfen	- die Rechercheprotokolle mit Ordnungsbegriffen und Querverweisen versehen

b) Das Flussdiagramm für die verschiedenen Schritte der Informationsrecherche von der Informationssuche bis zum Vortrag könnte so aussehen:

Eine Informationsrecherche durchführen

Informationsquellen auswählen

↓

Informationsquellen erarbeiten (lesen) und auswerten

↓

Informationen, Erkenntnisse festhalten (Exzerpte, Quellenprotokolle)

↓

Informationen aus den verschiedenen Quellen zusammenführen und neu strukturieren

↓

visuelle Darstellungsformen für die Präsentation erarbeiten

↓

Redekärtchen und Präsentationsmedien vorbereiten

↓

die Präsentation proben

↓

Präsentation

S. 57

Svante Arrhenius, IPCC und Kyoto – Informationen prüfen, Begriffe klären, Fragen vorwegnehmen

1 *Die in der Zeitleiste im Schülerband gegebenen Informationen bedürfen einer entsprechenden Interpretation, damit das Interessante an ihnen deutlich wird: Dies liegt einerseits in der zunehmenden Genauigkeit der Prognosen und der Messungen der tatsächlichen Veränderungen, andererseits in den zögerlichen Reaktionen der internationalen Politik auf die schon frühzeitig ausgesprochenen Warnungen.*
Da die Zeitleiste sich im Wesentlichen darauf beschränkt, belegbare Daten und Fakten anzuführen, dürfen die Informationen als zuverlässig gelten – allerdings wäre es für eine solche Einschätzung noch wichtig zu beachten, in welcher Zeitung die Zeitleiste veröffentlicht wurde (nämlich in der „Süddeutschen Zeitung“, also einer Zeitung, deren Journalisten man eine zuverlässige Recherchearbeit zutraut).
Nichtsdestotrotz sollte durch ein oder zwei Stichproben (Vergleich mit den Angaben in anderen Quellen) überprüft werden, ob die Angaben stimmen.
Im Prinzip bietet die Darstellungsform schon eine gute Vorleistung für eine Präsentation; allerdings sind die ausformulierten Kurztexte immer noch zu lang; auch die zeitlichen Abstände könnten deutlicher visualisiert werden. Die Dichte der Information, besonders auch der Fachbegriffe, bedarf eines guten Hintergrundwissens, um im mündlichen Vortrag vieles erklären zu können, was in der medialen Präsentation nur als Stichwort auftaucht.

2 *Mögliche Fragen:*

- *Wie wurden die Meldungen von Svante Arrhenius und Wallace Broecker in der (wissenschaftlichen und sonstigen) Öffentlichkeit aufgenommen?*
- *Wer bildet das IPCC? Wie viele Wissenschaftler und welche sind daran beteiligt? Und welche Regierungen?*
- *Was genau steht in der Klimarahmenkonvention von Rio de Janeiro, was im Kyoto-Protokoll?*
- *Was sind Treibhausgase und wie kann man deren Ausstoß senken?*
- *Was bedeutet es, wenn die Erde sich erwärmt und die Meeresspiegel steigen? Welche Konsequenzen hat das?*

Auf einige der Fragen werden in den folgenden Abschnitten des Schülerbandes weitere Informationen gegeben (S. 59 f. zum Kyoto-Protokoll, S. 61 f. zum Treibhauseffekt).

3 *Die Zeitleiste beschreibt primär nicht den Klimawandel an sich, sondern die Geschichte des wissenschaftlichen und politischen Umgangs damit, angefangen bei den ersten wissenschaftlichen Beobachtungen und Warnungen bis zu den internationalen politischen Reaktionen auf die immer wieder aktualisierten Meldungen der Klimaforscher. Nur implizit kommen dabei die Entwicklungen des Klimas bzw. durch das Klima (Erwärmung, Erhöhung der Meeresspiegel) zur Sprache.*

Das Protokoll von Kyoto – Eine Quelle im Original nachlesen

S. 59

1 *a/b) Es ist zu erwarten, dass die Schülerinnen und Schüler einerseits die Offenheit, Auslegbarkeit und mögliche Unverbindlichkeit der Formulierungen bemerken (z. B. „entsprechend ihren nationalen Gegebenheiten“, Z. 4; „Ermutigung zu“, Z. 20), andererseits über die sehr schwere Verständlichkeit des Textes klagen, die begründet ist in den* ***Textmerkmalen****:*

- *hohe Dichte an Fachbegriffen;*
- *Nominalstil;*
- *komplexe Satz- und Satzgliedkonstruktionen;*
- *häufige, umfangreiche und ineinander verschachtelte Auflistungen;*
- *Verweise auf andere Textstellen und andere Veröffentlichungen;*
- *hohes Abstraktionsniveau, Verzicht auf Erläuterungen und Beispiele.*

2 *a/b) Mögliche Erklärungen zu den innerhalb der Aufgabe angeführten Begriffen:*

- *Energieeffizienz: möglichst ergiebige Ausnutzung von Energie; Erreichen eines gewünschten Nutzens (z. B. Antrieb eines Autos) bei möglichst geringem Verbrauch von Energie;*
- *Montrealer Protokoll: Das Montrealer Protokoll über Stoffe, die zu einem Abbau der Ozonschicht führen, ist ein völkerrechtlicher Vertrag des Umweltrechts. Es trat am 1. Januar 1989 in Kraft. Die Staaten verpflichten sich im Montrealer Protokoll, „geeignete Maßnahmen zu treffen, um die menschliche Gesundheit und die Umwelt vor schädlichen Auswirkungen zu schützen, die durch menschliche Tätigkeiten, welche die Ozonschicht verändern, wahrscheinlich verändern, verursacht werden oder wahrscheinlich verursacht werden“. Die Unterzeichnerstaaten verpflichten sich zur Reduzierung und schließlich zur vollständigen Abschaffung der Emission von Stoffen, die stratosphärisches Ozon zerstören. Zu den geregelten Stoffen gehören zum Beispiel FCKW, Halone, Bromide und Tetrachlorkohlenstoff;*

- *nachhaltige landwirtschaftliche Bewirtschaftungsformen: Formen der Landwirtschaft, die es erlauben, nicht nur kurzfristig eine hohe Ausbeute (z. B. aus Ackerboden) zu erzielen, sondern langfristig;*
- *Treibhausgase emittierende (ausstoßende, abgebende) Sektoren (= Teilbereiche) der Wirtschaft sind z. B. Industrie, Verkehr, Energieerzeugung u. a.m.*

Weitere Begriffe, die erklärt werden können, sind z. B.: „quantifizierte Emissionsbegrenzungs- und -reduktionsverpflichtungen" (Z. 2f.), „Marktinstrumente" (Z. 19), „Methanemissionen" (Z. 25).

3 *Möglichkeiten, die Sätze übersichtlicher und damit verständlicher zu machen, sind:*

- *die* ***Auflösung in Einzelsätze****, z. B. bei ii:*
  Das Senken und Speichern von Treibhausgasen soll geschützt und verstärkt werden. Dabei sind die Treibhausgase gemeint, die nicht schon durch das Montrealer Protokoll erfasst werden. Nachhaltige Waldbewirtschaftungsmethoden, Aufforstung und Wiederaufforstung sollen gefördert werden. Insgesamt ist dabei zu berücksichtigen, welche Verpflichtungen man (das jeweilige Land) bei internationalen Umweltübereinkünften bereits eingegangen ist.
- *die* ***grafische Strukturierung*** *(wie auch im Schülerband, S. 60), z. B. bei v:*

fortschreitende Verringerung **oder** schrittweise Abschaffung	von	- Marktverzerrungen - steuerlichen Anreizen - Steuer- und Zollbefreiungen - Subventionen	die im Widerspruch zum Ziel des Übereinkommens stehen	in allen Treibhausgase emittierenden Sektoren
und Anwendung von Marktinstrumenten				

- *die* ***Reduktion auf Stichworte****, z. B. bei vi:*
  Ermutigung zu Reformen → Ziel: Begrenzung und Reduktion des Ausstoßes von Treibhausgasen;
- *die* ***deutlichere Gliederung der Satzkonstruktion, z. B. durch eingeschobene Nummerierungen****, etwa bei viii:*
  Begrenzung und/oder Reduktion von Methanemissionen durch:
  1. *Rückgewinnung und Nutzung bei der Abfallwirtschaft und*
  2. *Gewinnung, Beförderung und Verteilung von Energie.*

4 *a) Angesichts der zuvor erarbeiteten Verständnishürden liegt es auf der Hand, dass der Protokolltext nicht geeignet ist, um als längeres Zitat in einem Referat vorgetragen zu werden. Wichtige Inhalte müssen zusammengefasst und in einer verständlicheren Sprachform dargeboten werden. Allerdings kann in einem Referat durchaus ein Eindruck von der Beschaffenheit des Originaltextes anhand eines kurzen Auszugs sowie einer Beschreibung von Umfang und Textgestalt vermittelt werden.*

b) Es gibt verschiedene Möglichkeiten, den kompletten Text des Kyoto-Protokolls nachzulesen, etwa über offizielle staatliche Quellen, z. B.:
- *http://www.bmu.de/files/pdfs/allgemein/application/pdf/protodt.pdf*
- *http://frei.bundesgesetzblatt.de/pdf/bgbl2/bgbl202s0966.pdf (dreisprachig!)*

S. 61

Der Treibhauseffekt – Wissen strukturieren und grafisch umsetzen

1 *Zum Verständnis der Grafik sind sicherlich einige Begriffserläuterungen notwendig:*
- *Aerosole: feinste Verteilung fester oder flüssiger Stoffe in Gas;*
- *Konvektion: (physik.) Transport von Energie oder elektrischer Ladung durch kleinste Teilchen einer Strömung;*
- *Evapotranspiration: Verdunstung;*
- *latente Wärme: gebundene Wärme.*

Die Grafik, die aus dem umfangreichen Wikipedia-Eintrag zum Stichwort „Treibhauseffekt" stammt, wird aber auch nach Klärung dieser terminologischen Fragen vielen Schülerinnen und Schülern noch Verständnisschwierigkeiten bereiten. Es empfiehlt sich dann, die folgende Aufgabe 2 unmittelbar anzuschließen bzw. zu integrieren.

2 *a/b) Der Wikipedia-Eintrag zum Treibhauseffekt bezieht sich direkt auf die Grafik im Schülerband (http://de.wikipedia.org/wiki/Treibhauseffekt).*
Weitere Informationen finden sich in: Kampf gegen den Klimawandel. Süddeutsche Zeitung. Themen des Jahres 2007. Süddeutscher Verlag, München 2007, S. 22–35 (mit Infoposter).

3 *a/b) Die Grafik kann zum einen von links nach rechts gelesen werden, zum anderen sollte der Vortrag die Richtung der Pfeile aufgreifen.*
Damit der Vortragstext tatsächlich ein eigenständig erarbeitetes und inhaltlich verstandenes Produkt darstellt, ist darauf zu achten, dass nicht einfach Textquellen aus Aufgabe 2 abgeschrieben werden. Die Verständlichkeit der erarbeiteten Erklärung und das Verständnis des Vorgangs können im Kugellager-Gespräch getestet und geprüft werden, wenn der Außenkreis das Thema vorbereitet hat und den Innenkreis darüber informiert, beim Weiterrücken dann der nächste Gesprächpartner im Außenkreis überprüft, ob alles richtig beim Innenkreis-Gegenüber angekommen ist, und gegebenenfalls Ergänzungen oder Berichtigungen vornimmt.

4 *Für die Beurteilung des Umgangs mit Grafiken kann anhand der „Arbeitstechnik" auf S. 61 im Schülerband ein Kriterienraster erstellt werden, das auch als Feedbackbogen eingesetzt werden kann:*

Feedback: Umgang mit Grafiken im Vortrag	☺	😐	☹
Es gibt keine Widersprüche zwischen Aussagen des Vortrags und Aussagen der Grafik.			
Alle Elemente der Grafik werden angesprochen und erläutert.			
In der Grafik verwendete Fachbegriffe werden erläutert.			
Mit einem Zeiger wird zu jeder Zeit kenntlich gemacht, um welchen Teil der Grafik es gerade geht.			
Die Grafik wird nicht sprunghaft, sondern in einer systematischen, sinnvollen Reihenfolge erläutert.			
Die Begriffe oder Textelemente der Grafik werden nicht nur vorgelesen, sondern in einen verständlichen Zusammenhang gebracht.			

S. 62

Energie sparen – Wirkungsvoll appellieren und persönlich motivieren

1 a) *Bei der Erläuterung der Angaben aus dem Schülerband mit eigenen Worten muss vor allem deutlich werden, wie die Prozentangaben zu verstehen sind, z. B.: Wer eine Energiesparlampe statt einer normalen Glühbirne benutzt, spart bei diesem einen Leuchtkörper 80% Energie.*

b) *Bei dieser Aufgabe sollten die Schülerinnen und Schüler vor allem in ihren eigenen Lebensbereichen nach Energiesparmöglichkeiten suchen. Dazu könnte z. B. thematisiert werden: Wie komme ich zur Schule? Zu Freizeitaktivitäten? Welche elektrischen Geräte betreibe ich? Wie handhabe ich diese Geräte? Wie gehe ich mit Heizwärme und Licht um?*

2 a) *Beispiele für Ausformulierungen:*
- *(Einzelne) Zuhörer direkt ansprechen: Viele von euch, Martin zum Beispiel und Eva und Luise, kommen mit dem Mofa oder dem Roller zur Schule, obwohl der Bus bei euch vor der Haustür abfährt – könnt ihr das wirklich rechtfertigen?*
- *Möglichst konkrete Beispiele nennen: Man kann zum Beispiel Fahrgemeinschaften gründen, mit dem Fahrrad fahren, zu Fuß gehen oder Bus und Bahn nutzen.*
- *Imperative verwenden: Fahrt mit öffentlichen Verkehrsmitteln! Fordert auch eure Eltern und Geschwister auf, das Auto möglichst oft stehen zu lassen!*
- *Sich selbst verpflichten als gutes Vorbild: Ich habe mich deshalb entschieden, ab morgen möglichst mit dem Fahrrad zur Schule zu kommen. Bei schlechtem Wetter werde ich den Bus nehmen.*
- *Ängste schüren, um Handlungsbereitschaft zu erhöhen: Wenn wir nicht freiwillig etwas unternehmen, wird der Staat uns bald zu einem umweltbewussteren Verhalten zwingen. Dann darf man womöglich kein Auto mehr haben oder wird bestraft, wenn man alleine in einem Auto fährt.*

b) *Vorschlag für ein Tafelbild:*

Abwägung von Pro und Kontra bei den einzelnen Appell-Varianten

(einzelne) Zuhörer direkt ansprechen	+ Zuhörer kann sich schlechter dem Appell entziehen - fühlt sich evtl. unter Druck gesetzt, vorgeführt (Peinlichkeit)
möglichst konkrete Beispiele nennen	+ Zuhörer weiß genau, was er tun kann - beschränkt evtl. den Blick für andere, nicht genannte Möglichkeiten
Imperative verwenden	+ unmissverständliche, klare Aufforderung - wirkt streng, evtl. sogar anmaßend
sich selbst verpflichten als Vorbild	+ wirkt mitreißend, überzeugend - setzt unter Druck, sich an die Verpflichtung zu halten → muss vorsichtig gehandhabt werden
Ängste schüren, um Handlungsbereitschaft zu erhöhen	+ übt starken Druck aus - Anliegen wird mit negativen Emotionen verknüpft → provoziert Ausweichverhalten

3 a/b) *Die Vortragsweise sollte zu den vorher getroffenen Entscheidungen (vgl. die Hinweise zu Aufgabe 2) passen. Von den auf S. 73 im Schülerband genannten Kriterien zur Beurteilung des Vortrags sollte hierbei besonders der Sprechweise sowie Mimik und Gestik Beachtung geschenkt werden.*

3.2 Welt ohne Menschen – Einen längeren Sachtext untersuchen und bewerten

Gedankenexperimente – Zugang zum Thema finden, Vorwissen aktivieren

S. 63

1 a) *Am besten eignet sich für die technische Umsetzung der Zeitleiste eine Tapetenrolle. Der Zeitstrahl wird gezeichnet, wobei die zeitlichen Abstände zumindest annäherungsweise optisch umgesetzt werden sollten. Die Aussagen können zunächst auf lose Blätter geschrieben werden, damit bei der Zuordnung noch Umsortierungen möglich sind.*

Folgende Zuordnung von Daten und Aussagen ist die richtige	
nach einer Woche	Den Dieselgeneratoren für die Kühlsysteme der Atomkraftwerke geht der Treibstoff aus. [...]
nach einem Jahr	Die ersten Lebewesen kehren in die nuklear verseuchten Zonen zurück. Die an den Menschen angepassten Kopf- und Filzläuse sterben aus.
nach 100 Jahren	Bisons haben in den USA die Rinder verdrängt. In Afrika leben 20-mal mehr Elefanten.
nach 1000 Jahren	Zeitungen sind noch lesbar, wenn sie unter Sauerstoffausschluss auf Müllkippen liegen.
nach 100 000 Jahren	Der Kohlendioxidgehalt der Luft sinkt auf das Niveau vor der Industrialisierung.
nach 1 Mio. Jahren	Erste Mikroben haben die Eigenschaft entwickelt, Plastik zu verdauen.
nach 10 Mio. Jahren	Bronzestatuen sind zwar verwittert, aber immer noch in einer erkennbaren Form erhalten.
für immer	Fragmente irdischer Radiosignale sind im Weltall aufzuspüren.

b) *Der erste Weg, die Zuordnungen zu überprüfen, wäre es, im Buch von Weisman (erschienen im Piper Verlag) genauer nachzulesen. Eventuell findet man dort weiterführende Literaturhinweise. Eine – eingeschränkt verlässliche – Möglichkeit bietet der Vergleich mit dem im Schülerband folgenden Text von Holmes. Ansonsten sind durchaus komplexere Recherchen (vgl. Teilkapitel 3.1) für jede einzelne Aussage nötig, da ganz unterschiedliche wissenschaftliche Bereiche angesprochen sind.*

2 *Man kann dieses Gedankenexperiment, falls nötig, durch konkretere Anregungen ankurbeln, z. B.:*
- *Was würde in euren Gärten, mit euren Haustieren, mit den Häusern passieren?*
- *Wie würden sich die Mülldeponien entwickeln?*
- *Welche Unterschiede gäbe es zwischen verschiedenen Regionen auf der Erde (Norden – Süden, Stadt – Land, Industriestaat – Entwicklungsland etc.)?*

S. 64

Erstes, überfliegendes Lesen – Sich einen Überblick verschaffen

Bob Holmes

Welt ohne Menschen

1 a) *Informationen in den ersten beiden Textabschnitten und im letzten:*
- *Abschnitt 1 (Z. 1–16): Beschreibung des negativen Einflusses des Menschen auf die Natur*
- *Abschnitt 2 (Z. 17–32): Einführung des Gedankenexperiments: Was würde passieren, wenn es von einem Tag auf den nächsten keine Menschen mehr gäbe?*
- *Letzter Abschnitt (Z. 189–231): In 100 000 Jahren dürften noch wenige Spuren menschlicher Zivilisation zu finden sein, innerhalb von einer Million Jahren werden auf der Erde selbst alle Spuren menschlicher Existenz ausgelöscht sein.*

Vermutungen über den Rest des Textes: Es ist zu vermuten, dass die Textabschnitte zwischen Z. 32 und Z. 189 den Prozess des Rückgangs menschlicher Einflüsse und des Zerfalls menschlicher Spuren in bestimmten zeitlichen Abständen genauer beschreiben.

b) *Die Anfänge der übrigen Textabschnitte bestätigen, dass hier für unterschiedliche Teilbereiche der Natur (z. B.: „Vielerorts würden sich Tier- und Pflanzenwelt dauerhaft verändern", Z. 109 f.) und mit gestaffelten Zeitangaben (z. B. „Wesentlich schneller spürbar wären hingegen die Effekte der gestoppten Umweltverschmutzung", Z. 143 f.) Aussagen darüber gemacht werden, was sich wie und in welchem Zeitraum ändern würde.*

Vorschlag für ein Tafelbild:

Erste Eindrücke von der Textstruktur	
Einleitung	1) Ist-Zustand der Erde, negativer Einfluss des Menschen 2) Einführung des Gedankenexperiments: Welt ohne Menschen
Hauptteil	Ausführung von Entwicklungsprozessen in verschiedenen Teilbereichen der Natur in unterschiedlichen Zeiträumen
Schluss	Fazit: „Die Erde wird uns schnell vergessen."

2 *Vorschlag für ein Tafelbild:*

Auffällige Textmerkmale:
- Textauslassungen ([...])
- häufig wörtliche Rede
- viele Namen
- nur in wenigen Abschnitten Zahlen im Druckbild
- keine Zwischenüberschriften, Hervorhebungen o. Ä.

3 b) *Zu den drei Titelfragen müssten grobe Antworten bereits nach dem ersten Lesen möglich sein, z. B.:*
- *Wenn die Menschheit plötzlich verschwinden würde, würden ihre verschiedenen Einflüsse auf die Natur in sehr unterschiedlich langen Zeiträumen aufgehoben werden.*

- *Die Erde würde sich an manchen Stellen schneller, an manchen langsamer von den schädigenden Einflüssen des Menschen erholen.*
- *Letzte Spuren im Weltall (Radiowellen) könnten unbegrenzt erhalten bleiben; ansonsten wären nach ca. 100 000 Jahren beinahe alle Spuren der Menschheit verschwunden.*

c) *Durch genaueres Nachlesen ist vor allem eine Differenzierung der unter Teilaufgabe b) festgehaltenen Grundaussagen möglich: Welche spezifischen Spuren/Einflüsse würden wie lange erhalten bleiben?*

Gezieltes Lesen – Konzentriert nach Informationen suchen

S. 68

1 a) *Die Fortsetzung der Tabelle könnte so aussehen:*

Name	Wissenschaftlicher Fachbereich	Institution
…	…	…
Gordon Masterton (Z. 39 f.)	Ingenieurwissenschaft	Institution of Civil Engineers
Ronald Chesser (Z. 65 ff.)	Umweltbiologie	Texas Tech University in Lubbock
Brad Stelfox (Z. 102 f.)	Ökologie	Kanada (keine weiteren Angaben)
Wilcove (Z. 141 f.)	Umweltbiologie	Universität Princeton
Kenneth Potter (Z. 166 ff.)	Hydrologie	Universität von Wisconsin, Madison
William Rathje (Z. 200 f.)	Archäologie	Universität Stanford, Kalifornien

b) *Das Auge kann auf Namen programmiert werden, die nicht nur anhand der Großschreibung, sondern häufig auch anhand der Kombination von Vor- und Nachnamen im Textbild auffallen. Da die Namen in diesem Text sehr häufig mit Zitaten verknüpft sind, ist es auch eine Möglichkeit, nach Anführungszeichen zu suchen.*

2 a/b) *Sprachlich setzt der Text die Zitate ohne besondere Verbindungen hinter oder zwischen die entsprechenden Aussagesätze. Die redebegleitenden Sätzen werden ganz monoton und neutral gehalten (immer „sagt“). Die Verbindung zwischen darstellendem Text und Zitat geschieht im Wesentlichen auf der inhaltlichen Ebene. Die Zitate führen in der Regel einen im Text bereits formulierten Gedanken fort, indem sie ihn* ***bestätigen*** *(z. B. Z. 138–141, 165 f., 198–200),* ***konkretisieren*** *(z. B. Z. 69–74),* ***ergänzen*** *(z. B. Z. 170–174) oder am Beispiel* ***veranschaulichen*** *(z. B. Z. 84–86). Es schult die genaue Textwahrnehmung, wenn diese Einsatzformen bzw. Funktionen des Zitats auch tatsächlich unterschieden werden.*

3 *Für Referate in unterschiedlichen Fächern relevante Informationen:*
- *Referat in Biologie: Z. 59–142*
- *Referat in Geografie/SoWi: Z. 59–86*
- *Referat in Religion/Ethik: Z. 1–32, 189–231*

Gerade für den letzten Referatsvorschlag (in Religion bzw. Ethik) bietet der Text eine interessante Vorlage, weil hierfür nicht einfach nur Sachinformationen ausgewertet werden können, sondern weil es um grundsätzliche Perspektiven geht (z. B. die Frage der Schöpfung, den Vergleich mit biblischen Aussagen zur Stellung des Menschen etc.). Dies kann auch bei der kritischen Auseinandersetzung mit dem Text (vgl. S. 70 im Schülerband) mit einbezogen werden.

4 *Es ist auffällig – und für diesen Typ populärwissenschaftlicher Veröffentlichungen typisch –, dass es kaum Fremdwörter oder Fachbegriffe gibt, die tatsächlich das Verständnis erschweren. Begriffe wie „Spezies", „Galaxie", „nuklear", „Ökosystem", „radioaktiv" dürften Schülerinnen und Schülern der zehnten Klasse bekannt sein. Im Übrigen werden in den auf die Chemie bezogenen Abschnitten des Textes einige Stoffe genannt (z. B. Chlor-Fluor-Kohlenwasserstoffe, Dioxine und das Pestizid DDT, Z. 153 f.), deren genaue chemische Formel man nicht zu kennen braucht, um den Sinn der Textaussagen zu verstehen. Eventuell muss die Bezeichnung „Hydrologe" (Z. 167), also Wasserforscher, erläutert werden.*

S. 69

Intensives Lesen – Textstrukturen und Aussageformen durchschauen

1 *Der Grundgedanke des Textes hängt an den Begriffen „Mensch", „Gedankenexperiment", „Vormachtstellung" und „Spuren": In einem Gedankenexperiment werden Überlegungen angestellt, welche Spuren von der heutigen Vormachtstellung des Menschen blieben, wenn es den Menschen nicht mehr gäbe. Mit den Begriffen „Ökosystem" und „Arten" sowie „Umweltverschmutzung" und „Chemie" werden zwei Teilaspekte bezeichnet, denen der Text größere Aufmerksamkeit widmet. „Tschernobyl" steht für das einzige breit ausgeführte Beispiel, den einzigen wirklichen Beleg, den der Text bietet. Die übrigen Begriffe haben nicht den Stellenwert von Schlüsselbegriffen.*

b) Die zentralen Aussagen des Textes sind zu finden in Z. 2–8, 87–89, 92–95, 109 f., 135–137, 148–150, 178–181, 220–223.

2 *a) Gliederung des Textes in Sinnabschnitte/Formulierung von Zwischenüberschriften:*

Z. 1–16:	*Beschreibung des negativen Einflusses des Menschen auf die Natur*
Z. 17–32:	*Einführung des Gedankenexperiments: Was würde passieren, wenn es von einem Tag auf den nächsten keine Menschen mehr gäbe?*
Z. 33–48:	*Ausfall von Licht und Strom*
Z. 49–58:	*Zerfall von Gebäuden und Straßen*
Z. 59–74:	*dazu: Beispiel Tschernobyl*
Z. 75–86:	*Tschernobyl als Beispiel für die Erholungsfähigkeit der Natur*
Z. 87–108:	*Faktoren, die Einfluss darauf haben, wie schnell sich die Natur erholt*
Z. 109–142:	*Einflüsse auf die Artenvielfalt*
Z. 143–177:	*Unterschiedliche Abbauzeiten bei verschiedenen chemischen Stoffen*
Z. 178–228:	*Fazit: Auf der Erde würden innerhalb von wenigen zehntausend Jahren fast alle Spuren, innerhalb einer Million Jahre alle Spuren menschlicher Existenz ausgelöscht sein.*
Z. 228–231:	*Bewertung dieses Ergebnisses*

b) Der Anteil an veranschaulichenden oder belegenden Beispielen ist eher gering:
- *Erholung der Natur nach einem nuklearen GAU → Gegend um Tschernobyl;*
- *wenig vom Menschen beeinflusste Natur → nordkanadische Wälder;*
- *Despezialisierung hochgezüchteter Arten → Rinder, Hunde, Weizen;*
- *aggressive neue Arten, die sich ohne den Menschen nicht weiter durchsetzen würden → Hausspatzen in Nordamerika;*
- *aggressive neue Arten, die sich auch ohne den Menschen durchsetzen → Kaninchen in Australien;*
- *schnell abbaubare Stoffe → Oxide von Stickstoff, Schwefel, bodennahes Ozon;*
- *weniger schnell abbaubare Stoffe → Chlor-Fluor-Kohlenwasserstoff, Dioxine, DDT.*

Die Beispiele werden – abgesehen von dem Tschernobyl-Beispiel – in der Regel nur kurz erwähnt und nicht erläutert.

3 *a) Der prinzipiell prognostische und hypothetische Charakter der Textaussagen wird durch die Einleitung klargestellt. An vielen Stellen im Text wird dieser Aussagemodus sprachlich durch die Verwendung des Konjunktivs II auch im Bewusstsein gehalten. Allerdings werden auch immer wieder Sätze im Präsens formuliert, deren Aussagen dadurch gleich einen verbindlicheren Charakter erhalten, faktisch klingen. Eine sichere Unterscheidung zwischen dem, was möglich oder wahrscheinlich ist, und dem, was ganz sicher so sein wird, kann der Leser dadurch nicht mehr treffen.*

b) Beispiele für die unterschiedlichen Aussageformen:

Prognosen/Hypothesen/ Vermutungen	**Fakten**	**Bewertungen**
[…]	[…]	[…]
„Wenn sie könnten, würden die anderen Arten den Menschen einfach von der Erde verbannen." (Z. 14–16)	„Sie musste nach dem GAU 1986 aufgegeben werden und liegt noch immer verlassen da." (Z. 60–62)	„Und sie hinterlässt ein ziemliches Durcheinander." (Z. 8/9)
„Ich erwarte, dass, global betrachtet, die Anzahl der Arten, die davon profitieren, deutlich größer ist als die der Spezies, die darunter leiden." (Z. 138–141)	„Wildschweine sind innerhalb der Tschernobyl-Sperrzone zehn- bis 15-mal häufiger als außerhalb" (Z. 81–83)	„Wenn sie könnten, würden die anderen Arten den Menschen einfach von der Erde verbannen." (Z. 14–16)
„Ich würde fast schwören, dass es einiges davon noch geben würde" (Z. 198 f.)	„Auch für Arten, die vom Aussterben bedroht sind, bedeutet die Abwesenheit der Menschen keine Atempause." (Z. 118 ff.)	„Ironischerweise wird es ein paar bedrohten Arten […] sogar schlechter ergehen" (Z. 132 ff.)
„vermutlich ein oder zwei weitere Eiszeiten" (Z. 222)	„Grundwasser ist der Langzeitspeicher in diesem System" (Z. 165 f.)	„Die ernüchternde und erstaunlicherweise beruhigende Wahrheit ist: […]" (Z. 228 ff.)

S. 70

Gelesenes verarbeiten – Vorwissen und Textwissen verknüpfen

1 *a/b) Diese Aufgabe bietet vor allem dann sehr gute Möglichkeiten der Verknüpfung von Wissen, wenn das erste Teilkapitel bereits erarbeitet wurde, denn die dort erarbeiteten Begriffe lassen sich in vielfältiger Weise mit den Textaussagen verknüpfen, vor allem im Sinne einer Textergänzung, zur Erläuterung von Sachverhalten, die der Text selbst nur kurz anspricht oder voraussetzt. Der Begriff „Klimawandel" wird z. B. nur zu Beginn des Textes (Z. 13) kurz erwähnt und spielt später im Kontext der Aussagen zum CO_2 implizit eine Rolle (Z. 169 ff.). In diesem Zusammenhang ist auch das Wissen zum Treibhauseffekt hilfreich.*

2 *Die Schülerinnen und Schüler können z. B. kleine Grafiken zu den Begriffen gestalten, in denen sie die Pfeile mit ihren individuellen Überlegungen beschriften:*

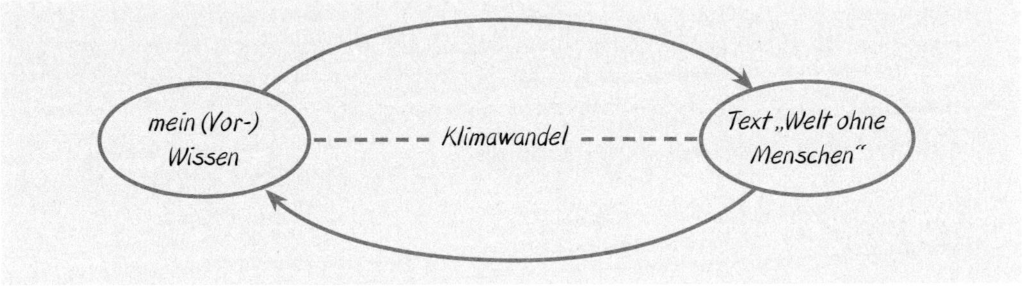

S. 70

Kritisches Lesen – Sich mit der Textintention auseinandersetzen

1 *Ansatzpunkte zur Stellungnahme ergeben sich durch die Wertungen „ernüchternd", „beruhigend" im letzten Satz des Textes: Hat der Text auch auf die Schülerinnen und Schüler diese Wirkung? Fragwürdig erscheint zudem das Fazit des „schnellen Vergessens": Zum einen ist es eine Frage der Relationen, ob man 100 000 oder eine Million Jahre als „schnell" bezeichnen kann, zum anderen impliziert „Vergessen" etwas oder jemanden, der vergessen kann – die Erde wird hier also personifiziert: ein Anzeichen unserer anthropomorphen Denk- und Sprechweise, die zu dem Gedankenexperiment eigentlich gerade nicht passt.*

2 *Eine solche Diskussion kann sehr gut auch bereits nach dem ersten vollständigen Lesen des Textes (vgl. die Aufgaben S. 64 unten im Schülerband) geführt werden. Bei der kritischen Auseinandersetzung sollte dann auf diese Diskussion zurückgegriffen werden, um zu vergleichen, ob sich nach gründlicher Erarbeitung etwas an der Wirkung oder Einschätzung des Textes geändert hat. Die im Schülerband vorgegebenen Begriffe („Verantwortungsgefühl", „Sinnlosigkeit" etc.) können gezielt in die Diskussion eingebracht werden, besonders wenn die spontanen Reaktionen eher oberflächlich bleiben. Dabei sollte die Polarität möglicher Reaktionen zwischen Resignation und Ansporn bewusst werden.*

3 *Bei einem Text, der im Wesentlichen aus Hypothesen und Prognosen besteht, ist die sachliche Überzeugungskraft besonders schwierig einzuschätzen. Diesem Problem begegnet der Autor, wie die Schüler bereits erarbeitet haben, vor allem durch die Berufung auf zahlreiche wissenschaftliche Autoritäten. Deren*

Aussagen haben allerdings auch einen unterschiedlich hohen Grad an Faktizität. Am überzeugendsten ist der Text sicherlich dort, wo er mit bereits beobachtbaren Entwicklungen argumentieren kann (etwa anhand des Tschernobyl-Beispiels). Insgesamt werden aber die Hypothesen und Prognosen nur selten durch solche Belege und Beispiele gestützt. Die Überzeugungskraft des Textes würde deutlich erhöht, wenn es häufiger Hinweise zum Beispiel auf Experimente im Labor, Computersimulationen, wissenschaftlich gesicherte Beobachtungen unter begrenzt vergleichbaren Bedingungen und Ähnliches gäbe.
Bei sehr genauem Lesen erscheinen auch manche Formulierungen unscharf, wenn nicht sogar widersprüchlich; z. B. heißt es in Z. 185 ff.: „Wenn die Fremden aber ausreichend gute wissenschaftliche Geräte mitbringen […]", direkt danach in Z. 189 wird der Gedanke aber so fortgeführt: „Selbst wenn sie nur ein wenig graben […]" – das kann man auch mit den Händen oder einfachsten Werkzeugen! Besonders bei den Zeitangaben erscheint bei genauerem Hinsehen manches sehr schwammig.
Der Vergleich mit den Aussagen von Alan Weisman (S. 63 im Schülerband) erhärtet zunächst manche der Textaussagen, weil sich die Prognosen gleichen. Allerdings müsste man klären, auf wen sich der Journalist Weisman im Einzelnen beruft – möglicherweise sind es die gleichen Wissenschaftler/innen. Aber nur wenn sich die beiden Autoren auf unterschiedliche Quellen bzw. Forschungen berufen können, stützen sich die beiden Veröffentlichungen gegenseitig.

4 *Der Kommentar kann auch die Form eines Leserbriefs haben. Seine Qualität wird daran zu bemessen sein, inwiefern die im Kasten „Arbeitstechnik" vorgegebenen Fragen nicht einfach (mehr oder weniger isoliert) beantwortet werden, sondern vielmehr als untergründige Leitkriterien für eine zusammenhängende Stellungnahme dienen, in der persönliche Leseeindrücke und textbezogene Aussagen einander schlüssig ergänzen.*

Zusatzmaterial

Das Textverständnis überprüfen

Mit den folgenden Aufgaben kannst du testen, ob du den Text „Welt ohne Menschen" von Bob Holmes (vgl. Deutschbuch 10, S. 65–67) wirklich gründlich gelesen und verstanden hast. Ergänzend zu den Aufgaben im Buch macht der Test dich außerdem noch einmal besonders auf sprachliche Merkmale des Textes aufmerksam und prüft dein grammatisches Grundwissen.

1 *Ordne Zeitangaben und Prognosen entsprechend der Aussagen im Text durch Pfeile zu.*

(1) Innerhalb von Tagen, Wochen und Monaten		(A) Vom Menschen gesendete Radiosignale sind immer noch im Weltall unterwegs.
(2) Nach einigen Jahrzehnten		(B) In Gebieten, die der Mensch nur wenig verändert hat (wie z. B. die nordkanadischen Wälder), sind mehr als 95 % der menschlichen Spuren zugewachsen.
(3) Nach ca. 200 Jahren		(C) Nitrate und Phosphate in Oberflächengewässern sind abgebaut worden.
(4) Nach mehreren tausend Jahren		(D) Die Stromversorgung würde zusammenbrechen. Es gäbe kein Licht mehr, die Maschinen würden nicht mehr laufen.
(5) Nach Zehntausenden von Jahren		(E) Das von den Menschen produzierte Kohlenstoffdioxid beeinflusst immer noch das Klima.

2 *Entscheide, ob die folgenden Aussagen sinngemäß der Textaussage entsprechen oder nicht. Kreuze an:*

	trifft zu	trifft nicht zu
(1) Nuklear verseuchte Lebensräume werden nie mehr wieder von Lebewesen bewohnt werden können.		
(2) Die heute vom Aussterben bedrohten Tier- und Pflanzenarten würden sich ohne Menschen alle wieder erholen.		
(3) Das Grundwasser würde sich von der chemischen Belastung deutlich langsamer erholen als Flüsse und Seen.		
(4) Auf Mülldeponien und in Gräbern sowie in verschiedenen Gesteinsschichten in der Tiefsee wären auch nach einhunderttausend Jahren noch Spuren bzw. Folgen menschlicher Existenz zu finden.		

3 *a) Kreuze an, ob die folgenden Aussagen zutreffen:*

Sprachlich ist am Text auffällig, dass	trifft zu	trifft nicht zu
(1) überwiegend Passiv-Formulierungen gewählt werden.		
(2) häufig der Konjunktiv II verwendet wird.		
(3) viele Imperative vorkommen.		

b) Kreuze an, ob die folgenden Aussagen zutreffen:

Dies ist darin begründet, dass	trifft zu	trifft nicht zu
(A) der Text immer wieder an das Verantwortungsbewusstsein des Menschen appellieren will.		
(B) eine Zeit beschrieben wird, in der der Mensch als aktiv Handelnder nicht mehr da ist.		
(C) von einer Annahme ausgegangen wird, die nicht der heutigen Wirklichkeit entspricht.		

c) In den Teilaufgaben a) und b) sind jeweils zwei Aussagen von dir nicht angekreuzt worden. Jeweils eine dieser Aussagen aus b) passt zu einer der Aussagen aus a). Ordne sie zu:

____

d) Formuliere die Annahme, die bei Teilaufgabe b) in der Aussage (C) gemeint ist:

____

4 *a) Um welche Verbform handelt es sich? Kreuze an.*

	Konj. II	Präteritum
„[...] sonst störten all die Leichen das Gedankenexperiment." (Z. 24 f.)		
„Keine Abgase strömten mehr aus Autos [...]" (Z. 145 f.)		
„Einige Stoffe blieben jahrzehntelang stabil." (Z. 156)		
„[...] wie lange das Leben gedieh, bis der Mensch auf den Plan trat" (Z. 226 f.)		

b) Welche Beobachtung machst du an diesen Verbformen?

____

c) Welche Alternative gibt es in den zitierten Sätzen zum Konjunktiv II?

____

5 *a) Kreuze an, ob die folgenden Aussagen zutreffen:*

Die Aussagen der Wissenschaftler und Wissenschaftlerinnen werden im Text meistens	trifft zu	trifft nicht zu
(1) als wörtliches Zitat wiedergegeben.		
(2) in indirekter Rede wiedergegeben.		
(3) paraphrasiert.		

b) Kreuze an, ob die folgenden Aussagen zutreffen:

Dadurch wird/werden	trifft zu	trifft nicht zu
(1) die Glaubwürdigkeit der Aussagen erhöht.		
(2) die Aussagen deutlich als Wissen, Erfahrung, Meinung oder Vermutung einer bestimmten einzelnen Person gekennzeichnet.		
(3) der Text sprachlich aufgelockert.		
(4) der Leser direkt angesprochen.		

6 *Welche der folgenden Aussagen beschreibt die Intention des Textes am treffendsten?*

(1) Der Autor will die Menschen beruhigen, dass ihr Einfluss auf die Natur langfristig doch nicht so schlimm ist.

(2) Der Artikel von Bob Holmes regt seine Leserschaft dazu an, über die Bedeutung des Menschen für die Natur kritisch nachzudenken.

(3) Bob Holmes kommt zu dem Schluss, dass es besser für die Erde wäre, wenn es den Menschen nicht gäbe. Damit appelliert er indirekt, dass der Mensch sich besser nicht mehr fortpflanzen sollte.

Erwartungshorizont

1 *Richtige Zuordnungen: (1) – (D); (2) – (C); (3) – (B); (4) – (E); (5) – (A)*

2 *Zutreffend: (3), (4); nicht zutreffend: (1), (2)*

3 a) *Sprachlich ist am Text auffällig, dass (2) häufig der Konjunktiv II verwendet wird.*

b) *Dies ist darin begründet, dass (C) von einer Annahme ausgegangen wird, die nicht der heutigen Wirklichkeit entspricht.*

c) *Richtige Zuordnungen: (1) – (B); (3) – (A)*

d) *Es wird angenommen, dass alle Menschen von heute auf morgen einfach von der Erde verschwunden wären.*

4 a) *In den ersten drei Sätzen handelt es sich um den Konjunktiv II, nur beim letzten um das Präteritum.*

b) *Der Konjunktiv II stimmt in diesen Fällen mit dem Präteritum überein, ist also nur durch den Textzusammenhang als Konjunktiv zu erkennen.*

c) *Alternativ zum Konjunktiv II könnten hier Umschreibungen mit würde verwendet werden (die das Irreale der Aussagen deutlicher kennzeichnen würden).*

5 a) *Die Aussagen der Wissenschaftler und Wissenschaftlerinnen werden im Text meistens (1) als wörtliches Zitat wiedergegeben.*

b) *Zutreffend sind die Aussagen (2) und (3).*

6 *Aussage (2) beschreibt die Intention des Textes am zutreffendsten.*

Punkteverteilung:

Aufgabe	1	2	3a	3b	3c	3d	4a	4b	4c	5a	5b	6
Punkte	4	4	1	1	2	1	4	1	1	1	4	1

Punkte insgesamt: 25

Mögliche Rückmeldung:

☺ 25–20 Punkte	😐 19–13 Punkte	☹ 12–0 Punkte
Gut gemacht! Du hast den Text inhaltlich und sprachlich gut erfasst.	Gar nicht schlecht. Aber überprüfe, ob du eher beim grammatischen Grundwissen oder beim Textverständnis noch einmal nacharbeiten solltest.	Arbeite den Text und die dazugehörigen Aufgaben noch einmal gründlich durch!

3.3 Verantwortung für die Welt – Eine eigene Rede verfassen und frei halten

Wangari Maathai

Offener Brief

S. 71

1 *Wangari Maathai geht es darum, sowohl die politisch Verantwortlichen als auch jede Einzelne/jeden Einzelnen zu einem verantwortungsvollen Umgang mit den natürlichen Ressourcen der Erde zu bewegen. Sie setzt sich für dieses Anliegen vor allem aus der Perspektive Afrikas ein.*

2 *a/b) Der Brief zeigt folgende Merkmale einer Rede:*
- *direkte Ansprache der Adressaten, nicht nur am Anfang, sondern auch im Verlauf des Briefes;*
- *Einbezug der Leser durch die wir-Form;*
- *kurze, knappe, eingängige Formulierungen;*
- *Betonung bestimmter Ausdrücke und Aussagen durch Großbuchstaben (Z. 34 f.) und Ausrufezeichen.*

3 *Auf der angegebenen Internetseite wird als Möglichkeit, selbst aktiv zu werden, vor allem um Spenden gebeten. Man kann sehen, für wie viel Geld wie viele Bäume gepflanzt werden können. Auch über den Erwerb von Büchern von Wangari Maathai kann man das Projekt finanziell unterstützen. Außerdem gibt es die Möglichkeit, an Safaris in Kenia teilzunehmen, die entsprechend den Anliegen des GBM organisiert werden. Für Schülerinnen und Schüler ist die erste Möglichkeit (Spenden) wahrscheinlich einerseits naheliegend, andererseits aber auch unspektakulär und wenig spezifisch gegenüber anderen Hilfsaktionen; die Option einer Safari wird sich wohl in den allerseltensten Fällen tatsächlich bieten.*
Diesen eher eingeschränkten Möglichkeiten im Rahmen des GBM können die im offenen Brief aufgezeigten Wege individuellen Engagements gegenübergestellt werden: Boykott umweltschädlicher Produkte, Druck ausüben auf die Regierungen etc.

Der Antrag – In einem Kurzvortrag informieren und appellieren

S. 72

1 *a/b) Die Aufgabe verlangt von den Schülerinnen und Schülern, sich in die beschriebene Situation (Projektwoche, Schulkonferenz) hineinzuversetzen. Die Informationen, die sie bei der Beschäftigung mit dem Brief von Wangari Maathai und der Homepage ihres Projekts gesammelt haben, werden ihnen dabei eine wichtige Stütze sein.*
Alternativ kann natürlich auf einen realen, aktuellen Anlass aus dem tatsächlichen Schulleben der Schülerinnen und Schüler zurückgegriffen werden. Auch die folgenden Aufgaben können ohne Weiteres einem anderen Thema/Anliegen für den Kurzvortrag angepasst werden.
Unabhängig vom Thema empfiehlt sich für die Reihenfolge der Stichworte für den Vortrag die funktionale Anordnung: Aufmerksamkeit erregen → Information → Argumentation → Appell.

2 *a) Maathai beginnt mit einem bekannten Sprichwort, dessen oberflächliche Verwendung sie kritisch hinterfragt. Am Ende ihres Briefes greift sie das im Sprichwort verwendete Bild noch einmal auf und variiert es zu einem ermutigenden Appell. Dadurch bekommt ihr Brief einen in sich geschlossenen Rahmen. Dieses Verfahren kann auch dem Kurzvortrag der Schülerinnen und Schüler eine klare und ansprechende Struktur verleihen. Sie können dafür das gleiche Sprichwort oder ein anderes wählen oder über andere Aussagen/Aussageformen einen Rahmen herstellen (z. B. eine Frage aufwerfen und am Ende die Antwort geben).*

b) Beispiele für mögliche Anredevarianten:

- *„Liebe Mitglieder der Schulkonferenz"*
- *„Sehr geehrte Frau .../sehr geehrter Herr ... [Schulleitung], sehr geehrte Vertreter des Lehrerkollegiums, sehr geehrte Elternvertreter, liebe Mitschülerinnen und Mitschüler"*
- *„Meine Damen und Herren"*
- *„Verehrte Zuhörerinnen und Zuhörer"*

Am praktikabelsten – gleichermaßen zeitökonomisch und höflich sowie die Zuhörerschaft präzise bezeichnend – erscheint die Formulierung:

- *„Sehr geehrte Mitglieder der Schulkonferenz"*

Hierbei stellt sich auch nicht das Problem männlicher und weiblicher Sprachformen.

c) Während der erste Antrag einen stärker appellativen, auch emotionalen Charakter hat, erfüllt der zweite in seiner nüchternen Formulierung die Erfordernisse eines förmlichen Antrags. Er ist damit für die offizielle Einleitung der Abstimmung besser geeignet. Es spricht aber nichts dagegen, den engagierten Appell mit dem förmlichen Antrag zu verbinden.

3 *Da es im Rahmen einer solchen Konferenz besonders auf Kürze und Prägnanz ankommt, sollte mit dem Medieneinsatz beim Vortrag sehr sparsam umgegangen werden, das heißt, wenn überhaupt, sollte maximal ein Medium zum Einsatz kommen. Hilfreich für einen zügigen Ablauf (und auch für das Protokoll) ist es, wenn zumindest der genaue Wortlaut des Antrags schriftlich vorliegt. Zu überlegen wäre, ob es aus der Projektwoche nicht bereits Präsentationsmedien (z. B. Plakate) gibt, die vor Beginn der Konferenz im Raum ausgestellt werden können, sodass beim allmählichen Eintreffen der Konferenzmitglieder die Aufmerksamkeit bereits auf das Thema gelenkt wird.*
Sollte eine digitale Präsentation zum Einsatz kommen, wäre sie z. B. auf folgende vier Folien zu beschränken:

- *Wer ist Wangari Maathai?*
- *Was ist und was will das Green Belt Movement?*
- *Warum wollen wir, die Schülerschaft, dieses Projekt unterstützen?*
- *Unser Antrag zur Abstimmung*

4 *a–d) Es ist empfehlenswert, für die Beurteilung der Probevorträge aus den im Tippkasten auf S. 73 im Schülerband genannten Kriterien differenzierte Beobachtungsaufträge abzuleiten. Für das Feedback sollte auf ein ausgewogenes Verhältnis von positiven und kritischen Rückmeldungen geachtet werden. Auch die Karteikarten sollten nach den Vorträgen noch einmal kritisch auf ihre Nützlichkeit, Übersichtlichkeit und Klarheit kontrolliert werden.*

Die Entscheidung – Ein Ergebnisprotokoll schreiben

S. 74

1 *Das auszugsweise Ergebnisprotokoll könnte folgendermaßen aussehen:*

Protokoll der Schulkonferenz am 6. Februar 2008

Ort:	Raum 011 (Lehrerzimmer)
Beginn:	19.05 Uhr
Ende:	20.40 Uhr
Anwesende:	[...]
Konferenzleitung:	Schulleiterin Frau Oberstudiendirektorin N.N.
Protokollant:	N.N.

[...]

Zu TOP 4d): Verwendung der Einnahmen des Schulfestes

Die Schülervertreter berichten über ihre Projektarbeit zum Thema „Verantwortung für die Welt" und stellen das Projekt „Green Belt Movement" (GBM) der Friedensnobelpreisträgerin Wangari Maathai vor. Sie schlagen vor, den Erlös des Schulfestes für dieses Projekt zu spenden. Die Elternvertreter machen einen Gegenvorschlag, nämlich das Geld in Neuanschaffungen für die Schülerbibliothek zu investieren. In der folgenden Diskussion werden globale Interessen und die Interessen der Schülerschaft vor Ort gegeneinander abgewogen. Die Schülervertreter stellen klar, dass die Spende an GBM einen konsequenten Abschluss der Projektwoche darstellen würde. Die Eltern verweisen demgegenüber auf die mangelhafte Ausstattung der Bibliothek vor allem für die Oberstufe. Eine erste Abstimmung zu beiden Vorschlägen ergibt ein Unentschieden. Es wird ein neuer Abstimmungsantrag gestellt, der lautet: Der Erlös des Schulfestes soll zu je 50 % der Schülerbibliothek und dem GBM zugutekommen. Dieser Antrag wird mit 12 Ja-Stimmen zu 3 Nein-Stimmen und 3 Enthaltungen angenommen.
[...]

Köln, den 8. Februar 2008

____

Unterschrift des Protokollanten

Lernerfolgskontrolle/ Thema für eine Klassenarbeit

Einen Sachtext analysieren und bewerten

Burkhard Wetekam

Frühling lässt sein blaues Band ...

Klimawandel – *Im Verhältnis zur Natur macht sich eine neue Ungewissheit breit, und die Klassiker der Naturlyrik wirken irgendwie abgestanden. Vielleicht brauchen wir eine neue Sprache, um das Ungewisse fassen zu können.*

30 Grad im April – was uns kürzlich geboten wurde, ist ein durch und durch falscher Sommer. Im Verhältnis zur Natur macht sich eine neue Ungewissheit breit, und die Klassiker der Naturlyrik wirken irgendwie abgestanden. Erst einmal innehalten, irgendwo draußen auf Wiesen und Feldern. Zur Einstimmung eine Gedichtzeile: „Frühling lässt sein blaues Band ..."

Der wirkliche Himmel wirkt blass heute, als wäre das blaue Band des Frühlings von Fluorchlorkohlenwasserstoffen gebleicht. Unbehagen. Ein paar Vögel erheben sich schwerfällig aus den Schwemmwiesen. Ihre Stimmen klingen fremd – ist das der Gesang, der schon Eichendorff und Mörike beeindruckt hat?

Etwas ist ins Schwimmen geraten. Kein Winter, ein Sommer im April – das heimische Naturschauspiel erscheint als Verwechslungskomödie. Wenn das so weitergeht, könnte es auch sein, dass sich unsere Wahrnehmung von Natur grundlegend ändert. Natur – das war doch immer ein Rückzugsraum aus der unruhigen Urbanität, ein authentischer Ort, gewachsen und nicht konstruiert, ein Ort, der aus sich selbst heraus zu bestehen und zu leben schien, sich in fortwährender Veränderung, Bewegung befand, aber zugleich in sich ruhte.

Dieses Bild gründet zwar schon lange auf einer Illusion, da fast alle Naturräume heute gestaltete Kulturräume sind. Aber selbst mit der Politik der hohen Schornsteine konnten die meisten Auswirkungen auf die Natur lokal eingegrenzt werden. Jetzt ist es anders: Die Schornsteine als Landmarken sind verschwunden, Autos entlassen unsichtbares Kohlendioxid, sie tun das vor unseren Augen, an jeder Ampel, in ihrer Summe mit globalen Auswirkungen. Der Feind heißt nicht mehr Buschhaus[1] oder RWE[2] – der Feind sind wir selbst, und beinahe jeder Handgriff ist irgendwie ein Teil der globalen Umweltveränderung.

Wie diese sich auf lokaler Ebene auswirken wird, lässt sich trotz aller Berechnungen nur in groben Umrissen abschätzen. Die Klimadebatte ist deshalb nicht zuletzt eine Debatte über die Grenzen modernen Wissens. Mathematische Simulationen des zukünftigen Weltklimas sind alles andere als präzise, sie ähneln dem Versuch, durch neurowissenschaftliche Forschung das menschliche Denken zu beschreiben. Eine Vielzahl biochemischer Prozesse wird da vorgeführt und ihre diffizile Interaktion betont – am Ende schauen wir ratlos auf Formeln und Tabellen und sagen: Ja, und wie funktioniert das jetzt? Gefüttert mit Klimakarten und Prognosen, stehen wir im ausgedorrten Wald und fragen uns: Ist es jetzt schon so weit?

Das Verhältnis zur Natur ist trügerisch geworden. Selbst die grantige Naturzerstörungspoesie der 60er und 70er Jahre, als Enzensberger das „Ende der Eulen" beschwor, wirkt heute naiv. Und das große Trara um das „Waldsterben" hat der Sache selbst eher einen Bärendienst erwiesen – eine überhöhte Formulierung, die erst Hysterie auslöste, auf die später, weil sich die düsteren Prophezeiungen nicht erfüllten, Desinteresse folgte.

Der Klimawandel, das ist eine unheimliche Situation, eine typische Thriller-Situation, angstbeladen, aber ohne konkreten Gegner.

Wir werden in den nächsten Jahren wohl noch das eine oder andere Buch nach dem Muster von „Der Schwarm“ oder „Ausgebrannt“[3] zu lesen bekommen. Aber werden wir auch tiefe und wahrheitsgesättigte Naturlyrik lesen? Vielleicht brauchen wir eine neue Sprache, um das Ungewisse und vorerst Unabsehbare im Naturschauspiel fassen zu können.
Misstrauisch registrieren wir Wasserstände und Windstärken, sichten Erosionserscheinungen, halten die Nase in die „bösen Winterwinde“ (Eichendorff), die wieder einmal viel zu milde ausfallen. Ein Sturm ist nicht nur ein Sturm, sondern ein Warnzeichen, ein Hochwasser ein Bote übler Nachrichten, und ein heißer April bietet den Vorgeschmack auf künftige Wüstenszenarien. Natur tritt uns mit Gesten gegenüber, die wir nicht zu deuten wissen. So stehen wir da, am Rande eines Feldwegs, die Hitze des Tages macht müde. Nein, das ist kein echter Frühling mehr.

Ein echter Frühling folgt nur auf einen echten Winter. Wir beäugen den blassblauen Himmel und versuchen zu erspüren, was weit über uns geschieht, in höheren Luftschichten, zwischen Jet-Streams und Stratosphärennebeln, unter denen wir leben, unter einer unsichtbaren Glocke, in einem Treibhaus, das keinen Ausgang hat, Schweiß auf der Stirn, mit einem Fächer in der nervösen Hand, den Flugplan für den nächsten Urlaub in der anderen.

(Aus: Bonner General-Anzeiger, 5./6. Mai 2007, S. 22)

1 **Buschhaus:** ein Braunkohlekraftwerk in Niedersachsen
2 **RWE:** einer der größten Energieversorgungskonzerne in Deutschland
3 **„Der Schwarm“, „Ausgebrannt“:** Romane von Frank Schätzing („Der Schwarm“) und Andreas Eschbach („Ausgebrannt“), die Endzeitszenarien als Folge ökologischer Katastrophen ausmalen

1 *Analysiere den Text „Frühling lässt sein blaues Band ...“ von Burkhard Wetekam. Gehe bei deiner Analyse folgendermaßen vor:*
- *Kläre Anlass, Thema und Intention des Textes.*
- *Beschreibe die Struktur des Gedankengangs.*
- *Untersuche die argumentativen Aussageformen des Textes.*
- *Benenne und erläutere sprachliche Mittel in ihrer Funktion für den Text.*

2 *Nimm Stellung zum Text, indem du*
- *ihn mit eigenen Erfahrungen vergleichst,*
- *die Frage nach der Notwendigkeit einer „neuen Sprache“ für dich beantwortest,*
- *die inhaltliche und sprachliche Qualität des Textes begründet beurteilst.*

Erwartungshorizont/Bewertungsraster

Anforderungen **Die Schülerin/ der Schüler ...**		**maximale Punkt- zahl**	**erreichte Punkt- zahl**
Aufgabe 1			
1	... benennt ungewöhnliche Wettererscheinungen (30 Grad im April) sowie die aktuelle Klimadebatte als Anlass des Textes.	4	
2	... bezieht neben dem Begriff „Klimawandel" weitere zentrale Begriffe wie z. B. dass sich unsere „Wahrnehmung von Natur grundlegend ändert" (Z. 26 f.), „neue Ungewissheit" (Z. 2, 9), „Naturlyrik" (Z. 3, 10), „neue Sprache" (Z. 4, 84) in die Themaformulierung mit ein.	5	
3	... arbeitet die eher auf Reflexion als auf Argumentation zielende Intention des Autors heraus.	6	
4	... gliedert den Text nachvollziehbar in Sinnabschnitte, stellt dabei z. B. den Rahmen (Beschreibung persönlicher Natureindrücke und -erfahrungen zu Beginn und am Ende des Artikels), den gedanklichen Bogen von früher über heute bis zu Prognosen für die Zukunft oder Ähnliches heraus.	10	
5	... weist nach, wie die zentrale These des Textes (vgl. „Im Verhältnis zur Natur macht sich eine neue Ungewissheit breit", Z. 1 f.) vor allem durch Erfahrungs- und Tatsachenargumente begründet und insbesondere durch atmosphärische Beschreibungen veranschaulicht wird.	10	
6	... benennt als auffällige sprachliche Mittel vor allem die wir-Form, aber auch weitere Mittel, wie z. B. die Frage-Form, Metaphern („ins Schwimmen geraten", Z. 22, „gefüttert mit ...", Z. 62), Personifikationen („Der Feind", Z. 45, „ein Bote", Z. 93, „mit Gesten", Z. 95 f.), komplexe Satzstrukturen (Aufzählungen, Parallelismen usw.) und anderes mehr.	10	
7	... erfüllt ein weiteres aufgabenbezogenes Kriterium (erläutert z. B., wie individuelle, sprachlich-literarische und wissenschaftliche Naturwahrnehmung, -beschreibung und -deutung in Zusammenhänge gebracht werden.)	(max. 5)	
		= 50	

Anforderungen Die Schülerin/ der Schüler ...		maximale Punkt-zahl	erreichte Punkt-zahl
Aufgabe 2			
1	... beschreibt eigene Naturerfahrungen und -wahrnehmungen und setzt sie schlüssig in Bezug zu den Textaussagen.	7	
2	... bezieht begründet Stellung zu der Frage, ob wir eine neue Sprache für diese Naturerfahrungen brauchen, oder entwickelt eventuell erste Ideen, wie eine solche Sprache beschaffen sein könnte.	5	
3	... beurteilt z. B., ob die Intention des Textes berechtigt ist, ob die Textaussagen in einem schlüssigen Zusammenhang stehen, die Argumentation nachvollziehbar und überzeugend ist und die sprachlichen Mittel des Textes funktional wirken.	8	
		= 20	
Darstellungsleistung			
1	... gibt den Text korrekt wieder (Zitierweise, Paraphrasieren etc.)	5	
2	... verwendet fachsprachliche Begriffe (korrekt, präzise, umfassend)	4	
3	... verwendet eine sachliche, angemessene und präzise Sprache (allgemeiner Ausdruck)	7	
4	... schreibt orthografisch korrekt	5	
5	... beherrscht Flexion und Syntax	4	
6	... setzt Satzzeichen richtig	5	
		= 30	
	Gesamtpunktzahl	100	

Literaturhinweise

Kampf gegen den Klimawandel. In: Süddeutsche Zeitung. Themen des Jahres 2007. S. 22–35

Mit Sachtexten umgehen. Deutschunterricht. Heft 4/2007

Präsentieren. Praxis Deutsch. Heft 190/März 2005

Recherchieren. Praxis Deutsch. Heft 167/Mai 2001

Rede Referat Diskussion. Deutschunterricht. Heft 3/2001

Sachbücher und Sachtexte lesen. Praxis Deutsch. Heft 189/Januar 2005

4 Menschentypen – Satirisches Schreiben

Konzeption des Gesamtkapitels

Im fortgeschrittenen Jugendalter, wenn sich die Methoden der kritischen Absetzung von Eltern und anderen Erwachsenen mehr und mehr verfeinern (sollten), ist die Satire eine besonders passende Textsorte. Sie erlaubt es, in einer literarisch kultivierten Form Kritik an typischen Alltagspraktiken Erwachsener zu üben, dabei aggressiv-verletzende Attitüden hinter sich zu lassen und sich verfeinerte Kritikformen bis hin zu Ironie und Humor zu erschließen. In der Biografie von Jugendlichen eröffnen Satiren also Spielräume für eine Zivilisierung kritischer Opposition. Das Kapitel konzentriert sich daher auf Texte, in denen Verhaltensweisen von Erwachsenen der Lächerlichkeit preisgegeben werden – und zwar in Form von Darstellungen, die von anderen, kritisch blickenden Erwachsenen verfasst wurden. Die Texte tragen so nicht dazu bei, einen Generationenkonflikt zu schüren; vielmehr geht es darum, mit literarischen bzw. sprachlichen Mitteln kritische Reflexionsräume zu öffnen.
Das erste Teilkapitel (**„Auffälliges Verhalten im Alltag – Beobachten und überspitzt schreiben“**) hat einen Schwerpunkt im Bereich „Sprechen, Zuhören, Schreiben“. Es macht zunächst über visuelle Angebote mit dem satirischen Impetus vertraut. Karikaturen werden genutzt, um daraus erste satirische Versuche zu entwickeln. Es folgen Anregungen, im Anschluss an einfachere Formen der Satire (Rollensatire) eigene satirische Texte zu schreiben und diese dann zielgerichtet zu überarbeiten. Dabei stehen sprachliche Verfeinerungen im Mittelpunkt.
Das zweite Teilkapitel (**„Vollkommen lächerlich – Satiren untersuchen“**) integriert den Schwerpunkt „Umgang mit Texten und Medien“; es stellt ein breites Spektrum von Satiren aus verschiedenen Bereichen (Roman, Zeitungsartikel, Kurzsatire, Dialog etc.) vor. Thematisch sind die Texte so arrangiert, dass sich eine Progression von der Zeugung über die Erziehung kleinerer und größerer Kinder bis hin zum Erwachsenenalter ergibt. In allen Texten kommt es zu mehr oder weniger gravierenden kommunikativen Desastern und zu Widersprüchen zwischen Schein und Sein.
Im dritten Teilkapitel (**„‚Lungentorpedo‘ und ‚Rüsselpest‘ – Mit Jugendsprache den Alltag aufs Korn nehmen“**), das einen Schwerpunkt im Bereich „Nachdenken über Sprache“ hat, wird das kritisch-satirische Potenzial der Jugendsprache genutzt, um die Schülerinnen und Schüler anzuregen, altersspezifisches sprachliches Material für satirische Gestaltungen zu nutzen.

	Inhalte	Kompetenzen
S. 75	**4.1 Auffälliges Verhalten im Alltag – Beobachten und überspitzt schreiben**	**Die Schülerinnen und Schüler können** – Karikaturen genau beschreiben; – den in ihnen gestalteten kritischen Ansatz erkennen;
S. 76	**Zeichnungen mit Witz – Aus Karikaturen Satiren entwickeln**	– im Anschluss an Karikaturen satirische Texte entwickeln;
S. 77	**Gängige Klischees – Eine Rollensatire schreiben**	– kritikwürdiges Verhalten typischer Rollenträger sowie Elemente und Gestaltungsprinzipien einer Rollensatire angeben;
S. 77	Harald Martenstein **Handwerker**	– in der eigenen Lebenswelt kritikwürdige Figuren identifizieren und sie mit satirischen Mitteln darstellen; – Funktionen einer Satire in einer Definition zusammenstellen;
S. 79	**Sprachlich raffiniert – Satiren überarbeiten**	– Handlungsentfaltung und sprachliche Gestaltung in satirischen Schülertexten untersuchen; – satirische Texte mit Hilfe des „Satire-Entscheidungsrads" überarbeiten.
S. 81	**4.2 Vollkommen lächerlich – Satiren untersuchen**	**Die Schülerinnen und Schüler können** – die satirische Darstellung einer bekannten historischen Figur erarbeiten;
S. 81	Daniel Kehlmann **Die Vermessung der Welt**	– dabei u. a. Situationskomik und die gezielte Kombination unterschiedlicher Sprachebenen als satirische Mittel erkennen;
S. 83	Kirsten Boie **Von der unendlichen Arbeit am Kinde**	– die satirische Wirkung besonderer syntaktischer Gestaltungen erkennen; – satirische Darstellungen des Erziehungsverhaltens von Eltern und ihre sprachlichen Gestaltungsmittel erarbeiten;
S. 85	Kurt Tucholsky **Herr Wendriner erzieht seine Kinder**	– satirische Effekte in einem dialogischen Text erarbeiten;
S. 87	Birgit Vanderbeke **Wir Versager**	– die Dysfunktionalität sprachlicher Handlungen (z. B. begründen) als satirische Mittel erarbeiten;
S. 89	Loriot **Fernsehabend**	– die satirische Auseinandersetzung mit der Abhängigkeit von Medien in Schaubildern visualisieren; – den satirischen Gehalt eines Dialogs in einem Vortrag mit verteilten Rollen herausarbeiten.
S. 91	**4.3 „Lungentorpedo" und „Rüsselpest" – Mit Jugendsprache den Alltag aufs Korn nehmen**	**Die Schülerinnen und Schüler können** – jugendsprachliche Begriffe mit kritischem Impetus auf Drastik, aussagkräftige Bildlichkeit, spielerische Abwandlungen und andere Merkmale untersuchen;
S. 92	**„Alleinsam zotteln" – Wörter spielerisch abwandeln**	– aus jugendsprachlichem Material einen satirischen Text entwickeln.

4.1 Auffälliges Verhalten im Alltag – Beobachten und überspitzt schreiben

S. 75

1 *In der Karikatur ist eine Person zu sehen, die auf einem großen Tuch ein Picknick veranstaltet und dabei gebannt auf den Bildschirm eines transportablen Fernsehgeräts schaut. Das Tuch wurde auf einer weitläufigen Wiese ausgebreitet. Vor der männlichen Person sieht man einen Teller mit Besteck, ein Brot, ein Ei in einem Eierbecher, ein Weinglas, eine Weinflasche, einen Topf, ein aufgeschlagenes Buch und eine Brille. Hinter der Person befindet sich ein Grill, an dessen Stange ein Hähnchen brutzelt. Den Hintergrund bildet ein ansteigender Hang, an dessen Ende ein Haus und mehrere Bäume zu sehen sind. Über der Landschaft sieht man einen leicht bewölkten Himmel. Auffällig ist, dass dieses Landschaftsbild auch auf dem Fernsehbildschirm zu sehen ist. Der Mann schaut sich die Landschaft also nicht in natura, sondern im Fernsehen an.*

2 *a) Die Karikatur übt Kritik an der Medienabhängigkeit von Menschen.*

b) Die zentrale Idee des Karikaturisten ist die Verdopplung der Landschaft.

S. 76

Zeichnungen mit Witz – Aus Karikaturen Satiren entwickeln

1 ***Karikatur von A. Paul Weber: „Mens sana in corpore sano"***
Auf einer Laufbahn, die von Zuschauermassen gesäumt wird, bewegen sich mehrere Wesen pfeilartig nach vorne. Zwei Figuren, eine schwarze und eine weiße, liegen gleichauf an der Spitze. Die karikierten Schnellläufer tragen Startnummern auf ihrem Rücken. Ihre Körper sind auf Knochen und Sehnen reduziert, die durch schraubenartige Gelenke zusammengehalten werden; ihre nach vorne gestreckten, auf das Ziel ausgerichteten Köpfe weisen extrem große Augen und krampfhaft verzerrte Münder mit zusammengebissenen Zähnen auf. Die Hauptmasse des Schädels ist betont klein gehalten. An eine fliehende Stirn schließt sich ein Hinterkopf mit einem auffällig geringen Volumen an. Arme und Beine sind extrem abgemagert und nahezu waagrecht nach vorne und hinten gestreckt, sodass die Körper in rasender Bewegung zu sein scheinen.

Karikatur von Edward McLachlan: „Vorsicht, Wildleder!"
Zwei Männer befinden sich in einander zugewandter Position. Eine größere Person beugt sich stehend nach unten und schaut auf die zweite Figur, die ihr die Schuhe ableckt. Die stehende Figur ist sehr beleibt und hält die Arme auf dem Rücken verschränkt. Sie trägt einen Anzug, Wildlederschuhe, eine dunkle Krawatte und eine Brille mit ebenso dunklem Gestell. Die Figur spricht mit der zweiten. Diese hat die Unterschenkel und die nach hinten gestreckten Füße auf den Boden platziert; den Oberkörper stützt die Figur mit gebeugten Armen und Händen ab, deren Finger weit gespreizt sind. Der Oberkörper ist nach unten geneigt, sodass der Kopf fast den Boden berührt; das Hinterteil des Mannes ragt in die Höhe. Der Schädel ist in den Nacken geworfen und der Kopf waagerecht gestellt, sodass die Figur mit herausgestreckter Zunge die Schuhspitze der stehenden Figur erreichen und ablecken kann. Auch diese Figur trägt eine Brille.

2 *Verspottet werden die Selbstkasteiung und die Zurichtung des eigenen Körpers bei Sportlern (Weber) und sklavische Unterwürfigkeit (McLachlan).*

3 *Künstlerische Mittel, mit denen der Betrachter zum Schmunzeln gebracht wird:*

- *A. Paul Weber: z. B. Übertreibungen (Abmagerung, kleine, „hirnlose" Köpfe), Verdinglichung der Körper (Schrauben als Gelenke). Satirisch wirkt auch der Titel, da angesichts der „Spatzenhirne" weder von einer „mens sana" (gesunder Geist) noch von einem „corpus sanum" (einem gesunden Körper) gesprochen werden kann.*
- *Edward McLachlan: Auch bei dieser Karikatur steht der Titel („**Wild**leder") in auffälligem Kontrast zum Verhalten des servil-unterwürfigen Mannes. Auffällig ist außerdem, dass beide Figuren eine gebeugte Haltung einnehmen und so das Gegenteil des „aufrechten Gangs", eines gesunden Selbstbewusstseins ausdrücken. Sowohl der Überlegene als auch der Unterlegene schauen nach unten auf den Boden, haben also keine „Weitsicht". Dieser Eindruck wird dadurch verstärkt, dass beide eine Brille tragen, also an einer Augenschwäche leiden.*

4 *Es sollte darauf geachtet werden, dass tatsächlich ein beschreibender Text entsteht. Damit werden die bisherigen Beschreibungsübungen fortgesetzt (vgl. die im Sachregister des Schülerbandes auf S. 382 angegebenen Belege für das „Beschreiben").*

5 *Erstmals sollen die Schüler angeregt werden, den Schritt von der satirischen bildlichen zu einer ebensolchen sprachlichen Darstellung zu vollziehen. Die ersten eigenen Versuche, satirische Absichten durch besondere Gestaltungsentscheidungen in den Bereichen sprachliche Bilder, Satzbau oder Titelgebung auszudrücken, können im Fortgang der Unterrichtsreihe auf entsprechende Autorentexte bezogen werden.*

Gängige Klischees – Eine Rollensatire schreiben

S. 77

Harald Martenstein

Handwerker

S. 77

1 *Überspitzte Darstellung bestimmter menschlicher Verhaltensweisen – mögliche Lösung:*

Verhaltensweise	*Textstellen*
Unzuverlässigkeit	*„Der Glaser sagte, gut, am Samstag. Am Samstag regnete es. Ich stand im Regen am Steg und wartete. Drei Stunden lang." (Z. 48–51)*
mangelnde Sorgfalt	*„Nach drei Tagen kam das Teil. Es war das falsche." (Z. 4 f.)* *„Die neuen Brillenbügel kamen. Sie hatten zwei verschiedene Farben, einer lindgrün, der andere rosa." (Z. 10–12)* *„[…] sind, bei allen Reparaturen, in 30 Prozent der Fälle falsche Ersatzteile gekommen." (Z. 14 f.)*
Faulheit	*„Er sagte, okay, aber Sie besorgen bei Niemayer die Befestigungen." (Z. 42 f.)*
Unwissen	*„[…] aber Sie besorgen bei Niemayer die Befestigungen. Ich fuhr hin. Bei Niemayer führen sie gar keine Bootsfensterbefestigungen." (Z. 42–45)*
fadenscheinige Ausreden	*„Am Montag erreichte ich ihn. Er sagte, er habe sich nicht gut gefühlt." (Z. 52 f.)*

2 / **3** *Die Aufgaben dienen dazu, die Funktion einer Satire zu klären. Die Fragestellungen sollten ergebnisoffen diskutiert werden.*

4 *Diese angeleitete Schreibübung sollte genutzt werden, um die Schülerinnen und Schüler zu einer Auseinandersetzung mit gesellschaftlichen Rollen zu bringen, die sie selbst (zumindest in Ansätzen) kritisch wahrnehmen. Es ist sinnvoll, die satirischen Schreibversuche durch gezielte Recherchen (Teilaufgabe 4b) vorzubereiten, damit die Texte anschaulicher und vielschichtiger werden.*

5 *Definitionen (Abgrenzungen) nennen wesentliche Merkmale eines Sachverhalts und geben eventuell einen Oberbegriff und Nebenbegriffe an, von denen dieser Sachverhalt mit Hilfe von Merkmalsbenennungen abgegrenzt wird. Die Definitionsversuche der Schülerinnen und Schüler werden durch einige Gesichtspunkte gestützt, die der Definition der „Karikatur" (vgl. S. 78 im Schülerband) entnommen werden können. Die entwickelten Definitionen können mit der folgenden Kurzdefinition verglichen werden: „Satire ist eine in allen literarischen Gattungen mögliche Darstellungsform, die durch Übertreibung, Ironie und beißenden Spott an Personen und Ereignissen Kritik übt, sie der Lächerlichkeit preisgibt, Zustände anprangert und mit scharfem Witz geißelt." (Aus: Wieland Zirbs (Hg.): Literaturlexikon. Daten, Fakten und Zusammenhänge. Cornelsen Scriptor, Berlin 1998, S. 318)*

S. 79

Sprachlich raffiniert – Satiren überarbeiten

1 *a) Linus kommt in seinem Text sofort zu einem Handlungshöhepunkt. Auch die Reaktion auf den Satz „Wer aufräumt, ist zu faul zum Suchen" entfaltet Linus nur knapp und summarisch. Emma spitzt ihre Vorstellung des idealen Schülers nicht zu; alles ist in einem gleich bleibenden Ausführungsgrad dargestellt; eine Zuspitzung findet nicht statt. Zudem hat Emma eher eine Beschreibung verfasst; sie verzichtet auf die Möglichkeit, ihre Ideen in eine sich steigernde Handlung einzubringen.*

*b) Beispiele für bloße inhaltliche Drastik ohne sprachlich anspruchsvolle Gestaltung:
Linus' Text: „ [...] brüllt los: ‚Meine Güte! Dieses Chaos. Weg mit dem Zeug!'" (Z. 2 f.); „[...] ordnet an, den Mist sofort einzusammeln" (Z. 4 f.); „Da bekommt sie einen Anfall und verlässt mit wüsten Drohungen den Raum" (Z. 6 ff.); Emmas Text: „bis zu einer Entfernung von fünf Metern abschreiben" (Z. 2 f.); „in 0,01 Millisekunden" (Z. 10).*

2 *a) Aus dem Handlungszusammenhang ergibt sich, dass es sich bei der „gewissen Frau" um die Mutter handelt. Die gewählte Umschreibung, die eine Distanzierung ausdrückt, unterstützt an dieser Stelle den satirischen Effekt.*

b) Die Formulierung „Socken-Arrangement" erzielt durch die ungewöhnliche Kombination eine satirische Wirkung. Das Wort „Arrangement" wird mit eher „edlen" Kontexten in Verbindung gebracht, während das Wort „Socken" keine Luxuserwartungen weckt; so ergibt sich ein Kontrast, es wurde eher Unpassendes miteinander kombiniert.

c) Adjektive und Verbformen wie „übermöbliert", „üppige", „schreitet" „angespannter (Gesichtsmuskulatur)" tragen dazu bei, dass die dargestellte Handlungssituation den Leser zum Schmunzeln anregt.

3 *a/b) Das Satire-Entscheidungsrad macht den Schülerinnen und Schülern ein differenziertes Repertoire an Strukturelementen, Funktionen und typischen Themenbereichen der Satire zugänglich. Die aufgeführten Begriffe können als Analyseinstrumente genutzt werden, um die eigenen Schreibversuche zu untersuchen und weiterzuentwickeln.*

4.2 Vollkommen lächerlich – Satiren untersuchen

Daniel Kehlmann

S. 81

Die Vermessung der Welt

Der Roman war mehrere Jahre auf Platz 1 der Spiegel-Bestsellerliste.

1 *Adjektive zur Charakterisierung der Gauß-Figur könnten sein:*
- *skeptisch,*
- *aktiv,*
- *vorsichtig,*
- *verschroben,*
- *abgelenkt,*
- *nervös.*

2 *Mögliche Lösung:*

Menschliche Schwächen des Carl Friedrich Gauß	*Beispiele*
situationsunangemessenes Verhalten	*„[…] und sagte, er habe nicht erwartet, dass er etwas wie Glück finden würde, und im Grunde glaube er auch jetzt nicht daran. Es komme ihm wie ein Rechenfehler vor, ein Irrtum, von dem er nur hoffe, keiner werde ihn aufdecken." (Z. 14–19)* *„[…] er schämte sich, dass ihm ausgerechnet in diesem Moment klar wurde, wie man Messfehler der Planetenbahnen approximativ korrigieren konnte." (Z. 66–70)* *„[…] doch er bat um Verzeihung, stand auf, stolperte zum Tisch, tauchte die Feder ein und schrieb, ohne Licht zu machen […]." (Z. 78–80)*
Gesprächsunfähigkeit	*„Eine Stunde später waren die letzten Gäste gegangen und er und Johanna auf dem Weg nach Hause. Sie sprachen wenig." (Z. 26–28)*
Unbeholfenheit	*„ […] begann, die Bänder ihres Kleids zu öffnen. Ohne Licht war das nicht einfach […]. Es dauerte lange, der Stoff war so widerspenstig und der Bänder waren so viele […]." (Z. 32–37)* *„Er überlegte, wie er mit ihrem Unterrock verfahren sollte, es war schon mit dem Kleid so schwierig gewesen." (Z. 45–48)* *„Wieso trugen Frauen nicht Sachen, die man aufbekam?" (Z. 48 f.)* *„Auf dem Weg zurück stieß er mit dem Fuß gegen den Bettpfosten […]." (Z. 85–87)*

3 *Eine mögliche Lösung:*

Situationskomik/Handlungsschritte, die in ihrer Kombination komisch wirken:

Kurz vor dem Höhepunkt der Hochzeitsnacht

↓

Konzentration auf ein mathematisches Problem

↓

Unterbrechung der Hochzeitsnacht und Notieren einer Formel am Schreibtisch

↓

Fortsetzung und Höhepunkt der Hochzeitsnacht

4 *Aufeinanderprallen verschiedener Sprachebenen und die daraus sich ergebende satirische Wirkung – mögliche Lösung:*

Sprachebene I	**Sprachebene II**	**satirische Wirkung**
„Glück" (Z. 15)	„Rechenfehler" (Z. 17 f.)	satirische Wirkung durch Kontrast zwischen einem Begriff aus dem Bereich der Emotionen und einem aus dem Bereich der Mathematik; zusätzlicher Kontrast zwischen positiven (Glück) und negativen Konnotationen (Rechenfehler)
„aber dann hatte er es doch geschafft" (Z. 39 f.)	„das Kleid sank hinab" (Z. 40)	in dieser erotischen Situation satirische Wirkung durch Kombination einer alltagssprachlichen mit einer poetisch-bildlichen Ausdrucksweise
„So habe sie es sich nicht vorgestellt [...], so lebendig" (Z. 72–74)	„Summe d. Quadr. d. Differenz zw. beob. u. berechn. → Min" (Z. 80 f.)	satirische Wirkung durch Kontrast zwischen schlichter allgemeinsprachlicher Ausdrucksweise und anspruchsvoller Fachsprache mit Kürzeln

5 *Verwendung parataktischer und hypotaktischer Satzstrukturen und deren Wirkung:*

- *Parataxen z. B. in den Z. 26–29; die Kürze der Sätze spiegelt hier die Wortlosigkeit der beiden Figuren.*
- *In Z. 54–70 verwendet der Autor hypotaktische Konstruktionen; diese spiegeln hier die Unübersichtlichkeit der Situation, die Gauß verspürt, und die Verwirrung, die eintritt, als er im Liebesakt von wissenschaftlichen Erkenntnissen überfallen wird.*

S. 83

Kirsten Boie

Von der unendlichen Arbeit am Kinde

1 *Kirsten Boie macht Eltern lächerlich, die ihre Kinder in übertriebener Weise umsorgen und die Erziehung der Kinder mit pädagogischen Überlegungen überfrachten. Zentraler Beleg: „Haben jemals Mütter (und Väter! Und Väter!) in Krabbelgruppen und auf Spielplatzbänken so intensiv über neueste Ansätze der Pädagogik diskutiert, gab es jemals eine Generation von Eltern, die so viel zu bedenken, so viel auf sich zu nehmen bereit war?" (Z. 1–6)*

2 *Fehler und Schwächen der dargestellten Eltern sind u. a.:*
- *übertriebene Fürsorge (durchgängig);*
- *naive Wissenschaftsgläubigkeit („Konsequent halten wir uns an das, was uns die Wissenschaft durch ihre Medien aufträgt", Z. 40 f.);*
- *übertriebene Vorsicht (Kleinkindschwimmen: „Wieso zu früh? Ich fühle mich auf Gomera nachher einfach so viel entspannter, wenn ich weiß, er kann ruhig mal ins Wasser fallen", Z. 12–14);*
- *zu frühes Hineinmanövrieren von Kleinkindern in die Selbstständigkeit („gestalten sich Abschied und Aufbruch zu Veranstaltungen eigenen Rechts, weil Magda-Luise immer eine Viertelstunde vor dem Aufbruch darauf vorbereitet wird, damit sie sich nicht als hilfloser Spielball der Elternentscheidung fühlen muss [...], während Ansgar in kurzem Abstand dreimal vorbereitenden Bescheid bekommt", Z. 15–25);*
- *Klischees zur Position von Kindern in der Geschwisterreihe („Beeke, die ohnehin schon das Schicksal trägt, ein drittes Kind zu sein", Z. 29 f.) usw.*

3 *a/b) Begründungen erzieherischen Handelns, die abwegig wirken – einige Beispiele:*
- *„verkneifen wir uns die Anschaffung eines Plastikautotopfes, der allein durch den Aufforderungscharakter seiner Gestalt Jan-Kai unter Umständen sozusagen sekundär motivieren könnte, von sich zu geben, was er jetzt noch per Windel bei sich behält" (Z. 45–51). Die Eltern wirken unselbstständig, da sie ihr Erziehungsverhalten an pädagogischen Floskeln ausrichten.*
- *Argument gegen das Topfen von Kleinkindern: „Der Felix wird doch mal total analfixiert! Willst du dein Kind schon mit zwei für alle Zeiten zu einem geizigen Leben verdammen?" (Z. 53–56)*

4 *Ein Beispiel, das zeigt, dass sich auch aus den gewählten Satzkonstruktionen satirische Effekte ergeben, findet sich in Z. 40–63: Die unübersichtliche Satzkonstruktion spiegelt die (schein-)wissenschaftlich verkomplizierten Gedankengänge der Eltern.*

5 *Sprachliche Besonderheiten – mögliche Lösung:*

Textbelege	**Kennzeichnung mit Hilfe von Fachbegriffen**	**Wirkung im Textzusammenhang**
„Magda-Luise" (Z. 17) „Jan-Kai" (Z. 44)	auffällige Namen	Jedes Kind soll zu einem besonderen, auch namentlich herausragenden Individuum gemacht werden.
„Mittagsschlafzeiten" (Z. 32 f.)	häufige Verwendung von Komposita	Die Begriffe zeigen, wie kompliziert die Eltern denken.

Textbelege	*Kennzeichnung mit Hilfe von Fachbegriffen*	*Wirkung im Textzusammenhang*
„analfixiert" (Z. 54) „sekundär motivieren" (Z. 49)	*pädagogisches und psychologisches Fachvokabular*	*Das Vokabular soll einen besonderen wissenschaftlichen Anspruch der formulierten Ansichten unterstreichen.*
„Bachblütentropfen" (Z. 119)	*Begriff aus der alternativen Medizin*	*Der Begriff macht den krampfhaften Versuch deutlich, Kinder als Behandlungsfälle darzustellen.*

S. 85

Kurt Tucholsky

Herr Wendriner erzieht seine Kinder

1 *Charakterisierung des Menschentyps, der in dieser Satire kritisch betrachtet wird – mögliche Lösung:*

Textbeleg	*dazu passendes charakterisierendes Adjektiv*
gesamter Text	*redselig*
„Ober! Ober, Himmelherrgottdonnerwetter, ich rufe hier nu schon ne halbe Stunde" (Z. 1 ff.)	*ungeduldig, ungehalten*
„Was willst du? Kuchen? Du hast genug Kuchen. Also zwei Pilsner. Oder lieber vielleicht - na, is schon gut. Junge, sei doch mal endlich still, man versteht ja sein eignes Wort nicht. Du hast doch schon Kuchen gegessen! Nein! Nein. Also, Ober: noch'n Apfelkuchen mit Sahne." (Z. 5–11) „Ich habe gesagt: Junge, treib doch Sport! [...] warum treibst du keinen Sport? Ich komme ja nicht dazu, mit ihm hinzugehn, mir täts ja auch mal sehr gut, hat mir der Arzt gesagt" (Z. 46–50)	*inkonsequent*
„Na, Max, nu geh spielen!" (Z. 12) „Also zwei Pilsner! Was willst du? Kuchen? Du hast genug Kuchen. Also zwei Pilsner" (Z. 4 ff.)	*egozentrisch (kümmert sich nicht um seinen Sohn, will ihn loswerden)*
„Na, Max, nu geh spielen!" (Z. 12) + „Nein, bleib hier! Du sollst hierbleiben! Max! Max! Komm mal her! Du sollst mal herkommen!" (Z. 56 ff.) + „Max, sieh mal nach, ob da vorn die Lampen schon angezündet sind!" (Z. 78 ff.)	*widersprüchlich*

3 *Stichworte zur Lösung:*
- *widersprüchliches Verhalten: siehe Aufgabe 2 (letzte Zeile der Tabelle);*
- *Selbstgefälligkeit: siehe Aufgabe 2 (zweitletzte Zeile der Tabelle);*
- *phrasenhaftes Reden: z. B. Z. 39–41 oder Z. 43–45 oder Z. 86–91;*
- *einseitige Kommunikation: Kein anderer kommt in dem Text zu Wort. Die Figur stellt sich in der Ich-Perspektive ausschließlich selber dar;*
- *auffälliger Satzbau: an den Sohn gerichtete Aufforderungen in kurzen Befehlssätzen (z. B. Z. 45 f.); auch ansonsten viele kurze Hauptsätze, die die Beschränktheit der von der Figur geäußerten Gedanken unterstreichen;*
- *Situationskomik: Herr Wendriner verhält sich selbst inkonsequent und widersprüchlich und klagt dann am Ende: „[...] diese Unbeständigkeit, diese Fahrigkeit, diese schlechten Manieren – von wem hat der Junge das –?" (Z. 95 ff.). Der Vater hat den ältesten Sohn von Kind an zum Umgang mit Geld erziehen wollen und ihm schon bei seiner Geburt ein Sparkassenkonto angelegt (Z. 71 ff.); später braucht der Sohn ein „Heidengeld" und macht sich des Diebstahls schuldig, um sein aufwändiges Leben finanzieren zu können (Z. 82 und 83 f.);*
- *Stilisierung: laufende Wiederholung bestimmter Phrasen wie „Lass das!"; „Du sollst mal herkommen!"; „Wissen Se", die das Erziehungsversagen des Vaters und seine Geschwätzigkeit markieren.*

Birgit Vanderbeke

Wir Versager

S. 87

1 *Unterstrichen wird z. B., dass der Vater sich sehr schnell ein Bild von einem Menschen macht und dann auf Dauer daran festhält, obwohl sich wesentliche Tatsachen geändert haben. Dies betrifft hauptsächlich seine Tochter, die Ich-Erzählerin, die bei der Geburt stark behaart gewesen ist, wenige Tage nach der Geburt aber ausgesehen hat „wie alle anderen Säuglinge auch" (Z. 59 f.). Der Vater kann aber von dem Bild, das er sich bei der Geburt von seinem Kind gemacht hat, nicht lassen und spricht auch nachher immer wieder von der „Hässlichkeit seiner Tochter" (Z. 83). Vorurteilsstrukturen werden hier am Beispiel einer Familienkonstellation satirisch auf die Spitze getrieben und der Lächerlichkeit preisgegeben.*

2 *Ein affenhaftes Aussehen wird der Tochter vom Vater bei deren Geburt zugeschrieben (vgl. Z. 32), weil diese stark behaart ist, und er leidet unsäglich darunter (Z. 67 f.), obwohl er selbst einen starken Haarwuchs hat (Z. 69 f.), sich also in der Tochter wiederkennen müsste. Offensichtlich findet er jedoch seinen eigenen Haarwuchs teilweise peinlich (Z. 70 f.); er schämt sich stellvertretend für seine Tochter (Z. 89 f.). Damit stellt er sich im moralischen Sinne und umgangssprachlich formuliert als ein „Affe" dar.*

3 *a) Analyse des sprachlichen Verfahrens – mögliche Lösung:*

auffällige sprachliche Phänomene	Fachbegriff zur Kennzeichnung des Phänomens	Wirkung auf den Leser
gesamter Text	extrem hypotaktischer Satzbau	unterstreicht die unentwirrbare Verstrickung der Familienmitglieder in die belastende Familiengeschichte
„Verständnis" (fünfmal in den Z. 1–11)	Wortwiederholung	unterstreicht ironisch die geistige Unbeweglichkeit des Vaters

auffällige sprachliche Phänomene	*Fachbegriff zur Kennzeichnung des Phänomens*	*Wirkung auf den Leser*
„mein Vater" (Z. 64)	*Possessivpronomen*	*wirkt ironisch, da die Erzählerin sich vom Vater distanziert*
„zuerst versehentlich mich und hernach planmäßig meinen Bruder gezeugt zu haben" (Z. 15 f.); „dass einem so schönen Menschen ein derartig hässliches Kind widerfahren muss" (Z. 90–92)	*Antithese/Gegensatz*	*unterstreicht die mangelnde Schlüssigkeit des väterlichen Verhaltens*
„ein gut aussehender Mann gewesen, sogar ein bestaussehender" (Z. 64 f.)	*Steigerung*	*unterstreicht die Selbstgefälligkeit des Vaters*

b) Bei der schriftlichen Darstellung können sich die Schülerinnen und Schüler u. a. auf ihre Kompetenzen des Charakterisierens (vgl. S. 362 f. im Schülerband) stützen.

S. 89

Loriot

Fernsehabend

1 *Mögliche Lösung:*

Grafische Darstellung der Beziehung zwischen Ehemann, Ehefrau und nicht funktionierendem Fernseher

2 *Mögliche Lösung:*

Kommunikationsstruktur bei funktionierendem Fernseher

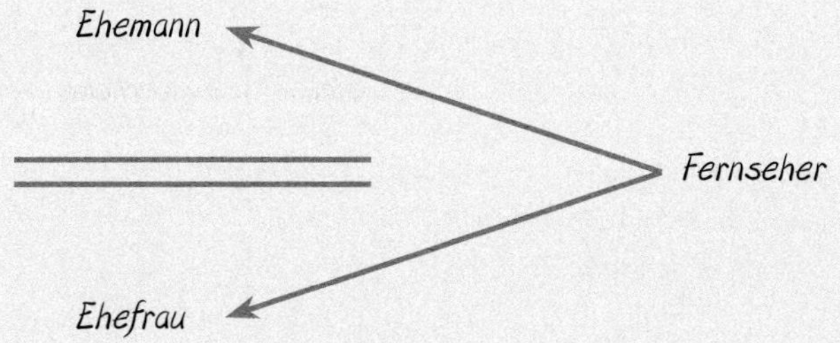

3 *Da der Fernseher, der sie bislang eindirektional mit unterhaltenden Impulsen versorgt hat, plötzlich nicht mehr funktioniert, sind die Ehepartner nun darauf angewiesen, ersatzweise miteinander zu kommunizieren. Dass sie dies nicht gewohnt sind, kann man daraus ersehen, dass das Fernsehgerät ihr zentraler Gesprächsgegenstand ist und dass sie immer wieder zum Ausgangspunkt ihrer unfreiwilligen Kommunikation zurückkehren. Zwischenzeitlich kommt es zudem immer wieder zu Pausen, da die beiden sich keinen Gesprächsstoff erschließen können.*
Einen Moment komischer Hilflosigkeit des Ehepaares gestaltet Loriot z. B. in der Dialogpassage in Z. 16–42, in der deutlich wird, wie sehr die beiden auf den Fernseher fixiert sind; sie schauen zwanghaft in seine Richtung und die Ehefrau weiß sich schließlich nicht anders zu helfen, als den Mann zu veranlassen, ziellos in eine andere Richtung zu blicken.

4 / **5** *Hier sind Inszenierungsproben mit anschließender Erörterung der jeweiligen Wirkungen sinnvoller als lange vorbereitende Diskurse.*

6 *Die Aufgabe kann dazu genutzt werden, die bisher zusammengetragenen analytischen Befunde zur Satire – eventuell im Vorfeld einer Klassenarbeit – noch einmal zu rekapitulieren, sie systematisch zusammenzustellen und dann die satirischen Mittel in ihrer Wirksamkeit zu vergleichen.*

4.3 „Lungentorpedo" und „Rüsselpest" – Mit Jugendsprache den Alltag aufs Korn nehmen

S. 91

1 *Die Schülerinnen und Schüler können den Hinweis erhalten, dass sie jugendsprachliche Redewendungen und Wörter in bestimmten lebensweltlichen Situationen (auf Feten, in Sportvereinen etc.) gezielt recherchieren können.*

2 *Beispiele:*
- *Fummelbunker: salopper Ausdruck;*
- *Speichelkonferenz/Krampfadergeschwader: Drastik;*
- *Korallenriff/Gehirnprothese: Umdeutung/Metapher;*
- *Saftschubse: spielerische Abwandlung eines Wortes (schubsen hier als Nomen).*

3 *Der Text von Harald Martenstein auf S. 91 f. des Schülerbandes gibt den Schülerinnen und Schülern eine Stütze für ihre eigenen Schreibversuche. Geübte Schreiber/innen können sich von dem Muster lösen, wenn sie möchten.*

S. 92

„Alleinsam zotteln" – Wörter spielerisch abwandeln

1 *Hier wird die besondere sprachliche Kreativität der Jugendsprache ins Zentrum der Betrachtung gerückt. Damit wird ein Gegengewicht gesetzt zu den Drastik-Bestrebungen, die bei vielen Jugendlichen häufig bei der Verwendung jugendsprachlicher Elemente vorherrschen.*

2 *Bei der Lösung dieser Aufgabe kann auf Vorarbeiten aus Aufgabe 4 auf S. 78 des Schülerbandes zurückgegriffen werden.*

Literaturhinweise zum Thema Jugendsprache

Böcker, Lisa/Brenner, Gerd: Sprache im Wandel. Sprachkritik und Sprachgeschichte. Hg. von Bernd Schurf und Dietrich Erlach. Cornelsen, Berlin 2003 (z. B. „Konkret, krass, kanakisch", S. 55; „Why the fuck can't the Tuwort come früher?", S. 56 f.)

Ehrmann, Hermann: Endgeil. Das voll korrekte Lexikon der Jugensprache. C. H. Beck, München 2005

PONS. Wörterbuch der Jugendsprache von Schülerinnen und Schülern aus ganz Deutschland. Klett, Stuttgart 2008

Lernerfolgskontrolle/ Thema für eine Klassenarbeit

Produktiv-gestaltend zu Texten schreiben (mit Reflexionsaufgabe)

Harald Martenstein versucht, mit seinem Sohn zu sprechen, und bekommt eine Abfuhr

Mein Sohn ist sechzehn, er geht auf Partys. Oder sonst wohin. Freitagabend und Samstagabend ist er jedenfalls weg. Wenn ich frage, wo er hingeht, sagt er „zu dem Soundso" und nennt einen Namen. Wenn ich frage, was tut ihr denn bei dem Soundso, antwortet er: „Wir unterhalten uns." Ich kann mir gar nicht vorstellen, wie er sich unterhält, bei mir sagt er immer nur Sätze wie „Ich habe Hunger" oder „Ich gehe schlafen" oder „Wir brauchen Milch". Es sind Dreiwortsätze wie in einem alten Italowestern. Zieh du zuerst. Es gibt Bohnen. Hängt ihn höher.

Der einzige relativ lange Satz, den ich in letzter Zeit von ihm gehört habe, lautete: „Katzenfutter ist schon wieder alle." Neulich haben wir übrigens auch zum ersten Mal Biokatzenstreu gekauft. Wenn ich, um ein Gespräch in Gang zu bringen, frage, wie er den neuen Stürmer von Hertha BSC findet, denn ich weiß, dass er sich für Fußball interessiert, wir sind bei Hertha BSC gewesen, ich weiß, dass er alle Spieler kennt und dass er, wenn man im Fernsehen den Ton abdreht, ein Spiel, falls er reden wollte, so kenntnisreich kommentieren könnte wie Marcel Reif, mit vierzehn hat er das jedenfalls getan, wenn ich ihm also diese Frage stelle, antwortet er: „Gut." Wenn ich nachfrage, ob der neue Stürmer, ein quirliger Brasilianer, seiner Ansicht nach besser sei als der alte Stürmer, ein wieselflinker Serbe, antwortet er: „Vielleicht." Wenn ich dann aber noch ein weiteres Mal nachfrage, wenn ich zum Beispiel zur Diskussion stelle, ob der neue Stürmer nicht eher ein offensiver Mittelfeldspieler sei, eine Frage, die nach einer differenzierten Antwort geradezu schreit, antwortet er: „Hör auf zu nerven."

Ich denke manchmal, wir sollten gemeinsam etwas tun. Fußball. Kino. Museum. Aber er lehnt meistens ab, vor allem das Museum. [...]

(Aus: ZEIT Magazin Leben, 13.3.2008)

1 *Gestalte diesen satirischen Text neu und setze ihn fort. Wähle dabei die Ich-Perspektive und die Sprache*

a) des Sohnes oder

b) einer Tochter Martensteins, die das Verhältnis von Vater und Sohn beobachtet hat.

2 *Reflektiere anschließend dein Vorgehen, sodass z. B. deutlich wird, dass du*

a) die in der Satire dargestellten menschlichen Schwächen der Figuren erkannt und weiter ausgestaltet hast,

b) deine sprachliche Gestaltung der von dir gewählten Perspektive sinnvoll angepasst hast,

c) dabei die besondere syntaktische Gestaltung des Textes erkannt und fortentwickelt hast.

Erwartungshorizont/Bewertungsraster

Anforderungen Die Schülerin/der Schüler …		maximale Punktzahl	erreichte Punktzahl
Aufgabe 1			
1	… erkennt, dass die Kommunikation zwischen Vater und Sohn gestört ist, beachtet dies konsequent in der Umgestaltung und setzt dieses Grundthema in der Ausgestaltung des Textes angemessen fort.	12	
2	… erkennt, dass der Autor den lapidaren Kurzäußerungen des Sohnes längere Einlassungen des Vaters gegenüberstellt, und setzt diese Dialogstruktur (ungleiche Redeanteile) fort.	8	
3	… gestaltet in der Fortsetzung mindestens ein weiteres Gesprächsthema, mit dem der Vater versucht, den Sohn zu engagierteren Äußerungen zu animieren.	9	
4	… schreibt den Text so um, dass die Sichtweise des Sohnes auf den Vater/der Tochter auf Vater und Bruder nicht nur im dargestellten Kommunikationsverhalten, sondern auch in einigen beurteilenden/kommentierenden Sätzen deutlich wird.	8	
5	… passt die Sprache des Textes an die Sichtweise des Sohnes/der Tochter an, indem altersgemäße Formulierungen gewählt werden.	8	
		= 45	
Aufgabe 2			
1	… benennt mindestens zwei menschliche Schwächen des Vaters, die vom Sohn/von der Tochter aufgegriffen werden, und weist nach, wo und mit welchen satirischen Mitteln sie dargestellt werden.	9	
2	… belegt und begründet schlüssig, dass der Text dem Sohn lapidare Äußerungen und dem Vater längere Satzkonstruktionen zuordnet, um die Kommunikationsunlust des Sohnes im Kontakt mit dem Vater zu unterstreichen.	9	
3	… benennt mindestens eine weitere sprachliche Besonderheit des eigenen Textentwurfs (z. B. jugendsprachliche Wendungen) und weist nach, wie sie auf die gewählte Perspektive abgestimmt wurde.	9	
		= 27	

Anforderungen Die Schülerin/der Schüler ...		maximale Punkt-zahl	erreichte Punkt-zahl
Darstellungsleistung			
1	... hält in der Textumgestaltung und -fortsetzung die gewählte Perspektive konsequent durch.	5	
2	... hält in der Textumgestaltung und -fortsetzung das gewählte Tempus konsequent durch.	5	
3	... verwendet in den Ausführungen zu Aufgabe 2 in angemessener Weise Textbelege.	5	
4	... verwendet ein differenziertes und beiden Textteilen jeweils angemessenes Vokabular.	7	
5	... schreibt sprachlich korrekt.	3	
6	... beachtet die Regeln der Zeichensetzung.	3	
		= 28	
	Gesamtpunktzahl	100	

Literaturhinweise

Bonk, Christiane/Brenner, Gerd/Partzelt, Birgit/Rühle, Christian: Rund um Satiren. Kopiervorlagen für den Deutschunterricht. Hg. von Ute Fenske. Cornelsen, Berlin 2008

Brenner, Gerd: Satiren untersuchen/verfassen. In: Ute Fenske/Cordula Grunow/Bernd Schurf (Hg.): Deutschbuch 9/10. Ideen für den Unterricht. Kopiervorlagen. Cornelsen, Berlin 2003, S. 57–66

Feinäugle, Norbert (Hg.): Arbeitstexte für den Unterricht. Satirische Texte. Durchgesehene Ausgabe. Reclam, Stuttgart 1995

Leifheit, Anke: „Das Muschelessen“. Der Einsatz von Leserollen bei der Lektüre von Birgit Vanderbekes Erzählung. In: Deutschmagazin 3/2004, S. 56 ff.

5 Funktionen von Sprache – Kommunikation untersuchen

Konzeption des Gesamtkapitels

Sprachliche Verständigung ist ein sehr störanfälliger Prozess, den Jugendliche in Familie und Freundschaft alltäglich erleben und für dessen psychologische Erklärungen sie sich zunehmend interessieren. Die Schülerinnen und Schüler lernen in diesem Kapitel Bedingungen und Strukturen der Kommunikation an Beispielen gestörter Gesprächssituationen vornehmlich in fiktionalen Texten (modernen Kurzgeschichten) kennen und können vor diesem Hintergrund ihr eigenes Gesprächsverhalten kritisch reflektieren.

Im ersten Teilkapitel (**„Kommunikation im Alltag – Mögliche Störungen erklären"**) folgt auf einen thematischen Einstieg über ein Gemälde Edward Hoppers und eine erste Annäherung anhand der Anfangsszene aus Yasmina Rezas Bühnenstück „Kunst" eine Auseinandersetzung mit kommunikationstheoretischen Modellen. Die am weitesten verbreitete Vorstellung von kommunikativen Prozessen bietet der Ansatz Friedemann Schulz von Thuns, der aus diesem Grund auch zu Beginn der theoretischen Konzepte platziert ist, gefolgt von einem Text Paul Watzlawicks, dessen Axiome kritisch hinterfragt werden sollen. Erst am Ende steht das Organon-Modell von Karl Bühler, das wegen seiner wegweisenden und auch heute noch klaren Strukturierung aufgegriffen wird, auch wenn die anderen Autoren Bühlers Vorstellungen ausdifferenziert und teilweise erweitert haben. Das Teilkapitel stellt die Bedeutung von Rollen (-erwartungen) für die Kommunikation ins Zentrum (Berufsrolle, Geschlechterrolle).

Im zweiten Teilkapitel (**„Beziehungen aufnehmen, leben, beenden – Kommunikation in Kurzgeschichten untersuchen"**) geht es darum, Elemente (und Begriffe) aus den im ersten Teilkapitel erarbeiteten Kommunikationsmodellen zur Analyse epischer Kurztexte zu nutzen. Dabei stehen sowohl die verbalen als auch die – über den Erzähler oder die Erzählerin vermittelten – non- und paraverbalen Ausdrucksmittel im Blickpunkt. Durchgängig und abschließend soll die Rolle des Erzählers reflektiert werden, um die Grenzen der Anwendbarkeit soziologischer Modelle bei der Analyse literarischer Texte mindestens anzudeuten. Als thematische Klammer des Teilkapitels fungiert der weit gefasste Beziehungsbegriff, weil sich in seinem Kontext viele Texte finden lassen, die unter dem Aspekt der Kommunikation interessant erscheinen, und zwar sowohl „klassische" Kurzgeschichten (von Wolfgang Borchert, 1946, Max von der Grün, 1965, Gabriele Wohmann, 1978) als auch aktuelle (von Roswitha Fröhlich, 1996, Nils Mohl, 2003). Die Progression beim Textarrangement ist darin zu sehen, dass die lebensweltliche Zugänglichkeit und Einfachheit des Erzählens zum Ausgangspunkt genommen wird.

Das dritte Teilkapitel (**„Eingefrorene Gespräche – Schreiben zu Bildern"**) schlägt mit seinen Bildimpulsen die Brücke zum Beginn des Kapitels und liefert vielfältige Schreibanregungen für die Schülerinnen und Schüler, die hier die gewonnenen Einsichten produktiv-kreativ anwenden können (Schreiben von Dialogen, Kurzgeschichten).

Weiteres Übungsmaterial zu diesem Kapitel

Übungsmaterial im **„Deutschbuch Arbeitsheft 10"**
– Erzähltexte erschließen: S. 66–71

	Inhalte	Kompetenzen
S. 94	**5.1 Kommunikation im Alltag – Mögliche Störungen erklären**	**Die Schülerinnen und Schüler können** – die Exposition eines Dramas analysieren; – Störungen in der Kommunikation beurteilen und begründen;
S. 94	Yasmina Reza **Kunst**	– Gestik, Mimik, Körperhaltung als nonverbale und paraverbale Ausdrucksmittel aktiv anwenden;
S. 95	**Kommunikationsmodelle**	– das Kommunikationsquadrat visualisieren und ergänzen;
S. 96	Friedemann Schulz von Thun **Kommunikationsquadrat**	– den theoretischen Ansatz auf Alltagsszenen und literarische Texte („Kunst“) anwenden;
S. 98	Paul Watzlawick **Menschliche Kommunikation**	– die Hauptthesen benennen und erläutern; – symmetrische und komplementäre Strukturen am Auszug aus „Kunst“ nachweisen;
S. 99	Hein Retter **Im Wartezimmer**	– den Dialog sinngerecht vollenden und auf Watzlawicks Theorie beziehen;
S. 99	Karl Bühler **Funktionen der Sprache**	– Bühlers Modell erklären, an Beispielen erläutern; – ausgehend von Bühler die Weiterentwicklung von Kommunikationsmodellen erläutern;
S. 100	**Erwartungshaltungen – Kommunikation und Rolle**	– die Bedeutung der sozialen Rolle für die Kommunikation erarbeiten;
S. 101	**Goldene Regeln für eine gelungene Kommunikation**	– Geschlechterrollen untersuchen; – Regeln gelungener Kommunikation formulieren.
S. 102	**5.2 Kommunikation in Kurzgeschichten untersuchen**	**Die Schülerinnen und Schüler können** – Sach- und Beziehungsebene der Texte beschreiben;
S. 102	Roswitha Fröhlich **Plötzlich**	– die Texte auf Wendepunkte und nonverbale Botschaften untersuchen; – einen inneren Monolog verfassen;
S. 103	Gabriele Wohmann **Ein netter Kerl**	– die Rolle des Erzählers deuten; – den historischen Hintergrund einbeziehen;
S. 104	Wolfgang Borchert **Das Brot**	– die Kommunikation der Figuren untersuchen; – Leitmotive und deren Funktion analysieren; – erläutern, ob ein Text eine Kurzgeschichte ist;
S. 106	Max von der Grün **Masken**	– mit produktionsorientierten Verfahren Texte sinnvoll ergänzen; – erzählerische Mittel (nonverbales Verhalten, Perspektivwechsel) und ihre Wirkung analysieren;
S. 108	Nils Mohl **Schön, dass du da warst**	– die Situation beschreiben, Figuren charakterisieren; – diskutieren, inwieweit Kommunikationsmodelle zur Analyse der Geschichten hilfreich sind.
S. 111	**5.3 Eingefrorene Gespräche – Schreiben zu Bildern** Skulpturen von Duane Hanson, Gemälde von Edward Hopper	**Die Schülerinnen und Schüler können** – ausgehend von Skulpturen und einem Gemälde Monologe, Dialoge und Kurzgeschichten zum Thema „Kommunikation“ verfassen; – ihre Texte sprechgestalterisch vortragen.

5 Funktionen von Sprache – Kommunikation untersuchen

S. 93 Das Gemälde „Chop Suey“ von Edward Hopper mit den nachfolgenden Arbeitsanregungen dient dem thematischen Einstieg. Wesentliche Aspekte von Kommunikation und ihrer möglichen Störungen können hier angedeutet werden: die Grundstruktur (hier: Gespräch zu zweit), die Situation (hier: öffentlicher Raum), die (hier: angenommene) Beziehung der Beteiligten, ihr (hier: von den Schülern dargestelltes) verbales und nonverbales Gesprächsverhalten.

1 *a/b)* ***Edward Hoppers Gemälde „Chop Suey“*** *(1929, Öl auf Leinwand) zeigt das Interieur eines Bistros/Cafés. Zwei Frauen sitzen sich an einem rechteckigen Tisch gegenüber, die eine – dem Betrachter zugewandt – blickt ins Leere, während der Blick der anderen wegen des Rückenprofils nicht zu erkennen ist. Die leichte Kopfsenkung legt aber nahe, dass auch sie nicht den Blick ihres Gegenübers sucht. Im Hintergrund am linken Bildrand sitzen eine Frau und ein Mann an einem anderen Tisch, der Mann ist mit seiner Zigarette beschäftigt, während die Frau ebenfalls starr ins Nichts schaut. Beim Blick aus den beiden Fenstern kann man eine Leuchtreklame erkennen, die den Namen des Lokals („Chop Suey“) trägt. Der Rest der Außenwelt ist merkwürdig unbestimmt, weder Menschen sind zu sehen noch andere Gebäude erkennbar. Die Hell-Dunkel-Kontraste des Bildes sind durch die direkte Führung des Lichts erklärbar, das den Rücken der Frau im Vordergrund und auch das Gesicht der ihr gegenübersitzenden Frau erhellt, ebenso Teile der Tischplatte usw. Aus diesen Lichtreflexionen und den Schatten lässt sich folgern, dass sich die Lichtquelle rechts außerhalb des Bildes befinden muss. Dadurch entsteht eine gewisse Räumlichkeit: Die beiden Frauen im Vordergrund, das Fenster, der Holzrahmen, der Mantel, der an der Garderobe hängt, und der Tisch sind heller und wirken dadurch näher; der Hintergrund ist vor allem in Schwarz und Grau gehalten – räumliche Tiefe entsteht.*
Die polychrome Farbgebung (im vorderen Teil eher leuchtende, hinten vor allem gedeckte Farben) basiert auf Primärfarben und ihren Komplementärfarben: Orange, Grün, Blau und Braun gestalten den Vordergrund des Bildes. Im Hintergrund finden sich vor allem schwarze, weiße, graue und blaue Töne. Die Frau in der linken Ecke trägt eine auffällig rote Mütze und setzt damit einen Farbakzent im Hintergrund. – Die dargestellte Szene ist alltäglich und könnte vielerorts spielen. In normaler Perspektive steht der Betrachter außerhalb des Bildes und blickt direkt, vielleicht beim Betreten des Lokals, quasi zufällig in den Innenraum hinein. Die Figuren scheinen den Betrachter nicht wahrzunehmen.

2 *a/b) Beide Paare wirken trotz ihrer Sprachlosigkeit vertraut, die Frauen im Vordergrund könnten Freundinnen sein oder Schwestern, bei den beiden im Hintergrund scheint es sich um ein (Liebes-)Paar zu handeln. Der Arbeitsauftrag zielt darauf, die Szene als Teil einer Geschichte zu verstehen, in der die beiden Figuren innehalten und miteinander kommunizieren. Die Sprachlosigkeit der Inszenierung im Bild legt nahe, dass das Gespräch von einem heiklen Thema handelt oder dass es um eine Situation geht, in der die eine Figur der anderen etwas Wichtiges mitteilen möchte.*

3 *a/b) Hier empfiehlt sich wegen der Dialogform die Arbeit zu zweit. Durch die inneren Monologe kann die Stimmung des Bildes aufrechterhalten werden.*

c) Die Situation am Tisch ermöglicht es, das szenische Spiel vergleichsweise leicht zu realisieren. Die Wortkargheit der Figuren lenkt das Augenmerk ganz auf die nonverbalen Ausdrucksmittel. Man kann Beobachtungsaufträge arbeitsteilig (Figuren, Gestik/Mimik/Körperhaltung) vergeben.

d) Bei der Bewertung der Kommunikation dürften die meisten Schüler inhaltliche Aspekte nennen. Wichtig ist es, ggf. das Zusammenspiel mit den zuvor beobachteten nonverbalen Mitteln herauszustellen.

5.1 Kommunikation im Alltag – Mögliche Störungen erklären

Yasmina Reza

S. 94

Kunst

„Kunst" (Originaltitel: „Art") ist das dritte Theaterstück der französischen Autorin Yasmina Reza. 1994 in Paris uraufgeführt, wurde es schnell zu einem Welterfolg, es erhielt zahlreiche Preise und wurde in mehr als 40 Sprachen übersetzt.
„Eine bittere Komödie, in der die Autorin das Zerbrechen einer langjährigen Männerfreundschaft beschreibt. Auslöser dafür ist ein monochromes Bild, das sich einer der Freunde für eine Riesensumme gekauft hat. An diesem Bild entzündet sich der Streit zwischen den drei Freunden, in dessen Verlauf sich das Leben der drei und ihre gegenseitigen Beziehungen grundlegend ändern werden: Der erste begeistert sich für dieses weiße monochrome Gemälde, der zweite bekämpft es auf das Heftigste und der dritte will, da er es sich mit keinem der anderen verderben möchte, keine Stellung beziehen. Das Bild dient also als Katalysator, mit dessen Hilfe die Autorin auf sehr subtile und psychologisch fein gezeichnete Weise eine Situation analysiert, die drei Männer, ihre Gefühle, ihre Befindlichkeit, ihre Freundschaft, ja ihr gesamtes bisheriges Dasein auf den Prüfstand und infrage stellt." (Zitiert nach www.theatertexte.de/data/theaterverlag_desch/736716398/show)
Über das Stück sagt die Autorin: „Das Drama von ‚Kunst' ist ja nicht, dass Serge das weiße Bild kauft, sondern dass man mit ihm nicht mehr lachen kann. [...] Die Geschichte ist mir passiert mit einem Freund, der ein weißes Bild gekauft hat. Er ist Dermatologe, und ich habe dieses Bild gesehen und ihn gefragt: ‚Wie viel hast du dafür bezahlt?' Und er hat geantwortet: ‚Zweihunderttausend Francs.' Und ich brüllte vor Lachen. Er allerdings auch. [...] Wir sind Freunde geblieben, weil wir lachten. Als er das Stück las, lachte er auch. Es hinderte ihn nicht daran, sein Bild weiterhin zu lieben." (Zitiert nach Wikipedia, Stichwort „Kunst (Drama)")

1 *a–c) Analyse der Exposition:*
- *Inhalt: Serge hat für viel Geld ein monochromes Bild gekauft; sein Freund Marc kommt zu Besuch und beide reden über das Bild und auch über ihre Kommunikation.*
- *Beziehung der Figuren zueinander: Beide Figuren sind seit vielen Jahren befreundet und reden sehr offen miteinander (siehe Aufgabe 2).*
- *Situation: Für Serge ist die Situation etwas Besonderes, weil er das Bild schon seit langer Zeit kaufen wollte; nun ist es endlich in seinem Besitz und hängt in seiner Wohnung. Voller Stolz präsentiert er es seinem Freund Marc. Dieser kann mit moderner Kunst offenbar nicht viel anfangen und urteilt – ausgehend vom Kaufpreis – ehrlich und rasch abwertend: „diese Scheiße" (Z. 59). Er erkennt offenbar die Bedeutung des Bildes für Serge nicht oder will dies nicht respektieren.*

2 *Die Kommunikation ist geprägt von:*
- *schonungsloser Ehrlichkeit unter Freunden; Marc: „Scheiße" (Z. 59, 99); Serge: „Du hast nicht die geringste Kenntnis auf diesem Gebiet" (Z. 94 f.);*
- *Ironie und Spott Marcs: „einfach großartig, dass du dieses Bild gekauft hast" (Z. 76 ff.);*
- *Arroganz Serges: „Ich war sicher, dass du das nicht begreifen würdest" (Z. 57 f.);*
- *Wechsel auf die Metaebene: Marc: „Du machst dich wohl über mich lustig!" (Z. 84); „Mit wem sprichst du? Mit wem sprichst du im Augenblick? Huhu! ..." (Z. 90 f.).*

3 *Das Beiseitesprechen der Figuren kann bei dieser Aufgabe ausgeblendet werden, sodass sich eine übersichtliche Grundstruktur ergibt:*
1. Vorstellen/Betrachten des Bildes;
2. Diskussion über den Kaufpreis und die Bedeutung des Bildes;
3. Metaebene (siehe Aufgabe 2).
Beobachtungsaufträge können verteilt werden. Besonders interessant für die Auswertung dürften folgende Aspekte sein:
- *die Körperhaltung Serges (Stolz) zu Beginn der Szene;*
- *die Mimik Marcs beim Betrachten des Bildes;*
- *die Gestik und Mimik Serges im dritten Teil des Gesprächs.*

S. 95

Kommunikationsmodelle

Auf das systemtheoretische Kommunikationsmodell (Niklas Luhmann) oder die Theorie des kommunikativen Handelns (Jürgen Habermas) wird in diesem Kapitel bewusst nicht eingegangen, weil diese Modelle in ihrer Abstraktion und auf Grund ihrer theoretischen Implikationen Schülerinnen und Schülern dieser Altersstufe kaum zugänglich sein dürften. Eine gute, ausführliche Übersicht findet sich unter dem Link http://www.abpaed.tu-darmstadt.de/arbeitsbereiche/bt/material/kommunikation.pdf.
Der Ansatz Friedemann Schulz von Thuns bietet die am weitesten verbreitete und zahlreichen Kommunikationsseminaren in allen gesellschaftlichen Bereichen zu Grunde liegende Vorstellung von kommunikativen Prozessen, weshalb sein „Kommunikationsquadrat" auch zu Beginn der theoretischen Konzepte erarbeitet wird.

S. 96

Friedemann Schulz von Thun

Das Kommunikationsquadrat

Die Leistung Schulz von Thuns (eines Schülers von Reinhard Tausch) besteht darin, ausgehend von bestehenden Kommunikationsmodellen ein alltagstaugliches, weitreichendes und dennoch allgemein verständliches Modell menschlicher Kommunikation entwickelt zu haben. Er geht dabei vom traditionellen Sender-Empfänger-Modell aus und differenziert die (vier) Ebenen aus, auf denen „gesendet" („vier Schnäbel") bzw. „empfangen" („vier Ohren") werden kann:
- Sachebene
- Selbstkundgabe
- Beziehungsseite
- Appellseite

Auf diese Weise lassen sich ebenso Kommunikationsstörungen analysieren wie gelingende Kommunikationen beschreiben.

1 *Die Grafik könnte so aussehen:*

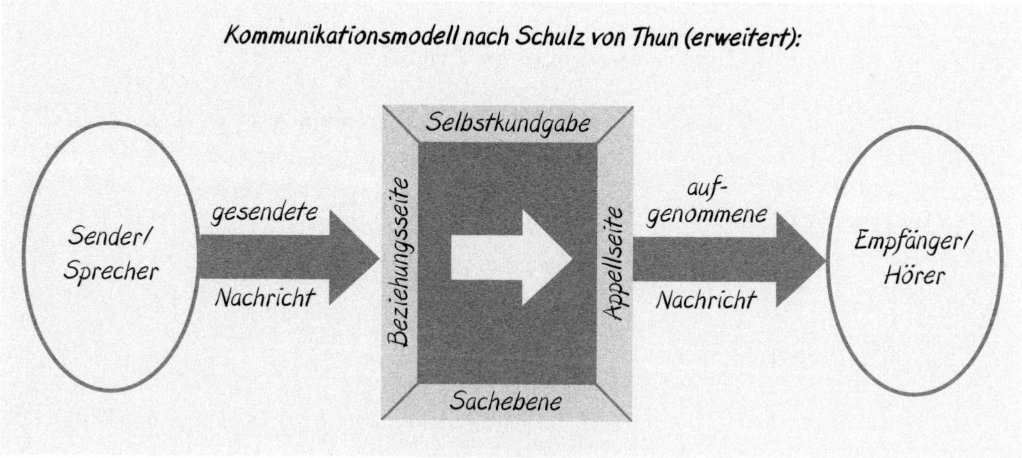

2 *a) Erläuterung der beiden Äußerungen aus dem Cartoon:*

Aussage	Sachebene	Selbstkundgabe	Beziehungsseite	Appellseite
„Du, da vorne ist grün!"	Hinweis auf die Ampelfarbe.	„Ich hab es eilig."	„Du brauchst meine Hilfe."	„Gib Gas!"
„Fährst du, oder fahre ich?"	Frage danach, wer am Steuer sitzt.	„Ich kann selbst darauf achten!"	„Ich brauche deine Hilfe nicht!"	„Sei still!"

b/c) Nach Schulz von Thun finden Äußerungen immer auf allen vier Ebenen statt und werden auch auf allen vier Ebenen wahrgenommen. Die entscheidende Frage besteht darin, welche Ebenen jeweils dominant sind.

3 *a/b) Hinweise zur Durchführung:*
Die Videoaufzeichnung hat den großen Vorteil, dass gerade im non- und paraverbalen Bereich ein zeitverzögertes und wiederholendes Beobachten möglich ist. Es lassen sich auch mehrere Szenen hintereinander spielen (und aufnehmen), ohne dass die Besprechung der einen das Spiel der anderen beeinflusst.

4 *Die vier Seiten einer Nachricht am Beispiel einer konkreten Textstelle aus der Dramenszene „Kunst", und zwar Z. 51 f.: „[...] du hast doch für dieses Bild keine zweihunderttausend Francs bezahlt?"*

Selbstkundgabe:
Ich hätte es (für diesen Preis) auf keinen Fall gekauft.

Sachebene:
Hat das Bild tatsächlich so viel gekostet?

[...] du hast doch für dieses Bild keine zweihunderttausend Francs bezahlt?

Appellseite:
Sag mir, dass das nicht stimmt!
Oder:
Bring das Bild sofort zurück!

Beziehungsebene:
Wenn du mich gefragt hättest, wäre dir der Fehler nicht passiert.
Oder: Warum fragst du bei solchen Summen deine Freunde nicht?

S. 98

Paul Watzlawick

Menschliche Kommunikation

Paul Watzlawick (1921–2007) wurde in Villach (Österreich) geboren. Er errang nicht nur als Kommunikationswissenschaftler, sondern auch als Psychotherapeut, Psychoanalytiker, Soziologe, Philosoph und Autor breite Anerkennung. Seine kommunikationstheoretischen Analysen fußen denn auch u. a. auf der genauen Beobachtung des Kommunikationsverhaltens schizophrener Patienten. Berühmt wurde Watzlawick durch die fünf pragmatischen Axiome seiner Kommunikationstheorie, von denen das folgende wohl am bekanntesten ist: „Man kann nicht *nicht* kommunizieren.“ Kommunikation findet eben nicht nur sprachlich, sondern auch nonverbal statt. Als Forschungsbeauftragter am Mental Research Institute in Palo Alto/Kalifornien entwickelte er mit weiteren Kollegen seine Doublebind-Theorie. Watzlawick starb mit 85 Jahren in Palo Alto.

1 *a) Thesen Watzlawicks:*

1. *Kommunikation umfasst neben dem, was gesprochen wird (Inhalt), auch das Verhalten insgesamt.*
2. *Verhalten hat Mitteilungscharakter in einer zwischenmenschlichen Situation. Man kann sich nicht nicht verhalten. Man kann also auch nicht nicht kommunizieren.*
3. *Neben dem Inhalt einer Mitteilung ist auch entscheidend, wie der Sender sie gemeint hat. Es gibt also zwei Ebenen: eine Inhaltsebene und eine Beziehungsebene.*
4. *Es gibt gleichgewichtige (symmetrische) Beziehungen und ungleichgewichtige (komplementäre).*
5. *Komplementäre Beziehungen beruhen auf gesellschaftlichen oder kulturellen Zusammenhängen. Dementsprechend gibt es symmetrische und komplementäre Kommunikation.*

b) Die Schülerinnen und Schüler werden zur Veranschaulichung der Thesen Watzlawicks alltägliche Situationen vom Schulhof, aus dem Unterricht und vom Schulweg nennen. Im Kontext von symmetrischer und komplementärer Kommunikation bieten sich zudem Szenen mit Eltern, Lehrern usw. an.

2 *Die Szene aus „Kunst“ ist eindeutig symmetrisch, beide Freunde stehen in keinerlei einseitiger Abhängigkeit und können frei reden, was ja an den gegenseitigen Beleidigungen, dem Spott und der Ironie auch deutlich wird.*

Ergänzende Aufgabe:
Stellt euch vor, Marc ist nicht der Freund, sondern der Vorgesetzte von Serge. Wie würde das Gespräch über das Bild verlaufen?

S. 99

Hein Retter

Im Wartezimmer

3 *a/b) Das Ende des Dialogs in der Originalfassung von Hein Retter:*

Er *(weiter)*: [...] Jeder hat gelesen. Wir haben weder geredet noch irgendetwas anderes gemacht oder nicht gemacht! Wenn ich mir eine Illustrierte anschaue, interessiert mich doch gar nicht, was die anderen machen; mich interessiert nur das, was ich lese. Und das nehme ich wahr, sehr genau sogar.

Sie: Nach Watzlawick heißt das: Du wolltest nicht kommunizieren, und die anderen wollten auch nicht kommunizieren, und weil man bekanntlich nicht nicht kommunizieren kann, da habt ihr also kommuniziert!

Er *(hilflos):* Neiiin! Ich wollte weder kommunizieren noch nicht kommunizieren, ich hatte keinerlei Absicht, weder den anderen mitzuteilen, dass ich kommunizieren wollte noch dass ich nicht kommunizieren wollte. Ich wollte eine Illustrierte lesen, das habe ich auch getan.

Sie: Das kommt mir sehr verdächtig vor, dass du sagst: Du hattest keinerlei Absicht. Das ist es ja! Wenn du keine Absicht hast, hast du eben gerade eine Absicht, nämlich keine. Eine Absicht zu haben, ist Verhalten, keine Absicht zu haben, ist dasselbe, nämlich Verhalten. Verhalten ist Kommunikation. Das ist Prüfungsstoff für die Vordiplomprüfung. Also hast du kommuniziert!

Er *(erschöpft):* Gut, gut, meine Liebe! Ich gebe also zu und bekenne: Ich habe kommuniziert!

Sie *(befriedigt):* Habe ich's mir doch gedacht ... warum nicht gleich so?

(Aus: Hein Retter: Theorien der Kommunikation. Basistext mit Übungen und Materialien zur Lehrveranstaltung. Vorlesungsmanuskript von Prof. Dr. Hein Retter. Seminar für Allgemeine Pädagogik der Technischen Universität Braunschweig. 1999, S. 66. Zitiert nach: www.abpaed.tu-darmstadt.de/arbeitsbereiche/bt/material/kommunikation.pdf)

4 *Das Gespräch selbst ist deshalb interessant, weil – wie auch bei Texten von Loriot – der Mann sich auf der Sachebene geschlagen gibt, um auf der Beziehungsebene Ruhe zu haben.*

5 *Wenn einer der im Wartezimmer Wartenden das Gespräch sucht, dann entsteht tatsächlich eine kommunikative Situation, die auch von allen Beteiligten als solche betrachtet wird. Der Begriff der Absicht (wenigstens eines der Beteiligten) ist hier zentral: Will einer der an der Situation Beteiligten kommunizieren, so wird die Nicht-Kommunikation der anderen zwangsläufig zu einem Akt der Kommunikation; dann (und nur dann) lässt sich mit Watzlawick sagen: Man kann nicht nicht kommunizieren!*

6 *Diese Aufgabe – die Analyse des Dialogs anhand der Kategorien Schulz von Thuns – ist deshalb schwierig zu bearbeiten, weil sie sich auf die komplette Situation bezieht. Es ist also sinnvoll, einzelne Äußerungen des Paares genauer zu beleuchten, z. B.:*

	Aussage	Sachebene	Selbstkundgabe	Beziehungsseite	Appellseite
Sie	„Aha, ihr habt also kommuniziert!"	Aussage über die Kommunikationssituation.	„Ich verstehe etwas vom Thema, habe Watzlawick gelesen!"	„Ich erkläre dir das mal genauer."	„Sag, dass ich Recht habe!"
Er	„Unsinn!"	„Was du sagst, ist inhaltlich falsch."	„Ich habe im Wartezimmer nicht kommuniziert!"	„Du kannst mir nichts einreden!"	„Hör auf!"

Eine Zusammenfassung der Kritik an Watzlawick findet sich bei Hein Retter: www.abpaed.tu-darmstadt.de/arbeitsbereiche/bt/material/kommunikation.pdf, S. 64.

S. 99

Karl Bühler

Funktionen der Sprache

Das Organon-Modell von Karl Bühler wird wegen seiner wegweisenden und klaren Strukturierung aufgegriffen, auch wenn die anderen Autoren Bühlers Vorstellungen ausdifferenziert und teilweise erweitert haben. Im Sinne einer didaktischen Reduktion könnte man unter dem Fokus der Aktualität und lebensweltlichen Relevanz auf dieses – allerdings grundlegende – Modell verzichten.

1 *Mögliche Intentionen eines Senders am Beispiel des Sprachzeichens „Feuer":*

Z = sprachliches Zeichen	Sinnbezug/ Intention	Sprach-funktion	Erläuterung/Beispiel
„Feuer"	Sachverhalt	Darstellung	„Feuer" bei der Beschreibung eines naturwissenschaftlichen Versuchs
	Sender	Ausdruck	„Feuer!" als Hilfeschrei bei einem Brand
	Empfänger	Appell	„Feuer!" als militärischer Befehl

2 *Die Aufgabe lässt sich noch um „Gesprächsformen" (3. Spalte) erweitern:*

Sprachfunktion	Textsorten	Gesprächsformen
Darstellung	- Gebrauchsanweisung - Protokoll - Sachbuch - Zeitungsbericht - ...	- wissenschaftliche Vorträge - mündliche Referate - ...
Ausdruck	- Brief - Gedicht - Tagebucheintrag - ...	- Liebeserklärung - vertrauliche Gespräche - ...
Appell	- Rede - Flugblatt - ...	- politische Rede - Predigt - ...

3 *Weiterentwicklung des Organon-Modells – Vorschlag für ein Tafelbild:*

Funktion	Bühler (1934)	Watzlawick (1969)	Schulz von Thun (1981)
Ausdruck Selbstoffenbarung	×		×
Darstellung Inhalt/Sache	×	×	×
Appell	×		×
Beziehung		×	×
Metakommunikation		×	×
	Die Zeichenfunktion der Sprache steht im Mittelpunkt.	Der Beziehungsaspekt schließt weitgehend Appell und Ausdruck mit ein. Das erkenntnisleitende Interesse ist psychologisch-therapeutisch motiviert.	Ausdifferenzierung der zentralen Kategorien von Bühler und Watzlawick im Hinblick auf Trainingssituationen der Alltagskommunikation.

S. 100

Erwartungshaltungen – Kommunikation und Rolle

1 / **2** *Im linken Cartoon liegen Verwechslungen von* ***beruflicher und privater Rolle*** *vor, wodurch die Szene komisch wirkt. Im rechten Cartoon wird die Geschlechterrolle thematisiert und die Rolle des „modernen Mannes", der die ehemals traditionelle Mutterrolle übernommen hat, karikiert. Entscheidend sind die* ***Rollenerwartungen*** *(hier: Geschlechterrolle), die eine Gesellschaft an die Rolleninhaber stellt.*

Ein Zusatztext, der als Klassenarbeit geeignet ist, findet sich auf S. 107 in diesem Handbuch.

4 *a/b) Falls dieser Aspekt vertiefend behandelt werden soll, findet sich ein Zusatztext auf S. 108 in diesem Handbuch.*

S. 101

Goldene Regeln für eine gelungene Kommunikation

5 *a/b) Die Schülerinnen und Schüler könnten z. B. die folgenden zentralen Regeln für eine gelingende Kommunikation aufstellen:*

1. *Klar und deutlich sprechen!*
2. *Andere ausreden lassen!*
3. *Die Sachebene ansteuern!*
4. *Ich-Botschaften verwenden!*
5. *Aufeinander Bezug nehmen!*

c) Die letzte (metakommunikative) Regel könnte lauten:

6. *Wer sich durch das Kommunikationsverhalten anderer gestört fühlt, kann dies jederzeit thematisieren!*

Zusatztext (als Klassenarbeit geeignet)

Ralf Dahrendorf

Soziale Position und Rolle

Zu jeder Stellung, die ein Mensch einnimmt, gehören gewisse Verhaltensweisen, die man von dem Träger dieser Position erwartet: zu allem, was er ist, gehören Dinge, die er tut und hat: zu jeder sozialen Position gehört eine *soziale Rolle*. Indem der Einzelne soziale Positionen einnimmt, wird er zur Person des Dramas, das die Gesellschaft, in der er lebt, geschrieben hat. Mit jeder Position gibt die Gesellschaft ihm eine Rolle in die Hand, die er zu spielen hat. Durch Positionen und Rollen werden die beiden Tatsachen des Einzelnen und der Gesellschaft vermittelt: dieses Begriffspaar bezeichnet *Homo sociologicus*, den Mensch der Soziologie, und es bildet daher das Element soziologischer Analyse.

Von den beiden Begriffen der Position und der Rolle ist der der Rolle bei Weitem der wichtigere: Die Unterscheidung beider ist dennoch nützlich. Während Positionen nur Orte in Bezugsfeldern bezeichnen, gibt die Rolle uns die Art der Beziehung zwischen den Trägern von Positionen und denen anderer Positionen desselben Feldes an. Soziale Rollen bezeichnen Ansprüche der Gesellschaft an die Träger von Positionen, die von zweierlei Art sein können: einmal Ansprüche an das Verhalten der Träger von Positionen *(Rollenverhalten)*, zum anderen Ansprüche an sein Aussehen und seinen „Charakter“ *(Rollenattribute)*. Weil Herr Schmidt Studienrat ist, sind von ihm gewisse Attribute und ein gewisses Verhalten verlangt [...]. Obwohl die soziale Rolle, die zu einer Position gehört, uns nicht verraten kann, wie ein Träger dieser Position sich tatsächlich verhält, wissen wir doch, wenn wir mit der Gesellschaft, die diese Rolle definiert, vertraut sind, was von ihrem Spieler erwartet wird. Soziale Rollen sind Bündel von Erwartungen, die sich in einer gegebenen Gesellschaft an das Verhalten der Träger von Positionen knüpfen.

(Aus: Ralf Dahrendorf: Homo sociologicus. Ein Versuch zur Geschichte, Bedeutung und Kritik der Kategorie der sozialen Rolle. Westdeutscher Verlag, Opladen [14]1974, S. 32 f.)

1 *Erläutert, wie Dahrendorf das Verhältnis zwischen dem Einzelnen und der Gesellschaft sieht.*

2 *Erklärt, inwiefern dabei die Unterscheidung zwischen „Position“ und „Rolle“ von Bedeutung ist.*

3 *Findet ein Beispiel, das Dahrendorfs Modell illustrieren kann.*

4 *Erläutert – ebenfalls an einem Beispiel –, inwiefern es zu Konflikten zwischen Rollenerwartungen kommen kann.*

Zusatztext

Kommunikationsstile aus linguistischer Sicht: Gesprächsstile der Geschlechter

Frauen und Männer haben tendenziell eine andere Sprachverwendung, dies ist durch Forschungen aus den USA, England, Deutschland und anderen Ländern gezeigt worden.

So gibt es z.B. *im Feld „Stimme, Aussprache und Intonation" für Frauen* die folgenden Erkenntnisse: Frauen passen sich den sozialen Normen und Erwartungen ihrer Umwelt mehr an, indem sie eher standardsprachlich sprechen im städtischen Bereich und dialektal in ländlichen Gegenden. Sie reden oft leiser und haben spezielle „weibliche" Intonationskurven. Die Frequenzen von Männer- und Frauenstimmen lassen sich nur zum Teil biologisch erklären (vgl. Graddol/Swann 1989[1]).

Weiter verfügen Frauen und Männer wegen ihrer oftmals unterschiedlichen Lebens- und Erfahrungsbereiche über *unterschiedliche Fachwortschätze* und unterscheiden sich in bestimmten Wortschatzbereichen. Dabei drücken sich Frauen häufig gewählter aus, vermeiden Kraftausdrücke oder schwächen diese ab.

Der Satzbau von Frauen ist eher verbalorientiert, sie neigen zu kürzeren Sätzen und zeigen Charakteristika der gesprochenen Sprache in ihren Texten.

Gängigen Vorurteilen widersprechend haben sprachwissenschaftliche Messungen ergeben, dass bei Interaktionen zwischen den beiden Geschlechtern Frauen meist weniger lang sprechen. Diese Vorurteile von der „geschwätzigen Frau" entstehen, so wird vermutet, durch unterschiedliche Wahrnehmungsfilter, die uns beeinflussen.

Unterbrechungen von Frauenbeiträgen sind häufiger, sie bestimmen weniger häufig das Thema des Gesprächs. Männer neigen zu verallgemeinernden Aussagen (z.B. „man müsste dringend mal wieder ..."), während die Tendenz zu Ich-Aussagen bei Frauen größer ist („ich finde ..."). Sie verwenden auch rückversichernde Sprachmittel, sog. tag-questions (z.B. „nicht wahr?" oder „nicht?"), häufiger. Diese können als Signale einer starken Orientierung an den jeweiligen Interaktionspartner/inn/en und als Orientierung an einem auf Konsens ausgerichteten Interaktionsverhalten interpretiert werden.

Auf Grund dieser Ergebnisse können ein weiblicher und ein männlicher Sprachgebrauchsstil unterschieden werden, wobei natürlich auch Männer einen typisch weiblichen Stil gebrauchen und umgekehrt. Dies ist nicht abhängig vom Geschlecht, sondern von der sozialen Determinierung.

Deshalb ist es gefährlich, von weiblichem und männlichem Stil zu sprechen, da damit die traditionellen Rollenstereotype (die liebevolle, mütterliche Frau und der tatkräftige, kämpferische Mann) gefestigt werden.

Die Unterschiede zwischen den Geschlechtern werden in Forschungen aus Schweden so gedeutet, dass diese Reflexe einer geschlechtsspezifisch unterschiedlichen Umwelt- und Situationsinterpretation sind: So nehmen Frauen Alltagssituationen häufiger als „Nähe-Situationen" wahr als Männer, nehmen also Menschen nicht so sehr in ihrer Rolle als Vertreter/in einer Institution wahr, sondern vielmehr als Individuum und Privatperson.

Studentische Kleingruppen wurden von Schmidt (1988)[2] untersucht, die herausfand, dass Frauen eine kooperative kommunikative Orientierung haben, die Themenbearbeitung gemeinsam vorantreiben und fremde Gesprächsbeiträge berücksichtigen und unterstützen. Bei Männern überwiegt die eigene Wissensdarstellung.

Tannen (1991)[3] geht davon aus, dass Frauen sich und andere in einem Beziehungsmuster eingebettet sehen, das auf *Ebenbürtigkeit*, Intimität *und horizontaler Vernetztheit* beruht. Durch ihr Verhalten zeigen sie ihre Orientierung an dieser Form von Beziehung. Bei den Männern dominiert die hierarchisierende Dimension von oben und unten und sie streben die Unabhängigkeit an.

Auch das Lachen und Scherzen wird, so Groth (1989)[4] und Kotthoff (1988)[5], unterschiedlich verwendet: Während Frauen mit dem Lachen und Scherzen andere in Gruppen integrieren, ein harmonisches und kooperatives Gesprächsklima schaffen, nutzen Männer dies als Mittel sozialer Kontrolle in Wettbewerbssituationen.

Geschlechtsspezifische Sprachbarriere oder situationsabhängiges Verhalten der Geschlechter?

Kommen Männer und Frauen in Gesprächen zusammen, ergibt sich das Problem, dass das weibliche Sprachverhalten unter Umständen den schulischen und beruflichen Erfolg von Frauen behindert. So hat der konsensorientierte Stil der Frauen den Nachteil, dass sie im Gespräch zu kurz kommen, da sie weder ihre Themen einführen können noch lange genug Redezeit haben, um ihren Standpunkt darzustellen.

Problematisch ist in Schulinteraktionen, dass oftmals die Jungen mehr Aufmerksamkeit bekommen, da sie lauter sind, mehr stören und sich damit die Aufmerksamkeit der Lehrer/innen sichern. Automatisch kümmern sich die Lehrer/innen mehr um sie (zwei Drittel ihrer Aufmerksamkeit), während die Mädchen, die eher angepasst und still sind und gute Mitarbeit leisten, nicht die gleiche Förderung (ein Drittel ihrer Aufmerksamkeit) erhalten. Es gibt pädagogische Settings, die dieses Ungleichgewicht ausgleichen, wie z. B. die Aufhebung des koedukativen Unterrichts für manche Fächer wie Mathematik oder Physik oder Projektarbeit im Unterricht, die als geeignetste Lernform für einen geschlechtergerechten Unterricht gesehen wird (Kaiser, A. 1992).[6]

Frauen und Männer müssen Strategien finden, die zur Veränderung der Geschlechterrollen und Stereotype beitragen, nur so können sie gleichberechtigt und herrschaftsfrei miteinander interagieren. Der so genannte „männliche“, d. h. wettbewerbs- und sachorientierte und weniger integrative Interaktionsstil darf nicht als Norm gesetzt werden, nach der sich die Frauen zu richten haben, und auch der so genannte typisch weibliche Stil, d. h. der kooperative, beziehungsorientierte und integrative Gesprächsstil, sollte nicht zur neuen Norm für die Männer erhoben werden.

Beide Stile sollten in der Kommunikation möglichst verbunden auftreten. Dann würden sich Männer und Frauen in der jeweiligen Situation je nach den Kommunikationsgegebenheiten eher „männlich“ oder eher „weiblich“ verhalten.

(Zitiert nach: www.uni-oldenburg.de/germanistik-kommprojekt/sites/ 1/ 1_08.htm)

1 **Graddol, David/Swann J.:** Gender voices. Oxford 1989
2 **Schmidt, Claudia:** Typisch weiblich – typisch männlich. Geschlechtsspezifische Kommunikationsverhalten in studentischen Kleingruppen. Tübingen 1988
3 **Tannen, Deborah:** Du kannst mich einfach nicht verstehen. Warum Männer und Frauen aneinander vorbeireden. Hamburg 1991
4 **Groth, Ruth:** Sprache und Geschlecht. 1989
5 **Kotthoff, Helga (Hg.):** Das Gelächter der Geschlechter. Humor und Macht in Gesprächen von Frauen und Männern. Konstanz 1996
6 **Kaiser, Astrid:** Das Konzept „Freie Arbeit“ im Spannungsfeld zwischen Materialdifferenzierung und Projektlernen. In: Die Deutsche Schule, 84. Jg, H. 1/1992, S. 42–49

1 *Stellt die Hauptaussagen des Textes grafisch dar, sodass ihr auf einen Blick die wesentlichen Inhalte und den Gedankengang erfassen könnt. Ihr könnt dabei die so genannte Strukturlegetechnik anwenden:*

a) Schreibt die zentralen Begriffe oder Begriffsgruppen auf Karteikarten.

b) Ordnet die Karten in sinnvoller Weise, sodass Bezüge zwischen den Begriffen deutlich werden.

c) Macht die logischen Verbindungen zwischen den Begriffen deutlich, indem ihr Linien, Pfeile, ggf. Symbole etc. einsetzt.

2 *Vergleicht eure Visualisierungen untereinander.*

5.2 Beziehungen aufnehmen, leben, beenden – Kommunikation in Kurzgeschichten untersuchen

S. 102

Roswitha Fröhlich

Plötzlich

Der Text ist dem Sammelband „Herzflattern – oder ist das nun Liebe" (rororo-rotfuchs 819) entnommen, in dem sich weitere – altersgerechte – Texte zum Themenkreis finden.

1 *Die Situation, von der Jasmine berichtet, erscheint der Erzählerin offenbar banal. Das Verliebtsein Jasmines wird – klischeehaft – als ein Zustand abgetan, in dem Menschen nicht ernst zu nehmen sind, weil ihre Gefühle die „Vernunft" (Z. 52) ausschalten. Im Erzählbeginn ist jedoch erkennbar, dass die Erzählerin auch von Eifersucht oder Neid geprägt ist: „Richtig störend komme ich mir dann immer vor" (Z. 7 f.). Dementsprechend wertet sie die Freundschaft der beiden auch ab („dieser Philipp", Z. 4 f., „kleben [...] dauernd zusammen", Z. 5 f.).*

2 *Nonverbales Verhalten spielt die entscheidende Rolle in Jasmines Bericht: körperliche Annäherung und Berührung (Z. 24, 26 ff.), Blickkontakt (Z. 28), parallele Bewegungen und bewusster Körperkontakt (Z. 30–39). Jasmine berichtet nicht davon, dass etwas gesprochen worden sei.*

3 *a/b) Beim Verfassen des Textendes aus Jasmines Sicht sind zwei Varianten denkbar: Entweder nimmt Jasmine in ihrer Verliebtheit gar nicht wahr, wie reserviert ihre Cousine auf die Geschichte reagiert; dann könnte sie im Schwärmen um den Geliebten fortfahren oder voller Sehnsucht gehen und ihn aufsuchen oder anrufen. Oder aber sie registriert die verhaltene Reaktion und thematisiert dies, indem sie sich z. B. darüber beschwert, dass ihre Cousine sich nicht freut, dass sie sie nicht versteht o. Ä. (Metaebene).*

S. 103

Gabriele Wohmann

Ein netter Kerl

Der Text ist ein (Schulbuch-)Klassiker und kann als typisch für die Kurzgeschichten der späten 1960er und 70er Jahre angesehen werden.

1 *a/b) Die Beziehungsspannungen der Familie äußern sich auf subtile Weise im Gespräch bei Tisch. Die Mutter und vor allem ihre Tochter Nanni lästern über einen Jungen, der gerade bei der anderen Tochter Rita zu Besuch war; die dritte Tochter Milene ist etwas vorsichtiger und Rita stärker zugewandt (Z. 12 ff. und Z. 26 ff.). Rita versucht zunächst, auf der Sachebene am Gespräch teilzunehmen und sachlich etwas über den Jungen mitzuteilen (Z. 8 f. und Z. 38 f.), schließlich hält sie die Beleidigungen der anderen nicht mehr aus und teilt auf Nachfrage mit, dass dieser – namentlich nicht Genannte – ihr Verlobter sei und „von jetzt an oft" kommen werde. Hier kippt das Gespräch (Wendepunkt, siehe Aufgabe 2) und die Teilnehmer (jetzt auch der Vater) versuchen, die familiäre Harmonie wiederherzustellen.*

Auf der ***Sachebene*** *geht es zunächst um das äußere Erscheinungsbild des Jungen, das von den Betei-*

ligten in beleidigender Weise beschrieben wird. Am Ende wird auf der Sachebene der Charakter des Jungen positiv hervorgehoben.
Aus Ritas Sicht ist jedoch die **Beziehungsseite** *vorrangig: Immerhin handelt es sich bei dem Beleidigten um ihren Geliebten. Für die anderen Familienmitglieder ist seit der für sie neuen Information (Verlobung) ebenfalls die Beziehungsseite entscheidend, weshalb auf der Sachebene in anderer Weise wertende Äußerungen gemacht werden (s.o.).*

2 a) *Den Wendepunkt stellt die Äußerung Ritas dar: „Er kommt von jetzt an oft. [...] Ich habe mich verlobt mit ihm." (Z. 58–60) Die Leser wie die an der Situation beteiligten Figuren verstehen die zuvor gemachten Äußerungen in einem neuen Kontext, der vielleicht harmloses Lästern über einen weit entfernten Bekannten nun als massive Beleidigung des Geliebten von Rita erscheinen lässt.*

b) *Rita reagiert über weite Teile der Geschichte auf die beleidigenden Äußerungen der anderen Familienmitglieder auf der nonverbalen Ebene: Sie setzt sich gerade hin, hält sich am Sitz fest (Z. 7 f.), was noch gesteigert wird: „Sie drückte die Fingerkuppen fest ans Holz" (Z. 24 f.), „Das Holz unter Ritas Fingerkuppen wurde klebrig" (Z. 40 f.). Dies zeigt ihre Anspannung, aber auch ihre Wut, die in der zynischen Äußerung dann wieder auf verbaler Ebene gipfelt: „He, Nanni, bist du mir denn nicht dankbar, mit der Qualle hab ich mich verlobt, stell dir das doch mal vor!" (Z. 68 ff.)*

3 a) *Rita müsste in einem inneren Monolog im Sinne einer Selbstkundgabe unmittelbar auf die Äußerungen ihrer Familie Bezug nehmen und sie mit ihren Gefühlen für ihren Verlobten kontrastieren.*

b) *Die Antworten sind etwas spekulativ, könnten aber etwa so lauten:*
- *Rita fühlt sich von den Beleidigungssalven der anderen überrumpelt und ist perplex.*
- *Rita ist generell etwas unsicher.*
- *Rita hat in der Familie eine Art Außenseiterrolle.*
- *...*

4 *Der Erzähler verwendet vorwiegend den Erzählbericht mit wörtlicher Rede, die allerdings nicht durch Zeichensetzung hervorgehoben ist. Über die genauen Beschreibungen von Ritas Verhalten nimmt er deren Perspektive ein; besonders deutlich wird dies, als das Lachen der Familie metaphorisch (Personifikation) beschrieben wird: „Das Lachen schwoll an, türmte sich vor ihr auf, wartete und stürzte sich dann herab, es spülte über sie weg und verbarg sie: lang genug für einen kleinen schwachen Frieden." (Z. 43–46)*

Wolfgang Borchert S. 104

Das Brot

Borcherts Kurzgeschichte aus dem Jahr 1946 steht stellvertretend für die Hochzeit der Kurzgeschichte in Deutschland nach dem Zweiten Weltkrieg. Diese historische Dimension des Textes soll in der ersten Arbeitsanregung in den Blick genommen werden. Hier bieten sich im Anschluss weitere Vertiefungen mit Texten von Borchert, Böll und anderen an.

1 *Der historische Hintergrund – die unmittelbare Nachkriegszeit – spielt eine zentrale Rolle für das Verständnis der Erzählung: Mangel an Nahrungsmitteln bringt Menschen in Konfliktsituationen; hier „betrügt" der Mann seine Frau, indem er heimlich von dem wenigen (rationierten) Brot isst. Die Situation ist ohne Kenntnis dieses Hintergrunds nicht verständlich. Streng genommen konkurrieren hier Bedürfnisse (Hunger) mit ideellen Werten (Ehrlichkeit).*

2 a/b) *Dem Mann ist peinlich, was er getan hat, und er versucht, die Situation durch eine Lüge (Z. 25 f., 42 f., 55 f., 74) zu kaschieren, indem er behauptet, er habe ein Geräusch gehört und habe nach dem Rechten sehen wollen. Die Frau erkennt die Lüge und weicht deshalb dem Blick ihres Mannes aus (Z. 39 f.). Um ihrem Mann die Würde zu belassen, trägt sie die Lüge mit. Sie blickt vom verräterischen Teller weg (Z. 24), geht auf die Begründung des Mannes für seinen Aufenthalt in der Küche ein (Z. 46 und Z. 71 f.), sie löscht das Licht, um den Teller nicht zu sehen (Z. 57 ff.), und stellt sich schlafend, als der Mann im Bett weiterisst (Z. 84 f.).*

b) *Die Lüge des offenbar hungrigen Mannes könnte man als „Notlüge“ bezeichnen, die jedoch die Frau an der Substanz ihrer 39-jährigen Ehe zweifeln lässt. Aus Liebe trägt sie die Lüge mit und fügt am Ende der Geschichte aus Mitleid noch eine eigene hinzu (Z. 92 ff.).*

3 *Interpretation der Äußerung der Frau – „Ich kann dieses Brot nicht so recht vertragen“ (Z. 93 f.) – mit Hilfe der Kategorien von Schulz von Thun:*
- *Sachebene: Mir bekommt das Brot nicht (= Lüge).*
- *Beziehungsseite: Ich liebe dich! Oder: Du tust mir leid.*
- *Selbstkundgabe: Ich will verzichten. Oder: Ich kann mich beherrschen.*
- *Appellfunktion: Iss du eine Scheibe Brot mehr!*

4 a) *Der Ideenstern könnte folgende Assoziationen zu „Licht“ enthalten:*
- *Licht in eine Sache bringen;*
- *ins rechte Licht rücken;*
- *wo viel Licht ist, ist viel Schatten;*
- *etwas beleuchten;*
- *erhellend;*
- *Licht am Ende des Tunnels;*
- *...*

b) *Vorschlag für ein Tafelbild:*

Die Bedeutung des Leitmotivs „Licht“ in Borcherts Kurzgeschichte „Das Brot“

Motiv des Lichts	**Bedeutung**
„dunkle Wohnung“ (Z. 9 f.)	Für die Frau ist noch nichts erkennbar.
„Sie machte Licht.“ (Z. 13)	Die Frau beginnt, die Tat ihres Mannes offenzulegen.
Löschen des Lichts (Z. 57–61)	Die Frau verschließt die Augen vor der Tat, sie erträgt diese nicht.
dunkler Korridor (Z. 66 f.)	Das Thema scheint abgeschlossen zu sein.
„ging von der Lampe weg“ (Z. 92 f.)	Moment der eigenen Lüge; die Frau erträgt die Scham ihres Mannes nicht.
„setzte sie sich unter die Lampe“ (Z. 103 f.)	Die Frau akzeptiert die Situation.

Fazit: Das Lichtmotiv zeigt den inneren Zustand der Frau und spiegelt die Problematik von Lüge und Wahrheit in der Geschichte.

5 a) *Besonders auffällig zeigen die folgenden Textstellen, dass die Geschichte meistens aus der Sicht der Frau erzählt wird:*
- *Z. 39–41 (Gefühle der Frau mit Wiederholung: „dass er log“);*
- *Z. 57–60 (Ich-Form als innerer Monolog).*

b) *Diese Erzählperspektive ist entscheidend, denn der Leser muss wissen, dass die Frau erkennt, was vorgefallen ist; er muss wissen, welche Gefühle sie hat, um ihre Handlungen anders zu verstehen, als sie an der Oberfläche erscheinen.*

6 *Borcherts Erzählung weist folgende Merkmale der Kurzgeschichte auf:*
- *Kürze der Darstellung;*
- *Reduktion auf einen für eine der Figuren (für die Frau) bedeutsamen Augenblick;*
- *unvermittelter Beginn;*
- *alltägliche Sprache und alltägliches Thema;*
- *Gedankenwiedergabe durch inneren Monolog (siehe Aufgabe 5 b).*

Max von der Grün

Masken

S. 106

„Masken“ ist in der fast grotesken Form der Gestaltung, dem Sich-nicht-verstehen-Können und dennoch Kommunizieren-Wollen typisch für eine Reihe von Kurzprosatexten, die gescheiterte (Liebes-)Beziehungen zum Thema haben.

1 a) *Der Text gibt nur einen kleinen Hinweis auf das Ende der Beziehung 15 Jahre zuvor – und zwar aus der Sicht der Frau (Z. 73 ff.). Der Dialog könnte z. B. so verlaufen sein:*

Sie: Ich will einen Mann, der es beruflich zu etwas gebracht hat.
Er: Aber wir sind doch auch so glücklich, oder? Und Schlosser ist ein ehrlicher Beruf.
Sie: Schon, aber ich will, dass du mehr aus dir machst. So kann das nicht weitergehen. (Im Weggehen) Bring du es erst mal zu etwas, dann können wir weitersehen!

b) *Der Texthinweis: „dass sie [...] nach einem kleinen Streit auseinandergelaufen waren“ (Z. 73 ff.), sollte auch bei der Präsentation der Dialoge bedacht werden. Keinesfalls ist hier eine pathetisch aufgeladene Vortragsweise angebracht.*

2 *Untersuchung der Textstelle Z. 23–36:*
- *Die Initiative ergreift Erich, und zwar sowohl nonverbal (Z. 19–22) als auch verbal (Z. 23 f.).*
- *Erich hat zu Beginn größere Gesprächsanteile, wenngleich die Kommunikation insgesamt als einigermaßen ausgeglichen bezeichnet werden kann.*
- *Auf syntaktischer Ebene auffällig ist die Fragestafette des Mannes (Z. 33–36), die ein deutliches Interesse an Renates Leben signalisiert. Unter dem Aspekt der Geschlechterrollen ist dies ebenfalls interessant: Der Mann legt mit seinen Fragen die Themen fest, die Frau reagiert.*

3 a) *Zwei Textstellen, in denen der Erzähler Gedanken und Gefühle der Figuren mitteilt:*
- *Z. 59–63: zunächst erlebte Rede, dann innerer Monolog des Mannes, der über einen Heiratsantrag nachdenkt, diesen Gedanken aber wegen der „Bombenstellung“ der Frau wieder verwirft;*
- *Z. 89–95: parallele Textstelle aus der Sicht der Frau.*

b) *Die Blicke der Frau sind entscheidend, weil sie einerseits ihr Interesse an Erich zeigen (vgl. Z. 71–73, 91 f.), andererseits auch Aufschluss über ihre Gefühle (anfangs Unsicherheit) geben (Wegblicken, Z. 44 f.). Erichs Blicke werden nur einmal beschrieben (Z 97 f.).*

c) *Die in Teilaufgabe 3a genannten Textstellen sind parallel montiert und greifen das Trennungsmotiv (vermeintlich unzureichender sozialer Status) der Vorgeschichte auf. Die Überlegungen Renates zum (überlegenen) Status von Erich scheinen nicht ganz plausibel, weil sie sich genau dies ja gewünscht hatte. Sie werden erst verständlich, wenn man weiß, dass ihre Äußerungen über ihre „Karriere" sich im weiteren Verlauf der Geschichte (aus Lesersicht, nicht für Erich) als Lüge herausstellen. Erichs Bedenken sind eher verständlich, weil Renate aus seiner Sicht nun tatsächlich Karriere gemacht hat und er – der ebenfalls hochstapelt – noch der einfache Schlosser von früher ist. Dass auch Erich lügt, wird durch sein zögerliches Antworten (Z. 65) angedeutet, ein Zögern, das sonst nicht zu seiner flüssigen Sprache zu passen scheint.*

4 *a/b) Zum Wechsel von Figurenrede und innerem Monolog vgl. die Hinweise zu Aufgabe 3.*
Im Original lautet der Schluss:

Max von der Grün

Masken

[...]

Jetzt müsste ich ihr sagen, dass ich sie noch immer liebe, dass es nie eine andere Frau für mich gegeben hat, dass ich sie all die Jahre nicht vergessen konnte. Wie viel? Fünfzehn Jahre? Eine lange Zeit. Mein Gott, welch eine lange Zeit. Und jetzt? Ich kann sie doch nicht mehr fragen, vorbei, jetzt wo sie so eine Stellung hat. Nun ist es zu spät, sie würde mich auslachen, ich kenne ihr Lachen, ich habe es im Ohr gehabt, all die Jahre. Fünfzehn? Kaum zu glauben.

„Wem sagst du das?" Sie lächelte.

„Entweder die Arbeit oder das andere", echote er.

Jetzt müsste ich ihm eigentlich sagen, dass er der einzige Mann ist, dem ich blind folgen würde, wenn er mich darum bäte, dass ich jeden Mann, der mir begegnete, sofort mit ihm verglich. Ich sollte ihm das sagen. Aber jetzt? Jetzt hat er eine Bombenstellung, und er würde mich nur auslachen, nicht laut, er würde sagen, dass ... ach ... es ist alles sinnlos geworden.

Sie aßen in demselben Lokal zu Mittag und tranken anschließend jeder zwei Kognaks. Sie erzählten sich Geschichten aus ihren Kindertagen und später aus ihren Schultagen. Dann sprachen sie über ihr Berufsleben und sie bekamen Respekt voreinander, als sie erfuhren, wie schwer es der andere gehabt hatte bei seinem Aufstieg.

„Jaja", sagte sie, „genau wie bei mir", sagte er.

„Aber jetzt haben wir es geschafft", sagte er laut und rauchte hastig.

„Ja", nickte sie, „jetzt haben wir es geschafft." Hastig trank sie ihr Glas leer.

Sie hat schon ein paar Krähenfüßchen, dachte er, aber die stehen ihr nicht einmal schlecht.

Noch einmal bestellte er zwei Schalen Kognak, und sie lachten viel und laut.

Er kann immer noch so herrlich lachen, genau wie früher, als er alle Menschen einfing mit seiner ansteckenden Heiterkeit. Um seinen Mund sind zwei steile Falten, trotzdem sieht er wie ein Junge aus, er wird immer wie ein Junge aussehen, und die zwei steilen Falten stehen ihm nicht einmal schlecht. Vielleicht ist er jetzt ein richtiger Mann, aber nein, er wird immer ein Junge bleiben.

Kurz vor drei brachte er sie zum Bahnhof.

„Ich brauche den Amsterdamer Zug nicht zu nehmen", sagte sie. „Ich fahre bis Aachen und steige dort um. Ich wollte sowieso schon lange einmal das Rathaus besichtigen."

Wieder standen sie auf dem Bahnsteig und sahen aneinander vorbei. Mit leeren Worten versuchten sie, die Augen des anderen einzufangen, und wenn sich dann doch ihre Blicke trafen, erschraken sie und musterten die Bögen der Halle.

Wenn ich jetzt ein Wort sagen würde, dachte er, dann ...

„Ich muss jetzt einsteigen", sagte sie.

„Es war schön, dich wieder einmal zu sehen und dann so unverhofft ..." Ja, das war es.

Er half ihr beim Einsteigen und fragte nach ihrem Gepäck.

„Als Reisegepäck aufgegeben."

Wenn er jetzt ein Wort sagen würde, dachte sie, ich stiege sofort wieder aus, sofort.

Sie reichte ihm aus einem Abteil erster Klasse die Hand. „Auf Wiedersehen, Erich ... und weiterhin ... viel Glück." Wie schön sie immer noch ist. Warum nur sagte sie kein Wort.

„Danke, Renate. Hoffentlich hast du schönes Wetter." „Ach, das ist nicht so wichtig. Hauptsache ist das Faulenzen, das kann man auch bei Regen."

Der Zug ruckte an. Sie winkten nicht, sie sahen sich nur in die Augen, solange dies möglich war.

Als der Zug aus der Halle gefahren war, ging Renate in einen Wagen zweiter Klasse und setzte sich dort an ein Fenster. Sie weinte hinter einer ausgebreiteten Illustrierten.

Wie dumm von mir, ich hätte ihm sagen sollen, dass ich immer noch die kleine Verkäuferin bin. Ja, in einem anderen Laden, mit zweihundert Mark mehr als früher, aber ich verkaufe immer noch Herrenoberhemden, wie früher, und Socken und Unterwäsche. Alles für den Herrn. Ich hätte ihm das sagen sollen. Aber dann hätte er mich ausgelacht, jetzt, wo er ein Herr geworden ist. Nein, das ging doch nicht. Aber ich hätte wenigstens nach seiner Adresse fragen sollen. Wie dumm von mir, ich war aufgeregt wie ein kleines Mädchen, das imponieren will. Wie dumm von mir.

Erich verließ den Bahnhof und fuhr mit der Straßenbahn nach Ostheim auf eine Großbaustelle. Dort meldete er sich beim Bauführer.

„Ich bin der neue Kranführer."

„Na, sind Sie endlich da? Mensch, wir haben schon gestern auf Sie gewartet. Also dann, der Polier zeigt Ihnen Ihre Bude, dort drüben in den Baracken. Komfortabel ist es nicht, aber warmes Wasser haben wir trotzdem. Also dann, morgen früh, pünktlich um sieben Uhr."

Ein Schnellzug fuhr Richtung Deutz. Ob der auch nach Aachen fährt? Ich hätte ihr sagen sollen, dass ich jetzt Kranführer bin. Ach Blödsinn, sie hätte mich nur ausgelacht, sie kann so verletzend lachen. Nein, das ging nicht, jetzt, wo sie eine Dame geworden ist und eine Bombenstellung hat.

(Aus: Max von der Grün: Fahrtunterbrechung und andere Erzählungen. Europäische Verlagsanstalt, Hamburg 1965)

S. 108

Nils Mohl

Schön, dass du da warst

Als Beispiel einer aktuellen Form der Kurzgeschichte kann der Text von Nils Mohl gelten, der thematisch an die Kurzgeschichte von Max von der Grün anknüpft.

1 *Die Trennung der beiden Figuren liegt drei Monate zurück. Beide befinden sich in der ehemals gemeinsamen Wohnung und trinken Eistee; offenbar holt die Frau letzte persönliche Dinge ab.*

2 *Die beiden scheinen längere Zeit ein Paar gewesen zu sein (in der Originalgeschichte seit neun Jahren), kennen die Nachbarschaft gut, was darauf hindeutet, dass sie recht lange in der gemeinsamen Wohnung gewohnt haben. Der beschriebene Moment ist das vermutlich letzte Zusammentreffen, also eine Art Abschiedsszene. Rember hat die Trennung offenbar nicht gut verkraftet und sich auch deshalb noch nicht um eine neue (kleinere und billigere) Wohnung gekümmert. Dass und in welcher Weise sich seine Ehemalige danach erkundigt (Z. 47ff. und Z. 64f.), zeigt, dass aus ihrer Sicht die Trennung endgültig ist. Anders verhält es sich bei Rember, was zumindest andeutungsweise deutlich wird, wenn er ihr Aussehen lobt (Z. 17ff.), ihr zuprostet (Z. 22) oder sein Nicht-Verstehen äußert („schon seltsam alles", Z. 92).*

3 *a) Insgesamt reden die beiden recht gezwungen miteinander. Rember scheint mit seinen Gedanken abzuschweifen, was deutlich wird, wenn er auf die Fragen der Frau nicht oder verzögert antwortet (Z. 32f., 73), was vielleicht auch besonders souverän wirken soll (siehe Aufgabe 4b).*

b) Rember spricht in kurzen Sätzen und Ellipsen.

c) Seine Unsicherheit kommt zum Ausdruck, wenn er mit ihrem Feuerzeug spielt (Z. 51ff.) oder von einem Bein aufs andere schwankt (Z. 77ff.).

4 *a) Rembers Zweifel an seiner „Wg-Tauglichkeit" (Z. 123f.) ist als Selbstkundgabe zu verstehen, allerdings auch als ein Gesprächsangebot auf der Beziehungsebene. Sie könnte sich dazu äußern, da sie ja mit ihm zusammengewohnt hat. Aber „Sie weicht seinem Blick aus" (Z. 125). Die Aussage „Die ersten Tage waren die Hölle" (Z. 26f.) ist als Selbstaussage zunächst im Hinblick auf die Entzugserscheinungen als frischer Nichtraucher zu verstehen, allerdings könnte im übertragenen Sinn auch das Beziehungsende gemeint sein. Dass die Frau dies genauso verstanden haben könnte, deutet ihr Nicken an. Mit diesem Bezugsrahmen wäre auf der Beziehungsebene zu lesen: „Du hast mir Leid zugefügt!", und auf der Appellebene: „Komm wieder zurück!"*

b) Die „coole", verkürzte Sprache erscheint als typisch männlich. Gemessen an den auf S. 101 im Schülerband genannten typisch „männlichen" Kommunikationsformen – dominant und destruktiv – kommuniziert Rember durchaus destruktiv (z. B. Z. 80, 107, 113, 122ff.), aber nicht unbedingt dominant.

5 *Den Mittelteil aus dem Original finden Sie auf S. 117f. in diesem Handbuch.*

6 *Grundsätzlich ist zu sagen: Die Kommunikationsmodelle bieten immer dann eine Hilfestellung zum Verständnis von erzählender Literatur, wenn die Geschichten große Anteile an wörtlicher Rede aufweisen. Über den Erzähler kommen nonverbale und paraverbale Aspekte ins Spiel, allerdings auch Perspektive, Wertungen usw. Hier stößt der Versuch, epische Texte allein mit Kommunikationsmodellen zu analysieren, an seine Grenze. Insgesamt bietet aber etwa das Modell von Schulz von Thun eine gut handhabbare Begrifflichkeit, mit der sich kommunikative Situationen in epischen und dramatischen Texten beschreiben und kategorial untersuchen lassen.*

Nils Mohl

Schön, dass du da warst

[...]

(Sie weicht seinem Blick aus.) Sie guckt auf die leeren Bilderrahmen an der Wand. Sie sagt: Ist ja auch egal.

Eine Strähne fällt ihr ins Gesicht. Sie schiebt sie hinter ihr Ohr.

Wie haben wir die Wohnung damals eigentlich bekommen?, fragt er.

Sie sagt: Hat dir dein Kollege nicht – wie hieß er noch gleich?

Kluth, sagt Rember, Hatto Kluth.

Genau, sagt sie, kannte der nicht den Vormieter?

Rember sagt: War der Vormieter nicht sogar sein Bruder?

Kann sein, sagt sie, sein Bruder oder sein Schwager.

Die Strähne fällt ihr wieder ins Gesicht. Sie löst ihr Haargummi, bindet sich den Zopf neu. Er sagt: Wahrscheinlich war es der Bruder vom Schwager.

Sie schaut an die Decke. Sie schaut auf den Boden. Sie schaut auf ihre Armbanduhr. Tja, sagt sie, ich glaube, so ganz allmählich.

Okay, sagt Rember.

Er trinkt den letzten Schluck Eistee. Neun Jahre, denkt er, Wahnsinn, neun Jahre.

Sie sagt: Rufst du mir ein Taxi?

Er sagt: Ich kann dich auch fahren.

Das ist nett, sagt sie, aber ich nehme ein Taxi.

Er spürt, wie das Blut aus seinem Kopf weicht. Er fröstelt. Seine Achseln werden feucht. Rember weiß nicht warum, aber er möchte ihr plötzlich wehtun, er möchte ihr am liebsten ins Gesicht schlagen und hinterher von ihr in den Arm genommen werden. Was soll das, sagt er, gibt es Ärger mit Mr. Lover wenn ich dich fahre?

Sie sagt: Rember, bitte.

Er sagt: Auch ein Schweineherz kann bluten, und hasst sich augenblicks dafür. Er kommt sich albern vor.

Ihre Augen werden feucht.

Er sagt: Entschuldigung.

Sie kämpft mit den Tränen. Ihre Nasenflügel zittern. Sie sagt:

Ich begreife das nicht, bis eben war doch alles in Ordnung.

Sie weint. Rembers Magen krampft sich zusammen. Er holt tief Luft.

Tut mir leid, sagt er. Und weil er sich die Worte zuerst im Kopf vorgesprochen hat, klingen sie merkwürdig unbetont, hohl.

Ich weiß nicht, was da gerade in mich gefahren ist, sagt er. Er sagt: Ich bin ein ziemliches Arschloch. Er sagt: Ich rede nur Blech.

Sie schweigt. Sie sieht durch ihn hindurch. Er betrachtet ihr verheultes Gesicht. Er hat das Gefühl, als würde er alles aus einer Perspektive oberhalb des eigenen Körpers wahrnehmen.

Er sagt: Ich rufe dir ein Taxi.

Sie zieht sich ihre Jacke über. Rember telefoniert. Er kritzelt geometrische Figuren auf einen Block. Als er das Gespräch beendet hat, sagt er: In einer Viertelstunde.

Danke, sagt sie.

Er sagt: Wegen eben.

Sie sagt: Kein Problem. Schon vergessen.

Ein unangenehmes Schweigen entsteht. Rember muss an die weiche Haut ihrer Leistenbeugen denken, an ihren Nabel, ihre Scham. Er sagt: Ich gehe mir manchmal selbst auf den Keks.

Er spielt nervös mit dem Kugelschreiber in seiner Hand. Er sagt: Ich bin derzeitig etwas dünnhäutig. Sorry, sagt er. Er sagt: Die letzten Wochen waren nicht gerade ein Zuckerschlecken.

Und einen Tick zu laut fügt er hinzu: Beileibe nicht.

Sie beißt sich auf die Unterlippe. Ist doch logisch, sagt sie. Sie sagt: Vielleicht wäre eine Zeit lang Funkstille für beide das Beste.

Rember sagt: Wenn man wenigstens wüsste, wieso es nicht geklappt hat.

Er legt den Kugelschreiber zur Seite. Sie sagt: Ich war froh, dass wir uns diese Diskussion erspart haben.

Es klingelt. Er sagt: Gutes Timing.
Sie holt einen Schlüssel aus der Jackentasche. Sie hält ihn Rember hin. Sie sagt: Das hätte ich beinah vergessen.
Ich auch, sagt er.
Sie sagt: Ich hasse solche Momente.
Er nimmt ihr den Schlüssel ab, hängt ihn im Flur ans Schlüsselbrett.
Es klingelt wieder.
Da hat es jemand eilig, sagt Rember, sieh zu, dass du runterkommst.
Ja dann, sagt sie, mach's gut. Sie sagt: Wir hören voneinander.
Er steht im Türrahmen und hat die Hände tief in den Hosentaschen vergraben. Sie umarmt ihn zum Abschied. Seine Lippen berühren ihre Haut, sie drückt ihre Wange gegen seine. Er fühlt ihr Kinn auf seiner Schulter, ihren Atem. Er sagt: Pass auf dich auf.
Sie küsst die Kuppen von Mittel- und Zeigefinger, presst sie sanft gegen Rembers Mund und guckt ihm in die Augen. Mach ich, sagt sie. Ciao, sagt sie.
Bis bald, sagt Rember. Er sagt: Schön, dass du da warst.
Sie schultert die rote Sporttasche, lächelt noch einmal, dreht sich um und geht. Der Holzfußboden im Treppenhaus knarzt, und nach jedem Schritt hallt das Knarzen von den kahlen Wänden zurück. Rember hört sie drei Etagen nach unten gehen. Er hört sie im Erdgeschoss ankommen. Er hört sie die Haustür öffnen, er hört den augenblicklich anschwellenden Straßenlärm, die vorbeifahrenden Autos. Er hört Schritte auf dem Bürgersteig, eine Fahrradklingel, Stimmfetzen, fern ein Lachen, das wartende Taxi, er hört, wie die Haustür zuschwingt, wie der Lärm abebbt, er hört, wie die Haustür wieder ins Schloss fällt.
Und durch die geschlossene Haustür hört Rember das Zuschlagen der Taxitüren, hört, wie das Taxi anfährt. Er hört das Fahrgeräusch der Reifen auf dem Asphalt, ein gedämpftes, helles, singendes, schnell leiser werdendes Summen, er hört das mit ihm verschwindende, flüsternde Rauschen des Motors, den Nachklang im Kopf. Und dann hört Rember nichts mehr, nur das Knacken im Ohr beim Schlucken, die Stille und weit weg eine aufheulende Sirene.
[...]

(Aus: Nils Mohl: Ich wäre tendeziell für ein Happy End. Plöttner Verlag, Leipzig 2009)

5.3 Eingefrorene Gespräche – Schreiben zu Bildern

1 a) ***Duane Hanson: „Selbstbildnis mit Modell"*** S. 111

Die Cafészene von Duane Hanson zeigt zwei Figuren (ein Paar?), die einander zugewandt an einem Tisch sitzen, was man an der Körperhaltung und Gestik ablesen kann (zueinander ausgerichtet, offene Bein- und Armstellung, aufrechte Haltung der Oberkörper). Der Mann stützt seinen Kopf auf, wirkt deshalb statisch, was aber durch die Momentgeste des Umfassens der Getränkeflasche aufgehoben wird. Der Blick des Mannes scheint auf die Frau gerichtet, ihr Blick ruht auf einer Illustrierten, in der sie blättert. Ihre zweite Hand umfasst einen bereits geleerten Eisbecher.

Die Skulptur wirkt durch eine Mischung aus Nähe (offene Haltung, Fuß- und Beinstellung, Blick des Mannes) und Distanz (Tischplatte, Blick der Frau) fast schwebend. Das Augenblickhafte der Situation – unterstützt durch die Requisiten – verleiht dem Ganzen eine zusätzliche Spannung.

b) *Die Requisiten konstituieren die Situation im (Eis-)Café, die zu Füßen der Frau stehende, offene Tasche deutet darauf hin, dass die beiden vom Einkaufen o.Ä. kommen.*

3 *Die Situation selbst und auch die Ausgestaltung der Figuren liefern nur wenige Hinweise (s.o.) für eine Konkretisierung. Das Kunstwerk ist bedeutungsoffen und fordert vom Betrachter, der in die Szene gewissermaßen hineingezogen wird, eine sehr individuelle Füllung.*

4 a/b) *Im Rollenmonolog müsste eine gewisse (äußere) Sprachlosigkeit zum Ausdruck kommen, die sich durchaus darin äußern kann, dass die Figur innerlich von Gefühlen, Sehnsüchten oder Hoffnungen erfüllt ist (siehe Aufgabe 3).*

5 ***Edward Hopper: „Nachtschwärmer"***

„Nachtschwärmer" ist eines der bekanntesten Bilder des 20. Jahrhunderts. Gegenstand ist eine Bar in nächtlicher Straßenatmosphäre, die mit kühlem Neonlicht erleuchtet ist. Der Betrachter blickt von außen durch große Fensterscheiben hinein. Drinnen sitzen oder stehen drei Gäste, die scheinbar fast nichts verbindet. Neben diesen „Nachtschwärmern" an der Theke, die den Barbereich umläuft, findet sich in dessen Mitte ein Kellner, der in weißer Jacke einer Tätigkeit nachgeht. Die Beziehungen der Figuren im Bild sind ungeklärt. Noch am ehesten könnten die Frau, deren linke Hand zu dem rauchenden Mann rechts neben ihr deutet, und er ein Paar sein; vielleicht aber auch nur eine lockere Bekanntschaft, vielleicht handelt es sich auch um eine erste Begegnung. Die dritte Figur, ein Mann mit Hut in Rückenansicht, scheint zu keiner der anwesenden Personen Kontakt zu haben.

Das Arrangement der „Nachtschwärmer" wirkt besonders durch farbliche und strukturelle Kompositionen der Bar selbst und ihrer Umgebung: Das Grünblau des Nachtcafés steht in starkem farblichen Kontrast zur umgebenden Nachtatmosphäre, die zudem durch ihre Leere (keine Menschen) auffällt. Der spitze, wenngleich abgerundete Winkel des Cafés schiebt sich gewissermaßen von rechts ins Bild. Die Farbgebung des Gemäldes arbeitet mit Kontrasten zwischen Gelb, Grün, Braun und Rot. Die Flächen sind geometrisch geformt und werden nur durch kleine Theken-Accessoires (Kaffeemaschinen, Salz- und Pfefferstreuer, Tassen) aufgebrochen wie auch von der Zigarrenwerbung (Phillies) auf der Fassadenfläche.

Während seiner gesamten Karriere behielt Edward Hopper (1882–1967) seinen Stil bei. Isolation und Vereinsamung der Menschen sind und bleiben die zentralen Motive seiner Bilder: einfache Menschen in Alltagssituationen in Hotelbars (siehe S. 112 im Schülerband), Wartehallen oder Cafés, oft allein und fast immer verträumt und gedankenverloren.

6 *a/b) Diese Aufgabe kann auch im Unterrichtsgespräch oder in Kleingruppen vorbereitet werden.*
Als Wendepunkte bieten sich an:
- *Die Figur verlässt wortlos das Café.*
- *Die Figur spricht – überraschenderweise – eine andere Figur an.*
- *Die Figur wird – überraschenderweise – von einer anderen Figur angesprochen.*
- *Die Figur ist mit einer anderen Figur gut bekannt oder verwandt, was der Leser aber erst am Ende erfährt.*

7 *Bei den dargestellten Figuren handelt es sich um die beiden Skulpturen „Cheerleader" und „Surfer", die von Duane Hanson selbst nicht in dieser Konstellation aufgestellt worden sind. Alter und Hobbys der abgebildeten Jugendlichen bieten den Schülerinnen und Schülern gute Möglichkeiten, zu den Figuren in Beziehung zu treten.*
Die stummen Schreibgespräche leiten die Schülerinnen und Schüler in eine der beiden Rollen, aus der heraus sie schreiben, ohne dass zuvor klar ist, welche Identität die Figur hat. Die Verlangsamung im Schreibprozess kann hilfreich sein, wenn die Schülerinnen und Schüler die Aufgabe als künstlerische Herausforderung begreifen. Manche neigen allerdings dazu, die Szene schnell zu beenden.

8 *Hier lassen sich arbeitsteilige Beobachtungsaufträge – ggf. auch nochmals aufgeteilt auf die beiden zu beobachtenden Figuren – vergeben, die zur differenzierten Wahrnehmung beitragen, z. B.:*
Achtet besonders
- *auf die Mimik der Figuren;*
- *auf ihre Gestik und Körperhaltung;*
- *auf die Blicke und die gegenseitigen Reaktionen;*
- *auf die paraverbalen Mittel (Intonation, Pausen usw.).*

9 *Aspekte der Diskussion könnten sein: die (große) Unbestimmtheit der dargestellten Situationen, die Unklarheit über die Beziehungen der Figuren untereinander und die distanzierte Sprachlosigkeit, die allen in diesem Teilkapitel abgebildeten Kunstwerken eigen ist. Diese Aspekte können den Schreibprozess motivieren, unter Umständen aber auch blockieren, weil die Schülerinnen und Schüler die vielen Leerstellen vielleicht nicht füllen können oder wollen.*

Lernerfolgskontrolle/ Themen für Klassenarbeiten

Vorschlag 1: Einen literarischen Text analysieren und interpretieren

Gabriele Wohmann

Denk immer an heut Nachmittag (1975)

„Eine halbe Stunde Fahrt auf der Hinterplattform“, sagte der Vater, „wieder was Schönes zum Drandenken.“

Die Bahn ruckelte durch die dunklen feuchten Gässchen von Gratte. Spätnachmittags, die Zeit, in der noch einmal alle Frauen ihre Taschen zu den Krämern trugen, in die Auslagen der engen Schaufenster starrten und wie im Gebet die Lippen bewegten, während sie die Münzen in ihren klebrigen Portmonees zählten. Die letzten Minuten, bevor die Kinder endgültig hinter den schartigen Hausmauern verschwänden, ehe die Männer auf ihren Motorrädern in das Delta der Gassen donnern würden.

Das Kind hielt die Messingstange vor der Fensterscheibe fest, aber immer wieder rutschte die glatte Wolle seiner Handschuhe ab.

„Wie im Aussichtswagen. Lauter lustige Dinge“, sagte der Vater. „Du kannst immer dran denken: wie lustig war's doch, als wir plötzlich bei Wickler im Fenster die Mannequins entdeckten und als der Vater sagte: schön, wir fahren eine Bahn später. Die hübschen Mannequins, weißt du's noch?“

„Ja“, sagte das Kind. Sein Knie spürte den Koffer.

Die Bahn fuhr jetzt durch eine Straße mit eckigen unfrisierten Gärtchen, und Gratte sah nur noch wie ein dicker dunkler Pickel aus. Dann Bäume, die meisten noch kahl, eine Bank mit einem Mädchen, das die Fingernägel reinigte, gekrümmte nackte Kiefernstämme in sandigen Kahlschlägen.

„Der Wald von Laurich“, sagte der Vater, „er zieht sich bis zu deinem Schulheim. Ihr werdet ihn wahrscheinlich oft zu sehen bekommen, Spiele im Wald veranstalten, Schnitzelversteck und was weiß ich, Räuberspiele, Waldlauf.“

Ein fetter Junge auf dem Fahrrad tauchte auf und hetzte in geringem Abstand hinter der Bahn her. Sein schwitzendes bläuliches Gesicht war vom Ehrgeiz verunstaltet, die farblose dicke Zunge lag schlaff auf der Unterlippe.

„Zunge rein“, rief der Vater und lachte. „Ob er's schafft? Was meinst du?“

„Ich weiß nicht“, sagte das Kind.

„Ach du Langweiler“, sagte der Vater.

Das Kind merkte mit einer geheimen Erregung, dass seine Augen jetzt schon wieder nass wurden; das Fahrrad, der hechelnde schwere Körper und das besessene Gesicht des Jungen schwammen hinter der Scheibe.

Mit gekränkter Stimme sagte der Vater:

„Und vergiss nicht die Liebe deiner Mutter. Sie ist dein wertvollster Besitz. Präge es dir ein. Vergiss nicht, wie lieb sie dich hatte, und handle danach. Tu nur, was sie erfreut hätte. Ich hoffe sehr, du kannst das behalten.“

Immer größer wurde der Abstand zwischen dem Fahrrad und der Plattform, aber obwohl keine Aussicht mehr bestand, diesen Wettbewerb zu gewinnen, gab der Junge nicht auf.

„Siehst du“, sagte der Vater, „der lässt nicht locker.“

Seine Stimme war stolz und fast zärtlich.

Das Kind sah in das fleckige Gesicht des Jungen, aus dem die Zunge sich plötzlich listig reckte, zugespitzt, blass zwischen den weißen verzogenen Lippen.

Der Vater lachte:

„Siehst du, jetzt streckt er dir die Zunge raus! Vielleicht ist es sogar ein Lauricher, ein zukünftiger Kamerad. Dann würdest du schon einen kennen.“

Sie sahen von der Plattform aus die hellgrün gestrichenen Gebäude vor dem Ulmenwäldchen, alles sah doch anders aus als auf den Bildern des Prospekts. Sie gingen zwischen Äckern den großen Gebäuden entgegen.
„Wie freundlich das da liegt", sagte der Vater. „Zu meiner Zeit waren Schulen noch nicht so nett. Da der Sportplatz! Ich hoffe sehr, du wirst hier allmählich Spaß am Sport bekommen. Richtige Muskeln, weißt du. Du musst sonst auf sehr viel Gutes im Leben eines Mannes verzichten."
Ein hoher Drahtzaun umschloss den Platz. Eine Horde von Kindern, die aus der Entfernung einheitlich schwarz wirkte, rannte und stieß und schrie planlos durcheinander, und ab und zu erhob sich plump und dunkel ein eiförmiger Ball, einem kranken Vogel ähnlich, über die Masse der Köpfe.
„Komm", sagte der Vater und griff nach der Hand des Kindes, „komm wir eilen uns ein bisschen, vielleicht können wir noch sehen, wer gewinnt."
Durch die Handschuhwolle spürte das Kind den Wärmestrom. Es hatte Lust, den Handschuh auszuziehen, aber es regte seine Finger nicht. Von Neuem schwoll das Nasse in seinen Augen, es war ein Gefühl, als wollten die Augen selbst aus der Spange der Lider platzen. Das Nasse schmierte die Gebäude, den Sportplatz, das Gewimmel der Kinder in eine mattglasige Einheit, aus der jetzt der Ball wieder schwarz und träge in den Himmel aufstieg; und dann sah es nichts mehr, gar nichts, es hörte die kreischenden Rufe, los, los, vorwärts, es spürte die Hand seines Vaters und roch den fauligen dumpfen Abendgeruch der aufgeworfenen Erde, aber es sah nichts mehr, sodass es nur die Erinnerung an den hochtorkelnden Ball festhielt. Es ließ den Ball sich höher hinaufschrauben, es ließ ihn nicht wieder zurückfallen zwischen die stoßenden und wetzenden Beine, es schraubte ihn so hoch, bis es sich nicht mehr vorstellen konnte, dass er wieder auf die Erde zurück müsste.
„Behalte all das in Erinnerung", sagte der Vater. „All das Schöne und Liebe, das deine Mutter und ich dir zu geben versucht haben. Und wenn's mal trübe aussehen sollte, denk zum Beispiel an heut Nachmittag. Das war doch ein richtiger lustiger Ausflug. Denk immer an heut Nachmittag, hörst du? An alles, an die Wäffelchen, an Wicklers Schau, die Plattform, an den Jungen auf dem Fahrrad. Hörst du?"
„Ja", sagte das Kind.
Gegen seinen Willen musste es feststellen, dass die Augen wieder ordentlich und klar zwischen den Lidern saßen.
Sie waren jetzt nah am Sportplatz, die quadratischen Maschen des Zaungitters lösten sich einzeln aus dem Dunkelgrau, in das wie eine gegorene, von Würmern geschwollene Pflaume der Ball zurückklatschte. Nun erst fiel ihm auf, dass es noch nie daran gedacht hatte, seinen Vater zu bedauern.

(Aus: Gabriele Wohmann: Ländliches Fest. Erzählungen. Luchterhand, Darmstadt 1975, S.118–121)

1 *Analysiere die Kurzgeschichte von Gabriele Wohmann, indem du besonders auf die folgenden Fragen eingehst:*

a) In welcher Situation befinden sich die beiden Figuren?

b) Worüber reden Vater und Sohn, worüber nicht?

c) Welche Rückschlüsse lassen sich daraus auf das Vater-Sohn-Verhältnis ziehen?

Verwende bei deinen Ausführungen die Kategorien aus den Kommunikationsmodellen, soweit sie zur Analyse sinnvoll sind.

2 *Weise nach, inwiefern der Text als Kurzgeschichte bezeichnet werden kann.*

Erwartungshorizont/Bewertungsraster

Anforderungen Die Schülerin/der Schüler ...		maximale Punktzahl	erreichte Punktzahl
Aufgabe 1			
1	... benennt Autorin, Textsorte, äußere Handlung (Fahrt in der (Straßen-)Bahn zum Internat) und Thema (gestörte Beziehung zw. Vater und Sohn) in ein bis zwei Sätzen.	10	
2	... erläutert die Situation, in der sich die Figuren befinden: Die Mutter ist offenbar vor Kurzem gestorben, der Vater ist berufstätig, bringt den Sohn ins Internat.	6	
3	... analysiert Gesprächsinhalte und Struktur: extrem hoher Redeanteil des Vaters; einzige Äußerungen des Sohnes: „Ja“ (2 x) und „Ich weiß nicht.“ Der Vater appelliert an den Sohn und fordert von ihm, sich mit der neuen Lebenssituation zu arrangieren.	8	
4	... erkennt, dass zentrale Fragen nicht angesprochen werden, z. B. die Gefühle des Sohnes, seine möglichen Ängste usw.	6	
5	... erfüllt ein weiteres aufgabenbezogenes Kriterium, indem das zentrale Motiv des Balls als Spiegel der seelischen Befindlichkeit des Sohnes analysiert wird (Verlusterfahrung, Angst etc.). (Ggf.+ 5)		
6	... fasst die Untersuchungsergebnisse in einer bündelnden Aussage über das Vater-Sohn-Verhältnis zusammen.	5	
7	... analysiert nonverbale Aspekte der Kommunikation: Lachen des Vaters ↔ Tränen des Sohnes als Ausdruck der gegensätzlichen Empfindungen; auch: Wärme der Hand des Vaters ↔ Bewegungslosigkeit des Sohnes.	7	
8	... analysiert die Kommunikation gemäß Watzlawick als asymmetrisch: Der Sohn ist dem Vater und seiner Entscheidung ausgeliefert: Gesprächsanteile, Gesprächsinitiative beim Vater, Deutungshoheit beim Vater (Beschönigungen, Verharmlosungen durch Diminutiva usw.).	6	
9	... stellt eine Beziehung her zu Schulz von Thun: Der Vater versucht, auf der Sachebene und der Appellebene zu senden, indem er dem Sohn das Internatsleben schmackhaft machen will; der Sohn empfängt auf der Beziehungsebene die Botschaft, dass er nach dem Tod der Mutter erneut verlassen wird.	7	
		= 55	

Anforderungen **Die Schülerin/der Schüler ...**		**maximale Punkt-zahl**	**erreichte Punkt-zahl**
Aufgabe 2			
1	... weist den Text inhaltlich als Kurzgeschichte aus: Alltagssituation und Alltagsthema, Konzentration auf einen Geschehensausschnitt.	7	
2	... weist formal und sprachlich Merkmale von Kurzgeschichten am Text nach: z. B. unmittelbarer Einstieg, offenes Ende, Leitmotiv: Ball, Dialogstruktur.	8	
3	... nennt sprachliche oder inhaltliche Parallelen zu anderen im Unterricht besprochenen Kurzgeschichten. (Ggf.+ 3)		
		= 15	
Darstellungsleistung			
1	... gibt den Text korrekt wieder (Zitierweise, Paraphrasieren etc.).	7	
2	... verwendet das Tempus korrekt (Präsens, bei Vorzeitigkeit: Perfekt).	5	
3	... verwendet eine sachliche, angemessene und präzise Sprache (allgemeiner Ausdruck).	8	
4	... verwendet fachsprachliche Begriffe (korrekt, präzise, umfassend).	5	
5	.... verknüpft den Text gedanklich-sprachlich korrekt und differenziert.	5	
		= 30	
	Gesamtpunktzahl	100	

Vorschlag 2:
Einen literarischen Text analysieren und interpretieren

Ilse Aichinger

Das Fenster-Theater (1949)

Die Frau lehnte am Fenster und sah hinüber. Der Wind trieb in leichten Stößen vom Fluss herauf und brachte nichts Neues. Die Frau hatte den starren Blick neugieriger Leute, die unersättlich sind. Es hatte ihr noch niemand den Gefallen getan, vor ihrem Haus niedergefahren zu werden. Außerdem wohnte sie im vorletzten Stock, die Straße lag zu tief unten. Der Lärm rauschte nur mehr leicht herauf. Alles lag zu tief unten. Als sie sich eben vom Fenster abwenden wollte, bemerkte sie, dass der Alte gegenüber Licht angedreht hatte. Da es noch ganz hell war, blieb dieses Licht für sich und machte den merkwürdigen Eindruck, den aufflammende Straßenlaternen unter der Sonne machen. Als hätte einer an seinen Fenstern die Kerzen angesteckt, noch ehe die Prozession die Kirche verlassen hat. Die Frau blieb am Fenster.

Der Alte öffnete und nickte herüber. Meint er mich?, dachte die Frau. Die Wohnung über ihr stand leer, und unterhalb lag eine Werkstatt, die um diese Zeit schon geschlossen war. Sie bewegte leicht den Kopf. Der Alte nickte wieder. Er griff sich an die Stirne, entdeckte, dass er keinen Hut aufhatte, und verschwand im Innern des Zimmers.

Gleich darauf kam er in Hut und Mantel wieder. Er zog den Hut und lächelte. Dann nahm er ein weißes Tuch aus der Tasche und begann zu winken. Erst leicht und dann immer eifriger. Er hing über die Brüstung, dass man Angst bekam, er würde vornüberfallen. Die Frau trat einen Schritt zurück, aber das schien ihn nur zu bestärken. Er ließ das Tuch fallen, löste seinen Schal vom Hals – einen großen bunten Schal – und ließ ihn aus dem Fenster wehen. Dazu lächelte er. Und als sie noch einen weiteren Schritt zurücktrat, warf er den Hut mit einer heftigen Bewegung ab und wand den Schal wie einen Turban um seinen Kopf. Dann kreuzte er die Arme über der Brust und verneigte sich. Sooft er aufsah, kniff er das linke Auge zu, als herrsche zwischen ihnen ein geheimes Einverständnis. Das bereitete ihr so lange Vergnügen, bis sie plötzlich nur mehr seine Beine in dünnen, geflickten Samthosen in die Luft ragen sah. Er stand auf dem Kopf. Als sein Gesicht gerötet, erhitzt und freundlich wieder auftauchte, hatte sie schon die Polizei verständigt.

Und während er, in ein Leintuch gehüllt, abwechselnd an beiden Fenstern erschien, unterschied sie schon drei Gassen weiter über dem Geklingel der Straßenbahnen und dem gedämpften Lärm der Stadt das Hupen des Überfallautos. Denn ihre Erklärung hatte nicht sehr klar und ihre Stimme erregt geklungen. Der alte Mann lachte jetzt, sodass sich sein Gesicht in tiefe Falten legte, streifte dann mit einer vagen Gebärde darüber, wurde ernst, schien das Lachen eine Sekunde lang in der hohlen Hand zu halten und warf es dann hinüber. Erst als der Wagen schon um die Ecke bog, gelang es der Frau, sich von seinem Anblick loszureißen.

Sie kam atemlos unten an. Eine Menschenmenge hatte sich um den Polizeiwagen gesammelt. Die Polizisten waren abgesprungen, und die Menge kam hinter ihnen und der Frau her. Sobald man die Leute zu verscheuchen suchte, erklärten sie einstimmig, in diesem Hause zu wohnen. Einige davon kamen bis zum letzten Stock mit. Von den Stufen beobachteten sie, wie die Männer, nachdem ihr Klopfen vergeblich blieb und die Glocke allem Anschein nach nicht funktionierte, die Tür aufbrachen. Sie arbeiteten schnell und mit einer Sicherheit, von der jeder Einbrecher lernen konnte. Auch in dem Vorraum, dessen Fenster auf den Hof sahen, zögerten sie nicht eine Sekunde. Zwei von ihnen zogen die Stiefel aus und schlichen um die Ecke. Es war inzwischen finster geworden. Sie stießen an einen Kleiderständer, gewahrten den Lichtschein am Ende des schmalen Ganges und gingen ihm nach. Die Frau schlich hinter ihnen her.

Als die Tür aufflog, stand der alte Mann mit dem Rücken zu ihnen gewandt noch immer am Fenster. Er hielt ein großes weißes Kissen auf dem Kopf, das er immer wieder abnahm, als bedeutete er jemandem, dass er schlafen wolle. Den Teppich, den er vom Boden genommen hatte, trug er um die Schultern. Da er schwerhörig war, wandte er sich auch nicht um, als die Männer schon knapp hinter ihm standen und die Frau über ihn hinweg in ihr eigenes finsteres Fenster sah.

Die Werkstatt unterhalb war, wie sie angenommen hatte, geschlossen. Aber in die Wohnung oberhalb musste eine neue Partei eingezogen sein. An eines der erleuchteten Fenster war ein Gitterbett geschoben, in dem aufrecht ein kleiner Knabe stand. Auch er trug sein Kissen auf dem Kopf und die Bettdecke um die Schultern. Er sprang und winkte herüber und krähte vor Jubel. Er lachte, strich mit der Hand über das Gesicht, wurde ernst und schien das Lachen eine Sekunde lang in der hohlen Hand zu halten. Dann warf er es mit aller Kraft den Wachleuten ins Gesicht.

(Aus: Ilse Aichinger: Der Gefesselte. Erzählungen. S. Fischer, Frankfurt/M. 1953)

1 *Analysiere die Kurzgeschichte von Ilse Aichinger, indem du besonders auf die folgenden Fragen eingehst:*

a) Wie erleben die einzelnen Figuren die Situation?

b) Welche Bedeutung kommt der nonverbalen Kommunikation in der dargestellten Situation zu?

c) Wie lässt sich der Titel der Kurzgeschichte auf den Wendepunkt beziehen?

Verwende bei deinen Ausführungen die Kategorien aus den Kommunikationsmodellen, soweit sie zur Analyse sinnvoll sind.

2 *Weise nach, inwiefern der Text als Kurzgeschichte bezeichnet werden kann.*

Erwartungshorizont/Bewertungsraster

Anforderungen **Die Schülerin/der Schüler ...**		**maximale Punktzahl**	**erreichte Punktzahl**
Aufgabe 1			
1	... gibt den Inhalt und Verlauf der Kurzgeschichte mit eigenen Worten wieder.	10	
2	... benennt das Thema der Kurzgeschichte (Auswege aus der Einsamkeit?).	5	
3	... erkennt, dass der alte Mann mit einem kleinen Kind nonverbal kommuniziert, was die Frau (und der Leser) erst am Ende erfährt.	4	
4	... erkennt, dass die Frau, die offensichtlich einsam ist, das Verhalten des Mannes irrtümlich auf sich bezieht.	4	
5	... deutet das Verhalten der Frau (Anrufen der Polizei) als Ausdruck der Beunruhigung.	3	
6	... erkennt, dass das Kind offenbar ebenfalls allein gelassen ist und sich an dem „Fenster-Theater" des alten Mannes erfreut.	4	
7	... analysiert die Rolle der nonverbalen Kommunikation: Der alte Mann kommuniziert mit dem kleinen Kind auf nonverbaler Ebene, weil die verbale Kommunikation nicht möglich ist (verschiedene Häuser, das Kind kann vermutlich noch nicht sprechen, der Mann ist schwerhörig).	5	
8	... legt dar, dass das nonverbale Verhalten des Mannes auf Seiten der Frau zu einem Missverständnis führt, da sie die Zielgerichtetheit der Aktionen des Mannes nicht erkennen kann.	4	
9	... analysiert den Titel in Bezug auf den Wendepunkt: Jemand (Mann) spielt am Fenster Theater für einen Zuschauer (Kind).	5	
10	... erfüllt ein anderes aufgabenbezogenes Kriterium (z. B.: Metapher des Lachens in der hohlen Hand als Ausdruck der Lebens- und Kommunikationsfreude des alten Mannes und des kleinen Kindes). (Max. 5)		
11	... verwendet zur Analyse die Kategorien aus dem Bühler'schen Modell (Sender – Empfänger – Zeichen).	6	
12	... erläutert dezidiert die nonverbalen Mittel: Gestik, Mimik, Körperhaltung.	5	
		= 55	

Aufgabe 2			
1	... weist den Text inhaltlich als Kurzgeschichte aus: Alltagssituation und Alltagsthema, Konzentration auf einen Geschehensausschnitt.	7	
2	... weist formal und sprachlich Merkmale von Kurzgeschichten am Text nach: z. B. unmittelbarer Einstieg, offenes pointiertes Ende, Leitmotiv: Theater, ggf. implizite Dialogstruktur (Selbstgespräch der Frau).	8	
3	... nennt sprachliche oder inhaltliche Parallelen zu anderen im Unterricht besprochenen Kurzgeschichten. (Ggf. + 3)		
		= 15	
Darstellungsleistung			
1	... gibt den Text korrekt wieder (Zitierweise, Paraphrasieren etc.).	7	
2	... verwendet das Tempus korrekt (Präsens, bei Vorzeitigkeit: Perfekt).	5	
3	... verwendet eine sachliche, angemessene und präzise Sprache (allgemeiner Ausdruck).	8	
4	... verwendet fachsprachliche Begriffe (korrekt, präzise, umfassend).	5	
5	.... verknüpft den Text gedanklich-sprachlich korrekt und differenziert.	5	
		= 30	
	Gesamtpunktzahl	100	

Literaturhinweise

Beste, Gisela: Sprechen und Zuhören, Mündlichkeit. In: Kämper-van den Boogaard, Michael (Hg.): Deutsch-Didaktik. Leitfaden für die Sekundarstufe I + II. Cornelsen Scriptor, Berlin [6]2008, S. 263–273

Fuchs, Herbert/Mittelberg, Ekkehart (Hg.): Klassische und moderne Kurzgeschichten. Varianten – kreativer Umgang – Interpretationsmethoden. Texte und Materialien. Cornelsen, Berlin [6]2001

Klippert, Heinz: Kommunikationstraining I + II. Beltz, Weinheim/Basel 1995/96

Langbein, Elvira/Lange, Rosemarie (Hg.): Rund um kurze Geschichten. Cornelsen, Berlin 2008

Molcho, Samy: Körpersprache. Goldmann, München 1996

Schulz von Thun, Friedemann: Miteinander reden 1. Störungen und Klärungen. Allgemeine Psychologie der Kommunikation. Rowohlt, Reinbek 1981

Schulz von Thun, Friedemann: Miteinander reden 3. Das „innere Team" und situationsgerechte Kommunikation. Rowohlt, Reinbek 1998

Tannen, Deborah: Du kannst mich einfach nicht verstehen. Warum Männer und Frauen aneinander vorbeireden. Kabel, Hamburg 1991

Tannen, Deborah: Ich mein's doch nur gut. Wie Menschen in Familien aneinander vorbeireden. Ullstein, Hamburg 2002

Internetadressen

www.schulz-von-thun.de

www.abpaed.tu-darmstadt.de/arbeitsbereiche/bt/material/kommunikation.pdf („Theorien der Kommunikation", Vorlesungsmanuskript von Prof. Hein Retter)

6 Sprachlenkung und Redefreiheit – Sprachkritik

Konzeption des Gesamtkapitels

In diesem Kapitel werden die Schülerinnen und Schüler angeleitet, den öffentlichen Sprachgebrauch kritisch zu untersuchen. Dabei setzen sie semantische und rhetorische Analysen ein und beobachten den Sprachgebrauch in verschiedenen historischen und aktuellen, textuellen und medialen Kontexten.
So geht es im ersten Teilkapitel (**„Freiheit von' und ‚Freiheit zu' – Begriffe untersuchen"**) um eine exemplarische Auseinandersetzung mit dem Wertbegriff „Freiheit", der in Geschichte und Gegenwart unterschiedlich mit Begriffsinhalt gefüllt ist. Sowohl die lexikalische Seite (Ableitungen wie „Unfreiheit", Kompositabildung wie „Pressefreiheit", Synonyme wie „Unabhängigkeit", Antonyme wie „Knechtschaft", lexikalische Definitionen wie „Freiheit ist ...") als auch die syntaktische Seite (das Netz der Kollokationen) werden herangezogen. Dabei untersuchen die Schülerinnen und Schüler die Begriffsverwendung in historischen Flugblättern der 1848er-Revolution wie in aktuellen Magazinbeiträgen.
Im zweiten Teilkapitel („**Demagogie und Rhetorik – Politische Reden analysieren**") wird die schriftliche Redeanalyse vorbereitet. Die Schülerinnen und Schüler betrachten Reden aus dem Nationalsozialismus, u. a. im Kontext des damals neu verbreiteten und zentral gesteuerten Mediums Rundfunk. Sie prüfen die Texte auf den Einsatz sprachlich-rhetorischer Wirkungsmittel wie auf Redestrategien und stellen sie in den Rahmen von Machtaufbau und Machtmissbrauch durch Sprache. Im Kontrast dazu analysieren die Schüler ein Flugblatt der „Weißen Rose" und eine Rede zu deren Widerstand als Beispiele verantwortlichen und demokratischen Umgangs mit Sprache. So wird – über die Füllung des Begriffs „Freiheit" in diesen Texten – auch eine Brücke zum ersten Teilkapitel hergestellt.
Das dritte Teilkapitel („**Medienumschau: Das Erregungskarussell**") nimmt die Diskussion über Freiheit wieder auf und stellt sie in den Kontext aktueller Mediendiskurse. Bedrohungen der Freiheit durch Terror und Maßnahmen gegen den Terror werden anhand aktueller Ereignisse und ihrer publizistischen Darstellung untersucht. Dabei ist reale Bedrohung zu unterscheiden von inszenierten Medienkampagnen, die mit rasch wechselnden Bedrohungsszenarien arbeiten. Solche Inszenierungen werden auch durch sprachliche Überflutung in einem einflussreichen „Affektfernsehen" hochgespielt, oftmals ohne dass die Rezipienten hinreichend Möglichkeiten zur Distanzierung und zu einer vernünftigen Urteilsbildung haben. An verschiedenen Themen wird dieses Phänomen kritisch beleuchtet.
Der Grundwert „Freiheit" als Zustand und Ziel individuellen und gesellschaftlichen Strebens durchzieht also alle drei Teilkapitel als Leitmotiv.

Weiteres Übungsmaterial zu diesem Kapitel

Übungsmaterial im **„Deutschbuch Arbeitsheft 10"**
– Reden/appellative Texte untersuchen: S. 60–65

		Inhalte	**Kompetenzen**
S. 113	**6.1**	**„Freiheit von“ und „Freiheit zu“ – Begriffe untersuchen**	**Die Schülerinnen und Schüler können** – in offenem Zugriff den Begriff „Freiheit“ inhaltlich füllen und abgrenzen;
S. 114		**„Freiheit“ – Ein Begriff im Kontext**	– Kollokationen als kontextuelle Bedeutungsvermittlung erkennen und nutzen; – die Begriffsverwendung in einem Zeitungsartikel analysieren;
S. 116		**„Freiheit“ – Ein Begriff im historischen Zusammenhang**	– Flugblätter als historisches Medium zur Erkämpfung von Freiheitsrechten in ihrer Wirkung einschätzen; – an aktuellen Magazinbeiträgen „die Freiheit von etwas“ und „die Freiheit zu etwas“ unterscheiden.
S. 119	**6.2**	**Demagogie und Rhetorik – Politische Reden analysieren**	**Die Schülerinnen und Schüler können** – die Bedeutung des Rundfunks als gelenktes Medium für die Propaganda der Nationalsozialisten einschätzen;
S. 119		**Redner und Rundfunk – Propaganda im „Dritten Reich“**	– daraus den Wirkungsgrad öffentlicher politischer Rede ableiten;
S. 120		**Politische Reden – Schriftlich analysieren** Reden Adolf Hitlers auf den Reichsparteitagen 1935 und 1936	– die Rolle des Redners im agitatorischen Vorgehen aus Hitlers Regeln für einen Volksredner ableiten; – die Form der Propagandarede analysieren; – dabei sprachlich-rhetorische Mittel und Redestrategien untersuchen; – den argumentativen Dreischritt bei der Ausformulierung von Analyseergebnissen anwenden; – Besonderheiten der nationalsozialistischen Sprachverwendung und Heilsversprechen erkennen;
S. 127		**„Weiße Rose“ Flugblatt VI – Aufruf zum Widerstand**	– den Ruf nach Freiheit im Flugblatt der „Weißen Rose“ historisch einordnen und in einem Netz weiterer Wertbegriffe verstehen;
S. 129		Johannes Rau **Rede zum 60. Jahrestag der Hinrichtung der Mitglieder der „Weißen Rose“**	– die Auseinandersetzung mit dem Widerstand gegen den Nationalsozialismus als Beispiel für offene demokratische Kritik verstehen; – den Appell zu politisch-ethischem Denken als aktuelle Forderung kommentieren.
S. 131	**6.3**	**Medienumschau: Das Erregungskarussell**	**Die Schülerinnen und Schüler können** – den Umgang der Medien mit dem Phänomen Terror sichten, die entsprechende Begriffsverwendung lexikalisch und kontextuell klären und mit dem Thema „Freiheit“ verknüpfen;
S. 131		**Terror, Krise, Frieden … – Schlüsselwörter, Fahnenwörter, Reizwörter**	– die Rolle von Schlüssel- und Reizwörtern in den Medien einschätzen und sich dabei mit dem Agenda-Prinzip und der These vom „Erregungsjournalismus“ auseinandersetzen.

6.1 „Freiheit von" und „Freiheit zu" – Begriffe untersuchen

Über die lexikalische Bedeutung von „Freiheit", Synonyme, Antonyme, Kollokationen, Häufigkeiten, Ober- und Unterbegriffe, Bedeutungsgruppen etc. finden sich gute Informationen in:
- „Das Digitale Wörterbuch der Deutschen Sprache des 20. Jahrhunderts": www.dwds.de
- „Deutscher Wortschatz": http://wortschatz.uni-leipzig.de/index_js.html

Der historische Wortschatz zu dem Begriff „Freiheit" mit historischen Belegen findet sich in:
- Grimmsches Wörterbuch: http://germazope.uni-trier.de/Projects/DWB
- Goethe-Wörterbuch: http://germazope.uni-trier.de/Projects/WBB/woerterbuecher/gwb/woerterbuecher/hilfe/wbgui

Das „Online-Wörterbuch zur deutschen Gegenwartssprache" (Owid) des Instituts für Deutsche Sprache Mannheim (IDS) hat seinen Schwerpunkt in der Beschreibung von Bedeutung und Verwendung der Stichwörter; es weist für „Freiheit" sechs „Lesarten" (Bedeutungen) aus, die in Einzelartikeln abgerufen werden können: 1. „Grundwert", 2. „Freiraum", 3. „Nichtgefangensein", 4. „Nichtfremdbeherrschung", 5. „Vorrecht", 6. „räumliche Mobilität" (www.owid.de, Stichwort „Freiheit").

Nach einem offenen Zugriff zu Beginn wird „Freiheit" im ersten Teilkapitel im Wesentlichen in seiner kontextuellen Bedeutung erfasst und bestimmt. Es geht darum, ein Verständnis für historische, ideengeschichtliche, kulturelle oder sprachliche Gegebenheiten zu erreichen, die den Inhalt und das Verständnis eines Begriffs bestimmen. Dies bedeutet, dass man den Begriff sowohl im Kontext als auch in seinem historischen Umfeld betrachtet und gegebenenfalls mit dem aktuellen Begriffsgebrauch kontrastiert. Die Schülerinnen und Schüler integrieren dabei ihr Vorwissen aus Unterricht, privatem Lernen und eigenen Erfahrungen.

S. 113

2 *Möglichkeiten und Grenzen von „Freiheit" oder „Freiheiten" aus der Schülererfahrung und mit Blick auf die Bildcollage im Schülerband: Freiheit als individueller oder gesellschaftlicher Zustand und Grundwert gegenüber Freiheiten im individuellen Handeln (Wahlfreiheiten).*

3 *Die verschiedenen Bedeutungsebenen/ Lesarten (s.o.) und unterschiedliches Vorwissen machen eine Verständigung über den jeweils aktuellen Begriffsgebrauch nötig.*

S. 114

„Freiheit" – Ein Begriff im Kontext

1 *Zentraler Inhalt des Zeitungsartikels: Der Autor ist gegen ein Tempolimit und für freie Tempowahl auf Autobahnen, auch wenn dadurch Gefährdungen und Behinderungen auftreten. Seine Forderung basiert auf einem Grundverständnis von Freiheit als „kulturelle(r) Errungenschaft" (Z. 15), in der Freiheit mit Toleranz und Fortschritt verknüpft ist und sich auch bei verantwortungsbewusstem Autofahren bewähren soll.*

2 *Die Schülerinnen und Schüler erfahren hier die Nutzung eines Begriffs in „Kollokationen": „Zwischen den lexikalischen Einheiten eines Satzes oder eines Textes bestehen eine Vielzahl semantischer Zusammenhänge, die in ihrer Gesamtheit die Semantik des Satzes oder Textes formen. [...] Wir [...] verstehen unter der Kollokation eines Wortes die Wörter, die signifikant häufig mit diesem Wort in einer gewissen Umgebung – dem Kontext des Wortes – erscheinen. [...] Die Kollokationen im gleichen Satz besitzen eine höhere*

Aussagekraft als solche, die sich über Satzgrenzen hinaus erstrecken." (Zitiert nach: http://wortschatz.uni-leipzig.de)
In Kollokationen ist „Freiheit" in einem großen untersuchten Textkorpus der Häufigkeit nach vor allem verbunden mit: 1. Unabhängigkeit, 2. Frieden, 3. Recht, 4. Freiheit, 5. Volk, 6. Gleichheit, 7. persönlich, 8. Demokratie, 9. Gerechtigkeit, 10. politisch, 11. unsere, 12. Mensch, 13. Kampf, 14. voll, 15. demokratisch, 16. Leben, 17. menschlich, 18. individuell, 19. Einheit, 20. Deutschland (nach: „Das Digitale Wörterbuch der Deutschen Sprache des 20. Jahrhunderts", www.dwds.de/?qu=Freiheit&kompakt=1&sh=1).

a) Kollokationen zu „Freiheit" in dem Text „Warum Deutschland freie Autobahnen braucht": freie Autobahnen – freie Fahrt – freie Bürger – deutsche Identität – kulturelle Errungenschaft – Deutschland – Freiheit zu entscheiden – Leben ohne Limit – freies Land – wählen – über die Kanzlerin schimpfen – abweichende Lebensentwürfe akzeptieren – entspannt – tolerant.

c) In einer Online-Suche mit www.paperball.de lassen sich leicht Schlagzeilen mit dem Begriff „Freiheit" zusammenstellen, im September 2008 fanden sich z. B.:
- *„EU-Telekom-Paket gefährdet die Freiheit im Netz" (www.sozialticker.com)*
- *„Ikarus verkörpert Sehnsucht nach Freiheit" (Saarbrücker Zeitung, 25.9.2008)*
- *„Klüger zur Sonne, zur Freiheit! Linksruck in Deutschland" (Neues Deutschland, 25.9.2008)*
- *„Mehr Freiheit wagen" (www.pro-physik.de)*
- *„Streben nach Sicherheit darf nicht die Freiheit kosten" (www.liberale.de, 24.9.2008)*
- *„Europas Unis brauchen mehr Geld – und mehr Freiheit" (www.handelsblatt.com, 23.9.2008)*
- *„Deutsche Touristen sind in Freiheit" (www.netzeitung.de, 22.9.2008)*

3 *Vergleichende Begriffserläuterung – Varianten:*
- *Die Schülerinnen und Schüler formulieren je einen Kurzartikel zu jedem einzelnen Begriff und seinem Gebrauch nach eigenem Verständnis und Vorwissen über die Lebensbereiche, in denen der Begriff häufig gebraucht wird, und setzen die Begriffe anschließend voneinander ab.*
- *Die Schülerinnen und Schüler gehen vom Begriff „Freiheit" aus und heben dann die anderen Begriffe kontrastiv davon ab.*

Gegebenenfalls recherchieren sie dazu in Wörterbüchern (s.o.).

„Freiheit" – ein Begriff im historischen Zusammenhang

S. 116

Ergänzend zum Einleitungstext in den Abschnitt (S. 116 im Schülerband) können auch die zeittypischen Kollokationen zu „Freiheit" in „Das Lied der Deutschen" (1841) von August Heinrich Hoffmann von Fallersleben betrachtet werden: „Einigkeit und Recht und Freiheit/Für das deutsche Vaterland!"
Zum historischen Hintergrund der Revolution von 1848 können die Zusatzinformationen auf S. 134 in diesem Handbuch herangezogen werden.

1 *Kollokationen des Begriffs „Freiheit" in den Texten von 1848:*
- *Flugblatt A: „Die Italiener haben* ***freie Verfassungen*** *kräftig sich errungen." – „Der Tag der* ***Freiheit*** *ist angebrochen." – „Wohlstand, Bildung und* ***Freiheit für alle Klassen des Volkes!*** *" – „Wo drei deutsche Männer im* ***Geist der Freiheit*** *beisammen sind …"*
- *Flugblatt B: „Wohlstand, Bildung und* ***Freiheit für alle Klassen*** *der Gesellschaft" – „Volksbewaffnung mit* ***freien Wahlen*** *der Offiziere" – „Unbedingte* ***Pressfreiheit****".*

Unter dem zeitlichen Hinweis auf 1848 machen die Kollokationen „Verfassung", „Klassen", „Volk", „Wahlen", „Presse" deutlich, dass politische Freiheit und gesellschaftliche Veränderung gefordert werden. Die Textsorte Flugblatt verdeutlicht, dass es um Demonstration und politischen Kampf geht.

Kollokationen der Begriffs „Freiheit" in den aktuellen Magazinbeiträgen:
- *Magazinbeitrag C: „Für die Liebe lassen sich die meisten Bundesbürger gerne in ihrer **Freiheit** einschränken." – „Grundsätzlich bedeutet **Freiheit** [...], **das eigene Leben bestimmen** und ändern zu können." – „[...] verbinden **mit Freiheit das Gefühl**, unabhängig von Geld zufrieden zu sein [...]" – „Nicht erreichbar zu sein ist [...] ein **Ausdruck von Freiheit** und ein großer Luxus [...]".*
- *Magazinbeitrag D: „Ich genieße die **Freiheit, das Leben nach meinem Geschmack gestalten zu können.**"*

Die Kollokationen verweisen auf Freiheit als Gefühl und individuellen Lebensstil.

2 *Es bieten sich Untersuchungen z. B. zu folgenden Begriffen an:*
- *Gerechtigkeit: historisch z. B. im Kontrast von diktatorischen und demokratischen Verhältnissen;*
- *Solidarität: historisch z. B. im Kontrast von gewerkschaftlichem Engagement der Arbeiter nach dem Krieg und in der Gegenwart;*
- *Wohlstand und Armut: historisch z. B. im Kontrast Deutschland in der Nachkriegszeit und Ende der 1960er Jahre.*

Zusatzinformation

Vormärz 1815–1848

Restauration ⟶ **Vormärz** ⟶ **Märzrevolution 1848**

Restauration: Wiener Kongress 1815, Wiederherstellung der alten Ordnung

Vormärz: Aufbruch und Unruhen

Märzrevolution 1848:

Politische Bestrebungen in verschiedenen deutschen Bundesstaaten

die nationale Frage	die liberale Frage	die soziale Frage	die emanzipatorische Frage
– gegen Kleinstaaterei – gegen den „Erbfeind Frankreich" – zum Teil gegen Preußen als Vormacht – für einen Einheitsstaat aller Deutschen – für den Rhein als Grenze – für die konstitutionelle Monarchie	– gegen Tyrannenherrschaft und Obrigkeitsstaat – gegen die Ständeordnung – gegen Zensur – für eine Republik – für eine demokratische Verfassung und ein Parlament – für die Menschenrechte: Freiheit, Pressefreiheit etc.	– gegen die Verelendung in der Frühindustrialisierung – gegen Ausbeutung – für Revolution und soziale Gerechtigkeit – für die Abschaffung von Privilegien – für eine Arbeiterbewegung	– gegen die traditionelle Frauenrolle – gegen die Ausgrenzung der Frau aus Politik und Gesellschaft – für mehr Selbstbestimmung der Frau – für gleiche berufliche Möglichkeiten, wie sie die Männer haben – für freie Liebe

6.2 Demagogie und Rhetorik – Politische Reden analysieren

Zur Definition zentraler Kategorien dieses Teilkapitels können folgende Quellen herangezogen werden:
- Demagogie: www.rhetorik-netz.de (unter Eingabe des Stichworts)
- Rhetorik: Gert Ueding in: www.uni-tuebingen.de/uni/nas/definition/rhetorik.htm
- NS-Propaganda: www.dhm.de/lemo/html/wk2/propaganda
- ideologische Polysemie: Rolf Bachem: Einführung in die Analyse politischer Texte. Oldenbourg, München 1979, S. 54 ff.
- zur ideologischen Polysemie von „Freiheit": Diskurswörterbuch 1945–1955 des IDS (www.owid.de → Diskurswörterbuch)

Redner und Rundfunk – Propaganda im „Dritten Reich"

S. 119

In der Rundfunkgeschichte des Deutschen Rundfunkarchivs zeigen schon die Kapitelthemen für die Jahre 1933 bis 1945 die Entwicklung während der Nazizeit an: „Im Dienste der Partei" – „Rundfunk in jedes Haus" – „Radio total" – „Der Hörer als Volksgenosse" – „... wird mit dem Tode bestraft" (vgl. www.dra.de/rundfunkgeschichte/75jahreradio/nszeit/index.html); auf der angegebenen Website finden sich Informationen sowie Tondokumente aus dieser Zeit. Kurzinformationen über die Rolle des Rundfunks im „Dritten Reich" bietet auch: www.br-online.de/wissenbildung/collegeradio/medien/geschichte/goebbels.

1 *Aus Goebbels' Aussagen abzuleitende Grundideen der nationalsozialistischen „Propagandaarbeit":*
- *Reichsministerium für Volksaufklärung und Propaganda;*
- *die Hörer für die „Volksgemeinschaft" begeistern und auf Hitler als Führer einschwören;*
- *Parolen in jedes Haus tragen;*
- *Rundfunkhören als staatspolitische Pflicht;*
- *Rundfunk für die breite Masse, keine Experimente;*
- *die Menschen bearbeiten, bis sie den Nazis verfallen sind;*
- *Rundfunk als „Volksführungsmittel".*

2 a) *Maßnahmen, die den Rundfunk in den Anfangsjahren des „Dritten Reichs" zum zentralen Propagandainstrument werden ließen:*
- *Befehlshierarchie: Propagandaministerium → Reichskulturkammer → Rundfunkkammer → Volksgenossen;*
- *Gleichschaltung von Rundfunk und Film;*
- *Volksempfänger in Massenproduktion seit August 1933 (wenige Monate nach der Machtübernahme).*

b) *Besondere Eignung des neuen Mediums für die Propaganda:*
- *der Rundfunk war neben Zeitung und Film (Deutsche Wochenschau, seit 1934 zensiert, ab 1938 wurden Kinos zur Aufführung zwangsverpflichtet, ab 1940 unter völliger NS-Kontrolle) zentrales Massenmedium;*
- *hoher Verbreitungsgrad;*
- *Suggestivität;*

- *Instrument ausschließlich in Händen der nationalsozialistischen Partei → ermöglichte totale Programmsteuerung;*
- *durchgehende sprachliche Beeinflussung;*
- *Wiederholungsmöglichkeit von Sendungen;*
- *hierarchische, unilaterale Kommunikation;*
- *...*

3 *a) Hitlers Vorstellungen vom Volksredner:*
Grundregel: Als Redner zum Herzen der Zuhörer sprechen und Reaktionen sehen.
Einzelregeln:
1. *Primitiv und deutlich erklären.*
2. *Gedanken langsam aufbauen.*
3. *Vorgebrachtes mit weiteren Beispielen wiederholen, denkbare Einwände im Vorgriff widerlegen und zersplittern, Beweisführung bis zur Kapitulation der Opposition.*

b) Hitlers Bild von seinen Zuhörern:
- *breite Masse;*
- *emotional beeinflussbar;*
- *auch Begriffsstutzige darunter, auch langsam Begreifende, auch nicht Überzeugte → den Widerstand zersplittern, Manipulation bis zur Kapitulation, d. h. Rede als Kampfsituation.*

c) Unterschiede zwischen einer Rede vor Publikum und einer Rundfunkrede:
- *Rede vor Publikum: Der Redner beobachtet Reaktionen im Publikum, Haltung und Mienenspiel, und reagiert darauf (vgl. Hitlers Ausführungen: „Sieht er ...“, Z. 82; „fühlt er ...“, Z. 85; „sowie er ahnt ...“, Z. 91) = Rede als Interaktion;*
- *Rundfunkrede: eher von oben, direktiv, einseitige Kommunikation (wobei ggf. aber auch durch spätere Umfragen unter den Zuhörern oder durch Situationsberichte von Parteigenossen/-beauftragten vom Propagandaministerium ermittelt wurde, wie Rundfunkreden ankamen).*

4 *Im Zusammenhang mit den Zielen des totalitären Regimes diente die nationalsozialistische Propaganda dazu, die Macht zu erringen und das Volk zu beherrschen.*

S. 120

Politische Reden – Schriftlich analysieren

S. 120

Adolf Hitler

Rede bei der Feierstunde der Hitlerjugend auf dem Reichsparteitag 1936

1 *Ziel und Thema der Rede:*
Die Reichsparteitage (vgl. S. 120 und 124 im Schülerband) standen jeweils unter einem Motto: Der Parteitag vom 8. bis 14. September 1936 in Nürnberg war der „Reichsparteitag der Ehre“ – dem entsprach das Thema: Das Glück (Z. 2, 13), am „neuen Aufstieg“ Deutschlands (Z. 26 ff., 34 f., 53 f.) teilzunehmen, wird zur Verpflichtung (Z. 8, 36, 55 ff., 59 ff.). Ziel ist es, Zustimmung für die Arbeit am „neuen Deutschland“ herzustellen.

2 *a) Anwendung von Hitlers Grundregeln zur demagogischen Rhetorik auf diese Rede:*
- *Grundregel: Als Redner zum Herzen der Zuhörer sprechen: in der Adressierung „Ihr“, „meine deutsche Jugend“, im Vergleich mit der eigenen Jugend, mit allen Preisungen, mit dem Gefühlswort „Glück“;*
- *1. Einzelregel: Primitiv und deutlich erklären: einfache Syntax, erzählender Ton zu Beginn, Kontrast „hier“ – „dort“ (Z. 39–46);*
- *2. Einzelregel: Gedanken langsam aufbauen: alte und neue Zeit (Z. 1–19) – Arbeit heute (Z. 20–33) – für die Zukunft (Z. 34–39) – Vergleich (Z. 39–49) – Grund für das „Wunder“ (Z. 49–58) – Appell (Z. 59–61);*
- *3. Einzelregel: Vorgebrachtes mit weiteren Beispielen wiederholen: Beispiele aus der Geschichte, zweimal „Vergleich (Z. 18, 38), viermal „Volk“ (Z. 54–59).*

b/c) Reaktionen der Zuhörer und Redemittel, die diese Wirkung hervorrufen konnten:
Die Reaktion wird in der Redewiedergabe als „brausende Zustimmung“ (Z. 61) bezeichnet, überprüfbar ist sie im Hördokument. Erklärbar ist diese Reaktion a) durch das Aufbauen eines positiven Bildes über Wertungen, Wertungsadjektive, positive Begriffe wie „große Zeit“, „Wiederaufrichtung“, „Ge burt“, „große Zukunft“, „Glaube“; b) als Zustimmung zum Appell Z. 59ff.

3 *Die Rede baut eine breite Zustimmung zur nationalsozialistischen Politik über ein beglückendes Gegenwartsbild auf und über den Vergleich mit anderen Ländern, denen es angeblich schlecht geht, vor folgendem historischen Hintergrund (Vorwissen der Schülerinnen und Schüler oder Recherche dazu):*
- *1933 Machtübernahme der Nationalsozialisten in Deutschland;*
- *1933 bis 1936 Gleichschaltung und Machtmonopolisierung durch die NSDAP, Errichtung der Führer-Diktatur, Zerschlagung der Gewerkschaften (Ersatz durch die nationalsozialistische Deutsche Arbeitsfront) und Verbot anderer Parteien, Gleichschaltung der Länder, Boykott und Verfolgung der Juden (Nürnberger Gesetze);*
- *Rückblick auf Arbeitslosigkeit und ständig wechselnde Regierungen in der Weimarer Republik sowie den verlorenen Ersten Weltkrieg, die Auflagen des Versailler Vertrags mit Reparationsleistungen, auf Wirtschaftskrisen;*
- *Wiederaufbau durch die Nazis mittels staatlicher Arbeitsprogramme wie öffentliche Baumaßnahmen (u. a. Autobahn), Enteignungen, staatliche Subventionen und Aufrüstungsprogramme, Tarifzwänge durch den Staat, Zwangskammern für Handel und Handwerk, Beschränkung des Rechts auf freie Arbeitsplatzwahl, staatliche Kontrolle von Außenhandel und Devisen, Einrichtung einer Arbeitsdienstpflicht, auf dem Parteitag 1936 Verkündung eines Vierjahresplans etc.;*
- *Effekte: Maßnahmen senkten die Arbeitslosigkeit von 6 Mio. (1933) auf 3,7 Mio. (1934); Steigerung der Industrieproduktion (um 41 Indexpunkte, 1929 = 100, 1933 = 66, 1936 = 107);*
- *Unterstützung von kinderreichen einkommensschwachen Familien; leichte Lohnentwicklung; Urlaubsprogramme („Kraft durch Freude“); staatliche Programme zur Winterolympiade (Garmisch-Partenkirchen) und zur Sommerolympiade (Berlin); erhöhte Zustimmung zum Regime etc.*

Zusatzinformation

Wesentliche Voraussetzung für die Überwindung der 1934 noch erheblichen regimekritischen Stimmungen war der seit 1934/35 deutlich spürbare Aufschwung der Wirtschaft und die jetzt nicht mehr nur ‚kosmetische‘ Verringerung der Zahl der Arbeitslosen (Anfang 1935 nur noch drei Millionen, im Herbst 1936 nur noch eine Million). In bestimmten Branchen (Bau- und Metallindustrie) war schon 1936, in fast allen Branchen 1937/38 die Vollbeschäftigung wieder erreicht oder sogar Arbeitskräftemangel eingetreten. Hatten die ersten staatlichen Finanzierungsprogramme [...] 1933 vor allem der Ankurbelung der privaten und öffentlichen Bautätigkeit gedient, so begann 1934/35 das kombinierte autarkie- und rüstungswirtschaftliche Programm der neuen Regierung auch auf dem Sektor der Großindustrie zu greifen und führte, unterstützt von der gleichzeitigen Konjunkturverbesserung im Ausland, zur raschen Wirtschaftsbelebung in Deutschland. Den Löwenanteil daran hatten die seit 1934 massiv gesteigerten Staatsaufträge. Erste Modelle der Staatsintervention ohne Verstaatlichung waren der mit dem I.G.-Farben-Konzern zur Errichtung neuer Werke der synthetischen Benzinherstellung abgeschlossene ‚Benzinvertrag' und ein Jahr später, am 1. Dezember 1934, das Gesetz über staatliche Preis- und Abnahmegarantien bei neu errichteten Werken zur synthetischen Benzin-, Buna- und Zellwolle-Herstellung.

(Aus: Martin Broszat/Norbert Frei (Hg.): Das Dritte Reich im Überblick. Piper, München [6]1999, S. 48 f., 204 ff.)

5 *a) Redestrategien z. B. in Z. 46–61:*

Auszüge aus der Rede	**Redestrategien**
„Wie groß dieser Unterschied ist, der zwischen einer um uns liegenden Welt und unserem heutigen Deutschland besteht, …"	Kontrastierung/Polarisierung, pauschale Andeutungen, Herstellung eines Wir-Gefühls, indirekte Abwertung der anderen
„… das könnt auch ihr ermessen!"	Aufwertung der Zuhörer, Appell an das Wir-Gefühl, Emotionalisierung
„Dass aber dies so ist, verdanken wir nicht einem Zufall und auch nicht dem, dass wir die Hände in den Schoß legten und auf ein Wunder warteten."	indirekte Aufforderung zum Dank, indirekte Drohung
„Das einzige Wunder, das uns diesen neuen Aufstieg unseres Volkes geschenkt hat, ist der Glaube an unser eigenes Volk, die Überzeugung, dass dieses tausendjährige Volk nicht zugrunde gehen kann, …"	Einordnung des Einzelnen in „unser Volk", Heilsbotschaft mit religiösem Anklang
„… dass wir selbst es heben und an ihm arbeiten müssen."	Aufwertung der Wir-Gruppe, indirekte Drohung, Appell zur Selbstverpflichtung
„Wir selbst müssen das Schicksal unseres Volkes gestalten, so wie wir es zu sehen und zu erleben wünschen!"	anaphorisch gedoppelter Appell, Ermutigung und Identifikationsangebot

Hitler verwendet kämpferische Redestrategien, keine offenen Redestrategien wie Information, Kritik und Selbstkritik, rationale Argumentation, Offenlegung von Maßstäben und Zielen, also keine Redestrategien, wie sie in demokratischen Kontexten angebracht sind.

b) Hitlers Vorgehensweise: Er hält eine emotionale Ansprache mit Andeutungen statt Fakten, aber positivem Gestus.

S. 124

Adolf Hitler

Rede an die Hitlerjugend auf dem Reichsparteitag 1935

1 *Die Parteitage dienten der Selbstdarstellung der NSDAP, bis zu eine Million Menschen besuchten die jährlichen Propagandainszenierungen auf dem Reichsparteitagsgelände. Auf dem Foto im Schülerband sind zu sehen: voll besetzte Zuschauertribünen rings um das Zeppelinfeld, mit Blick auf die abgestufte Haupttribüne für die Funktionäre und Ehrengäste sowie das Rednerpodest in der Mitte; die Haupttribüne mit Säulenreihen als hinterer Abschluss; im Feld angetretene Kolonnen mit Standarten in abgezirkelten Quadraten.*
Hintergrundinformationen zu den Reichsparteitagen finden sich in:
Hans Christian Täubrich: Reichsparteitage der NSDAP, 1923–1938. In: Historisches Lexikon Bayerns: www.historisches-lexikon-bayerns.de/artikel/artikel_44581

2 *Inhaltsabschnitte der Rede – Themen und „Werte" (in Fettdruck), die die nationalsozialistische Erziehung bestimmten:*
- *Entwicklung der HJ seit 1933: Zunahme an Größe und innerer Stärke (Z. 1–14)*
- *Erwartungen an den neuen Menschen/Jugendlichen: **Stärke und Disziplin** (Z. 15–23)*
- ***Dienstpflicht** als durchgängiges Erziehungsprogramm vom Kind bis zum alten Kämpfer (Z. 24–36)*
- *(zentral:) Das Prinzip von Führer und Gefolgschaft, **Befehl und Gehorsam** in allen hierarchischen Ebenen als Ausdruck des autoritären Staates (Z. 38–76)*
- ***Disziplin** und **Friedensliebe** als Friedensgaranten im Innern und nach außen (Z. 77–97)*
- ***Stärke** als Bedingung für Freundschaft (Z. 104–107)*
- *Abschlussappell: Die Hitlerjugend als Zukunft der Nation (Z. 108–110)*

3 *Appellcharakter der Rede:*
- *die gesamte Veranstaltung als „Appell" (Z. 2, 8, 53);*
- *direkter Appell: „Deutsche Jugend!" (Z. 1);*
- *explizite Aufforderungen: „glaubt mir" (Z. 82);*
- *modale Aufforderungen: „müssen" (Z. 17, 20, 61), „sollen" (Z. 31), „wollen" (Z. 92, 104, 106), „mögen" (Z. 93);*
- *Aufforderungsverben: „wünschen" (Z. 15 f.), „festlegen" (Z. 99);*
- *Beschreibung der Befehlsstruktur (Z. 39–72);*
- *appellativer Infinitiv/Aufforderungssatz (Z. 96 f.);*
- *Nomen der Aufforderung: „Befehl" (Z. 42 ff.), „Wunsch" (Z. 108);*
- *Periphrase des Appells: „jeder ist verpflichtet" (Z. 33 f.), „dafür seid ihr mir verantwortlich" (Z. 108 f.).*

Mit der Rede wird eine hohe Verpflichtung der Jugend auf Werte und Erziehungsziele der Nationalsozialisten bewirkt.

4 *a) Rhetorische Mittel:*
- *Wiederholungen: elfmal „Volk", 22-mal „wir";*
- *superlativische Größen: „über 50 000 Vertreter einer Gemeinschaft" (Z. 3), „aus Millionen einzelnen deutschen Jungen" (Z. 49 f.);*
- *Neologismus/Kompositum mit dem Wort „Volk": „Volksleben" (Z. 11);*
- *Dreierfiguren: „disziplinierter, straffer und strammer" (mit Steigerung im Komparativ: Z. 12 f.), „flink wie Windhunde, zäh wie Leder und hart wie Kruppstahl" (mit Vergleich: Z. 19 f.);*

- *Paarformeln: „schlank und rank" (Z. 18), „einem Willen und einem Befehl" (Z. 42), „die Zukunft der Nation, die Zukunft des Deutschen Reiches" (Z. 109 f.);*
- *Anaphern: „jeder ist verpflichtet" (Z. 33 f.), „wir werden" (Z. 38 f.), „und ihr" (77 ff.);*
- *Bildsprache: „flink wie Windhunde, zäh wie Leder und hart wie Kruppstahl" (Z. 19 f.); „sich für diesen Dienst zu rüsten, körperlich zu stählen" (Z. 35 f.), „stählen [...] Sturm [...] stark" (mit Stabreim: Z. 38 f.), „Führer" – „Gefolgschaft" (Z. 45/59 ff.), „schwätzende Demokratie" (Z. 69), „Hühnerstall" (Z. 73), „jeder gackert und kräht" (Z. 74);*
- *Redensarten: „Keinem etwas zuleide tun und von keinem ein Leid erdulden!" (Z. 96 f.), „dass Freundschaft nur der Starke verdient und der Starke gewährt" (Z. 105 f.);*
- *religiöser Ton, sakrale Aufwertungen: „ihr seid nun lebendige Zeugen" (Z. 77 f.), „Glaubt mir, es wird einmal eine Zeit kommen" (Z. 82 f.).*

b) Netz der Wörter zu den Begriffen „Volk", „Führer" und „Kampf":
- *Volk: „Entwicklung [...] im Volksleben" (Z. 10 f.), „auf dass unser Volk nicht [...] zugrunde geht" (Z. 21 ff.), „seinem Volke zu dienen" (Z. 34), „unser ganzes Volk müssen wir erziehen" (Z. 61 f.), „ein Volk [...] lernt, diszipliniert zu sein" (Z. 75 f.), „dem [...] Volke den Lebensweg zeichnen und festlegen" (Z. 98 f.);*
- *Führer: „Reichsjugendführer" (Z. 45), „ein Wille befiehlt" (Z. 53 f.), „Gefolgschaft", „Gefolgschaft leisten", „folgen", „gehorchen", „oben beginnend und ganz unten erst endend (Z. 54 ff.), „autoritärer Staat" (Z. 68);*
- *Kampf: „straff", „stramm" (Z. 13), „hart wie Kruppstahl" (Z. 20), „für diesen Dienst zu rüsten" (Z. 35), „Gefolgschaft leisten" (Z. 59 f.), „gehorchen" (Z. 64), „autoritärer Staat" (Z. 68), „kühn" (Z. 85), „von keinem ein Leid erdulden" (Z. 96 f.), „nur der Starke" (Z. 105), „uns [...] stark machen" (Z. 106 f.) – im Gegensatz zu: „friedliebend" (Z. 86), „Friedensliebe" (Z. 95), „brüderlich die Hand reichen" (Z. 103 f.), „Freundschaft" (Z. 105).*

5 *Redestrategien:*
- *Wir-Gruppe: 21-mal „wir" (z.T. Zuhörer und Redner, z.T. die Jugend, z.T. Regierung und Partei);*
- *Zuhörer als „Gemeinschaft" (Z. 3), „unser Volk" (Z. 12), „wir sind eine Gefolgschaft" (Z. 59), „meine Jungens und meine Mädchen" (Z. 77);*
- *Aufwertung der eigenen Gruppe und der Zuhörer (z.T. als Zukunftsvision mit Identifikationswert für die Anwesenden): „wertmäßig[e]" Steigerung der Jugend (Z. 7); „disziplinierter, straffer und strammer" (Z. 12 f.) ist das Volk, die Jugend; „der deutsche Junge der Zukunft [ist] schlank und rank [...], flink wie Windhunde, zäh wie Leder und hart wie Kruppstahl (Z. 18 ff.); „da wird die deutsche Jugend ein wunderbar gesundes und strahlendes Antlitz besitzen, gesund, offen, aufrichtig, kühn und friedliebend" (Z. 83–86); die Jugend als „lebendige Zeugen für das Gelingen" (Z. 78), als „die Zukunft des Deutschen Reiches" (Z. 110);*
- *Polarisierung – Abwertung der anderen: „Degenerationserscheinungen" (Z. 22) der „schwachen, schwätzenden Demokratie" (Z. 69); „dem parlamentarisch-demokratischen Durcheinander" (Z. 90 f.) steht der „autoritäre Staat" (Z. 68, 70) gegenüber, auf den man „stolz" sein kann (Z. 70); die „anderen" werden als „Hühnerstall" (Z. 73) und „Raufbolde" (Z. 86) bezeichnet; für die Deutschen gilt „handeln" statt „reden" (Z. 24, 69);*
- *latente Drohung und Beschwichtigung: „Wenn uns die übrige Welt in unserer Disziplin verkennt, können wir nicht helfen" (Z. 86 ff.); „Mögen auch die anderen uns auf unserem Weg in Ruhe lassen." (Z. 93 f.); „Keinem etwas zuleide tun und von keinem ein Leid erdulden!" (Z. 96 f.); „Nie aber wollen wir vergessen, dass Freundschaft nur der Starke verdient und der Starke gewährt" (Z. 104 ff.) – „friedliebend" (Z. 86), „Friedensliebe" (Z. 95), „brüderlich die Hand reichen" (Z. 103 f.), „Freundschaft" (Z. 105).*

Redeziel:
Erziehung soll zur Übernahme zweier Pflichten führen: körperliche Stärkung und Disziplinierung im Wesen bis ins hohe Alter sowie Aufbau des Führerprinzips von Befehl und Gehorsam; dies zur Stärkung des deutschen Volkes und mit Blick auf außenpolitische Ziele, zur Demonstration eigener Stärke für eine Bündnispolitik mit Starken.

Argumentationen:
- *vorgeblich faktenbasierte Argumentation: „wir sehen es“ (Z. 7), „dann sehe ich“ (Z. 10), „die wir [...] feststellen können“ (Z. 10 ff.);*
- *finale Argumentation: Aufbau einer „neuen Jugend“, damit die „Degeneration“ überwunden wird (Z. 17–23);*
- *unbelegte These, quasi „Gesetz“: „Nichts ist möglich, wenn nicht ein Wille befiehlt, dem immer die anderen zu gehorchen haben“ (Z. 53 ff.);*
- *Argumentation mit der Zuhörererwartung: Wenn ihr befehlen müsst, erwartet ihr auch Gehorsam (61 ff., 71 f.);*
- *Scheinargumentation mit zwei Beispielen: Der gegenwärtige Appell hat alle HJ-Gruppen zum Erscheinen aufgerufen, das Führersystem funktioniert – jeder kann einmal in die Situation kommen, selbst zu befehlen, und benötigt dann ein funktionierendes hierarchisches System; Disziplin und Gehorsam stützen die Macht; jeder kann/will einmal Macht ausüben;*
- *Autoritätsargument mit Prophetie: „Glaubt mir, es wird einmal eine Zeit kommen“ (Z. 82 f.), „Aus dieser Disziplin werden für die Welt weniger Händel entstehen“ (Z. 88 f.).*

7 *Mittel der Persuasion und der Manipulation in Hitlers Rede:*
- *Persuasion: Die Zuhörer sollen die Einschätzung Hitlers übernehmen, dass die Jugend „wertmäßig“ besser geworden sei (Z. 6 ff.); sie sollen das Zukunftsbild von der gesunden, offenen, aufrichtigen, kühnen, friedliebenden Jugend teilen (Z. 82 ff.), Verantwortung für die Zukunft der Nation übernehmen (Z. 109);*
- *Manipulation: Im Gegensatz zum Motto des „Reichsparteitags der Freiheit“ 1935 geht es um Gehorsam: Die Zuhörer sollen die gewünschte Erziehung zur Disziplin anerkennen, die Erziehung zu Härte mitmachen, den Körper stählen usw.; sie sollen das Führerprinzip anerkennen: jeder will/muss einmal befehlen; das autoritäre System als Lösung gegen die „schwätzende Demokratie“ mitvollziehen; nur Stärke als Position (in der Außenpolitik) anerkennen.*

„Weiße Rose“ Flugblatt VI – Aufruf zum Widerstand

S. 127

Das 6. Flugblatt der „Weißen Rose“ wurde am 15. 2. 1943 von Kurt Huber verfasst, einem Professor für Philosophie und Psychologie und Musikwissenschaftler, mit Korrekturen von Hans Scholl und Alexander Schmorell. Auflage ca. 2000, Vervielfältigung mit Schreibmaschine und Hektografiergerät.
Am 18. 2. 1943, kurz nach der verlorenen Schlacht um Stalingrad, hielt Joseph Goebbels in Berlin seine im Rundfunk übertragene und für die Wochenschau mitgeschnittene Rede zur Proklamation des „totalen Kriegs“. Am selben Tag verteilten Hans und Sophie Scholl das 6. Flugblatt der „Weißen Rose“ im Lichthof der Ludwig-Maximilians-Universität in München.
Weiterführende Informationen zum 6. Flugblatt der „Weißen Rose“ bietet das Zusatzmaterial auf S. 142 in diesem Handbuch.

Zusatzinformation

Greta Wilms

Das 6. Flugblatt der „Weißen Rose“

Es geißelt die Kriegspolitik Hitlers, welcher in Stalingrad allein auf deutscher Seite 300 000 Soldaten zum Opfer gefallen sind. Im Zuge der gemeinsamen Bearbeitung kam es erneut zu Auseinandersetzungen zwischen den Generationen, da sich die Parteien zwar in der Notwendigkeit der Bekämpfung des Nationalsozialismus einig waren, ihre Vorstellungen der dazu nötigen Ereignisse jedoch deutlich voneinander abwichen [...]. Der Konflikt zwischen militärischem Pflichtbewusstsein und Vaterlandsliebe auf der einen und dem Wunsch nach dem Sieg über den Nationalsozialismus auf der anderen Seite, der nur mit Hilfe der Alliierten möglich schien, war ein nicht zu unterschätzender innerer Kampf vieler Regimegegner. Dass das 6. Flugblatt an einem Wendepunkt des Krieges verfasst ist, mag den Konflikt zwischen Huber und seinen Studenten noch verschärft haben: Am 2. Februar 1943 hatte die 6. Armee bei Stalingrad unter großen Verlusten kapitulieren müssen. Diese Niederlage, die das gesamte deutsche Volk schwer erschütterte, ist Thema des 6. Flugblattes.

Bereits vor der Nachricht von der Kapitulation war in München eine gegnerische Stimmung entstanden, die ebenfalls von der Schrift Hubers aufgegriffen wurde. Am 13. Januar 1943 hatte Gauleiter Giesler vor versammelter Studentenschaft die weiblichen Kommilitonen in anzüglichem Ton dazu aufgefordert, statt dem Studium ihren weiblichen Pflichten nachzukommen und ein Kind für den Führer zu bekommen [...]. Die daraus entstehenden Unruhen und Proteste unter den Studenten, die sich auf die ganze Stadt übertrugen, hatten sich noch nicht gelegt, als die Nachricht von Stalingrad eintraf.

Aus dieser Situation heraus entschlossen sich A. Schmorell, H. Scholl und W. Graf zu einer weiteren Aktion, die ebenfalls als ein Beleg für die neue Qualität des Widerstandes gelten kann. In der Nacht zum 4. Februar 1943 malten sie an zahlreichen öffentlichen Plätzen in München, unter anderem der Universität, Parolen mit dem Wortlaut „Freiheit“ und „Nieder mit Hitler“ an die Wände, was sie in den kommenden Nächten wiederholten [...]. Beim Verteilen der Abzüge des 6. Flugblattes am Vormittag des 18. Februar 1943 im Hauptgebäude der Universität München wurden Hans und Sophie Scholl vom Hausmeister entdeckt und an die Gestapo verraten. Der handgeschriebene Entwurf eines noch unveröffentlichten Flugblattes von Christoph Probst, den Hans Scholl bei seiner Verhaftung bei sich trug, führte zu dessen Festnahme am folgenden Tag [...]. Die Anklage gegen die drei Beschuldigten lautete auf Hochverrat und Wehrkraftzersetzung [...]; die eilig einberufene Gerichtsverhandlung am 22. Februar 1943 unter der Leitung des Präsidenten des Volksgerichtshof, Roland Freisler, endete mit dem Todesurteil für die drei Angeklagten, das noch am selben Tag vollstreckt wurde.

(Aus: Greta Wilms: Die Flugblätter der „Weißen Rose“. Eine sprachhistorische Untersuchung zur Sprache des Widerstandes in der Zeit des Nationalsozialismus. Schriftliche Hausarbeit im Rahmen der Ersten Staatsprüfung für das Lehramt an Gymnasien. Potsdam 2007. Zitiert nach: www.holocaustliteratur.de/pdf/wilms-dieweisserose.pdf)

Weitere Informationen zu den Flugblättern und Verhörprotokollen finden sich in dem Beitrag „Wir sind Euer böses Gewissen!‘ Die Flugblätter der Weißen Rose“ von Kirsten Schulz auf der Website der Bundeszentrale für politische Bildung (www.bpb.de, Stichwort „Weiße Rose“).

1 *Freiheit – Kollokationen und kontextuelle Bedeutung im Kontext des Flugblatts:*
- *„verabscheuungswürdigste Tyrannis" ↔ „die persönliche Freiheit, das kostbarste Gut der Deutschen" (Z. 14–19);*
- *„Knebelung jeder freien Meinungsäußerung" (Z. 21 f.);*
- *„Erkämpfung unserer freien Selbstbestimmung, ohne die geistige Werte nicht geschaffen werden können" (Z. 46 ff.);*
- *„Weltanschauliche Schulung" (Z. 26 f.) ↔ „wahre Wissenschaft und echte Geistesfreiheit" (Z. 56);*
- *„Kampf jedes Einzelnen von uns um unsere Zukunft, unsere Freiheit und Ehre in einem seiner sittlichen Verantwortung bewussten Staatswesen" (Z. 59–61);*
- *„Freiheit und Ehre!" ↔ „Hitler und seine Genossen [haben] die beiden herrlichen deutschen Worte bis zum Ekel ausgequetscht, abgedroschen, verdreht" (Z. 62 ff.);*
- *„Was ihnen Freiheit und Ehre gilt" ↔ „Zerstörung aller materiellen und geistigen Freiheit, aller sittlichen Substanz" (Z. 67 ff.);*
- *„das furchtbare Blutbad [...], das sie im Namen von Freiheit und Ehre [...] in ganz Europa angerichtet haben" (Z. 71 ff.);*
- *„Aufbruch gegen die Verknechtung Europas durch den Nationalsozialismus, im neuen gläubigen Durchbruch von Freiheit und Ehre!" (Z. 89 ff.)*

Weitere Werte:
- *„Selbstdenken und Selbstwerten" (Z. 27 f.);*
- *„Ehre" (Z. 41, 43, 60, 62, 67, 73, 92);*
- *„Selbstbestimmung" (Z. 47);*
- *„geistige Werte" (Z. 47), „Geistesfreiheit" (Z. 56), „geistige Freiheit" (Z. 69), „Macht des Geistes" (Z. 83 f.);*
- *„sittliche Verantwortung" (Z. 60 f.), „sittliche Substanz" (Z. 69 f.).*

Zeitgenössisch bedeutete die Begriffsverbindung „Freiheit und Ehre" im Nationalsozialismus einen kollektiven Wert, bezogen auf Volk und Staat. Wilhelm Rehm (Leiter der Pressestelle der Obersten SA-Führung) schrieb in seinem „Kleinen politischen Wörterbuch" (Sonderdruck 1940) im Artikel „Marxismus": „Selbstverständlich leugnet der Materialismus alle Ideen und geistigen Werte, wie Freiheit, Ehre, Vaterland", und im Artikel „Souveränität": „Die Aufrechterhaltung der Souveränität ist die wichtigste Lebensfrage eines Volkes und Staates. Sie ist gleichbedeutend mit der Erhaltung seiner Freiheit und Ehre. Jede Minderung oder Einschränkung der Souveränität eines Staates ist ein Angriff auf seine Freiheit und Ehre." (Aus: Gerd Simon: „Art, Auslese, Ausmerze ..." etc. Ein bisher unbekanntes Wörterbuch-Unternehmen aus dem SS-Hauptamt im Kontext der Weltanschauungslexika des 3. Reichs. Gesellschaft für interdisziplinäre Forschung, Tübingen 2000 – http://tobias-lib.ub.uni-tuebingen.de/volltexte/2001/214/pdf/gift001_komplett.pdf)
Der Richter, der die Todesurteile gegen die Mitglieder der „Weißen Rose" fällte, Roland Freisler, schrieb 1936: „Es ist Kampfzeit, Kampfzeit ist Saatzeit. Säen wir Treue, so ernten wir Leben. Auf Leben, Freiheit und Ehre unseres Volkes aber kommt es an!" (Zitiert nach www.zeit.de/2005/06/A-Freisler)
Von der „Weißen Rose" werden die Werte „Freiheit" und „Ehre" stärker als individuelle, ethische Werte vermittelt und es wird die Verdrehung durch die Nazis beklagt.

2 *Textintention und Textstellen, die die Nazis besonders zu ihrem Todesurteil bewegt haben könnten:*
- *z. B. Z. 75 ff.: „Der deutsche Name bleibt für immer geschändet, wenn nicht die deutsche Jugend endlich aufsteht, rächt und sühnt zugleich, ihre Peiniger zerschmettert und ein neues geistiges Europa aufrichtet."*
- *Wie der letzte Aufruf – „Frisch auf mein Volk! Die Flammenzeichen rauchen" (Z. 87 f.) – und der Hinweis auf die Schlacht an der Beresina (1812, Niederlage Napoleons gegen die Russen, bei der 30 000 von 70 000 Franzosen fielen) zeigen, steht der Widerstand der „Weißen Rose" auch in der*

Tradition der Freiheitskriege: Der junge preußische Dichter Theodor Körner rief 1813 in seinem Gedicht „Aufruf" mit der ersten Zeile: „Frisch auf mein Volk! Die Flammenzeichen rauchen" zum heiligen Krieg gegen den Eroberer Napoleon auf.

3 *Sprachliche Mittel:*
- *appellative Sprache: Z. 8–12 (rhetorische Fragen), 16 ff., 51–56, 75 ff., 80 ff., 87 f.;*
- *Ironisierung: Z. 4, 6;*
- *Emotionalisierung: Z. 1, 38–50, 71 ff., 84 ff., 89 ff.;*
- *Abwertungen: 8 ff., 14 f., 19 f., 29 ff., 64–71.*

S. 129

Der damalige Bundespräsident Johannes Rau am 30. 1. 2003 zum 60. Jahrestag der Hinrichtung der Mitglieder der „Weißen Rose"

Seit 1980 lädt die Ludwig-Maximilians-Universität München jedes Jahr im Gedenken an das Vermächtnis der Geschwister Scholl zur „Weiße-Rose-Gedächtnisvorlesung" ein. Am 30. Januar 2003 war das Interesse besonders groß: Mehr als 1500 Besucher kamen, um den Vortrag von Bundespräsident Johannes Rau zu hören. Im Auditorium Maximum der Universität erinnerte das Staatsoberhaupt daran, dass der Widerstand gegen den Nationalsozialismus lange Zeit diskriminiert und dass insbesondere der Widerstand der „Weißen Rose" zugleich idealisiert und romantisiert worden sei.

1 *Intention der Rede: Gedenken an den Widerstand gegen den Nationalsozialismus und Auftrag zu einer ethischen Orientierung in Bildung und politischem Handeln.*

Aufbau der Rede:
- *Erinnerung an den Prozess gegen die „Weiße Rose" und an die Widerstandstaten der Gruppe (Z. 1–16)*
- *Umfassende Erinnerung an alle, die keine Mitläufer oder gar Widerständler waren (Z. 16–30)*
- *Kritik an der Instrumentalisierung der „Weißen Rose" zu einem Gedenken, das Auseinandersetzung durch Romantisierung und Idealisierung verhinderte (Z. 31–47)*
- *Erinnerung an eine Heroisierung der engeren Gruppe und besonders der Geschwister Scholl, die den umfangreicheren Widerstand verdeckte (Z. 48–64)*
- *Die Akteure der „Weißen Rose" waren keine Schwärmer, sondern politisch bewusste Jugendliche (Z. 65–89)*
- *Sie forderten eine demokratische, rechtsstaatliche Nachkriegsordnung mit Grundrechten im Unterschied zu anderen Widerstandsgruppen – mit deutlicher Motivation durch die Verfolgung der Juden (Z. 89–104)*
- *Eigenständiges Denken, Kritikfähigkeit und Respekt vor anderen sowie Orientierung an Grundwerten wie Menschenwürde gelten als Grundlage politischen Denkens und Handelns (Z. 105–131)*
- *Auch die moderne Bildung braucht eine klare ethische Orientierung und Mut zum Mitgestalten der Zukunft (Z. 132–152)*

Redemittel/Argumentation und deren Wirkung: zurückhaltende Rhetorik und argumentativer Stil:
- *gute Verständlichkeit durch einfachen Stil, z. B. durch berichtende Form (Z. 1–25) mit persönlichen Elementen (Z. 61–68, 148 f.);*
- *klare Fragestellungen (Z. 105 ff.), deutliche Thesen – die Handlungen der „Weißen Rose" waren be-*

wusste politische Aktionen mit klaren Zukunftszielen (Z. 89 ff.) – mit Belegen, Zitaten und Schlussfolgerungen (Z. 75–89, 111–114);
- *Konkretisierungen und Differenzierungen (Z. 90–104);*
- *klare These zur Instrumentalisierung der „Weißen Rose“ mit Offenlegung der Gründe (Z. 31–64);*
- *Herausstellung der Unantastbarkeit der Menschenwürde (Z. 95 f., 121 ff., 124 f.);*
- *bildliche Verstärkungen wie „innere[r] Wertekompass“ (Z. 130), „Grauzonen“ (Z. 138), „gegen den Strom schwimmen“ (Z. 145 f.);*
- *Appelle zur Erinnerung (Z. 25–30, 125 ff.), kritischen Auseinandersetzung (Z. 38–40), Anwendung auf heute (Z. 133–146, 152).*

2 *Anzeichen dafür, dass es sich um eine Redesituation in einer freiheitlich-demokratischen Gesellschaft handelt:*
- *gegen Ausgrenzung bestimmter Widerstandsformen (Z. 20–30);*
- *gegen Entpolitisierung des Gedenkens (Z. 31–64);*
- *für eigenständiges Denken, Kritikfähigkeit, Selbstkritik und Respekt vor anderen (Z. 115 ff.);*
- *für eine ethische Orientierung in der Bildung (ein Bezug zu aktuellen Bildungsdiskussionen) (Z. 133–146).*

6.3 Medienumschau: Das Erregungskarussell

S. 131

Terror, Krise, Frieden ... – Schlüsselwörter, Fahnenwörter, Reizwörter

1 *Die Schülerinnen und Schüler können selbst aktuelle Texte mitbringen und zur Wortfamilie „Terror" auswerten.*
Der als Zusatzmaterial auf S. 148 in diesem Handbuch abgedruckte Zeitungsartikel ist günstig für den Einstieg in das Thema „Terror"; er eignet sich zur Sichtung der Begriffsbildungen, der Kollokationen, auch schon zur Thematisierung der Medienerregung (letzter Satz) und der möglichen Freiheitsbeschneidungen (vorletzter Satz).

2 *a) Mögliche Kategorien, nach denen man die Begriffspalette sortieren könnte:*
- *nach sprachlichen Aspekten: Komposita („Terroranschlag"), Ableitungen („terrorisieren"), Synonyme („Ausschreitung"), Kollokationen („blutiger islamistischer Terrorangriff");*
- *nach Inhaltsaspekten: Angriff („Terrorattentat"), Verteidigung („Antiterrorgesetze") etc.*

b) Begriffsnetz zu „Terror": Abschreckung, Aggression, Aggressivität, Androhung, Ausschreitung, Auswüchse, Bedrohung, Despotie, Diktatur, Drohung, Druck, Einschüchterung, Erpressung, Faustrecht, Gegengewalt, Gewalt, Gewaltanwendung, Gewaltherrschaft, Gewalttätigkeit, Grausamkeit, Herausforderung, Horror, Knechtschaft, Knechtung, Macht, Machtdemonstration, Pogrom, Repression, Schrecken, Schreckensherrschaft, Selbstjustiz, Tätlichkeit, Terrorismus, Totalitarismus, Tyrannei, Umtriebe, Unfreiheit, Unterdrückung, Unterwerfung, Versklavung, Willkür, Zwang, Zwangsanwendung, Zwangsherrschaft usw.

Vorschlag für ein Tafelbild:

Gewalttat - Mordtat - Krieg - Attentat - Anschlag ...

Terror

Schrecken - Furcht - Angst - Entsetzen - Panik ...

Lexikalische Definitionen:
- *Duden online (www.duden.de): „Terror, der; -s [frz. terreur < lat. terror] = Schrecken (bereitendes Geschehen)"*
- *Duden – Das Fremdwörterbuch (Mannheim u. a., ^{7}2001, CD-ROM): „Terror, der; -s <lat.>: 1. [systematische] Verbreitung von Angst u. Schrecken durch Gewaltaktionen. 2. Zwang, Druck [durch Gewaltanwendung]. 3. (ugs.) a) Zank u. Streit; b) großes Aufheben um Geringfügigkeiten"*
- *Duden – Das Bedeutungswörterbuch (Mannheim u. a. ^{3}2002, CD-ROM): „Terror; 1. gewalttätiges, rücksichtsloses Vorgehen, mit dessen Hilfe bestimmte Ziele erreicht werden sollen: blutiger Terror; er kann sich nur durch Terror an der Macht halten. – Syn.: Ausschreitungen, Zwang. Zus.: Bombenterror, Polizeiterror. 2. Zwang, Druck [durch Gewaltanwendung]: Terror verbreiten; ihr Leben ist beherrscht vom Terror der Norm. Syn.: Zwang"*
- *Klaus Schubert/Martina Klein: Das Politiklexikon (Dietz, Bonn 2001): „Terror; (lat.) Terror bezeichnet ein besonders brutales und rücksichtsloses Vorgehen, das die Unterdrückung oder die Vernichtung anderer zum Ziel hat. Politisch bezeichnet Terror 1) eine Herrschaftsform (Staats-, Polizei-T.), die unter Missachtung humaner und demokratischer Prinzipien danach strebt, andere*

Meinungen, Opposition oder Widerstand zu unterdrücken. Politisch motivierter Terror wird 2) auch von Einzelnen oder (revolutionären) Gruppen mit dem Ziel ausgeübt, auf soziale Ungerechtigkeiten hinzuweisen, die jeweils Herrschenden herauszufordern, deren Hilflosigkeit zur Schau zu stellen, eine revolutionäre Situation herbeizuführen, die Bevölkerung einzuschüchtern etc."

Herkunft: Von lateinisch „terror" = Schrecken, Angst und Schrecken bereitendes Geschehen (von lateinisch „terrere" = in Schrecken versetzen) über französisch „terreur" = Entsetzen, Schrecken, Terror.

Beispiele für Wortbildungen: Staatsterrorismus, Nuklearterrorismus, Atomterrorismus, Bioterrorismus – Antiterrorstrategie, Antiterrorgesetze, Antiterrorpolitik, Antiterrorkampf, Antiterrorfront – Bandenterror, Staatenterror – Kamikaze-Terroristen, Schläfer-Terroristen usw.

1 *Erklärungen für den häufigen Gebrauch des Wortes „Terror" nach Auskunft der Texte „Gelegenheitskomposita" von Rainer Wimmer und „Das Agenda-Prinzip" von Andreas Pecht:* S. 132
- *Virulenz eines Diskussionsthemas;*
- *Sensibilität der Journalisten für Themen;*
- *Thematisierung durch die Medien;*
- *teilweise Medienkampagnen.*

2 *Öffentliche Debatten zu bestimmten Themen kommen u. a. durch Agenturmeldungen, zentrale Ereignisse, herausstechende Ergebnisse von Studien und Umfragen, Aufdeckung von Missständen (auch mit Skandalisierung) etc. hoch.*

3 *a) Der grafische Überblick könnte z. B. so aussehen:*

Ereignis						
Agenturmeldung		Korrespondentenbericht		Onlinedienste		
Print-Zeitung	Online-Zeitung	Fernsehen öffentlich-rechtlich	Fernsehen privat	Hörfunk	Zeitschriften Magazine	Internet: Blogs Chats
Nachricht - Kommentar - Reportage - Hintergrundbericht - Fotoline - Korrespondentenbericht - ...						
Rezipienten: Leser - Hörer - Zuschauer						

b) Rolle von Schlüsselwörtern: Emotionalisierung, Provokation, Angstverbreitung usw. Dies ist an aktuellen Beispielen zu erörtern.

c) Im Verhältnis von „Terror" und „Freiheit" kommt eine doppelte Bedrohung zum Ausdruck:
1. *Terror bedroht die Bürger unmittelbar in ihrem Leben und ihrer Freiheit.*
2. *Die auf den Terror folgenden Antiterrormaßnahmen können die vorhandenen Freiheitsrechte der Bürger bedrohen.*

4 *Die Schülerinnen und Schüler sollen erkennen: „Terror" kann nur ein Abwehr- und Schuldzuweisungsbegriff sein; unter dem Fahnenwort „Antiterrorkampf" können sich hingegen verschiedene Gruppierungen mit diesem gemeinsamen Ziel vereinigen (vgl. die US-amerikanische Strategie gegen den Irak: „Allianz der Willigen" im Antiterroreinsatz).*

Zusatzmaterial

Markus Decker/Christian Rath

BKA vereitelt Terroranschläge

Drei Terrorverdächtige festgenommen – Autobomben gegen US-Einrichtungen geplant.
Vor dem Zugriff wurden die drei Männer sechs Monate lang beobachtet. Kanzlerin lobt Leistung der Polizei.

Karlsruhe/Berlin – Kurz vor dem Jahrestag der Terroranschläge vom 11. September 2001 in den USA hat das Bundeskriminalamt (BKA) schwere Bombenattentate auf US-Einrichtungen in Deutschland verhindert. Drei am Dienstag in Medebach-Oberschledorn im Hochsauerland festgenommene mutmaßliche Mitglieder einer deutschen Zelle des internationalen Terrornetzwerks Dschihad-Union, das auch Verbindungen zu El Kaida hat, hätten „massive Anschläge" in Deutschland vorbereitet, sagte Generalbundesanwältin Monika Harms in Karlsruhe. Es sei „eine der bislang schwerwiegendsten Anschlagsplanungen" in Deutschland gewesen. Die drei Islamisten – zwei Deutsche und ein Türke – wollten nach Angaben von BKA-Chef Jörg Ziercke gleichzeitig Autobomben an mehreren Orten in Deutschland zünden. Gegen sieben weitere Personen wird noch ermittelt. Die Terrorverdächtigen im Alter von Mitte 20 bis 30 Jahren seien seit sechs Monaten von insgesamt 300 Fahndern beobachtet worden, sagte Ziercke. Der Zugriff erfolgte, als die Männer offenbar begonnen hatten, aus den von ihnen besorgten 730 Kilogramm Wasserstoffperoxid Sprengsätze herzustellen. Harms sagte, alle drei Männer seien 2006 zur Ausbildung in Terrorcamps in Pakistan gewesen. Gegen sie erging Haftbefehl.

„Die terroristischen Gefahren sind auch bei uns im Land nicht abstrakt, sondern real", sagte Bundeskanzlerin Angela Merkel. „Es ist eine wirkliche Leistung der Polizei, dass diese reale Gefahr nicht in einem schrecklichen und kaum beschreibbaren Ereignis mündete." Bundesinnenminister Wolfgang Schäuble mahnte zu Zurückhaltung. „Wir dürfen uns nicht verrückt machen lassen. Wir können darauf vertrauen: Die Sicherheitsbehörden leisten gute Arbeit", sagte er in der ARD.

Die Verhaftungen heizten den Koalitionsstreit über die Zulassung von Online-Durchsuchungen an. Während die Union ihre Forderung wiederholte, erwiderte der SPD-Innenexperte Dieter Wiefelspütz gegenüber dem „Kölner Stadt-Anzeiger", man solle den Fahndungserfolg „nicht instrumentalisieren für tagesaktuelle Debatten".

(Aus: Kölner Stadt-Anzeiger, 6. 9. 2007)

1 *Untersucht die Komposita und die Kollokationen von „Terror" und erstellt grafisch das Begriffsnetz.*

2 *Erläutert, wie durch Wertungen und Emotionalisierungen die Gefahr beschworen wird.*

Lernerfolgskontrolle/ Themen für Klassenarbeiten

Vorschlag 1: Materialbasierte Argumentation – „Freiheit“ im Kontext der Werteorientierung Jugendlicher 2005/06

1 *Erkläre die Kontextbedeutung von „Freiheit“ in der Kampagne aus dem Jahre 2005 (M 1) und gehe dabei von den Kollokationen aus.*

2 *Erläutere an ausgewählten Informationen aus den drei Umfrageergebnissen (M 2 – M 4), was auffällig ist und wie die Teilergebnisse zueinanderpassen.*

3 *Erörtere, welchen Rang in der Werteskala der Wert „Freiheit“ für dich einnehmen würde.*

M1 Du bist Freiheit

„Du bist Deutschland“ war 2005 eine große Social-Marketing-Kampagne aller wichtigen deutschen Medienunternehmen, die neuen Schwung in die deutsche Gesellschaft bringen und eine verstärkte Identifizierung mit ihr erzeugen wollte. Daraus ein Beispiel:

Du denkst, zu einer modernen Gesellschaft gehört die Freiheit des Einzelnen. Diese Freiheit wird auf manchen Gebieten gerade massiv eingeschränkt, weil die gemeinsame Freiheit in Gefahr sei.
Gab es die gemeinsame Freiheit jemals?
Der Ruf nach gemeinsamer Freiheit zerbricht an der Mauer sozialer Ungerechtigkeit. Wird uns die Freiheit auch in den buntesten Farben auf diese Mauer gezeichnet, sie wird uns immer trennen von gemeinsamer Freiheit. Diejenigen unter uns, welche die individuelle Freiheit genießen und sich für die gemeinsame Freiheit einzusetzen scheinen, ohne sich um die soziale Gerechtigkeit zu kümmern, müssen uns suspekt sein. Wir dürfen ihnen nicht trauen, denn entweder haben sie die Wahrheit nicht erkannt oder sie schützen ihre persönliche Freiheit auf Kosten der gemeinsamen Freiheit. Der Weg zu sozialer Gerechtigkeit ist der Königsweg. Suche ihn, denn Du bist Deutschland.

(Aus: www.du-bist-deutschland.de, Bertelsmann-Kampagne von 2005)

M 2 Die neuen Interessen junger Leute

Veränderungen 2008 gegenüber 1998 in Indexpunkten (1998 = 100)

(Allensbacher Markt- und Werbeträgeranalysen, AWA 1998 und 2008. Basis: Bundesrepublik Deutschland; Bevölkerung von 14 bis 29 Jahren)

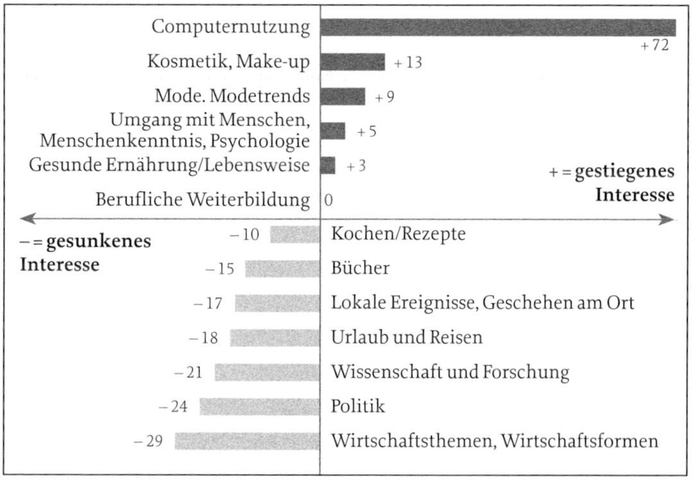

M 3
Wertorientierungen – Wichtigkeit für die Lebensgestaltung

Jugendliche im Alter von 12 bis 25 Jahren (Mittelwerte 1 bis 7)

(Shell-Jugendstudie 2006 – TNS Infratest Sozialforschung)

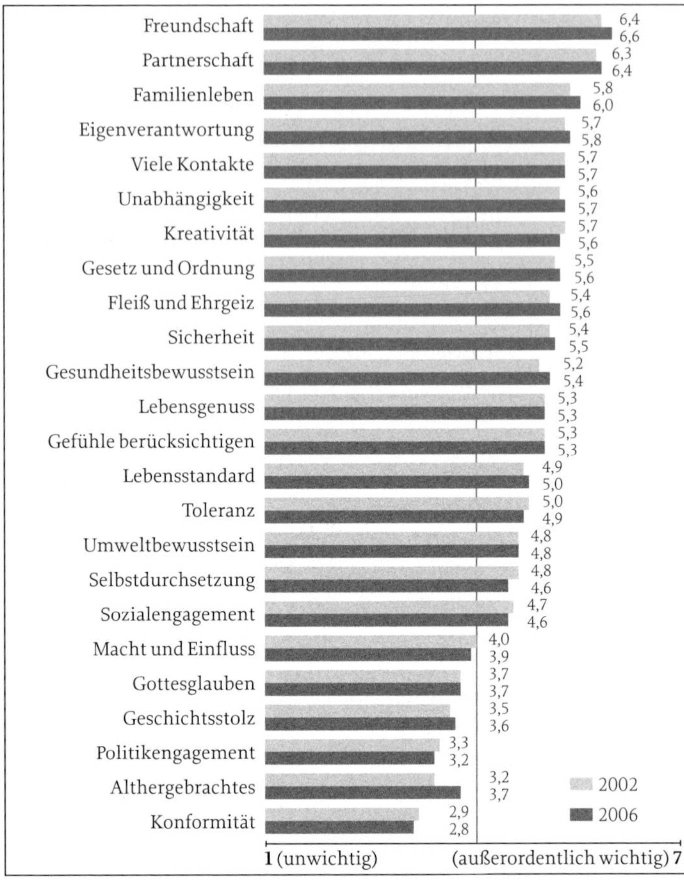

M 4
Von der Beliebigkeit zur Beständigkeit

Die Werteskala der Deutschen

Repräsentativbefragung von 2000 Personen ab 14 Jahren in Deutschland
Von je 100 Befragten nennen als „besonders wichtige Erziehungsziele“:

(Stiftung für Zukunftsfragen. Eine Initiative von British American Tobacco, Hamburg)

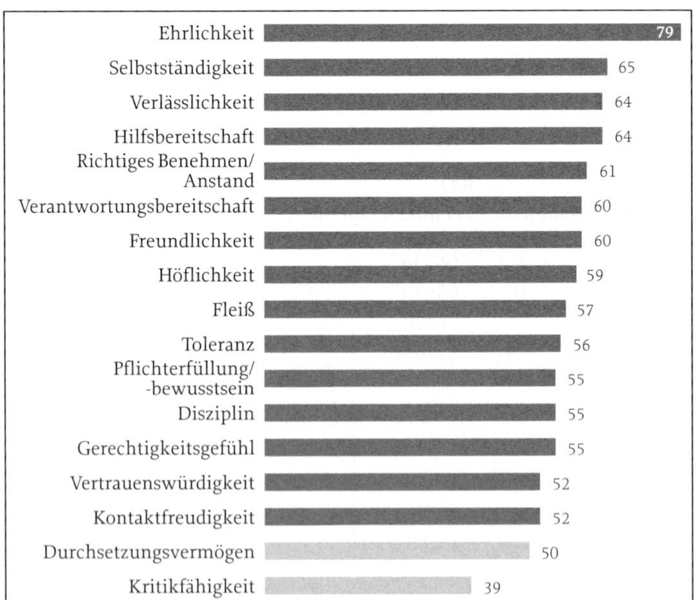

Erwartungshorizont/Lösungshinweise

Die Vorschläge entsprechen den Kompetenzanforderungen: Intentionen und Wirkungsweisen, Sprache und Stil von Texten erkennen, Regulierungen in unterschiedlichen Ausdrucksweisen verstehen, Formen und Funktionen der sprachlichen Mittel kennen. Sie zielen mit Texten und Aufgaben auf „sprachliche Formen und Strukturen in ihrer Funktion" und folgen den Aufgabentypen „Materialbasierte Argumentation" sowie „Einen Sachtext mit Hilfe von Fragen auf Wirkungen und Intentionen untersuchen und bewerten".

1 *Kollokationen von „Freiheit" in M1:*
- *Du – Freiheit*
- *moderne Gesellschaft – die Freiheit des Einzelnen*
- *Freiheit gerade massiv eingeschränkt*
- ***gemeinsame Freiheit** in Gefahr*
- *gemeinsame Freiheit jemals?*
- *gemeinsame Freiheit – zerbricht an der Mauer sozialer Ungerechtigkeit*
- ***individuelle Freiheit** genießen und sich für die gemeinsame Freiheit einsetzen*
- *persönliche Freiheit (nicht) auf Kosten der gemeinsamen Freiheit*
  → nicht ohne soziale Gerechtigkeit

Kontextbedeutung: Individuelle und gemeinsame Freiheit gehören zusammen und sind nur bei sozialer Gerechtigkeit möglich.

2 ***Zu M 2 / Interessen:** Auswertung von Studien des Instituts für Demoskopie Allensbach 2008 im Vergleich zu 1998: „Computernutzung" als Interessengebiet übertrifft mit 72 Punkten Zuwachs alle anderen Bereiche; weiterhin bezieht sich das gestiegene Interesse vor allem auf Elemente der Selbstdarstellung und Selbstverwirklichung unter dem Aspekt des äußeren Erscheinungsbildes (Kosmetik, Mode, Ernährung); daher wirkt die Jugend sehr pragmatisch, ich- und erfolgsorientiert. Doch gibt es auch eine positive Eitelkeit: Man ist fit, sieht gut aus, kommt gut an; dazu passt die gesunde Ernährung. Bildung und Schöngeistiges wie Kunst, Literatur, Wissenschaft und Politik sind im Interesse gesunken. Das mag auf Oberflächlichkeit hindeuten; jedenfalls sind diese Bereiche mit gesunkenem Interesse anstrengend und schwierig gegenüber einem raschen Erfolg mit positivem Erscheinungsbild.*

***Zu M 3 / Wertorientierungen:** Jugendliche ziehen in den letzten Jahren die „Selbstentfaltungswerte" (Balken 1 bis 7) den „Pflicht- und Ordnungswerten" vor (15. Shell-Jugendstudie). Eigenverantwortung, Unabhängigkeit, Kreativität, Lebensgenuss, Toleranz, Selbstdurchsetzung korrelieren hoch mit Freiheit, sind aber eingebunden in soziale Faktoren: Freundschaft, Partnerschaft, Gesetz und Ordnung, Sicherheit, Sozialengagement, Politikengagement.*

***Zu M 4 / Werteskala:** Auffällig: Ehrlichkeit (79 %), Verlässlichkeit (64 %) und Hilfsbereitschaft (64 %) stehen als mitmenschliche Werte ganz oben, Toleranz (56 %) müsste noch dazugezählt werden; hoch angesehen sind auch konventionelle Werte wie Höflichkeit (59 %), Anstand und gutes Benehmen (61 %) sowie Fleiß (57 %); Verantwortungsbereitschaft (60 %) ist wichtiger als Durchsetzungsvermögen (50 %); Schlusslicht: die Kritikfähigkeit (39 %).*
Dazu Prof. Dr. Horst W. Opaschowski, wissenschaftlicher Leiter des BAT Freizeit-Forschungsinstituts: „Prosoziale Werte prägen das Bild der Zukunftsgesellschaft." – „Statt Werteverfall kündigt sich ein neuer Zeitgeist an: Selbstdisziplin steht der Selbstverwirklichung nicht mehr im Wege." – „Ganz im Gegenteil: Das moderne Lebenskonzept zeichnet sich durch eine Wertesynthese aus, in der scheinbare Gegensätze miteinander verbunden werden."

3 *Erörterung, welchen Rang in der Werteskala der Wert „Freiheit" für die Schülerin/ den Schüler einnehmen würde:*
Zunächst eine Differenzierung: *Zwischen Werten im alltäglichen Leben (Ehrlichkeit, Fleiß etc.) und Grundwerten (Toleranz, Gerechtigkeit etc.) sowie Interessen (Modetrends, Psychologie etc.) wäre zu unterscheiden.*
Vergleichspunkte für den Vergleich und die Erörterung: *Vergleichsmöglichkeiten gibt es vor allem zwischen M 3 und M 4, z. B. individuelle Freiheiten und soziale Bindung in ihrer Beziehung zueinander; konkret: „Selbstdurchsetzung" in M 3 und „Durchsetzungsvermögen" in M 4, „Eigenverantwortung" in M 3 und „Selbstständigkeit" in M 4. Die Ergebnisse von M 3 und M 4 erfahren insgesamt eine Relativierung durch die Konsumorientierung, die in M 2 zum Ausdruck kommt.*
Aus der Erarbeitung des Kapitelanfangs könnte erwartet werden: die Unterscheidung von Freiheit (als Grundwert) und Freiheiten (als Handlungsmöglichkeiten); beides lässt sich mit verschiedenen Umfrageergebnissen verknüpfen.

Vorschlag 2: Einen Sachtext mit Hilfe von Fragen auf Wirkungen und Intentionen untersuchen und bewerten – Redeanalyse

Bundestagspräsident Wolfgang Thierse

Rede zur Eröffnung der Ausstellung „Weiße Rose" am 30. 3. 2004 in Berlin

[Anrede,]
im vergangenen Jahre war es genau sechs Jahrzehnte her, dass Hans und Sophie Scholl sowie andere Mitglieder der Weißen Rose [Kurt Huber, Hans Leipelt, Christoph Probst, Alexander Schmorell, Willi Graf] vom nationalsozialistischen Unrechtsregime hingerichtet wurden. Sie hatten für etwas gekämpft, was uns – insbesondere den Jüngeren – nach mehr als 50 Jahren stabiler Demokratie als das Selbstverständlichste der Welt erscheinen mag: Freiheit, Menschenrechte und Rechtsstaatlichkeit. Diese Werte sind aber keineswegs naturgesetzlich „da" und wir haben sie auch nicht auf Dauer sicher – die zwölf Jahre des nationalsozialistischen Terrors zeigen das und ein Blick heute in andere Teile der Welt ebenso.

Die Ausstellung über die Weiße Rose stellt ihre Ziele, die Aktivitäten und vor allem ihre Mitglieder vor – die bekannten, aber auch diejenigen, die einer breiten Öffentlichkeit weniger bekannt sind. Was die Mitglieder der Weißen Rose einte, war, dass sie in einer Zeit, in der in Deutschland Amoralität, Inhumanität und Willkür herrschten, versucht haben, das Empfinden für Recht und Unrecht neu zu entfachen. Das Streben der nationalsozialistischen Machthaber nach der totalen Gleichschaltung der Nation, der Rassenwahn, die kulturelle Engstirnigkeit, der Ungeist von Befehl und Gehorsam – das alles ließ sie zu entschiedenen Gegnern der Nationalsozialisten werden – am Ende wurden sie ihre Opfer.

Die Mitglieder der Weißen Rose waren – wie andere Widerstandsbewegungen – nicht erfolgreich (in diesem Jahr jährt sich das missglückte Attentat vom 20. Juli zum 60. Mal). Aber nicht Erfolg oder Misserfolg entscheiden darüber, was richtig, notwendig, anständig ist. Die Mitglieder der Weißen Rose haben zweifellos das Richtige getan, als sie sich dem Terror, dem Rechtsbruch und der Menschenverachtung entgegensetzten. Das Verteilen von Flugblättern mag uns aus heutiger Sicht naiv erscheinen – was sollten Flugblätter schon groß bewirken? –, damals war es ein außerordentliches, ja tödliches Wagnis. Die Mitglieder der Weißen Rose wagten es trotzdem. Ihr Mut speiste sich wesentlich aus jugendlicher Sehnsucht nach Menschlichkeit, aus jugendlicher Leidenschaft für Freiheit und Gerechtigkeit. Gerade das ist es, was uns die Weiße Rose auch über die Zeitdistanz von über 60 Jahren so nahe, so lebendig sein lässt.

Als Vermächtnis hinterlassen uns die Mitglieder der Weißen Rose die Aufgabe, in einer Zeit, in der es zwar nicht mehr um Widerstand, wohl aber um Widerspruch geht, politisch wach zu bleiben und Feinde der Demokratie frühzeitig als solche zu entlarven. Wir dürfen nicht vergessen, dass Hitler auch deshalb an die Macht kommen konnte, weil es in der ersten Republik zu wenige überzeugte Demokraten gab, zu wenige, die sich den Feinden der Demokratie in den Weg stellten. Es darf nie wieder dazu kommen, dass sich eine schweigende Mehrheit nicht zuständig fühlt für das, was in unserem Land passiert. Dabei reicht es nicht, Unrecht schweigend zu missbilligen. Innere Vorbehalte und stiller Protest sind gewiss eine honorige Haltung, doch bewirken tun sie nichts. Demokratie lebt nicht von innerer Haltung, sondern von überzeugtem Handeln.

Dass bei den jüngsten Wahlen (sowohl auf Bundes- als auch auf Landesebene) rechtsextremistische Parteien keine Chancen hatten, ist zwar ein ermutigendes Zeichen. Doch haben wir keinen Grund, uns entspannt zurückzulehnen. Mit wachsender Unsicherheit, mit

dem subjektiven Gefühl sozialen Abstiegs, mit der Zunahme prekärer Lebens-, Arbeits- und Anerkennungsverhältnisse und auch mit der Furcht vor terroristischen Attacken wächst auch die Gefahr von emotional instabilen Situationen, in denen sich viele politisch ohnmächtig fühlen und deshalb auf Parolen populistischer Polithasardeure hereinfallen. Gewiss – es wird keine Neuauflage des so genannten „Tausendjährigen Reiches" und seines Zustandekommens geben. Aber bestimmte Prozesse können sich durchaus wiederholen. Und Dämme können ein weiteres Mal – wenn auch in anderer Form – brechen.
Ich sage das auch bewusst mit Blick auf die schwierigen Umbrüche, die wir derzeit erleben. Wir sind mitten in schmerzhaften Reformen, die sicher Geglaubtes in Frage stellen und den Menschen einiges zumuten. Die Unsicherheit über das, „was kommt", erzeugt verständlicherweise Unzufriedenheit und Ängste. Je größer solche Ängste, desto größer ist auch die Sehnsucht nach einfachen, klaren Antworten. Und desto größer ist die Neigung, jemandem Glauben zu schenken, der vorgibt, eine einfache Lösung zu haben und der – angeblich – Schuldige benennen kann.
Mir liegt es fern zu dramatisieren. Deutschland ist kein Land, in dem wir von einer akuten Bedrohung der Demokratie sprechen müssten. Ganz im Gegenteil. Aber es gibt in Deutschland einen latent antidemokratischen Bodensatz. Der Bielefelder Soziologe Wilhelm Heitmeyer hat erst kürzlich darauf hingewiesen, dass sich in Deutschland eine Mentalität ausbreite, Menschen zu verachten, die schwächer sind, die am Rande stehen, die einer Normalität nicht entsprechen. Wilhelm Heitmeyer hat dafür einen erschreckend entlarvenden Begriff geprägt: „Gruppenbezogene Menschenfeindlichkeit."
Mit ihrem Streben nach Menschlichkeit und Gerechtigkeit ist die Weiße Rose keineswegs ein Phänomen von lediglich historischer Bedeutung. Das, wofür die Mitglieder der Weißen Rose eingetreten sind, bleibt zeitlos gültig. Natürlich können die Märtyrer der Freiheit uns, die wir in Freiheit leben, nicht unmittelbar und konkret Vorbild sein. Aber das haben wir hoffentlich endgültig gelernt: Es gar nicht so weit kommen lassen, dass überhaupt Märtyrer notwendig werden, sondern im Gegenteil: Sinn für die Kostbarkeit und Verletzlichkeit der Freiheit entwickeln.
Treten wir also bereits den leisesten Anfängen von Unfreiheit, Rechtsbruch und Menschenverachtung entschieden entgegen. Ob Rechtsextremismus, Ausländerfeindlichkeit, Gewalt an Schulen, latente Bedrohung durch Terroristen: sagen wir laut „Nein", überall dort, wo es notwendig ist. Der Kampf um die alltägliche Menschlichkeit und die Verteidigung ziviler Tugenden muss die Sache aller sein. Zivilcourage ist für die Demokratie wichtig, überlebenswichtig. Sie ist die Kraft, ohne die unser demokratischer Staat nicht leben kann. Diese Ausstellung schärft den Blick dafür. Deshalb ist sie hier, im Parlament, im Herzen der Demokratie, genau am richtigen Platz. Ich wünsche ihr viele aufmerksame Besucher.

(Zitiert nach: http://webarchiv.bundestag.de/archive/2007/0625/parlament/praesidium/reden/2004/006.html)

1 *Analysiere diese Rede, indem du auf die Gliederung des Gedankengangs, die Argumentation, die sprachlich-rhetorischen Mittel sowie die Redestrategien eingehst und die Intention des Redners erläuterst.*

2 *Setze dich mit den möglichen Wirkungen der Rede auseinander.*

Erwartungshorizont/Bewertungsraster

Anforderungen Die Schülerin/der Schüler ...		maximale Punktzahl	erreichte Punktzahl
Aufgabe 1			
1	... gibt die Gliederung des Gedankengangs wieder: – Anlass und Thema: Gedenken und aktuelle Bedeutung – Inhalt der Ausstellung: Handeln der Weißen Rose – Ihr Vermächtnis für heutiges Handeln – Aktuelle Probleme der Demokratie – Verachtung von Minderheiten als Grundproblem – Hauptziel: Freiheit – Appell für Menschlichkeit als Perspektive der Ausstellung	7	
2	... untersucht die Argumentation: – These: Die heutige Demokratie und ihre Werte sind nicht einfach „da". → Argument: Erfahrungen im nationalsozialistischen Deutschland und globale Beobachtungen heute. – These: Nicht Erfolg oder Misserfolg entscheiden darüber, was das menschlich richtige Handeln ist. → Argument: Wirkung des Opfers der Weißen Rose bis heute. – These: Nur überzeugtes Handeln stützt die Demokratie. → Argument: Historisches Versagen. – These: Unsicherheit und Ängste lassen populistische Politik erstarken. → Argument: Aktuelle Umbrüche schaffen Unsicherheit, Unzufriedenheit, Ängste. – These: Es gibt in Deutschland einen antidemokratischen Bodensatz. → Autoritätsargument: Heitmeyer – Forderung: Den Bedrohungen der demokratischen Werte mit Zivilcourage entgegentreten. → Wertargument: „Kostbarkeit [...] der Freiheit". (Z. 133 f.)	12	
3	... untersucht die sprachlich-rhetorischen Mittel: – Begriffsnetz zum nationalsozialistischen Terror: Unrechtsregime, Amoralität, Inhumanität und Willkür, totale Gleichschaltung der Nation, Rassenwahn usw. – Begriffsnetz zu den aktuellen Bedrohungen der Demokratie: rechtsextremistische Parteien, Unsicherheit, sozialer Abstieg, Zunahme prekärer Lebensverhältnisse, „gruppenbezogene Menschenfeindlichkeit", Gewalt an Schulen usw. – Begriffsnetz hoher Werte: Freiheit, Menschenrechte und Rechtsstaatlichkeit, Mut, Zivilcourage usw. – indirekte Appelle: „wir haben [die Werte] nicht auf Dauer sicher" (Z. 14 f.); „Wir dürfen nicht vergessen" (Z. 60 f.); „Es darf nie wieder dazu kommen" (Z. 65 f.); „Vermächtnis",	15	

	„Aufgabe“ (Z. 55 f.) – direkte Appelle: „Treten wir also [...] entschieden entgegen“ (Z. 135 ff.); „sagen wir laut ‚Nein‘“ (Z. 140) – Dreier-Figuren: „Freiheit, Menschenrechte und Rechtsstaatlichkeit“ (Z. 11 f.); „Amoralität, Inhumanität und Willkür“ (Z. 24 f.); „richtig, notwendig, anständig“ (Z. 39) – Zweier-Kopplungen: „Freiheit und Gerechtigkeit“ (Z. 51); „so nahe, so lebendig“ (Z. 54 f.); „Unzufriedenheit und Ängste“ (Z. 101 f.); „Menschlichkeit und Gerechtigkeit“ (Z. 122 f.); „Kostbarkeit und Verletzlichkeit der Freiheit“ (Z. 133 f.) – Kontraste: Gegner – Opfer; Erfolg oder Misserfolg; nicht von innerer Haltung, sondern von überzeugtem Handeln – Klimax: „ein außerordentliches, ja tödliches Wagnis“ (Z. 46 f.); vgl. Z. 80 ff. – rhetorische Frage: „was sollten Flugblätter schon groß bewirken?“ (Z. 45 f.) – Alliteration: „Parolen populistischer Polithasardeure“ (Z. 87 f.) – Akkumulation: Freiheit (Z. 127–134) – Metaphorik: „Dämme können [...] brechen“ (Z. 93 f.); „antidemokratische[r] Bodensatz“ (Z. 112 f.); „im Herzen der Demokratie“ (Z. 148 f.)		
4	... erläutert die Redestrategien: – Information und Warnung, Herstellen einer Wir-Gruppe und Ich-Aussagen, Ehrung, aktuelle Bezüge, Mahnung, Lob und Warnung, Beruhigung, Aufruf	15	
5	... erschließt die Intention (ggf. auch mit 1 kombiniert): – Eröffnung der Ausstellung (mit didaktischer Absicht) – Wachhalten der historischen Erfahrungen – Erinnerung an die Widerstandskämpfer und ihre Werte – Auseinandersetzung mit aktuellen Problemen und Hinweis auf Handlungsmöglichkeiten dank Zivilcourage	6	
		= 55	
Aufgabe 2			
1	... untersucht die möglichen Wirkungen, z. B: – eine Eröffnungsrede mit feierlichem, gedenkendem Ton – Vergegenwärtigung des Handelns der „Weißen Rose“ (ggf.: zu knapp an Informationen, d. h. für ein Publikum mit Vorwissen) – Auseinandersetzung mit dem Komplex „Vorbild – aktuelle Sorgen – Handlungsmöglichkeiten“ – Auseinandersetzung mit dem Komplex „Menschlichkeit – Freiheit – Zivilcourage“ – Auseinandersetzung mit der Parallelisierung von inhumanen Vorgängen in der Vergangenheit und in der Gegenwart	15	

	– ggf.: Appell zum Handeln in der Gegenwart durch Darstellung der Leistungen der Weißen Rose – ggf.: Überhäufung mit Hochwertwörtern – wenn auch typisch für den Anlass – ggf.: kritische Auseinandersetzung mit dem Bild des Redners von den Zuständen in der gegenwärtigen Gesellschaft		
		= 15	
Darstellungsleistung			
1	sachlich erklärender Stil in 1	3	
2	argumentativer Stil in 2	3	
3	darstellendes Tempus: Präsens	3	
4	kohärente, gegliederte Anlage des gesamten Schülertextes	3	
5	an mehreren Stellen deutlich argumentierendes Interpretieren: eigene Beobachtung → Beleg mit Textstelle/Zitat → Erläuterung der Textstelle (Art, Funktion)	8	
6	Einsatz fachsprachlicher Begriffe	5	
7	mehrfaches korrektes Zitieren	5	
		= 30	
	Gesamtpunktzahl	100	

Literaturhinweise

Böke, Karin/Jung, Matthias/Wengeler, Martin (Hg.): Öffentlicher Sprachgebrauch. Praktische, theoretische und historische Perspektiven. Westdeutscher Verlag, Opladen/Wiesbaden 1996

Braun, Christian A.: Sprache unterm Hakenkreuz (www.shoa.de/content/view/202/127/)

Gorr, Doris: Nationalsozialistische Sprachwirklichkeit als Gesellschaftsreligion. Shaker, Aachen 2000 (Rezension unter www.shoa.de/content/view/265/389/)

Sprachkritik (Themenheft). Der Deutschunterricht (Friedrich) 5/2006

Sprachbewusstsein. Der Deutschunterricht 3/2002

Stötzel, Georg/Wengeler, Martin: Kontroverse Begriffe. Geschichte des öffentlichen Sprachgebrauchs in der Bundesrepublik Deutschland. De Gruyter, Berlin 1995

Zimmer, Dieter E.: Sprache in Zeiten ihrer Unverbesserlichkeit. Hoffmann und Campe, Hamburg 2005

Zimmerman, Clemens: Medien im Nationalsozialismus. Böhlau, Wien/Köln/Weimar 2007

Internetadressen

www.dhm.de/lemo/html/nazi (auf der Website des Deutschen Historischen Museums Berlin)

7 Grammatik, Rechtschreibung, Stil – Klausuren überarbeiten

Konzeption des Gesamtkapitels

Auch wenn bis zur zehnten Jahrgangsstufe die wesentlichen Teilbereiche von Orthografie und Grammatik im Deutschunterricht erarbeitet worden sind, bleiben erfahrungsgemäß bei den meisten Schülerinnen und Schülern Schwächen in diesem Bereich. Anliegen dieses Kapitels ist es deshalb, möglichst gezielt die Probleme fortgeschrittenerer Schreiberinnen und Schreiber anzugehen und dabei außerdem die Reflexion über Sprache als zugleich regelgeleitetes wie auch flexibles und wandelbares System zu befördern. Das Kapitel ist so angelegt, dass es als eigene Lerneinheit umgesetzt werden kann; es bietet sich aber auf Grund von Textbezügen auch die Integration jeweils eines Teilkapitels bei der Behandlung anderer Kapitel aus dem Schülerband an. In jedem Teilkapitel dient je ein Schülertext als zentrales Medium der Fokussierung auf Teilbereiche der Sprach- und Schreibkompetenz und als Grundlage für Sprachbeobachtungen sowie Übungen zur Textüberarbeitung.
Das erste Teilkapitel (**„Grammatik und Stil – Falsches korrigieren, Misslungenes verbessern“**) verbindet die Reflexion grammatischer Fehlerschwerpunkte (Verwendung des Genitivs, des Konjunktivs, Satzbaufehler besonders bei Nebensätzen) mit Fragen stilistischer Gestaltungsmöglichkeiten und Angemessenheit. An verschiedenen Stellen eröffnet sich dabei auch die Möglichkeit zu thematisieren, dass auch das grammatische Regelsystem Entwicklungen unterworfen ist (z. B. beim Genitiv, beim Konjunktiv).
Das zweite Teilkapitel (**„Klausuren überarbeiten – Strategisch vorgehen“**) ergänzt Teilkapitel 15.2 („Schreibprozesse gestalten – Textplanung und Textüberarbeitung“) um Hilfen und Übungen zur Sondersituation „Klausur“. Damit wird der Tatsache Rechnung getragen, dass auch bei didaktischen Modellen zur Gestaltung von Schreibprozessen zwischen Lern- und Leistungssituationen unterschieden werden muss. Für die Leistungssituation bietet das Kapitel an, neben dem Mikroprozess (Klausursituation) auch den Makroprozess (Vor- und Nachbereitung der Klausur) didaktisch durch Anleitungen zum Selbstmanagement zu stützen.
Das dritte Teilkapitel (**„Rechtschreibung und Grammatik – Fehlerschwerpunkte gezielt bekämpfen“**) greift die häufigsten Fehlerschwerpunkte auf. Die Wiederholung einiger wichtiger Regeln ist pragmatisch orientiert: Über Tipps und Arbeitstechniken (Proben, Wörterbucharbeit u. a.) wird v. a. die Handlungskompetenz bei orthografischen Anforderungen gestärkt.
In allen Teilkapiteln werden neben den Übungen vor allem Strategien zur Selbstbeobachtung und zum Selbstmanagement angeboten, die eine kontinuierliche und damit nachhaltige Auseinandersetzung mit individuellen Schwächen in der Sprach- und Schreibkompetenz anregen.

Weiteres Übungsmaterial zu diesem Kapitel

Übungsmaterial im **„Deutschbuch Arbeitsheft 10“**
- Klausurtraining: S. 3–8
- Grammatik: S. 25–44
- Rechtschreibung: S. 45–59

Weitere Übungsmaterialien und Klassenarbeitsvorschläge unter **www.cornelsen.de/deutschbuch-gymnasium**

	Inhalte	Kompetenzen
S. 133	**7.1 Grammatik und Stil – Falsches korrigieren, Misslungenes verbessern**	**Die Schülerinnen und Schüler können** – zwischen grammatischen Notwendigkeiten und stilistischen Möglichkeiten unterscheiden;
S. 134	**Kasus und Numerus überprüfen**	– mit Hilfe von Nachschlagewerken klären, welche Präpositionen welchen Kasus erfordern;
S. 136	**Satzbauprobleme**	– Merkmale von Nebensätzen nennen und auf Grund dieses Wissens Satzbaufehler vermeiden;
S. 136	**Angemessen, ausdrucksstark und abwechslungsreich formulieren**	– stilistische Anforderungen an ihre Texte konkretisieren;
S. 137	**Redewiedergabe mit und ohne Konjunktiv**	– den Konjunktiv bei der Redewiedergabe korrekt verwenden.
S. 139	**7.2 Klausuren überarbeiten – Strategisch vorgehen**	**Die Schülerinnen und Schüler können**
S. 139	**Vor der Klausur – Mit sich in Klausur gehen**	– ihre individuellen Vorgehensweisen und Schwierigkeiten in Klausursituationen beschreiben und Handlungs-/Lösungsstrategien entwickeln;
S. 141	**Während der Klausur – Überarbeitungsbedarf im Blick haben**	– für ein/ihr Fehlerprofil Daten sammeln und auswerten;
S. 142	**Am Ende der Klausur – Prioritäten setzen, gezielt überarbeiten**	– in der Klausursituation Prioritäten bei der Überarbeitung setzen;
S. 143	**Nach der Klausur ist vor der Klausur**	– konstruktiv und kooperativ Klausurerfahrungen verarbeiten.
S. 144	**7.3 Rechtschreibung und Grammatik – Fehlerschwerpunkte gezielt bekämpfen**	**Die Schülerinnen und Schüler können** – in fremden und eigenen Texten Fehler bemerken, kategorisieren und korrigieren;
S. 146	**Mal zu viel, mal zu wenig – Kommaprobleme lösen**	– benennen, wo ihre individuellen Schwächen bei der Kommasetzung liegen, und Regeln in diesen Bereichen sicher anwenden;
S. 148	**„Das" oder „dass"? – Grammatisches Wissen und Proben nutzen**	– den grammatischen Unterschied zwischen „das" und „dass" erläutern und auf Grund entsprechender Proben und Handlungsroutinen Fehler in diesem Bereich vermeiden;
S. 149	**Das Lesen, ein Muss! – Groß- und Kleinschreibung**	– Regeln zur Groß- und Kleinschreibung bei Nominalisierung und Denominalisierung rekapitulieren und anwenden;
S. 150	**Fremdwörter mit und ohne Bindestrich**	– Regeln zur Schreibung von Fremdwörtern anführen und anwenden.

7.1 Grammatik und Stil – Falsches korrigieren, Misslungenes verbessern

Das erste Teilkapitel basiert inhaltlich auf dem einleitenden Schülertext auf S. 133 im Schülerband, der wiederum in den Kontext einer Unterrichtssequenz zu Goethes „Werther" gehören könnte. Eine solche Sequenz gibt es auch tatsächlich im Schülerband, nämlich in Kapitel 10 „Jugend und Erwachsenwerden – Romanauszüge interpretieren" (S. 210–212 im Schülerband, vgl. S. 238 f. in diesem Handbuch). Die Sprachreflexion kann dort integriert werden.

S. 133 **1** a) *Trotz der sprachlichen Schwächen (siehe unter 1b) ist die Inhaltsangabe weitgehend verständlich und der Textvorlage im Wesentlichen, das heißt im groben Verlauf der Handlung, inhaltlich angemessen. Unklar bleibt die Stelle zum Spiel/zu den Ohrfeigen.*

b) *Der Schülertext weist viele Züge konzeptioneller Mündlichkeit auf, sowohl in der Wortwahl („geschockt", „cool", „in so komischen Gefühlen" u. a.m.) als auch im Satzbau (unvollständige Sätze, Trennung von Haupt- und Nebensatz, falsche Satzgliedstellung). Verstöße gegen die Sprachrichtigkeit gibt es nur im grammatischen Bereich (falscher Kasus bei Nomen, falscher Numerus bei Verben u. a.), orthografische Fehler gibt es nicht. Die Schwächen im Satzbau zeigen sich insbesondere an der falschen Zeichensetzung (Satzschlusszeichen statt Komma). Für einen schriftlichen Text im schulischen Kontext erscheint die Hausaufgabe sprachlich insgesamt nicht angemessen. Dadurch wird die inhaltlich brauchbare Leistung geschmälert.*

2 *Vorschlag für ein Tafelbild:*

Beispiele für grammatische Fehler („Reich der Regeln")	**Beispiele für stilistisch Unschönes („Reich der Freiheit")**
– „erzählt […] über seiner ersten Begegnung" (Z. 3) – „Werthers Tanzpartnerin und ihre Kusine fährt auch mit" (Z. 5 f.) – „wegen dem Walzer" (Z. 11 f.) – „weil Werther bricht den Brief dann einfach ab" (Z. 26)	– „Werther muss beim Abholen warten" (Z. 6) – „findet er sie gleich schon nett" (Z. 8) – „schwelgen in so komischen Gefühlen" (Z. 22) – „gehen die Gefühle von Werther durch" (Z. 24)

Insgesamt gibt es deutlich mehr Regelverstöße als bloße stilistische Mängel bzw. die stilistischen Mängel werden von zusätzlichen Fehlern überlagert (z. B.: „Während dem Warten […]", Z. 8: zunächst v.a. grammatisch falsch, in der Nominalform aber auch stilistisch unschön, besser wäre ein Nebensatz: „Während er wartet, […]").
Möglicherweise wird es hier bereits Diskussionen bzw. Fragen zu den geltenden grammatischen Regeln geben. Daraus können Aufträge abgeleitet werden, in Grammatiken (z. B. Duden-Grammatik) nach Antworten zu suchen. Auf vieles wird dann aber auch in den nachfolgenden Abschnitten und Aufgaben noch präzise eingegangen.

3 a) *Es ist sinnvoll, diese Aufgabe – das Sammeln von Textstellen, die (1) grammatisch falsch sind oder (2) stilistisch unangemessen oder (3) absichtlich grammatisch falsch, um stilistische Wirkung zu erzielen – über längere Zeit bearbeiten zu lassen und sie bei gegebenem Anlass (wenn Entsprechendes bei der Behandlung von Texten auftaucht) immer wieder auch in den Unterricht zu integrieren. Für die*

Entwicklung der individuellen Schreibkompetenz sollten besonders die eigenen Texte der Schülerinnen und Schüler immer wieder bewusst nach grammatischen Fehlern und stilistischen Schwächen durchgesehen werden. Beispiele absichtlicher grammatischer Fehler um der stilistischen Wirkung willen findet man z. B. in den Sprachglossen bei Bastian Sick, aber auch in der Lyrik (z. B. im „Angstlied“ von Ulla Hahn im Schülerband auf S. 249).

b) *Heringer selbst führt folgende „goldene Regeln für gutes Schreiben und Sprechen“ an, die mit den Regeln der Schülerinnen und Schülern verglichen und auf ihre Nützlichkeit und Gültigkeit hin befragt werden können:*
1. *Schreib verständlich! Bedenke, für wen du schreibst!*
2. *Schreib einfach und klar! Vermeide Mehrdeutigkeiten!*
3. *Schreib genau, doch nicht übergenau!*
4. *Fasse dich kurz!*
5. *Überleg, bevor du schreibst! Bedenke, was du erreichen willst!*

(Nach: Hans Jürgen Heringer: Grammatik und Stil. Praktische Grammatik des Deutschen. Cornelsen, Berlin 1995, S. 10, 12)

4 *Die Diskussion wird sich um die Frage der (Schreib- und Sprach-)Kompetenz der Schülerinnen und Schüler einerseits und um die Anforderungen an den Deutschunterricht andererseits drehen: Wie kann die Lehrkraft sicher sein, dass absichtlich und nicht aus Unkenntnis gegen eine Regel verstoßen wurde? Welche Texte werden in der Schule geschrieben, bei denen es auf besondere stilistische Wirkungen ankommt? Führt es nicht zu Verwirrung und Verunsicherung, wenn einerseits Regeln vermittelt werden und andererseits doch dagegen verstoßen werden darf? Solche Fragen können zu einer differenzierten Reflexion über unterschiedliche schulische Schreibanlässe und die Funktion von grammatischen Regeln führen.*

Das klingt irgendwie komisch – Kasus und Numerus überprüfen

S. 134

1 *a/b) Diese recht umfangreiche Aufgabe kann gut zu Hause gelöst, die Ergebnisse können dann im Unterricht verglichen werden.* S. 134
Hier die Tabelle mit den Präpositionen und den dazugehörigen Nomen aus dem Schülertext:

Präposition	dazugehöriger Kasus	Textstellen	Berichtigung
in	Dativ (wo?)	„Im Brief“ (Z. 3) „im Verlauf“ (Z. 8) „in der Kutsche“ (Z. 15 f.) „in so komischen Gefühlen“ (Z. 22)	
	Akkusativ (wohin?)		
von	Dativ	„vom 16. Juni“ (Z. 3) „von ihrer Quasi-Verlobung“ (Z. 14) „von einem Dichter“ (Z. 23) „von Werther“ (Z. 24) „von dem Abend“ (Z. 25)	

Präposition	dazugehöriger Kasus	Textstellen	Berichtigung
über	Dativ (wo?)		
	Akkusativ (worüber?)	„erzählt [...] über seiner ersten Begegnung" (Z. 3 f.) „Beide denken über bestimmten Büchern dasselbe" (Z. 10)	... über seine erste Begegnung ... über bestimmte Bücher
zu	Dativ	„zu einem Ball" (Z. 4 f.) „zu dem Spiel" (Z. 21)	
bei	Dativ	„beim Abholen" (Z. 6) „beim Tanzen" (Z. 13)	
mit	Dativ	„mit dem Abendbrot" (Z. 7)	
während	Genitiv	„während dem Warten" (Z. 7 f.) „Während dem Spiel" (Z. 19 f.)	während des Wartens während des Spiels
wegen	Genitiv	„wegen dem Walzer" (Z. 11 f.) „wegen einem Gewitter" (Z. 18)	wegen des Walzers wegen eines Gewitters
trotz	Genitiv	„trotz [...] dem Ohrfeigen" (Z. 20 f.)	trotz des Ohrfeigens
an	Dativ (an wem?)		
	Akkusativ (an wen oder an was?)	„ans Fenster" (Z. 22) „an das gleiche Gedicht" (Z. 23)	

c) *Fehlerschwerpunkte liegen im Schülertext insbesondere bei Präpositionen, die den Genitiv verlangen: „während", „wegen", „trotz"; außerdem zeigt er Schwierigkeiten bei „über" mit dem Akkusativ. Anhand dieses Befundes kann auch der in der Sprachgemeinschaft generell zu beobachtende zunehmend nachlässige oder vermeidende Umgang mit dem Genitiv als Beispiel für einen Sprachwandelprozess auf grammatischer Ebene thematisiert werden (vgl. den bekannten Buchtitel „Der Dativ ist dem Genitiv sein Tod").*

2 *Vorschlag für ein Tafelbild:*

Präposition	mit Genitiv	mit Dativ	mit Akkusativ
statt	X	veraltet oder umgangssprachlich oder wenn der Dativ nicht erkennbar ist	

seit		*X*	
zwischen		*X (wo?)*	*X (wohin?)*
neben		*X (wo?)*	*X (wohin?)*
an Stelle (anstelle)	*X*		
kraft	*X*		
um			*X*
zu Gunsten (zugunsten)	*X*		
laut	*X*	*X*	
dank	*X (v.a. im Plural)*	*X*	

Es ist sinnvoll, mit den Schülerinnen und Schülern Beispielsätze zu allen Fällen zu formulieren.

3 *a) Die beiden Verben „erzählen" und „denken" stehen in der Verbindung mit der Präposition „von" mit dem Dativ, mit der Präposition „über" mit dem Akkusativ. Ein semantischer Unterschied ist kaum festzumachen: „Er erzählt von seiner Mutter/ von der Abendveranstaltung." – „Er erzählt über seine Mutter/ über die Abendveranstaltung." „Sie denkt von ihren Freundinnen nur das Beste." – „Sie denkt über ihre Freundinnen nur das Beste."*
Aber: „Was denkst du von mir?" im Sinne von „Traust du mir so etwas zu?" hat andere Konnotationen als „Was denkst du über mich?"

b) Das Verb „erfahren" kann in diesem Fall nicht mit dem Akkusativ, sondern muss mit einem Präpositionalobjekt stehen: „etwas erfahren über". Die Nomen „Rest" und „Abend" stehen in einem Genitiv-Verhältnis zueinander. Korrekt muss es also heißen: „Über den Rest des Abends erfährt man nicht mehr."

4 *a/b)*

<u>Werthers Tanzpartnerin und ihre Kusine</u> <u>fährt</u> auch mit:

… <u>die andere Frau und die Kusine in der Kutsche</u> <u>hat</u> ihm das schon gesagt.

Beide Male: Subjekt im Plural, Prädikat im Singular, also: Fehler!
Richtig:
„Werthers Tanzpartnerin und ihre Kusine fahren […]";
„die andere Frau und die Kusine in der Kutsche haben […]".

Danach <u>gehen</u> <u>Lotte und Werther</u> ans Fenster […].

Subjekt und Prädikat beide im Plural: richtig!

5 *Im ersten Satz besteht das Problem darin, dass das eigentliche Subjekt „eine Menge" grammatisch im Singular steht, die enge Apposition „Leute" dazu aber im Plural, zudem wird auch semantisch eine Mehrzahl bezeichnet. In solchen Fällen kann – wie im Schülerband – auch der Plural verwendet werden, grammatisch korrekt ist aber mehr noch der Singular: „Eine Menge Leute* ***war*** *zu dem Ball gekommen."*
Im zweiten Satz handelt es sich um eine so genannte Zwillingsformel (wie auch z. B. „Groß und Klein", „Dick und Dünn", „Hopfen und Malz"). In diesen Fällen steht in der Regel der Singular: „Alt und Jung ***vergnügte*** *sich beim Tanz."*
Im dritten Satz setzt sich das Subjekt zusammen aus einem Namen (3. Person) und dem Personalpronomen der 1. Person. Bei einer solchen Reihung verschiedener grammatischer Personen richtet sich das Verb in der Regel nach der 1. Person, deren Numerus dann in den Plural gesetzt wird: „Albert und ich" = „wir ***sind*** *...".*

S. 136

Weil das ist so schwer – Satzbauprobleme

1 *a/b) Der Nebensatz steht ohne Hauptsatz, das finite Verb steht nicht am Ende, sondern wie im Hauptsatz hinter dem Subjekt. Der Satz kann im Textzusammenhang einfach zu einem Hauptsatz verwandelt werden: „Sie passen nämlich auch gut zusammen." Wollte man den Kausalsatz bestehen lassen, müsste man auch den (gleichen) davorstehenden Nebensatzfehler noch korrigieren:*
„Während des Wartens findet er sie gleich schon nett, ***was*** *sich im Verlauf des Abends immer mehr steigert,* ***weil*** *beide nämlich auch gut* ***zusammenpassen****."*

c) Korrektur der Nebensätze ohne Hauptsatz:
Z. 4: „[...], welche sich ereignete [...]"
Z. 8/9 (Korrektur siehe oben unter a/b)
Z. 16/17: „[...], und auch, dass er sich [...]"
Z. 17/18: „[...], was nun aber [...]"
Z. 21: „[...], was nämlich zu dem Spiel gehört."
Wenn die Nebensätze korrekt an die Hauptsätze angebunden werden, entstehen zum Teil sehr unübersichtliche und unschöne Satzkonstruktionen. Hier sollten die Schülerinnen und Schülern nach stilistisch besseren Lösungen suchen.

Korrektur der falschen Verbstellung im Nebensatz:
Z. 6/7: „[...], weil Lotte noch nicht mit dem Abendbrot ihrer Geschwister fertig ist."
Z. 15/16: „[...], obwohl er das eigentlich schon wusste, weil die andere Frau und die Kusine [...] ihm das schon gesagt haben, [...]"
Z. 22 f.: „[...], weil sie an das gleiche Gedicht [...] denken müssen."
Z. 26: „[...], weil Werther den Brief dann einfach abbricht."

2 *Im ersten, dritten und vierten Satz des Schülertextes werden Satzglieder und/oder Gliedsätze fälschlicherweise durch Satzschlusszeichen von ihren Sätzen getrennt. Korrektur:*
- *„Beide [...] tanzen unwahrscheinlich* ***gerne und auch gut****."*
- *„[...] Die andere Frau und die Kusine haben ihm das schon gesagt, bevor er Lotte abgeholt* ***hat, und auch,*** *dass er sich [...]"*
- *„[...] und er küsst* ***sie, aber nur ihre Hand, und weint dabei****."*

Im zweiten Satz wird die wörtliche Rede nicht richtig in den Satz integriert. Korrektur:
- *„Als [...] Werther nachfragt****: „Wer ist Albert?",*** *erzählt Lotte [...]"*
- *Oder: „Als [...] Werther* ***nachfragt, wer Albert sei,*** *erzählt Lotte [...]"*

Cool bleiben – Angemessen, ausdrucksstark und abwechslungsreich formulieren

S. 136

1 a) *Am deutlichsten als unangemessen wird sicherlich der jugend- bis umgangssprachliche Begriff „Fun" in Z. 20 auffallen. Die Formulierung „in so komischen Gefühlen" (Z. 22) macht selbst schon auf die mangelnde Präzision bei der Benennung der Gefühle aufmerksam. Neben der (allerdings nur schwer vermeidbaren) Häufung des Namens „Werther" kommen in bestimmten Passagen die begriffe „tanzen" und „Spiel" kurz hintereinander mehrmals vor. Insgesamt gehört Eintönigkeit allerdings nicht zu den charakteristischen Schwächen des Textes.*

b) *Vorschlag für ein Tafelbild:*

Kriterien für ...	
Angemessenheit des sprachlichen Ausdrucks	– nicht umgangssprachlich – sachlich – inhaltlich passend – ggf. richtiger Fachbegriff
Ausdrucksstärke einer Formulierung	– Vermeidung ungenauer Wörter (z. B. Vermeidung von „sagen", „machen", „tun" etc.) – Wahl von präzisen Wörtern – Verständlichkeit – Anschaulichkeit – Ergänzung von Attributen
Abwechslungsreichtum	– Wiederholungen des gleichen Ausdrucks vermeiden – Synonyme verwenden – Umschreibungen formulieren – Wechsel von Nomen und Pronomen – variabler Satzbau – unterschiedliche Satzanfänge

2 *Beispiele für Verbesserungsvorschläge:*

	misslungene Textstellen	Verbesserungsvorschläge
Angemessenheit	„alle […] haben Fun trotz (oder gerade wegen) dem Ohrfeigen" (Z. 20 f.)	Alle amüsieren sich gut, obwohl – oder weil – beim Spiel Ohrfeigen verteilt werden.
Ausdrucksstärke	„und schwelgen in so komischen Gefühlen" (Z. 22)	und werden ganz sentimental, sind zu Tränen gerührt
Abwechslungsreichtum	„Werther muss beim Abholen warten […]. Während dem Warten […]" (Z. 6 ff.)	Werther muss auf Lotte warten […]. Währenddessen […]

S. 137

Der Dichter schreibt, ... – Redewiedergabe mit und ohne Konjunktiv

1 a) *Das Textzitat entspricht in der Inhaltsangabe den Z. 6/7: Werther muss auf Lotte warten, weil sie erst ihren „Kindern" (Geschwistern) noch das Abendbrot geben muss.*

b) *Wiedergabe von Lottes Rede in indirekter Rede:*
Sie ***bitte*** *um Verzeihung, sagte sie, dass sie ihn* ***hereinbemühe*** *und die Frauenzimmer warten* ***lasse.*** *Über dem Anziehen und allerlei Bestellungen fürs Haus in ihrer Abwesenheit* ***habe*** *sie vergessen, ihren Kindern ihr Vesperbrot zu geben, und sie* ***wollten*** *von niemandem Brot geschnitten haben als von ihr/und sie* ***würden*** *von niemandem Brot geschnitten haben* ***wollen*** *als von ihr.*

2 a) *Wiedergabe der direkten Rede in indirekter Rede:*
Nein, sagte Lotte, es ***gefalle*** *ihr nicht, sie* ***könne*** *es wiederhaben. Das vorige* ***sei*** *auch nicht besser* ***gewesen.***

b) *Verwendung des Konjunktivs in diesem Abschnitt. Korrekt wäre:*
- *Die Base fragte, ob sie mit dem Buch fertig* ***sei,*** *das sie ihr neulich geschickt* ***habe.*** *[...]*
- *Ich erstaunte, als ich fragte, was es für Bücher* ***seien.***

An diesem Beispiel kann man darauf aufmerksam machen, dass gewisse grammatische Regeln, die heute gelten, sich im 18. Jahrhundert offensichtlich noch nicht verfestigt hatten.

3 *Konjunktiv oder Umschreibung mit „würde":*
1. *Lotte antwortet, sie sei mit Albert verlobt.*
2. *Werther meint, er lasse/ließe niemals zu, dass seine Freundin mit einem anderen Mann Walzer tanze/tanzte/tanzen würde.*
3. *Lotte gesteht, sie tanze sehr gerne Walzer.*
4. *Die Frauen beteuern, sie tanzten alle gern/würden alle gern tanzen.*
5. *Die Frauen in der Kutsche versichern, Lottes Kleid entspreche dem Pariser Chic.*
6. *Lotte erwidert, die beiden Frauen hätten auch sehr elegante Hüte an.*

7.2 Klausuren überarbeiten – Strategisch vorgehen

1 *Alternativ kann auch gleich mit dem Selbsteinstufungstest weiter unter auf S. 139 im Schülerband gearbeitet werden.* S. 139

2 *Der Vergleich der Textüberarbeitung während der Klausur mit der Schreibkonferenz ist nur sinnvoll, wenn die Schülerinnen und Schüler dieses Verfahren auch aus eigener Unterrichtserfahrung (gut) kennen. Wenig sinnvoll wäre es, das Verfahren an dieser Stelle erst einzuführen.*
Vorschlag für ein Tafelbild:

Texte überarbeiten in der Klausur	Texte überarbeiten in der Schreibkonferenz
- meist (sehr) wenig Zeit zur Verfügung (ca. 5-15 Minuten)	- ausreichend Zeit zur Verfügung (ca. 30-45 Minuten)
- jeder für sich, individuell	- in der Gruppe, kooperativ
- man muss nur den eigenen Text überarbeiten	- man muss auch die Texte der Mitschüler/innen überarbeiten (helfen)
- Überarbeitungskriterien und -strategien werden vorausgesetzt	- Überarbeitungskriterien und -strategien werden vermittelt
- Lehrkraft gibt keine Hilfestellung	- Lehrkraft kann um Rat gefragt werden
- eher Anspannung, Nervosität	- eher entspannte Atmosphäre
- hoher Leistungsdruck	- normaler Leistungsanspruch

Die Gegenüberstellung macht deutlich, dass die Bedingungen für eine Textüberarbeitung in der Klausursituation deutlich schlechter sind. Dem steht die höhere Bedeutung des Ergebnisses im Hinblick auf die Leistungsbeurteilung entgegen. Daraus lässt sich die Motivation ableiten, die Möglichkeiten zur Klausurüberarbeitung genau zu sichten und zu verbessern.

Vor der Klausur – Mit sich in Klausur gehen

S. 139

1 *Diese Aufgabe kann der Selbstreflexion dienen und muss nicht im Klassenplenum von jeder/jedem Einzelnen beantwortet werden (besonders dann nicht, wenn Aufgabe 1 auf S. 139 oben im Schülerband umgesetzt wurde, es also schon ein freies Gespräch zu diesem Thema gegeben hat). Sinnvoll kann aber eine Punktabfrage sein: Die Aussagen werden auf ein Plakat übertragen/kopiert oder nur die Nummern an die Tafel geschrieben. Jede/r kann sich mit einem Klebepunkt einer oder mehreren Aussagen zuordnen. Bei entsprechender Häufung kann man sich bei der folgenden Aufgabe 2 auf ebendiese Aussagen beschränken.*

2 *Kommentare und Ratschläge zu den Schüleraussagen auf S. 139 im Schülerband könnten z. B. so aussehen:*

Aussage	Kommentar	Ratschlag
1. […]	[…]	[…]
2. Wenn ich mit der Klausur fertig bin, habe ich keine Lust mehr, sie noch mal zu lesen. Deshalb gebe ich gleich ab.	Das ist zwar eine verständliche, allerdings nicht Erfolg versprechende Reaktion.	Sage dir selbst Folgendes, um deine Motivation zu steigern: - „Den größten Teil habe ich jetzt schon geschafft, das Überarbeiten ist im Vergleich dazu nur noch eine Kleinigkeit!" - „Mit wenig Aufwand und etwas Geduld kann ich mein Ergebnis vielleicht noch deutlich verbessern!"
3. Wenn ich meine Klausur noch einmal durchlese, finde ich alles okay, was ich geschrieben habe. Erst wenn ich die Klausur korrigiert zurückbekomme, fällt mir auf, was falsch war.	Zum eigenen Text eine Distanz aufzubauen, ist immer schwierig, besonders wenn dies direkt nach dem Abfassen des Textes verlangt ist.	- Um sprachliche Fehler aufzufinden, kann es helfen, die Klausur Satz für Satz von hinten nach vorne zu lesen. - Für die inhaltliche Überarbeitung ist es in einem solchen Fall besser, die Klausur nicht einfach nur noch einmal zu lesen, sondern anhand einer Checkliste vorzugehen. (Habe ich das Thema formuliert? Welche sprachlichen Mittel habe ich herausgearbeitet? Etc.)
4. Meistens habe ich im ersten Teil meiner Klausur kaum oder gar keine Fehler, aber zum Ende werden es dann immer mehr.	Offensichtlich hast du Schwierigkeiten, dich über den gesamten Klausurzeitraum hinweg zu konzentrieren.	- Für die Erhaltung der Konzentration ist ausreichende Flüssigkeitszufuhr (Trinken!) wichtig. - Auch solltest du ggf. darum bitten, dass der Klausurraum einmal gelüftet wird. - Wenn du merkst, dass die Konzentration nachlässt, solltest du eine kleine Pause mit Atemübungen einlegen. - Bei der Überarbeitung konzentrierst du dich am besten gleich auf die zweite Hälfte der Klausur.
5. Meine Klausur noch einmal zu lesen, bewirkt bei mir immer eine totale Unzufriedenheit. Am liebsten würde ich alles ändern, aber das geht dann ja nicht mehr. Deshalb ändere ich dann doch gar nichts.	Selbstkritik ist zwar eine wichtige und nützliche Fähigkeit – aber nur, wenn sie nicht zu totaler Handlungsunfähigkeit führt!	- Mache dir vor der Klausur – auch mit Hilfe der Lehrkraft – klar, wo du tatsächlich Schwächen hast. Konzentriere dich dann bei der Überarbeitung ausschließlich darauf.

6. Inhaltlich fallen mir Deutschklausuren leicht, aber sprachlich habe ich Probleme.	Es ist ein Vorteil, wenn die Schwierigkeiten sich so klar eingrenzen lassen, denn gerade an sprachlichen Schwächen kann man gut arbeiten!	- Erstelle dein individuelles Fehlerprofil anhand von Klausur- und Hausaufgabentexten (vgl. S. 140 und S. 145 im Schülerband). - Absolviere regelmäßig, besonders aber vor der Klausur mehrere Übungen zu deinen Fehlerschwerpunkten. - Konzentriere dich beim Überarbeiten der Klausur auf deine häufigen Schwächen.
7. Sprachliche Fehler mache ich kaum, ich habe auch immer Zeit, noch mal alles zu lesen, weil mir meistens nicht so viel einfällt.	Sich kurz zu fassen, muss kein Nachteil sein – allerdings muss sichergestellt sein, dass inhaltlich alles Notwendige geschrieben wurde.	- Überprüfe anhand einer Checkliste, ob du inhaltlich nichts Wesentliches vergessen hast. - Nutze weitere übrige Zeit, um die sprachliche Qualität deiner Arbeit zu optimieren.
8. Sprachlich liegt mein Problem hauptsächlich bei der Kommasetzung, Rechtschreibfehler gibt es eigentlich nicht.	Es ist ein Vorteil, wenn die Schwierigkeiten sich so klar eingrenzen lassen!	- Schau dir die Regeln und Tipps auf den S. 146 und 147 im Schülerband an. - Bearbeite möglichst regelmäßig Übungsmaterial zu deinen Kommaschwächen und achte bei jedem (!) Text, den du schreibst, auf diese.
9. Wenn ich die Klausur wiederbekomme, steht tausendmal „Ausdruck!" am Rand. Ich schreibe halt so, wie es mir gerade durch den Kopf geht.	Im Prinzip ist es von Vorteil, wenn man beim Schreiben keine Hemmung aufbaut, sondern locker losschreiben kann. Allerdings sollte ein solcher spontaner Entwurf nicht als abgabefertiger Text betrachtet werden.	- Nutze deinen spontanen Schreibfluss für ausführliche Notizen auf einem Konzeptpapier, mit denen du inhaltlich schon alles festhältst, was du schreiben möchtest. - Formuliere dann erst deinen Text vollständig (im Heft, auf dem Klausurpapier) aus und achte dabei insbesondere auf die sprachliche Qualität.

3 *a–c) Eine dauerhafte Verbesserung des Klausurverhaltens ist nur zu erreichen, wenn die Schwächen einerseits möglichst individuell angegangen werden und wenn andererseits das Bewusstgemachte und Trainierte auch in der Klausur abrufbar ist. Deshalb erscheint es sinnvoll und hilfreich, den Schülerinnen und Schülern die optische Unterstützung durch ein Einlegeblatt mit Fehlerprofil und „persönlichem Klausurratgeber" während der Klausur zu gewähren.*
Das auf S. 140 im Schülerband angebotene Fehlerprofil bezieht sich weitgehend auf die in diesem Kapitel behandelten Phänomene und deckt damit nicht alle möglichen Fehlerbereiche ab. Es ist also ggf. zu ergänzen bzw. zu modifizieren.

S. 141

Während der Klausur – Überarbeitungsbedarf im Blick haben

Mit dem Schülertext wird wiederum ein Bezugspunkt innerhalb des Schülerbandes genutzt: Der Klausurauszug beschäftigt sich mit den Gedichten von Annette von Droste-Hülshoff und Rolf Dieter Brinkmann, die auf den Seiten 250/251 in Kapitel 12 gegenübergestellt werden.

1 *Der Schreiber oder die Schreiberin des Textes macht sich mit dem häufigsten Zeichen auf Stellen aufmerksam, an denen noch etwas zu ergänzen ist: teilweise ganze Gedanken, wie in den ersten beiden Fällen, teilweise Textverweise wie im unteren Teil. In Z. 6 wird ein Begriff aus dem Droste-Hülshoff-Gedicht verwendet, dessen Bedeutung wohl noch nicht klar ist. In Z. 11 f. ist ein Ausdruck bereits gestrichen worden, muss aber noch durch einen neuen ersetzt werden.*

2 *a) Um Überarbeitungsbedarf während der Klausur festzuhalten, erscheint ein möglichst einfaches und eindeutiges Zeichensystem hilfreich, wie es der Beispieltext vorführt: Mit Fragezeichen, Auslassungszeichen, Pfeilen und Ausrufezeichen (am Rand, mit Bleistift) werden Stellen markiert, die später noch einmal angegangen werden sollen oder müssen. Frei gelassene Schreibzeilen machen deutlich, wo noch längere Textpassagen zu ergänzen sind. Wichtig ist es, den Schülerinnen und Schülern die entlastende Funktion eines solchen Vorgehens beim Schreiben zu verdeutlichen: Kleinere Schreibprobleme und beschränkte Schreibhemmnisse können zunächst umgangen werden, damit der Schreibfluss nicht lange unterbrochen werden muss.*

b) Das Training an Hausaufgabentexten ist besonders wichtig, damit sich das Verfahren einschleifen und in der Klausur möglichst routiniert angewendet werden kann.

S. 142

Am Ende der Klausur – Prioritäten setzen, gezielt überarbeiten

1 *Vorschlag für ein Tafelbild:*

Überarbeitungsstrategien bei Klausuren:

Verfahren 1: Ein umfassender Korrekturdurchgang	+ Geht (wahrscheinlich) schneller. Zusammenhänge zwischen sprachlichen und inhaltlichen Schwächen werden eher bemerkt.
	- Es ist schwierig, immer auf alle möglichen Fehlerquellen zugleich zu achten.
Verfahren 2: Mehrere, auf Teilaspekte reduzierte Korrekturdurchgänge	+ Wenn man gezielt auf nur einen Teilaspekt achtet, kann man sich besser konzentrieren. Man kann Prioritäten setzen, damit das Wichtigste auf jeden Fall noch überarbeitet wird.
	- Wenn alle Korrekturdurchgänge durchlaufen werden, dauert dies länger. Es ist wenig motivierend, den gleichen Text immer wieder zu lesen.

2 *a) Für diese Aufgabe ist es zunächst notwendig, im Schülertext Fehler und Schwächen zu diagnostizieren, die für die Überarbeitung vorgeschlagen werden:*
- *das/dass: Z. 7, Z. 15, Z. 16;*
- *Ausdruck: Eintönigkeit durch Wiederholung von „beide Gedichte“ in Z. 4, 5 und 10; Grammatikfehler in Z. 14 („ein“); Umgangssprache in Z. 16 („action“); Satzbaufehler in Z. 16 f. (abgetrennter Nebensatz);*

- *Zitatfehler: Z. 14, Z. 17, Z. 19;*
- *Kommafehler: Z. 7, Z. 11, Z. 14, Z. 16 (zwei Kommas), Z. 17 (Komma zu viel).*

Für den Aussagegehalt der Klausur zentrale inhaltliche Mängel sollten unbedingt als erstes ausgeglichen werden, dann sollten auch offensichtliche Lücken (hier bei den ausgelassenen Textverweisen) gefüllt werden; d. h. für die Klausur auf S. 141 im Schülerband:

- *noch 5' Zeit: die erste gekennzeichnete Stelle bearbeiten (Themaformulierung!);*
- *noch 10' Zeit: zusätzlich die beiden folgenden gekennzeichneten Stellen bearbeiten;*
- *noch 15' Zeit: zusätzlich die Textverweise ergänzen und Zitate überprüfen;*
- *noch 20' Zeit: Kommafehler berichtigen;*
- *noch 25' Zeit: das/dass-Schreibung kontrollieren; ggf. noch Ausdruck verbessern.*

b) Bei Überarbeitungsprozessen im Unterricht und zu Hause mit der Uhr zu arbeiten, schult die Fähigkeit, Zeitressourcen realistisch einschätzen und pragmatisch einsetzen zu können.

Nach der Klausur ist vor der Klausur – Erfahrungen auswerten

S. 143

1 *a–c) Im Kontext dieser Aufgabe kann auch thematisiert werden, welchen Stellenwert die Note einerseits und der Lehrerkommentar andererseits in der Wahrnehmung der Schülerinnen und Schüler haben: Ist es ihnen wichtig, genauer erläutert zu bekommen, welche Stärken und Schwächen zur Notengebung geführt haben, oder sind sie – fatalistisch – nur an der Note interessiert?*
Beobachtungen zeigen, dass nach Rückgabe der Klausur – oft längere Zeit nach deren Verfassen und im Kontext einer neuen, anderen Unterrichtsreihe – wenig Interesse besteht, sich noch einmal mit dem Geschriebenen auseinanderzusetzen. Die Motivation kann nur gesteigert werden, wenn die Nützlichkeit für weitere Leistungssituationen vermittelt werden kann. Dafür erscheint die Situation kurz vor dem nächsten Klausurtermin am ehesten geeignet.

2 *Bei der Auswahl der Klausuren empfiehlt es sich, Beispiele aus dem mittleren Leistungsbereich zu nehmen: nicht perfekt, damit es auch etwas zum Überarbeiten gibt, nicht zu schlecht, damit die Überarbeitung überschaubar bleibt und nicht der Eindruck entsteht, dass eigentlich nur Neuschreiben hilft. Im Sinne eines offenen und kooperativen Klassenklimas sollten die Verfasser der Texte zunächst gefragt werden, ob sie bereit sind, ihre Klausurtexte in der Schreibkonferenz zur Arbeitsgrundlage zu machen. Die in der „Arbeitstechnik" auf S. 143 im Schülerband vorgeschlagene Vorgehensweise eignet sich hier besonders, wenn die Klausur bereits von der Lehrkraft korrigiert wurde und die Gruppe deswegen nicht mehr unvoreingenommen an die Aufgabe herangehen kann.*

3 *Diese Aufgabe erscheint besonders wichtig als Gegengewicht zu der (auch in Schreibkonferenzen häufig) üblichen Konzentration auf Fehler und Schwächen: Die Schülerinnen und Schüler sollten nicht nur ex negativo lernen, sondern auch positive Hilfestellungen und Beispiele für gelungene sprachliche und inhaltliche Lösungen an die Hand bekommen. Eine gute Vorbereitung dieser Aufgabe besteht darin, dass die Lehrkraft selbst bei der Klausurkorrektur gute Textstellen und Formulierungen in den Arbeiten kennzeichnet (vereinbarte Zeichen, andere Korrekturfarbe).*

4 *Da es häufig eben doch immer die gleichen Fehler sind, die von (fast) allen gemacht werden, ist das gemeinsame Angehen gegen solche Fehlerschwerpunkte gut investierte Zeit. Schüler, die eindeutig keine Defizite in dem zu behandelnden Bereich haben, können selbstständig kleine Übungseinheiten mit ihren Mitschülern durchführen oder andere, individuell auf sie zugeschnittene Aufgaben bearbeiten.*

7.3 Rechtschreibung und Grammatik – Fehlerschwerpunkte gezielt bekämpfen

Auch dieses letzte Teilkapitel hat auf der Ebene der literarischen Textbasis einen Bezugspunkt unter den anderen Kapiteln des Schülerbandes, nämlich das Kapitel 13.3 („Globalisierung – Theater im 21. Jahrhundert“, S. 287 ff. im Schülerband). Hier wird Widmers Stück „Top Dogs“ mit einer weiteren (der zweiten) Szene vorgestellt.

S. 144 Urs Widmer

Top Dogs

1 *Es sind acht Rollen zu verteilen: zwei Frauen (Jenkins, Wrage), sechs Männer (Müller, Krause, Neuenschwander, Déer, Tschudi, Bihler).*
Für die szenische Umsetzung sollten die Schülerinnen und Schüler nach einem ersten stillen Lesen zunächst Vermutungen über die Figuren des Stücks und dessen Thema anstellen; dann können Informationen ergänzt werden. Der Schülertext auf S. 145 im Schülerband hat auch die Funktion, einige Hintergrundinformationen zum Stück und zur (nur unvollständig abgedruckten) Szene zu geben – im Gegensatz zu den sprachlichen Schwächen ist er dabei inhaltlich verlässlich.
Gerade die Reduktion des Dialogtextes auf einzelne Begriffe macht es möglich, sehr bewusst die Aussprache aller Wörter zu gestalten. Weitere Gestaltungsmöglichkeiten ergeben sich z. B. durch die Stellung der Figuren zueinander, durch den – dynamischen oder statischen – Umgang mit dem Raum etc.

2 *Naheliegender Oberbegriff: Wirtschaft.*
Klärung unbekannter Wörter:
- *Slump: starkes Fallen der Börsenkurse;*
- *Management-Buy-out: Übernahme einer Firma durch die eigene Geschäftsleitung;*
- *Point of no return: Punkt, an dem es kein Zurück mehr gibt.*

Die übrigen englischsprachigen Begriffe werden weiter unten erläutert (siehe die Hinweise zu Aufgabe 1 auf S. 150 im Schülerband, S. 175 in diesem Handbuch).

3 *Rechtschreib- und Zeichensetzungsfehler im Schülertext:*

In seinem 1997 veröffentlichten Theaterstück „Top Dogs“ beschäftigt	Z
sich der schweizer Autor Urs Widmer mit den Strukturen unserer	R: G/K
modernen Wirtschaft. Anders als man vielleicht erwarten könnte rich-	Z
tet er seinen Blick allerdings nicht auf die breite Masse der schlecht	
verdienenden kleinen Arbeiter und Angestellten sondern auf die	Z,
großen des Systems, dass heißt die Manager (und Managerinnen).	R:G/K, das/s,
Er zeigt das auch sie zu den Verlierern gehören können weil auch sie	Z, das/s, Z
von der Erfahrung des entlassen worden sein und des arbeitslos sein	R: G/K + G/Z, R: G/K+G/Z
nicht verschont werden. Dann reagieren die Einen mit Depressionen,	R: G/K*
die Anderen mit Aggressionen. In der dritten Szene des Stückes, die	R: G/K*
„die Schlacht der Wörter“ heißt lässt Widmer die Figuren eine lange	Z
Liste von marktwirtschaftlichen Begriffen sprechen. Die Wörter	
bezeichnen sowohl Anforderungen, die an Manager gestellt werden	
(z. B. „Kreativität“ „Einsatz“ „Motivation“ sowie „Belastbarkeit“) als	Z, Z, Z, Z

auch verschiedene Marketing-Strategien wie „New-public-Management" u.v.a.	R
Besonders wenn man sich die Szene in einer Inszenierung	
anschaut wird deutlich, das es sich hier um wirkliche „Schlagwörter"	Z, das/s
handelt. Widmer zeigt das mit hilfe von Sprache sowohl Macht, als	Z, das/s, R: G/K, Z
auch Gewalt ausgeübt werden kann. Nicht durch äußere Gewalt sondern	Z
allein durch das gezielte einsetzen von Begriffen wird die Wirtschaftswelt,	R: G/K,
und damit das Leben der darin arbeitenden bestimmt. Vor	Z, R: G/K
allem Dank der Beschönigungen und Verharmlosungen (z.B. „Management	R: G/K
by love") gelingt es dem Autor außerdem die Scheinheiligkeit und	Z
Falschheit dieses Systems zu entlarven.	

* **„die einen/die Einen" und „die anderen/die Anderen":** vgl. Hinweise zu Aufgabe 3, S. 175 in diesen Handreichungen.

b) *Fehlerschwerpunkte gibt es vor allem bei der Kommasetzung, aber auch bei der das/dass-Schreibung und im Bereich der Groß- und Kleinschreibung, hier besonders bei Nominalisierungen.*

4 a/b) *Noch aussagekräftiger wird die individuelle Fehlerstatistik, wenn nicht nur Klausurtexte, sondern auch (längere) Hausaufgabentexte jüngeren Datums mit einbezogen werden. Das Fehlerprofil ermöglicht es zum einen, gezielt Übungen zu den erkannten Problemfeldern anzubieten (individuell, ggf. aber auch für die gesamte Lerngruppe), zum anderen können die Schülerinnen und Schüler sich beim Überarbeiten ihrer Texte auf die für sie relevanten Fehlerbereiche konzentrieren.*

Mal zu viel, mal zu wenig – Kommaprobleme lösen

S. 146

1 a) *Kommafehler im Schülertext auf S. 145 im Schülerband:*
- *zu viel gesetzte Kommas: Z. 1, 17, 19;*
- *fehlende Kommas: Z. 4, 6, 7 (zwei Stück), 11, 13, 15, 16, 18, 21.*

b) *Zuordnung der Kommafehler zu den Regeln:*
- *fehlendes Komma bei entgegensetzenden oder einschränkenden Konjunktionen: Z. 6, Z. 18;*
- *fehlendes Komma bei Nebensatz: Z. 4, Z. 7 (zweimal), Z. 11, Z. 13, Z. 15, Z. 16;*
- *fehlendes Komma bei Infinitiv: Z. 21;*
- *Komma zu viel bei „sowohl ... als auch": Z. 17;*
- *Komma zu viel bei „und": Z. 19;*
- *Komma zu viel bei längerem Satz: Z. 1.*

2 a/b) *Gerade im Bereich der Kommasetzung lohnt es sich, genauer hinzusehen, wo exakt die Schwierigkeiten liegen, damit man sich bei der Fülle der Kommaregeln auf diejenigen beschränken kann, die tatsächlich noch nicht beherrscht werden. Hinweise auf besonders häufige Schwächen gibt der Tippkasten im Schülerband auf S. 147. Generell haben sich nach der Übergangszeit zur neuen Rechtschreibung vermeintliche Änderungen in den Köpfen festgesetzt, die insbesondere im Bereich der Kommasetzung bei Infinitiven zu häufigen Fehlern führen.*

3 *Urs Widmer: Aussagen zu „Top Dogs" – mit ergänzten Kommas:*
1. *Sie, die bis vor kurzem noch unangreifbar schienen, werden nun plötzlich entlassen, weil Unternehmen umstrukturiert, redimensioniert oder geschlossen werden.*
2. *Der Text ist das Echo vieler Gespräche, die wir mit Betroffenen und Beratern geführt haben.*

3. *Ja man kann sagen, dass diese an dem Stück mitgeschrieben haben, auch wenn kein Interview im Maßstab 1:1 im Stück auftaucht.*
4. *Und dies nicht nur aus Gründen der Diskretion, sondern auch aus künstlerischen.*
5. *Aber auch die Verdichtung und poetische Verwandlung dessen, was uns erzählt worden ist, enthält immer noch Wahrheiten und Informationen, die nicht unserer Fantasie entsprungen sind.*
6. *Vielleicht sensibilisiert „Top Dogs" die Zuschauer für Vorgänge, die bei vielen Betroffenen Scham auslösen, obwohl sie durchaus wissen, dass sie keine Schuld trifft.*
7. *Wir arbeiteten bei unserer Inszenierung mit beweglichen Zuschauertribünen, die immer neue Räume schufen.*
8. *So gab es Szenen, die den ganzen großen Theaterraum brauchten, und andere, die die Szenen in die äußerste Intimität trieben, indem die Schauspieler, die Schauspielerinnen den Zuschauern radikal nahe kamen.*
9. *Gewiss muss ein Theater an einem anderen Ort oder in einem anderen Land manche Texte den dort gegebenen Verhältnissen anpassen. (Kein Komma!)*

S. 148

„Das" oder „dass"? – Grammatisches Wissen und Proben nutzen

1 *Untersuchung des Schülertextes auf S. 145 im Schülerband:*

b) „dass" statt „das":
- *Z. 7: „Er zeigt, **dass** auch sie [...]."*
- *Z. 15 f.: „[...] wird deutlich, **dass** es sich hier um wirkliche Schlagwörter handelt. Widmer zeigt, **dass** mit Hilfe [...]."*

c) „das" statt „dass":
- *Z. 6: „[...] die Großen des Systems, **das** heißt die Manager [...]."*

d) Verschiedene Formen von „das":
- *„das" als Artikel: Z. 18, Z. 19;*
- *„das" als Demonstrativpronomen: Z. 6;*
- *„das" als Relativpronomen: –;*
- *Konjunktion „dass": Z. 7, Z. 16;*

Zur weiteren Übung können auch die Beispiele aus der folgenden Aufgabe 2 zugeordnet werden.

2 *a/b) Korrekte Verwendung von „das" und „dass":*
1. *Aber **das** gibt es doch gar nicht**,** **dass** einer **das** nicht hört.*
2. *Wir führen sogar **das** Senior-Executive-Programm**,** **das** von Konzernchefs in Anspruch genommen wird.*
3. *Ich bin die Hand oder **das** Bein**,** **das** können Sie nicht so einfach wegamputieren.*
4. *Wer sagt**,** wenn man mir einen Flammenwerfer gibt**,** **dass** ich **das** nicht kann?*
5. *Er hat **das** Schicksal gefunden**,** **das** ihm seine ganze Belegschaft gewünscht hat.*
6. ***Das** geht echt verloren in einer Arbeitsbeziehung**,** **dass** hinter jedem Projekt immer auch ein Mensch steht.*

3 *Diese Übung wirkt am nachhaltigsten, wenn sie regelmäßig eingesetzt wird.*

Das Lesen, ein Muss! – Groß- und Kleinschreibung

S. 149

1 *a/b) Nominalisierungen und Denominalisierungen:*
- *Nominalisierung von Adjektiven: „die* ***Großen*** *des Systems" (Nomensignal Artikel); weiteres Beispiel (allerdings Partizip, nicht Adjektiv – also auch Zuordnung unten bei Nominalisierung von Verben möglich): „das Leben* ***der*** *darin* ***Arbeitenden****" (Z. 19).*
- *Denominalisierung: „****dank*** *der Beschönigungen" (keine Deklination mehr möglich, Ersatz durch Pronomen nicht möglich, es kann kein Artikel, kein Adjektiv dazugesetzt werden); weiteres (allerdings nicht eindeutiges) Beispiel: „****mithilfe****" oder „****mit Hilfe****" (Z. 16).*
- *Nominalisierung von Verben: „das gezielte* ***Einsetzen*** *von Begriffen" (Nomensignale Artikel und Partizip als Attribut); weitere Beispiele: „die Erfahrung* ***des Entlassen-worden-Seins*** *und* ***des Arbeitslosseins****" (Z. 8).*

2 *Der Satz in der richtigen Groß- und Kleinschreibung:*
Ich *stelle mir vor, dass das* ***Inszenieren*** *und* ***Aufführen*** *dieses* ***Stückes*** *für die* ***Regie Führenden*** *[oder Regieführenden] wie für die* ***Spielenden*** *dank vieler ungewöhnlicher* ***Einfälle*** *des* ***Autors*** *etwas* ***Besonderes*** *ist, eine besondere* ***Herausforderung****.*

3 *Beispiele für weitere Verstöße gegen die Groß- und Kleinschreibung im Schülertext auf S. 145 im Schülerband:*
- *Z. 2: „der* ***Schweizer*** *Autor". Regel: Ableitungen von geografischen Eigennamen auf -er schreibt man groß.*
- *Z. 9: „die* ***einen*** *[...], die* ***anderen****" oder: „die Einen [...], die Anderen...". Regel: Der Regelfall ist hier die Kleinschreibung, aber wenn der Schreibende zum Ausdruck bringen will, dass das Zahladjektiv substantivisch gebraucht wird, ist auch Großschreibung möglich (vgl. Amtliche Regelung 2006, § 58 (5) und E4).*

Point of no return – Fremdwörter mit und ohne Bindestrich

S. 150

1 *Korrekte Schreibung und Bedeutung der Begriffe:*
- *Jobsharing: Aufteilung eines Arbeitsplatzes auf mehrere Personen;*
- *Outsourcing: Übergabe von bestimmten Firmenbereichen an spezialisierte Dienstleistungsunternehmen; Verlagerung der Produktion eines Unternehmens nach draußen bzw. ins Ausland;*
- *Joint Ventures: Zusammenschluss von Unternehmen;*
- *Taskforce: für eine begrenzte Zeit gebildete Arbeitsgruppe mit umfassenden Entscheidungskompetenzen zur Lösung komplexer Probleme;*
- *Marketingstrategie: Strategien für die Absatzförderung eines Unternehmens;*
- *Know-how, auch: Knowhow: Wissen, wie man eine Sache praktisch verwirklicht oder anwendet;*
- *Cashflow: Überschuss an finanziellen Mitteln nach Abzug der Ausgaben von den Einnahmen;*
- *Hotline: Telefonanschluss für schnelle Serviceleistungen;*
- *Training-on-the-Job: Erwerb beruflicher Fähigkeiten durch Einsatz am Arbeitsplatz;*
- *Innovationsmanagement: Management, das auf Neuerungen setzt;*
- *Corporate Identity: einheitliches Erscheinungsbild eines Unternehmens;*
- *Projektmanagement: Organisation eines Projektes;*
- *Break-even-Point: Rentabilitätsschwelle;*
- *Lean Management: verkleinerte Unternehmensführung.*

2 *Folgende Regeln gemäß der amtlichen Regelung von März 2006 sind für die Getrennt- oder Zusammenschreibung, Bindestrichschreibung sowie Groß-/Kleinschreibung von Fremdwörtern relevant:*

§ 37, E3: Lexikalisierte, ursprünglich aus dem Englischen stammende bzw. aus englischen Einheiten gebildete Zusammensetzungen werden zusammengeschrieben, z. B. *Hardware, Bandleader, Swimmingpool.*

§ 37, E 4: Aus dem Englischen stammende Bildungen aus Adjektiv und Substantiv können zusammengeschrieben werden, wenn der Hauptakzent auf dem ersten Bestandteil liegt, also *Hotdog* oder *Hot Dog, Softdrink* oder *Soft Drink*, aber nur *High Society, Electronic Banking* oder *New Economy.*

§ 45, E1: Aus anderen Sprachen stammende Verbindungen aus Substantiv und Substantiv, die sich im Deutschen wie Zusammensetzungen verhalten, werden zusammengeschrieben; ebenso ist die verdeutlichende Schreibung mit Bindestrich möglich: *Sexappeal (Sex-Appeal), Sciencefiction (Science-Fiction), Shoppingcenter (Shopping-Center), Desktoppublishing (Desktop-Publishing), Midlifecrisis (Midlife-Crisis).*

§ 45, E2: Aus dem Englischen stammende Substantivierungen aus Verb und Adverb schreibt man mit Bindestrich, das Adverb wird dann kleingeschrieben, zum Beispiel: *Make-up, Go-in.* Daneben ist auch Zusammenschreibung möglich, sofern die Lesbarkeit nicht beeinträchtigt ist, zum Beispiel: *Count-down (Countdown), Come-back (Comeback), Knock-out (Knockout), Stand-by (Standby).*

§ 55, (3): Die Großschreibung gilt für Substantive aus anderen Sprachen, wenn sie nicht als Zitatwörter gemeint sind. Sind sie mehrteilig, wird der erste Teil großgeschrieben. Beispiele: *das Crescendo, der Drink, das Center, die Ratio, die Conditio qua non, das Cordon bleu, eine Terra inkognita; das Know-how, das Make-up.*
Substantivische Bestandteile werden auch im Innern mehrteiliger Fügungen großgeschrieben, die als Ganzes die Funktion eines Substantivs haben, zum Beispiel: *die Alma Mater, die Ultima Ratio, das Desktop-Publishing, der Soft Drink, der Sex-Appeal, das Corned Beef.*

Ein Wörterverzeichnis und die Regeln der deutschen Rechtschreibung nach der Reform von 2006 finden sich z. B. auf der Website des Instituts für Deutsche Sprache: www.ids-mannheim.de, das Regelwerk unter der Adresse www.ids-mannheim.de/reform/regeln2006.pdf.

3 a) *Anstelle des Partnerdiktats können die Begriffe, ihre Pluralbildung und ihre Bedeutung auch Grundlage für ein Quizspiel mit entsprechenden Fragekärtchen werden, das dann bei verschiedenen Gelegenheiten gespielt und auch beständig um weitere Fachbegriffe ergänzt werden kann. Die Entwicklung und schriftliche Formulierung genauer Spielregeln kann der Lerngruppe übertragen werden und der Sicherung der Beschreibungs- und Erklärungskompetenz dienen.*

b) *Pluralbildung und Bedeutung der Begriffe:*
- *der Anapäst, die Anapäste: ein dreisilbiger Versfuß – unbetont, unbetont, betont (also wie das Wort selbst);*
- *der Apostroph, die Apostrophe: Auslassungszeichen;*
- *das Brainstorming, –: ein Verfahren, durch Sammeln spontaner Einfälle die (beste) Lösung für ein Problem zu finden;*
- *der Daktylus, die Daktylen: ein dreisilbiger Versfuß – betont, unbetont, unbetont (also wie das Wort selbst);*
- *das Epos, die Epen: erzählende Dichtung;*
- *der oder das Essay, die Essays: kürzere Abhandlung;*

- *der Euphemismus, die Euphemismen: Beschönigung;*
- *das Feuilleton, die Feuilletons: Kulturteil einer Zeitung;*
- *das Forum, die Foren: Öffentlichkeit, öffentliche Diskussion;*
- *das Genus, die Genera: grammatisches Geschlecht;*
- *der Jambus, die Jamben: ein zweisilbiger Versfuß – unbetont, betont;*
- *der Kasus, die Kasus: der (grammatische) Fall;*
- *das lyrische Ich; die lyrischen Ich[s]: Sprecher oder Sprecherin in einem Gedicht;*
- *das Metrum, die Metren: Versmaß;*
- *der Modus, die Modi: Aussageweise (Aktiv, Passiv);*
- *der Neologismus, die Neologismen: die Wortneuschöpfung;*
- *der Parallelismus, die Parallelismen: inhaltlich und grammatisch gleichartiger Bau von Satzgliedern oder Sätzen;*
- *der Plural, die Plurale: Mehrzahl;*
- *das Podium, die Podien: trittartige Erhöhung, kleine Bühne, z. B. für Redner, Diskutanten;*
- *das Ressort, die Ressorts: Geschäftsbereich, Teilbereich einer Zeitung;*
- *der Singular, die Singulare: Einzahl;*
- *die Sitcom, die Sitcoms: Situationskomödie;*
- *das Sonett, die Sonette: Gedichtform mit 14 Versen;*
- *die Talkshow, die Talkshows: eine Gesprächrunde im Fernsehen;*
- *das Tempus, die Tempora: Zeitform des Verbs;*
- *das Theater, die Theater: Aufführungsort von Dramen, Theaterstücken;*
- *der Trochäus, die Trochäen: ein zweisilbiger Versfuß – betont, unbetont.*

Lernerfolgskontrolle/ Thema für eine Klassenarbeit

Einen vorgegebenen Text überarbeiten

Ulla Hahn

Angstlied (1981)

Ich hab kein Haus
bin viel zu klein
bläst mich ein Wind
hinaus hinein

Ich hab kein Mann
bin viel zu bang
zünd meinen Himmel
selber an

Ich hab kein Herz
bin viel zu tot
weich warm verschneit
in liebe Not.

(Aus: Ulla Hahn: Herz über Kopf. Gedichte. Deutsche Verlags-Anstalt, Stuttgart 1981, S. 57)

Vorsicht Fehler!

Zu Ulla Hahn, Angstlied (1981)

Ein Gedicht, dass den Titel „Angstlied" trägt weckt viele Fragen, wer Angst hat, wovor hat er Angst usw. Die Antworten, die man beim lesen des Gedichts von Ulla Hahn bekommt sind einerseits ganz schlicht, andererseits aber nicht ganz einfach. Also vor allem die Sprache ist schlicht. Fast wie Kinderreime (der Kreuzreim ist immer nur halb), obwohl es gibt auch rhetorische Mittel, zum Beispiel die Alliteration in Z. 11 und die Ellipsen in den Zeilen 2, 6 und 10. Beim lyrischen Sprecher handelt es sich natürlich um eine Frau, weil in Zeile 5 heißt es, sie hat keinen Mann. Das Gedicht drückt Einsamkeit und Minderwertigkeitsgefühle aus, es schwankt zwischen einer Verzweiflungstat („zünd meinen Himmel selber an") und die Resignation schon tot zu sein (Z. 10). Wegen dem leichten Ton in dem alles rüberkommt klingt aber auch so etwas wie Selbstironie durch. Die letzten Zeilen bilden ein Widerspruch in sich, weil „weich warm" klingt positiv, „verschneit, und „Not" aber negativ. Man kann vermuten das die Frau sich mit ihrer Situation mehr oder weniger abgefunden hat.

1 a) *Unterstreiche im Text alle Fehler in den Bereichen Rechtschreibung, Zeichensetzung, Grammatik rot. Notiere am Rand, um welche Fehlerart es sich handelt (R, Z, Gr).*

b) *Markiere mit einem Textmarker Ausdrücke oder ganze Sätze, die stilistisch nicht gelungen sind.*

2 *Beschreibe und beurteile die sprachliche Qualität des Textes in einem kurzen Kommentar.*

3 *Schreibe den Text in überarbeiteter Form ab: Korrigiere dazu alle vorher markierten Fehler und formuliere stilistisch nicht gelungene Passagen um.*

Erwartungshorizont/Lösungshinweise

Das Gedicht von Ulla Hahn findet sich auch in Kapitel 12 auf S. 249 im Schülerband, sodass auch bei dieser Übung eine Anbindung an ein anderes Kapitel möglich ist.

Zu Ulla Hahn, Angstlied (1981)

Ein Gedicht, dass den Titel „Angstlied" trägt weckt viele Fragen, wer	*R, Z, Gr (Satzbau)*
Angst hat, wovor hat er Angst usw. Die Antworten, die man beim lesen	*R*
des Gedichts von Ulla Hahn bekommt sind einerseits ganz schlicht,	*Z*
andererseits aber nicht ganz einfach. Also vor allem die Sprache ist	
schlicht. Fast wie Kinderreime (der Kreuzreim ist immer nur halb),	*Gr (Satzbau)*
obwohl es gibt auch rhetorische Mittel, zum Beispiel die Alliteration	*Gr (Satzbau)*
in Zeile 11 und die Ellipsen in den Zeilen 2, 6 und 10. Beim lyrischen	
Sprecher handelt es sich natürlich um eine Frau, weil in Zeile 5 heißt es,	*Gr (Satzbau)*
sie hat keinen Mann. Das Gedicht drückt Einsamkeit und Minderwertig-	*Gr (Modus)*
keitsgefühle aus, es schwankt zwischen einer Verzweiflungstat („zünd	
meinen Himmel selber an") und die Resignation schon tot zu sein (Z. 10).	*Gr (Kasus), Z*
Wegen dem leichten Ton in dem alles rüberkommt klingt aber auch so	*Gr (Kasus), Z, Z*
etwas wie Selbstironie durch. Die letzten Zeilen bilden ein Widerspruch	*Gr (Kasus)*
in sich, weil „weich warm" klingt positiv, „verschneit, und „Not" aber	*Gr (Sb)*
negativ. Man kann vermuten das die Frau sich mit ihrer Situation mehr	*Z, R*
oder weniger abgefunden hat.	

Der Kommentar (Aufgabe 2) sollte vor allem auf die Häufung von Fehlern in den Bereichen Kommasetzung sowie bei der Stellung des finiten Verbs bei Nebensätzen hinweisen. Auch bei der Schreibung von das/dass wird jedes Mal die falsche Entscheidung getroffen. Stilistisch ist eine leichte Tendenz zur Umgangssprache zu beobachten. – Inhaltliche oder strukturelle Schwächen aufzudecken, wird gemäß der Aufgabenstellung in diesem Fall ***nicht*** *erwartet. Entsprechend kann auch die Korrektur (Aufgabe 3) lokal begrenzt an den markierten Stellen erfolgen.*

Literaturhinweise

Brenner, Gerd: Fundgrube. Methoden II. Für Deutsch und Fremdsprachen. Cornelsen Scriptor, Berlin 2007, S. 209–235: Schreibberatung

Heringer, Hans Jürgen: Grammatik und Stil. Praktische Grammatik des Deutschen. Cornelsen, Berlin 1989/1995

Lutz-Sikora, Barbara: Kriterien für die eigene Leistung entwickeln. Die Selbstbewertung von Schülerarbeiten in der Mittel- und Oberstufe des Gymnasiums. In: Praxis Deutsch, 155/1999, S. 51–53

Orthografische Zweifelsfälle. Praxis Deutsch, 198/2006

Stehr, Simone-Tatjana: „Insgesamt überzeugend – weiter so!" Klausuren beurteilen – im Dialog. In: Praxis Deutsch, 184/2004, S. 54–55

Welker-Sturm, Iris: Und dann kommt der Hammer: die Klausur. In: Praxis Deutsch, 155/1999, S. 54–57

8 Utopien – Texte im Kontext

Konzeption des Gesamtkapitels

Unterrichtsvorhaben zu den Themenfeldern „Utopien“ und „Sciencefiction“ finden sich schon seit Langem im Deutschunterricht und haben – bedingt vor allem durch die rasante wissenschaftliche und technische Entwicklung in der Gegenwart – nichts von ihrer grundsätzlichen pädagogischen und fachdidaktischen Bedeutung verloren. Diese liegt unvermindert im unmittelbar gegebenen Zukunftsbezug für die Jugendlichen. Gleichwohl zeigen sich auch wichtige Akzentverschiebungen. Standen früher oft soziale Utopien und Texte ihrer klassischen Vertreter im Vordergrund, so hat sich das nach dem Scheitern der großen politischen Gesellschaftsversuche gegen Ende des 20. Jahrhunderts etwas geändert. Realistisch erscheinende Utopien, z. B. aus den Bereichen Gentechnik, Klonforschung und Weltraumprojekte, haben an Bedeutung auch als Unterrichtsthema gewonnen. Ungeachtet dieser Entwicklung bleibt aber die soziale Dimension des Themas „Utopien“ erhalten, denn die genannten Beispiele aus Wissenschaft und Technik haben schon heute spürbare Auswirkungen auf die Gesellschaft und erst recht auf alle Formen sozialer Zukunftsdiskurse. Aufbau und Materialien des vorliegenden Kapitels tragen dieser Mehrschichtigkeit des Themas Rechnung.
Das erste Teilkapitel (**„Visionen vom Morgen – Sachtexte und literarische Texte erschließen“**) bietet deshalb – ausgehend von nah am Erfahrungshorizont der Schülerinnen und Schüler angesiedelten Bild- und Textimpulsen – zunächst eine Gegenüberstellung von Sachtexten und literarischem Text zu einem aktuellen Thema (Genforschung/Klonen), dann im historischen Kontrast und im Hinblick auf die zu vermittelnde Kompetenz der Kontextuierung die Begegnung mit dem Klassiker der sozialen Utopien, Thomas Morus' „Utopia“, schließlich unter dem leitenden methodischen Aspekt des „strategischen Lesens“ eine Auswahl von literarischen Texten zum Thema „Utopie“ aus dem 20. Jahrhundert.
Das zweite Teilkapitel (**„Außerirdische Lebensräume? – Texte in Beziehung setzen und bewerten“**) konzentriert sich thematisch auf die Faszination von Weltraumprojekten, die zeigen, wie konkret bestimmte technische Utopien geworden sind. Methodisch lädt das Teilkapitel dazu ein, die Kompetenz, Texte eigenständig zu erarbeiten und miteinander zu vergleichen, Schritt für Schritt zu sichern und weiter zu entfalten; dies schließt die schriftliche Erarbeitung auf der Basis eines Schreibplans mit ein.
Das dritte Teilkapitel (**„Hörspiel und Podcast – Utopieentwürfe akustisch umsetzen“**) stellt ergänzend – von Orson Welles' berühmtem Hörspiel-Szenario „Krieg der „Welten“ ausgehend – Möglichkeiten für eine medial erweiterte Auseinandersetzung mit dem Thema „Utopien“ vor.

Weiteres Übungsmaterial zu diesem Kapitel

Übungsmaterial im **„Deutschbuch Arbeitsheft 10“**
– Erzähltexte erschließen: S. 66–71

		Inhalte	Kompetenzen
S. 151	8.1	**Visionen vom Morgen – Sachtexte und literarische Texte erschließen**	**Die Schülerinnen und Schüler können** – politisch-gesellschaftliche, technische oder medizinisch-biologische Zukunftsideen entwickeln und diskutieren;
S. 152		**Der künstliche Mensch – Utopien werden greifbar** Texte von Lim Chang-Won, Christian Stöcker und Michel Houellebecq	– Sachtexte und literarische Texte mit Hilfe von gezielten fachlichen Leitfragen, Multiple-Choice-Verfahren und produktionsorientierten Aufgaben erschließen; – die Ergebnisse der Sachtextanalysen mit dem literarischen Textbeispiel (Houellebecq) vergleichen;
S. 156		**Thomas Morus: „Utopia" – Einen literarischen Text im Kontext verstehen**	– vorgegebene Gesichtspunkte zur Klärung des Textverständnisses nutzen; – einen Lexikonartikel zur angemessenen Kontextuierung eines historischen Textes heranziehen;
S. 160		**„Das ist doch utopisch!" – Annäherung an einen Begriff**	– einen Informationstext zur Fundierung ihres themenbezogenen Grundwissens und zur Klärung wichtiger Utopiebegriffe nutzen;
S. 161		**Literatur ist Utopie – Strategisch lesen** Texte und Gedichte von R. Walser, H. M. Enzensberger, G. Kunert, U. Widmer	– literarische Texte nach einem vorgegebenen Plan eigenständig erarbeiten.
S. 167	8.2	**Außerirdische Lebensräume? – Texte in Beziehung setzen und bewerten**	**Die Schülerinnen und Schüler können** – anhand eines vorgegebenen Arbeitsplans und mit einer vertrauten Lesestrategie literarische Texte eigenständig vergleichend bearbeiten;
S. 167		Friedrich Dürrenmatt **Das Unternehmen der Wega**	– auf der Basis von methodischen Hilfestellungen, inhaltlichen Impulsen und vertrauten Arbeitstechniken themenbezogene Materialien (Sachtexte, diskontinuierliche Texte) in Beziehung setzen und ansatzweise dazu Stellung nehmen;
S. 170		Herbert W. Franke **Mars, dritter Tag**	– dabei u. a. den realistischen Kern der beiden literarischen Texte ermessen;
S. 171		**Einen Schreibplan aufstellen, Untersuchungsergebnisse formulieren**	– systematisch eine komplexe Aufgabenstellung schriftlich lösen.
S. 172	8.3	**Hörspiel und Podcast – Utopieentwürfe akustisch umsetzen**	**Die Schülerinnen und Schüler können** – anhand eines Beispiels genretypische Gestaltungselemente erkennen und ihre Wirksamkeit überprüfen;
S. 172		**Orson Welles: „Krieg der Welten"**	
S. 173		**Hörspielideen technisch umsetzen**	– Elemente eines traditionellen bzw. eines neuen technischen Mediums zur akustischen Umsetzung einer eigenen Utopiegeschichte anwenden.

8.1 Visionen vom Morgen – Sachtexte und literarische Texte erschließen

S. 151

1 *Unabhängig davon, dass ein Großteil der Schüler (und hier wohl weiterhin eher die Jungen) mit Science-fiction-Szenarien und entsprechenden Bildern heute mehr denn je vertraut sind, dürfte es allen Schülerinnen und Schülern leichtfallen, passende Stichwörter zu den Bildern im Schülerband zu notieren, z. B.:*

- *Wunsch nach unbegrenzter Mobilität;*
- *Technik und Dynamik (vor allem im zweiten Bild);*
- *zukünftiges Leben auf fernen Planeten (drittes Bild).*

Zukunftsvorstellungen, wie sie Bild 1 zeigt, sind im Grunde heute schon verwirklicht (sowohl was die Hochhaus-Stadtlandschaft betrifft wie auch die automatisierte Fortbewegungsmöglichkeit). Motive wie in Bild 2 finden sich häufig in der Werbung (Autobranche, Medizin/Pharmaindustrie, Sport).
Nicht uninteressant ist der historische Aspekt der Bilder: Darstellungen wie in Bild 1 finden sich häufig in der ersten Hälfte des 20. Jahrhunderts, als die Verwirklichung technischer Utopien realistischer wurde (vgl. auch das rasante Wachstum der Großstädte seit 1900 und die sie begleitende Architektur und Infrastrukturentwicklung). Motive wie in Bild 2 zeigen sich verstärkt seit den 1980er Jahren, als entsprechende Computeranimationen möglich wurden. Motive wie in Bild 3 tauchen durchgängig schon seit der zweiten Hälfte des 19. Jahrhunderts auf (vgl. z. B. Illustrationen zu Jules Vernes Romanen) und haben sich – trotz der heute existierenden realen Fotos von Mond und Mars – kaum geändert, was zeigt, dass die Fantasie der Erfinder, Forscher und Schriftsteller seit dem 19. Jahrhundert eine hohe Qualität und einen wohl kaum erahnten realistischen Kern besaß.

2 *Je nach zur Verfügung stehender Zeit bzw. je nach Planung des Unterrichtsvorhabens kann diese Arbeitsanregung knapp in Form eines Brainstormings genutzt werden, als Ergänzung zu Aufgabe 1; lohnend wäre es natürlich, der Klasse mehr Zeit einzuräumen. Wichtig bleibt auf jeden Fall die angegebene Differenzierung der Vorstellungen von einem zukünftigen Leben in den politisch-gesellschaftlichen, den technischen und den biologischen Bereich, für die sich die Form einer Gruppenarbeit anbietet.*
Mögliche Ideen:

Das Leben in einer zukünftigen Welt

politisch-gesellschaftliche Ideen	Technik/Verkehr	Biologie/Medizin
- UNO wird Weltregierung mit exekutiver Gewalt - die Regionen erhalten wieder mehr Autonomie; kulturelle Vielfalt wird garantiert - generationenübergreifende Wohnprojekte - wieder mehr Selbstversorgung	- automatisierter Nahverkehr ohne Nutzung fossiler Brennstoffe - ...	- durchschnittliche Lebenserwartung steigt auf 110 Jahre und spezifische Alterserkrankungen (Alzheimer) werden besiegt - ...

Variante: In Form eines Clusters oder eines Flussdiagramms können Interdependenzen zwischen den einzelnen Bereichen anschaulicher präsentiert werden.

Der künstliche Mensch – Utopien werden greifbar

S. 152

Lim Chang-Won

Koreas Sittenkodex für Roboter

S. 152

1 *Wesentliche inhaltliche Aspekte des Textes:*
- *Drei anschauliche Beispiele sollen demonstrieren, dass Südkorea eines der führenden Länder bei der Entwicklung von Robotern ist.*
- *Ein Regelwerk soll sicherstellen, wie in Zukunft Menschen und Roboter ohne Probleme zusammenleben können: Weder soll der Mensch Gefahr laufen, die Kontrolle über die Roboter zu verlieren, noch soll die technische Entwicklung der intelligenten Maschinen eingeschränkt werden.*
- *Statt einer in große Worte gefassten Roboterethik verlangt ein Vertreter der Roboterindustrie praktische Richtlinien für die kommenden Einsatzbereiche der Roboter: Diese liegen z. B. in der vollautomatischen Kinder- und Altenbetreuung.*
- *Die südkoreanische Regierung investiert viel Geld in die Roboterindustrie, weil sie sie als einen Wachstumsmotor für die Gesamtwirtschaft sieht.*

2 *Auf den Text zutreffende bzw. nicht zutreffende Aussagen:*
- *Der Verfasser steht den Roboterprojekten grundsätzlich positiv gegenüber. → Trifft nicht zu, da der Verfasser eine neutrale Haltung einnimmt.*
- *Der Verfasser zeigt sich verwundert über das Vorhaben. → Trifft ebenfalls nicht zu.*
- *Die Robotertechnologie ist ein wichtiger Wirtschaftsfaktor. → Trifft zu.*
- *Der Text lässt auch Gegenstimmen zu Wort kommen. → Trifft zu.*
- *Der Text weist auf mehrere praktische Verwendungszwecke der neuen Roboter hin. → Trifft zu.*
- *Der Schwerpunkt des Textes liegt in der Darstellung der Robotertechnik. → Trifft nicht zu; es geht mehr um die soziale und wirtschaftliche Dimension.*

3 *a) Elemente der Reportage in dem Text:*
- *Hintergrundinformationen: z. B. Z. 7–14, 31–47 sowie der gesamte Schlussabschnitt ab Z. 56;*
- *Interviewausschnitte: Z. 15–24, 49–52;*
- *anschauliche Momentaufnahmen: Beginn (Aufhänger) des Artikels, Z. 1–7.*

b) Aufbau des Artikels:
- *Beginn: anschauliche Beispiele (sollen beim Leser Interesse wecken);*
- *kurze Hintergrundinformation und Nennen des Leitthemas: Notwendigkeit der Entwicklung einer „Roboterethik";*
- *Untermauerung der Ernsthaftigkeit des Themas durch Zitate eines führenden Wissenschaftlers;*
- *Erläuterung des Ziels, einen Sittenkodex für Roboter zu entwickeln;*
- *weitere Untermauerung der These, dass das Roboterzeitalter begonnen hat, durch Verweise auf Expertenmeinungen aus dem Bereich Computertechnik mit Zuspitzung der Brisanz des Themas: ehrgeiziges Ziel Südkoreas: 2013 ein Roboter in jedem Haushalt;*
- *damit verbunden also Dringlichkeit des Themas „Roboterethik";*
- *Gegenüberstellung von Meinungen aus Forschung und Industrie;*
- *Praxisrelevanz und konkrete Projekte (Kinder- und Altenpflege);*
- *Wirtschaftsfaktor „Roboter" und Staatsinvestitionen in Südkorea;*
- *das Beispiel im Schlusssatz setzt einen zusätzlichen Akzent („Robot Land"-Projekt) und unterstreicht damit die konkrete lohnende Zukunftsperspektive.*

Die ***Reihenfolge der Reportageelemente*** *ist keinesfalls beliebig; sie folgt dem „klassischen" Muster: möglichst anschaulich-lebendiger Aufhänger, Fokussierung des Leitthemas, Untermauerung durch Expertenmeinungen, eventuell Differenzierung (Meinung/Gegenmeinung), konkrete Beispiele/weitere Hintergrundinformationen, Schlussfolgerung, Pointe oder pointierter Schlusssatz, der beim Leser möglichst haften bleiben soll.*

4 *Bei der Einschätzung, ob die im Text erwähnten zukünftigen Einsatzbereiche der Roboter eher eine positive oder eher eine negative Utopie darstellen, sind konträre Meinungen in der Klasse zu erwarten, da sich für beide Richtungen gute Argumente finden lassen:*

eher positive Utopie	*eher negative Utopie*
- anders wird in Zukunft die Altenpflege nicht mehr zu bewältigen sein - besser als ständiges Alleinsein der älteren Menschen - soll in erster Linie wohl der Sicherheit dienen, falls jemand hinfällt oder keine Hilfe mehr holen kann - Kinder sind ständig beaufsichtigt - Entlastung für Mütter/Väter und Kindergärtnerinnen - zudem haben Kinder Spaß am Roboter, nehmen ihn als interessantes Spielzeug wahr - …	- verstärkt die Einsamkeit der alten Menschen - Alibi für eine Gesellschaft, die sich nicht mehr genug um die Alten kümmert - Maschinen können niemals den menschlichen Kontakt ersetzen - …

5 *Denkbar wären z. B. folgende Vorschläge für Regeln, mit denen ein Computer unbedingt programmiert sein sollte:*

1. *Greife ein menschliches Wesen niemals an.*
2. *Achte bei „körperlichem" Kontakt (Berührungen) auf die Druckstärke deiner Bewegungen.*
3. *Habe Geduld.*
4. *Höre gut zu.*
5. *Frage nach, wenn du nicht sicher bist, ob du dein Gegenüber richtig verstanden hast.*
6. *Kontrolliere stets deinen Energiestatus.*
7. *Vermeide unnötige Bewegungsabläufe, damit deine Mechanik und Elektronik geschont werden.*
8. *Versuche, dich auf dein Gegenüber einzustellen; speichere seine Gewohnheiten, seinen Sprachduktus etc.*
9. *Bleibe aber flexibel und offen für Veränderungen.*
10. *Vergiss nie, dass du ein Geschöpf des Menschen bist.*

Christian Stöcker

S. 153

Gentechnik-Sensation

1 a) *Zusammenfassung der Forschungsergebnisse in der synthetischen Biologie:*

- *Das vollständige Erbgut (Genom) eines Bakteriums wurde erstmals künstlich hergestellt; das Bakterium „Mycoplasma genitalium" besitzt das kleinste bekannte Genom aller Zellen = 580 076 Basenpaare (zum Vergleich: über drei Milliarden beim Menschen).*
- *Das erfolgreiche Experiment stelle die vorletzte Etappe auf dem Weg zur Schaffung künstlichen Lebens dar. Die erste Etappe war das Einsetzen eines Genoms von einem Bakterium in ein anderes. Nun müssen noch beide Schritte kombiniert werden.*
- *Ein Lebewesen ist das künstliche Erbgut aber noch nicht, dazu muss es erst in eine vorhandene Zelle eingebracht werden.*

b) *Vorschlag für ein Tafelbild:*

Chancen der Genforschung	Gefahren der Genforschung
- in der Medizin z. B. Ersatz für kranke Organe, Körperteile etc. - neue Medikamente - Bekämpfung von Umweltproblemen (CO_2-fressende Mikroben) - Produktion günstigen Biotreibstoffs - in der Nahrungsmittelproduktion z. B. Züchtung widerstandsfähiger Sorten, die wenig Wasser benötigen, gegen den Hunger und angesichts von Trockenheit in großen Teilen der Welt - ...	- noch unbekannte Langzeitfolgen - unabsehbare Risiken etwa bei gentechnisch veränderten Lebensmitteln - Missbrauch in der medizinischen Nutzung, z. B. bei der „Schaffung" von „Wunschkindern" - Missbrauch im militärischen Bereich - ...

2 a) *Sachliche Reflexion und emotionale Aufnahme der Entdeckungen:*

- *sachliche Darstellung: weitgehend der gesamte Artikel;*
- *emotionale Reaktionen: Z. 20 f., 48–56 und Schlussabsatz, Z. 94–97.*

b) *Man kann die Diskussion auf den ganzen problematischen Satz von Venter ausdehnen, das Leben sei nichts anderes als „Maschinerie, und indem wir lernen, es zu beeinflussen, wird es zur Technologie" (Z. 54 ff.).*
Die Schülerinnen und Schüler werden sicherlich Beispiele aus dem technisierten Alltag bringen. Diese können dann ansatzweise auf folgende, im öffentlichen Diskurs häufig in diesem Zusammenhang aufgeworfene Fragen bezogen werden:

- *Besteht das Leben nur aus empirisch überprüfbaren Tatsachen? Ist der Mensch nicht mehr als eine bloße Maschine?*
- *Ist alles technisch Machbare auch für eine humane Zukunft wünschenswert?*
- *Kann sich der unaufhaltsame Prozess des technischen Fortschritts gegenüber dem Menschen verselbstständigen?*
- *Lässt sich die Natur, zu der der Mensch ja nun einmal gehört, als „Maschinerie" bezeichnen, wie es Venter tut? Oder ist der Begriff in diesem Zusammenhang nur als Metapher zu verstehen?*

3 *Die Arbeitsanregung ähnelt Aufgabe 5 von S. 153 im Schülerband. Sie lässt sich zudem gut an die Diskussion des letzten Spiegelstrichs bei den Hinweisen zu Aufgabe 2b anschließen, etwa mit der Fragestellung: Wie lassen sich Vorteile und Nachteile des notwendigen technischen Fortschritts besonnen und verantwortungsvoll miteinander abwägen? Die Schülerinnen und Schüler können sich auch im Internet unter dem Stichwort „Genomforschung und Ethik" informieren und ihre Rechercheergebnisse in ihre „Gesetze" einfließen lassen.*

4 *Für die „Artikel aus der Zukunft" kann sinnvollerweise auch ein Rahmen gesetzt werden, der den Schülerinnen und Schülern empfiehlt, ihre Fantasie mit den möglichen realistischen Perspektiven zu verbinden; das heißt, es bietet sich an, erst eine Stoffsammlung zu* **einem** *Bereich der synthetischen Biologie anzulegen: Medizin, Nahrungsmittelproduktion, Einsatz in der praktischen Umweltpolitik etc., und darauf den eigenen Artikel aus dem Jahr 2050 zu konzentrieren.*

S. 155

Michel Houellebecq
Die Möglichkeiten einer Insel

1 *a) Aus dem Text zu entnehmende Informationen über das Leben des Neo-Menschen: Er „ernährt" sich von Sonnenstrahlen, Wasser und „einer kleinen Menge" Mineralsalze; er braucht ansonsten nichts mehr zu essen, er lebt wie eine Pflanze. Aus dem Vorspann wird zudem deutlich, dass er ohne körperliche Kontakte lebt, nur per Internet kommuniziert. Indirekte Folgerungen sind unter anderem: Es gibt keine aufwändigen Essenszeiten mehr, keine Verdauung und keine Ausscheidungen mehr außer Schweiß, keine individuelle Fortpflanzung; den Neo-Menschen erwartet eine nahezu unbegrenzte Lebensdauer, sein Leben kennzeichnet gegenüber dem des „Normalmenschen" ein enormer Zeitgewinn etc.*

b) Je nach Begabung reichen einfache Strichzeichnungen des Neo-Menschen, die die Informationen aus dem Text berücksichtigen.

c) Mögliche Vorteile des Lebens als Neo-Mensch: nicht mehr von Nahrungsmittelzufuhr abhängig; keine Umweltbelastung mehr durch expansive und intensive Agrarindustrie; besserer Tierschutz ist möglich; längeres Leben; kaum Krankheiten; mehr Zeit für Kultur, Freizeit etc. – Gleichzeitig kann aber auch auf die Nachteile hingewiesen werden: Essen z. B. kann auch Genuss sein und der Geselligkeit dienen; geklonte Wesen bedeuten auch geringere Vielfalt, Individualität, Entwicklungsmöglichkeiten, Begabungsunterschiede etc.

2 *a) Die hier fiktiv beschriebene „genetische Standard-Korrektur" (Z. 39 f.) bedeutet die beliebige Reproduzierbarkeit eines bewusst veränderten Menschentypus, der zwar den überwiegenden Teil der Gene noch mit seinen „Vorfahren" gemein hat, dennoch in entscheidenden Punkten von ihnen abweicht und deshalb eine neue Spezies darstellt.*

b) Zieht man die erfolgreichen Klonversuche in der Tierwelt heran, so wird man in ferner Zukunft eine durch Gentechnik veränderte Menschenart durchaus für möglich halten können. Die Frage ist auch, ob es noch andere Dimensionen bei der Entstehung eines „neuen Menschen", z. B. in der evolutionären Entwicklung, geben könnte.

3 *a/b) Wegen des hohen Stellenwerts, den das brisante Thema genetisch oder technisch veränderter Menschen in vielen Filmproduktionen hat (was heutzutage zugleich ein Indikator für die öffentliche Bedeutung des Themas ist), und wegen der motivierenden Attraktivität des Mediums Film für die*

Schülerinnen und Schüler ließe sich diese Arbeitsanregung auch für eine eigenständige Unterrichtssequenz nutzen (hinsichtlich der Zeitökonomie z. B. als Alternative zum dritten Teilkapitel). Zu Filmen wie z. B. „Metropolis", „Matrix" und „Minority Report" liegen zudem Unterrichtsmaterialien vor. Dann könnten die vorgeschlagenen Arbeitsschritte auch etwas detaillierter ausgeführt werden:

1. *Recherche solcher Filme mit Hilfe von Filmlexika und Internet. Die Präsentation sollte enthalten: kurze Inhaltsangabe, Entstehungsjahr, Regisseur/in, eventuell bekannte Schauspieler, öffentliche Resonanz (Pressestimmen/Filmkritiken), Szenenfotos/Standfotos (falls vorhanden);*
2. *Vergleichende Analyse von zwei Filmen anhand von Ausschnitten und Hintergrundmaterial.*

Thomas Morus: „Utopia" – Einen literarischen Text im Kontext verstehen

S. 156

1 *Die folgenden Themen werden in den Textauszügen deutlich und ausführlich angesprochen: Organisation des Zusammenlebens – Herrschaftsstruktur/Staatsaufbau – Alltagsleben – Arbeit – Verhältnis zu Eigentum und Geld – Rolle der Frau, Rolle des Mannes – Kindererziehung – städtische oder ländliche Lebensweise.*
Der Gesichtspunkt „Bildung" wird einmal eher indirekt erwähnt (Z. 143 ff.), der Aspekt „Glaube/ Weltanschauung" erscheint in den im Schülerband wiedergegebenen Auszügen nur indirekt.

2 *Als „Starthilfe" für die eher reproduktiv-beschreibende, der Sicherung des Textverständnisses dienende Aufgabe können die Gesichtspunkte aus Aufgabe 1 genutzt werden; einzeln oder in Partnerarbeit erhalten die Schüler den Auftrag, wenigstens zwei der genannten Themen zu beschreiben und zu erläutern.*

3 *Die Eingangsfrage – „Würdet ihr gerne in ‚Utopia' leben?" – lässt sich in Klassen besonders anregend anhand des Themas „einfache Einheitskleidung" diskutieren. Anders noch als in den 1960er und 1970er Jahren, als Vorstellungen über eine Einheitskleidung als Ausdruck eines sozial gerechten und gleichen Lebens bei einem Teil der Jugendlichen in Westeuropa und Nordamerika durchaus mit Sympathie diskutiert wurden (vgl. auch den blauen Mao-Anzug in China), lehnen heute die Jugendlichen solche Ansichten wohl durchweg ab, meist mit Verweis auf das Recht individueller Freiheit und die Freude an der Vielgestaltigkeit. Aktualität besitzt das Thema zudem angesichts der Diskussionen über eine einheitliche Schulkleidung, für die sich schon eine Reihe von Schulen entschieden haben (und die in anderen Ländern eine ungebrochene Tradition besitzt).*
Heute noch aktuelle Merkmale „Utopias" sind im Hinblick auf gesellschaftspolitische Diskussionen vor allem: die Frage sozialer Gerechtigkeit, die Verbindung von Staat und Gemeinwohl, gesicherte Grundversorgung für alle, soziale Absicherung auch im Alter, ausgewogenes Verhältnis von Arbeit und Freizeit.

4 / **5** *Die beiden Aufgaben dienen dazu, den Schülerinnen und Schülern ein angemessenes „Fremdverstehen" des Textes von Morus zu ermöglichen und sie auf die in der Sekundarstufe II und im Zentralabitur vorausgesetzte Kompetenz der eigenständigen Kontextuierung von Texten, Textaussagen und Problemstellungen vorzubereiten. Thomas Morus' „Utopia" vor dem historischen Hintergrund zu deuten, heißt so vor allem, seine Schrift als Antwort auf die zu seiner Zeit schlechte soziale Lage der Bauern, Heimarbeiter und Handwerker zu lesen: Steuererhöhungen (u. a. durch Militärausgaben bedingt), Inflation, die Privatisierung von ehemals allen Bewohnern zustehendem Land (enclosure movement) zur gewinnbringenden Nahrungsmittelproduktion durch Großgrundbesitzer führten zu Vertreibung, Verarmung und in der Folge auch zur Verwahrlosung der Bauern und Handwerker; die Heimarbeiter waren durch neue Wirtschaftsformen (Verlagswesen in der Tuchproduktion) zunehmender Ausbeutung ausgesetzt. Damit verglichen musste den Zeitgenossen dann – anders als uns – das Leben in „Utopia" paradiesisch erscheinen.*

S. 160

„Das ist doch utopisch!" – Annäherung an einen Begriff

1 *Den Aufbau des Textes kennzeichnen z. B. folgende Zwischenüberschriften:*
- *Der Begriff „Utopie" im alltäglichen Sprachgebrauch (1. Abschnitt)*
- *Wortbedeutung und ihre Herkunft aus dem Griechischen*
- *Eingang des Begriffs in den Sprachgebrauch durch den romanhaften Staatsentwurf des englischen Humanisten Thomas Morus*
- *Von der Insel in die Zukunft: zur Wandlung des (literarischen) Utopiebegriffs*
- *Fortschrittsoptimismus und neue technische und soziale Utopien im 19. und 20. Jahrhundert*
- *Anti-Utopien seit Beginn des 20. Jahrhunderts*
- *Gegenwart: Utopie und Sciencefiction im Zeitalter des Computers, der Weltraum- und der Genforschung*
- *Utopie und Kulturgeschichte*

2 *Von den Inselutopien zu Zukunftsutopien: Die Inselutopien wurden durch das gerade begonnene Zeitalter der Entdeckungen (seit dem 15. Jahrhundert) angeregt. Die geschilderten utopischen Gesellschaften auf fernen Inseln erhielten dadurch einen realistischen Anstrich und den Lesern wurden die Bedingungen für eine Realisierung utopischer Vorstellungen vor Augen geführt; vor allem sollten die Utopien als Spiegel für das eigene Verhalten und die Zustände im eigenen Land dienen. Der Wandel zu den Zukunftsutopien verdankt sich einerseits der vollständigen Entdeckung der Welt (die Glaubwürdigkeit einer tatsächlich auf der Welt existierenden utopisch-paradiesischen Gesellschaft ließ sich trotz der vermeintlichen Südsee-Idyllen nicht aufrechterhalten), andererseits aber vor allem auch den verbindlicheren gesellschaftspolitischen Vorstellungen seit der Aufklärung und der Französischen und der Amerikanischen Revolution, die eine Veränderung der Lebensumstände und der politischen Verhältnisse auf der Basis einer Idee tatsächlich als durchführbar erscheinen ließen. Die auf außerirdischen Planeten angesiedelten Gesellschaftsutopien kann man wiederum in gewisser Hinsicht als die „logischen" Erben der einstigen Inselutopien ansehen: Was unseren Vorfahren die unbekannten Inseln waren, sind uns die technisch näher rückenden fremden Planeten.*

3 *a) „Totalitär" bedeutet im Wortsinn zunächst „alles umfassend", dann vor allem „(sich) alles unterwerfend" (Staat, Regierung, Gesellschaft).*

b) In der Geschichte könnten vor allem der nationalsozialistische deutsche Staat und kommunistische Staaten wie die Sowjetunion oder China als totalitäre Staaten oder Systeme bezeichnet werden. In der Gegenwart könnte der Begriff noch in Bezug auf Nordkorea verwendet werden.

4 *Im Interesse einer differenzierenden Annäherung und schülergerechten Veranschaulichung des facettenreichen Utopiebegriffs wäre es schön, wenn möglichst alle im Schülerband angegebenen Begriffe bei der Verteilung auf die Arbeitspaare berücksichtigt würden. Gegebenenfalls kann ein Losverfahren gewählt werden. Doppelbearbeitungen sind möglich, sollten dann aber nach Absprache den Begriff an unterschiedlichen Beispielen vorstellen. Um die Überschneidungsmerkmale zwischen den im Schülerband genannten Begriffen und der „Utopie" genauer zu erfassen, können die Schülerinnen und Schüler auf den Informationstext auf S. 160 f. im Schülerband zurückgreifen.*

Literatur ist Utopie – Strategisch lesen

S. 161

Wenngleich dieses Unterkapitel den Schüler/innen schwerpunktmäßig einen Plan zum kompetenzorientierten *eigenständigen Erarbeiten* literarischer Texte anbietet, so mögen zur weiteren Erschließung der Texte doch auch die folgenden Fragen und Anregungen hilfreich sein.

Robert Walser: „Fantasieren“

S. 163

1 *Welche Rolle spielt der Einleitungssatz? Welche Erwartung ruft er hervor? Achtet auf das Adverb.*

2 *Über welche Eigenschaften verfügen die Menschen in Walsers Text? Wodurch ist die Gesellschaft gekennzeichnet? Legt eine Tabelle nach folgendem Muster an:*

Menschen	Gesellschaft
freundlich ohne Schadenfreude	kein Gegensatz zwischen „arm und reich“ ...

3 *Erschließt Funktion und Aussage des Schlusssatzes. Findet sich schon vorher im Text eine Stelle, die auf die Aussage des Schlusssatzes hindeutet?*

4 *Inwiefern umschreibt der Text auch dem Wortsinne nach den Begriff „Utopie“? Zieht vergleichend den Informationstext auf S. 160 f. im Schülerband heran.*

Hans Magnus Enzensberger: „Utopia“

S. 164

1 *Das Gedicht stellt einiges unserer gewohnten Wahrnehmung und geltenden Gesellschaftsordnung auf den Kopf. Nennt Beispiele und erläutert, inwiefern sie für Enzensberger Kennzeichen einer utopischen Gesellschaft sind. Besorgt euch zur Texterschließung Informationen über die Gesellschaft der Bundesrepublik in den 1950er Jahren sowie zum Stichwort „literarische Groteske“.*

Günter Kunert: „Unterwegs nach Utopia II“

S. 165

1 *Worin liegt der Überraschungseffekt, mit dem das Gedicht spielt?*

Urs Widmer: „Mein Staat, eine Utopie“

S. 165

1 *Welche typischen Merkmale einer utopischen Gesellschaft findet man in diesem Text wieder? Inwiefern kann man sagen, dass der Verfasser mit diesen Merkmalen „spielt“?*

2 *Zu den Grundlagen und Zielen einer idealen utopischen Gesellschaft gehört die persönliche Freiheit. Ist sie in dem von Widmer geschilderten Staat gegeben?*

3 *Informiert euch über das Märchen vom Schlaraffenland. Vergleicht es mit dem Text von Urs Widmer.*

4 *Belegt am Text, inwieweit er als Satire bezeichnet werden kann (vgl. S. 78 im Schülerband).*

5 *Eine der Funktionen der Satire liegt darin, durch Lächerlichmachen bestimmte Zustände oder Vorstellungen zu entlarven. Was würde demnach der Text von Widmer entlarven wollen?*

8.2 Außerirdische Lebensräume? – Texte in Beziehung setzen und bewerten

Je nach individueller Unterrichtsplanung bzw. dem Grad der Lernvoraussetzungen/der methodischen Kompetenzen kann dieses Teilkapitel eigenständig von den Schülerinnen und Schülern erarbeitet werden oder man erarbeitet zunächst gemeinsam die einzelnen Texte, um anschließend die Schüler den empfohlenen Schreibplan (S. 171 im Schülerband) aufstellen und umsetzen zu lassen.

S. 167 **1** *a) Textsortenbestimmung:*
- *M1 „Das Unternehmen der Wega" von Friedrich Dürrenmatt: fiktionaler Text, Textsorte satirisches, zeitkritisches Hörspiel;*
- *M2 und M5: informierende, wissenschaftsjournalistische Sachtexte;*
- *M3 „Venus und Erde in Zahlen": diskontinuierlicher Text;*
- *M4 „Mars, dritter Tag" von Herbert W. Franke: fiktionaler Text, Textsorte Roman/Sciencefiction-Literatur.*

Zusätzliche Arbeitsanregungen zu einzelnen Texten

S. 167 Friedrich Dürrenmatt: „Das Unternehmen der Wega"

1 *Der Hörspielauszug zeigt sowohl Elemente positiver als auch negativer Utopie. Listet sie jeweils auf.*

2 *Überprüft folgende Aussage am Text: „Die Sciencefiction-Handlung dient dem Verfasser dazu, dem Leser auf der Erde einen Spiegel vorzuhalten."*

3 *Informiert euch über den zeitgeschichtlichen Hintergrund des Stücks. Stichworte: Nachkriegszeit, 1950er Jahre, Kalter Krieg zwischen Ost und West im Zeichen von Atom- und Wasserstoffbombe, Beginn der Weltraumprogramme.*

S. 170 Herbert W. Franke: „Mars, dritter Tag"

1 *Woran zeigt sich im Text, dass sich der Verfasser um wissenschaftliche und technische Glaubwürdigkeit bemüht?*

2 *Sciencefiction-Autoren und -Autorinnen versuchen, ihren Lesern die erfundenen Handlungen möglichst nachvollziehbar zu schildern, indem sie von der Erde vertraute Handlungen und Wahrnehmungen mit Ungewohntem und überraschenden Einzelheiten kombinieren. Wie setzt der vorliegende Text diesen Anspruch um? An welchen Stellen wird dies deutlich? (Z.B. die Wahrnehmung des gewohnten Sonnenscheins bei fremd anmutendem „blassroten Himmel" oder das Alltagsritual „Kaffeekochen/Kaffeetrinken" bei ungewohnter Wasserproblematik.)*

8.3 Hörspiel und Podcast – Utopieentwürfe akustisch umsetzen

Das Teilkapitel stellt Möglichkeiten für eine medial erweiterte Auseinandersetzung mit dem Thema „Utopie" vor. Wenn die Zeit knapp wird, kann man zumindest auf das Material zu Orson Welles' berühmtem Hörspiel-Szenario „Krieg der „Welten" als Anregung zurückgreifen.

Orson Welles: „Krieg der Welten" – Ein folgenreiches Hörereignis

S. 172

1 *Die Reaktion der Zuhörer ist nachvollziehbar und erscheint nur im Nachhinein unbegründet, überzogen und von Panik bestimmt. Denn das Radio wurde zu jener Zeit, mehr noch als die Zeitungen, als besonders glaubwürdiges neues Medium wahrgenommen. Hinzu kam die wirksame Kombination aus Simulation und Simultaneffekt. Weiterhin war die Vorstellung über mögliche Marsmenschen seit der teleskopischen Entdeckung der so genannten Marskanäle in der zweiten Hälfte des 19. Jahrhunderts, in der Folge lebendig gehalten durch zahlreiche frühe Sciencefiction-Bücher, in den Köpfen der Menschen weit verbreitet.*

2 *Inhaltliche und gestalterische Elemente in dem Hörspiel, die das mitgeteilte Geschehen besonders echt erscheinen lassen:*
- *zunächst einmal die Form der Reportage, die den Zuhörern ja gerade als Vermittlungsinstrument von tatsächlich Passiertem vertraut ist;*
- *dann die Übernahme des Mittels „Programmunterbrechung", das ja nur in besonderen Situationen (Naturkatastrophe, Brand- oder Verkehrsmittelkatastrophen, Mobilmachung etc.) angewendet wird;*
- *weiterhin der Hinweis auf eine wissenschaftliche Quelle, die Expertenaussage;*
- *der lebendig geschilderte Augenzeugenbericht;*
- *die dramatische Schilderung des Geschehens durch den Reporter.*

3 *Die besondere Sprecherkompetenz Orson Welles' gehört maßgeblich zu den unter den Lösungshinweisen 1 und 2 angesprochenen Gründen für die Wirksamkeit der Sendung.*

Unbekannter Virus in der Umlaufbahn – Hörspielideen technisch umsetzen

S. 173

Die Gestaltung eines eigenen Hörspiels wird am ehesten im Rahmen eines Projekts umzusetzen sein; es kann durchaus über den Tag des curricular durchgeführten Unterrichtsvorhabens hinaus angelegt werden, z. B. als Jahresarbeit einer Arbeitsgruppe in der Klasse oder als Bestandteil einer Portfolioarbeit.
Ähnlich den im Schülerband angegebenen Websites zum Erstellen von Podcasts finden sich im Internet auch zahlreiche lohnende Informationen zu Theorie und Praxis der Hörspielproduktion, die gelernt hat, sich gerade mit Hilfe der Neuen Medien gut zu behaupten, und keinesfalls „ein alter Hut" geworden ist. Informationen bieten z. B. www.hoerspiel.com und www.mediaculture-online.de (wo man auch Hinweise zur Produktion von Hörspielen in der Sekundarstufe I findet). Eine gute Zusammenstellung von Links zum Thema „Hörspiel im Deutschunterricht" findet sich auf www.fachdidaktik-einecke.de.

Lernerfolgskontrolle/ Themen für Übungen und Klassenarbeiten

Vorschlag 1: Eine textbasierte Argumentation zu einem Sachverhalt erstellen/ Einen Sachtext analysieren

Text und Arbeitsanregungen dieses Vorschlags können als Grundlage für die Gestaltung einer Übungs- bzw. Klassenarbeit zu den Aufgabentypen „Eine textbasierte Argumentation zu einem Sachverhalt erstellen" und „Einen Sachtext analysieren" genutzt werden. Die Aufgabenbeschreibung verlangt von den Schülerinnen und Schülern verschiedene Textanalysekompetenzen, die sie im Weiteren flexibel bei der Lösung verschiedener standardisierter schriftlicher Prüfungen nutzen können.

Von Jules Verne bis James T. Kirk. Die Wirkung der Utopie als Fortschrittsmotor am Beispiel Raumfahrt

Haben Sie schon einmal „Raumschiff Enterprise" gesehen? Wenn Captain Kirk und seine Mannschaft mit Warp 7 durch ferne Galaxien fliegen, Scotty den Beamer gerade noch rechtzeitig zum Beamen kriegt, Pille mit seinem Zigarettenschachtel-Analysegerät sofort jede Unpässlichkeit findet und auch heilen kann und schließlich Spock das Ganze rational analysiert, dann sitzen die Star-Trekkies gespannt in den Sitzen.

Gehören Sie auch dazu? Oder sind Sie eher ein Skeptiker, der ob solchen Kinderkrams nur müde lächeln kann und den bei „Raumschiff Orion" höchstens die Requisite amüsiert hat?

Andererseits: Wäre die eine oder andere Errungenschaft des 23. Jahrhunderts nicht auch wünschenswert fürs Leben?

- Beamen statt im Stau stehen;
- Operationen ohne Skalpell und bei sofortiger Rekonvaleszenz;
- Gegenstände, die sich bei Bedarf sofort materialisieren oder replizieren lassen;
- Holodecks, die uns Fernes oder Vergangenes direkt und authentisch erleben lassen;
- Traktorstrahlen statt Abschleppseile;
- das Wissen der Welt sofort und umfassend abrufbar;
- alle können akzentfrei deutsch sprechen, sogar die Aliens.

„Raumschiff Enterprise" ist eine wissenschaftlich-technische Utopie. Beamen und überlichtschnelle Reisen sind nicht möglich und werden es auch für lange Zeit nicht sein, zumindest wenn wir den klassischen relativistischen Physikern Glauben schenken. Aber welche seriöse Alternative haben wir denn? Und diejenigen Physiker oder Kosmologen, die uns die Raum-Zeit-Krümmung und ihre Rolle bei intergalaktischen Reisen erklären wollen, verstehen wir ohnehin nicht.

Sind also Utopien wie „Raumschiff Enterprise" Zeitverschwendung, Unsinn, ja vielleicht sogar schädlich für Kinder und Jugendliche?

Was mögen die Leute gedacht haben, als sie im 19. Jahrhundert Jules Vernes Bücher gelesen haben?

Jules Verne wurde am 8. September 1828 in Nantes geboren. Die missglückte Ballonfahrt eines Freundes inspirierte ihn zu seinem ersten Roman „Fünf Wochen im Ballon" (1863). Vernes Ruf als einer der Begründer der Science-fiction-Literatur beruht auf der Kombination von abenteuerlichen Expeditionen in fantastische Gefilde („Die Reise zum Mittelpunkt der

Erde", „Die Reise um den Mond") mit verblüffenden technischen Visionen. Er schrieb von „Hubschraubern", „Raketen" und „Atom-U-Booten", als noch nicht einmal das Flugzeug existierte. Seine Romane spiegeln die Fortschrittsgläubigkeit der zweiten Hälfte des 19. Jahrhunderts. In späten Werken („Der Herr der Welt") weicht der Optimismus allerdings zunehmend der Einsicht, dass die Technik in den falschen Händen zur unkontrollierbaren Gefahr werden kann.

Jules Verne hat Utopien beschrieben, die zu seiner Zeit weit von ihrer Realisierung entfernt waren. Sein Genie war, dass er die in seiner Zeit vorhandenen Ideen, Ahnungen, Zukunftsprojektionen so genial in spannende und plausible Geschichten fassen konnte. Er hat damit viele andere Autoren und Wissenschaftler inspiriert, sich mit der Theorie zur Realisierung seiner Utopien zu befassen, auch der Raumfahrt. Erst Anfang des 20. Jahrhunderts reichte der Stand der Wissenschaft aus, um die Raumfahrt auf ein solides physikalisches Fundament zu stellen.

[...]

Ein Jahrhundert hat es von Vernes Utopie „Reise zum Mond" bis zur Realisierung mit der Mondlandung gedauert. In der Ernüchterungsphase danach wurden schließlich eine Menge nützlicher Dinge entwickelt, ohne die wir uns heute das Leben kaum mehr vorstellen können:

- globale Information über Satellitenfernsehen;
- globale Kommunikation über Satellit;
- globale Umweltbeobachtung;
- gigantische Mengen an wissenschaftlichen Daten in den Bereichen Astronomie, Kosmologie, Biologie, Medizin, Atmosphärenforschung, Wetterkunde, Physik, Chemie, usw.

Die Utopie hat dem Menschen schließlich genutzt. Utopien setzen kreative Energien frei und richten sie auf ein Ziel aus. Dass Utopien auch scheitern können, sich als unbrauchbar oder gar gefährlich erweisen, sollte nicht dazu verleiten, Utopien nicht ernst zu nehmen. „Raumschiff Enterprise" ist auch eine Utopie, wenn auch eine mit eindeutigem Unterhaltungsanspruch. Es gibt auch andere Beispiele ernsthafter Sciencefiction-Utopien, z. B. von dem polnischen Autor Stanislaw Lem. Utopien können den Fortschritt beflügeln, wenn sie die Kreativität beflügeln.

(© Verein zur Förderung der Raumfahrt (VFR) e. V., München, zitiert nach: www.vfr.de/spex/infothek/i_2003_verne-kirk/inhalt_i_2003_verne-kirk_01.html)

Für ein vollständiges Textverständnis ist es unverzichtbar, alle Textstellen und Begriffe, die einem unklar oder unbekannt sind, zu klären. Versucht in Partnerarbeit, die Bedeutung der folgenden, aus dem Text stammenden Begriffe/ Wörter aus dem Kontext heraus zu erschließen. Schlagt gegebenenfalls im Wörterbuch nach oder klärt offen gebliebene Begriffe/ Wörter im Klassengespräch.

beamen (Z. 5) – rational analysieren (Z. 8 f.) – Skeptiker (Z. 12) – Requisite (Z. 14) – Rekonvaleszenz (Z. 20) – materialisieren (Z. 21 f.) – replizieren (Z. 22) – authentisch (Z. 24) – Aliens (Z. 29) – Kosmologie (Z. 37) – Gefilde (Z. 54) – Zukunftsprojektionen (Z. 69 f.) – plausibel (Z. 70 f.)

Bearbeitet dann nacheinander folgende Aufgaben:

1 *Der Text zeigt einen klaren* ***Aufbau.*** *Beschreibe ihn, indem du folgende Arbeitsschritte durchführst:*
- *Sinnabschnitte mit Hilfe der Zeilenangaben festhalten;*
- *Zwischenüberschriften zu jedem Textabschnitt notieren;*
- *Stichpunkte aufschreiben, mit denen du deine Texteinteilung begründen kannst.*

2 *Beim Lesen und Erschließen von Texten ist es wichtig, auf den* ***Adressatenbezug*** *(das heißt, auf die Ausrichtung des Textes auf den Leser) zu achten.*

a) Welche der folgenden ***Gestaltungselemente*** *nutzt dafür der vorliegende Text? Mehrere Antworten sind möglich.*
- *Interviewausschnitte;*
- *anschauliche Zitate;*
- *rhetorische Fragen;*
- *typografische Hervorhebungen;*
- *direkte Ansprache des Lesers durch entsprechende Personalpronomen;*
- *inhaltliche Zusammenfassungen;*
- *Verzicht auf Fremdwörter;*
- *der Verfasser vermeidet eine eigene Meinung;*
- *der Verfasser rechnet mit unterschiedlichen Lesermeinungen und macht das auch deutlich.*

b) Belege die als zutreffend erkannten Gestaltungselemente am Text und begründe ihre jeweilige ***Funktion.***

3 *Überlege im Hinblick auf den Inhalt und die* ***sprachlich-stilistische Gestaltung*** *des Textes, welche* ***Zielgruppe*** *der Verfasser ansprechen wollte:*
- *Jugendliche;*
- *Fachleute/ Wissenschaftler;*
- *interessierte Laien;*
- *Erwachsene;*
- *Sciencefiction-Fans.*

4 *Der Text widmet sich drei* ***Zeitebenen:*** *Vergangenheit – Gegenwart – Zukunft. Wo sind sie jeweils im Text verankert?*

5 *Welchen* ***Zusammenhang zwischen Utopien und technischem Fortschritt*** *möchte der Artikel dem Leser einsichtig machen?*

6 *Was hältst du von den aufgelisteten Errungenschaften des 23. Jahrhunderts? Werden einige von ihnen tatsächlich einmal so verwirklicht werden können wie ein Großteil der technischen Utopien des 19. und frühen 20. Jahrhunderts?* ***Nimm Stellung!***

Vorschlag 2:
Einen literarischen Text analysieren und interpretieren

Marie Luise Kaschnitz (1901–1974)

Zu Hause

Die ersten, die zurückkamen, erregten durch ihre frischen Stimmen, ihr gutes Aussehen und ihr normales Verhalten Erstaunen. Sie schlugen uns auf die Schultern, fragten, nun wie geht's auf der alten Erde, und freuten sich offensichtlich, uns wiederzusehen. Ihre Frage war rhetorisch, sie sind dort über alles, was uns betrifft, genau im Bilde, so wie auch wir über das Leben auf der Weltraumstation genau im Bilde sind. Wir kennen nicht nur ihre Arbeitsstätten und ihre etwas öden, aber bequemen Wohnungen, sondern auch ihre künstlichen Gärten, Maiglöckchen aus Plastik mit Maiglöckchenparfüm, Rasen aus Plastik mit dem Geruch von frischem Gras. Auch das runde, mit Humus gefüllte und von vier Weltraumpolizisten Tag und Nacht bewachte Becken, das im Mittelpunkt ihrer öffentlichen Anlage steht, ist uns bekannt. Wir bedauern diese armen Menschen mit ihren Plastikblumen und ihrem Humusbecken, und natürlich hatten wir uns schon lange überlegt, wie wir ihnen eine Freude machen könnten. Schließlich waren wir darauf verfallen, sie gleich nach ihrer Ankunft in einen Wald zu fahren. Der Wald war recht abgelegen, es gab in ihm noch einsame Tümpel, schroffe Felsen und dickes Moos. Wir erwarteten, dass die Heimkehrer darüber in Entzücken geraten, ja dass sie sich womöglich auf den Boden werfen und das Moos und die feuchten Herbstblätter aufwühlen würden. Sie taten aber nichts dergleichen, sondern standen höflich gelangweilt herum. Dann verlangten sie zurück in die Stadt. Sie wollten das Fernsehprogramm nicht versäumen, die Nachrichten von dort.

(Von zu Hause, sagten sie.)

(Aus: Marie Luise Kaschnitz: Steht noch dahin. Neue Prosa. Insel Verlag, Frankfurt/M. 1970)

1 *Analysiere und interpretiere den vorliegenden Text. Berücksichtige dabei besonders folgende Aspekte:*

a) *Fasse den Inhalt zusammen.*

b) *Untersuche die Erzählweise; achte dabei auf die Erwartungshaltung des Erzählers und seine tatsächlichen Erfahrungen während des Besuchs.*

c) *Erkläre die Wirkung des Satzes, der in Klammern am Schluss des Textes steht.*

d) *Die Geschichte weist eine Reihe von Übereinstimmungen mit Texten auf, die ihr im Verlauf des Unterrichtsvorhabens kennen gelernt habt. Nenne solche gemeinsamen Motive und entsprechende Textbelege.*

e) *Verfasse eine abschließende Deutung. Gehe dabei auf die mögliche Intention der Autorin ein und auf die Frage, ob es sich bei der kurzen Erzählung um eine Anti-Utopie handelt.*

Vorschlag 3:
Produktiv-gestaltend zu Texten schreiben

1 *Schreibe die Geschichte „Zu Hause" von Marie Luise Kaschnitz aus der Perspektive der Besucher um.*

Vorschlag 2:
Erwartungshorizont/Anforderungen/Lösungshinweise

Anforderungen **Die Schülerin/der Schüler ...**		**maximale Punktzahl**	**erreichte Punktzahl**
Aufgabe 1			
a)	... verfasst eine formal korrekte Inhaltsangabe: Tempus Präsens, Beschränkung auf Wesentliches, keine stilistische Ausschmückung, Klarheit im Ausdruck und präzise Vermittlung des Handlungszusammenhangs.	6	
b)	... untersucht die spezifische Erzählweise, die aus der Perspektive eines Erdbewohners (stellvertretend für alle: die wir-Form) deren naiven Erde-Zentrismus und das Verkennen der Situation spiegelt. Seine tatsächlichen Erfahrungen stehen in diametralem Gegensatz zu einen Erwartungen/Vor-Urteilen; dies führt zu Überraschung, Verwunderung.	18	
c)	... erklärt die Pointe des Satzes in der Klammer am Ende des Textes: Die Verwirklichung technischer Utopien kann auch eine neue soziale Wirklichkeit schaffen, mit neuem Lebens- und „Heimat"-Gefühl, die die Entfremdung von der Natur/Erde schon gar nicht mehr merkt. Die Autorin setzt diesen Schlusssatz, um die Verblüffung der Erdbewohner noch einmal zuspitzend auszudrücken.	6	
d)	... nennt passende Motive bzw. Belege, z. B.: – Die Bilder der Auftaktseite (S. 151 im Schülerband) illlustrieren den neuen Lebensraum der „Besucher". – Texte aus Teilkapitel 8.2 (die literarischen Texte von Dürrenmatt und Herbert W. Franke sowie Sachtexte) verweisen wie der Erzähltext von Kaschnitz auf eine technisch aufwändige Herrichtung des neuen künstlichen Lebensraums (z. B. Wasserproblem, „Humus-Ecke", Plastikrasen etc.). – Es gibt eine deutliche Parallele zu Günter Kunerts Gedicht „Unterwegs nach Utopia II" (S. 165 im Schülerband): die zur zweiten Natur gewordene, nun selbtverständliche Entfremdung; Bezug zum Schlusssatz des Erzähltextes.	21	

e)	... deutet den Text und nimmt dabei z. B. Bezug auf folgende Aspekte: – Der Text erzählt von einer besonderen Art der **Entfremdung** zwischen einer Gruppe von offensichtlich schon längere Zeit auf einer Weltraumstation lebenden Menschen und den Erdbewohnern. Obwohl man übereinander informiert ist und in Kontakt steht, scheinen die Erdbewohner unsicher über die wirklichen Bedürfnisse und die mentale Entwicklung der Raumbewohner zu sein, sodass sie zunächst nicht mit der dann überraschend zutage tretenden Entfremdung gerechnet haben. – Die Wirkung des Textes entfaltet sich durch das Aufeinandertreffen von selbstbewussten Raumbewohnern und den sich unnötig Sorgen machenden Erdbewohnern. Der Text spielt mit den üblichen Klischeevorstellungen über das naturferne und künstliche Leben im Weltraum (Plastikrasen, Plastikblumen etc.) und dem Kontrastbild von der heilen Welt in der Natur. Die Erdbewohner verkennen die Situation, überschätzen ihre Vorstellung eines natürlichen Lebens auf der Erde, ohne zu merken, dass sie es ja waren, die all das aufs Spiel gesetzt haben. Insofern hält der Text, und darin liegt sicherlich ein Teil der **Autorinnenintention**, den Menschen einen Spiegel vor. – Liest man den Text unter dieser Perspektive, so lässt er sich den **literarischen Anti-Utopien** zuordnen.	21	
		72	
Darstellungsleistung			
	... verwendet eine zur gewählten Textform passende Sprachebene/Stilistik.	9	
	... formuliert lexikalisch und syntaktisch sicher, variabel und klar.	9	
	... schreibt sprachlich richtig.	10	
		28	
Gesamtpunktzahl		100	

Vorschlag 3:
Erwartungshorizont/Bewertungsraster

Anforderungen Die Schülerin/der Schüler ...		maximale Punkt-zahl	erreichte Punkt-zahl
1	... wählt eine erkennbare Erzählperspektive: auktorial, Ich-Erzähler, personale Erzählform, eventuell Mischung/kreative Varianten.	8	
2	... wählt eine erkennbare literarische Schreibform, z. B. traditionelle, rückblickende Erzählweise oder dokumentarisch-protokollmäßig oder szenisch-dialogisch.	8	
3	... schreibt textformgemäß bzw. adressatengerecht, z. B. für ein Tagebuch, „stiller" innerer Monolog eines Teilnehmers, anschaulicher Erzählbericht für ein Publikum auf der Weltraumstation, Interview etc.	6	
4	... entscheidet sich für einen passenden Handlungsort und Zeitpunkt, z. B. während des Besuchs auf der Erde, beim Rückflug, in der neuen Heimat ...	8	
5	... setzt weitere literarische Techniken ein, z. B. Zeitdehnung, Zeitraffung, Tempuswechsel, Gesamtschau oder szenischer Ausschnitt, unvermittelter Einstieg oder traditioneller Beginn.	6	
6	... hält formal den Perspektivwechsel ein.	6	
7	... gestaltet inhaltlich den Perspektivwechsel unter Berücksichtigung der impliziten und expliziten Textinformationen (vgl. dazu besonders e) bei Vorschlag 2).	12	
8	... gestaltet die Erzählfigur individuell-charakterisierend oder typisierend ...	4	
9	... lässt mittels seines Textes erkennen, dass er den Ausgangstext (Intention, Grundidee, Problematik) in wesentlichen Teilen erfasst hat.	6	
10	... erfüllt ein weiteres aufgabenbezogenes Kriterium, z. B. Bezüge zum Unterricht mit dem Kapitel 8, Verwendung privater Scienefiction-Kenntnisse, Originalität etc. (Max. 6)		
		= 64	

Darstellungsleistung			
1	... verwendet eine zur gewählten Textform passende Sprachebene/Stilistik.	6	
2	... formuliert lexikalisch und syntaktisch sicher, variabel und klar.	6	
3	... schreibt sprachlich richtig.	4	
		= 16	
Gesamtpunktzahl		80	

Aufgabenstellungen, mit denen dieser Text von Marie Luise Kaschnitz als parabolische Erzählung analysiert werden kann, finden sich im Zusatzmaterial zu Kapitel 9 „Die Welt als Labyrinth – Parabeln verstehen und vergleichen“ auf S. 210 in diesem Handbuch.

Literaturhinweise

7 Hügel – Bilder und Zeichen des 21. Jahrhunderts. III: Weltraum: Sonnen, Monde, Galaxien: Aufbruch ins Unbekannte. Hg. von Bodo-Michael Baumunk und Ralf Bülow. Katalog zur gleichnamigen Ausstellung der Berliner Festspiele im Martin-Gropius-Bau Mai – Oktober 2000. Henschel, Berlin 2000

Gnüg, Hiltrud: Utopie und utopischer Roman. Reclam, Stuttgart 1999 (Literaturstudium 17613)

Heinisch, Klaus J.: Der utopische Staat – Morus, Campanella, Bacon. Rowohlt, Reinbek 1960, Neuauflage 1987 (Rowohlts Klassiker der Literatur und Wissenschaft)

Maresch, Rudolf/Rötzer, Florian (Hg.): Renaissance der Utopie. Zukunftsfiguren des 21. Jahrhunderts. edition suhrkamp, Frankfurt/M. 2004

Utopie. Für die Sekundarstufe herausgegeben von Wolfgang Biesterfeld. Reclam, Stuttgart 1985 (Arbeitstexte für den Unterricht 9591)

9 Die Welt als Labyrinth – Parabeln verstehen und vergleichen

Konzeption des Gesamtkapitels

Das Kapitel verfolgt zwei Ziele: Zum einen sollen die Schülerinnen und Schüler ihre Lesekompetenz im Umgang mit Kurzprosa, speziell mit parabolischen Texten, ausbauen, zum anderen die Ergebnisse ihres Textverstehens in Form eines Interpretationsaufsatzes vorstellen.
Im ersten Teilkapitel (**„Rätselhafte Welt – Parabeln verschiedener Epochen in Beziehung setzen“**) geht es um die spezifischen Textsortenmerkmale der Parabel. Dabei nehmen die Aufgabenstellungen Erkenntnisse der neueren Textdidaktik auf, die davon ausgeht, dass jede Parabel mindestens ein *Transfersignal* aufweist, welches dem Leser indiziert, dass er das Erzählte nicht wörtlich nehmen, sondern eine zweite Bedeutung finden soll. Dieser Appell an den Leser kann ein explizites Signal sein, etwa im Einleitungssatz ein Hinweis auf eine stereotype Situation (Beim Eintritt in den Palast findet der Eintretende drei Türen, er muss entscheiden, welche er öffnet...), es kann sich aber auch um implizite Signale handeln. Das ist häufig bei den Parabeln der Aufklärung und bei Bertolt Brechts Geschichten vom Herrn Keuner der Fall (Herr Keuner, der Denkende, sagte...). Oft zeigen auch einfache semantische Inkohärenzen an, dass eine angemessene Bedeutungskonstruktion nicht auf der Basis des wörtlichen Textverständnisses zu finden ist. Das gilt besonders für die Parabeln Kafkas oder Günter Kunerts und bedeutet: Wenn in einem Kurzprosatext Dinge erzählt oder beschrieben werden, die mit unserem Weltwissen schwer zu vereinbaren sind, liegt die Vermutung nahe, dass es sich um einen parabolischen Text handelt, dessen Bedeutung nicht „im Text“ zu finden, sondern „über den Text“ zu konstruieren ist. Wichtig sind für diese Konstruktionsarbeit der Kontext und die Tradition, in die die Parabel gehört (z. B. historisches Orientierungswissen). Bei einer Erzählung, die einen Ausschnitt aus der Wirklichkeit vorstellt (wie in Stephan Hermlins „Ein Maler in Paris“ im dritten Teilkapitel), ist es hingegen kein direkt erkennbares Transfersignal, was vom Leser realisiert werden soll, sondern die implizite Aufforderung, den erzählten Fall exemplarisch zu nehmen. Auch dabei werden Kohärenzlücken oft durch historisches Kontextwissen geschlossen.
Das zweite Teilkapitel (**„Franz Kafka: ‚Der Nachbar‘ – Eine schriftliche Interpretation anfertigen“**) konzentriert sich auf die Anfertigung eines Interpretationsaufsatzes. Beispieltext ist eine Parabel Franz Kafkas. Das didaktische Konzept folgt den Vorschlägen der prozessorientierten Schreibdidaktik. Die verschiedenen Tätigkeiten, die für das Verfassen einer Interpretation erforderlich sind, werden – wohl wissend, dass Schreibprozesse nicht linear organisiert sind, sondern sich überlappen – dennoch in einer Folge von Schritten vorgestellt, damit sich bei den Lernenden das Bewusstsein des prozessorientierten Vorgehens festigt.
Das dritte Teilkapitel (**„Projekt: Parabeln umgestalten am Beispiel von ‚Gibs auf!‘“**) lenkt den Blick auf produktive Formen der Rezeption sowohl im Leseprozess als auch auf dem Feld intertextueller Wiederaufnahmen parabolischer Strukturen und motivlicher Entsprechungen von „Kanontexten“ durch spätere Autoren.

Weiteres Übungsmaterial zu diesem Kapitel

Übungsmaterial im **„Deutschbuch Arbeitsheft 10“**
– Eine Parabel analysieren: S. 69 f.

		Inhalte	Kompetenzen
S. 175	9.1	**Rätselhafte Welt – Parabeln verschiedener Epochen in Beziehung setzen**	**Die Schülerinnen und Schüler können**
S. 176		**Vom Gesagten aufs Gemeinte schließen**	– das wesentliche Textsortenmerkmal parabolischer Texte erkennen und aus semantischen Inkohärenzen im Text auf mögliche Bedeutungen schließen;
S. 176		Franz Kafka **Eine kaiserliche Botschaft**	
S. 179		**Die Bedeutung durch Textvergleiche erschließen** Texte von G. E. Lessing und M. Buber	– die komplexe Bedeutungsstruktur eines einzelnen parabolischen Bildes (Palast) erfassen und Hypothesen für eine Bedeutungskonstruktion aufstellen;
S. 183		**Parabeln als Lektionen in Lebensweisheit** Texte von M. Buber und B. Brecht	– aus einer alltäglichen Tätigkeit (Beispiel: Schwimmen) die möglichen metaphorischen Bedeutungen erschließen (schwimmen – sich über Wasser halten – gegen das Wasser kämpfen – das Wasser als Trägermedium nutzen), die Transfersignale für das Verstehen der Parabel sein können;
S. 184		**Absurde Zeiten – Parabeln nach 1945** Texte von G. Kunert, G. Eich und H. Taschau	– die semantischen Inkohärenzen (das Zufällige, Konstruierte, Unwahrscheinliche im Text) als Signale für die Bedeutungskonstruktion nutzen.
S. 187	9.2	**Franz Kafka: „Der Nachbar" – Eine schriftliche Interpretation anfertigen**	**Die Schülerinnen und Schüler können**
S. 188		**1. Schritt: Eine Deutungsthese formulieren**	– Irritationsstellen des Textes als Ausgangspunkte für die Hypothesenbildung einsetzen;
S. 189		**2. Schritt: Inhalt und Form der Parabel untersuchen**	– Abweichungen vom Erwartbaren mit sekundärer Bedeutung auffüllen;
S. 192		**3. Schritt: Die schriftliche Ausarbeitung**	– Einzelbeobachtungen der Textanalyse zur schriftlichen Entfaltung des Gedankenganges nutzen;
S. 193		**4. Schritt: Textüberarbeitung**	– nicht nur detailbezogene Verbesserungen vornehmen, sondern globale Korrekturen durchführen.
S. 195	9.3	**Parabeln umgestalten**	**Die Schülerinnen und Schüler können**
S. 195		**Schreiben als Gedächtnistest: Kafka**	– den Gedächtnistest als Methode nutzen, um dem eigenen Spontanverstehen (was ist mir wichtig am Text?) auf die Spur zu kommen;
S. 197		**Schreiben nach literarischem Vorbild**	– die Übertragung des an der Textsorte Parabel erworbenen operativen Wissens auf andere Kurzprosa (Kurzgeschichte) erproben.
S. 197		Stephan Hermlin **Ein Maler in Paris**	

9.1 Rätselhafte Welt – Parabeln verschiedener Epochen in Beziehung setzen

S. 175

1 *Die beiden zur Eröffnung des Kapitels eingesetzten Bilder zeigen eine rätselhafte Welt.*

Giovanni Battista Piranesi: „Erfundene Kerker"
Die Radierung von Giovanni Battista Piranesi aus den „Carceri" von 1760 setzt die Idee der unübersichtlichen und rätselhaften, dadurch den Betrachter beklemmenden und ängstigenden Welt um in das Bild eines imaginierten riesenhaften Kerkergewölbes. Ziehbrücken, Wendeltreppen, Laufgänge über mehrere Etagen führen in ein Nirgendwo, überall bewegen sich Menschen, aber man sieht nicht, wohin sie gehen. Nicht näher zu identifizierende Apparate und Instrumente lassen an eine riesengroße Folterwerkstatt denken. Licht- und Schattenspiele sind an den Wänden zu sehen, aber keine Fenster.

Giorgio De Chirico: „Die Angst vor dem Warten"
Das moderne Bild von Giorgio De Chirico bildet einen Kontrast dazu. Hier ist die Verlorenheit nicht Ergebnis von bedrohlicher Unübersichtlichkeit, sondern von Kälte, Leere und Melancholie, die die architektonisch komponierte Stadtlandschaft ohne jedes Leben unter einer (nicht sichtbaren) Sonne, die lange Schatten wirft, im Betrachter erzeugt. Die großen Gebäude, die einen Platz umstellen, erinnern an Theaterkulissen, nichts scheint wirklich, sondern eher die Landschaft eines Traums. Licht und Schatten sind auf die beiden Seiten des Bildes verteilt, die beiden Bildhälften haben keine gemeinsame Perspektive. Sie erscheinen nur zusammengestellt, nicht zusammengehörig. Neben dem Schatten, den eine auf dem leeren Platz stehende Statue wirft, erscheint ein zweiter, fast ebenso großer, möglicherweise menschlicher Schatten, dessen Urheber man nicht sehen kann. Das erzeugt Angst: Kommt da jemand oder steht da eine zweite Statue? Unbewohnbar und abweisend ist die Landschaft dieser menschenleeren Traumstadt.

2 *a) Gedanken der Beklemmung und der Leere dominieren. Dabei scheint die Unübersichtlichkeit Piranesis noch eher erträglich als die metaphysische Leere im Bild De Chiricos. Beide aber können symbolisch gelesen werden: Beeindruckend an Piranesis Kerkerlandschaft ist deren Dynamik, beeindruckend an de Chiricos Stadtkulissen ist deren Leere.*

b) Es ist nicht anzunehmen, dass sehr große Unterschiede bei den Beobachtungen oder den Meinungen über die Bilder vorkommen. Lediglich die Fantasien, die sie bei der symbolischen Lektüre auslösen könnten, werden eine gewisse Bandbreite haben. Die Aufforderung zu wählen, in welchen „Traum" man sich selbst lieber vertiefen würde, den in Piranesis oder den in De Chiricos Welt eingeschlossenen, könnte den Kontrast zwischen den jeweiligen „Bildern im Kopf" verstärken.

3 *Aus dem gedachten Traum kann schnell eine Geschichte werden, ein „Film" läuft ab, wenn man sich vorstellt, man bewege sich selbst in das Bild hinein. Wie Dante von Vergil durch die Hölle, so könnte der Träumer sich durch die Kerker Piranesis geführt denken. Wie schwebend würde ein fremder Besucher sich durch die verlassenen Straßen De Chiricos bewegen. Er weiß, alle Einwohner haben sich versteckt, weil gleich die bedrohlichen Schatten aufeinandertreffen könnten. Es ist High Noon!*

Was sollst du tun? Was kannst du hoffen? – Vom Gesagten aufs Gemeinte schließen

S. 176

Franz Kafka

Eine kaiserliche Botschaft

S. 176

Bereits der einleitende Satz des Textes lässt keinen Zweifel daran, dass es sich hier um keine Erzählung handelt, um kein Ereignis, das Gegenstand der literarischen Darstellung werden könnte (wie etwa in einer Erzählung oder einer Kalendergeschichte), sondern dass es sich um eine Überlieferung, eine Gleichniserzählung oder eben eine Parabel handeln muss. Denn die Versicherung in der Parenthese „so heißt es" spielt an auf einen Vorgang, der nicht mit irgendeiner Wirklichkeit übereinstimmen kann. Die semantische Inkohärenz basiert auf elementarem Weltwissen: Ein Kaiser hat in seiner Sterbestunde anderes zu regulieren als sein Verhältnis zu dem vor seinem Licht ins Dunkel geflüchteten Untertan. Und doch steckt in diesem Kontrast eine mögliche Botschaft. Deren Konstruktionsplan ist alt, er ist biblisch. Gott, den lichtbeherrschenden Weltenlenker, bekümmert das Schicksal des unbedeutendsten Menschen. Diese Analogie fasziniert und inspiriert zum „Transfer" des Erzählten in die gedankliche Welt theologischer Spekulationen über das Verhältnis von Gott und einzelnem Menschen.

1 *Beim Sammeln erster Einfälle und Ideen wird die Analogie zwischen Erzähltem und Gemeintem über ähnliche Strukturen verlaufen:*
Zwischen dem Kaiser und dem Untertanen gibt es mehr Beziehungen, als die Geschichte behandelt: Der „jämmerliche Untertan" stand dem Kaiser nahe, er ist vor dessen Licht geflohen und lebt im Schatten. Die Entfernung ist unendlich, aber der Traum verbindet sie: Die Botschaft kann erträumt werden.
Der Bote wird sich anstrengen, er ist für seine Arbeit bestens ausgerüstet, aber er wird dennoch nicht ankommen („Niemand dringt hier durch", Z. 42). Warum die übermäßige Betonung dieser Unmöglichkeit? Sie erinnert an die hundert Prinzen, die in der Hecke des Dornröschenschlosses umkamen. Am Ende gibt es aber doch einen Auserwählten, dem das Unerwartete gelingt.

2 / **3** *Beispiel für die Sammlung und Ordnung von Schlüsselbegriffen und deren mögliche Deutungen:*

Schlüsselbegriffe (Bildteil)	Mögliche Deutungen (Sachteil)
Kaiser	unnahbare Hoheit, abgehoben und fern der Lebenswirklichkeit, Bild für Gott?
in fernste Ferne geflüchteter Schatten	der Einzelne, der sich dem Kaiser entzogen hat: ein Mensch, der die ursprüngliche Verbindung zu Gott abgebrochen hat?
Der Kaiser sendet von seinem Sterbebett aus eine Botschaft.	Anspielung auf die These der Moderne, Gott sei tot, kümmere sich nicht um die Menschen – hier mit der Gegenaussage konfrontiert: Gott schickt bis zuletzt den Menschen Botschaften?

Schlüsselbegriffe (Bildteil)	*Mögliche Deutungen (Sachteil)*
Niederknien des Boten, Flüstern, bestätigendes Nicken des Kaisers vor den Großen, die den Kaiser, dessen Tod erwartend, umstehen	*inszenierte Wichtigkeit dieser Botschaft. Anspielung auf die biblische Verheißung, dass Gott sich um den letzten Sünder in der Gottesferne (dem Schatten) kümmert, mehr als um die Gerechten und Wichtigen, die ihn umstehen? Dabei ist der Inhalt der Botschaft unbekannt: Nur der Bote kennt sie. Sie wurde geflüstert (ist nur für den Adressaten bestimmt). Gibt es überhaupt eine solche Botschaft?*
Palast und Stadt haben eine labyrinthische Struktur.	*die Struktur der Welt als undurchschaubares Labyrinth, in dem man das Ziel (den Ausweg) nicht findet? Kafkas Variante fügt die unentschiedene Frage nach Botschaften hinzu, die unterwegs sind, erträumt werden, aber nicht ankommen.*
Der Bote müht sich unendlich ab, aber die Hindernisse sind unüberwindlich.	*Der Hindernislauf des Boten durch den Palast, die Stadt, die labyrinthischen Bauwerke kann als Umsetzung der Redewendung „auf der Stelle treten" für mangelnde Bewegung, Entwicklung, Dynamik gelesen werden. Kafka spricht an anderer Stelle von „stehendem Sturmlauf".*
Die Nutzlosigkeit der Bemühungen und die unendliche Vielzahl der Hindernisse hindern nicht die Hoffnung.	*Die gesteigerte Abfolge von Schwierigkeiten erinnert an die Folge der Prüfungen, denen sich ein Märchenheld unterziehen muss. Hier ist von keiner Märchenlösung die Rede, aber die Strukturähnlichkeit lässt Märchenhoffnungen aufsteigen.*
der Traum am Abend von der ankommenden Botschaft	*Das Prinzip „Die Hoffnung stirbt zuletzt" bietet einen ambivalenten Schluss: Es ist denkbar, die Parabel als eine der hoffnungslosen Isolation und kosmischen Einsamkeit zu lesen. Es ist ebenso denkbar, dass eine der Märchenutopie ähnliche Hoffnung bestehen bleibt.*

Die Aufstellung zeigt, wie sehr Deutungen abhängig sind von den Kontexten, in die man die Textbeobachtungen stellen kann. Die Deutung einer Parabel ist in erster Linie die Bereitstellung von Kontexten, in denen ihre Botschaft einen Sinn machen könnte.

4 *Eine existenzialistische Deutung, die das Verhältnis von Kaiser zu Untertan als Bild des Verhältnisses zwischen Gott und Menschen sieht, wird möglicherweise einigen Schülerinnen und Schülern als zu simpel, zu leicht theologisch auflösbar erscheinen können. Daher ist es wichtig, eine ganz andere Reflexion anzustoßen. Sie geht aus von dem apodiktischen Urteil des Kafka'schen Romanhelden Josef K. aus dem Roman „Der Prozess". Dieser Josef K. wird verhaftet und am Ende getötet, ohne dass er je den Grund dafür erführe. Er urteilt: „Die Lüge wird zur Weltordnung gemacht." Von dieser Beobachtung aus kann die Parabel auch anders gelesen werden: Alle sind in irgendeiner Weise Betrogene und an einem Betrug Beteiligte. Der Kaiser muss wissen, dass seine Botschaft nicht ankommen wird, trotzdem flüstert er sie dem Boten ins Ohr; der Bote muss wissen, dass er die Hindernisse nicht überwinden wird, trotzdem läuft er los; der Untertan weiß, dass ihn die Botschaft nie erreichen wird, trotzdem erträumt er sie. Die Aussage der Parabel wäre nicht nur die Vergeblichkeit aller Bemühungen, das Ende aller Hoffnung, sondern auch die je eigene Verstrickung in das Lügensystem, das diesen aussichtslosen Kampf gegen die Windmühlenflügel der Verhältnisse unterhält.*

Der Palast als Labyrinth – Die Bedeutung durch Textvergleiche erschließen

S. 179

Gotthold Ephraim Lessing

Die Parabel

S. 179

Während Kafkas Parabeln auf die Rätselhaftigkeit und Undurchschaubarkeit der Welt abzielen, also auf Paradoxien und Widersprüchen aufbauen, geht es den Parabeln der Aufklärungstradition um bildhafte, anschauliche Erkenntnis von Wahrheiten, die auch begrifflich zu formulieren wären. Denen, die nicht immer genügend Verstand besitzen, soll die Wahrheit durch eine Geschichte, durch ein Bild gesagt werden. Der Gestus des Parabelerzählers ist der des Belehrens.

1 / **2** *Die Grafik zur Erklärung der Parabelstruktur (vgl. S. 177 im Schülerband) passt besser auf die Gleichniserzählung Lessings als auf die Rätsel-Parabel Kafkas. Es gibt zahlreiche Einzelheiten des Erzähltextes, die ihren „Sinn" erst durch die Entsprechungen auf der Sachseite erhalten. „Von außen ein wenig unverständlich" (Z. 8 f.) („mit wenig hin und her zerstreuten, großen und kleinen, runden und viereckigen Fenstern", Z. 13 ff.), „von innen überall Licht und Zusammenhang" (Z. 9 f.) – das ist eine Aussage, die weniger auf ein barockes oder klassizistisches Schloss zutrifft, dessen Fassade klar strukturiert und proportioniert ist, eher hingegen auf die Religion, deren äußere Formen oft „ein wenig unverständlich" sind, sodass sich Theologen schon immer auf „Licht und Zusammenhang" berufen haben, die im Inneren herrschen. Der Streit der Architekten und vermeintlichen Kenner ist dementsprechend auch schnell übertragbar auf den Streit der theologischen Richtungen, desgleichen der Hinweis auf die alten Pläne, die eher an gotische Kathedralen als an barocke Paläste denken lassen. Diese Inkongruenzen sind Signale für den Transfer auf die Bedeutungsebene. Der Leserappell zur „Übersetzung" des Gesagten ins Gemeinte kulminiert in der Aussage, dass der Palast in der Wirklichkeit „nicht eigentlicher verbrennen" könne, als er in seinen Pläne stehe (Z. 78–80). Auf der Ebene realer Gebäude ergibt der Satz keinen Sinn, er muss also parabolisch gelesen werden, sodass auch die „geschäftigen Zänker" (Z. 93) eindeutig als die Rechthaber in Sachen des Glaubens, die die Religion nicht retten, sondern verderben, zu erkennen sind.*
Das Kontextwissen bestätigt die Deutung. Der Text ist von Lessing so konzipiert, dass die Maskerade der Beispielerzählung leicht zu durchschauen ist. Die „Deutungsarbeit" ist eine rationale Übersetzungsarbeit.

3 *Die vervollständigte Tabelle könnte z. B. so aussehen:*

Bildteil (das Erzählte)	Sachteil (die Bedeutung)
alte (und unverständliche) Grundrisse, die nicht mehr gut zu lesen sind	die heiligen Schriften der Religion, deren Sprache viele nicht mehr verstehen
das „beliebige" Zusammenbauen von Plänen aus mehreren alten Vorlagen	die theologischen Kommentierungen alter Schriften „nach eigenem Gefallen"
die wenigen, die sagen, dass die Grundrisse sie nicht interessieren, die sich auf die „Weisheit des ganzen Palastes" berufen	die Aufklärer, die nicht an den Buchstaben der alten Texte herumrätseln, sondern auf den Geist der Religion sehen
die kritische Tätigkeit der wenigen, die die „Grundrisse" „ein wenig näher beleuchteten". Sie werden als „Mordbrenner des Palastes ausgeschrien".	Lessings eigene kritische Auseinandersetzung mit den theologischen Konstruktionen der Orthodoxen seiner Zeit – und die Verfolgungen, mit denen er zu kämpfen hatte

4 *Die Grundrisse haben mit dem Bau des Palastes selbst wenig zu tun (sie sind offenbar nicht vor, sondern nach dessen Entstehung entstanden, zumindest sind es die Interpretationen und Kollagen) – sie geben den Bürgern, die nicht im Palast wohnen, ein falsches Bild. Damit kritisiert Lessing die positiven Religionen als Verfälschungen der göttlichen Weisheit. Und eben das war der Streitpunkt mit dem Bischof Götze, der – in der Sprache der Parabel gesprochen – dem christlichen Grundriss der Religion gegenüber den Plänen der anderen monotheistischen Religionen einen Vorrang einräumen wollte. Das Erzählen der Parabel hat für Lessing also die Funktion, durch ein Bild und auf intelligente Weise zu sagen, was direkt zu sagen ihm die staatlichen Autoritäten untersagt hatten.*

5 *Der geforderte Vergleich zwischen den beiden Palast-Parabeln, die die Schülerinnen und Schüler bislang kennen gelernt haben, ist auf zwei Gesichtspunkte konzentriert:*

- *Die göttliche Ordnung der Religion wird von Lessing als „von außen ein wenig unverständlich" (Z. 8 f.), von innen gesehen aber als „gütigste Weisheit" (Z. 51) verstanden. Das ist bei Kafka nicht der Fall. Die Welt ist hier als ein Labyrinth vorgestellt, das die Kommunikation zwischen Kaiser und Einzelnem verhindert. Dementsprechend fehlen durchgehend „Güte" und „Weisheit", ohne dass allerdings ein Schuldiger für den Zustand ausgemacht werden könnte.*
- *Die Beziehung des einzelnen Menschen zu Gott wird in Lessings Parabel nicht direkt angesprochen. Sie muss aus der Tatsache erschlossen werden, dass der „weise, tätige König", der den Palast hat aufbauen lassen, zulässt, dass sein Gebäude von vielen inkompetenten Betrachtern fehlgedeutet und missverstanden wird. Es geht Lessing um die Gruppen der Rechthaber, der Pläneerklärer und der wenigen, die sich um die Pläne nicht kümmern. Bei Kafka hingegen steht das Kommunikationsproblem im Zentrum: eine entscheidende Botschaft, die nicht ankommt. Lessing stellt in seiner Parabel eine eher soziale Frage (die nach dem Zusammenleben weltanschaulich unterschiedlich geprägter Gruppen), Kafka eine eher theologische (wie ist es um die Beziehung des Einzelnen zur göttlichen Botschaft bestellt?).*

S. 182

Martin Buber

Der Baalschem erzählte

1 – 4 *Die dritte Palast-Parabel, welche die Schülerinnen und Schüler nun kennen lernen, stammt aus dem Kulturkreis der ostjüdischen Chassidim. Darin geht es um die richtige Form der Frömmigkeit und die geschenkte oder die erworbene Nähe des Menschen zu Gott. Insofern steht diese Parabel von der Fragestellung her Kafka näher als Lessing. Der Palast mit den „zahllosen Gemächern", in deren letztem der König selbst thront und die Fürsten des Landes empfängt, ist ein Labyrinth. Die Fürsten sind verwirrt, weil sie fürchten, sich zu verirren und dafür zur Rechenschaft gezogen zu werden. Dieses Erzähldetail enthält bildlich die Aussage, dass viele berufen, aber nur wenige auserwählt sind.*
Der Sohn des Königs ist ihnen entgegengesetzt. Er ist ein Auserwählter, ein Rechtmäßiger, der Märchenheld, auf den hundert Jahre gewartet worden ist. Diese Hervorhebung des Einen, des „Sohnes" unter den vielen „Fürsten", ist ein spezifisch theologischer Gedanke, der die Willkür göttlicher Gnade anspricht. Den Palast als „Irrbau" und Spiegelkabinett zu durchschauen, ist nicht das Ergebnis von Kenntnis und Wissenschaft, sondern von Nähe und Inspiration.
Die „Botschaft" dieser Parabel widerspricht dem Gerechtigkeitsdenken der Schülerinnen und Schüler, aber sie zeigt sich selbst als eine für die Gruppe der Chassidim charakteristische Wahrheit.
Damit wird klar erkennbar, dass die Parabel nicht „die Wahrheit" in bildlicher Rede verkündet, sondern dass auch die Parabelbotschaften „historische begrenzte" Wahrheiten sein können.

Leben, schwimmen, leben – Parabeln als Lektionen in Lebensweisheit

S. 183

Das Auflösen einer Metapher und das Verstehen einer Parabel haben gemeinsam, dass für ein erfolgreiches Textverstehen jeweils ein *Transfer* von der Ebene des Bildes auf die Ebene der erschlossenen Bedeutung erforderlich ist. Dabei kann ein und dasselbe Bild für mehrere Bedeutungen stehen, eine angezielte Bedeutung durch mehrere Bilder bezeichnet werden. Welche Beziehung beabsichtigt ist, muss der Leser aus dem Kontext, in den er die Parabel einbezieht, gewinnen. In diesem Teilkapitel wird das Schwimmen als „Bildarsenal" verwendet.

Martin Buber

Der vollkommene Schwimmer

S. 183

Bertolt Brecht

Herr Keuner und die Flut

S. 183

1 *Der Rabbi in Martin Bubers Parabel vergleicht Beten und Schwimmen. Das ist ungewöhnlich, wird aber dem Leser verständlich, der das „inspirierte" Beten in der chassidischen Gemeinde kennt. Der Beter gerät in Verzückung. Aber dies ist nur eine Weise des Betens, eine andere ist die der Versenkung, die ohne körperliche Anzeichen bleibt. Der Rabbi schätzt die Versenkung höher als die Verzückung. Daher unterscheidet er den Anfänger beim Schwimmen, der gegen das Wasser kämpft, mit dem Könner, der sich dem Wasser anvertraut.*

Die Verwechslung von Tal und Meeresarm in Brechts Keuner-Geschichte ist so künstlich, dass dem Leser sofort klar ist, dass Brecht hier keine realistische Geschichte von einer Wanderung erzählt, sondern eine Beispielgeschichte, aus der etwas erkannt oder gelernt werden soll. Die Situation, in die Herr Keuner geraten ist, muss „übersetzt" werden. Die herannahende Flut im Meeresarm bedeutet Lebensgefahr, das Verhalten des Herrn Keuner ist also sinnvoll: sich umsehen nach Rettungsmöglichkeiten. Dieser Abstraktionsschritt wird erzählerisch ausgebaut. Das Warten wandelt sich in Hoffen, das Hoffen erweist sich als trügerische Verzögerung aktiver Planung für die Rettung. Dann vermittelt die hoffnungslose Situation die rettende Erkenntnis. Brecht hat einen Lernprozess parabolisch dargestellt. Das Schwimmen ist hier das Motiv, das „Rettung" signalisiert. Allerdings eine durchaus prekäre, denn der Leser kann „weiterdenkend" erfassen, dass möglicherweise diese Rettung auch nicht endgültig ist. Denn wie lange wird der Schwimmer aushalten?

2 *Beispiel aus dem Alltag für Martin Bubers Parabel „Der vollkommene Schwimmer":*
- *Die hektische Betriebsamkeit und die Aktivitäten eines Jungen/ eines Mädchens, um im Verein Anerkennung zu bekommen – gegenüber der ruhigen und selbstbewussten Haltung eines/ einer anderen, der/ die um niemandes besondere Anerkennung buhlt und sie gerade dadurch erwirbt.*

Beispiel aus dem Alltag für Bertolt Brechts Geschichte „Herr Keuner und die Flut":
- *Ein Mensch gerät unversehens in Schwierigkeiten (finanzielle, gesundheitliche, berufliche). Er hofft auf Hilfe von außen (durch einen Kredit, den Arzt, einen Kollegen). Er muss erkennen, dass er vergeblich hofft und dadurch seine Lage eher verschlimmert (der erhoffte Kredit wird nicht gewährt, der Arzt hält ihn hin, der Kollege kann nicht das leisten, was von ihm erwartet wurde), in dieser Situation besinnt er sich auf sich selbst (er spart Ausgaben ein, konzentriert sich auf das, was er selbst tun kann) und überwindet die Krise.*

3 *Bildteil und Deutung könnten z. B. so aussehen:*

Flusslauf (Bildteil)	Lebenslauf (Sachteil, Deutung)
der Bach im Gebirge: reißend, stürmisch, schäumend	der Mensch in der Jugend: ungeduldig, drängend
der Fluss in der Ebene, er hat Zuflüsse aufgenommen, trägt Boote und Schiffe	der tätige Mensch, der mit anderen (Familie) zusammen etwas leistet
Hindernisse im Flusslauf, Staustufen sind gebaut, der Fluss treibt Turbinen	große Aufgaben, die zuerst wie Hindernisse aussehen, dienen einem sinnvollen Zweck

Das Bild des Flusslaufs wurde in Anlehnung an parabolische Gedichte Johann Wolfgang Goethes gewählt: „Gesang der Geister über den Wassern" (z. B. in Echtermeyer. Deutsche Gedichte, Cornelsen, Berlin 2005, S. 189 f.) und „Mahomets Gesang". Beide Gedichte sind zum Vorlesen geeignet.

S. 184

Absurde Zeiten – Parabeln nach 1945

Autoren der Gegenwart wie Günter Kunert setzen die Tradition der rätselhaften und zum Weiterdenken anregenden, aber im Bereich der Bedeutung „offenen" Parabeln Kafkas fort. Sie erhalten sehr häufig einen politischen Sinn. Das, was sie erzählen, ist ein Ereignis, das sich „wider alle Erwartung" ereignet und gerade dadurch nur in dem einen sonderbaren, aufregenden Zug, der dieses Ereignis zum Sonderfall macht, über einen Analogieschluss auf die Sach- oder Bedeutungsebene übertragen werden soll.

S. 184

Günter Kunert

Mann über Bord

1 *Das unerwartete Ereignis, das verstanden und in Analogie zu anderen Bereichen des Lebens gesetzt werden soll, ist nicht so sehr die dramatisch verunglückte Rettung des leichtsinnigen Matrosen (obwohl gerade da im Text eine Massierung von augenzwinkernd erzählten Unwahrscheinlichkeiten vorkommt), sondern das Verhalten des Geretteten nach seiner Rettung. Der Leser kennt das Geheimnis, über das die Inselbewohner spekulieren: Es ist das Wissen um die Verantwortung für das ganze Unglück. Käme ein wider Erwarten dennoch Geretteter der alten Mannschaft, würden die Legenden des Überlebenden wie ein Kartenhaus zusammenfallen.*
Der Analogieschluss, der vom Leser erwartet wird, muss also auf die Rumpelstilzchen-Erfahrung abzielen: „Ach wie gut, dass niemand weiß ..." – wohl wissend, dass irgendwann, wie im Märchen, einmal die Wahrheit ans Licht kommen könnte. Zum Thema „Leben von einer Lebenslüge" werden den Schülerinnen und Schüler mit Sicherheit weitere, wenn auch nicht unbedingt politische Fälle einfallen: der Mutige, der erfolgreich verbirgt, dass er eigentlich Angst hat, der Erfolgreiche, der verbirgt, dass er kurz vor dem Zusammenbruch steht, der Forscher, der weiß, dass seine Ergebnisse gefälscht sind, der Arzt, der weiß, dass sein Medikament doch nicht hilft.

Günter Eich

Episode

S. 185

1 – **5** *Ein „Maulwurf" ist ein subversiver Doppelagent, einer, der im System nicht auffällt, aber dabei ist, es durch Verrat zu untergraben. Diese Rolle schreibt sich der Autor Günter Eich zu. Seine Texte sind subversiv, an der Oberfläche gehören sie in das funktionierende System der Literatur, aber durch die Angebote an den Leser, sie parabolisch zu lesen, verwandeln sie die absurden und erwartungswidrigen Verhaltensweisen des Erzählers in Aufforderungen, über den eingangs genannten Begriff „Notstand" nachzudenken. „Notstand" bewirkt, dass Eltern ihre Kinder verhaften, dass sich der Hausvater zur Hauspolizei entwickelt, dass die braven Bürger mit „Idealismus" für Löscheimer und Standrecht sorgen. Das sind Anspielungen an die Zeiten des Nationalsozialismus und des Krieges, in denen es „Blockwarte" gab und „Löscheimer", die bereitzustehen hatten mit Wasser und Sand gefüllt, in denen Menschen Familienmitglieder denunzierten und willkürliche Verhaftungen an der Tagesordnung waren. „Notstand" wird also in Analogie zu „Nazideutschland" gesetzt, und dieser gar nicht lustige Sachverhalt auf ironische Weise als „gemütlich" beurteilt. Die Eich'sche Parabel ist also eine Satire, die in dem Jahr erschien, in dem die Notstandsgesetze verabschiedet wurden.*

Hannelies Taschau

Parabel

S. 186

1 *„Verworrene Route" – der Titel des Sammelbandes – steht parabolisch für „Lebenslauf, der nicht immer geradlinig verläuft oder verlaufen ist". Dementsprechend werden auffällige Geschehnisse aus biografischen Zusammenhängen aufgegriffen und als besondere Ereignisse vorgestellt, die den Vergleich oder die Analogie herausfordern. So parabolisch verstanden, werden sie zu einer allgemeinen Regel, einem Erfahrungsmuster erweitert, über das nachzudenken lohnt.*

2 *Wie eine Pointe enthält Taschaus Parabel am Schluss eine Analogie-Aufforderung: „dann lernte ich schwimmen an derselben/ Stelle" – genau der Punkt, an dem man scheitert, Schluss machen oder aufgeben will, ist der Ort, an dem das Überleben gelernt wird.*
Zum Beleg dieser „Lebensregel" können die Schülerinnen und Schüler weitere Beispiele (Sonderfälle) suchen und als Parabeln gestalten, welche zu dem gleichen „Ergebnis" hinführen – dem Gedanken, dass kein Lebensereignis zu dem festgelegten und erwartbaren Ergebnis führen muss, sondern dass es auch umgedreht werden kann.

Zusatzmaterial: Eine weitere politische Parabel

Günter Kunert

Scham

MAN SCHÄMT SICH, weil einem die Zunge herausgeschnitten worden ist. Auch dass man statt auf Beinen auf bloßen Stümpfen humpelt, kurze Wege, kreisförmig zumeist, keinen jedenfalls einschlägt, der ins Freie führt. Niemals hätte ich vermutet, man schäme sich der einem selber zugefügten Erniedrigungen, sondern gedacht: Jene, die Verursacher, müssten eigentlich deswegen im Boden versinken. Aber dann gäbe es keine Regierungen mehr, keine Verwaltungsbeamten, keine Funktionäre, keine geheime Überwachung unseres Schlafes, unserer Lektüre, unserer Telefonate über Bäume.

Es handelt sich jedoch um eine ganz andere Scham als jene, die empfunden wird, tut man jemandem Unrecht. Die ich meine, stammt von der Hilflosigkeit, in die man sich eingesponnen weiß, kaum bewegungsfähig, obgleich man diese Hilflosigkeit gar nicht selber verschuldet hat. Sie zeigt uns aber unsere Schwäche, Fehlen von Widerstand, letztlich Feigheit, da wir die Erniedrigung, indem wir sie erdulden statt gegen sie zu revoltieren, selbst um den Preis unseres Unterganges, mittelbar akzeptieren. Zwar ist uns die Zunge herausgeschnitten worden, aber wir haben sie zu diesem Behufe unter ein Instrument geschoben, von dem jeder (und die ganze Welt dazu) wusste, dass es ein Messer war.

(Aus: Günter Kunert: Verspätete Monologe. Hanser, München 1981, S. 38)

1 *Erläutert, welche Art von Scham der Erzähler meint und was er über die Menschen, die sich dafür schämen, dass sie verstümmelt wurden, denkt.*

2 *Auf welche „Verhältnisse“ könnte die Parabel anspielen?*

Als Zusatzmaterial zu diesem Kapitel eignet sich auch der Text „Zu Hause“ von Marie Luise Kaschnitz (vgl. S. 195 in diesem Handbuch), den die Schülerinnen und Schüler anhand folgender Fragen als Parabel erschließen können:

1 *Wiederholt in eigenen Worten die Erfahrungen, die der Erzähler mit Menschen aus der Weltraumstation gemacht hat. Hebt dabei hervor, was euch daran unwahrscheinlich erscheint.*

2 *Was könnte die Bedeutung der Geschichte, was die Absicht des Erzählers sein?*

3 *Überlegt, wie eine Reportage über die Erde aufgebaut sein müsste, damit die Bewohner der Weltraumstation sie in ihrer Sonntagszeitung auch wirklich lesen. Formuliert einige Regeln und Grundsätze, die der Reporter berücksichtigen soll, um eine Zeitungsseite zu texten und zu gestalten.*

9.2 Franz Kafka: „Der Nachbar“ – Eine schriftliche Interpretation anfertigen

Franz Kafka S. 187

Der Nachbar

1 *Die wichtigsten und naheliegenden Beobachtungen werden sein:*
- *Der Ich-Erzähler klagt über die Situation, in die er sich selbst gebracht hat.*
- *Er ist dabei vielleicht nicht ganz ehrlich, denn er sagt, er sei erfolgreich – um dann zu betonen, wie sehr er durch den Nachbarn in der Ausübung seiner Geschäfte behindert wird.*
- *Seine Charakteristik des Nachbarn ist parteilich: Er empfindet ihn als Bedrohung, obwohl er ihn noch gar nicht genau gesehen hat.*
- *Seine Urteile sind einseitig; das zeigt besonders seine Darstellung des Telefons/des Telefonierens.*
- *Es ist offen, ob der Erzähler das alles erfindet, um geschäftlichen Misserfolg zu erklären,*
- *oder ob er durch seine Erzählung sich selbst als einen an Verfolgungswahn Kranken kennzeichnet.*

1. Schritt: Eine Deutungsthese formulieren

S. 188

1 *Für die Deutungsthese „übertriebenes Misstrauen anderen Menschen gegenüber“ spricht, dass der Erzähler Herrn Harras ohne konkrete Gründe verdächtigt.*
Für die Deutungsthese „existenzielle Unsicherheit“ spricht textintern, dass der Erzähler sich selbst ständig beobachtet und seine eigene Verunsicherung registriert, z. B. beim Telefonieren. Textextern spricht dafür, dass es in der Zeit des Ersten Weltkriegs und des Expressionismus zahlreiche Gedichte und Prosastücke gibt, die ähnliche Formen der Verunsicherung und der psychischen Störung zum Ausdruck bringen.

2 *Eine mögliche eigene Deutungsthese könnte sein: Kafka porträtiert in seiner Parabel einerseits einen jungen, bisher erfolgreichen Existenzgründer, der plötzlich in den Konkurrenzkampf mit anderen Jungunternehmern gerät. Er charakterisiert gleichzeitig sich selbst, der seine literarischen Geschäfte in der Alchimistengasse zwischen dünnen Wänden von anderen belauert und bedroht sieht, möglicherweise von anderen, die ähnliche Voraussetzungen haben und womöglich seine Ideen stehlen.*

2. Schritt: Inhalt und Form der Parabel untersuchen

S. 189

2 *Figuren und Figurenkonstellation:*

a) *Der Erzähler stellt sich selbst widersprüchlich vor, einerseits als erfolgreich, anderseits als verunsichert und hilflos. Den Konkurrenten Harras (von dem nicht sicher ist, ob er wirklich die gleichen Geschäfte betreibt) schildert er als geschickt und nicht zu fassen. Dadurch entsteht ein Kontrast, der aber möglicherweise nur in der Fantasie des Erzählers existiert.*

b) *Die Begegnung zwischen dem Ich-Erzähler und Herrn Harras zeigt, dass keine Kommunikation zwischen den beiden stattfindet, dass also auch mögliche Ängste nicht abgebaut werden können.*

c) *Der erste und der letzte Satz belegen die Entwicklung: Ein Mensch, der selbstständig zu sein scheint, erkennt erschrocken, dass der „Nachbar“ dabei ist, ihm seine Existenz zu zerstören.*

3 *Erzählperspektive:*

a) Erzählt wird einsinnig aus der Perspektive des Ich-Erzählers.

b) Die plausibelste Antwort, warum der junge, erfolgreiche Geschäftsmann diese Geschichte erzählt, ist, dass er sich mit der Geschichte als Opfer darstellen will. Er möchte erklären, warum er seine Selbstsicherheit verloren hat.
Gleichzeitig besitzt auch die Beobachtung des „Menschen mit zwei Gesichtern" einige Plausibilität. Um sie zu stützen, muss aber zwischen Erzähler und Autor unterschieden werden. Denn nur der Autor könnte ein Interesse haben, diesen Erzähler als doppelgesichtig darzustellen, der Erzähler selbst hegt keinen Zweifel daran, dass seine Sicht der Dinge die richtige ist.

4 *Motive:*

a) Ein Cluster, das die thematischen Begriffe im Umfeld der Büroausstattung darstellt, könnte etwa so aussehen:

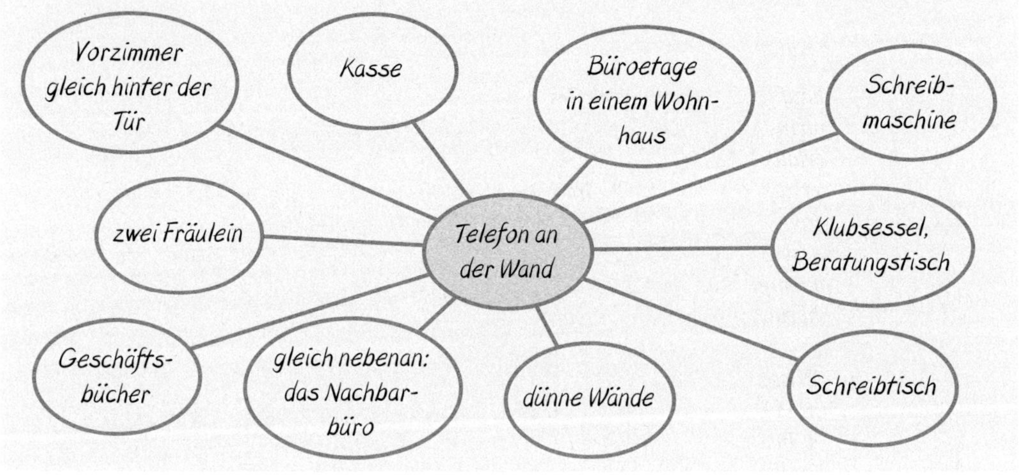

b) Mögliche Bedeutung dieser Büroausstattung:
- *Das auffällige Besondere an der Bürokonstellation ist, dass nicht klar ist, welche Geschäfte der Erzähler überhaupt betreibt. Ist er Makler, vermittelt er Kredite, ist sein Büro ein Beratungsbüro?*
- *Beobachten kann man nur, dass sich alles um Gespräche und um das Telefon dreht. Offensichtlich handelt es sich um ein Geschäft mit Kommunikation. Dort ist dementsprechend die „zweite Bedeutung" zu suchen: Es geht um das Ausspionieren von Informationen. Datenschutz ist nicht gewährleistet.*

5 *Sprachliche Mittel:*

a) Anordnung von Aussagen in Form von Kontrastpaaren:
- *„einfach zu überblicken" (Z. 6 f.) / „leicht zu führen" (Z. 7) / „jung" (und dynamisch) (Z. 7 f.) / die Geschäfte laufen („rollen", Z. 8)*
- *gegen: „Mein Geschäft ruht ganz auf meinen Schultern" (Z. 1 f.) / ich habe einen Fehler gemacht (die Nebenwohnung nicht gemietet) / „kleinliche Bedenken" (Z. 19) usw.*

Kombination von Aussagen und Vermutungen in einem Satz:
- *„Manchmal treffe ich Harras auf der Treppe, er muss es immer außerordentlich eilig haben, er huscht förmlich an mir vorbei." (Z. 34 ff.)*

b) Dynamisierende und wertende Vergleiche:
- *„Wie der Schwanz einer Ratte ist er hineingeglitten" (Z. 39 f.).*

Übertreibungen (sich steigernd gegen Schluss der Erzählung):
- *„so könnte ich sagen: Harras braucht kein Telefon, er benutzt meines" (Z. 67 f.); „ich dagegen muss [...] unwillkürlich durch die Zimmerwand Harras Bericht erstatten" (Z. 70–76).*

6 *Textsortenwissen:*

a) „Bedrohung", „Angst", „Gefahr" sind Begriffe, die über Abstraktion aus dem erzählten Geschehen abgeleitet werden können. Die Charakteristik des Erzählers ergibt das Urteil: Hier spricht jemand, der sich bedroht fühlt. Möglicherweise zu Recht, möglicherweise zu Unrecht. Die Parabel verlangt, dass das Sonderbare, das Auffällige als Signal für die übertragene Bedeutung genommen werden kann.

b) Das Auffällige könnte sein: Der Erzähler ist krank. Er leidet an Verfolgungswahn. Der Verfolgungswahn kann aber auch als Symptom einer „Berufskrankheit" gesehen werden. Der Selbstständige sieht sich von Konkurrenten umlauert. Seine Angst beruht auf der Berufserfahrung völliger Unsicherheit.

7 *Der Blick auf den Autor:*

a) Kafka macht häufig junge, erfolgreiche Geschäftsleute und Managertypen zu Helden seiner Texte (Georg Bendemann in „Das Urteil", Gregor Samsa in „Die Verwandlung", Josef K. in „Der Prozess") und führt sie im Verlauf des erzählten Geschehens in existenzielle Verunsicherung. Georg Bendemann wird vom Vater zum Tode verurteilt, Gregor Samsa in ein Insekt verwandelt, Josef K. von einer undurchschaubaren Macht verhaftet. Kafka selbst war leitender Angestellter in einer Versicherungsgesellschaft. Es ist anzunehmen, dass er den Druck der Karriere erfuhr und als Bild der Unsicherheit verwendete, die er auch als Mensch (z. B. im Umgang mit Frauen) und als Schreibender (wird der literarische Durchbruch zur Existenz als selbstständiger Schriftsteller gelingen?) verspürte.

8 *Das biografische Wissen als „Schlüssel":*
Kafka sucht Ruhe und Einsamkeit für sein Schreiben. Das kann er im Rahmen der Familie nicht finden. Denn diese Familie, insbesondere der Vater, ist laut, abends spielen sie Karten, sie haben keine literarischen Interessen. Endlich hat Ottla, seine Lieblingsschwester, die ebenfalls nach einem selbstständigeren Leben strebt, das Häuschen in der Alchimistengasse gemietet. Es ist Kafkas Rückzugsort für das Schreiben. Aber das Haus ist leicht gebaut, hat dünne Wände, der Nachbar ist zu hören. Wenn hier ein „Harras" einziehen würde, einer, der das Schreiben Kafkas belauert, der Ähnliches schreiben könnte wie er – dann würde die in der Geschichte „Der Nachbar" ausfantasierte Angst auch ihn erfassen können. Die Parabel ist ein verstecktes Selbstporträt des Autors. Gleichzeitig distanziert sich Kafka von dieser Angst, indem er seinem Erzähler die Fähigkeit nimmt, klar über die Situation nachzudenken. Er lässt ihn in Übertreibungen und Dramatisierungen reden, damit man ihn nicht ganz ernst nehmen muss.

9 *Was an Allgemeinem, Zeittypischem steckt in dieser eher „privaten" Angstgeschichte? Die Erschütterungen der Zeit sind die Erfahrungen des Ersten Weltkriegs, der drohende politische Zusammenbruch des Habsburgerreiches, das Aufflackern des Nationalismus der Tschechen und Deutschen, die gegeneinanderstehen, die Angst des Juden, von beiden Gruppen als Sündenbock angesehen zu werden. Die zweite Erschütterung ist die Erfahrung der Moderne generell, die Unübersichtlichkeit der Städte, der modernen Arbeitswelt, der Technik, die Desorientierung der Menschen, die keinen Halt in Tradition oder Religion finden. In diesem Sinne ist der Erzähler ein „Kind seiner Zeit", Symptom einer epochalen Erkrankung, nicht der Kranke selbst.*

S. 192

3. Schritt: Die schriftliche Ausarbeitung

1 *„Schreibt eine Interpretation" ist eine globale Aufforderung. Der Operator „schreibt" steht hier zusammenfassend für: Beobachtungen und Gedanken ordnen, eine Gliederung entwerfen, die Makrostruktur des Interpretationsaufsatzes einhalten, möglichst viele Textbeobachtungen als Belege in den Gedankengang einfügen, für jede Beobachtung und Schlussfolgerung den richtigen Platz im Argumentationsgang finden.*

Diese Zerlegung des Operators in Teile erfolgt am besten als Schrittfolge, sodass nicht nur bei der Analyse des Textes, sondern auch bei der Niederschrift des Interpretationsaufsatzes eine einleuchtende Abfolge eingehalten wird.

Der Dreischritt von Einleitung, Hauptteil, Schluss hat Tradition. Dass in der Einleitung der Text „vorgestellt" wird (Autor, Textsorte, Themahypothese), wird im Merkkasten (S. 192 f. im Schülerband) noch einmal in Erinnerung gerufen. Die wesentliche Textleistung liegt in der Komposition des Hauptteils. Der Merkkasten enthält nur Aspekte, aber keine Hinweise auf die mögliche Anordnung dieser Aspekte zu einem konzisen Fließtext.

Da es keine immer gültigen Regeln für die Vertextung der Analyse gibt, kann vielleicht eine metaphorische Rede helfen: „Stell dir den Text wie ein Grabungsgelände vor. Wie ein Archäologe beschreibst du zuerst die Oberfläche (sprich den Inhalt, die Figuren, die Konflikte, das Geschehen, das Ende), gräbst dich dann hinunter auf die erste Schicht der formalen Beobachtungen am Text (die Übertreibungen, die auffälligen Vergleiche, die Steigerung der Unsicherheit des Erzählers vom erfolgreichen Geschäftsmann zum von Verfolgungsangst und Misstrauen verunsicherten Menschen) und schließlich auf die unterste (und auch unsicherste) Schicht der möglichen Vermutungen und Erklärungen, was das Ganze bedeuten soll. Hier stößt der Archäologe auch auf die Kontexte der Geschichte, den biografischen und gedanklichen Hintergrund, auf den die Parabel verweist."

Der Schluss soll dann ein zusammenfassendes Urteil zum Text, möglicherweise auch eine persönliche Stellungnahme oder ein Statement enthalten, aus dem hervorgeht, was dem Schreiber des Aufsatzes die Analyse des literarischen Textes an Erkenntnis gebracht hat.

S. 193

4. Schritt: Textüberarbeitung

Es ist bekannt, dass die Textüberarbeitung nicht erst der „letzte Schritt" einer Interpretation ist, sondern dass diese Tätigkeit bereits die Phase der Formulierung begleitet. Es gibt Spontankorrekturen, Streichungen, Umstellungen, die während der Niederschrift auftauchen. Ein Blick auf Kafkas Handschriften zeigt, dass es dem Autor selbst genauso gegangen ist.

2 *Die drei auf S. 194 im Schülerband abgedruckten Schülerinterpretationen (zahlreiche weitere Beispiele finden sich im Internet) bleiben weitgehend in einer Paraphrase des Textes stecken, beziehen keine Kontextinformationen ein (Beispiel 1) und steuern sehr schnell auf eine moralische Bewertung zum Thema „Vorurteile" und „Misstrauen" als sozial schädliche Verhaltensweisen zu (Beispiel 2). Lediglich das dritte Beispiel leistet einen Transfer vom erzählten Fall zu einer allgemeinen Erkenntnis (Verfall des Selbstwertgefühls durch Verunsicherung). Aber hier sind vor allem die verwendeten Begriffe auszutauschen: Der Erzähler zeigt keine „Reue", wenn er etwas bedauert; es sind Belege einzuarbeiten (wieso bewirkt die Erzählperspektive die Betroffenheit des Autors?); Ungenauigkeiten in der Ausdrucksweise sind zu korrigieren (eine Handlung steigert sich nicht zur Depression).*

Zusatzmaterial: Ein weiteres Übungsbeispiel für die Schritte der Interpretation

Franz Kafka

Der Kübelreiter (1917)

Verbraucht alle Kohle; leer der Kübel; sinnlos die Schaufel; Kälte atmend der Ofen; das Zimmer vollgeblasen von Frost; vor dem Fenster Bäume starr im Reif; der Himmel, ein silberner Schild gegen den, der von ihm Hilfe will. Ich muss Kohle haben; ich darf doch nicht erfrieren; hinter mir der erbarmungslose Ofen, vor mir der Himmel ebenso, infolgedessen muss ich scharf zwischendurch reiten und in der Mitte beim Kohlenhändler Hilfe suchen. Gegen meine gewöhnlichen Bitten aber ist er schon abgestumpft; ich muss ihm ganz genau nachweisen, dass ich kein einziges Kohlenstäubchen mehr habe und dass er daher für mich geradezu die Sonne am Firmament bedeutet. Ich muss kommen wie der Bettler, der röchelnd vor Hunger an der Türschwelle verenden will und dem deshalb die Herrschaftsköchin den Bodensatz des letzten Kaffees einzuflößen sich entscheidet; ebenso muss mir der Händler, wütend, aber unter dem Strahl des Gebotes „Du sollst nicht töten!" eine Schaufel voll in den Kübel schleudern.

Meine Auffahrt schon muss es entscheiden; ich reite deshalb auf dem Kübel hin. Als Kübelreiter, die Hand oben am Griff, dem einfachsten Zaumzeug, drehe ich mich beschwerlich die Treppe hinab; unten aber steigt mein Kübel auf, prächtig, prächtig; Kamele, niedrig am Boden hingelagert, steigen, sich schüttelnd unter dem Stock des Führers, nicht schöner auf. Durch die fest gefrorene Gasse geht es in ebenmäßigem Trab; oft werde ich bis zur Höhe der ersten Stockwerke gehoben; niemals sinke ich bis zur Haustüre hinab. Und außergewöhnlich hoch schwebe ich vor dem Kellergewölbe des Händlers, in dem er tief unten an seinem Tischchen kauert und schreibt; um die übergroße Hitze abzulassen, hat er die Tür geöffnet.

„Kohlenhändler!", rufe ich mit vor Kälte hohl gebrannter Stimme, in Rauchwolken des Atems gehüllt, „bitte, Kohlenhändler, gib mir ein wenig Kohle. Mein Kübel ist schon so leer, dass ich auf ihm reiten kann. Sei so gut. Sobald ich kann, bezahle ich's."

Der Händler legt die Hand ans Ohr: „Hör ich recht?", fragt er über die Schulter weg seine Frau, die auf der Ofenbank strickt, „hör ich recht? Eine Kundschaft." – „Ich höre gar nichts", sagt die Frau, ruhig aus- und einatmend über den Stricknadeln, wohlig im Rücken gewärmt.

„O ja", rufe ich, „ich bin es; eine alte Kundschaft; treu ergeben; nur augenblicklich mittellos."

„Frau", sagt der Händler, „es ist, es ist jemand; so sehr kann ich mich doch nicht täuschen; eine alte, eine sehr alte Kundschaft muss es sein, die mir so zum Herzen zu sprechen weiß."

„Was hast du, Mann?", sagt die Frau und drückt, einen Augenblick ausruhend, die Handarbeit an die Brust, „niemand ist es, die Gasse ist leer, alle unsere Kundschaft ist versorgt; wir können für Tage das Geschäft sperren und ausruhn."

„Aber ich sitze doch hier auf dem Kübel", rufe ich, und gefühllose Tränen der Kälte verschleiern mir die Augen, „bitte seht doch herauf; ihr werdet mich gleich entdecken; um eine Schaufel voll bitte ich; und gebt ihr zwei, macht ihr mich überglücklich. Es ist doch schon alle übrige Kundschaft versorgt. Ach, hörte ich es doch schon in dem Kübel klappern!"

„Ich komme", sagt der Händler, und kurzbeinig will er die Kellertreppe emporsteigen, aber die Frau ist schon bei ihm, hält ihn beim Arm fest und sagt: „Du bleibst. Lässt du von deinem Eigensinn nicht ab, so gehe ich hinauf. Erinnere dich an deinen schweren Husten heute Nacht. Aber für ein Geschäft, und sei es auch nur ein eingebildetes, vergisst du Frau und Kind und opferst deine Lungen. Ich gehe." – „Dann nenn ihm aber alle Sorten, die wir auf Lager haben; die Preise rufe ich dir nach." – „Gut", sagt die Frau und steigt zur Gasse auf.

Natürlich sieht sie mich gleich. „Frau Kohlenhändlerin“, rufe ich, „ergebenen Gruß; nur eine Schaufel Kohle; gleich hier in den Kübel; ich führe sie selbst nach Hause; eine Schaufel von der schlechtesten. Ich bezahle sie natürlich voll, aber nicht gleich, nicht gleich.“ Was für ein Glockenklang sind die zwei Worte „nicht gleich“, und wie sinnverwirrend mischen sie sich mit dem Abendläuten, das eben vom nahen Kirchturm zu hören ist!

„Was will er also haben?“, ruft der Händler. „Nichts“, ruft die Frau zurück, „es ist ja nichts; ich sehe nichts, ich höre nichts; nur sechs Uhr läutet es und wir schließen. Ungeheuer ist die Kälte; morgen werden wir wahrscheinlich noch viel Arbeit haben.“

Sie sieht nichts und hört nichts; aber dennoch löst sie das Schürzenband und versucht mich mit der Schürze fortzuwehen. Leider gelingt es. Alle Vorzüge eines guten Reittieres hat mein Kübel; Widerstandskraft hat er nicht; zu leicht ist er; eine Frauenschürze jagt ihm die Beine vom Boden.

„Du Böse“, rufe ich noch zurück, während sie, zum Geschäft sich wendend, halb verächtlich, halb befriedigt mit der Hand in die Luft schlägt, „du Böse! Um eine Schaufel von der schlechtesten habe ich gebeten, und du hast sie mir nicht gegeben.“ Und damit steige ich in die Regionen der Eisgebirge und verliere mich auf Nimmerwiedersehen.

(Aus: Franz Kafka: Beschreibung eines Kampfes und andere Prosa. Hg. von Max Brod. Schocken, Berlin/S. Fischer, Frankfurt/M. [2]1954, S. 120–123)

1 *Verfasst eine schriftliche Interpretation des Textes und orientiert euch dabei an den Schritten der Textinterpretation (S. 188 ff. im Schülerband):*

a) Von den Beobachtungen am Text zu einer ersten Deutungsthese:

- *Fasst in einer Inhaltsangabe den erzählten „Fall“ knapp und in eigenen Formulierungen zusammen. Dabei kann die Charakteristik der beteiligten Personen bereits eine Rolle spielen.*
- *Beschreibt am Ende dieses Arbeitsschritts, was überraschend, fremd oder irritierend ist. Bedenkt dabei: Irritationspunkte können verschiedener Art sein. Zu ihnen gehören Stellen des Textes, an denen das Erzählte aus einer „realen“ in eine „fantastische“ Welt überspringt, z. B.:*
  - *Ist das Thema der Erzählung „Der Kübelreiter“ der „Kohlenmangel“ und die Mittellosigkeit des Erzählers, die Hartherzigkeit der Menschen? Warum dann die groteske Geschichte vom fliegenden Kübel?*
  - *Die Geschichte heißt „Der Kübelreiter“, der Kübel wird mit einem Reitkamel verglichen und er verhält sich dann in der Geschichte auch so. Welche Bedeutung könnte dieser Abweichung von der wiedererkennbaren Wirklichkeit zukommen?*
  - *Übermäßige Hitze und bittere Kälte sind gegeneinandergestellt. Desgleichen Bedürftigkeit und Überfluss, Unterwürfigkeit und Feindseligkeit. Aber es fehlt so etwas wie ein Protest des Erzählers gegen die Umstände. Im Gegenteil, er scheint heiter, der Ritt auf dem Kübel und das Sich-Verlieren in den „Eisgebirgen“ scheinen ihm sogar Spaß zu machen.*
- *Gleich im Anschluss an Inhaltsangabe und Figurencharakteristik geht ihr auf formale Besonderheiten des Textes ein, die euch aufgefallen sind.*
  - *Protokollartig informiert der Erzähler über seine Situation, dass er nämlich unter Kohlenmangel leidet, und über seine Strategien, Mitleid beim Kohlenhändler zu erzwingen. Die Strategien scheinen ihm dabei wichtiger zu sein, er verwendet mehr Sätze darauf als auf die Beschreibung seiner Notlage, ja die Notlage selbst ist auf eine Aufzählung von Stichworten reduziert. Ein Übergang zum Fantastischen ereignet sich, als er erzählt, dass er auf seinem Kohleneimer wie auf einem Kamel reiten kann. Dieser Umschwung in der Geschichte scheint den Erzähler indes nicht zu irritieren. Wie im Märchen geht er über die Grenze zwischen Realität und Fantasie hinweg.*

- *Sprachlich auffällig ist auch der Dialog zwischen den drei Personen, die in dem Text auftreten. Die Konversation des Kohlenhändlerehepaars scheint alltäglich, die zwischen dem Erzähler und dem Händler erinnert eher an eine Art Gedankenübertragung. Der Händler hört, was die Kundschaft „zum Herzen zu sprechen weiß". Auch die „Konversation" zwischen Frau und Erzähler scheint eher „gedanklich" als „real" zu erfolgen. Denn Rede und Abendglockenläuten gehen ineinander über. Schließlich ist die Vertreibung des Kohlesuchenden mit der Schürze eine eher an einen Traum als an eine reale Szene erinnernde Gestik. Und daraus entsteht für den Leser ein intensiver Deutungsimpuls, denn Träume werden erzählt, um ihren Sinn zu entschlüsseln.*
- *Eine erste Deutungsthese könnte also sein, dass es um die Vertreibung eines Mittellosen, eines Alleinlebenden, eines im Leben Frierenden aus dem Umkreis von Wärme und Familienverbänden geht. Es bleibt offen, was es bedeutet, dass dieses Opfer sich so einfach auf „Nimmerwiedersehen" in die „Eisgebirge" verflüchtigen (und dann doch die ganze Geschichte erzählen) kann.*

b) Bezieht Kontextwissen ein, um die Frage nach der möglichen Bedeutung zu klären:
- *Historisches Kontextwissen: Kafkas Schreiben im Alchimistengässchen 1917 greift die besondere Not der Prager Bevölkerung im dritten Kriegsjahr auf: Ein Junggeselle kann keine Kohle bekommen, weil der Händler, der noch Kohlen im Überfluss hat, nichts hergeben will.*
- *Vorwissen über die Textsorte „Parabel": Alles Erzählte gehört in der Parabel zu einem anderen Gemeinten. Dieses Vorwissen verlangt, die irritierende Verfremdung von Erzählteilen als Signale zu nehmen, die auf ein noch unbekanntes Gemeintes verweisen.*

c) Überlegungen, die sich daran anschließen:
- *Erzählt die Parabel von einem sozialen Problem (Egoismus und Hartherzigkeit als Folge der Not des Krieges)?* **Sozialkritische Interpretationen** *weisen auf Regeln der kleinbürgerliche Gesellschaft hin, in der Außenseiter wie der Erzähler keine Chance haben. Metaphorisch gelesen bedeutet „Winter" für den Leser dann Isolation, Mangel an Wärme, soziale Kälte. Kafka nimmt die aktuellen Lebensumstände (Kriegswinter) als Bilder der eigenen Situation.*
- *Oder erzählt sie vom Junggesellen, der von den Ehepaaren in die Wüste getrieben wird?* **Die psychologische Interpretation** *geht von der Beobachtung aus, dass die Figuren in der Erzählung zwei Seiten* **einer** *Person repräsentieren. Kohlenhändler und Kübelreiter sind zwei Seiten der Person K. (Initiale des Autors). Der eine hat Kohle im Überfluss, der andere hat den Kübel und leidet unter der Kälte; der eine hat eine Frau, der andere ist Junggeselle. Die Frau verhindert, dass die Männer miteinander sprechen. Sie verjagt den Junggesellen in die wüsten Regionen der Eisgebirge.*
- *Oder handelt sie von dem Schreibenden, der die menschliche Wärme der Familie sucht und in die kalten Eisgebirge der Schriftstellerei hinausgetragen wird? Hier setzt die Parabel die weiße Weite der Schneelandschaft für die lebensfeindliche Welt des Schreibens (auf weißem Papier). Die Deutung erklärt gut, warum der Kübelreiter Kafka so gelassen und fast heiter in diese Welt entschwindet.*

d) Verfasst dann eure Niederschrift entsprechend dem Merkkasten für das Gliederungsschema einer schriftlichen Interpretation (S. 192 f. im Schülerband).

9.3 Projekt: Parabeln umgestalten am Beispiel von „Gibs auf!"

Kafkas Erzählungen sind früh und häufig Gegenstand *produktiver Umarbeitungen* gewesen. Sein Mann vom Lande, der vor dem Gesetz vergeblich um Einlass bittet, hat zahlreiche Wartende, die erfolglos ein Ziel anstreben, zum Nachschreiben der Parabel „Vor dem Gesetz" inspiriert. Da gibt es Arbeitssuchende, die vor dem Dienstzimmer des Sachbearbeiters im Arbeitsamt warten, Patienten, die in der Sprechstunde sitzen und nicht drankommen, usw. Bei solchen Umarbeitungen und Übernahmen Kafka'scher Erzählmuster spielen die parabolischen Strukturen eine besondere Rolle. Auch die Umarbeitungen müssen Irritationsstellen enthalten, die als Signale für Transferüberlegungen dienen können. Es sind oft ganz unterschiedliche Motive der Erzählung, die den Lesern so im Gedächtnis haften bleiben, dass sie sie als Signale und Deutungsaufforderungen nutzen können.

S. 195

Ein Experiment mit einer Parabel – Schreiben als Gedächtnistest

S. 195

Franz Kafka

Gibs auf!

Einfache *Behaltensexperimente* können einen Einstieg in die Textwahrnehmung sein. Die Fragen lauten: Was ist beim zweimaligen Hören so wichtig gewesen, dass es sich wörtlich eingeprägt hat, was hingegen wurde in eigene Rede umgeformt, was wurde vergessen oder übersprungen, was wurde so umgeformt, dass es einen fremden Gedanken in die Gedächtnisspuren eingeschmuggelt hat?
Die drei im Schülerband abgedruckten Schritte – „Nachschrift", „Beobachtungen beim Vortrag der Nachschrift", „Beobachtungen an den Texten/beim Textvergleich" – liefern reichlich Material für die Interpretation der Textverarbeitung im Kopf der Rezipienten.

3 *Die längeren Sätze der Wiedergabe enthalten (durch die Konjunktionen der Nebensätze) Zusammenhänge, Begründungen – der Zuhörer versucht, sich selbst zu erklären, was er hört, und daher formuliert er in seiner Wiedergabe das, was er gedacht hat, während er zuhörte. Ohne dass er sich dessen bewusst ist, setzt er Akzente. Zum Beispiel betont er die Desorientierung des Erzählers, der entdeckt, dass er sich verspätet hat. Dazu gehört auch, dass der Erzähler ein größeres Gewicht erhält. Er ist für das Erzählte verantwortlich und er berichtet auch den Dialog.*

4 *Eine mögliche Parallelgeschichte übernimmt Handlungsmomente, Figurenkonstellation, vor allem aber die „Pointe" des ungewöhnlichen und unerwarteten Verhaltens der Autoritätsperson. Auch die Parallelgeschichte kann Anklänge an ein Traumgeschehen enthalten. Hier ein Beispiel:*

Ich habe die Auskunft erhalten, dass das Vorstellungsgespräch um sechzehn Uhr im Dienstzimmer des Personalchefs stattfinden soll. Noch einmal kontrolliere ich das Schreiben, in dem Ort, Zeit und Personen genannt sind. Doch als ich an der Haltestelle auf die S-Bahn warte und noch einmal überprüfen will, ob ich auch alles richtig im Kopf habe, stelle ich fest, dass ich den Brief

wohl in eine falsche Tasche gesteckt habe. Ich werde nervös. Ich weiß, dass ich weiß, wo ich hinmuss, aber ich werde unsicher, hieß die Straße wirklich Wilmersdorfer Straße, hieß der Chef wirklich Dr. Lenz – oder Lanz oder Latz? Ich bin nicht sicher, ob ich diesen Job überhaupt haben will, ich weiß nicht, ob eine Vorstellung, zu der ich nicht einmal hinfinde, einen Sinn machen kann, und doch brauche ich eine Arbeit.
Zum Glück habe ich mein Handy dabei. Ich rufe zu Hause an, ob ich das Schreiben irgendwo habe liegen lassen. Die ärgerliche Stimme meiner Mutter. „Von mir willst du, dass ich den Brief finde, den du verschlampt hast?" „Ja, bitte", sage ich noch, aber sie sagt scharf: „Lass das mit der Bewerbung, wenn du nicht mal die Einladung behalten kannst. Das wird nichts." Und sie hängt auf.

5 *Bei der vorliegenden Umerzählung sind das Muster und die Figurenkonstellation ähnlich wie in der Vorlage von Kafka. Es geht auch um das gleiche Motiv (Verspätung, Verunsicherung), aber die Pointe ist weniger scharf herausgearbeitet. Die Mutter, die am Telefon verärgert reagiert, ist sehr viel „wahrscheinlicher" und näher bei der Erfahrungswelt als der sich abwendende und in sich hineinlachende Polizist. Das Signal, die Geschichte als Parabel (und nicht als Alltagsgeschichte) zu lesen, ist schwach ausgeprägt. Es wäre angemessener, die Mutter etwas Überraschendes sagen zu lassen, etwa: „Du musst dich gar nicht mehr vorstellen, ich habe schon mit dem Personalchef geredet, du kommst nicht in Frage."*

Ein deutscher Jude im Pariser Exil – Schreiben nach literarischem Vorbild

S. 197

Stephan Hermlin

Ein Maler in Paris

S. 197

Die zum Teil illegal im Pariser Exil lebenden Schriftsteller, die aus Nazideutschland hatten fliehen müssen, wurden 1941 vom Einmarsch der Deutschen überrascht. Stephan Hermlin war, wie auch die Schriftstellerin Anna Seghers, doppelt gefährdet, er wurde als Jude und als Sozialist gesucht. Die französische Polizei kollaborierte mit den Deutschen, nahm in deren Auftrag Verhaftungen vor und richtete Sammellager ein. Auch die Pariser Bevölkerung sah in den fremden Flüchtlingen eine Gefahr, denn sie konnten jederzeit die Aufmerksamkeit der Besatzer auf sich lenken.

1 / **2** *Hermlin spielt auf Kafkas Parabel an, um sie auf die Lebenssituation eines illegal im Pariser Exil lebenden Malers anzuwenden. Kafkas Fußgänger sieht, dass er sich in der Uhrzeit geirrt hat, Hermlins Maler Reichmann spürt „Hass und anonyme Drohung" (Z. 11), das Lebensgefühl der Exilleser der Kafka'schen Prosa. Die Angst, welche die Desorientierung des Malers steigert, ist „real", die Geschichte daher nicht eine Parabel, sondern eine Momentaufnahme aus dem besetzten Paris.*

3 *Die Rückverwandlung der Erzählung in eine Parabel muss darauf achten, eine Überstiegsstelle von der erzählten Bildebene auf die Gedankenebene bereitzustellen. Sie kann sich dabei eher an der Parabel „Der Nachbar" orientieren als an dem kurzen Text „Gibs auf!", denn die übersteigerten Angstreflexionen des Ich-Erzählers in der Parabel „Der Nachbar" können plausibel zu Angstfantasien des von Verhaftung bedrohten Exilanten verändert werden. Die Verbreitung von Angst gehört zur Politik der Vertreibung.*
Eine mögliche Fortsetzung der im Schülerband begonnenen Geschichte:

[...] Wann werde ich weiter fliehen müssen? Gestern erzählte mir Anna, es sei höchste Zeit, sie hätten schon mit dem Durchkämmen ganzer Arrondissements begonnen, die französische Polizei kollaboriere, die Franzosen denunzieren die Fremden, sie wollen sie los sein, um keinen Ärger mit den deutschen Besatzern zu haben. Ich kann niemandem mehr trauen, gerade der freundliche Wirt verrät den Deutschen vielleicht deine Wohnung! Ich weiß, wie man an falsche Papiere kommen könnte, aber ich habe mein Geld aufgebraucht. Die französischen Genossen müssen sich selber schützen, Hilfe für einen Exilanten bringt sie selbst in Gefahr. Schon hört man von Selbstmorden aus Angst vor dem Transport zurück nach Deutschland. Blind vor Scham und Angst stolpere ich direkt in die Arme der in der Nebenstraße aufgestellten Fremdenpolizei.

4 *Beispiel eines irritierenden Schlusses für eine Erzählung, die Desorientierung und Hilflosigkeit eines Jugendlichen, der bei einer Demonstration verhaftet wurde, thematisiert:*

[...] Nun stehe ich schon in der Arrestzelle hinter den Gittern und warte auf das Verhör. Und mir schießt wie ein Blitz die irre Hoffnung durch den Kopf: Jetzt kommt ein Offizier der Schutzpolizei vorbei. Er erkennt mich wieder. In Berlin war ich der Briefträger, der ihm regelmäßig die Pakete zustellte. Er hält an und sagt zu dem Wachhabenden: „Den hier sollt ihr nicht festhalten, er kommt mit mir."

Lernerfolgskontrolle/ Themen für Übungen und Klassenarbeiten

Vorschlag 1: Einen literarischen Text analysieren und interpretieren

Martin Walser

Ein schöner Sieg (1969)

[...] Als Herr Benno in die Straße zog und von einem Tag auf den anderen vis-à-vis ein Geschäft eröffnete – es war, als hätte er in der einen Nacht den Briefmarkenladen aufgegessen, der all die Jahre keinen Menschen gestört hatte –, da wusste ich sofort, dass jetzt endlich mein Feind leibhaftig erschienen war. Herr Benno gab sich den Anschein, als sei er lediglich dort eingezogen, um Hosen zu verkaufen, nichts als Hosen, eine hing platt neben der anderen, aber mich konnte er nicht täuschen. Ich bekleide den Herrn zwar nur bis zur Gürtellinie, der Gürtel selbst, das gebe ich zu, spielt in meinem Geschäft schon so gut wie keine Rolle mehr, aber immerhin, ich führe ihn. Herr Benno verbarg seine Gürtel zuerst noch in Schubladen, sicher hat er aber seinen Kunden gesagt, wenn sie wollten, könne er, und da fuhr er die Schublade schon aus und seine Hände und Arme tauchten auf, über und über behängt mit schlangenhaft züngelnden Gürteln. Aus Freundschaft zu mir will er eingezogen sein, der Gürtel mehr ein Berührungspunkt als ein feindliches Aufeinandertreffen, die Hosen eine treffliche Ergänzung, jetzt könne sich ein Herr endlich komplett ausstaffieren in unserer Straße, und dergleichen ölige Sprüche, der Gürtel mehr dies als das, und *trefflich* gebrauchte er. Wenn einer schon *trefflich* gebraucht! Vorsicht, sagte ich, Vorsicht, der redet über den Gürtel hinweg und *trefflich* sagt er, *trefflich* gebraucht er, mein Gott, da dürfte wirklich Vorsicht geboten sein. [...]

Ich wehrte mich also gegen Herrn Benno so gut es ging, obwohl ich eingesehen hatte, dass Herr Benno ein Feind war, der für mich erfunden worden war; das Schicksal selbst musste ihn in Auftrag gegeben und die notwendigen Maße geliefert haben. Schrittlänge, Halsgelenkigkeit, Brustumfang, Augenschärfe, Brauenbeweglichkeit, Haarfarbe und Bartwuchs, alles so, dass ich zugeben musste: jawohl, das ist er, Dein Feind. Das Schlimmste war wohl – und daran erkannte ich eigentlich erst, dass Herr Benno geschaffen worden war, um mein Feind zu sein –: man hatte Herrn Benno mit nichts endgültig ausgestattet. Man kannte wahrscheinlich meine Wendigkeit, meine nicht unbeträchtliche Fantasie, und sagte sich, einen Feind, den man ihm fix und fertig gegenüberstellt, den wird er einfach umgehen, den spinnt er ein, der ist nach vierzehn Tagen sein Freund. Also hielt man Herrn Benno sozusagen im Fluss. Er wurde von allem, was ich gegen ihn unternahm, schon vorher unterrichtet. Dann erst gab man mir den Einfall ein, auf die und die Weise gegen Herrn Benno vorzugehen, schickte mich also gegen den mit jeder Art von Lächeln gerüsteten Herrn Benno ins Feld. Für ihn muss es fast langweilig gewesen sein. Aber vielleicht genügte es ihm auch, dass er einfach seine Pflicht tat. [...]

(Aus: Martin Walser: Lügengeschichten. © Suhrkamp Verlag, Frankfurt/M. 1969, S. 83–86)

1 *Interpretiere/Analysiere den Textabschnitt aus Martin Walsers Lügengeschichte „Ein schöner Sieg".*

2 *Vergleiche die Parabel von Martin Walser mit Franz Kafkas „Der Nachbar". Berücksichtige dabei, dass Walser die Parabel Kafkas gekannt hat und bewusst auf sie Bezug nimmt.*

Erwartungshorizont/Bewertungsraster

Anforderungen Die Schülerin/der Schüler ...		maximale Punktzahl	erreichte Punktzahl
Aufgabe 1			
1	... gibt den Inhalt und den Ablauf der Reflexionen des Erzählers in eigenen Worten wieder.	6	
2	... benennt das Thema des Textes (Deutungsthese) und belegt es anhand von (mindestens zwei) Textstellen.	3	
3	... erkennt die Textsorte (nicht Lügengeschichte oder Schwank, sondern Parabel) und zieht daraus die richtigen Schlüsse für das Vorgehen bei der Analyse: die Suche nach Übertragungsmöglichkeiten, nach Überstiegspunkten von der Erzählebene auf eine allgemeinere Bedeutungsebene.	6	
4	... benennt einzelne Beobachtungen und Schlussfolgerungen des Erzählers, die das Urteil des Erzählers über den Nachbarn als Feind begründen.	3	
5	... prüft die Argumentation des Erzählers, kommt zu einer vom Erzähler abweichenden Einschätzung des vorliegenden „Falls" (vielleicht leidet der Erzähler an Verfolgungswahn oder Konkurrenzangst).	6	
6	... beurteilt die versteckten Wertungen in den verwendeten Vergleichen und Redeweisen des Erzählers.	3	
7	... erkennt die „Indizien", die von der Sprechweise des Erzählers auf dessen psychische Verfasstheit schließen lassen (dramatisierende Vergleiche; Beobachtung der Sprechweise des Herrn Benno).	3	
8	... erfasst die „Makrostruktur" der Reflexion: Engführung hin auf die Idee von einem „eigens geschaffenen Feind", dessen „Schöpfer" (das Schicksal?) unbekannt bleibt, den Erzähler und seinen „Feind" gegeneinander ausspielt.	3	
		= 33	

Aufgabe 2			
1	... vergleicht die „Einordnung des „Nachbarn“ (Kafka) und des „Feindes“ (Walser) in die Feindbilder des Erzählers (z. B. anhand der verwendeten Vergleiche „wie der Schwanz einer Ratte“, S. 187, Z. 39 f. im Schülerband, vs. „behängt mit schlangenhaft züngelnden Gürteln“, Z. 20 f.).	3	
2	... beobachtet die Steigerung der Verfolgungsängste der Erzähler in beiden Texten (wer steckt hinter der Bedrohung, die der Erzähler durch den Feind empfindet?).	3	
3	... erkennt die bei Walser über Kafka hinausgehenden Gedanken (Gedanke der Rettung durch Unterwerfung im Konkurrenzkampf, Idee des „persönlich erfundenen Feindes“, Idee, eine anonyme Instanz stecke hinter der Verfolgung des Erzählers durch den flexiblen Herrn Benno).	6	
4	... entwickelt eine eigene Erklärung dafür, dass Walser für seine „Lügengeschichte“ auf eine bekannte Kafka-Parabel zurückgreift (z. B. gehört die Vorstellung, durch schicksalhafte Instanzen mit Hilfe spezieller „Feinde“ verfolgt zu werden, zu den kafkaesken Mustern, die Walser überall in Kafka-Interpretationen vorfand).	6	
		= 18	
Darstellungsleistung			
1	... gibt den Bericht des Ich-Erzählers in eigenen Worten korrekt und strukturiert wieder.	6	
2	... verwendet bei der Darstellung der psychisch „schwierigen“ Person des Erzählers eine angemessene und präzise Sprache.	5	
3	... verwendet (insbesondere im Teil „Textanalyse“ und „Vergleich“) fachsprachliche Begriffe durchweg korrekt.	3	
4	... findet für die Darstellung seiner Textbeobachtungen und Vergleichsgesichtspunkte eine überzeugende Makrostruktur (Gliederung).	6	
5	... arbeitet bei den geforderten Vergleichen mit verschiedenen Vergleichsebenen und Vergleichspunkten (thematischen, sprachlichen).	6	
6	... verknüpft die beiden zum Vergleich vorgelegten Texte über einen Allgemeinbegriff (Konkurrenzgesellschaft, Deformation der Persönlichkeit).	3	
		= 29	
Gesamtpunktzahl		80	

Vorschlag 2:
Einen literarischen Text analysieren und interpretieren

Franz Kafka

Der Schlag ans Hoftor (1917)

Es war im Sommer, ein heißer Tag. Ich kam auf dem Nachhauseweg mit meiner Schwester an einem Hoftor vorüber. Ich weiß nicht, schlug sie aus Mutwillen ans Tor oder aus Zerstreutheit oder drohte sie nur mit der Faust und schlug gar nicht. Hundert Schritte weiter an der nach links sich wendenden Landstraße begann das Dorf. Wir kannten es nicht, aber gleich nach dem ersten Haus kamen Leute hervor und winkten uns, freundschaftlich oder warnend, selbst erschrocken, gebückt vor Schrecken. Sie zeigten nach dem Hof, an dem wir vorübergekommen waren, und erinnerten uns an den Schlag ans Tor. Die Hofbesitzer werden uns verklagen, gleich werde die Untersuchung beginnen. Ich war sehr ruhig und beruhigte auch meine Schwester. Sie hatte den Schlag wahrscheinlich gar nicht getan, und hätte sie ihn getan, so wird deswegen nirgends auf der Welt ein Beweis geführt. Ich suchte das auch den Leuten um uns begreiflich zu machen, sie hörten mich an, enthielten sich aber eines Urteils. Später sagten sie, nicht nur meine Schwester, auch ich als Bruder werde angeklagt werden. Ich nickte lächelnd. Alle blickten wir zum Hofe zurück, wie man eine ferne Rauchwolke beobachtet und auf die Flamme wartet. Und wirklich, bald sahen wir Reiter ins weit offene Hoftor einreiten. Staub erhob sich, verhüllte alles, nur die Spitzen der hohen Lanzen blinkten. Und kaum war die Truppe im Hof verschwunden, schien sie gleich die Pferde gewendet zu haben und war auf dem Wege zu uns. Ich drängte meine Schwester fort, ich werde alles allein ins Reine bringen. Sie weigerte sich, mich allein zu lassen. Ich sagte, sie solle sich aber wenigstens umkleiden, um in einem besseren Kleid vor die Herren zu treten. Endlich folgte sie und machte sich auf den langen Weg nach Hause. Schon waren die Reiter bei uns, noch von den Pferden herab fragten sie nach meiner Schwester. Sie ist augenblicklich nicht hier, wurde ängstlich geantwortet, werde aber später kommen. Die Antwort wurde fast gleichgültig aufgenommen; wichtig schien vor allem, dass sie mich gefunden hatten. Es waren hauptsächlich zwei Herren, der Richter, ein junger, lebhafter Mann, und sein stiller Gehilfe, der Aßmann genannt wurde. Ich wurde aufgefordert, in die Bauernstube einzutreten. Langsam, den Kopf wiegend, an den Hosenträgern rückend, setzte ich mich unter den scharfen Blicken der Herren in Gang. Noch glaubte ich fast, ein Wort werde genügen, um mich, den Städter, sogar noch unter Ehren, aus diesem Bauernvolk zu befreien. Aber als ich die Schwelle der Stube überschritten hatte, sagte der Richter, der vorgesprungen war und mich schon erwartete: „Dieser Mann tut mir leid." Es war aber über allem Zweifel, dass er damit nicht meinen gegenwärtigen Zustand meinte, sondern das, was mit mir geschehen würde. Die Stube sah einer Gefängniszelle ähnlicher als einer Bauernstube. Große Steinfliesen, dunkel, ganz kahle Wand, irgendwo eingemauert ein eiserner Ring, in der Mitte etwas, das halb Pritsche, halb Operationstisch war.

Könnte ich noch andere Luft schmecken als die des Gefängnisses? Das ist die große Frage oder vielmehr, sie wäre es, wenn ich noch Aussicht auf Entlassung hätte.

(Aus: Franz Kafka: Beschreibung eines Kampfes und andere Prosa. Hg. von Max Brod. Schocken, Berlin/ S. Fischer, Frankfurt/M. [2]1954, S. 106 f.)

1 *Interpretiere die Parabel Kafkas.*

2 *Überlege, welche allgemeine Bedeutung die Erzählung haben könnte.*

Erwartungshorizont/Lösungshinweise

1 / **2** *Der Text beginnt – wie viele Erzählungen Kafkas – wie ein realistischer Erzählbericht über einen Sommerspaziergang. Dann aber verwandelt sich die Szenerie und wird ein Alptraum. Augenblicke der mangelnden Konzentration und Wachheit bilden den Übergang. Die Abfolge der Verben, die das Verhalten der Dorfbewohner erfassen, spiegeln das Abgleiten in den Schrecktraum: „freundschaftlich" – „warnend" – „selbst erschrocken" – „gebückt vor Schrecken" (Z. 10ff.). Die gleiche Bewegung wiederholt sich in der Haltung des Erzählers. Er sagt zunächst von sich: „Ich war sehr ruhig" (Z. 16), dann vergeht ihm das Lächeln des Überlegenen, er bemerkt, dass er verhaftet ist, er ist verlegen (er wiegt den Kopf, rückt an den Hosenträgern), es fällt ihm der Vergleich mit der Gefängniszelle ein und er sieht einen „Operationstisch". So ist die „Bewegung" des Textes die Grundlage einer möglichen Aussage, die an den Beginn des Romans „Der Prozess" erinnert: „Jemand musste Josef K. verleumdet haben, denn ohne dass er etwas Böses getan hatte, wurde er eines Morgens verhaftet."*

Kafka war ein Stadtmensch. Aber nachdem seine Lungenkrankheit ausgebrochen war und er Genesungsurlaub erhalten hatte, hielt er sich mehrere Wochen in Zürau auf, wo seine Schwester Ottla einen Hof gemietet hatte, und versuchte, Landwirtschaft zu betreiben. Die Fremdheit des Städters in einer ländlichen Umgebung reicht in die Geschichte hinein. Zugleich sind atmosphärisch Anklänge an den „Prozess"-Roman zu spüren. Eine kleine, gar nicht zu bemerkende Verfehlung – und schon werden Instanzen aktiv, treten aus dem Verborgenen und entwickeln Macht über Leben und Tod.

Seltsame Zusammenhänge scheinen wirksam. Die Dorfbewohner sind verständigt worden. Sie wissen, dass die Schwester an das Hoftor geschlagen haben soll, so wie die Nachbarn von Josef K.s Verhaftung wissen, bevor er selbst davon erfährt. Der gesamte Vorgang ist ebenso absurd wie bedrohlich. Und doch spielt der Erzähler mit. Er geht davon aus, dass ein Gericht stattfindet, dass da „hohe Herren" beteiligt sind und dass sich die Schwester dementsprechend kleiden soll.

Alle Einzelheiten, die vom Erzähler mitgeteilt werden, passen nur zusammen, wenn die Regeln von Raum und Zeit und Kausalität außer Kraft gesetzt sind. Auch die psychischen Reaktionen des Angeklagten, so vernünftig und rational sie im Einzelnen sein mögen, sind wenig verständlich. Mit keinem Wort fragt er sich, ob er vielleicht träume, ob das, was er erlebt, überhaupt sein könne.

Die Situation verdichtet sich mit den bedrohlichen Vorankündigungen des Richters. Die Fantasie des Lesers ist stimuliert. Man malt sich allerlei Schreckliches aus. Der „Operationstisch" wird vielleicht zur Folter benutzt, das als Bauernhaus getarnte Gefängnis ist vielleicht ein Ort, an dem man Leute verschwinden lässt.

Die Geschichte endet als Fragment. Man weiß nicht, wie es weitergehen wird. Immerhin kann der Angeklagte ja noch als Ich-Erzähler auftreten. Es muss also irgendwo in der Folgegeschichte eine Wendung gegeben haben, die das ermöglicht. Der Leser ist in die Spekulation eingetreten. Die Geschichte findet ihre Fortsetzung in der Fantasie des Lesers.

Literaturhinweise

Billen, Josef: Deutsche Parabeln. Reclam, Stuttgart 1982

Lösener, Hans/Ludwig, Otto: Geschichte des Schulaufsatzes in Beispielen. Kap. 10: Der prozessorientierte Schreibunterricht. Schneider, Baltmannsweiler 2007, S. 137–154

Nickel-Bacon, Irmgard: Kurzprosagattungen und literarische Lesekompetenz. Überlegungen zur Prozeduralisierung des Gattungswissens. In: Didaktik Deutsch, Sonderheft 2/2008, S. 66–77

Zymner, Rüdiger: Uneigentlichkeit. Studien zur Semantik und Geschichte der Parabel. Schöningh, Paderborn 1991

10 Jugend und Erwachsenwerden – Romanauszüge interpretieren

Konzeption des Gesamtkapitels

Hauptintention der in diesem Kapitel vorgeschlagenen Unterrichtseinheit ist es, die Lese- und Verstehenskompetenz der Schülerinnen und Schüler auf dem Gebiet der erzählenden Literatur zu fördern. Im Fokus steht dabei die am häufigsten rezipierte Gattung Roman, aus der sich sicher auch die Schülerinnen und Schüler bedienen, wenn sie sich denn zu Lesern von Literatur entwickeln. Thematisch knüpft die Unterrichtseinheit an die Lebenswelt der Schülerinnen und Schüler an, indem sie ihr Selbstverständnis als Jugendliche zum Ausgangspunkt nimmt und Jugendbilder aus Romanen verschiedener Epochen vorstellt. Daraus ergeben sich zwei didaktische Schwerpunkte: ein erzieherisch-lebenspraktischer, indem den Jugendlichen die Möglichkeit geboten wird, in Auseinandersetzung mit den Protagonisten der Romanauszüge ihre eigene Situation zu reflektieren, und ein fachlich-wissenschaftspropädeutischer, der auf den Ausbau von Fähigkeiten in der Interpretation von Erzähltexten und die Erweiterung literarhistorischen und erzähltechnischen Wissens abzielt.
Das erste Teilkapitel (**„Konfrontationen – Romane aus verschiedenen Zeiten vergleichen“**) beginnt mit einem Auszug aus einem zeitgenössischen Roman („Neue Vahr Süd“ von Sven Regener), dessen Protagonist den Schülerinnen und Schülern in seinem Verhalten und seiner Denkweise noch relativ nahekommen dürfte; es stellt dann in einem Auszug aus Wolfgang Koeppens Fragment „Jugend“ einen Jugendlichen aus dem frühen 20. Jahrhundert vor, der mit seinem provokant-anarchistisch geprägten Außenseitertum ein anderes Jugendbild vermittelt, und greift schließlich zurück auf die Umbruchzeit um 1800, den Beginn der modernen bürgerlichen Kultur. Auszüge aus zwei Schlüsselwerken dieser Zeit (Sophie von La Roche: „Geschichte des Fräuleins von Sternheim“, Johann Wolfgang Goethe: „Die Leiden des jungen Werthers“) und ein Einführungstext in die Epoche der Empfindsamkeit und des Sturm und Drang rücken den literarhistorischen Aspekt ins Zentrum dieses Teilkapitels.
Dieser Aspekt wird im zweiten Teilkapitel (**„Sophie und Ada – Zwei Romanauszüge vergleichen“**) aufgegriffen, wenn ein zweiter Auszug aus der „Geschichte des Fräuleins von Sternheim“ mit einem thematisch ähnlichen Auszug aus einem Roman der heutigen Zeit (Juli Zeh: „Spieltrieb“) verglichen werden soll. Methodisch führt das Kapitel in das Anfertigen eines schriftlichen Textvergleichs ein, der in seinem Aufbau und seinen einzelnen Arbeitsschritten exemplarisch vorgestellt wird.
Der Lernbereich „Schreiben“, der im zweiten Teilkapitel in die Unterrichtseinheit integriert wurde, wird im dritten Teilkapitel (**„Schreibexperiment: Collageroman“**) dominant, nun aber in der Variante des produktiv-kreativen Schreibens. In den eigenen Schreibversuchen werden die Schülerinnen und Schüler mit Fragen der Erzählstrategie konfrontiert, die ihre Kenntnisse aus der Analyse und Interpretation epischer Texte erweitern und vertiefen können.

Weiteres Übungsmaterial zu diesem Kapitel

Übungsmaterial im **„Deutschbuch Arbeitsheft 10“**
– Erzähltexte erschließen: S. 66–71

	Inhalte	**Kompetenzen**
S. 200	**10.1 Konfrontationen – Romane aus verschiedenen Zeiten vergleichen**	**Die Schülerinnen und Schüler können**
S. 200	**„Ich" und „sie" – Vom Erwachsenwerden erzählen im 20. und 21. Jahrhundert**	– Romanfiguren in textanalytischen und produktiven Verfahren charakterisieren und porträtieren; – Figurenkonstellationen in Erzähltexten beschreiben und interpretierend erläutern; – Romanfiguren unter Berücksichtigung ihrer gesellschaftlich-historischen Kontexte vergleichen; – Lebensauffassungen und Denkweisen literarischer Figuren verschiedener Zeiten reflektieren und sich damit auseinandersetzen; – unterschiedliche Erzählstrategien (Perspektiven, Erzählhaltungen, Darbietungsformen, Schreibstile) beschreiben, in ihrer Wirkung erfassen und durch Umschreiben der Texte variieren; – die Epoche „Empfindsamkeit/Sturm und Drang" in einigen wichtigen Merkmalen bestimmen und diese Merkmale in literarischen Texten identifizieren.
S. 200	Sven Regener **Neue Vahr Süd**	
S. 203	Wolfgang Koeppen **Jugend**	
S. 205	**Empfindsamkeit und Leidenschaft – Auszüge aus zwei Kultromanen Ende des 18. Jahrhunderts**	
S. 205	Sophie von La Roche **Geschichte des Fräuleins von Sternheim (1)**	
S. 210	Johann Wolfgang Goethe **Die Leiden des jungen Werthers**	
S. 214	**10.2 Sophie und Ada – Zwei Romanauszüge vergleichen**	**Die Schülerinnen und Schüler können**
S. 214	Sophie von La Roche **Geschichte des Fräuleins von Sternheim (2)**	– in verwandten Texten Vergleichsaspekte inhaltlicher und formaler Art auffinden; – die Texte auf diese Vergleichsaspekte hin analysieren und die Ergebnisse synoptisch auflisten; – eine vergleichende Interpretation entwickeln und übersichtlich gegliedert schriftlich abfassen.
S. 215	Juli Zeh **Spieltrieb**	
S. 220	**10.3 Schreibexperiment: Collageroman**	**Die Schülerinnen und Schüler können**
S. 220	**Einen Schreibplan erstellen**	– für ein Schreibprojekt einen Schreibplan erstellen und den Schreibprozess in festgelegten Schritten organisieren und durchführen;
S. 221	**Konzepte entwickeln und schreiben**	– inhaltliche Konzepte und Schreibstrategien entwickeln sowie vorbereitende Recherchen und Vor-Ort-Erkundungen durchführen;
S. 222	**Redaktionskonferenzen durchführen**	– die eigenen Texte nach einem vereinbarten Verfahren überarbeiten;
S. 222	**Den Collageroman präsentieren**	– den Collageroman schriftlich oder mündlich präsentieren und seine Wirkung reflektieren.

10 Jugend und Erwachsenwerden – Romanauszüge interpretieren

S. 199 Die Auftaktseite zu diesem Kapitel soll die Schülerinnen und Schüler dazu anregen, sich das eigene Jugendbild und damit das eigene Generationsselbstverständnis bewusst zu machen, um sich auf dieser Basis mit den Fremderfahrungen und Identifikationsangeboten der Romanauszüge auseinanderzusetzen.

1 / **2** / **3** *Die Vorstellungen von Jugend, die in der Collage der Zehntklässler im Schülerbuch vermittelt werden, kreisen um Spaß, Medienkonsum, Stars, Körperkult, Wohlgefühl, Freizeit. Das Gespräch nach der Beschreibung des Bildinhalts könnte durch folgende Fragen strukturiert werden:*

- *Um was für eine Art von Jugendbild handelt es sich hier: ein Bild des realen Lebens, ein Wunschbild, ein Bild eigenständiger Erfahrung, ein Klischeebild?*
- *Wie entsteht ein solches Bild, welche Instanzen und Einrichtungen im privaten und öffentlichen Bereich tragen zu seinem Entstehen bei?*
- *Welche Bereiche bleiben in diesem Bild ausgeklammert und warum geschieht das?*

Die folgende Collage aus derselben 10. Klasse könnte als kontrastives Zusatzmaterial eingesetzt werden.

10.1 Konfrontationen – Romane aus verschiedenen Zeiten vergleichen

Die literarischen Darstellungen von Jugend und Erwachsenwerden beginnen mit einem Beispiel aus der Gegenwart, um an Vorstellungen und Haltungen anzuknüpfen, die denen der Schülerinnen und Schüler nahekommen. Von da aus erfolgen zwei Schritte zurück in die Geschichte. Der erste führt zur Reflexion einer Jugend nach dem Ersten Weltkrieg, der zweite thematisiert das Leben junger Menschen zu Beginn des bürgerlichen Zeitalters. Zum literaturgeschichtlichen Schwerpunkt wird damit der Epochenumbruch um 1800.

„Ich" und „sie" – Vom Erwachsenwerden erzählen im 20. und 21. Jahrhundert

S. 200

Sven Regener

Neue Vahr Süd (2004)

S. 200

1 a) *Vorschlag für ein Tafelbild:*

Lebenssituation Frank Lehmanns	*Befindlichkeit*
- *ein Tag vor Dienstantritt bei der Bundeswehr*	- *schlechte Stimmung* - *empfindet Wehrdienst als sinnlos und bedauert, ihn nicht verweigert zu haben*
- *20 Jahre alt* - *wohnt noch bei seinen Eltern* - *Wohnung liegt in einem großen Neubauviertel*	- *empfindet es als Schande, mit 20 noch bei den Eltern zu wohnen*
- *musste das Gymnasium wegen zu vieler Fehlstunden verlassen* - *Lehre als Speditionskaufmann beendet*	- *empfindet die Lehre als Fehler, weil er dadurch seine Freunde verloren hat*
- *älterer Bruder lebt in Berlin*	- *sein älterer Bruder fehlt ihm als Gesprächspartner*
- *vertreibt sich den Tag, indem er mit seinem alten Auto durch die Stadt fährt und die altbekannten Plätze aufsucht*	- *geplagt von Selbstzweifeln und dem Gefühl, sein Leben sei schiefgelaufen* - *Ratlosigkeit im Hinblick auf seine Zukunft* - *Unzufriedenheit mit dem sinnlosen Herumfahren und Herumhängen an den alten Plätzen*

b) *Das Rollenspiel in dem Interview gibt den Schülerinnen und Schülern Gelegenheit, die Vorstellung von der Hauptfigur des Romans und damit einen wesentlichen Bestandteil der Interpretation anschaulich zu verdeutlichen.*

2 *Mit „sie" sind zunächst die Eltern, darüber hinaus aber alle an der Erziehung beteiligten Instanzen und Personen, letztlich alle Erwachsenen gemeint, deren Prinzipien und Forderungen – wie die, bei schönem Wetter nicht in seinem Zimmer bleiben zu dürfen, – der jugendliche Held des Romans als unsinnig ablehnt. Zwischen „ich" und „sie" entsteht eine unüberbrückbare Kluft des Unverständnisses und der Fremdheit.*

3 *Hier kann ein wichtiger Teil der Interpretation von Erzähltexten, die Figurencharakteristik, eingeübt werden. Als vorbereitende Stoffsammlung dazu dienen die Ergebnisse aus den Arbeitsanregungen 1 und 2. Die Kriterien für eine solche Charakteristik sind:*
- *Vollständigkeit in der Verarbeitung der Textinformationen über die Figur;*
- *Plausibilität in der abstrahierenden Zusammenfassung von einzelnen Handlungen oder Verhaltensweisen zu Eigenschaften bzw. Charaktermerkmalen;*
- *systematische und übersichtliche Strukturierung der Informationen aus dem Text nach bestimmten Kategorien wie persönliche Daten (Name, Alter, Wohnort), Herkunft und Elternhaus, Umfeld und Milieu, Bildung und Beruf, Beziehungen zu anderen Menschen, Lebensauffassung und Überzeugungen, Wünsche und Ängste, Charaktereigenschaften;*
- *Darstellungstempus: Präsens;*
- *Absicherung der interpretierenden Aussagen durch Beispiele und Belege aus dem Text (Zitate und/ oder Zeilenangaben).*

4 *Der in zwei Bücher aufgeteilte Roman besteht im Wesentlichen aus zwei Erzählsträngen: Frank Lehmanns Wehrdienst und sein Privatleben in einer chaotischen WG, deren Mitglieder sich zum Teil als selbst ernannte Revolutionäre betrachten. Das öde Leben in der Kaserne und die Frank absurd erscheinende Grundausbildung treiben ihn immer wieder zur Verzweiflung, sein verspäteter Verweigerungsversuch wird jedoch nach einer grotesken Verhandlung mit Gewissenserforschung abgelehnt. Immerhin wird er nach einer ärztlichen Untersuchung, die auf Grund einer vorgetäuschten Lungenentzündung erfolgt, von seiner Pioniereinheit zu einer Betriebsstoffgruppe nach Bremen verlegt und als so genannter Heimschläfer zugelassen.*
Kurz nach Antritt seines Wehrdienstes war Frank nach einem Zusammenstoß mit seinem Vater, der sein Zimmer als Hobbyraum zur Reparatur von Fernsehapparaten umfunktioniert hatte, zu Hause ausgezogen und hatte in einer WG ehemaliger Schulfreunde Unterschlupf gefunden. Die wird nun zu seinem zweiten Lebensmittelpunkt und er macht alle Querelen eines völlig desorganisierten WG-Lebens mit einschließlich der Eifersüchteleien um eine gewisse Sibille, in die sich Frank so halbwegs verliebt, mit der es aber nie zu einer echten Beziehung kommt. Eine dramatische Zuspitzung erfährt Franks Leben, als er bei einer gewalttätigen Auseinandersetzung zwischen Demonstranten, zu denen auch seine Revoluzzer-Freunde gehören, und der Polizei anlässlich eines feierlichen Truppengelöbnisses im Weser-Stadion zwischen die Fronten gerät. Durch Einnahme einer Überdosis Tabletten mit Alkohol kippt er, wie geplant, beim nächsten Appell auf dem Kasernenhof um und wird daraufhin als untauglich aus dem Wehrdienst entlassen. Als er aus der Krankenstation zurückkommt, ist die völlig vermüllte WG vom Ordnungsamt geschlossen worden. Frank tut nun das, wovon er schon längst geträumt hat, er bricht zusammen mit einem Freund nach Berlin zu seinem Bruder Manni auf.

5 a) *Nach einer kurzen Einleitung (Z. 1–18), in der der Erzähler die Leserin/den Leser in einem kurzen Bericht über die Hauptfigur und die Situation, in der sich diese befindet, orientiert, kommt in erster Linie die Hauptfigur mit ihren Gedanken zu Wort. Die Außenperspektive, der Blick auf Frank Lehmann, geht in eine Innenperspektive über, wodurch die Leserin/der Leser in Franks Wahrnehmungen, Überlegungen und Erinnerungen eintaucht und damit aus seiner Sicht auf die erzählte Welt blickt. Unterbrochen wird diese Innensicht durch die immer wieder vom Erzähler eingestreute Bemerkung „dachte* *er" (z. B. Z. 62, 65, 68, 70, 72, 75 usw.), die gelegentlich durch Angaben darüber ergänzt wird, wo Frank sich gerade befindet oder was er gerade tut (z. B. Z. 20 ff., 30 ff., 56 ff., 84 ff.). Zuweilen wird aber auch in diesen Einschüben des Erzählers über Gefühle, Erinnerungen und Gedanken Frank Lehmanns zusammenfassend berichtet („und merkte wieder einmal, wie sehr ihm sein großer Bruder fehlte", Z. 38 f.; „in dem er früher [...] immer seine Freistunden und auch die unentschuldigten und entschuldigten Fehlstunden verbracht hatte, die seiner Schulkarriere schließlich das Genick gebrochen hatten", Z. 87 ff.; „sah er da nur die Bundeswehr [...], dahinter war gar nichts, er hatte nicht den Hauch einer Ahnung, was er danach machen sollte", Z. 112 ff.). Auf diese Weise gehen Außen- und Innensicht ineinander über und der Text erscheint nach dem Einleitungsabschnitt wie ein einziger großer Gedankenstrom der Hauptfigur. Dass der Text erzählperspektivisch wie aus einem Guss wirkt und der Wechsel zwischen Erzähler- und Figurenrede kaum wahrgenommen wird, rührt auch daher, dass die direkte Gedankenwiedergabe nicht in Anführungszeichen steht, wie es nach den Zeichensetzungsregeln sein sollte.*

b) *Beispiel für den Beginn des letzten Abschnitts (ab Z. 94) als innerer Monolog:*

Wahrscheinlich ein Fehler, hier reinzugehen, in diesen grottenhaften Raum, in dem nur diese alten Trinker rumsitzen und ein paar Schüler, die in den Sitzbuchten sitzen und schwatzen und lachen, als wollten sie mir einen Spiegel vorhalten, es war damals schon ein Fehler, hier reinzugehen, aber da hat es wenigstens Spaß gemacht, heute ist es nur noch falsch. Das ist Quatsch, das hätte man gleich lassen können ...

c) *Durch den streng durchgehaltenen inneren Monolog reduziert sich die Wahrnehmung des Lesers ganz und gar auf die Innensicht der Perspektivfigur und jede Distanz zu ihr geht verloren. Damit wird deutlich, worin die Funktion der Erzählereinschübe besteht: Sie schaffen immer wieder eine gewisse Distanz zu der dargestellten Figur und verhindern ein komplettes Eintauchen in deren Gefühls- und Bewusstseinszustände.*

Wolfgang Koeppen
Jugend (1976)

S. 203

1 *Bei dem Porträt einer literarischen Figur handelt es sich um eine lebendige Charakterschilderung, die die Persönlichkeit der betreffenden Figur zum Ausdruck bringt und sich mit ihr auseinandersetzt. Das Porträt unterscheidet sich dadurch von dem streng sachlich beobachtenden und analysierenden Vorgehen in der Figurenbeschreibung und Figurencharakteristik. Bestandteile eines Porträts sind:*
- *ein erster zusammenfassender Gesamteindruck von der Figur;*
- *die äußere Erscheinung: Geschlecht, (geschätztes) Alter, Haltung, Gesichtzüge, Gestik, Frisur, Kleidung;*
- *das äußere Verhalten: Auftreten, Gewohnheiten, Eigenarten, Umgang mit anderen;*
- *psychische Situation: Gefühle, Wünsche und Sehnsüchte, Menschenbild, Lebensauffassung, Werteorientierung, religiöse und politische Einstellungen, Denkweisen;*
- *soziale Situation: Herkunft, Bildung, Beruf, sozialer Rang, familiäre und sonstige Bindungen;*
- *persönliche Auseinandersetzung mit der Figur und abschließende Würdigung.*

Als Einstieg in das Porträt des jugendlichen Protagonisten in Koeppens Text könnte den Schülerinnen und Schülern der Beginn eines ersten Satzes vorgegeben werden: „Der Jugendliche, an den sich der Ich-Erzähler in Wolfgang Koeppens Erzählung ‚Jugend' erinnert, der er selbst einmal war, erscheint als der Typ des ..." (zusammenfassender Gesamteindruck). Deutlich werden sollte dann zu den oben genannten Kategorien:

- *das bewusst die Bürger provozierende Aussehen: lange Haare, gebeugter Gang, barfuß;*
- *das ziellose Herumstreunen in der Stadt, das die Ordnung störende und Tabus verletzende Lagern auf Straßen, Plätzen und in Grünanlagen;*
- *das bewusste Außenseitertum und Genießen der eigenen Einzigartigkeit, die Ablehnung bürgerlichen Nützlichkeitsdenkens, Fantasien einer Revolte zur Zerstörung der bürgerlichen Ordnung, Sehnsucht nach buntem Leben und Freude;*
- *zieht die Aggressionen seiner von militaristischem, autoritärem Denken geprägten Umwelt auf sich, die nichts aus der Niederlage im Ersten Weltkrieg gelernt hat und die neu eingeführte Demokratie hasst.*

2 a) *Textstellen, die sich auf „sie" beziehen:*
- *„Sie sollten es sehen. Sie sahen es." (Z. 19)*
- *„Sie riefen hinter mir her. Sie höhnten [...]" (Z. 20–21)*
- *„Sie schrien Bubikopf, Bubikopf." (Z. 24–25)*
- *„Die anderen merkten es nicht. Viele liebten Stiefel. Sie marschierten gern. Sie hatten den Krieg verloren. Sie würgten an der Niederlage und hassten die Republik [...]" bis: „Sie hofften, mich zu zerschneiden. Sie hatten alle nur ein Gesicht." (Z. 30–38)*
- *„Ich fand sie komisch, wie sie die Augen zusammenkniffen [...], die eiserne Zeit des Krieges beschworen und die Toten vergessen hatten." (Z. 42–45)*
- *„Die Ordnung beobachtete mich. Die Bürger mikroskopierten mich in ihren Fensterspiegeln. [...]. Die Ordnung fühlte sich herausgefordert und wünschte ein Gesetz. Alle Ertüchtiger bliesen zur Jagd. Sie pirschten sich ran. Sie umstellten mich. Sie bauten Fallen [...]." (Z. 72–78)*

b) *Der Ich-Erzähler verachtet diese Vertreter einer bürgerlichen Ordnung, weil sie seinem Nonkonformismus mit Aggressionen begegnen, weil sie aus der Niederlage im Krieg nichts gelernt haben und dem Militarismus und der Monarchie anhängen.*

3 *Es handelt sich bei diesem Abschnitt, der mit dem Satz beginnt: „Ich zündete die Stadt an", um eine Fantasie, eine Vision, die aber formal als realer Vorgang dargestellt wird. Das Szenario wird indessen dermaßen ins Irreale übersteigert ausgemalt, dass die Leserin/ der Leser die Passage nach einem kurzen Moment der Irritation als visionären Wunschtraum zu verstehen beginnt.*

4 *Das den Text prägende sprachlich-stilistische Mittel ist die* ***asyndetische Reihung kurzer Sätze,*** *die zum Teil auch unvollständig sind,* ***Ellipsen*** *bilden (Z. 12, 13, 51, 57 f.). Die Erinnerungen des Erzählers werden nicht zu komplexen, hypotaktischen Fügungen geordnet, sondern die einzelnen Funken eines Gedankens scheinen so aufgezeichnet, wie sie im Gehirn aufblitzen. Statt: „Ich spielte sie (die Jugend) nicht aus, weil sie keinen Wert hatte und auch niemand danach fragte", heißt es: „Ich spielte sie nicht aus. Sie hatte keinen Wert. Es fragte auch niemand danach." (Z. 3–4) Die verschiedenen Aspekte einer Erinnerung werden nicht in einem Satz gebündelt, sondern im Nacheinander von immer neuen, ergänzenden Einfällen wiedergegeben: „Ich trieb mich herum. Ich war unterwegs. Ich war auf den Straßen und Plätzen." (Z. 7–8) Dieser Eindruck spontaner Aufzeichnung der Gedankensplitter zeigt sich auch in* ***Wiederholungen*** *nach dem Muster der* ***Correctio*** *(„Sie sollten es sehen. Sie sahen es", Z. 19) oder in* ***(Schein-) Widersprüchen*** *(„Ich hörte sie und hörte sie nicht", Z. 19–20).*
Diese stakkatohaft schnelle Folge kurzer Sätze, deren Gleichförmigkeit häufig durch ***Anaphern*** *verstärkt wird, bewirkt den Eindruck, von einem Gedankenstrom mitgerissen zu werden, sodass man die erinnerte Jugend des Erzählers intensiv nacherleben kann. Um das stetige Dahinfließen dieses Stroms nicht zu unterbrechen, hat der Verfasser unterbrechende Satzzeichen, wie sie zum Beispiel zur Kennzeichnung wörtlicher Rede nach den Regeln nötig wären, weggelassen: „Sie höhnten, geh, hol dir den Krankenschein" (Z. 21–22).*

5 *Vorschlag für ein Tafelbild:*

Vergleich der jugendlichen Protagonisten in „Neue Vahr Süd" und in „Jugend"

Ähnlichkeiten	Unterschiede
- sinnloses Herumtreiben in der Stadt - Unzufriedenheit mit der Lebenssituation - Isolation und Außenseitertum - Abgrenzung gegen die als „sie" bezeichnete Erwachsenenwelt	- Während Frank Lehmann in einer privaten Lebenskrise steckt und eher ratlos erscheint, leidet der Jugendliche bei Koeppen an den gesellschaftlichen Verhältnissen, gegen die er revoltieren will. - Während Frank Lehmann eher unzufrieden und depressiv wirkt, ist Koeppens Protagonist stolz auf sein Außenseiterdasein und will ein Ärgernis sein. - Während Frank von seiner Umwelt unbeachtet bleibt, erfährt Koeppens Jugendlicher massive Aggressionen.

Im Anschluss an den Vergleich der beiden jugendlichen Protagonisten könnte ein Gespräch darüber angeknüpft werden, mit wem die Schülerinnen und Schüler sich eher identifizieren können und worin die Gründe für ihre Entscheidung liegen.

Empfindsamkeit und Leidenschaft – Auszüge aus zwei Kultromanen Ende des 18. Jahrhunderts

S. 205

Sophie von La Roche

Geschichte des Fräuleins von Sternheim (1) (1771)

S. 205

1 *Zunächst gilt es, aus den drei Briefen mit ihren subjektiven Blickwinkeln und Wertungen die Informationen herauszufiltern, die ein möglichst objektives Bild des Handlungsverlaufs erkennbar werden lassen. Die wesentlichen Handlungsmomente können in Form einer Kartenabfrage gesammelt werden. Folgende Übersicht über den Handlungsverlauf könnte dabei entstehen:*

- *Graf F. veranstaltet für den Adel ein Fest auf dem Lande, bei dem alle als Landleute kostümiert erscheinen sollen. Der vorgeschobene Anlass ist die Genesung seiner Frau, der wirkliche wohl eher, ein Verhältnis des Fürsten mit dem Fräulein von Sternheim anzubahnen. Für das Fest werden künstliche Bauernhäuser als Kulisse und eine Tanzscheune errichtet; die echte Landbevölkerung darf dem Kostümfest der Herrschaften zuschauen.*
- *Sophie von Sternheim, in der Aufmachung eines Alpenmädchens, ist mit ihrer schönen, edel-natürlichen Erscheinung der Mittelpunkt des Festes, zieht den Blick aller Herren und den Neid der Damen auf sich. Ihr Blick gilt aber nur Lord Seymour.*
- *Sophie tanzt, plaudert mit den Gästen und geht mit ihrer Tante und der Gräfin F. auf und ab, die sich auffallend um sie bemühen und sie in gute Stimmung bringen wollen.*
- *Sophie bemerkt die zuschauenden Landleute, ist von deren Armut gerührt und eilt in den Pfarrhof, um dem Pfarrer Geld für die Dorfbevölkerung zu spenden.*

- *Als sie zurückkommt, geht ihr Lord Derby entgegen, der sie unentwegt beobachtet hat, und sagt ihr in seiner Leidenschaft allerlei verliebte Sachen; Sophie befürchtet, Seymour, der in der Nähe steht, habe dies mitbekommen.*
- *Alle Umstehenden blicken sie auf merkwürdig neugierige Weise an und Sophie bemerkt, dass der Fürst in diesem Augenblick hinter ihr aus dem Pfarrhof getreten ist; der Gedanke, sie hätte ihn im Pfarrhaus treffen können, entsetzt sie. Sie errötet heftig und in der ganzen Gesellschaft macht sofort das Gerücht die Runde, sie sei soeben die Mätresse des Fürsten geworden.*
- *Sie flieht zu ihrer Tante, die sie jedoch nötigt, dem Fürsten eine Erfrischung zu bringen. Dieser verschlingt sie mit Blicken, lässt sie neben sich Platz nehmen, plaudert und tanzt mit ihr, was alle in ihrer Fehleinschätzung bestätigt. Man schmeichelt ihr allenthalben, die Gräfin und ihre Tante platzen vor Stolz. Derby hingegen empfindet Wut und Seymours Enttäuschung wendet sich in Verachtung, da sie in seinen Augen Ehre und Unschuld so leichtfertig und schamlos vor aller Augen aufgegeben hat.*

In der Schilderung der Szene aus der Sicht eines auktorialen Erzählers müssten mehr oder minder detailliert diese Handlungsmomente verarbeitet werden. Zu einem auktorialen Erzählen würden aber durchaus auch direkte Charakterisierungen der Figuren, Werturteile und die Handlung begleitende Kommentare gehören.

2 *a) Die vergleichende Übersicht über Gedanken und Gefühle der Briefschreiber könnte z. B. so aussehen:*

	Gedanken und Gefühle zu dem ländlichen Fest und seinem Arrangement sowie zu den zuschauenden echten Landleuten	**Haltung, Gedanken und Gefühle gegenüber den anderen Personen der Gesellschaft**
Lord Derby	- „ein recht artig Festin" (Z. 2) - „Wir kamen nachmittags" bis „oder Erziehung behalten hätte." (Z. 5–15) Die echten Landleute nimmt er nicht wahr.	- „Aber diese Zauberin von Sternheim" bis „die begierigen Blicke aller Mannsleute an sich hefteten." (Z. 22–34) - „Aber etliche Male hätte ich sie zerquetschen mögen, da ihre Blicke [...] nach Seymour gerichtet waren." (Z. 47–51) - „Nun hättest du den Ausdruck des Argwohns" bis „da sie der Fürst mit Entzücken betrachtete" (Z. 70–78) - „Wut nahm mich ein" (Z. 93 f.)
Lord Seymour	- „Der erste Minister des Hofs" bis „die Schönheit des Festes" (Z. 103–114) Die echten Landleute nimmt auch er nicht wahr.	- „die alles übertreffende Liebenswürdigkeit des Fräuleins von Sternheim" bis „Da hatte ich Mühe, den hohen Grad von Verachtung und Abscheu, die mich gegen sie einnahmen, zu verbergen." (Z. 115–140) - „mit ihrer ehrlosen Tante und der Gräfin F. [...], die zwo elenden Unterhändlerinnen" (Z. 141–143) - „Mit wie viel niederträchtiger Gefälligkeit" bis „ein triumphierendes Aussehen dabei hatte" (Z. 156–170)

		- „O wäre sie ein gemeines Mädchen" bis „eine verstellte Tugend vor Schande sicherzustellen!" (Z. 179–188) - „niemals liebte ich das Hofleben ganz, nun verabscheue ich es!" (Z. 191–193)
Fräulein von Sternheim	- „Der Graf F. wollte auf dem Gut" bis „ein Landfest vorstellen wollte" (Z. 194–203) - „Sie wissen" bis „Anblick meiner Kleidung." (Z. 212–216) - „wo mir dann bald" bis „zurück in die Gesellschaft." (Z. 232–245)	- „Mylord Derby" bis „zur Erde wenden" (Z. 245–257) - „Mylord Seymour" bis „etwas verwirrte" (Z. 259–263) - „Der Gedanke" bis „zu meiner Tante floh" (Z. 266–269) - „Die Gräfin F." bis „wunderliches Zeug vorsagte." (Z. 274–281)

b) *Lord Derby findet das Kostümfest auf dem Lande ein nettes Vergnügen („recht artig Festin"), mokiert sich aber auch über die adligen Damen und Herren, deren feine Erziehung unter der Verkleidung als Magd und Bauernknecht völlig verschwunden zu sein scheint. Auch an anderer Stelle spricht er spöttisch herablassend von der Hofgesellschaft als „devoten Affengesichtern". Hier zeigt sich der wohl schon etwas ältere, erfahrene und blasierte Hofmann. Die echten Landleute am Rande des Festes beachtet er gar nicht. In Sophie von Sternheim sieht er nur ein Objekt seiner Leidenschaft, seines Begehrens. Ihre Natürlichkeit ist für ihn ein besonderer Reiz, eine Art Zauberkraft, die seine Leidenschaft anstachelt. Scheint ihm auch der boshafte Verdacht seiner Umgebung, Sophie habe die Rolle der Mätresse des Fürsten eingenommen, zu verärgern, so teilt er diesen Verdacht doch sofort und fraglos und sieht in Sophies Erröten und in ihrem erzwungenen Eingehen auf die Avancen des Fürsten nur eine besonders „reizende Art", nur Koketterie. Nicht die Aufopferung von Tugend und Moral, die sich hier zu vollziehen scheint, empört ihn, in diesen Kategorien denkt Derby nicht, er ist nur wütend, dass der Fürst ihm eine erotische Beute wegschnappt. Als von höfischem Denken geprägter Vasall wendet sich sein Zorn keineswegs gegen den Fürsten, dessen Vorgehen ihm wahrscheinlich als völlig normal erscheint. Seine eifersüchtige Wut konzentriert sich auf Sophie, die er „zerquetschen" möchte, weil sie liebevolle Blicke auf Seymour richtet. Lord Derbys Verhalten, seine Gedanken und Gefühle zeigen ihn als typischen Vertreter der Adelsgesellschaft an einem Hof des Ancien Régimes.*
Lord Seymour gehört zwar ebenfalls dem Adel an, doch ist sein Verhalten, Denken und Fühlen weitgehend von ganz anderen Ideen und Prinzipien bestimmt. Er sieht in dem Landfest so etwas wie den Versuch, immerhin im Spiel die Gleichheit der Menschen anzuerkennen. Deshalb gefallen ihm Gedanke und Ausführung des Festes. Allerdings hat auch er keinen Blick für die zuschauenden echten Landleute und ihre Armut. In Sophies Auftreten mit ihrer ländlich-einfachen Kleidung sieht er ein Bild der „lautern Unschuld" und er verflucht die Machenschaften der Umgebung des Fürsten, die dieses Bild zerstören. Freilich traut er dem Bild und damit Sophies Charakter von Anfang an nicht wirklich, denn er ist sofort bereit, wie die Hofgesellschaft, von der er sich absetzt, die Situation im Pfarrgarten als Sündenfall Sophies misszuverstehen. Da er von ihrer Klugheit und guten Erziehung überzeugt ist, lässt er auch Entschuldigungen wie die, sie sei vom Rausch des Augenblicks verführt worden, nicht gelten und unterstellt ihr, mit vollem Bewusstsein ihren bis dahin „guten Genius" verraten zu haben. Auch er sieht in ihrem Verhalten nach Erscheinen des Fürsten nur eine Zurschaustellung von Reiz und Grazie, um diesem zu gefallen. Da er ihre liebenswürdige Erscheinung und ihr natürliches, edles Auftreten als Ausdruck ihrer Tugendhaftigkeit, ihres Ehrgefühls und ihrer Unschuld sah, weswegen er sie verehrte

und sie sich zur Frau wünschte, ist er nun umso tiefer enttäuscht und verachtet sie. Der achselzuckende Hinweis seines Onkels, eines Ministers, dergleichen „Aufopferung der Tugend eines Mädchens zur Befriedigung der Leidenschaft eines Großen" sei doch üblich, tröstet ihn nicht, sondern erregt in ihm Abscheu gegen das Hofleben, das ihm nun endgültig verleidet ist. Seymour erscheint somit als der Repräsentant eines aufgeklärten neuen Adels, der den Standesdünkel, die Privilegien und das rücksichtslose Sich-Ausleben der Mächtigen in Frage stellt und bürgerlichen Tugend- und Moralvorstellungen anhängt.

Sophie von Sternheim findet Gefallen an dem Fest und ihrer Kostümierung als Alpen-Mädchen, weil ihr dadurch ihre Liebe zu der einfachen Natürlichkeit in der Lebensweise der Landleute und zu deren Tugenden erneut bewusst wird. Im Gegensatz zu den beiden Herren nimmt sie die zuschauenden Dorfbewohner wahr und ihr fällt dabei der Kontrast zwischen dem Glanz der fröhlich feiernden Gesellschaft, deren Mitglieder sich als Landleute verkleidet haben, und den armen und kummervollen echten Landleuten auf. Voller Mitleid eilt sie ins Pfarrhaus, um dem Dorfpfarrer eine Spende für seine Gemeinde zu geben. Ihr Anstand und ihre Erziehung zu einem tugendhaft-moralischen Verhalten zeigen sich darin, dass sie Lord Derbys dreiste Annäherungsversuche und die neugierigen Blicke der Umstehenden in Verlegenheit stürzen, die noch gesteigert wird, als sie bemerkt, dass der Fürst hinter ihr das Pfarrhaus verlässt, und sie sich mit Entsetzen vorstellt, sie hätte dort mit ihm zusammentreffen können. Das ganze intrigante Arrangement und die Kuppeleibemühungen ihrer Tante durchschaut sie in ihrem unschuldigen Gemüt überhaupt nicht. Auf das Flirten des Fürsten geht sie notgedrungen und mit größter Verlegenheit ein, was ihr von der frivolen Hofgesellschaft als besonders reizvolle Koketterie ausgelegt wird. Sophie gehört zwar auch zum Adel (allerdings zum einfachen Landadel), ist aber nach bürgerlichen Tugend- und Moralvorstellungen erzogen worden, die sie tief verinnerlicht hat. Eine Karriere als Mätresse des Fürsten, die den Damen und Herren am Hofe als erstrebenswertes Privileg für eine junge Frau erscheint, ist für sie völlig undenkbar. Mehr noch als Seymour vertritt sie damit die Ideale einer neuen Lebens- und Gesellschaftsauffassung.

c) *In der Adelsgesellschaft des Absolutismus wurden Heiraten aus dynastisch-politischen Gründen arrangiert, Liebe und Erotik spielten dabei eine völlig untergeordnete Rolle, waren, wenn sie sich denn zufällig einstellten, eine erfreuliche Begleiterscheinung. Um Liebe und Erotik ausleben zu können, suchte der Adlige sich andere Partnerinnen, häufig solche, die unter seinem Stand waren und für die eine Liaison nach Vorstellung des Höhergestellten doch ein gewisses Privileg sein musste. In der Gesellschaft am Hofe eines Fürsten galt die Mätresse oder Favoritin des Herrschers, die ihm „zur linken Hand vermählt" wurde, wie es im Text in Z. 185/186 heißt, als angesehene Frau mit viel Macht und Einfluss. Der Fürst, Graf F. und seine Frau, Sophies Onkel und Tante, aber auch Lord Derby verstehen die Geschlechterrollen im oben beschriebenen Sinne und erwarten von Sophie, dass sie die Rolle der Geliebten selbstverständlich einnimmt. Lord Derby ist nicht aus moralischen Gründen erzürnt über die scheinbare „Übergabe" (Z. 81) Sophies an den Fürsten, sondern nur darüber, dass ihm dadurch das Objekt seiner Begierde entzogen wird. Seymour hingegen und erst recht Sophie sind geprägt von der neuen bürgerlichen, von Aufklärung und Empfindsamkeit bestimmten Kultur, in der Liebe, Partnersuche und Ehe ganz anderen Prinzipien folgen. Der Wert der Persönlichkeit, der nicht vom Stand und nicht primär von äußeren Vorzügen abhängig ist, den die potenziellen Partner aneinander erkennen, und die Zuneigung, die sie auf Grund dessen füreinander entwickeln, sind die Basis für eine Liebesbeziehung, die dann zur Ehe führt. Seymour verehrt Sophie, deren liebenswürdige Erscheinung für ihn nur das nach außen gekehrte Abbild ihrer tugendhaften, reinen Seele ist, und möchte dieses sein Idealbild einer Frau heiraten. Sophie erwidert diese Liebe (Z. 50), freilich mit der moralisch gebotenen Zurückhaltung. Konflikte und Tragödien ergeben sich aus dem Zusammenstoß feudal-absolutistischer Vorstellungen über die Geschlechterbeziehung mit solchen der bügerlichen Kultur.*

3 *Merkmale der Multiperspektivik:*
- *Ein Geschehen, eine Situation wird aus dem Blickwinkel mehrerer Figuren dargestellt.*
- *Die Gefühle und Gedanken der Reflektorfiguren (= das Geschehen widerspiegelnde Figuren) bestimmen die Darstellung; das heißt, die Innensicht dominiert.*
- *Es herrscht sprachliche Vielgestaltigkeit, da die individuellen Eigenarten im Sprachgebrauch zum Ausdruck kommen können.*

Wirkung der Multiperspektivik: Das Lesepublikum wird stärker aktiviert, da es sich aus den unterschiedlichen Wahrnehmungen der Reflektorfiguren ein eigenes Bild vom Geschehen, von der Situation machen muss. Immer wieder muss es das Bild, das es gerade vermittelt bekommt, revidieren. Durch die ständige Herausforderung an seine Vorstellungskraft wird die Aufmerksamkeit und damit die Lesespannung erhöht. Auch muss es sich selbst ein Bild von den Figuren machen, die nicht von einem auktorialen Erzähler direkt charakterisiert werden. Selbst- und Fremdwahrnehmungen der Figuren, die stark subjektiv gefärbt sind, wollen kritisch hinterfragt werden. Schließlich wird der Eindruck von Authentizität durch das ausführliche Zu-Wort-Kommen der Figuren in ihrer individuellen Sprache verstärkt.

4 *a–c) In Derbys Denken spielt der Begriff „Tugend" keine bedeutende Rolle. Er verwendet ihn nur am Ende seines Briefes, wenn er Seymours Reaktion auf Sophies vermeintlich frivoles Verhalten zitiert („Die heftigste äußerste Verachtung belebte seine Anmerkungen über ihre vorgespiegelte Tugend und die elende Aufopferung derselben", Z. 96–99). In Seymours und Sophies Briefen hingegen ist der Begriff als Beurteilungsmaßstab des Verhaltens von zentraler Bedeutung. Als Kollokationen tauchen einerseits Vokabeln negativen wie positiven Umgangs mit „Tugend" auf, andererseits verwandte Wertbegriffe.*

Der Begriff „Tugend" bei den drei Briefschreibern

	Begriff „Tugend"	Kollokationen	verwandte Wertbegriffe
Lord Derby	Z. 98	- vorgespiegelt (Z. 98 f.) - elende Aufopferung (Z. 98 f.)	
Lord Seymour	Z. 160, 165, 177, 187	- Eifer für (Z. 159 f.) - angebetet (Z. 165) - Aufopferung (Z. 176) - verstellt (Z. 187)	- (lautere) Unschuld (Z. 118, 167) - reine Freude (Z. 118) - vortreffliche Erziehung (Z. 124 f.) - moralische Empfindungen (Z. 131) - guter Genius (Z. 133) - Ehre (Z. 167) - edelste Seele (Z. 183)
Fräulein von Sternheim	Z. 214	- Liebe für (Z. 213) - ungekünstelt (Z. 213 f.)	- Einfalt (Z. 213 f.) - reine Unschuld (Z. 226) - unverfälschte Güte (Z. 226 f.) - Gabe für die Armen (Z. 243)

Auf dieser Basis können die Schülerinnen und Schüler bestimmen, was zur Entstehungszeit des Textes unter „Tugend" verstanden wurde, und sie können ihr eigenes Verständnis des Begriffs davon abgrenzen.

S. 210

Johann Wolfgang Goethe

Die Leiden des jungen Werthers (1774)

1 / 2 *Die beiden Arbeitsanregungen geben den Schülerinnen und Schülern Gelegenheit, sich zunächst aus ihrem subjektiven Verständnis heraus mit den Briefen auseinanderzusetzen und die Rezeption des Textes damals und heute zu reflektieren.*

3 *Deutlich wird Werthers Ablehnung, sich unterzuordnen, sich in Hierarchien einzufügen, wie es eine Berufslaufbahn mit sich bringt. Eine Karriere aus Geld- oder Reputationsgründen schreckt ihn ab, weil sie mit Selbstentfremdung verbunden ist. Er lässt nur Tätigkeiten gelten, die einem eigenen Bedürfnis entsprechen und mit Leidenschaft ausgeführt werden. Im Grunde läuft das ganze Erwerbs- und Geschäftsleben, das die moderne Welt regiert, für ihn „auf eine Lumperei hinaus" (Z. 48).*
Werthers Lebensauffassung und Haltung finden damit unübersehbare Parallelen in Frank Lehmanns Ablehnung des Dienstes bei der Bundeswehr, den er als ebenso sinnlos und verfehlt empfindet wie seine Kaufmannslehre, sowie in dem jugendlichem Protagonisten Koeppens mit seinem anarchischen Außenseitertum und seiner Verachtung der bürgerlichen Umwelt, aber auch in Sophie von Sternheims und Lord Seymours Abscheu vor dem Hofleben, dem sie das Ideal eines integren, die eigene Persönlichkeit bewahrenden Lebens entgegensetzen.

4 *a) Vorschlag für ein Tafelbild:*

Auffallende, Werthers Briefstil prägende Merkmale	
Satzarten, Satzbau	Häufung von Ausrufe- und Fragesätzen; sehr bewegter Sprachrhythmus durch den Wechsel von kurzen, zum Teil unvollständigen Sätzen (Ellipsen) mit langen, unübersichtlichen, von Einschüben (Parenthesen) durchsetzten Sätzen
rhetorische Figuren	Ellipsen und Parenthesen (s.o.), Wiederholungen und Anaphern, Hyperbeln, Periphrasen, Metaphern und Vergleiche
Wortgebrauch	Vorliebe für Ausdrücke und Wörter aus dem Bereich des Gefühlslebens und der Innerlichkeit wie „Liebe"/„lieben", „Gefühl"/„fühlen", „Herz", „Wärme", „Teilnehmung", „Pein", „Verwirrung", „Leidenschaft", „Seele", „durch alle Adern läuft" etc.; religiöses Vokabular wie „Himmel"/„himmlisch", „Engel", „heilig"
dominierende Funktion nach dem Bühler'schen Modell	Es dominiert eindeutig die Ausdrucksfunktion.

Die Wirkung dieses Briefstils zielt darauf, die Leserin/den Leser das Gefühlsleben des Schreibers in seiner ganzen Intensität und mit allen Schwankungen miterleben zu lassen. So wird der Leser auch in der Regel gefühlsmäßig auf diese Briefe reagieren: Man wird emphatisch mitgerissen oder man wird abgestoßen.

b) Die Arbeitsanregung dient dazu, die Schülerinnen und Schüler für Unterschiede im Schreibstil zu sensibilisieren und sie in das schwierige Feld der Stilbezeichnungen einzuführen. So sollen sie Werthers gefühlvoll-leidenschaftlichen, von innerer Zerrissenheit geprägten Briefstil von den Stilen der drei Briefschreiber in La Roches Roman abgrenzen:

- *Derbys Stil ist über weite Strecken sachlich-beschreibend bzw. berichtend, mit gelegentlichen spöttisch-witzigen (Z. 8 ff.) oder sarkastisch-beleidigenden (Z. 74 ff.) Einschüben. Gelegentlich schreibt er auch selbstgefällig (Z. 20 f.). Das alles passt zu dem um Überlegenheit bemühten, distanzierten Hofmann. Eine gewisse Emotionalität erhält sein Stil in der Beschreibung Sophies (Z. 22 ff.) und ganz deutlich, wenn er in drastisch starken Worten von seiner Leidenschaft und Eifersucht spricht (Z. 42 f. und 48).*
- *Lord Seymour beginnt seinen Brief ebenfalls sachlich-berichtend, wechselt dann aber, sobald von Sophie die Rede ist, in einen emotional-pathetischen Stil, der sich dem Werthers zum Teil annähert (Z. 115 ff., 160 ff., 179 ff.).*
- *Auch Sophie beginnt sachlich-berichtend, ihr Stil nimmt dann aber in der Beschreibung ihrer Person einen etwas selbstgefälligen Ton an (Z. 206 ff.) und wird schließlich über weite Strecken gefühlvoll-empfindsam (Z. 213 ff., 232 ff., 255 ff.). Ihr Gefühlsausdruck ist deutlich weniger pathetisch-leidenschaftlich als der Seymours oder gar Werthers, was wohl mit den ungeschriebenen Stilregeln für weibliches Schreiben in dieser Zeit zu tun hat.*

5 *In beiden Romanauszügen lassen sich epochentypische Merkmale entdecken:*
- *Hier wie dort erscheint die* **Liebe** *als schwärmerische Verehrung, ja Anbetung (vgl. das religiöse Vokabular Werthers) einer Frau durch einen Mann, der zumindest in der dargestellten Situation das Objekt seiner pathetischen Liebe nicht erreichen kann. Es geht aber auch gar nicht um ein erotisches Begehren (bei Werther heißt es ausdrücklich: „Sie ist mir heilig. Alle Begier schweigt“, Z. 25), dessen Erfüllung die sehnsuchtsvolle Gefühlsaufwallung ja zunächst einmal stillen würde. Die unerreichbare Frau (im Fall Werthers die Verlobte eines anderen Mannes) wird zur Verkörperung von Tugendhaftigkeit, Unschuld und reiner Seele verklärt und als solche angehimmelt. Diese Art von Liebe kann im Inneren, als bloßes Gefühl grenzenlos ausgelebt werden und sie kann rasch in eine ebenso pathetische Verzweiflung in Form von Verachtung und Abscheu (Lord Seymour, Z. 138 f.) bzw. Selbstmordwünschen (Werther, Z. 33) umschlagen. Intention ist in jedem Fall das Zelebrieren eines Gefühlskults, dem sich die Protagonisten hingeben.*
- ***Die Naturbegeisterung*** *wird in den hier abgedruckten Briefen nur in kurzen Hinweisen deutlich (s. Sophies Brief, Z. 218, und Werthers Brief, Z. 36).*
- ***Die Vorliebe für das einfache, ländliche Leben*** *zeigt sich in Seymours Freude über die Idee eines Landfestes und in Sophies Verklärung eines Lebens unter den Landvolk, dem (vermeintlichen) Ort von ungekünstelter Tugend, Unschuld und unverfälschter Herzensgüte.*
- ***Die Verehrung der Tugend,*** *die dem Menschen seinen Wert gibt und ihn der Liebe und Bewunderung würdig macht, ist in Seymours und Sophies Briefen ein zentrales Thema, wird aber auch in Werthers emphatischem Hinweis auf Lottes „Unschuld“ und ihre „unbefangene Seele“ (Z. 17) deutlich.*
- ***Das Freiheitsmotiv*** *wird in Werthers Aversion gegen alle Subordination und alle Einordnung in ein fremdbestimmtes Erwerbsleben erkennbar, aber auch in Seymours Abneigung gegen das von der Orientierung auf den Fürsten bestimmte Hofleben sowie in Sophies Bestreben, die Integrität der eigenen Person gegen alle Verlockungen und Zwänge des Hofes zu verteidigen.*
- *Beide Texte gehören zur zeittypischen* ***Gattung des Briefromans*** *und zeigen die im Schülerbuch auf S. 213 angeführten gattungsspezifischen Merkmale und Wirkungsweisen.*

10.2 Sophie und Ada – Zwei Romanauszüge vergleichen

Nachdem die Schülerinnen und Schüler im ersten Teilkapitel Sophie von Sternheim als junge Frau kennen gelernt haben, die in einem Zentrum der Gesellschaft ihrer Zeit, an einem Fürstenhof, in einen zeittypischen Konflikt gerät, erfahren sie nun in einem Auszug aus dem Beginn des Romans etwas über das Heranwachsen, über Erziehung und Bildung der jugendlichen Protagonistin. Durch den Vergleich mit dem Auszug aus einem Adoleszenzroman der Gegenwart („Spieltrieb“ von Juli Zeh) soll der Blick der Schüler für die historischen Differenzen im Sozialisations- und Bildungsprozess, im Mädchen- und Frauenbild und in der Art und Weise, wie davon erzählt wird, geschärft werden. Dieser Vergleich soll in schriftlicher Form ausgearbeitet werden. In reduzierter Form kann er auch in Klassenarbeiten bzw. Klausuren eingesetzt werden.

S. 214 Sophie von La Roche

Geschichte des Fräuleins von Sternheim (2)

S. 215 Juli Zeh

Spieltrieb (2004)

S. 217

Erarbeitung eines schriftlichen Textvergleichs

1 *1. Schritt: Vergleichsaspekte suchen*

Mögliche Vergleichsaspekte	
Figuren	*Hauptfigur in beiden Texten ist eine Jugendliche.*
Thema bzw. Inhalt	*Heranwachsen, Erziehung und Bildung dieser Jugendlichen*
Form	*epischer Text, Romanauszug*

2 ***2. Schritt: Detaillierte Textanalyse***
Die Ergebnisse in tabellarischer Übersicht können z. B. so aussehen:

Vergleichsaspekt Figuren

	Sophie (12–19 Jahre)	*Ada (14 Jahre)*
Äußerer Eindruck	- *anmutig (S. 215, Z. 68)*	- *nicht schön (S. 215, Z. 1)* - *kräftig gebaut (Z. 4)* - *blond (Z. 4)* - *breiter Mund (Z. 5)* - *Sommersprossen (Z. 6 f.)* - *sieht älter aus (Z. 11)* - *Brust stark entwickelt (Z. 11 f.)* - *Gegenteil zu „Prinzessinnen“ (Z. 62)*

	Sophie	Ada
Herkunft und Familie	- Halbwaise (S. 214, Z. 4–5) - adliger Herkunft, Vater ist Oberst (Z. 15, 24) - eine der Haupterben des Barons P., ihres Onkels (Z. 16) - nach ihrem 19. Lebensjahr Tod des Vaters, ihr Onkel (ein Graf) und Pfarrer als Vormünder (Z. 98 ff.)	- keine Hinweise
Eigenschaften und Verhaltensweisen	- empfindungsvoll (S. 215, Z. 48 f.) - zartes Gemüt mit Hang zur Melancholie (Z. 49 f.) - große Anlage von Verstand (Z. 57 f.) - vollkommen in ihren Bewegungen, tanzt sehr gut (Z. 63 ff.) - lernt schnell und leicht alle Arbeiten, wie z. B. Haushaltsführung (Z. 73 ff.) - Ordnungsliebe (Z. 79) - Fleiß, liebt tätiges Leben (Z. 79 f., 85) - Bescheidenheit (Z. 86) - Vorliebe für alles Englische (Z. 92 ff.)	- hochbegabt (S. 216, Z. 67), bringt sich mit vier Jahren selbst Lesen und Schreiben bei, vorzeitig eingeschult (Z. 76 ff.) - schwer erziehbar (Z. 67 f.), wird auffällig wegen brutalen Verhaltens (Z. 84 ff.), Schulverweis (Z. 17 ff.) - besitzt keine Eigenschaft der gepflegten und erfolgreichen „Schulprinzessinnen" (Z. 60 ff.) - verschlossen (Z. 70 f.) - provokativ und dünkelhaft (Z. 73 f., 102 ff., 118) - nihilistische Lebenseinstellung (Z. 65 ff.) - übertritt Anordnungen und entzieht sich geschickt der Kontrolle (Z. 109 ff.)
Beziehung zu anderen	- verehrt ihre verstorbene Mutter (S. 214, Z. 41 ff.) - ist der Trost und die Freude ihres Vaters (Z. 6 f.) - enge Beziehung nur zu Pfarrer und dessen Töchtern (Z. 27 ff.) - Vater und Mutter als Vorbilder (Z. 53 ff., 80 ff.) - wird von allen Leuten ihrer Umgebung bewundert (Z. 67 ff.) - hält sich nicht für etwas Besseres (Z. 87 ff.)	- Außenseiterin (Z. 122–128) - verschließt sich Erwachsenen wie Mitschülern gegenüber (Z. 68 ff., 111 ff.) - findet Anerkennung, aber wenig Sympathie (Z. 120 f.) - blickt auf Gleichaltrige herab (Z. 102 f.) - setzt sich auch mit Brutalität durch (Z. 86 ff.)

Vergleichsaspekt Thema/Inhalt: Bildung und Erziehung der Hauptfiguren

	Sophie	Ada
Art der Bildung	– privat durch Vater und Hauslehrer (S. 215, Z. 58–66)	– öffentliche Schulen: Grundschule und Gymnasien (S. 215, Z. 13–18, 82 ff.)
Mitschüler(innen) und Verhältnis zu ihnen	– eine Tochter des Pfarrers, mit der sie sich in freundschaftlichem Wetteifer befindet (Z. 32 ff.)	– Verachtung der Mitschüler/innen und Außenseiterrolle (Z. 102–130)
Bildungsinhalte	– vortrefflichste Erziehung für Geist und Herz (Z. 31 f.) – in der Charakterbildung Empfindsamkeit, Tugend und Güte des Herzens (Z. 40 ff.), aber auch Standhaftigkeit im Ertragen von Unglück (Z. 53 ff.) – Philosophie, Geschichte, Sprachen, Musik und Tanzen (Z. 59 ff.) – Hausfrauentätigkeiten, u. a. Haushaltsführung mit der dazugehörenden Buchhaltung (Z. 74 ff.)	– sperrt sich gegen Erziehung (Z. 67 f.) – keine Angaben zu Bildungsinhalten, wohl die üblichen Schulfächer

Vergleichsaspekt Form: Romanauszüge

	„Geschichte des Fräuleins von Sternheim"	„Spieltrieb"
Erzähler(in) und Perspektive – Ich- oder Er-/Sie-Erzählform? – auktoriales oder personales Erzählverhalten? – Haltung des Erzählers zur Hauptfigur: emotionale Nähe oder kritische Distanz?	 – Er-/Sie-Erzählform – auktoriales Erzählverhalten – emotionale Nähe, affirmativ	 – Er-/Sie-Erzählform – auktoriales Erzählverhalten – kritisch-distanzierte Erzählhaltung
Erzählaufbau: linear chronologisch oder sprunghaft mit Vorausschauen und Rückblenden?	– lineare Erzählweise	– im Gesamtaufbau linear, aber mit einzelnen Rückblenden
Darbietungsform: Verhältnis von Erzählbericht und Figurenrede	– nahezu durchgehend Erzählbericht mit nur einer kurzen Figurenrede (Z. 87–91)	– durchgehend Figurenrede bis auf das kurze Zitat einer Figur (Z. 117)

Sprachlich-stilistische Merkmale: Hochsprache oder Alltagssprache, sachlich oder emotional, ernsthaft oder ironisch, positiv oder negativ wertende Adjektive, andere Auffälligkeiten	- einheitliche Hochsprache mit Tendenz zu wohlgeordneten Satzgefügen - emotional, Anteil nehmend - auffallend viele positiv wertende Substantive (4 x „Vollkommenheit") und Adjektive mit Tendenz zu superlativischem Gebrauch („vortrefflich", „vortrefflichste", „vorzüglich", „ungemein" etc.)	- Hochsprache bis auf ein derb umgangssprachliches Zitat (Z. 118) - Wechsel von langen und kurzen Sätzen - sachlich distanziert, häufig mit ironischem Unterton - witzig-originelle Formulierungen („samt- und seidenweiche Mädchen", Z. 21, „Pubertätsprofis", Z. 33, etc.) und auffallende Metaphorik (Z. 2 f., 6 ff., 22 ff.)

3. Schritt: Notizen zur zusammenfassenden Interpretation

In diesem dritten, die Ausführung des schriftlichen Vergleichs vorbereitenden Schritt werden die (tabellarisch) aufgelisteten Stichworte der Detailanalyse, die die Funktion einer Stoffsammlung haben, zu einem Interpretationsansatz zusammengefasst, der als Leitlinie für die dann folgende Ausformulierung des Aufsatzes dient. Dieser Ansatz könnte etwa folgendermaßen aussehen:

Sophie erscheint ganz als Typ der vorbildlichen Romanheldin, die zur Identifikation einlädt. Die natürliche Anmut in ihrem äußeren Erscheinungsbild ist sichtbar gewordener Ausdruck ihrer schönen Seele, ihrer inneren Makellosigkeit. Sie dient als Leitfigur, als jugendliches Ideal eines neuen Mädchen- bzw. Frauenbildes. Sie wächst als Halbwaise im Hause eines Landadligen heran, ist empfindsam, ohne sich aber in ihren Gefühlen zu verlieren und lebensuntüchtig zu werden. Ihre Wertorientierung findet sie nicht in der adligen Standeskultur, sondern in bürgerlichen (Frauen-)Tugenden. – Ada wird keineswegs als Vorbild dargestellt. Äußerlich wirkt sie wenig attraktiv, sie verfügt zwar über glänzende intellektuelle Fähigkeiten, ihr Charakter erscheint jedoch höchst fragwürdig. Sie ist die typische gebrochene Außenseiterfigur, die zwar kaum zur Identifikation taugt, die aber umso interessanter ist und häufig als Protagonistin moderner Romane dient. Immerhin lässt die ironische Schilderung der einem einheitlichen Schönheits- und Lebensideal folgenden „Prinzessinnen" eine gewisse Sympathie für Adas Außenseiterexistenz und für ihr zum modernen Jugendbild gehörendes Rebellentum aufkommen.

In Sophies Welt gibt es eine spezifische Mädchenbildung, zu der die Heranführung an typische „Frauenzimmerarbeiten" gehört, wie z. B. die Haushaltsführung. Im Übrigen gehören dazu die Beschäftigung mit Sprachen, Geschichte und Philosophie, um an der Konversation unter Gebildeten teilnehmen zu können, sowie Musik und Tanz, um bei festlichen Gesellschaften bestehen zu können. Von einem Einblick in Naturwissenschaften ist nicht die Rede. Die Charakterbildung konzentriert sich ganz auf die Entwicklung bürgerlicher Tugenden wie Ordnungsliebe, Fleiß und Bescheidenheit. – Für Ada gibt es keine spezifische Mädchenbildung, sondern eine geschlechterübergreifende Allgemeinbildung. Die Erziehung erfolgt auch koedukativ und Ada konkurriert mit ihren männlichen Altersgenossen um die Führung einer Schulhofbande, wobei ihr aggressiv-brutales Vorgehen ganz und gar einem traditionell männlichen Verhaltensmuster entspricht. Die ironisch als „Prinzessinnen" bezeichneten Mädchen, die zum Teil noch einem traditionellen Rollenklischee folgen, werden eher abgewertet. Dem Sinn, den Sophie dank ihrer Bildung und Erziehung ihrem Leben in der tugendhaften Erfüllung ihrer Pflichten geben kann, steht Adas krasser Nihilismus (Z. 65 ff.) entgegen.

Die von Zustimmung und Zuwendung gegenüber der Protagonistin geprägte Erzählhaltung in der „Geschichte des Fräuleins von Sternheim", die durchgängige Hochsprache mit ihren gleichmäßig wohlgefügten Satzkonstruktionen und die von einem Hochwertvokabular durchzogene Sprache tragen zur Intention des Textes entscheidend bei: ein Vorbild vermitteln zu wollen, das zur Identifikation einlädt, also primär auf Belehrung ausgerichtet zu sein.
Die kühle sachliche Sprache in Juli Zehs „Spieltrieb" mit ihren ironischen Untertönen transportiert eine kritisch-distanzierte Erzählhaltung, die die Außenseiterrolle der Protagonistin nicht als vorbildlich und zur Identifikation einladend darstellt, wenngleich durch die Kontrastierung mit den angepassten Mädchenexistenzen eine gewisse Sympathie für Ada erzeugt wird. Auf jeden Fall entsteht ein gebrochenes Verhältnis des Lesepublikums zur Hauptfigur, Intention des Textes ist weniger Belehrung als Unterhaltung.

4 **4. Schritt: Gliederung und Ausformulierung**
Die Ausführung des schriftlichen Vergleichs sollte mit einer Einleitung beginnen, die Autoren, Titel und Erscheinungsdaten der beiden Texte nennt und einen Hinweis darauf gibt, nach welchem Gliederungsschema der Vergleich aufgebaut ist.

***Gliederungsschema 1** (im Schülerbuch empfohlen):*
Einleitung
Hauptteil
1 *Interpretation eines der beiden Texte*
  1.1 *Hauptfigur*
  1.2 *Thematischer Schwerpunkt: Bildung und Erziehung*
  1.3 *Form*
2 *Vergleichende Interpretation des zweiten Textes*
  2.1 *Gemeinsamkeiten*
  2.2 *Wesentliche Unterschiede zu den Interpretationsaspekten 1.1–1.3*
3 *Zusammenfassender Gesamteindruck von den beiden Texten und abschließende persönliche Beurteilung*

Gliederungsschema 2
Einleitung
Hauptteil
1 *Gemeinsamkeiten in der Interpretation beider Texte*
2 *Unterschiede in der Interpretation beider Texte*
  2.1 *Hauptfiguren*
  2.2 *Thematischer Schwerpunkt: Bildung und Erziehung*
  2.3 *Form*
3 *Zusammenfassender Gesamteindruck von den beiden Texten und abschließende persönliche Beurteilung*

10.3 Schreibexperiment: Collageroman

Das Teilkapitel enthält den Vorschlag zu einem relativ umfangreichen Schreibprojekt, das den Deutschunterricht begleiten kann (wobei dann der Anteil am wöchentlichen Stundendeputat und der Zeitraum des ganzen Unternehmens festzulegen sind), das aber auch für Projekttage oder eine Projektwoche geeignet ist. Im Schülerbuch wird der Aufbau des Projekts in seinen einzelnen Schritten vorgezeichnet. Den Schülerinnen und Schülern kann in diesem Projekt durch eigene Erfahrung der Prozesscharakter bei der Produktion umfangreicherer, komplexer literarischer Texte exemplarisch deutlich werden. Außerdem erweitern und vertiefen sie die bei der Textanalyse in den Teilkapiteln 1 und 2 erworbenen Kenntnisse auf erzähltechnischem Gebiet durch das eigene produktiv-kreative Arbeiten. Als Anregung sind im Folgenden zwei Kapitel-Beispiele aus einem Klassenroman abgedruckt, der als Ergebnis dieses Projekts entstanden ist. S. 220

6 Heimfahrt

Frühling. Die Menschen hielten ihre Mäntel unter den Armen. Die Sonne stach durch die Luft. 20 Grad Celsius. Das war ziemlich warm für diese Zeit. Die Blumen, die Menschen, die Vögel lebten neu auf. Strahlende Kindergesichter. Sie spielten auf der Straße, spielten mit dem Ball. Das machte Freude, ja einen Heidenspaß hatten sie. Alle miteinander: sie liefen, sie sprangen, lachten und schrien. Die Sonne stach in ihre erhitzten Gesichter. Geblendet von der Kindheit, geblendet vom Übermut. Die Straße rauschte vorbei, die Kindheit rauschte vorbei. Ein rauschender Strom. Aus Quellen hervorgesprudelt. Es waren viele Quellen: Spaß, Freude, Liebe, Verständnis, Erfolg. Doch auf einmal waren sie weg. Wo waren sie hin? Sie waren eingefroren. Der Winter hatte sie verschluckt. Eine dicke Eisdecke, unzerbrechlich und nur von wenigen Luftlöchern durchsetzt. Die Sonne stach und man versuchte zu atmen. Du musst atmen, tief Luft holen, sie dürfen dich nicht auch einfrieren. Nein, nein.

Sie spuckte das Bonbon aus. Fast hätte sie sich daran verschluckt. Es war ein leckeres Bonbon, mit Karamellüberzug. Was man nicht alles umsonst bekommen konnte! Die Dame am Kassierstand hatte sie leicht überlistet, denn dumm war sie nicht. Ich habe sie überlistet, ja, das habe ich. Man braucht nicht viel, um etwas zu erreichen, es war ganz einfach. Vor dem Bahnhof standen die Menschen. Da war keine Ruhe. Ein jeder hastete, hastete durch das Leben und suchte, suchte nach einer Lebenserfüllung. „Suchen heißt: ein Ziel haben“, sagte Siddhartha. Das war ein guter Gedanke. Die Lehren fremder Religionen hatten Melle schon immer neugierig gemacht. Sie wusste es besser als die anderen. Man muss sein Leben genießen und frei sein, alles andere ist Zeitverschwendung. Melle, die schlaue Melanie Biermann, sie würde es ihnen schon zeigen, wie man ein richtiges Leben lebt, auch ohne Geld, man kriegt ja eh alles umsonst, das hatte sie ja bewiesen.

Am Bahnhof das Rauschen der Züge, das Vorbeirauschen der Welt. Nun würde sie nach Hause fahren. Ein Ticket hatte sie nicht. Entschieden hatte sie sich geweigert. Ich will keins kaufen. So einfach war das. Ich hasse es, versteht ihr das?! Das helle Licht in der S-Bahn bereitete ihr Kopfschmerzen. Die Atmosphäre aus schwitzenden, hustenden, nießenden, quasselnden, wenn sie kleiner waren, auch plärrenden Menschen drang auf sie ein. Man wurde gereizt und wartete voller Sehnsucht auf sein Ziel. Der Typ da drüben mit dem Bart, ein schlauer Mann, hielt seine Aktentasche auf dem Schoß. Sein Gesicht war jung, voller Energie und Stolz. „Meine Liebe, wenn ich es

Ihnen doch sage. Mein Mann ist in dieser Beziehung äußerst wählerisch. Seine Hemden müssen von einer bestimmten Marke sein, sonst zieht er sie nicht an." – „Ja, ja, so ist das mit der Ehe. Haben Sie übrigens schon die tiefgefrorenen ..." Was ist das? Nein, das kann nicht sein. „Die Fahrkarten bitte!" Du sollst nicht stehlen, du sollst nicht betrügen, da hast du es. Die Fahrkarten bitte. Ich brauche keine Karte. Der Mensch ist frei. Man braucht keine Ausbildung, um Karten zu kaufen, oder auch Bonbons. Die Fahrkarten bitte. Meldet sich da jemand? Ich bin dein Gewissen, ich bin deine Angst. Nicht bei Melle. Melle hat keine Angst. Sie hatte es gezeigt. Haltestelle Kupferhütte. Erleichterung. Sie schwebte, ihre Arme schwebten. Hier wohne ich. Hier bin ich zu Hause.

9 Im Wohnzimmer

Melanies Eltern saßen im Wohnzimmer und ließen sich das, was sie eben von ihrer Tochter gehört hatten, diese ganze verfahrene Situation noch einmal durch den Kopf gehen. Ihnen ist beiden gar nicht wohl bei der Sache, denn eigentlich hätten sie ja längst merken müssen, dass Melanie große Probleme hat. Melanies Vater findet, dass es so nicht weitergehen kann und dass ein Internat die einzig richtige Lösung ist. Frau Biermann ist da etwas anderer Ansicht. Ihrer Meinung nach ist ein Internat genau die falsche Lösung. „Meinst du, dass du das Problem damit löst, dass du Melanie auf ein Internat schickst?" – „Willst du sie lieber so weitermachen lassen? Sie verbaut sich mit ihrem jetzigen Verhalten doch jede Zukunft. Außerdem kannst du ihr hier ja offensichtlich nicht helfen. Du hast dich einfach nicht genug um sie gekümmert. Meinst du, mir macht es Spaß, Melanie auf ein Internat zu schicken?" Frau Biermann ist sprachlos. „Alles soll jetzt meine Schuld gewesen sein? Wir, wir beide haben sicher einiges falsch gemacht, aber sollen wir Melanie jetzt für unsere Fehler bestrafen? Sie auf ein Internat abzuschieben, ist das Schlimmste, was wir tun können. Sie muss denken, wir lassen sie im Stich." – „Wenn du die Idee mit dem Internat so schlecht findest, dann mach doch einen besseren Vorschlag. Warum unterstützt du mich nicht bei meiner Entscheidung? Siehst du denn nicht, dass es so nicht weitergehen darf? Sie muss ihr Verhalten komplett ändern, und das klappt ja wohl nicht in der Umgebung, in der sie jetzt rumhängt." „Ich weiß noch genau, wie es war, als meine Eltern mich aufs Internat schickten. Das war die schlimmste Zeit meines Lebens. Ein Schock. Ich fühlte mich total alleingelassen, hintergangen, einfach ausgestoßen. Es war eine Gemeinheit von meinen Eltern, mir so etwas anzutun. Mein Gott fiel mir die Umstellung schwer. Die fremde Umgebung, die unbekannten Menschen. Natürlich wurde es nach einiger Zeit besser, als ich mich eingelebt hatte. Aber es dauerte lange, zu lange, und richtige Freunde wie zu Hause fand ich eigentlich nie. Außerdem fehlten mir meine Geschwister, ja, und ein bisschen auch meine Eltern, meine bescheuerten Eltern, das ganze Familienleben halt. Wenn ich dann in den Ferien nach Hause kam, war alles so künstlich, ich fühlte mich fremd. Irgendwie gehörte ich nicht mehr zu dieser Familie. Ich unterhielt mich zwar oft mit meinen Geschwistern und meiner Mutter, aber es war nicht mehr so wie früher. Mit meinem Vater habe ich seit dieser Zeit kaum noch gesprochen, weil ich wusste, dass er die Entscheidung mit dem Internat gefällt hatte." Frau Biermann stehen die Tränen in den Augen. Für sie steht fest, dass sie ihrer Tochter helfen wird und es nicht so macht wie ihre Mutter. Sie springt auf und läuft im Zimmer herum, während die Tür knallt, durch die ihr Mann verschwindet. Kapiert er nicht, dass er die Probleme nur wegschieben will, statt sich ihnen zu stellen?

Lernerfolgskontrolle/ Thema für eine Klassenarbeit

Einen literarischen Text analysieren und interpretieren

Zoë Jenny

Jo und Rea
Auszug aus dem Roman „Das Blütenstaubzimmer"

Auf ihren ziellosen Streifzügen durch die Stadt hat sich Jo, die jugendliche Protagonistin des Romans, mit der gleichaltrigen Straßenmusikantin Rea angefreundet. Die beiden Mädchen verbringen einen Nachmittag am Pool in der Villa von Reas reichen Eltern. Am Abend besuchen sie eine Disco in der Halle eines ausrangierten Schlachthofs. Bald brechen sie jedoch gelangweilt mit dem Auto eines Freundes, dessen Schlüssel Rea eingesteckt hat, wieder auf.

Rea verlässt die Autobahn; auf einer asphaltierten Strafe fahren wir durch einen Wald, der in einen Parkplatz mündet. Vor uns ist ein Rastplatz mit Tischen, Bänken und Abfalleimern. Weiter hinten stehen Dolmen[1] in einer Reihe. In einem der Gräber flackert das Licht einer kleinen Kerze. Rea kurbelt das Fenster auf und beugt sich hinaus, um besser zu sehen. „Dort pennt ja einer!", ruft sie, worauf sich der Deckenberg leicht bewegt und der hervorschauende verfilzte Haarschopf unter der Decke verschwindet, als ziehe eine verschreckte Schildkröte reflexartig ihren Kopf ein. Flaschen und Zeitungen liegen um das Grab herum. Hinter der Windschutzscheibe, zwischen den Flecken aufgeklatschter Insekten, strahlt der Mond in einem weißen Kreis. Es muss doch andere Orte geben, überlege ich, ganz andere als diesen hier. Im Klassenzimmer hing eine Weltkarte. Immer wieder hatte ich sie angeschaut, diese weißen, blauen und grünen Flächen, Zacken, mäandernden Linien und Ausbuchtungen, ich wusste, dass diese Karte eine Lüge war, denn die Erde hatte längst eine ganz andere Oberfläche erhalten. Der Erdkundelehrer fuhr mit dem Stab auf der Karte herum, er gab sich Mühe, so zu tun, als handle es sich dabei um ein Geheimnis, das darauf warte, von uns erkundet zu werden, aber mitunter huschte ihm ein gequältes Lächeln über die Lippen, wir wussten schließlich alle, dass wir es mit einem bis zur Unkenntlichkeit entstellten Planeten zu tun hatten, den eigentlich niemand mehr haben will.

Schemenhaft spiegelt sich Reas Gestalt in der Scheibe, ihre Haut ist durchsichtig gläsern. Plötzlich fürchte ich, dass sie früh sterben muss.

„Wir sollten von hier weggehen, Rea. In ein anderes Land."

„Wozu, ist nirgendwo anders." Sie schüttelt sich fröstelnd.

„Aber wie willst du das wissen? Zum Beispiel Milwaukee. Hast du das schon mal gehört. Dort ist doch kein Mensch, oder?"

„Mil-wau-kee." Rea rollt das Wort im Mund herum wie eine Speise, die man auf ihren Geschmack testet.

[...]

„Warum lassen wir uns nicht gleich auf den Mond schießen?" Rea ist plötzlich aufgeregt, richtet sich auf und drückt die Nase gegen die Windschutzscheibe, um den Mond besser zu sehen. „Stell dir vor, nur wir zwei. Und den Leuten auf der Erde würden wir Postkarten schicken: Ganz schön kalt hier oben, aber das Leben gefällt uns. Die Kinder sind glücklich und hüpfen in den Kratern herum. Manchmal binden wir sie an ein Seil und lassen sie wie Ballons im All herumschweben. Abends setzen wir uns auf einen Hügel und blicken zu euch hinunter. Von hier aus macht die Erde einen zerbrechlichen Eindruck, solltet euch vielleicht gelegentlich mal nach was anderem umsehen. Hier gibt es leider keinen Platz mehr.“

Im Traum ist der Mond schon fast aufgegangen, als ich Rea schlottern höre. Sie winkelt die Beine auf dem Sitz an und legt den Kopf auf die Knie. Es hat zu regnen begonnen. Das Licht der Kerze beim Dolmengrab wird immer schwächer. Der Parkplatz ist jetzt ein glänzendes Viereck. Hoffentlich kommen am Wochenende keine Familien hierher, überlege ich. Die Kinder würden sich auf den Clochard stürzen, der unter den Decken im Grab liegt und schläft. Sie würden an seinen Haaren ziehen und versuchen, ihn fortzujagen. Die Eltern, die auf den Bänken sitzen und Würste auf die Bratspieße stecken, würden ihre Kinder nicht davon abhalten. Im Gegenteil, sie würden die Bratspieße wie Fahnen in der Luft hin und her schwenken und sie mit Zurufen und Gelächter anspornen.

Die toten Insekten gleiten jetzt eines nach dem anderen die Scheibe hinunter. „Fahr nicht weg“, murmelt Rea im Halbschlaf, „der Parkplatz ist vielleicht ein Riesenmaul, das zuschnappt, wenn wir versuchen wegzufahren.“

(Aus: Zoë Jenny: Das Blütenstaubzimmer. Frankfurter Verlagsanstalt, Frankfurt/M. 1997, S. 107–110)

1 **Dolmen:** prähistorisches, aus Steinblöcken bestehendes Grab

1 *Analysiere und interpretiere den Romanauszug, indem du auf folgende Aspekte eingehst:*
- *Beschreibe das Verhalten, die Gedanken und die Gefühle der beiden Jugendlichen und formuliere den Gesamteindruck, den du von ihnen gewinnst.*
- *Gehe auf Umwelt und Atmosphäre ein, die der Text vermittelt.*
- *Bestimme Erzählform und -perspektive und erläutere die damit verbundene Wirkung auf die Leserin/den Leser.*

2 *Vergleiche den Gesamteindruck (Inhalt und Form), den dieser Romanauszug vermittelt, mit anderen Darstellungen von Jugendlichen, die du im Unterricht kennen gelernt hast.*

Erwartungshorizont

1 *Die beiden Jugendlichen Jo und Rea fahren nach ihrem Discobesuch offenbar ohne klares Ziel umher, verlassen irgendwo die Autobahn und landen auf einem Rastplatz im Wald, an dem eine Reihe von Dolmen stehen. Sie beobachten einen Clochard, der sich bei Kerzenlicht in einem der Dolmen niedergelassen hat, reden miteinander, hängen ihren Gedanken und Erinnerungen nach, träumen. Ihre düstere Stimmung ist von Existenzangst geprägt: Jo sieht einen „bis zur Unkenntlichkeit entstellten Planeten [...], den eigentlich niemand mehr haben will" (Z. 32ff.), und Rea spricht vom „zerbrechlichen Eindruck", den die Erde erweckt (Z. 63). Anspielungen auf den Tod durchziehen den Text: Reas Haut erscheint Jo plötzlich „gläsern" und sie fürchtet, dass Rea „früh sterben muss" (Z. 37f.); der Clochard befindet sich in einem Grab und sein Kerzenlicht „wird immer schwächer" (Z. 71f.); zweimal wird auf die toten Insekten auf der Autoscheibe hingewiesen (Z. 15f., 85). Der nächtliche Parkplatz erscheint Rea im Halbschlaf als Falle, als „Riesenmaul", das zuschnappen kann (Z. 88ff.). Aus diesen dunklen, von Existenzangst und Tod bestimmten Gedanken erwächst die Sehnsucht nach anderen, fernen Orten, die einen faszinierenden Klang haben wie „Milwaukee" (Z. 44ff.). Rea steigert sich in diese Sehnsucht noch stärker hinein und fantasiert eine Reise auf den Mond, wo glückliche Kinder herumhüpfen (Z. 51ff.). Diese Kinder stehen im Kontrast zu den Kindern und deren Eltern, die sich Jo als Wochenendbesucher auf dem Rastplatz vorstellt und mit denen sie Aggressivität gegen Außenseiter wie den Clochard assoziiert (Z. 75ff.). Der Gesamteindruck, den Jo und Rea vermitteln, ist der zweier nach Orientierung und Lebenssinn suchender Jugendlicher, die an Welt- und Existenzangst leiden und sich in fantastische Fluchten aus ihrer Wirklichkeit hinausträumen.*
Die Umwelt im engeren Sinn (der nächtliche, einsame Rastplatz) und im weiteren Sinn (Gesellschaft, Welt) sowie die Atmosphäre sind von Dunkelheit, Kälte, Einsamkeit, Unwirtlichkeit und Bedrohtheit durch den Tod geprägt.
Erzählt wird in der Ich-Form aus der Perspektive Jos, der Protagonistin des Romans. Aus ihrer Sicht wird alles gesehen, ihre Gedanken, Erinnerungen und Gefühle bestimmen das Erzählen. Was andere Personen, wie Rea, denken oder fühlen, wird nur in deren Äußerungen deutlich oder wird aus ihrem Verhalten von der Ich-Erzählerin geschlossen. Die Innensicht der Ich-Erzählerin steht also im Vordergrund. Form und Perspektive dieser Art des Erzählens lassen den Eindruck von Authentizität entstehen, schaffen eine unmittelbare Nähe zu der Erzählfigur und laden zur Identifikation ein. Unterstrichen wird diese Nähe zu der Hauptfigur durch das Präsens als Erzähltempus, wodurch erlebendes und erzählendes Ich verschmelzen.

2 *Die Protagonistin dieses Romanauszugs und die jugendlichen Helden in „Neue Vahr Süd" (S. 200ff. im Schülerband) und „Jugend" (S. 203f. im Schülerband) sind sich darin ähnlich, dass sie ohne berufliche Aufgaben und daraus entstehende feste soziale Bindungen ihre Zeit mit ziellosen Streifzügen durch ihre Umgebung verbringen. Sie grenzen sich gegen ihre Umwelt ab und sind mit ihrer Situation mehr oder minder unzufrieden. Während jedoch Frank Lehmann in „Neue Vahr Süd" nicht grundsätzlich die gesellschaftlichen Verhältnisse bzw. den Zustand der Welt kritisiert, tendieren Koeppens jugendlicher „Ritter von der traurigen Gestalt" (S. 203, Z. 40) und Jo – wenn auch mit unterschiedlichen Akzentsetzungen – zu einer solchen Kritik. Gemeinsam ist den beiden Letztgenannten auch, dass sie sich in Fantasien bzw. Tagträumen verlieren, allerdings sind die von Koeppens Held anarchisch-zerstörerischer Natur, während Jo mit ihrer Freundin Fluchten in ferne Welten ersehnt. Anders als ihre männlichen Pendants leiden die beiden Mädchen auch stärker an Ängsten, ihre Existenz und die der Welt betreffend. Formal stimmt der vorliegende Text weitgehend mit Koeppens „Jugend" überein, wenn auch dort das Erzähltempus Präteritum herrscht und sich das erlebende Ich in Distanz zu dem sich erinnernden erzählenden Ich befindet. Noch deutlicher ist bei Sven Regener die Erzählfigur von der Haupt- und Perspektivfigur Frank Lehmann zu unterscheiden, da sie in der Er-Form von ihm erzählt.*
Auch im Hinblick auf Goethes „Werther" lassen sich Übereinstimmungen feststellen. Der Protagonist steht der ihn umgebenden Welt ähnlich ablehnend gegenüber wie die modernen Jugendlichen. Erzählt

wird ebenfalls in der Ich-Form, sodass die Wirkung bei allen Unterschieden in der Diktion doch ähnlich sein dürfte wie oben beschrieben. Der entscheidende Unterschied liegt darin, dass statt der diffusen und deutlich dunkel gestimmten Gefühlswelt Jos und Reas Werther ganz und gar von seiner Liebesleidenschaft erfüllt ist. Allerdings sind auch ihm Todesgedanken, wie sie in Jos Erzählen anklingen, nicht unbekannt (S. 211, Z. 33).
Im Vergleich zur „Geschichte des Fräuleins von Sternheim" dominieren die Unterschiede. Zwar setzt auch Sophie von Sternheim sich von ihrer Umwelt, der höfischen Gesellschaft, ab und erlebt Desorientierung und Fremdheit, sie stellt dem aber ein anderes Wertesystem entgegen, dem sie sich verpflichtet weiß und dem sie folgt. Damit findet ihr Leben eine Sinngebung, sie ist dem Leben tätig zugewandt. Das hebt sie grundlegend von Jo und ihresgleichen ab und macht sie zu einer eindeutig positiven Erscheinung, einer Vorbildfigur für ihre Leserinnen. Erzähltechnisch wird das durch das Arrangement des multiperspektivischen Erzählens vermittelt, das die Protagonistin im Kontrast zu den sich selbst offenbarenden Gegenfiguren glänzend hervortreten lässt.

Literaturhinweise

Zu Sven Regener: „Neue Vahr Süd"

Regener, Sven: Neue Vahr Süd. Goldmann Taschenbuch, München 2006

Rezensionen unter: www.perlentaucher.de/buch/18667.html

Zu Wolfgang Koeppen: „Jugend"

Koeppen, Wolfgang: Jugend. Bibliothek Suhrkamp, Frankfurt/M. 1976

Grafe, Arne: Die dringend drängende Zeit. Rezension. In: Max Lorenzen/Renate Scharffenberg (Hg.): Marburger Forum. Beiträge zur geistigen Situation der Gegenwart. Jg. 7, H. 6 (Dezember) 2006 (www.marburger-forum.de)

Ulrich, Roland: Das Design des Konkreten. Zur Ästhetik von Wolfgang Koeppens Erzählfragment „Jugend". In: Günter Häntzschel/Ulrike Leuschner/Gunnar Müller-Waldeck/Roland Ulrich (Hg.): Jahrbuch der Internationalen Wolfgang Koeppen-Gesellschaft 1. Iudicium, München 2001

Zu Sophie von La Roche: „Geschichte des Fräuleins von Sternheim"

La Roche, Sophie von: Geschichte des Fräuleins von Sternheim. Reclam, Stuttgart 1994 (UB 7934)

Becker-Cantarino, Barbara: „Nachwort" zu: Sophie von La Roche: Geschichte des Fräuleins von Sternheim. Reclam, Stuttgart 1994 (UB 7934)

Meighörner, Jeannine: „Was ich als Frau dafür halte". Sophie von La Roche, Deutschlands erste Beststellerautorin. Sutton, Erfurt 2006

Strohmeyr, Armin: Sophie von La Roche. Eine Biografie. Reclam, Leipzig 2006

Zu Johann Wolfgang Goethe: „Die Leiden des jungen Werthers"

Goethe, Johann Wolfgang: Die Leiden des jungen Werthers. Reclam, Stuttgart 2003

Hein, Edgar: Johann Wolfgang Goethe, Die Leiden des jungen Werther. Oldenbourg Interpretationen. Oldenbourg, München ²2005

Rothmann, Kurt (Hg.): Johann Wolfgang Goethe: Die Leiden des jungen Werther. Erläuterungen und Dokumente. Reclam, Stuttgart 1984

Zur Methode des Textvergleichs

Vergleichendes Lesen. Praxis Deutsch 173/Mai 2002

Weitere Materialien

Behringer, Margret/Köster, Juliane: Romane der Gegenwart. Literarisches Schreiben heute. Zoe Jenny: Das Blütenstaubzimmer, Hans Ulrich Treichel: Der Verlorene, Pearl Abraham: Die Romanleserin – drei Romane über das Erwachsenwerden. Kursthemen Deutsch. Hg. von Dietrich Erlach und Bernd Schurf. Cornelsen, Berlin 2002

11 „Homo faber" – Roman und Literaturverfilmung

Konzeption des Gesamtkapitels

Max Frischs „Homo faber" gehört zu den meistgelesenen modernen Romanen in der Schule. Als Gründe für die Beliebtheit des Romans im Deutschunterricht können zum einen thematische Aspekte angeführt werden, wie z. B. die Identitätsproblematik oder das Verhältnis zwischen Natur und Technik; sie sprechen auch heute noch die Lebenswelt und den Erfahrungshorizont der Schülerinnen und Schüler an. Darüber hinaus sind die Erzählweise und die Erzählstruktur des Romans besonders dafür geeignet, Schüler in die Analyse des Erzählsystems einzuführen. Durch Volker Schlöndorffs Verfilmung des Stoffes im Jahr 1990 gewann der Roman wieder an Aktualität. Im Vergleich zwischen Roman und Verfilmung können die Schülerinnen und Schüler sich mit der Interpretation Schlöndorffs auseinandersetzen und zugleich Einblicke in die medienspezifischen Unterschiede zwischen Literatur und Film gewinnen.
Im ersten Teilkapitel (**„Max Frisch: ‚Homo faber' – Einen Roman untersuchen"**) stehen Untersuchungen zu den Hauptfiguren, zur Erzählstrategie und zu Leitmotiven des Romans im Vordergrund. Die Schülerinnen und Schüler sollen über eine aspektorientierte Analyse von ausgewählten Romanauszügen einen Zugang zu dem Werk finden. Schwerpunkte sind hierbei eine Charakteristik der Hauptfigur Walter Faber, das Verhältnis der Hauptfigur zu Sabeth sowie die besondere Erzählweise des Romans. An einigen wichtigen Beispielen wird aufgezeigt, welche Funktion symbolische Verweisebenen haben.
Das zweite Teilkapitel (**„Volker Schlöndorff: ‚Homo Faber' – Die filmische Umsetzung"**) beschäftigt sich mit der Verfilmung des Romans. Die Schülerinnen und Schüler wenden ihre Kenntnisse über filmsprachliche Mittel an und untersuchen die spezifischen Darstellungsmöglichkeiten des Mediums Film. Die Exposition und eine Schlüsselszene des Films werden analysiert und interpretiert, wobei die Schülerinnen und Schüler vor allem auf die Wirkungsabsichten fokussieren sollen. Durch Vergleiche weiterer zentraler Aspekte, wie z. B. der Funktion von Leitmotiven in den beiden Medien Buch und Film, vertiefen die Schüler ihre Einsichten über unterschiedliche Rezeptionsweisen.
Im letzten Teilkapitel (**„Der Film in der Kritik – Rezensionen untersuchen"**) nutzen die Schülerinnen und Schüler ihre Untersuchungsergebnisse aus dem ersten und zweiten Teilkapitel, um zu einer eigenständigen Beurteilung des Films zu kommen. Sie beschäftigen sich zunächst mit einem Text von Helmut Kreuzer über verschiedene Formen der filmischen Adaption von Literatur. Daran anschließend setzen sie sich mit einer Filmrezension auseinander. Abschließend wird das Schreiben einer eigenen Filmrezension eingeübt.

Weiteres Übungsmaterial zu diesem Kapitel

Übungsmaterial im **„Deutschbuch Arbeitsheft 10"**
– Erzähltexte erschließen: S. 66–71

	Inhalte	Kompetenzen
S. 223	**11.1 Max Frisch: „Homo faber“ – Einen Roman untersuchen**	**Die Schülerinnen und Schüler können** – sich ausgehend von Filmbildern ein Bild von der Hauptfigur machen und antizipierend Schlüsse auf die mögliche Handlung des Romans ziehen;
S. 224	**Der verzögerte Start – Der Romananfang**	– die Funktion des Romananfangs erläutern; – die Einführung der Hauptfigur untersuchen;
S. 227	**„Ich erläuterte ihm meine Optik“ – Motive und Figurencharakteristik**	– Romanauszüge aspektorientiert analysieren und dabei Fachbegriffe korrekt anwenden; – Leitmotive im Roman aufzeigen und ihre Bedeutung bestimmen; – die Hauptfigur charakterisieren;
S. 230	**Faber und Sabeth – Erzählstrategien erkennen**	– die Wirkung von Vorausdeutungen und Rückblenden beschreiben und deren Funktion erläutern;
S. 233	**Fabers Wandlung – Die Funktion von Symbolen**	– erläutern, welche zusätzlichen Bedeutungsebenen sich durch symbolische Anspielungen ergeben;
S. 235	**„Standhalten der Zeit“ – Erzählzeit und erzählte Zeit**	– die Bedeutung der verschiedenen Zeitebenen und des Verhältnisses von Erzählzeit und erzählter Zeit für die Rezeption bestimmen.
S. 236	**11.2 Volker Schlöndorff: „Homo Faber“ – Die filmische Umsetzung**	**Die Schülerinnen und Schüler können** – die unterschiedlichen Wirkungen verschiedener Kameraeinstellungen und -perspektiven beschreiben; – filmsprachliche Mittel in ihrer Wirkung untersuchen;
S. 236	**Die Funktion der Exposition**	– die Funktion einer Exposition im Film erläutern; – Aspekte für eine Filmuntersuchung benennen und für eine eigenständige Filmanalyse nutzen;
S. 238	**Wie der Film erzählt: Symbolik und Montage**	– untersuchen, welchen Bedeutungsgehalt Bilder durch Schnitt und Montage bekommen; – die symbolische Funktion von filmischen Einstellungen deuten;
S. 241	**Eine Schlüsselszene erschließen**	– eine Schlüsselszene im Hinblick auf ihre Funktion im Gesamtfilm untersuchen.
S. 242	**11.3 Der Film in der Kritik – Rezensionen untersuchen**	**Die Schülerinnen und Schüler können** – verschiedene Arten filmischer Adaptionen unterscheiden;
S. 242	Helmut Kreuzer **Arten der Literaturadaption**	– Schlöndorffs Film einer Adaptionsart zuordnen;
S. 243	Helmut Böttiger **Lernziel nicht erreicht**	– begründet zu Argumentationen in einer Rezension Stellung nehmen; – eine eigene Filmrezension abfassen.

11.1 Max Frisch: „Homo faber“ – Einen Roman untersuchen

S. 223

1 *Im Schülerband sind vier Filmbilder aus verschiedenen Szenen des Films abgebildet. Sie sollen die Schüler in die Handlung von Roman und Film einstimmen. Dazu ist die Kenntnis der Romanhandlung nicht notwendig. Zunächst sollen die Schüler ausgehend von den Filmbildern die Situationen, in denen sich die abgebildete Figur befindet, beschreiben. In dieser Eingangsphase ist durchaus die Fantasie gefragt. So kann z. B. darüber nachgedacht werden, welchen Beruf die Figur haben könnte, was Anlass der Flugreisen oder des Aufenthalts in der Wüste sein könnte. Sollten die Schüler sich bereits über die Romanhandlung informiert haben, kann man die Filmbilder verschiedenen Phasen der Handlung zuordnen lassen.*

- *Filmbild links oben: Das Foto zeigt Walter Faber in der Wüste; das Flugzeug ist notgelandet und Faber filmt die Situation und einige der Mitreisenden.*
- *Filmbild rechts oben: Faber ist in Paris im Louvre und schaut sich Bilder an.*
- *Filmbild links unten: Faber befindet sich auf einem Schiff (Überfahrt von New York nach Europa). Er filmt wieder. Man kann nicht erkennen, was er genau filmt.*
- *Filmbild rechts unten: Faber (kaum erkennbar) fährt mit einem Jeep durch ein Dorf im Dschungel.*

Folgende Rückschlüsse könnten gezogen werden: Es handelt sich vermutlich um die Hauptfigur in verschiedenen Situationen. Sie reist wahrscheinlich viel. Das Reisen könnte mit dem Beruf der Figur zusammenhängen. Sie könnte Fotograf oder Journalist sein, Fotografieren kann aber auch ein Hobby sein.

2 *a/b) Eine Einstimmung in die Romanhandlung erfolgt über Assoziationen und Antizipationen. Hier sollten sich die Schüler ganz frei äußern können, die Spannbreite der Vorstellungen sollte zunächst nicht eingeengt werden. So könnten Schüler beispielsweise meinen, dass es sich vielleicht um einen Abenteuerroman oder einen Reiseroman handelt. Sie könnten aber auch auf ihre Eindrücke von der Figur eingehen und z. B. feststellen, dass die Figur offensichtlich Wert auf korrekte Kleidung legt, oder sie könnten es merkwürdig finden, dass die Hauptfigur einen eher steif wirkenden Hut trägt.*

3 *a) Wörtlich aus dem Lateinischen übersetzt bedeutet „Homo faber“ „der Mensch als Verfertiger“ oder auch spezifischer „der Mensch als Schmied“. Damit bringt die philosophische Anthropologie zum Ausdruck, dass der Mensch im Unterschied zu anderen Lebewesen die Fähigkeit besitzt, die Natur mitzugestalten und umzugestalten. Im Vergleich zum Tier ist der Mensch quasi ein „Mängelwesen“, nur durch Zuhilfenahme von Werkzeugen in der Lage, in der ihn umgebenden Natur zu bestehen. Im philosophischen Sinn kann aber auch ein Mensch gemeint sein, der ganz von Technik geprägt ist und Kategorien, die sich eigentlich auf Technik beziehen, auch zur Wertung seiner Umwelt und seiner Mitmenschen heranzieht. Max Frisch spielt mit dem Begriff „Homo faber“, indem er ihn als Titel seines Romans wählt und seiner Hauptfigur den Namen „Faber“ als Nachnamen gibt. Seine Hauptfigur ist als eine im negativen Sinne von Technik geprägte Figur konzipiert. Faber begreift den modernen Menschen als „Techniker“, der in der Lage ist, die Welt zu beherrschen. Die Figur Hanna kritisiert innerhalb des Romans dieses Menschenbild sowie die Einstellungen Fabers und bündelt ihre Kritik darin, dass sie ihren ehemaligen Geliebten ironisch „Homo Faber“ nennt (S. 50 des Romans)*

b) Max Frisch wählt für den Romantitel die Kleinschreibung „Homo faber“ als Bezeichnung für eine bestimmte Art von Menschen. Er sieht in seiner Hauptfigur Walter Faber – hier erfolgt die Großschreibung für den Namen – ein Beispiel, ein Modell für einen Menschen, dessen Weltbild einseitig durch Technik geprägt ist.

c) Die Schülerinnen und Schüler könnten ihre Vorüberlegungen und die Deutungen des Namens in Zusammenhang bringen und z. B. überlegen, ob die Hauptfigur einen technisch orientierten Beruf hat.

Der verzögerte Start – Der Romananfang

S. 224

Max Frisch

Homo faber: Erste Station

S. 224

1 *Die ersten Leseeindrücke sollen spontan geäußert werden, dabei sollen sowohl emotionale Zugänge als auch kognitive berücksichtigt werden. Sollten spontane Reaktionen ausbleiben, kann man mit Impulsfragen helfen, z. B.: Was ist den Schülern aufgefallen? Was haben sie beim Lesen des Romananfangs als positiv empfunden, was hat sie negativ berührt? Welche Eindrücke haben sie von den vorkommenden Figuren gewonnen? Ist am Erzählstil etwas auffällig? Wie wird der Leser in das Geschehen eingeführt? Gibt es eine Art Einleitung oder ist der Anfang des Romans eher unmittelbar und offen?*

2 *a) Die Handlung der Romananfangs: Der Ich-Erzähler befindet sich auf einem Flug von New York nach Lateinamerika. Der Start der Maschine hatte sich wegen schlechter Witterungsverhältnisse um drei Stunden verzögert. Während des Fluges sucht der Sitznachbar, ein junger Deutscher, Kontakt zum Ich-Erzähler, was dieser als aufdringlich empfindet. Bei einer Zwischenlandung in Houston fällt dem Ich-Erzähler ein, dass ihn der junge Deutsche an seinen Jugendfreund Joachim erinnert.*

b) Einen ersten Hinweis für eine ungefähre zeitliche Einordnung des Geschehens gibt der Flugzeugtyp „Super-Constellation" (Z. 4) der Firma Lockheed, der ab 1950 eingesetzt wurde. Einen weiteren Hinweis liefert die Erwähnung der politischen Verhältnisse durch den jungen Deutschen (Diskussion um die deutsche Wiederbewaffnung nach dem Zweiten Weltkrieg, z. B. Z. 120 ff.).

c) Mit „Erste Station" könnte eine Station auf einer Reise bezeichnet werden, es könnte sich aber auch um die Station eines Krankenhauses handeln. Der Begriff kann jedoch auch in anderen Zusammenhängen verwendet werden, z. B. Station von Entwicklungsstufen, Station einer Bus- oder Bahnlinie. Anwendungsbeispiele finden sich u. a. in der Wortschatzsammlung der Universität Leipzig: http://wortschatz.uni-leipzig.de.

3 *Der Ich-Erzähler berichtet über sich, dass er Techniker ist und bei der UNESCO im Bereich „technische Hilfe für unterentwickelte Völker" (Z. 164–168) arbeitet. Er lebt in New York, hat eine Freundin namens Ivy. Er ist offensichtlich beruflich sehr eingespannt. Nach einer anstrengenden Woche mit vielen Konferenzen (Z. 57–60) befindet er sich auf einer Geschäftsreise. Faber betont vor allem seine technischen Kenntnisse. Er versucht, sich als überlegen, kognitiv orientiert und ruhig darzustellen. Alles ist für ihn „wie üblich", er kennt alles. Während des Flugs hat er Magenschmerzen.*
Dem Leser wird deutlich, dass der Ich-Erzähler keine Gefühle zeigen möchte. Obwohl ihn der verzögerte Start der Maschine und die schlechten Witterungsverhältnisse beunruhigen könnten (er denkt ja auch an Flugzeugunglücke) und er genau auf jedes Geräusch der Maschine und alle Vorgänge beim Start und Flug achtet, tut er so, als sei er nicht unruhig. Dennoch erfährt der Leser eine ganze Menge über Fabers Gefühle: So äußert er sich z. B. darüber, dass das Vibrieren der Maschine und sein Sitznachbar ihn nervös machen (Z. 9 ff.). Ein weiterer versteckter Hinweis auf das, was Faber fühlt, dass er durchaus auch unsicher ist, ist seine Anspielung darauf, dass man sich im Schneetreiben und Nebel „wie ein Blinder" vorkomme (Z. 43–44).
Faber fühlt sich von seiner Freundin bedrängt, weil er auf keinen Fall heiraten möchte (Z. 28–31). Er gibt vor, dass er froh ist, allein zu sein (Z. 32). Daher möchte er auch nicht im Flugzeug mit dem Sitznachbarn reden (Z. 55 f.). Er formuliert sogar ganz allgemein: „Menschen sind anstrengend" (Z. 59 f.). Mehrfach be-

tont er, dass ihm sein Sitznachbar „auf die Nerven geht“ (Z. 79 f., 85 f., 175). Er überlegt sogar, sich woanders hinzusetzen (Z. 141–148). – Faber kennt sich dank seines Berufs in technischen Bereichen aus. Er vertraut darauf, dass das Flugzeug auch dem schlechten Wetter gewachsen ist.

4 *Der Leser erhält Hinweise über die Hauptfigur durch Aussagen und Verhalten der Figur selbst. Da es sich um einen Ich-Erzähler handelt, muss jedoch bei der Rezeption stets mitbedacht werden, dass die Informationen nicht objektiv sind oder sein müssen und nicht durch die Aussagen anderer Figuren oder Aussagen eines Erzählers bestätigt werden. Der Leser hat zunächst keine Möglichkeit, das Selbstbild, das Faber von sich entwirft, zu überprüfen.*

5 *Fabers Sitznachbar, der junge Deutsche, ist höflich, an einem Gespräch interessiert. Er stellt sich auch sofort umfassend vor (Z. 46 ff.). Faber macht deutlich, dass er nicht an einem Gespräch interessiert ist, indem er mehrfach Zeitung liest oder sich Akten zum Bearbeiten vornimmt. Der Deutsche ergreift jede Gelegenheit, wieder ins Gespräch zu kommen (z. B. beim Essen), und probiert auch, verschiedene Gesprächsthemen anzusprechen. Faber versucht wieder auszuweichen, indem er aus dem Fenster blickt oder vorgibt zu schlafen. Bei der Wiedergabe eines längeren Gesprächsinhalts (Z. 112 ff.) wird der Gesprächsverlauf deutlich: Der Deutsche redet, Faber antwortet gar nicht, reagiert im Grunde unhöflich („Ich schälte meinen Apfel“, Z. 129 f.; „Ich aß meinen Apfel“, Z. 135; „Ich nahm meinen elektrischen Rasierapparat aus der Mappe“, Z. 136 f.). Doch auch nach Fabers Gang zur Toilette sucht der Deutsche wieder Kontakt. Um nicht „unausstehlich“ zu sein (Z. 165), berichtet Faber nun von seinem Beruf. Er betont aber, dass er innerlich gar nicht am Gespräch beteiligt ist, dass er darüber reden kann, während er an etwas ganz anderes denkt (Z. 167 f.). Aus Fabers Sicht kommt somit kein richtiges Gespräch zustande, das Interesse des Deutschen an seinen Projekten deutet er sogar sofort wieder negativ (Z. 172 ff.).*
Bei der Beurteilung des Gesprächs ist wiederum zu bedenken, dass man als Leser nur die Sicht Fabers übermittelt bekommt. Aus Sicht des Deutschen würde das Gespräch sicherlich ganz anders beurteilt, denn er sucht ja ständig den Kontakt und findet Fabers Ausführungen über dessen berufliche Tätigkeit offensichtlich interessant.

S. 227

„Ich erläuterte ihm meine Optik“ – Motive und Figurencharakteristik

S. 227

Max Frisch

Homo faber (2)

1 *a) Stellen, an denen Faber seine Wahrnehmungsweise in kurzen Statements zusammenfasst:*
- *„Ich bin Techniker und gewohnt, die Dinge zu sehen, wie sie sind. Ich sehe alles, wovon sie reden, sehr genau; ich bin ja nicht blind.“ (Z. 64–66; ähnlich Z. 78 f., 81, 87 f.);*
- *„Warum soll ich erleben, was gar nicht ist?“ (Z. 111 f.);*
- *„Ich kann mir keinen Unsinn einbilden, bloß um etwas zu erleben“ (Z. 117–119);*
- *„Ich weigere mich, Angst zu haben aus bloßer Fantasie, beziehungsweise fantastisch zu werden aus bloßer Angst, geradezu mystisch.“ (Z. 123–126)*

b) Die Tabelle mit konkreten Beispielen, in denen Faber seine Wahrnehmung von der anderer Menschen abgrenzt, könnte z. B. so aussehen:

Ereignis/Gegebenheit	**subjektive/emotionale Wahrnehmung**	**wissenschaftliche/technische Erklärung**
Mond über der Wüste	Erlebnis	errechenbare Masse, die um unseren Planeten kreist, eine Sache der Gravitation
gezackte Felsen	gezackte Rücken von urweltlichen Tieren, versteinerte Engel oder Dämonen	Felsen, Gestein, wahrscheinlich vulkanisch, übliche Form der Erosion
Sand	Sintflut	Sand, vom Mond beschienen, vom Wind gewellt wie Wasser
schwarze Agaven	verdammte Seelen	schwarze Pflanzen, die nur einmal blühen, in nächtlicher Wüste
Flugzeug	ausgestorbener Vogel	Super-Constellation mit Motordefekt
Rieseln von Sand	Ewigkeit	Rieseln von Sand unter Schritten
Sierra Madre Oriental	Totenreich	Felsen in unterschiedlichen Lichtverhältnissen
Sand-Horizont	Beginn des Jenseits	Sand am Horizont, ca. 20 Meilen Entfernung, weißlich in der Nacht

c) Die Wahrnehmungsweise anderer Menschen lehnt Faber ab, er versteht nicht, warum sie von „Erlebnissen“ reden, wo er nur die Gegebenheiten sieht. Er bezeichnet die Sichtweise der anderen als Einbildung (vgl. Z. 79), „weibisch“ (Z. 84), „fantastisch“ (Z. 88), „bloße Vorstellung“ (Z. 96), „hysterisch“ (Z. 98), „Unsinn“ (Z. 118) und interpretiert viele der von ihm beschriebenen Emotionen bei anderen als Angst (Z. 123 ff.)

2 *a) Textstellen, die die Kamera als weiteres zentrales Motiv zeigen: Z. 7–9, 16 f., 32.*

b) Für Faber ist die Sicht durch das Objektiv der Kamera die buchstäblich „objektive“, reale Sicht. Für ihn gibt die Kamera die Wirklichkeit wieder. Er berücksichtigt nicht, dass der Ausschnitt des Gefilmten und die Art, wie gefilmt wird, durch das filmende Subjekt bestimmt werden. Faber scheint immer gerade dann zu seiner Kamera zu greifen, wenn er eigentlich Emotionen spürt. Durch die Kamera distanziert er sich vom Gesehenen bzw. Gefühlten. Er meint dann, nur das zu sehen, was „ist“ (vgl. die Textstellen zu Aufgabe 1a). Diese Wahrnehmungsweise bezeichnet er als „meine Optik“ (Z. 17).

c) Dem Leser wird durch das Erzählverhalten des Textes alles aus Fabers Sicht vermittelt. So nimmt der Leser stellenweise auch nur das wahr, was Faber durch sein Objektiv gesehen hat (z. B. Z. 29–33 und Z. 48 ff.).

3 *a/b) Der Ich-Erzähler beschreibt die äußeren Ereignisse in einem eher knappen Stil, ist aber um Exaktheit bemüht. Einfache, kurze Satzkonstruktionen passen zu der Intention, einen Bericht schreiben zu wollen. Faber versucht dabei, sich auf das Wesentliche zu konzentrieren, was dazu führt, dass er an vielen Stellen beschreibende Adjektive und anderes weglässt, fast im Telegrammstil schreibt. Oft fällt sogar das Verb weg. Andererseits verwendet er lange Hypotaxen, komplizierte, verschachtelte Haupt- und Nebensätze, wenn er seine Gedanken und Reflexionen wiedergibt; hier könnte die Syntax Ausdruck des „Unaufgeräumten“ in Faber sein. Die in Klammern gesetzten Sätze und rhetorischen Fragen suggerieren eine Kommunikation mit einem Adressaten, dessen Meinung Faber gelegentlich auch antizipierend mit einbezieht (z. B. Z. 5 f.). Manche Aussagen in Klammern dienen auch der knappen Präzisierung, zeigen ein Bedürfnis nach objektiver Wiedergabe und Selbstvergewisserung („was ich gefilmt habe“, Z. 32; „was ich offenbar überhört habe [...]“, Z. 150 f.). Die rhetorischen Fragen verweisen – wie manche der Sätze in Klammern – darauf, dass Faber sich mit seinem Bericht rechtfertigen, dass er auch sich selbst Klarheit über das Geschehen verschaffen will. Mit den Fragen bezieht er sich auf mögliche Einwände. Die Annahmen über mögliche Einwände oder Kommentare resultieren aus Fabers Erfahrungen („wie jedermann zu erwarten scheint, wenn ich davon spreche“, Z. 5 f.) oder seinen Befürchtungen. Insgesamt ergibt sich stellenweise der Eindruck eines dialogischen Stils.*

S. 230

Faber und Sabeth – Erzählstrategien erkennen

S. 230

Max Frisch

Homo faber (3)

1 *a) Zu Fabers Wahrnehmung von Sabeth an dieser Textstelle lässt sich sagen, dass Faber zunehmend Interesse an Sabeth zeigt. Er will dies aber nicht einmal vor sich selbst zugeben und bleibt bei seinem üblichen Rollenverhalten (Belege: Z. 3–8). Faber unterstellt Sabeth, dass sie seinetwegen ein bestimmtes Verhalten zeigt („als dürfte ich unter keinen Umständen wissen, daß sie verliebt ist“, Z. 6 f.). Faber gibt sein Verliebtsein nicht zu: „Sie gefiel mir, aber ich flirtete in keiner Weise“ (Z. 25 f.). Er beobachtet sie genau: „Sabeth rümpfte ihre Brauen“ (Z. 42–44). Er hofft, dass sie ihn mag (Z. 77–81). Faber stuft Sabeth als intelligent ein, kritisiert aber ihre Argumentationsweise gegen seine Ansichten: „Sie war alles andere als dumm“ (Z. 20); „Sabeth wußte nichts von Kybernetik [...]“ (Z. 27 ff.); „ihr abgedroschenes Argument: der Mensch sei keine Maschine“ (Z. 33 f.).*

b) „Das Übliche“ bezeichnet alle Ereignisse, die nach Fabers Ansicht schon einmal vorgekommen sind, die sich immer wiederholen können und die er somit seinem geschlossenen Weltbild zuordnen kann. Es beruhigt Faber, wenn er etwas als „üblich“ empfinden kann (vgl. den Anfang des Romans). Alles Ungewohnte macht Faber nervös (Z. 93 f.), es wird im Text auch oft als etwas „plötzlich“ Eintretendes bezeichnet. Faber hat keine Verhaltensmuster für Situationen, die er nicht kennt, in ungewohnten Situationen wird er unsicher. Er weiß auch nicht, wie er mit Sabeth umgehen soll. – Wenn Faber über seinen Fachbereich, die Technik und Kybernetik, sprechen kann, fühlt er sich sicher. Er verdrängt seine Emotionen gegenüber Sabeth, indem er ihr die Vorteile eines Roboters gegenüber dem Menschen erklärt. Nach Faber übertrifft der Hochleistungsrechner jedes menschliche Hirn in Bezug auf seine Leistungsfähigkeit: Er rechnet schneller und zuverlässiger. Der größte Vorteil der Maschine gegenüber dem Menschen besteht für Faber aber darin, dass der Roboter keine Gefühle hat und nicht von Emotionen oder Gedanken behindert wird (Z. 64–76).

c) *Faber gibt hier unbewusst tiefe Einblicke in seinen Gefühlszustand: Er versucht, seine Gefühle gegenüber Sabeth und seine Hoffnungen darauf, dass sich vielleicht eine Beziehung entwickeln könnte, zu verdrängen. Er hat Angst davor und versucht, alles zu rationalisieren, er kann mit einer nicht vorhersehbaren und unberechenbaren Situation nicht umgehen. Deshalb redet er über die Unterschiede zwischen Mensch und Maschine, so als wäre er lieber ein Roboter, der keine Angst, keine Hoffnung, keine Wünsche hat, der nicht von der Zukunft träumt und somit auch nicht enttäuscht werden kann.*

2 *Bei der Beschreibung des Gesprächs ist wiederum zu berücksichtigen, dass der Leser alle Informationen aus der Sicht Fabers erhält. Aus Fabers Sicht bringt Sabeth ihn „zum Plaudern", wobei man sich als Leser kaum vorstellen kann, dass ein junges Mädchen, das Urlaub auf einem Schiff macht, sich vor allem über Kybernetik und Technik unterhalten möchte. Faber gibt seinen eigenen Redeanteil über den Unterschied zwischen Mensch und Maschine sehr detailliert wieder. Da sein Vortrag dazu dient, seine Gefühle nicht zu zeigen (vgl. Aufgabe 1b und c), kann man als Leser davon ausgehen, dass Faber tatsächlich das Gespräch an sich gerissen hat und Sabeth kaum Gelegenheit hat einzugreifen. Faber versucht aber immerhin – teils auch indirekt –, in seinem Bestreben, alles genau und authentisch wiederzugeben, auch zu vermitteln, was Sabeth geantwortet und wie sie reagiert hat (Z. 15 f., 20–23, 30 ff., Z. 33 f.). Es ist jedoch auffällig, dass kein einziges Wort von Sabeth in wörtlicher Rede wiedergegeben wird und dass Faber im weiteren Verlauf des Gesprächs nur noch von nonverbalen Äußerungen Sabeths berichtet („rümpfte die Brauen", „lachte"). Das Gespräch verläuft somit auf keinen Fall symmetrisch.*

Max Frisch

Homo faber (4)

S. 232

1 *„Ihr Hanna-Mädchen-Gesicht!" (Z. 5 f.) ist der Auslöser, dass Faber Sabeth einen Heiratsantrag macht. Sabeth kann zunächst gar nicht glauben, dass Faber seinen Antrag ernst meint. Sabeth und Faber stehen beieinander, ohne zu sprechen, zunächst ohne Berührung, später aber Arm in Arm, auch als Mister Lewin dazukommt. Auch Sabeth ist offensichtlich sehr überrascht und tief bewegt. Faber küsst sie, sagt aber sofort: „es war unmöglich" (Z. 45). Faber berichtet nichts darüber, wie er und Sabeth an diesem Abend auseinandergegangen sind, mit der Beurteilung „es war unmöglich" war für ihn offenbar eine Vertiefung der Beziehung an diesem Abend nicht denkbar. – Am nächsten Tag, dem Tag der Ankunft in Le Havre, verabschieden sich beide nicht mehr. Faber sieht Sabeth aber nach. Bemerkenswert ist, dass er nicht filmt. Faber hat sich in der Situation des Abschieds von seinen Gefühlen und seinen Wünschen überwältigen lassen. Er weiß aber nicht, wie er sich weiter verhalten soll, genießt es jedoch, dass Sabeth einfach nur zusammen mit ihm schweigt.*

2 *Zu den Vorausdeutungen in diesem Textauszug: Als Faber Sabeth, die zu ihm aufs Schiffsdeck kommt, beschreibt, verweist er bereits auf die Ähnlichkeit zwischen Hanna und Sabeth: „Ihr Hanna-Mädchen-Gesicht!" (Z. 5 f.) In Z. 62 ff. nimmt er eine Erkenntnis vorweg, die er erst im Verlauf der weiteren Handlung gewinnen wird: Sabeth ist seine und Hannas Tochter. Durch diese Erzähltechnik der Vorausdeutung wird der Leser bereits an dieser Stelle des Romans darauf aufmerksam gemacht, dass bei der Entwicklung der Beziehung zwischen Sabeth und Faber ein Problem vorliegt. Als Faber Sabeth nachsieht, sagt er auch nicht, dass er sie liebt – obwohl er ihr doch gerade einen Heiratsantrag gemacht hat –, sondern er bekennt, dass er sie „gern hat" (Z. 65 f.) und er ihr gerne helfen wollte. Faber rechtfertigt sich an dieser Textstelle auch sofort: „Aber das konnte ich damals noch nicht wissen [...]" (Z. 62 f.); „Nur so viel wußte ich" (Z. 66). Vielleicht kann man sogar in der Wortwahl „als ich sah, wie sie im Gedränge unterging" (Z. 64 f.) schon einen Hinweis auf Sabeths späteren Tod sehen.*

S. 233

Fabers Wandlung – Die Funktion von Symbolen

S. 233

Max Frisch

Homo faber (5)

1 a–c) *Auf der Reise durch Europa ist Faber einerseits sehr glücklich mit Sabeth, andererseits enthüllt sich ihm immer mehr die Identität Sabeths und die Problematik ihres Verhältnisses. Durch die Begegnung mit Sabeth hat sich Faber verändert. Er wirkt aufgeschlossener und interessiert sich jetzt offensichtlich sogar für Kunst. Faber findet sogar selbstständig einen Zugang zu den Kunstobjekten, er empfindet etwas bei der Betrachtung der steinernen schlafenden Erinnye, seine sonst nüchterne Sprache hat sich verändert („Großartig, ganz großartig, beeindruckend, famos, tiefbeeindruckend“, Z. 28 f.). Faber lässt sich darauf ein, den Kopf der Erinnye aus verschiedenen Blickwinkeln und bei unterschiedlichen Lichtverhältnissen zu betrachten und die sich ändernde Wirkung wahrzunehmen. Er nimmt dabei Sabeths Perspektive ein (vgl. den Textauszug auf S. 227 im Schülerband; dort erläutert Faber seine Optik, seine Sichtweise). Faber ist in der Lage, diese Wirkungen sprachlich adäquat zu beschreiben. Er benutzt vor allem sehr viele treffende und anschauliche Adjektive und es ist ihm dabei offensichtlich wichtig, das richtige Wort zu treffen („wacher, lebendiger, geradezu wild“, Z. 49 f.).*

2 a) *Anmerkungen zu den Kunstwerken finden sich in Max Frisch: „Homo faber. Text und Kommentar“ (vgl. S. 275 in diesem Handbuch), S. 291 f.*

b) *Die Venus (römisch, griechisch: Aphrodite) ist in der antiken Mythologie die Göttin der Liebe. Faber bezieht sich hier auf ein frühklassisches Relief, das die Göttin abbildet. Auf einem Seitenteil ist noch eine Gestalt abgebildet, die Doppelflöte spielt. Auch Sabeth spielt Flöte.*
Die Erinnyen waren nach der Mythologie Rachegöttinnen, die in der Unterwelt lebten und über die Einhaltung der sittlichen Ordnung wachten. Sie ahndeten vor allem Frevel wie Mord und Inzest. Die Frevler wurden von ihnen ein Leben lang verfolgt, in den Wahnsinn und meist in den Tod getrieben. Bei der Deutung kann ein Zusammenhang hergestellt werden zwischen den Figuren des Romans und den betrachteten Kunstwerken bzw. den mythologischen Gestalten. Sabeth steht bei der Venus, wirft Schatten auf die schlafende Erinnye (Z. 46–50). Auf der Symbolebene werden hier Andeutungen zum Verhältnis von Faber und Sabeth gemacht: Faber liebt Sabeth, aber ihre Beziehung ist „überschattet“ und wird kein gutes Ende nehmen.

S. 235

„Standhalten der Zeit“ – Erzählzeit und erzählte Zeit

S. 235

Max Frisch

Homo faber (6)

1 a) *Ein Bericht ist nüchtern und neutral geschrieben. Er soll Informationen ohne Meinungen und Kommentare wiedergeben oder zusammenfassen. Als Leser erwartet man, dass in einem Bericht über Tatsachen informiert wird.*

b) *Faber strebt zwar an, einen Bericht zu schreiben, hält es aber nicht durch. So gibt es durchaus Passagen, in denen er über Tatsachen informiert (z. B. S. 224, Z. 1–4; S. 227, Z. 1–3; S. 231, Z. 44–60). In diesen Passagen herrscht auch ein Schreibstil vor, der durch knappe Sätze gekennzeichnet ist. Häufig wird auch – ähnlich wie z. B. bei Telegrammen – das Verb weggelassen (Ellipsen). Faber bemüht sich zudem um Genauigkeit bei der Darstellung, was sich vor allem an genauen Orts- und Zeitangaben zeigt. An vielen Textstellen meint man, einen Reisebericht zu lesen, in dem auch die Vermittlung von Eindrücken des Reisenden und Beschreibenden durchaus üblich ist. Allerdings weicht Faber an vielen Stellen von diesem Stil ab. Es handelt sich dabei vor allem um Textstellen, wo es um seine Gefühle geht oder wo er eigentlich über die Motive seines Handelns sprechen müsste (z. B. S. 232, Z. 24–29). An diesen Stellen schreibt Faber oft ausführlicher, aber auch unpräziser. Er ist auch in der Lage, bildreich zu schreiben, Vergleiche und Metaphern zu benutzen, obwohl er vorgibt, das alles, was er mit dieser bildhaften Sprache beschreibt, nicht zu empfinden oder zu fühlen (z. B. S. 227 f.). Im Verlauf des Romans zeigt sich, dass Faber sich verändert: Er lässt sich auf neue Erfahrungen ein und kann diese auch ausdrücken (z. B. sein Kunsterleben im Museo Nazionale, S. 233 f.).*

c) *Faber benennt keinen Adressaten seines „Berichts". Insgesamt haben die Aufzeichnungen Fabers Rechtfertigungscharakter. Der Bericht könnte sich also – vordergründig gesehen – an Figuren des Romans (hier vor allem an Hanna) oder an den Leser richten. Letztlich schreibt Faber aber für sich selbst. Er setzt sich beim Schreiben mit seinem eigenen Leben auseinander und beschäftigt sich immanent mit der Schuldfrage am Inzest mit seiner Tochter und an deren Tod.*

2 a) *Faber könnte erkannt haben, dass er selbst der wirkliche Adressat seiner Aufzeichnungen ist und dass mit dem Schreiben der eigentliche Sinn erreicht ist. Die Aufzeichnungen haben nur für ihn selbst Bedeutung. Das könnte ein Grund sein, warum er sie kurz vor seiner Operation vernichten will.*

b) *Faber wird sich durch das Schreiben seiner selbst bewusst. Er hört allmählich damit auf zu verdrängen, er legt sich selbst Rechenschaft ab über die Motive seines Handelns. Er lässt Gefühle zu und kann bekennen, dass sein ursprüngliches Weltbild Risse bekommen hat. Er hat erkannt, dass im menschlichen Leben nicht alles erklärbar ist, dass die Besonderheit des menschlichen Lebens vielmehr gerade in dem besteht, was er eingangs noch als Nachteil gegenüber Maschinen beschreibt: im Erleben, Fühlen, Denken und Träumen. Er ist am Ende des Romans in der Lage, für sich einen Sinn im Leben und im Tod zu erkennen: „Auf der Welt sein: im Licht sein. […] Ewig sein: gewesen sein." (S. 235, Z. 5–12) Das Schreiben ist letztlich auch wie eine Therapie für Faber: Er kann zu sich selbst finden.*

3 a) *Die Erzählstruktur des gesamten Romans wird durch die zeitlichen Ebenen bestimmt. Der Ablauf der erzählten Zeit wird nicht in chronologischer Folge dargestellt, sondern unterbrochen, umgestellt oder aufgehoben. Frisch entwirft diese Erzählstruktur so, wie sie ausgehend von seiner Figur Walter Faber hätte gestaltet sein können, wobei Faber sich erinnert, verdrängt, assoziiert, reflektiert, über Vergangenes nachdenkt und Zukünftiges antizipiert. Daraus ergibt sich ein komplexes Gefüge von verschiedenen Zeitebenen, wobei das berichtete Geschehen und die handschriftlichen Aufzeichnungen sich am Schluss immer mehr zeitlich annähern. Diese Aufzeichnungen verfasst Faber wenige Stunden vor seiner Operation und seinem möglichen Tod. Frischs Roman erweist sich mit dieser komplexen Erzählstruktur als ein Roman der Moderne: Es wird nicht mehr sukzessive chronologisch erzählt.*
Eine Übersicht über die zu unterscheidenden Zeitebenen des gesamten Romans in chronologischer Reihenfolge findet sich in Max Frisch: „Homo faber. Text und Kommentar" (vgl. S. 275 in diesem Handbuch).

b) *Beispiele für Zeitraffung: „Die Nächte verbrachte man […]" (S. 229 im Schülerband, Z. 141 ff.); „vor dem Schlafengehen machte ich jedesmal […]" (S. 230 im Schülerband, Z. 1 ff.).*
Beispiele für fast erreichte Zeitdeckung: Gespräche mit Herbert im Flugzeug (S. 225 f. im Schülerband), Ausführungen Fabers über Mensch und Maschine (S. 231 im Schülerband).
Eigentliche Zeitdehnung gibt es in den Textauszügen nicht; allerdings könnte dem Leser die Zeit während Fabers Reflexionen (S. 224/225 und Z. 62–126, S. 227 f. im Schülerband) gedehnt erscheinen.

11.2 Volker Schlöndorff: „Homo Faber" – Die filmische Umsetzung

Informationen zum Film:
„Homo Faber". Spielfilm 1991, Regie Volker Schlöndorff, Hauptrollen Sam Shepard (Walter Faber), Julie Delpy (Sabeth), Barbara Sukowa (Hanna). 110 Min. Relevant Film. Erhältlich auf DVD.

S. 236

Die Funktion der Exposition

1 a) *Inhalt und Situation der im Schülerband abgedruckten Filmbilder: Ein Auto fährt vor, zwei Personen steigen aus, der Mann trägt eine Tasche. Die beiden Personen blicken sich ernst an, sie umarmen sich. Der Mann sitzt mit vielen anderen Menschen in einer Abflughalle. Das Gesicht des Mannes wird immer mehr herangezoomt (von Naheinstellung zu Groß), es wirkt unbeweglich, versteinert. Eine dunkle Sonnenbrille verdeckt seine Augen. Hinter dem Mann weht ein Vorhang im Wind.*

b) *Vor allem die Bilder vom Gesicht des Mannes wirken düster, traurig. Das immer größer auf den Zuschauer zukommende Gesicht könnte auch bedrohlich wirken. Die schwarz-weißen Filmbilder erwecken die Vorstellung, dass es um eine Handlung in der Vergangenheit geht.*

2 a) *Durch den Ton wird ein Zusammenhang zur Handlung hergestellt: Die männliche Figur will offensichtlich nach New York fliegen. Von der Frau verabschiedet sich der Mann bereits vor dem Flughafengebäude. Die Stimme aus dem Off gibt zunächst Hinweise auf eine zeitliche und räumliche Einordnung der Handlung. Dann sinniert sie über eine weibliche Person, die offensichtlich nicht mehr da, vermutlich tot ist. Es erscheint naheliegend, dass die Stimme aus dem Off der männlichen Figur zuzuordnen ist, die immer näher gezeigt wird.*

b) *Schülerinnen und Schülern, die den Roman bereits kennen, wird klar sein, dass es sich bei den beiden Figuren um Hanna und Faber handeln muss.*
Schülerinnen und Schüler, die sich zunächst mit dem Film beschäftigen und den Plot nicht kennen, können zumindest folgende Vermutungen äußern: Zwei Figuren verabschieden sich vor dem Flugplatz. Die Stimme aus dem Off ordnet die Situation zeitlich ein, gibt Orte der Handlung an. Dann spricht sie über etwas Vergangenes. Da die Figur des Mannes immer mehr fokussiert wird (vgl. Kameraeinstellung), ist davon auszugehen, dass die Stimme aus dem Off dieser Figur zuzuordnen ist. Sie spricht über den Verlust einer Frau. Trauer und Verzweiflung sind spürbar. Die Frau könnte ihn verlassen haben oder tot sein. Die Figur mit der Stimme aus dem Off spricht davon, dass sie lieber selbst nicht mehr leben würde.

3 *Die Zeitangaben bei dem folgenden Sequenzplan beziehen sich auf die DVD. Je nachdem, welches Abspielgerät, welches Programm man verwendet, können sie etwas differieren!*

Möglicher Sequenzplan:

Minute/ Sek.	Kamera (Einstellung, Perspektive u. a.)	Ton (Off-Text siehe Buch, Einblendung fett)
0:00:0–0:00:28	Schwarzer Hintergrund, weiße Schrift: Angaben zum Film (Titel, Regisseur, Buch, Hauptdarsteller) Überblende	authentische Geräusche, Stimmen, Motorengeräusche u. a.
0:00:29–0:01:28	Straße vor dem Flughafen Athen Eine Reisegruppe steigt aus einem Bus (im Bild links oben), im Vordergund steigen Personen aus einer schwarzen Limousine, ein VW-Käfer kommt währenddessen die Straße entlanggefahren, fährt auf die Kamera zu; Faber (= F.) und Hanna (= H.) steigen aus dem VW aus, im Vordergrund laufen Menschen vom Bus nach unten rechts im Bild auf die andere Straßenseite, auch H. und F. gehen auf die rechte Straßenseite, kommen auf die Kamera zu, F. gibt Koffer ab. Verabschiedung F. und H. (nah): sehen sich an, H. nimmt die Brille ab, F. sieht weg, dreht dann den Kopf wieder, beugt sich zu ihr hin, umarmt sie. Halbtotale, dann immer näher bis Nah. Kamerabewegung insgesamt: leichte Bewegung der Kamera nach rechts, gegen Ende stärkerer Kameraschwenk (bis Bus und VW gar nicht mehr sichtbar sind, rechte Straßenseite kommt ins Bild). Schwarz-weiße Farbgebung	**Einblendung in weißer Schrift: Namen und Tätigkeit der Mitarbeiter** Stimmen, Motorengeräusche, Schritte, wie oben. Musik setzt ein
0:01:28–0:01:35	Harter Schnitt Vor dem Flughafen Athen Kuss F. und H.; H.und F haben sich gedreht, man sieht F. von vorne; F. streichelt H.s Kopf, drückt sie an sich. Schwarz-weiße Farbgebung	Musik
0:01:36–0:01:44	Harter Schnitt, Gegenschuss Vor dem Flughafen Athen Die Umarmung wird gelöst, F. geht nach rechts ab, H. sieht ihm nach; eine Frau kommt von rechts, winkt jemandem. Schwarz-weiße Farbgebung	Musik
0:01:45–0:02:13	Wartehalle des Flughafens F. kommt von links herein, setzt sich, senkt den Blick. Wehende Vorhänge hinter F. Passagiere gehen durch die Halle. – Aufruf aus dem Lautsprecher, alle erheben sich, verlassen die Halle, F. bleibt sitzen, manchmal vom wehenden Vorhang verdeckt. Schwarz-weiße Farbgebung	**Einblendung: Athen, Juni 1957** Musik Durchsage (weibliche Stimme)

Minute/ Sek.	*Kamera (Einstellung, Perspektive u. a.)*	*Ton (Off-Text siehe Buch, Einblendung fett)*
0:02:14–0:02:36	*Harter Schnitt Wartehalle des Flughafens F. allein, ganz von vorn, dunkle Sonnenbrille, Hut. Unbeweglich, hebt nur etwas den Kopf. Im Hintergrund der wehende Vorhang. Zoom Schwarz-weiße Farbgebung*	*Musik wie vorher. Am Ende der Szene endet die Musik*
0:02:36–0:02:48	*Überblende Abfertigungsschalter in Caracas F. kommt durch Menschenmenge auf Kamera zu. Kamerafahrt vor F. her (Rückwärtsfahrt), Halbtotale bis Halbnah F. im hellen Anzug, trägt zwei Koffer, trägt einen hellen Hut, Brille, hat eine Zigarette im Mund. Farbig*	*Tonüberblendung: Flughafenlautsprecher in Spanisch und Englisch, Geräusche* ***Einblendung: Caracas, Venezuela, April 1957***
danach	*Harter Schnitt Faber setzt sich, im Vordergrund ein etwas korpulenter Mann, F. stellt den Koffer ab, lehnt sich zurück. Rechts von F. eine junge Frau, rechts von hinten*	

Fortsetzung der Handlung im Film: Gespräch zwischen Faber und Hencke (anders als im Roman findet die erste Annäherung nicht im Flugzeug statt).

4 *Mit der Stimme aus dem Off wird der Erzähler, das erzählende Ich, eingeführt. Der Zuschauer verbindet die Stimme aus dem Off mit der gezeigten Figur (dem herangezoomten Kopf von Faber). Der Zuschauer wird darauf vorbereitet, dass Faber der Erzähler des folgenden Plots ist. Es wird auch verdeutlicht, dass das eigentliche Geschehen in der Vergangenheit liegen muss.*
Der Film ist insgesamt aber nicht in einer subjektiven Innensicht gedreht, sondern es herrscht eine Außensicht vor, die teilweise objektiv wirkt.

5 *Anders als der Roman setzt der Film mit einer Rahmenhandlung ein. Der Roman beginnt ganz unmittelbar mit dem Flug Fabers von New York nach Caracas. Im Film nimmt die Rahmenhandlung das Ende teilweise vorweg; er beginnt mit dem Ende seiner Haupthandlungsebene. Erst am Schluss der Szene wird durch eine Rückblende zum Anfang des Geschehens dieser Handlungsebene übergeleitet. Die Rahmenhandlung antizipiert den Ausgang des Geschehens durch die Stimme aus dem Off: Es muss etwas Schreckliches geschehen sein, aber Faber lebt. Er führt über die Rahmenhandlung in eine vergangene Geschichte ein. Am Ende des Films wird diese Rahmenhandlung fortgesetzt.*

6 *Mögliche Ansatzpunkte zum Vergleich von Roman und Film:*
- *Zeit in Film und Roman: identisch, 1957.*
- *Handlungsorte: Es kommen in Roman und Film größtenteils die gleichen Orte vor, teilweise aber in anderer Reihenfolge. Im Film befindet sich Faber zu Beginn bereits in Caracas, möchte von dort nach New York und begegnet Hencke am Flugplatz (Roman: zu Beginn Flug von New York nach Venezuela). Im Film entscheidet sich Faber in Tampico (nicht in Mexiko City), Herbert zu begleiten. Nachdem*

Faber und Herbert Joachim erhängt in der Hütte gefunden haben, kehrt Faber direkt nach New York zurück.

- *Figuren: Faber ist im Film kein Schweizer, sondern Amerikaner. Vor allem er wird im Film anders charakterisiert: Er wirkt wie ein draufgängerischer US-Amerikaner, erscheint jünger. Die Vaterrolle wird nicht so stark hervorgehoben, Fabers technokratisches Weltbild wird kaum vermittelt. Der Charakter ist im Film wesentlich einfacher entwickelt als im Roman. – Hanna verliert im Film an Bedeutung. – Auch Sabeth ist im Film wesentlich weniger differenziert angelegt als im Roman.*
- *Unterschiede in der äußeren Handlung: Es sind oft nur Elemente, weniger grundsätzliche Unterschiede, die die Aussage generell verändern würden. Insgesamt wird die Handlung aber im Film weitgehend reduziert auf die Liebesbeziehung zwischen Faber und Sabeth. Die philosophische Dimension und das Motiv des scheiternden Technokraten aus Frischs Roman werden fast vollständig ausgeklammert. Beispiele für Unterschiede: Im Film flirtet Faber während des Flugs mit der Stewardess. – Faber verabschiedet sich im Film nicht von Ivy. – Im Film geht Sabeth als Erste vom Schiffsball an Deck, Faber folgt ihr. – Im Film widerruft Faber den Heiratsantrag. – Im Film spricht Sabeth Faber mit dem Nachnamen an und erklärt die Bedeutung mit „Macher". – Faber verhält sich im Film gegenüber Sabeth zurückhaltender als im Roman, nachdem er verstanden hat, dass sie Hannas Tochter ist. – Sabeth fürchtet im Film, von Faber verlassen zu werden. – Faber will nach Athen, um die Situation mit Hanna zu besprechen, darüber kommt es zum Konflikt mit Sabeth, in desssen Folge auch der Unfall geschieht. Im Film stürzt Sabeth unglücklich und weicht nicht vor Faber zurück. Im Film werden die Heilungschancen für Sabeth zunächst als gut angesehen. – Im Film spricht Faber aus (nicht Hanna wie im Roman), dass Sabeth seine Tochter ist. – Sabeth stirbt im Film an den Folgen eines Schädelbruchs. – Faber ist im Film nicht todkrank. – Faber reflektiert am Schluss des Films darüber, ob sein Leben noch Sinn hat. Er bleibt in der Abflughalle sitzen, während alle Passagiere an Bord des Flugszeugs gehen.*
- *Fehlende Handlungsteile im Film: Mondfinsternis in Frankreich, viel innere Handlung; Fabers Reflexionen fallen weitgehend weg, z. B. seine Wahrscheinlichkeitsrechnungen darüber, ob er der Vater von Sabeth sein kann; die ganze „Zweite Station" aus dem Roman entfällt.*
- *Erzählstruktur: Die Erzählstruktur im Film ist im Vergleich zum Roman sehr vereinfacht. Nach der einführenden Rahmenhandlung (Flughafen Athen nach dem Tod Sabeths) wird die gesamte Geschichte im Rückblick chronologisch erzählt. Es gibt lediglich Unterbrechungen im Form von Rückblenden in Fabers Studienzeit. Das Ende wird im Film anders gestaltet.*

Wie der Film erzählt: Symbolik und Montage

S. 238

Symbolik

S. 238

1 a) *Beschreibung der einzelnen Filmbilder:*
   - *Bild 1: Fabers Kopf ist in Großaufnahme zu sehen, leichte Untersicht, fast Augenhöhe. Besonders auffällig ist die dunkle große Sonnenbrille. Faber zeigt einen sehr ernsten Gesichtsausdruck. Er trägt einen Hut.*
   - *Bild 2: Ein Kopf (Fabers Kopf) ist zu sehen, Nahaufnahme, Augenhöhe, im Hintergrund ist eine weitere Figur von der Taille bis zum Halsansatz wahrnehmenbar, aber verdeckt durch Faber. Man sieht von der hinter Faber stehenden Figur vor allem die Hände, kann erkennen, dass es sich um eine weibliche Hand handelt. Die Hände halten Faber die Augen zu, verdecken seine ganze obere Gesichtshälfte. Faber trägt einen Hut.*

- *Bild 3: Faber ist in Nahaufnahme zu sehen, Perspektive: Augenhöhe. Er hat seine dunkle Brille abgenommen und hält sie in der Hand. Man sieht sein Gesicht nun ohne Brille, er blickt stirnrunzelnd, offenbar interessiert.*

b) Hier wird Bezug genommen auf das Leitmotiv des Blindseins. Auf dem ersten Foto trägt Faber (in der Flugabfertigungshalle) eine dunkle Brille, wie es oft Blinde tun, die nicht möchten, dass man ihre Augen sieht. Auf dem mittleren Foto hält Sabeth Faber die Augen zu. Die Szene spielt in Paris, in den Tuilerien: Sabeth nähert sich Faber spielerisch von hinten. Auf dem dritten Bild nimmt Faber seine Brille ab, um im Museum ein Gemälde besser betrachten zu können.

2 *a) Beschreibung der Situation auf den Filmbildern: Faber und Sabeth sitzen im Freien, sie wirken beide sehr entspannt und glücklich. Faber schält einen Apfel, beide umarmen sich, Faber küsst Sabeth und steckt ihr ein Stück von dem Apfel in den Mund.*

b) Symbolische Bedeutung: Die Szene spielt auf die biblische Situation im Paradies an: Eva reicht dort Adam einen verbotenen Apfel. Dieser Sündenfall führt zum Verweis aus dem Paradies. Bei Sabeth und Faber haben sich die Rollen vertauscht: Hier ist es der Mann, der die Frau symbolisch verführt.

c) Durch diese Szene wird der Zuschauer darauf vorbereitet, dass die Beziehung zwischen Sabeth und Faber eine neue Qualität bekommt. Man weiß nun, dass sie verliebt sind und eine intime Beziehung miteinander haben werden.

3 *Die Bilder von der Schlange und dem Schlangenbiss verweisen nochmals auf die Erzählung in der Bibel: Eine Schlange, die den Teufel symbolisiert, hatte Eva dazu verführt, Adam den Apfel der Erkenntnis zu reichen. Die Anspielungen auf die Bibel geben hier Hinweise darauf, dass Faber und Sabeth miteinander geschlafen, gegen das Inzestverbot verstoßen haben und somit eine „Bestrafung" erfolgen wird.*

S. 239

Schnitt und Montage

4 *Die mit der Handkamera aufgenommenen Bilder geben Fabers „Optik" (vgl. den Text) wieder. Der Zuschauer nimmt die Umgebung und die Menschen so wahr, wie Faber sie durch das Kameraobjektiv sieht. Es wird verdeutlicht, worauf sich Fabers Interesse, seine Wahrnehmung richtet.*

5 *a) Durch die mit der Handkamera gedrehten Bilder wird verdeutlicht, dass der Zuschauer das gesamte Geschehen aus der Perspektive von Faber wahrnimmt. Es wird auch darauf verwiesen, dass Faber die Neigung hat, alles zu filmen, dass er gerade dann den Blick durch das Objektiv der Kamera wählt, wenn ihn eine Situation gefühlsmäßig zu berühren droht (Aufenthalt in der Wüste, Begegnung mit Sabeth).*

b) Der Film versucht, die Leitmotive des Romans mit filmischen Mitteln aufzunehmen. Im Roman gibt es längere Passagen darüber, wie Faber Sabeth begegnet, wie er sich ihr annähert und wie er vor sich selbst zu verdrängen versucht, dass er sich für sie interessiert, sich in sie verliebt hat. Im Film sieht es so aus, als filmte Faber absichtslos, als liefe ihm sozusagen Sabeth zufällig vor die Kamera.

6 *Auch für den nachfolgenden Sequenzplan gilt, dass sich die Zeitangaben auf die DVD beziehen; je nachdem, welches Abspielgerät, welches Programm man verwendet, können sie differieren.*

Möglicher Sequenzplan der Filmszene im Museo Nazionale:

Minute/ Sek.	Kamera (Einstellung, Perspektive u. a.)
1:05:24–1:05:31	Folie, wird offenbar von oben hochgezogen, eine Hand ist nicht zu sehen, dann Kopf der Erinnye sichtbar (Steinkopf, liegt auf einer Ablage aus Stein), Hand, Arm einer Person wird dann sichtbar, kann nicht zugeordnet werden. Dann wird kurz am oberen Bildrand ein Pinsel sichtbar. Statuenkopf wird mit Pinsel abgestaubt. Kamera bleibt die ganze Zeit unverändert auf Kopf der Erinnye ausgerichtet. Nah Lichtverhältnisse über dem Kopf ändern sich, offenbar je nachdem, wie sich die Person davor bewegt und das einfallende Licht auf den Kopf fallen kann oder nicht. Schnitt
1:05:31–1:05:58	Faber zwischen zwei Arbeitern, im Hintergrund Holzgerüste, Arbeiter bewegen sich mit einer Leiter an Faber vorbei, Faber geht dann schrittweise auf die Kamera zu, von links leicht nach rechts, im Hintergrund klettert ein Arbeiter auf die jetzt angestellte Leiter. Faber bewegt den Kopf hin und her, scheint etwas zu betrachten, verändert auch seine Position. Hinter Fabers Rücken kommt Sabeth, sie filmt zunächst, kommt näher heran, Faber geht nach links, sie stellt sich dann neben Faber, nimmt ihn am Arm, sie wenden sich einander zu, betrachten dann offenbar etwas gemeinsam. Halbnah, Amerikanisch, Nah Leichte Kameraschwenks, der Bewegung Fabers folgend Schnitt
1:05:59–1:06:01	Kopf der Erinnye Nah Schnitt
1:06: 01–1:06:08	Sabeth geht von rechts nach links, Faber folgt ihren Bewegungen, beide halten die Köpfe geneigt, verändern ihre Positionen und Blickwinkel, Sabeth wendet teilweise auch Faber den Kopf zu. Nah Kamera schwenkt, folgt Sabeth Schnitt
1:06:08–1:06:15	Kopf der Erinnye Groß Kameraschwenk helles Licht Schnitt
1:06:16–1:06:20	Faber, Sabeth (Faber jetzt wieder links), Sabeth geht wieder nach rechts, verändert wieder ihre Position Schnitt
1:06:21–1:06:27	Kopf der Erinnye von vorne Nah Schnitt

b) *Im Film wird wie im Roman mit dieser Szene vermittelt, dass sich Fabers Wahrnehmung verändert hat und er zu einem anderen Kunstverständnis findet. Der Film entfaltet und veranschaulicht vor allem, was Faber im Roman über die unterschiedliche Wirkung des Lichteinfalls berichtet (vgl. den Romanauszug S. 234 im Schülerband, Z. 36–55).*

c) *Das Motiv der Rachegöttin Erinnye kommt später im Film noch mehrmals vor. Sabeth hat ihrer Mutter eine Postkarte mit dem Kopf des schlafenden Mädchens geschickt; als Sabeth stirbt, erinnert ihr Gesicht an das der schlafenden Erinnye.*

7 *Es handelt sich dabei um eine Parallelmontage. Sie verweist den Zuschauer darauf, dass zwischen Sabeth und der Figur ein Zusammenhang besteht. Der Film schafft durch die Montage eine symbolische Verweisebene.*

S. 241

Eine Schlüsselszene erschließen

1 a) *Wichtige Motive in der Szene, die Faber im Pariser Louvre zeigt:*
- *auffällig viele Frauen mit Pferdeschwanz unter den Museumsbesuchern verweisen auf Sabeth;*
- *Kunstobjekte (Gemälde, Skulpturen) mit symbolischer Bedeutung;*
- *Motiv des Sehens/Blindseins: Faber nimmt die Brille ab, betrachtet genau u. a.;*
- *Motiv des Spiels: Sabeth versteckt sich.*

Symbolische Verweise:
- *Kunstobjekte verweisen auf Schönheit und Liebe (Venus von Milo, weibliche Akte).*

b) *Die Gemälde sind aus der Perspektive Fabers gefilmt (Froschperspektive). Sabeth wirkt hinter den vielen Statuen, hinter denen sie sich versteckt, wie ein lebendiges Gegenstück zu den steinernen Figuren. Der Zuschauer stellt durch die Art der Montage eine Verknüpfung zwischen den Frauenbildern und Sabeth her.*

2 a) *In der Sequenz herrscht Parallelmontage vor. Fabers Gang durch das Museum wird in Beziehung gesetzt zur Handlungsabfolge mit Sabeth, die Faber im Verborgenen folgt und ihn beobachtet. Die beiden Handlungsstränge werden hier nicht zusammengeführt. Faber und Sabeth treffen sich erst in den Tuilerien.*

b) *Dem Betrachter wird durch die Art der Montage sowohl das gegenseitige Interesse der beiden Figuren füreinander vermittelt (Faber geht in den Louvre, obwohl er sich nie für Kunst interessiert hat, Sabeth hat ihn wahrscheinlich erwartet und folgt ihm, um ihn zu beobachten) als auch die vorsichtige Form, in der sie sich annähern (Sabeth beobachtet Faber erst einmal, statt gleich auf ihn zuzugehen und ihn zu begrüßen).*

3 a) *Einordnung in den Handlungszusammenhang: Faber hat Sabeth am letzten Abend auf dem Schiff einen Heiratsantrag gemacht. Am nächsten Morgen sprechen sich die zwei nicht mehr, Faber sieht Sabeth nur beim Ausschiffen nach. In Paris hält Faber einen Vortrag, er wird darauf angesprochen, dass er schlecht aussieht, und gefragt, ob er krank sei. Faber ist offensichtlich von diesen Bemerkungen betroffen und fühlt sich nicht gut. Er geht ins Museum und „hofft offensichtlich, sie im Louvre zu sehen" (Roman, S. 107). Im weiteren Verlauf der Handlung wird deutlich, dass Faber mehrmals in den Louvre gegangen ist. Sabeth spricht ihn darauf an, als sie sich schließlich nach einer Woche in den Tuilerien treffen (S. 108). In Paris geht Faber mit Sabeth zusammen in die Oper, ist „glücklich wie noch nie" und beschließt, mit ihr nach Italien zu reisen.*

b) *Der Film verdichtet in dieser Szene die Handlung. Fabers plötzlich aufkeimendes Interesse an Kunst wird verdeutlicht. Er steht lange vor dem Gemälde „Geburt der Venus", wiederum ein symbolischer Verweis: Die Liebesgöttin Venus soll in Verbindung gebracht werden mit Sabeth und mit Fabers Gefühlen für sie. Im Film wird aber auch klar, dass Sabeth Faber beobachtet, ihn somit wohl auch erwartet hat. Sie zeigt sich ihm aber nicht, sondern versteckt sich stets hinter Säulen und Skulpturen, offenbar neugierig und erstaunt darüber, wie Faber sich verhält. Die Szene antizipiert bereits, dass sich die Beziehung zwischen Faber und Sabeth intensivieren wird.*

11.3 Der Film in der Kritik – Rezensionen untersuchen

S. 242

Helmut Kreuzer

Arten der Literaturadaption

1 a) *Helmut Kreuzer unterscheidet insgesamt vier, im Textauszug im Schülerband allerdings nur drei verschiedene Arten von Literaturadaption durch den Film, die er nach dem Grad der Eigenständigkeit hierarchisch anordnet:*

- ***die Aneignung von literarischem Rohstoff:*** *Man nimmt nur Handlungen und Figuren aus dem literarischem Stoff, die für die filmische Umsetzung geeignet erscheinen. Die literarische Vorlage wird im Grunde missachtet. Kreuzer bezeichnet diese Form der Adaption als „uneigentlichste“ Form (Z. 2).*
- ***die Illustration:*** *Diese Form bezeichnet Kreuzer als „bebilderte Literatur“ (Z. 25). Die Bilder des Films laufen ab, während Handlung und Dialoge der Vorlage wörtlich übernommen werden. Als ein Beispiel gibt Kreuzer an, dass der auktoriale Erzähler z. B. in der filmischen Umsetzung als Stimme aus dem Off spricht. Es findet im Grunde keine keine adäquate Umsetzung in das Medium Film statt. Kreuzer wertet hier auch ganz entschieden, spricht von einem möglichen „künstlerischen Irrtum“ (Z. 33), von einem falschen Verständnis von Werktreue (Z. 34), von einer meist „verfehlte[n] Adaption“ (Z. 44). Er akzeptiert die Form der „Illustration“ nur, wenn sie bestimmten, vielleicht künstlerisch-experimentellen Zwecken dient.*
- ***die interpretierende Transformation:*** *Bei dieser Form ist die filmische Gestaltung nach Kreuzer angemessen, das literarische Werk wird in Inhalt, Form und Sinn erfasst und sinngerecht umgesetzt. Es entsteht ein neues Werk, das aber möglichst der literarischen Vorlage analog ist.*

In dem im Schülerband abgedruckten Textauszug wird die vierte Form, die **Dokumentation,** *nicht erwähnt. Damit ist eine Aufzeichnung einer Theateraufführung, also die filmische Reproduktion eines Theaterwerks, gemeint.*

b) *Falls die Schülerinnen und Schüler nicht auf Filmbeispiele für die verschiedenen Arten der Literaturadaption kommen, sollte die Lehrerin/ der Lehrer eine Liste mit bekannten Filmen parat haben, die die Schülerinnen und Schüler dann zuordnen können. Da mit der Zuordnung, sofern man Kreuzer folgt, auch eine immanente Wertung verbunden ist, wird es den Schülerinnen und Schülern in vielen Fällen nicht leichtfallen, einen Film, den sie gut finden, auch korrekt einzuordnen. Im Folgenden werden vor allem Filme genannt, die die Schülerinnen und Schüler bereits aus der Arbeit mit dem „Deutschbuch“ und „Deutschbuch“-Materialien kennen können:*

- *Beispiele für Aneignung: „Der blaue Engel“ (Regisseur: Sternberg; literarische Vorlage: „Professor Unrat“ von Heinrich Mann);*
- *Beispiele für Illustration: zahlreiche Verfilmungen von Fontane-Romanen, z. B. auch die „Effi-Briest“-Verfilmung durch Gründgens; auch Verfilmungen von Jugendromanen, z. B. „Als Hitler das rosa Kaninchen stahl“ (Regie: Ilse Hoffmann);*
- *Beispiele für interpretierende Transformation: teilweise „Ronja Räubertochter“ (Regie: Tage Danielsson): der Film arbeitet bei der filmischen Umsetzung vor allem mit Analogien; „Emil und die Detektive“ (Regie: Franziska Buch): eine sehr freie Form der Adaption; „Der Schimmelreiter“ (Regie: Alfred Weidemann): zum Teil stark abweichend von der literarischen Vorlage, auch wenn einzelne Dialoge wörtlich übernommen werden; „Crazy“ (Regie: Hans Christian Schmid): zahlreiche strukturelle und konzeptionelle Unterschiede, eigenständige Interpretation; „Effi Briest“ (Regie: Rainer Werner Fassbinder).*

S. 243

Helmut Böttiger

Lernziel nicht erreicht

1 a) *Für Böttiger ist der Film „Homo Faber" gegenüber der Romanvorlage oberflächlich. Er kritisiert vor allem, dass die komplexe Romanhandlung im Film stark auf die Liebesgeschichte zwischen Faber und Sabeth reduziert wird. Nach Böttiger richtet sich der Film nicht an den Intellekt des Rezipienten, sondern an seine Emotionalität. Wesentliche Elemente des Romans tauchen im Film nicht auf (vgl. Z. 49–53), vieles wird im Film für Böttiger zu „diffus" (Z. 55) dargestellt. Ihm gefällt auch die Art der Historisierung im Film nicht, dies wird an Böttigers eher ironischen Beschreibung der Atmosphäre deutlich. Er bezeichnet die Verfilmung als „hollywoodartig" (Z. 60), was sicherlich nicht positiv gemeint ist. Auf der anderen Seite schreibt Böttiger aber auch, dass Schlöndorff „in bewährter Weise das Verfilmbare herausgeholt" hat (Z. 19 f.). Dennoch gipfelt seine Kritik darin, dass man nach dem Ansehen des Films sogar das gesamte Medium Film nicht mehr für wichtig halten könnte (Z. 62–67). Böttiger zufolge ist es nicht gelungen, den Romanstoff mit filmischen Mitteln adäquat umzusetzen.*

b) *Mögliche Ansatzpunkte zu einer eigenständigen Position:*
Böttiger kritisiert, dass viele Themen des Romans „Homo faber" im Film im Ansatz stecken bleiben. Schüler könnten hierbei die Position einnehmen, dass die Andeutung der Themen ausreicht. Böttiger geht offensichtlich davon aus, dass ein Film die literarische Vorlage möglichst analog adaptieren muss. Das kann anders gesehen werden. Der Film könnte stärker als eigenständiges Werk und nicht im Vergleich zum Roman in den Blick genommen werden. Zudem kann Böttigers Kritikpunkt, dass der Film vor allem an die Emotionen appelliert, auch positiv gewertet werden.

c) *Diskutiert werden kann die Widersprüchlichkeit bei Böttiger, der einerseits sagt, Schlöndorff habe „das Verfilmbare herausgeholt", und andererseits die Verfilmung zum Anlass nimmt, das ganze Medium Film zu kritisieren. Es müsste dann gefragt werden, ob sich der Stoff nach Böttiger etwa überhaupt nicht für eine filmische Umsetzung eignet. Die Schülerinnen und Schüler könnten hier auch die Meinung äußern, dass der Film viel mehr als eigenständiges Kunstwerk in den Blick genommen werden muss; sie können sich dabei auch auf ihr Wissen über die verschiedenen Arten von Literaturadaptionen beziehen (vgl. Aufgaben 1 und 2, S. 243 im Schülerband und die entsprechenden Lösungshinweise auf S. 270 in diesem Handbuch).*

2 / 3 *Vorab können die Schülerinnen und Schüler ihr Wissen über Filmrezensionen in Erinnerung rufen:*

Filmrezension

*Eine **Filmrezension** informiert über einen Film, beurteilt und kommentiert ihn aber auch. Dabei können durchaus auch subjektive Einstellungen zum Ausdruck kommen.*

*Die Rezension **informiert** über*
- *Regisseur/in, Drehbuchautor/in, Hauptdarsteller, Länge des Films, Erscheinungsjahr des Films;*
- *den Inhalt, Thema und Motive.*

*Die Rezension **beschreibt und bewertet***
- *die Spielweise der Schauspieler;*
- *die Umsetzung und Gestaltung eines Themas bzw. eines Problems;*
- *besondere filmische Mittel (Einstellungen, Perspektiven, Schnitte, Montage), ihre Funktion und Wirkung;*
- *Auffälligkeiten im Zusammenwirken von Bild und Ton.*

Lernerfolgskontrolle/ Thema für eine Klassenarbeit

Einen literarischen Text analysieren und interpretieren

Max Frisch

Homo faber

Was ist denn meine Schuld? Ich habe sie auf dem Schiff getroffen, als man auf die Tischkarten wartete, ein Mädchen mit baumelndem Roßschwanz vor mir. Sie war mir aufgefallen. Ich habe sie angesprochen, wie sich Leute auf einem solchen Schiff eben ansprechen; ich habe dem Mädchen nicht nachgestellt. Ich habe dem Mädchen nichts vorgemacht, im Gegenteil, ich habe offener mit ihr gesprochen, als es sonst meine Art ist, beispielsweise über mein Junggesellentum. Ich habe einen Heiratsantrag gemacht, ohne verliebt zu sein, und wir haben sofort gewußt, daß es Unsinn ist, und wir haben Abschied genommen. Warum habe ich sie in Paris gesucht! Wir sind zusammen in die Opera gegangen, und nachher nahmen wir noch ein Eis, dann fuhr ich sie, ohne sie länger aufzuhalten, zu ihrem billigen Hotel bei Saint Germain, ich habe ihr angeboten, ihre Autostop-Fahrt mit mir zu machen, da ich den Citroen von Williams hatte, und in Avignon, wo wir zum ersten Mal übernachteten, wohnten wir selbstverständlich (alles andere hätte auf eine Absicht schließen lassen, die ich gar nicht hatte) im gleichen Hotel, aber nicht einmal auf der gleichen Etage; ich dachte nicht einen Augenblick daran, daß es dazu kommen würde. Ich erinnere mich genau. Es war die Nacht (13. V.) mit der Mondfinsternis, die uns überraschte; ich hatte keine Zeitung gelesen, und wir waren nicht darauf gefaßt. Ich sagte: Was ist denn mit dem Mond los? Wir hatten im Freien gesessen, und es war ungefähr zehn Uhr, Zeit zum Aufbrechen, da wir in der Morgenfrühe weiterfahren wollten. Die bloße Tatsache, daß drei Himmelskörper, Sonne und Erde und Mond, gelegentlich in einer Geraden liegen, was notwendigerweise eine Verdunkelung des Mondes verursacht, brachte mich aus der Ruhe, als wisse ich nicht ziemlich genau, was es mit einer Mondfinsternis auf sich hat – ich zahlte, als ich den runden Erdschatten auf dem Vollmond bemerkte, sofort unseren Kaffee, und wir gingen Arm in Arm hinauf zur Terrasse über der Rhone, um eine volle Stunde lang, nach wie vor Arm in Arm, in der Nacht zu stehen und die verständliche Erscheinung zu verfolgen. Ich erklärte dem Mädchen noch, wieso der Mond, vom Erdschatten gänzlich überdeckt, trotzdem so viel Licht hat, daß wir ihn deutlich sehen konnten, im Gegensatz zum Neumond, deutlicher sogar als sonst: nicht als leuchtende Scheibe wie sonst, sondern deutlich als Kugel, als Ball, als Körper, als Gestirn, als eine ungeheure Masse im leeren All, orange. Ich erinnere mich nicht, was ich alles redete in jener Stunde. Das Mädchen fand damals (daran erinnere ich mich) zum ersten Mal, daß ich uns beide ernst nehme, und küßte mich wie nie vorher. Dabei war es, als bloßer Anblick, eher beklemmend, eine immerhin ungeheure Masse, die da im Raum schwebt, beziehungsweise saust, was die sachlich gerechtfertigte Vorstellung nahelegte, daß wir, die Erde, ebenso im Finstern schweben, beziehungsweise sausen. Ich redete vom Tod und Leben, glaube ich, ganz allgemein, und wir waren beide aufgeregt, da wir noch nie eine dermaßen klare Mondfinsternis gesehen hatten, auch ich nicht, und zum ersten Mal hatte ich den verwirrenden Eindruck, daß das Mädchen, das ich bisher für ein Kind hielt, in mich verliebt war. Jedenfalls war es das Mädchen, das in jener Nacht, nachdem wir bis zum Schlottern draußen gestanden hatten, in mein Zimmer kam –

R

(Aus: Max Frisch: Homo faber. Text und Kommentar. Suhrkamp BasisBibliothek, Suhrkamp Verlag, Frankfurt/M. 1997)

Analysiere und interpretiere den Auszug aus dem Roman „Homo faber" von Max Frisch. Beziehe dabei folgende Teilaufgaben ein:

1 *Ordne den Romanauszug in den Textzusammenhang ein.*

2 *Beschreibe und deute Fabers Überlegungen und Erinnerungen, insbesondere seine Reaktionen auf die Mondfinsternis.*

3 *Erläutere, inwiefern sich Fabers Einstellung gegenüber Erlebnissen und seine Gefühle im Vergleich mit anderen Textstellen verändert haben.*

Erwartungshorizont

1 *In Paris besucht Faber mehrfach den Louvre, um dort vielleicht Sabeth wiederzusehen. Als er sie tatsächlich getroffen hat, fasst er den Entschluss, Sabeth auf ihrer Europareise zu begleiten. Er fährt mit Sabeth durch Frankreich und Italien nach Griechenland. Die Episode, auf die sich der Romanauszug bezieht, liegt chronologisch gesehen am Anfang der Reise. Von Faber wird aber auch die Reise nicht durchgehend chronologisch erzählt. Der Romanauszug findet sich zwischen einer Textstelle, an der Faber vom Aufenthalt in Rom berichtet, und einer Textstelle, an der Faber vom Wiedersehen mit Hanna erzählt (also bereits nach Sabeths Unfall). In Rom mehren sich für Faber die Hinweise darauf, dass Sabeth seine Tochter sein könnte (Hinweis auf Joachin, Wahrscheinlichkeitsrechnungen von Faber).*

2 *Zu Beginn des Romanauszugs versucht Faber, sich zu rechtfertigen. Er möchte jegliche „Schuld" von sich weisen. Nur aus dem Kontext der vorausgegangenen Romanhandlung wird deutlich, worauf sich Fabers „Schuld" beziehen kann, nämlich darauf, dass er mit seiner eigenen Tochter ein Verhältnis begonnen hat, bzw. darauf, dass er alle Hinweise darauf verdrängt hat, dass Sabeth seine Tochter sein könnte. Wie üblich versucht Faber, die Kontrolle über seine Gefühle zu behalten, und möchte für alles eine Erklärung abgeben. Er stellt die Ereignisse nochmals scheinbar objektiv zusammen und negiert jegliche Gefühle: Er habe Sabeth angesprochen „wie sich Leute auf einem solchen Schiff eben ansprechen" (Z. 5 f.); er habe Sabeth nicht „nachgestellt"; er habe ihr nichts vorgemacht; er habe „einen Heiratsantrag gemacht, ohne verliebt zu sein" (Z. 11 f.); sie hätten gewusst, „daß es Unsinn ist" (Z. 12). Zunehmend wird Fabers Darstellung jedoch unglaubwürdiger, da er auch keine plausiblen Begründungen für seine Handlungen mehr liefert. Auf die Frage: „Warum habe ich sie in Paris gesucht!" (Z. 14 f.) – interessanterweise als Aussage oder Ausruf mit Ausrufezeichen formuliert –, liefert er keine Antwort. Es liegt Faber viel daran zu vermitteln, dass er keinerlei Absichten gehabt habe, eine Beziehung zu Sabeth zu beginnen. Einen Einschnitt bildet der Satz „Ich erinnere mich genau" (Z. 28). Ab dieser Textstelle verändert sich Fabers Darstellungsweise: Er gibt Einblicke in seine Gefühle. Die Wortwahl verweist darauf, wie überwältigt er sogar noch in der Erinnerung ist („Mondfinsternis, die uns überraschte [...]", Z. 29 f.; „wir waren darauf nicht gefaßt", Z. 31; „brachte mich aus der Ruhe", Z. 39 f.; „wir waren beide aufgeregt", Z. 67 f.; „hatte ich den verwirrenden Eindruck", Z. 70 f.). Entsprechend seiner Rolle als Techniker beschreibt Faber hier – wie an vielen anderen Textstellen – auch die physikalischen Ursachen eines Naturereignisses (Z. 35–39, Z. 48 ff.), aber er lässt sich auf das Erlebnis ein, gibt sich seinen Eindrücken hin, er sucht nach passenden Worten („nicht als leuchtende Scheibe wie sonst, sondern deutlich als Kugel, als Ball, als Körper, als Gestirn, als eine ungeheure Masse im leeren All, orange", Z. 53–56). Ein erklärbares Naturereignis wird für ihn zum Erlebnis: „Dabei war es, als bloßer Anblick, eher beklemmend [...]" (Z. 60 ff.). Faber erweckt den Eindruck, als habe das überwältigende Naturereignis dazu geführt, dass Sabeth und er in dieser Vollmondnacht miteinander schliefen. Nochmals weist er alle Schuld von sich, indem er die Initiative Sabeth zuschreibt (Z. 73–76). Er versucht somit immer noch, die Wahrheit zu verdrängen.*

3 *Faber spricht hier über seine Empfindungen; für ihn ist die Mondfinsternis ein Erlebnis. Bei der Notlandung in der Wüste hatte er noch sein Unverständnis darüber geäußert, was andere Menschen mit „Erlebnissen" verbinden. Sabeth gegenüber hatte er erklärt, welche Vorteile ein Roboter gegenüber dem Menschen habe: Einer der großen Vorteile des Roboters sei dessen Unfähigkeit, etwas zu „erleben". Bei der Beschreibung der Nacht in Avignon zeigt sich, dass Faber nun offenbar in der Lage ist, sich einmal seinen Gefühlen hinzugeben.*

Literaturhinweise

Zu „Homo faber" und der Verfilmung

Deutsch betrifft uns: Homo faber von Max Frisch. Aus der Werkstatt eines Dichters. Bergmoser und Höller, Aachen 1993

Flad, Helmut: Homo faber. Unterrichtsvorschläge und Kopiervorlagen. Cornelsen, Berlin 2001

Frisch, Max: Homo faber. Text und Kommentar. Frankfurt/M. 1998 (Suhrkamp BasisBibliothek)

Junge, Gerhard: Homo faber – oder: Ein Mann wird geknackt. In: Diskussion Deutsch 83/1985

Meurer, Reinhard: Max Frisch, Homo faber. Oldenbourg, München 1988

Müller-Salget, Klaus: Max Frisch, Homo faber. Erläuterungen und Dokumente. Reclam, Stuttgart 1992

Schmitz, Walter (Hg.): Max Frisch. Homo faber. Materialien. Suhrkamp, Frankfurt/M. 1983

Viehoff, Reinhold: Max Frisch für die Schule. In: Der Deutschunterricht 36/1984

Volk, Stefan: Filmanalyse im Unterricht. Zur Theorie und Praxis von Literaturverfilmungen. Bildungshaus Schulbuchverlag, Braunschweig u. a. 2004 (S. 217–246 zu „Homo Faber")

Zu Filmanalyse im Unterricht/Literaturverfilmungen

Beicken, Peter: Wie interpretiert man einen Film? Reclam, Stuttgart 2005

Bohnenkamp, Anne (Hg.): Literaturverfilmungen. Reclam, Stuttgart 2005

Filmdidaktik. Der Deutschunterricht. Heft 3, Friedrich, Velber 2008

Faulstich, Werner: Grundkurs Filmanalyse. Fink, München 2002

Hickethier, Knut: Film- und Fernsehanalyse. Metzler, Stuttgart/Weimar ^{4}2007

Hildebrand, Jens: Film: Ratgeber für Lehrer. Aulis Verlag, Köln 2001

Kamp, Werner/Rüsel, Manfred: Vom Umgang mit Film. Volk und Wissen, Berlin 1998

Kötter, Engelbert/Wagener, Andrea: Literaturverfilmung: Adaption oder Kreation? Cornelsen, Berlin 2001

Monaco, James: Film verstehen. Rowohlt, Reinbek bei Hamburg, ^{10}2000

Schnell, Ralf: Medienästhetik. Metzler, Stuttgart/Weimar 2000

Steinmetz, Rüdiger (u. a.): Grundlagen der Filmästhetik. Filme sehen lernen 1. (DVD). Zweitausendeins, Frankfurt/M. 2005

Steinmetz, Rüdiger (u. a.): Licht, Farbe, Sound. Filme sehen lernen 2. (DVD). Zweitausendeins, Frankfurt/M. 2008

Internetadresse

www.lehrer-online.de/homo-faber.php

12 Das Ich als Rätsel – Gedichte verschiedener Epochen untersuchen

Konzeption des Gesamtkapitels

Lyrik gilt als diejenige literarische Gattung, in der unverstellt persönliche Gefühle und Beobachtungen ausgesprochen werden können. Einen Schwerpunkt des Kapitels bilden moderne Gedichte, in denen das „Ich" und dessen Suche nach Identität im Vordergrund stehen. Die subjektiven Erfahrungen, Stimmungen, Hoffnungen und Ansichten über das Leben, die das lyrische Ich äußert, können vom Leser auf die eigene Lebenswirklichkeit bezogen werden.
Das erste Teilkapitel („**Identität – Spiegelungen und Brechungen als lyrisches Motiv**") bietet eine Anzahl moderner Gedichte, in denen das Ich eine zentrale Rolle spielt. In den Gedichten der Neuen Subjektivität seit Ende der 1960er Jahre begegnet uns eine Alltagslyrik, in der Innerlichkeit und Selbsterfahrung des lyrischen Ichs im Mittelpunkt stehen. Auch die lyrischen Texte am Ausgang des 20. und zu Beginn des 21. Jahrhunderts, die insgesamt in Thematik und Form ein uneinheitliches Bild zeigen, machen häufig das eigene Ich zum Gegenstand der Betrachtung. Dabei sind „die Variationsmöglichkeiten in der auf Alltags- und Lebenswelt eingestimmten Lyrik [...] verblüffend hoch" (Hermann Korte, S. 282). Bei grundlegender Skepsis gegenüber allzu gewagten sprachexperimentellen Versuchen ist eine „Vorliebe für die bewegliche, in den 90er Jahren fast durchweg wieder ungereimte Lyrik mit unregelmäßigen Metren" (ebd.) zu beobachten. Im ersten Teilkapitel werden die modernen Texte mit Gedichten aus anderen literarischen Epochen (u. a. Sturm und Drang, Symbolismus) kontrastiert, wobei die analytischen und produktionsorientierten Aufgabenstellungen dazu anregen, vielfältige Beziehungen (Spiegelungen und Brechungen) herzustellen. Grundlegende Merkmale lyrischen Sprechens werden wiederholt, vertieft und auf ihre Funktionalität hin befragt.
Damit bereitet das erste das zweite Teilkapitel vor („**Reisen zum Ich – Eine Gedichtanalyse schreiben**"), in dem am Beispiel des Gedichts „Reisen" von Gottfried Benn die einzelnen Schritte einer Gedichtinterpretation zusammengeführt und systematisch abgehandelt werden. Texte von Schülerinnen und Schülern dienen dabei als Beispielmaterial. Im Hinblick auf die starke Bewertung der Darstellungsleistung in zentralen Abschlussprüfungen wird der Textüberarbeitung besonderes Gewicht beigemessen.
Im dritten Teilkapitel („**Spiegelungen und Brechungen – Einen Poetry-Slam veranstalten**") stehen die Aspekte „Schreiben" und „Vortragen" im Vordergrund. Inhaltlich ergibt sich durch das vorgegebene Thema eine Verklammerung mit den beiden vorangegangenen Teilkapiteln. Methodische Zugriffe, die die Schülerinnen und Schüler in diesem Kapitel, aber auch in vorangegangenen Jahrgangsstufen erprobt haben, werden nun wieder aufgegriffen (Parallelgedicht, Antwortgedicht etc.) und um neue kreative Schreibaufträge ergänzt.

Weiteres Übungsmaterial zu diesem Kapitel

Übungsmaterial im **„Deutschbuch Arbeitsheft 10"**
– Gedichte analysieren und interpretieren: S. 77–81

Weitere Übungsmaterialien und Klassenarbeitsvorschläge unter **www.cornelsen.de/deutschbuch-gymnasium**

	Inhalte	Kompetenzen
S. 245	**12.1 Identität – Spiegelungen und Brechungen als lyrisches Motiv** Songs von Gloria Gaynor, Madonna, Rosenstolz	**Die Schülerinnen und Schüler können** – die unterschiedlichen Aussagen des lyrischen Ichs über seine Befindlichkeit beschreiben; – lyrische Formmerkmale von Songs (Metrum, Reim etc.) benennen;
S. 246	**Das lyrische Ich – Der Sprecher im Gedicht** Gedichte von N. Hummelt, S. Kirsch, M. Beyer, J. W. Goethe, J. M. R. Lenz, U. Hahn	– Bild (Picasso) und Text begründet zuordnen; – Gedichte verschiedener Epochen im Hinblick auf die Selbstaussagen des lyrischen Ichs vergleichen; – signifikante lyrische Form- und Sprachmerkmale in ihrer Funktion und Wirksamkeit beschreiben; – die Gefühlswelt des lyrischen Ichs durch produktionsorientierte Verfahren charakterisieren;
S. 250	**Spiegelungen – Das Motiv der Selbstbetrachtung** Gedichte von A. von Droste-Hülshoff, R. D. Brinkmann	– die Bedeutung des Spiegelmotivs erläutern; – Bezüge zwischen Form und Inhalt der beiden Gedichte herstellen; – die Stimmung des lyrischen Ichs beschreiben;
S. 252	**„... von bitteren Salzen schwer" – Metaphern analysieren** Gedichte von Charles Baudelaire, Detlev von Liliencron, Caroline Hartge	– erläutern, wie durch das Bildfeld „Meer" Mensch und Natur in Beziehung gesetzt werden; – Metaphorik als besonderes Charakteristikum vieler Gedichte herausstellen und dabei verschiedene Ebenen der Bildlichkeit unterscheiden; – die Wirksamkeit von Chiffren produktionsorientiert umsetzen;
S. 254	**Die Versstruktur untersuchen** Gedichte von Barbara Köhler, Rolf Dieter Brinkmann	– Ellipsen und Enjambements erkennen und benennen; – die Disparität von Vers- und Satzstrukturen beschreiben und in ihrer Wirkungsweise erläutern;
S. 255	**„Bleiben will ich, wo ich nie gewesen bin" – Neue Subjektivität** Gedichte von T. Brasch, K. Kiwus	– die Gedichte als Texte der Neuen Subjektivität ausweisen; – diese Zuordnung durch Form- und Sprachanalyse der Gedichte belegen.
S. 257	**12.2 Reisen zum Ich – Eine Gedichtanalyse schreiben** Texte und Gedichte von Bertolt Brecht, Iris Radisch und Gottfried Benn	**Die Schülerinnen und Schüler können** – die konträren Hauptaussagen zweier Texte zur Gedichtanalyse wiedergeben; – einzelne Schritte zur Erarbeitung einer Gedichtinterpretation anwenden; – eine Gedichtinterpretation verfassen und gezielt überarbeiten.
S. 262	**12.3 Spiegelungen und Brechungen – Einen Poetry-Slam veranstalten**	**Die Schülerinnen und Schüler können** – kreative Schreibweisen beim Verfassen von Gedichten anwenden; – einen Poetry-Slam vorbereiten und durchführen.

12.1 Identität – Spiegelungen und Brechungen als lyrisches Motiv

S. 245

Songtexte von Gloria Gaynor, Madonna, Rosenstolz

1 *Gloria Gaynor (eigentlich Gloria Fowles, * 7.9.1949 in Newark, New Jersey) wurde in den 1970er Jahren als Disco-Sängerin berühmt. Ihr Song „I am what I am" aus dem Jahr 1984 aus dem Album „I am Gloria Gaynor" wurde vor allem von Jugendlichen in aller Welt als Ausdruck von deren Selbstverständnis gefeiert.*
Übersetzung: Ich bin, was ich bin./Ich bin meine eigene spezielle Kreation./Komm also und schau./Gib mir einen Fußtritt oder Beifall./Es ist meine Welt,/dass ich ein wenig stolz sein will/auf meine Welt/. Und es gibt keinen Ort, wo ich mich verstecken muss./Das Leben ist überhaupt nichts wert,/bis du sagen kannst,/ich bin, was ich bin.

Ganz anders ist die Stimmung in dem Madonna-Song, in dem die Sprecherin/der Sprecher sich ihrer/seiner Identität erst durch die Beziehung zu dem angesprochenen Du sicher weiß. Die beiden letzten Verse stellen aber auch eine derartige Beziehung in Frage, sodass der Song eher eine pessimistische Grundstimmung aufweist.
Übersetzung: Ich bin nicht ich, wenn du leise gehst./Ich bin nicht ich allein in der Nacht./ Ich bin nicht ich, weiß nicht, wen ich rufen soll./Ich bin überhaupt nicht ich.

In dem Song „Ich bin ich" der Berliner Band Rosenstolz (Sängerin AnNa R., eigentlich: Andrea Natalie Rosenbaum, und Keyboardspieler, Sänger und Songschreiber Peter Plate) weicht der Zweifel an der eigenen Identität dem trotzigen Bekenntnis: „Das allein ist meine Schuld."

2 *Was die Songs zu lyrischen Texten macht – z. B. „Ich bin ich" von Rosenstolz: Strophik, Metrum, Reim, Refrain, rhetorische Mittel: Personifikation, Anapher, Parallelismus etc.*

S. 246

Das lyrische Ich – Der Sprecher im Gedicht

S. 246

Gedichte von Norbert Hummelt, Sarah Kirsch, Marcel Beyer und ein Bild von Pablo Picasso

1 *a/b) Picassos in Paris entstandenes Selbstporträt steht am Anfang der kubistischen Phase des Malers zwischen 1907 und 1917. Während im „Selbstbildnis mit Palette" einige Monate zuvor noch kaum Andeutungen auf den Kubismus zu finden sind, lässt sich in dem Bild von 1907 bereits die für diese Stilrichtung charakteristische Aufteilung der Fläche in eckige, kantige Facetten beobachten. Breite, gradlinige Pinselstriche und die schwarze Umrandung einzelner Flächen markieren im Zusammenhang mit der kontrastiven Farbgebung die eher verschlossenen, beinahe maskenhaften Gesichtszüge eines noch jungen Mannes, dessen weit geöffnete Augen wie ins Leere blicken. Alter und Ausdruck des im Bild dargestellten Mannes passen am besten zu dem Sprecher im Gedicht „Stiche" von Marcel*

Beyer. Das lyrische Ich erwähnt sein „übliches Hotelgesicht" (V. 8), das keinen Aufschluss über die wahre Identität des Mannes gibt und ebenfalls nur eine Maske darstellt, hinter der sich die Individualität des Hotelgastes verbirgt.

2 a) *In allen drei Gedichten – „strandschrift" von Norbert Hummelt, „Trennung" von Sarah Kirsch und „Stiche" von Marcel Beyer – gibt sich das lyrische Ich durch die Verwendung des Personalpronomens „ich" zu erkennen. In den Gedichten von Hummelt und Beyer erscheint das Personalpronomen auch noch im Dativ („mir"), wodurch sich besonders in dem Gedicht von Hummelt der Sprecher in Beziehung zu seiner Umwelt setzt. Bei Hummelt und Beyer verweist darüber hinaus das Possessivpronomen der 1. Person „mein", „meinem" auf das lyrische Ich, das sich gleichsam distanziert gegenübersteht und kritisch betrachtet.*

b) *In den Gedichten von Hummelt und Beyer werden immer wieder die gängigen Satzstrukturen durch die Verssetzung bewusst und gewollt durchbrochen, wodurch einzelne sinntragende Wörter besonders betont werden, z. B. bei Hummelt: „hier", „seine spuren", „bootswand", „nicht", „begreife" etc.; bei Beyer: „Hang", „nur", „mein übliches Hotelgesicht", „Stoppeln" etc. In Sarah Kirschs Gedicht fällt die elliptische Aussage des dritten Verses auf, vor allem aber der Abbruch des letzten Verses, der das Verstummen des lyrischen Ichs sinnfällig macht und die Leserin/den Leser auffordert, den Gedanken weiterzuspinnen.*

3 *Vorstellungen von den Ich-Sprechern/Ich-Sprecherinnen in den drei Gedichten – Vorschlag für ein Tafelbild:*

	Hummelt	Kirsch	Beyer
Alter	gekrümmter Mann, „bemisst mir noch ein Jahr": eher älter	[keine Hinweise]	mittleres Alter
Aussehen	steifer Gang, gekrümmt	[keine Hinweise]	Narbe am Kinn, „Hotelgesicht", Bartstoppeln
Familienstand	[keine Hinweise]	[keine Hinweise]	[keine Hinweise]
Beruf	eher kein Beruf, evtl. Künstler	[keine Hinweise]	vielleicht Vertreter, Geschäftsmann
Charaktereigenschaften	sensibler Beobachter, Angst vor der Endlichkeit	Gefühl des Eingeschlossenseins, Freiheitsbedürfnis	selbstkritisch, kühler und distanzierter Beobachter

5 *Die Gedichte von Hummelt, Kirsch und Beyer zeigen ein lyrisches Ich, das sich selbst und seiner Umwelt distanziert gegenübersteht. Dagegen bieten die Songs in Inhalt und Form, darüber hinaus natürlich durch die eingängige und Gemeinschaft stiftende Melodie, sehr gute Möglichkeiten der Identifikation mit dem lyrischen Ich und seiner Gefühlswelt.*

S. 248

Johann Wolfgang Goethe

Neue Liebe, neues Leben

1 *a/b) Das Gedicht ist im Kontext der Verlobung Goethes mit der Frankfurter Bankierstochter Lili Schönemann (Anfang 1775) zu sehen, einer Verbindung, die zwar von leidenschaftlicher Liebe geprägt, von Beginn an aber auch auf Seiten Goethes mit starken Zweifeln belastet war, ob die gesellschaftlichen Verpflichtungen einer solchen Bindung nicht der eigenen Berufung im Wege stehen. Goethe entzog sich dieser widersprüchlichen Gefühlslage durch eine Reise in die Schweiz. Die Verlobung wurde im Herbst 1775 aufgelöst.*

Goethes Gedicht „Neue Liebe, neues Leben" gibt diese Stimmung wieder. Die erste Strophe zeigt das lyrische Ich in einem Zustand der Ratlosigkeit und Gefühlsaufwallung. Das bisherige Leben ist auf den Kopf gestellt, alles ist verändert. Der letzte Vers der ersten Strophe stellt die Frage nach den Gründen für diesen emotionalen Ausnahmezustand. Die Antwort liefert die zweite Strophe: Das lyrische Ich liebt eine Frau, deren körperliche Reize und charakterliche Vorzüge alle Versuche des lyrischen Ichs, sich aus rationalen Gründen der Geliebten zu entziehen, zunichtemachen. Die dritte Strophe steigert den Eindruck einer letztlich unfreiwilligen Bindung an die Geliebte („wider Willen", V. 20) durch Bilder, die aus dem Bereich der Magie stammen. „Zauberfädchen" (V. 17) und „Zauberkreis" (V. 21) stehen als Chiffren für ein als rätselhaft empfundenes Verfallensein an die Geliebte, aus dem sich das lyrische Ich befreien möchte („Liebe, Liebe, lass mich los!", V. 24), um wieder zu sich selbst zu finden.

2 *Der erste Vers der ersten Strophe nennt den Adressaten, an den sich das lyrische Ich wendet: Es ist das eigene Herz, das im Folgenden mit dem Personalpronomen „du"/„dich" und dem Possessivpronomen „deine" angesprochen wird. Das lyrische Ich weist dem eigenen Herzen die „Schuld" für die alles umkehrende Leidenschaft zu der geliebten Frau zu. Die Eingangsfragen der ersten beiden Strophen sowie die Ausrufesätze, zum Teil verstärkt durch die Interjektion „ach", schieben dem Herzen als Sitz der Gefühle die Verantwortung für die Gefühlsverwirrung des lyrischen Ichs zu.*

3 *Mögliche Lösung: Das Gedicht kann gleichsam als ein Hilferuf des lyrischen Ichs an die als personifizierte Kraft verstandene Liebe aufgefasst werden, es aus seinen widersprüchlichen Gefühlen der Geliebten gegenüber zu befreien. Dabei wendet sich das lyrische Ich fast flehend an sein eigenes Herz, dem es die Verantwortung für die eigene Gefühlsverwirrung zuschiebt.*

S. 249

Jakob Michael Reinhold Lenz

An das Herz

1 *a/b) In Goethes Gedicht ist das Herz Sitz des Gefühls und der Leidenschaft und steht im Widerstreit mit der Vernunft. Das lyrische Ich möchte sich aus diesen Fesseln der Leidenschaft befreien, bekennt sich aber andererseits zu seinen Gefühlen. In Lenz' Gedicht ist das Herz weniger das zentrale Organ für positive Empfindungen und Leidenschaften, sondern Auslöser von Qual und Schmerz. In der dritten Strophe wird das Herz als Ort der Gefühllosigkeit und Kälte besonders negativ konnotiert. Die komische Schlusswendung im letzten Vers der vierten Strophe: „Aber ohne sie wär's Quark!", hebt die eher abwertenden Formulierungen der drei ersten Strophen zumindest vordergründig auf: Ein Leben ohne (Liebes-)Qualen und Schmerzen wäre langweilig und fade.*

2 ***Methodischer Tipp:** Anfertigung des Dialogs in Einzel- oder Partnerarbeit, Verbesserung und Korrektur in Schreibkonferenzen (Gruppenarbeit), Vortrag vor der Klasse mit zwei Sprechern.*

Ulla Hahn

S. 249

Angstlied

1 *Ulla Hahns Gedicht stammt aus dem 1981 veröffentlichten Lyrikband „Herz über Kopf", der mit über 50 000 verkauften Exemplaren zu einem der erfolgreichsten Gedichtbände in Deutschland avancierte, von der Literaturkritik allerdings kontrovers aufgenommen wurde. Dem Lob („frischer Ton", „artistischer Umgang mit der poetischen Tradition") stand der Vorwurf anachronistischer Rückwärtsgewandtheit in der Wiederbelebung traditioneller Gefühlspoesie unter Verwendung einer herkömmlichen Formen- und Bildersprache gegenüber. Zu dem in dem Gedicht zum Ausdruck kommenden Lebensgefühl passen die Begriffe „Einsamkeit" und „Verzweiflung". Die harmonische Form des Gedichts (alternierendes Versmaß, Kreuzreim etc.) unterstützt gerade durch den Kontrast zum Inhalt die Aussage des lyrischen Ichs.*

2 *a) Vergleich des Lebensgefühls in Ulla Hahns Gedicht mit dem in den Gedichten des Sturm und Drang: Die Autoren des Sturm und Drang lehnen nüchterne Rationalität ab. Herz und Gefühl, Individualität und Genie, Originalität und Schöpfertum, Natur und Ursprung zählen mehr als Verstand, Regeln und Konvention. Das Herz als Sitz der Leidenschaften, der Fantasie und Imagination ist das den Menschen bestimmende Element. In Ulla Hahns Gedicht, das der Stilrichtung der Neuen Subjektivität zugerechnet werden kann, herrscht ein resignativer Ton vor, der sich von Strophe zu Strophe in Form einer Klimax („kein Haus", „kein Mann", „kein Herz") steigert: Einsamkeit und das Gefühl der Verlorenheit münden in die Vorstellung von Leblosigkeit und Erstarrung. Der Verstoß gegen die grammatische Regel im ersten Vers der zweiten Strophe zugunsten der Gleichförmigkeit im Sinne des Parallelismus hebt diesen Vers und damit verbunden die Einsamkeit des lyrischen Ichs hervor.*

b) Vorschlag für ein Tafelbild:

	Goethe: „Neue Liebe, neues Leben"	**Lenz: „An dasHerz"**	**Hahn: „Angstlied"**
Syntax	Fragesätze, Ausrufesätze	Ausrufesätze	Aussagesätze, Ellipsen
Semantik	ausdrucksstarke Verben: „bedrängen", „betrüben", „fesseln", „zerreißen" etc.	ausdrucksstarke Verben: „quälen", „schmelzen", „hassen", „zittern" etc.	dreimaliges lakonisches „haben"; Betonung sinntragender Nomen: „Haus", „Wind", „Mann", „Himmel", „Herz", „Not"
bildhafte Sprache	Personifikation Herz/Liebe; Bildfeld Magie („Zauberfädchen", „Zauberkreis")	Personifikation Herz	Bildfeld Tod/Erstarrung: „kein Herz", „tot", „verschneit", „Not"
Reimform	ababccdd (Kreuzreim, Paarreim)	1. Strophe: umschließender Reim (abba), sonst Kreuzreim, Vers 1 + 4 unreiner Reim	Reim: jeweils 2. und 4. Vers, z.T. Assonanz („bang" – „an")
Lebensgefühl	Leidenschaft, Gefühl	Leidenschaft, Gefühl	Resignation, Verzweiflung, Einsamkeit

S. 250

Spiegelungen – Das Motiv der Selbstbetrachtung

1 *a/b) Das Spiegelmotiv hat in der Literatur eine lange Tradition (Motiv des Narziss in der griechischen Sage). Der Blick in den Spiegel lässt die Wahrheit ans Licht kommen, er enthüllt Unbekanntes, Verborgenes und Bedrohliches, er zeigt Seiten der Seele, die dem Betrachter bislang nicht bewusst waren. Dem Spiegelmotiv verwandt ist das Motiv des Doppelgängers, das Annette von Droste-Hülshoff z. B. in ihrer Ballade „Das Fräulein von Rodenschild" aufgreift.*

Methodischer Tipp: *Die Aufgabe, zu dem eigenen Spiegelbild zu assoziieren, wird als vorbereitende Hausaufgabe gestellt; das Vorlesen der Beiträge erfolgt nur auf freiwilliger Basis. Die Schülerinnen und Schüler können ihre Beiträge auch zu Hause auf einen Tonträger sprechen, wodurch die Spontaneität der Eindrücke noch besser eingefangen werden kann.*

S. 250

Annette von Droste-Hülshoff

Das Spiegelbild

S. 251

Rolf Dieter Brinkmann

Selbstbildnis im Supermarkt

Das Gedicht von Annette von Droste-Hülshoff ist nach der zweiten Strophe gekürzt. Die fehlenden Strophen lauten:

Zu deiner Stirne Herrscherthron,
Wo die Gedanken leisten Fron
Wie Knechte, würd ich schüchtern blicken;
Doch von des Auges kaltem Glast,
Voll toten Lichts, gebrochen fast,
Gespenstig, würd, ein scheuer Gast,
Weit, weit ich meinen Schemel rücken.

Und was den Mund umspielt so lind,
So weich und hülflos wie ein Kind,
Das möcht in treue Hut ich bergen;
Und wieder, wenn es höhnend spielt,
Wie von gespanntem Bogen zielt,
Wenn leis es durch die Züge wühlt,
Dann möchte ich fliehen wie vor Schergen.

Es ist gewiss, du bist nicht Ich,
Ein fremdes Dasein, dem ich mich
Wie Moses nahe, unbeschuhet,
Voll Kräfte, die mir nicht bewusst,
Voll fremden Leides, fremder Lust;
Gnade mir Gott, wenn in der Brust
Mir schlummernd deine Seele ruhet.

(Aus: Annette von Droste-Hülshoff: Das Spiegelbild.
In: Sämtliche Werke. Hanser, München 1952, S. 164 f.)

2 a) *Im Gedicht von Annette von Droste-Hülshoff weist das lyrische Ich zunächst sein Spiegelbild als nicht ihm zugehörig zurück („nicht meinesgleichen", V. 7). Die dunklen Seiten der Seele („zwei Seelen", V. 5), die das lyrische Ich im Spiegelbild – allerdings noch verschwommen („deiner Augen Nebelball", V. 2) – wahrnimmt, lösen Furcht und Ablehnung aus, sie werden als nicht real zurückgewiesen („Phantom", V. 7). Die zweite Strophe erklärt das Spiegelbild als mögliches Traumbild („entschlüpft der Träume Hut", V. 8), wodurch bereits angedeutet ist, dass dem Spiegelbild insofern eine gewisse Realität zukommt, als der Traum die Wirklichkeit verarbeitet und chiffriert widerspiegelt. Im letzten Vers lässt das lyrische Ich denn auch offen, wie es sich zu den ihm bislang verborgenen Seiten seines Wesens stellen wird („Würd' ich dich lieben oder hassen?", V. 14), wenn auch offensichtlich Angst- und Ablehnungsgefühle immer noch überwiegen („zu eisen mir das warme Blut", V. 9). Erst in der letzten Strophe bekennt sich das lyrische Ich zu allen Seiten seiner ihm im Spiegelbild bewusst gewordenen Identität („Mich dünkt – ich würde um dich weinen!", V. 21).*
Im Gedicht Brinkmanns erkennt das lyrische Ich in seinem Spiegelbild sofort sein wahres Ich („wie ich bin", V. 5, „aber der Schlag trifft mich", V. 8). Der Blick auf die eigene Identität ist voller Skepsis, Kritik und Selbstironie („Dort holt mich so später dann/ sicher jemand/ ab", V. 13–15). Die Trostlosigkeit und Ausweglosigkeit der eigenen, als jämmerlich empfundenen Existenz wird sinnfällig in der „kahlen/ Wand" (V. 10 f.), die eine positive Lebensperspektive versperrt.

b) *In Droste-Hülshoffs Gedicht spricht das lyrische Ich sein Spiegelbild als eigene Person an. Die Personifizierungen (z. B. „schaust", V. 1, „entschlüpft", V. 8, „blassen" V. 10, „trätest", V. 13) sollen die Distanz unterstreichen, die das lyrische Ich seinem Spiegelbild entgegenbringt. Die ambivalente Stimmung drückt sich auch in den Antithesen der zweiten Strophe aus („eisen" – „warme", V. 9, „dunkle" – „blassen", V. 10, „dämmerndes Gesicht" – „Doppellicht", V. 11/12). Metaphern (z. B. „Nebelball", V. 2), Vergleiche (z. B. „Kometen gleich", V. 3, „wie Spione", V. 5), Alliterationen („worin wunderlich ... wie", V. 4/5) tragen zu der unheimlichen Stimmung bei.*
In Brinkmanns Gedicht spiegelt sich der kritische Blick des lyrischen Ichs auf sich selbst vor allem in der Verwendung der sprichwörtlichen Redewendung „Mich trifft der Schlag" (ursprüngliche Bedeutung: Mich ereilt ein Schlaganfall, ein Herz- oder Hirnschlag), mit dem der Volksmund in gewollter Banalisierung des eigentlich Entsetzlichen auf unangenehme Überraschungen hinweisen will. Die Begegnung mit dem Spiegelbild wirkt wie ein Faustschlag ins Gesicht. Metaphorisch gedeutet werden kann der Ausdruck „kahle Wand" (s.o.).

3 a) *Im Gedicht Droste-Hülshoffs fühlt sich das lyrische Ich von seinem Spiegelbild betrachtet und blickt zurück in dessen Augen, die ihrerseits als Spiegel der Seele aufgefasst werden können. Der teure Kristallspiegel mag ein Hinweis darauf sein, dass die Droste die Szenerie ihrer adeligen Umwelt als Raum dieser Begegnung wählt. Interessant ist auch, dass das Gedicht in einer ersten Fassung den Titel „Mein Spiegelbild" trägt, somit autobiografische Bezüge nahelegt, wobei sich natürlich eine kurzschlüssige Gleichsetzung von Autorin und lyrischem Ich verbietet.*
Schauplatz der Begegnung des lyrischen Ichs mit seinem Spiegelbild in Brinkmanns Gedicht ist der öffentliche Raum vor einem Supermarkt, wobei eine Fensterscheibe die Funktion des Spiegels übernimmt. Es handelt sich also um eine alltägliche, zufällige Situation (Alltagsgedichte der Neuen Subjektivität), welche die Selbstreflexion des lyrischen Ichs auslöst.

b) *Bei Brinkmann ist die Durchbrechung der normalen Satzstrukturen durch die eigenwillige Versetzung typisch für die Lyrik der Neuen Subjektivität. Sinntragende Wörter werden auf diese Weise hervorgehoben, neue Gedankenassoziationen werden hervorgerufen, z. B. durch die Trennung des Wortes „Supermarkt" (V. 3/4), die Endstellung des Wortes „mich" (V. 8), die Einzelstellung der Wörter „weiß" (V. 12) und „ab" (V. 15) → lakonische Ausdrucksweise.*
Im Gedicht Droste-Hülshoffs ist vor allem die Reimform (Schweifreim: aabcccb) auffällig, die formal

daraufhinweist, dass die inhaltlichen Gegensätze (lyrisches Ich – Spiegelbild, gute und böse Seiten der Seele) schließlich zusammengeführt werden, indem das lyrische Ich seine Identität mit all ihren Facetten annimmt.

c) *In beiden Gedichten kommt das Verhältnis des lyrichen Ichs zu seinem Spiegelbild in den verwendeten Pronomen zum Ausdruck.*
Im Gedicht Droste-Hülshoffs wird das zuerst als fremd empfundene Spiegelbild vom lyrischen Ich (Personalpronomina: „ich", „mir", „mich") gleichsam als eine andere Person mit den Personal- und Possessivpronomen der 2. Person angesprochen: „du", „dich", „deiner", „deinen". Im letzten Vers der letzten Strophe erscheinen die Pronomina „mich" und „dich" in einem Vers: eine sinnfällige Aufhebung des vorangegangenen Antagonismus.
Im Gedicht Brinkmanns spricht das lyrische Ich nur von sich selbst: Personalpronomen „ich", „mich", „mir". Es gibt keine Differenz zwischen Spiegelbild und lyrischem Ich.

S. 252

„... von bitteren Salzen schwer" – Metaphern analysieren

S. 252

Charles Baudelaire

Der Mensch und das Meer

S. 252

Detlev von Liliencron

In einer großen Stadt

1 *Wahrnehmungen und Erkenntnisse des lyrischen Ichs in Baudelaires Gedicht:*
- *1. Strophe: Das lyrische Ich erkennt in einem freien Individuum einen Menschen, der mit der Urgewalt des Meeres vergleichbar ist. Die Unergründlichkeit und Rätselhaftigkeit der menschlichen Seele entsprechen dem Abgrund des Wellentals.*
- *2. Strophe: Der Mensch ist allzu gerne bereit, sich von dem äußeren Schein blenden zu lassen und die Tiefen und Rätsel der Seele zu missachten.*
- *3. Strophe: Meer und Mensch gleichen sich darin, dass viele ihrer Schätze verborgen bleiben.*
- *4. Strophe: Doch trotz aller Wesensähnlichkeit stehen Mensch und Meer wie Ringer in einem ewigen Kampf.*

2 *a/b) Vorschlag für ein Tafelbild:*

Baudelaire: „Der Mensch und das Meer" – Das entfaltete Bildfeld „Meer"			
Metaphorische Wendung	**Bildspender**	**Bildempfänger**	**Vorstellungen bei der Leserin/ beim Leser**
Schlund (V. 4)	Lebewesen	Meer	tiefe, trichterförmige Öffnung der Wellentäler: Sie ist so unergründlich wie Seele und Geist des Menschen.
von bitteren Salzen (V. 4)	Getränk	Wasser des Meeres	Das Meerwasser schmeckt wie eine bittere Frucht; die Bitternis verweist auf die Heimsuchungen, die das Meer für den Menschen bedeutet.

Baudelaire: „Der Mensch und das Meer" – Das entfaltete Bildfeld „Meer"			
Metaphorische Wendung	**Bildspender**	**Bildempfänger**	**Vorstellungen bei der Leserin/beim Leser**
Stöhnen seiner unbeugsamen wilden Klagen (V. 8)	klagender Mensch	Meer	Wie der wilde, heulende Sturm das Meer aufwühlt, so wird auch die menschliche Seele von Gefühlen und Leidenschaften heftig bewegt.
die Tiefen deiner Schründe (V. 10)	Fels, Gebirge	Mensch/Meer	Tiefe und Schroffheit der Felsspalten im Gebirge stehen für die abgrundtiefe Bodenlosigkeit des Meeres, aber auch von Seele und Geist des Menschen.
kämpfet (V. 13)	Sportler, Kämpfer	Meer/Mensch	Wie zwei Kämpfer stehen sich das Meer und der Mensch in einem ewigen Wettkampf gegenüber: Der Mensch versucht, den Naturgewalten des Meeres zu trotzen. Trotz der gegenseitigen Feindschaft gleichen sie sich in ihrem Vernichtungswillen.
unbändige Brüder (V. 16)	Mensch	Meer/Mensch	Meer und Mensch gleichen sich wie zwei Brüder.

3 *a/b) In Baudelaires Gedicht dient die Meeresmetaphorik dazu, die Unergründlichkeit, die Kraft und Leidenschaft des Menschen, aber auch die dunklen Seiten seines Wesens und seiner Seele zu charakterisieren. Im Gedicht werden Mensch und Meer als Brüder (V. 16) angesprochen, das Meer wird an anderer Stelle (V. 2) als Spiegel bezeichnet, in dem der Mensch sein wahres Wesen erschauen kann. Dass das Meer darüber hinaus über alle Jahrhunderte hinweg für den Menschen eine gefährliche und todbringende Naturgewalt dargestellt hat und darstellt, wird in der letzten Strophe angesprochen, wobei die Metapher „unbändige Brüder" (V. 16) den Antagonismus zwischen und die Verwandtschaft von Mensch und Meer noch einmal in einem zum Ausdruck bringt.*

In Liliencrons Stadtgedicht, das bereits thematisch auf die großen Stadtgedichte des Expressionismus verweist, erweckt die Meeresmetaphorik das Bild eines anonymen, vereinzelten und sinnentleerten Lebens, in dem der einzelne Mensch nur ein unbedeutender Tropfen im großen Strom der Gesellschaft ist. Es kommt zu keiner Nähe zwischen den Menschen, da die Schnelligkeit und Flüchtigkeit des Großstadtlebens, symbolisiert im stetigen Fließen des Wassers, eine intensivere Form der Kontaktaufnahme verhindern. Der Blick ins Auge des Nächsten, der eigentlich einen Blick in sein Innerstes ermöglichen könnte, ist nur flüchtig. In diesem „Meer der Stadt" (V. 9) treibt jeder am Nächsten vorbei und ist selbst ein Getriebener. Die Entfremdung von der Umwelt, die Entfremdung vom Mitmenschen führt zur Entfremdung vom eigenen Ich („Ein Blick auf meinen Sarg, vorüber schon", V. 11). Die Monotonie dieses Lebens, die sich formal in den reimlosen, nur wenig variierten Versen der Strophen spiegelt, gleicht dem Lied des Drehorgelspielers, der in der letzten Verszeile aller drei Strophen genannt wird.

Vorschlag für ein Tafelbild:

Ein Bildfeld in verschiedenen Bedeutungen		
	Bildfeld	Bedeutung
Baudelaire	Meer	Unergründlichkeit, Kraft, Leidenschaft des Menschen, Tiefe und Reichtum der Seele
Liliencron	Meer	Anonymität, Flüchtigkeit, Entfremdung und Sinnlosigkeit des Großstadtlebens

S. 254

Caroline Hartge

Ich bin das selbige haus

1 a) *Chiffren als eine Form des Symbols, als eine Art Geheimzeichen mit verschlüsselter Bedeutung, die nur aus dem Kontext abzuleiten ist, sind in diesem Gedicht z. B.: „das selbige haus" (V. 1), „die flammen die es niederbrennen" (V. 2), „ein stein der in der erde liegt" (V. 7), „die heiserschreie der elster" (V. 8, Neologismus als Chiffre).*

b) *Ein Schülerbeispiel:*

Ich bin die Antwort auf keine Frage
& ich bin
was man nicht aussprechen kann
weil die Worte fehlen

2 *Die Schülerinnen und Schüler werden die Chiffre als geeignetes Mittel bezeichnen, um eine als zunehmend undurchschaubar erlebte Um- und Mitwelt mit Hilfe ebenfalls verschlüsselter Zeichen zu umschreiben. Demgegenüber erscheinen traditionelle Bildfelder eher als verbraucht. Natürlich sollten die Schülerbeiträge nicht im Sinne von „falsch" oder „richtig" bewertet werden.*

S. 254

Die Versstruktur untersuchen

S. 254

Barbara Köhler

In the movies

1 *Der in Prosa umgeschriebene, mit Satzzeichen versehene Text beginnt: Vierundzwanzigmal pro Sekunde laufe ich mir davon. Vierundzwanzigmal pro Sekunde kommt etwas auf mich zu und sagt: „Ich laufe davon, ich bin festgehalten in den Bildern, die laufen." Das ist ein Massaker …*

2 a/b) *In der Verwendung zahlreicher elliptischer Satzstrukturen wird die schnelle Bildfolge des Films formal gespiegelt. Die Enjambements verdeutlichen demgegenüber das kontinuierliche Ablaufen des Films. Durch die Auflösung der Satzstrukturen werden einzelne sinntragende Wörter, z. B. das Personalpronomen „ich", betont.*

S. 255

Rolf Dieter Brinkmann

Einen jener klassischen

1 *Wiedergabe des Inhalts: Das lyrische Ich geht Ende August, als der Sommer bereits an Kraft verliert, durch ein ihm bekanntes Stadtviertel in Köln. Für einen kurzen Moment unterbricht Tangomusik, die aus einem griechischen Lokal dringt, die Hektik und das Einerlei der Straßenszene. Die Besonderheit dieses kurzen Moments hält das lyrische Ich in einem Gedicht fest.*

2 *Der Originaltext lautet:*

Rolf Dieter Brinkmann

Einen jener klassischen

schwarzen Tangos in Köln, Ende des
Monats August, da der Sommer schon

ganz verstaubt ist, kurz nach Laden
Schluss aus der offenen Tür einer

dunklen Wirtschaft, die einem
Griechen gehört, hören, ist beinahe

ein Wunder: für einen Moment eine
Überraschung, für einen Moment

Aufatmen, für einen Moment
eine Pause in dieser Straße,

die niemand liebt und atemlos
macht, beim Hindurchgehen. Ich

schrieb das schnell auf, bevor
der Moment in der verfluchten

dunstigen Abgestorbenheit Kölns
wieder erlosch

*(Aus: Rolf Dieter Brinkmann: Westwärts 1 & 2. Gedichte.
Mit Fotos und Anmerkungen des Autors. Erweiterte Neuausgabe.
© Rowohlt Verlag, Reinbek 2005)*

3 *a/b) Durch die Strukturierung des Textes als Gedicht werden z. B. die Worte „ein Wunder“, „Überraschung“, „Aufatmen“ hervorgehoben, um jene Sekunde herauszustellen, „in der das Ich ganz bei sich ist, in sich ruht, aufatmet, für einen Augenblick herausgehoben, nicht entfremdet in einem hektischen Großstadtalltag: einem Glücksmoment. Das Subjekt ist nicht verdrängt, kann sich behaupten in einer gesteigerten Sensibilität, sprengt das in der Straße ‚eingekapselte Leben‘ auf und ist da. Doch diese Individuation geschieht im Stadium einer besonderen Empfänglichkeit, zufällig ausgelöst durch den Tango, für den das Ich zur Zeit ein Ohr hat und so sein eigenes Gesicht erkennt.“ (Thomas Zenke: Der Augenblick der Sensibilität. In: Gedichte und Interpretationen. Bd. 6: Gegenwart. Hg. von Walter Hinck. Reclam, Stuttgart 1982, S. 392)*

S. 255

„Bleiben will ich, wo ich nie gewesen bin“ – Neue Subjektivität

S. 255

Thomas Brasch

Lied

S. 256

Karin Kiwus

Lösung

1 *Thomas Brasch (19. 2. 1945 – 4. 11. 2001) starb im Alter von nur 56 Jahren an Herzversagen. Der Sohn eines hochrangigen jüdischen SED-Funktionärs, in England geboren, wurde wegen seiner literarischen Veröffentlichungen, seiner Theaterarbeit (unter anderem an der Volksbühne Berlin) und seiner politischen Äußerungen unter Ulbricht inhaftiert und verließ 1976 nach seinem Protest gegen die Ausbürgerung Wolf Biermanns die DDR zusammen mit seiner Freundin Katharina Thalbach. Im Westen nie heimisch geworden, gab er 1983 seine deutsche Staatsbürgerschaft ab und übersiedelte nach England. Als erfolgreicher Dichter und Filmemacher international gefeiert, verstummte Brasch nach der Wende 1989 fast ganz, bevor er 1999 wieder mit einem Prosaband („Mädchenmörder Brunke“) auf sich aufmerksam machte.*
Thomas Braschs Gedicht ist vor diesem biografischen Hintergrund zu sehen. Nüchternheit der Ausdrucksweise, die formale Strenge des Textes und ein eher elegischer Sprachton charakterisieren die Stimmung des lyrischen Ichs: Das lyrische Ich will sich nicht den (gesellschaftlichen) Verhältnissen anpassen, es fühlt sich unbehaust und verloren, Anspruch und Wirklichkeit passen nicht zueinander. Die Zerrissenheit spiegelt sich formal in den antithetischen (die Konjunktion „aber“ als letztes Wort der ersten fünf Verse), inhaltlich paradoxen Aussagen, die Unvereinbares zusammenzwingen wollen. Die beiden letzten Verse, durch Paarreim und Chiasmus miteinander verklammert, ziehen ein bitteres Resümee eines aus den Fugen geratenen Lebensentwurfs.

Karin Kiwus (∗ 9. 11. 1942 in Berlin) arbeitete u. a. als Lektorin, sie leitete die Abteilung Literatur der Berliner Akademie der Künste und war Gastdozentin in den USA. Für ihr lyrisches Werk erhielt sie mehrere Preise. Karin Kiwus lebt heute in Berlin.
Im Gedicht „Lösung“ äußert sich das lyrische Ich resignativ und desillusioniert. Das Paradies des Liebesglücks ist nicht einmal mehr als Traum existent, es ist auf ewig verloren. In den Versen 3 und 5 der ersten Strophe wird das Gegeneinander von „du“ und „ich“ formal in der Endstellung der Personalpronomina gespiegelt. Das Ich fühlt sich auf sich selbst zurückgeworfen: Der erste Vers der zweiten Strophe beginnt mit dem Personalpronomen „ich“, der dritte Vers endet mit dem Personalpronomen „mich“. Das lyrische Ich muss jeder Utopie abschwören und sich in der Wirklichkeit des Alltags einrichten. Der Titel „Lösung“ ist in diesem Zusammenhang als bitterer Euphemismus anzusehen.

2 *a) Besonders hilfreich bei der Textanalyse sind z. B. die Verwendung der Pronomina, Titel, Versstruktur, rhetorische Mittel etc.*

b) Verfahren der vergleichenden Gedichtanalyse:
- *Vorteile: Erkennen von Gemeinsamkeiten und Unterschieden in Form und Inhalt; schärfere Herausarbeitung von Epochenbezügen; Erkennen der unterschiedlichen Bedeutung von Bildfeldern.*
- *Schwierigkeiten: sinnvolle Vergleichspunkte finden; Gefahr des Verwischens von Unterschieden; verengter Blick durch Aspekte aus anderen Texten.*

Zusatzmaterial

Rolf Dieter Brinkmann

Einfaches Bild

Ein Mädchen
in
schwarzen
Strümpfen
schön, wie
sie
herankommt
ohne Laufmaschen.
Ihr Schatten
auf
der Straße
ihr Schatten
an
der Mauer.
Schön, wie
sie
fortgeht
in schwarzen
Strümpfen
ohne
Laufmaschen
bis unter
den Rock.

(Aus: Rolf Dieter Brinkmann: Standphotos. Gedichte 1962–1970.

1 *a) Gebt die Beobachtungen des lyrischen Ichs in den drei Sätzen des Gedichts mit eigenen Worten wieder.*

b) Bezieht den Titel des Gedichts auf diese Beobachtungen.

2 *Geht genauer auf formale und sprachliche Merkmale des Textes ein. Untersucht dazu vor allem:*
- *den Aufbau des Gedichts,*
- *die Satz- und Versstruktur des Textes,*
- *auffällige Sprachmittel (z. B. das Wortspiel „herankommen" – „Laufmasche", Wiederholungen etc.).*

3 *Weist nach, dass Brinkmanns Gedicht den Texten der Neuen Subjektivität zugerechnet werden kann.*

4 *Schreibt unter Beibehaltung der formalen und sprachlichen Besonderheiten einen Paralleltext über eine andere Momentaufnahme.*

12.2 Reisen zum Ich – Eine Gedichtanalyse schreiben

S. 257

Bertolt Brecht

Über das Zerpflücken von Gedichten

S. 257

Iris Radisch

Nie wieder Versfüßchen

Die einleitenden Texte von Bertolt Brecht und Iris Radisch können in ihrer konträren Aussage eine Reflexion über die Sinnhaftigkeit einer Gedichtanalyse initiieren.

1 / **2** *Die tabellarische Gegenüberstellung der Hauptaussagen könnte z. B. so aussehen:*

Bertolt Brecht: „Über das Zerpflücken von Gedichten"	Iris Radisch: „Nie wieder Versfüßchen"
Der Laie hat als Liebhaber von Gedichten einen Widerwillen gegen das Analysieren von Gedichten.	Deutungshypothesen zu einem Gedicht sind von der Stimmung des Lesers und der Situation abhängig, in der er sich befindet.
Die Schönheit eines Gedichts wird aber durch die Analyse („das Zerpflücken") nicht zerstört.	Das Gedicht ist ein Organismus, ein lebendes Ganzes, das durch Betrachtung der Einzelteile zerstört wird.
Das Gedicht selbst ist Ergebnis eines rationalen Arbeitsprozesses.	Gedichte versteht man nur in Form der unmittelbaren Begegnung.
Nur die Analyse eines Gedichts deckt die Schönheit und Kunstfertigkeit seiner einzelnen Strophen und Verse auf.	Der Leser muss sich auf das Gedicht einlassen und nicht das Gedicht seinen Vorstellungen und Lebensverhältnissen unterordnen.

S. 258

Gottfried Benn

Reisen

Mit Gottfried Benns Gedicht „Reisen" lernen die Schülerinnen und Schüler ein Gedicht aus Benns später Phase kennen, das in seiner traditionellen Formgebung und mit seinem Verzicht auf eine chiffrenhafte Bildlichkeit für die Schülerinnen und Schüler leicht zu verstehen ist. Die einzelnen Arbeitsschritte sind im Schülerband so ausführlich mit Beispielen aus dem Unterricht versehen, dass eine Kommentierung und Hinweise zur Bearbeitung der Aufgaben sich fast erübrigen. Stattdessen mag die folgende Interpretation des Gedichts der detaillierten textanalytischen Arbeit im Unterricht die notwendige breite Grundlage liefern.

Gottfried Benn: „Reisen"

Einleitung

In dem 1950 veröffentlichten Gedicht „Reisen" von Gottfried Benn geht es um die Suche nach dem eigenen Ich. In einer Art Zwiegespräch mit der Leserin/dem Leser stellt sich das lyrische Ich die Frage, ob diese Suche nach der eigenen Identität durch Reisen in ausländische Großstädte und in fremde Kulturkreise gefördert werden kann. Diese Frage wird negativ beantwortet.

Hauptteil

Das Reisemotiv wird in vier Strophen aus jeweils vier Versen entfaltet. Dabei unterstützen das daktylische Versmaß und die Reimform (bis auf die erste Strophe durchgängig Kreuzreim) formal die mit dem Reisemotiv verbundene Vorstellung einer kontinuierlichen Vorwärtsbewegung.

In der ersten Strophe spricht das lyrische Ich den Leser direkt an, allerdings in der distanzierten Form des unpersönlichen „Sie" (V. 1, vgl. V. 5, 12). Auf die fast aggressiv wirkende rhetorische Frage „Meinen Sie Zürich [...]/sei eine tiefere Stadt" (V. 1 f.), kann es nur die Antwort „Nein" geben. Dies auch deshalb, weil die Alliteration im dritten Vers die ironische Aussage zur Großstadt Zürich, wo das angesprochene „Sie" offensichtlich so etwas wie „Tiefe" oder religiöse Erfahrungen zu machen hofft, noch verstärkt: „wo man Wunder und Weihen/immer als Inhalt hat" (V. 3 f.).

Die zweite Strophe stellt in Form eines Parallelismus die rhetorische Frage noch eindringlicher. Die Verwendung religiösen Vokabulars der jüdisch-christlichen Tradition wie „Manna" (V. 7) oder „Wüstennot" (V. 8) und die mit Hilfe des Kreuzreims geleistete Parallelisierung mit der auf oberflächliche Reize („weiß und hibiskusrot", V. 6) setzenden Karibikmetropole wirkt ironisierend und desillusionierend zugleich. Der Konjunktiv „bräche" (V. 7) belegt, dass die angesprochene Person ihr eigenes Ich auf diese Weise nicht finden wird.

Die dritte Strophe gibt nach der nüchternen, wieder durch Alliterationen hervorgehobenen Aufreihung von Prachtstraßen in aller Welt eine apodiktische Antwort: „fällt Sie die Leere an –" (V. 12). Die Verbalmetapher „fällt ... an" unterstreicht dabei das Schockierende und Desillusionierende dieser Erkenntnis. Damit wird endgültig die angesprochene Person in ihrer vergeblichen Sinnsuche in Frage gestellt.

In der vierten Strophe, deren erster elliptischer Vers fast pathetisch mit der Interjektion „ach" (V. 13) einsetzt, ändert das lyrische Ich den Ton. Der Rhythmus wirkt beruhigt und getragen, eine vielleicht sogar resignative Stimmung verdrängt den ironisch-aggressiven Sprechduktus. Nur in der Stille, nur in der Besinnung auf sich selbst und seinen unmittelbaren Lebenszusammenhang, so das Fazit des lyrischen Ichs, erfährt der Mensch sein eigenes Wesen und seine Bestimmung. Dem Suchen in der Ferne, dem „Fahren" wird in einem Wortspiel das Sich-„Erfahren" (V. 13 f.) in der Zurückgezogenheit und Stille entgegengesetzt.

Die Aussage des Gedichtes lässt sich auch mit der persönlichen Einstellung Benns nach 1945 in Verbindung bringen. Nachdem Benn sich in der Zeit des Nationalsozialismus zuerst für das Regime engagiert hatte, wandte er sich schnell enttäuscht und angewidert vom „Dritten Reich" ab und verstand sich in der Folgezeit als „innerer Emigrant". Diese Haltung behielt er auch nach 1945 bei. So wurde er zum Antipoden Bertolt Brechts: statt politischer Einmischung Rückzug in die Innerlichkeit und Stille, statt Politik Kunst.

Schluss

Das Gedicht spricht alle Menschen an, die überall nach sich selbst suchen, nur nicht in sich selbst. Der Schluss des Gedichts erscheint mir besonders gelungen, weil es mich überzeugt, dass die Antwort auf die Frage nach dem eigenen Ich nur in einem selbst liegen kann. Andererseits halte ich Benns apolitische Haltung, die typisch für die Zeit der Adenauer-Ära ist, gerade angesichts seiner Verstrickung in den Nationalsozialismus für sehr zwiespältig.

S. 261

Den Text überarbeiten – und dabei auf genaues Zitieren achten

1 *Eine verbesserte Version des Textes im Schülerband könnte so lauten:*

In dem Gedicht „Reisen" von G. Benn geht es um das stetige Suchen nach dem eignen Ich. Das Gedicht beschreibt verschiedene Orte der Welt, „Zürich zum Beispiel" (V. 1) oder „Habana" (V. 5), die alle kurz angesprochen, aber nicht weiter behandelt werden. Sie haben keine tiefere Bedeutung, und nur die fortwährend, z. B. mit dem Personalpronomen „Sie" (V. 1, 5, 12), angesprochene Person ist wichtig. Denn diese ist, wie der Titel sagt, auf „Reisen" zu ihrem eigenen Ich. Dies wird in den rhetorischen Fragen deutlich, die die beiden ersten Strophen in Form eines Parallelismus einleiten: „Meinen Sie Zürich zum Beispiel/ […] Meinen Sie, aus Habana/ […]" (V. 1, 5). Der Konjunktiv „bräche" (V. 7) in der zweiten Strophe zeigt, dass die angesprochene Person ihr eigenes Ich noch nicht gefunden hat. Sie befindet sich immer noch auf der Suche und hofft in den verschiedenen Ländern eine Antwort auf die Frage nach sich selbst zu finden. Doch überall „fällt […] die Leere" (V. 12) sie an und nirgendwo scheint die angeredete Person sich selbst wiederzuerkennen. „Bahnhofstraßen und Rueen,/ Boulevards, Lidos, Laan –" (V. 9 f.): Damit sind belebte Straßen in aller Welt gemeint, wo sich der Angesprochene sucht. […] Dass die angesprochene Person in Zürich nach inhaltlicher Tiefe sucht oder sich in Habana „ein ewiges Manna" (V. 7) wünscht, kommt einem seltsam und naiv vor. (Helena)

3 *Vgl. die Hinweise zu Aufgabe 1 und 2 (S. 257 im Schülerband) auf S. 290 in diesem Handbuch.*

12.3 Spiegelungen und Brechungen – Einen Poetry-Slam veranstalten

Das Teilkapitel ist so angelegt, dass die Schülerinnen und Schüler selbstständig und projektartig damit arbeiten können. Eine Steuerung durch die Unterrichtenden kann in zweierlei Hinsicht sinnvoll sein:

1. auf organisatorischer Ebene, weil die Schülerinnen und Schüler das große Ganze bisweilen aus dem Blick verlieren; hier ist vor allem auf die frühzeitige Termin- und Raumplanung zu achten;
2. auf inhaltlicher Ebene, vor allem in Hinsicht auf die Schreibimpulse, derer es bedarf, um kreative Schreibprozesse in Gang zu setzen.

Hier – neben den im Schülerband auf S. 263 abgedruckten Anregungen A–D – einige weitere Schreibanregungen:

E *Verfasst einen Text, indem ihr von sinntragenden Wortspielen ausgeht, z. B.:*
- *weggehen – seinen Weg gehen*
- *Abfall – von jemandem abfallen – etwas fällt von einem ab*
- *fahren – abfahren – wegfahren – Gefahren*

D *Verfasst einen Text, indem ihr Antithesen spielerisch verarbeitet, z. B.:*
- *hoch – tief: Hochhaus, Hochdruck, Hochzeit – Tiefgang, Tiefsee, Tiefdruck*

Wertvolle Anregungen und weitere Beispiele finden sich auch in:
Praxis Deutsch. Heft 208/2008

Die Präsentation der Schülerprodukte auf einer gerade bei jungen Leuten sehr beliebten Poetry-Slam-Veranstaltung ist nicht nur organisatorisch ohne größeren Aufwand realisierbar, sondern bietet den Schülerinnen und Schülern auch die Möglichkeit, sich durch die Darstellung ihrer Gedichte noch einmal auf andere Weise mit den Besonderheiten lyrischer Texte auseinanderzusetzen.

Lernerfolgskontrolle/ Thema für eine Klassenarbeit

Einen literarischen Text analysieren und interpretieren

Ulla Hahn

Keine Tochter (1983)

Ja der Kuchen ist gut – Ich habe
nie gern Süßes gegessen – Ich esse
gern noch ein Stück

Nein mir geht es nicht schlecht.
Viel Arbeit. Ja. Älter werde ich auch.
Noch kein Mann? Nein kein Mann.

Vorm Eigenheim mit Frau und Kind
des Sohnes wuchs der Ableger
von der Clematis vorm Elternhaus an.

Überm Fernsehen schläfst du ein.
Dein Kopf sackt nach vorn deine Schulter
auf meine. Ich halte still.

Näher kommst du mir nicht.
Ich bin dir wie vor meiner Zeugung
so fern. Verzeih ich möchte
auch keine Tochter haben wie mich.

(Aus: Ulla Hahn: Spielende.
Deutsche Verlags-Anstalt, Stuttgart 1983, S. 61)

1 *Analysiere und interpretiere das Gedicht, indem du besonders auf die folgenden Aspekte eingehst:*
- *die Dialogstruktur zu Beginn des Textes,*
- *das lyrische Ich in seinen Selbstaussagen,*
- *die besondere Bedeutung der letzten Strophe.*

2 *Erläutere, inwiefern das Gedicht der literarischen Strömung der Neuen Subjektivität zuzurechnen ist.*

Erwartungshorizont/Bewertungsraster

Anforderungen Die Schülerin/der Schüler ...		maximale Punktzahl	erreichte Punktzahl
Aufgabe 1			
1	... gibt Inhalt und Struktur des Gedichts mit eigenen Worten wieder: fünf Strophen à drei Verse; letzte Strophe hervorgehoben: vier Verse; Dialog zwischen Tochter und Mutter beim Kaffeetisch als Ausgangspunkt und sich daran anschließende Betrachtung des lyrischen Ichs über die Beziehung zur Mutter.	10	
2	... gibt die Inhalte der einzelnen Strophen wieder: 1. Strophe: Banales („Kuchen"/„Süßes") 2. Strophe: Grundsätzliches („kein Mann") 3. Strophe: Nennung des Bruders und seiner idealisierten Lebenssituation 4. Strophe: Das lyrische Ich beobachtet die Mutter distanziert 5. Strophe: Fazit des lyrischen Ichs, Beziehungslosigkeit im Verhältnis zur Mutter	15	
3	... analysiert die Dialogstruktur der ersten beiden Strophen: zaghafter Smalltalk der Tochter – antithetische Antwort der Mutter – Versuch der Tochter zu besänftigen (1. Strophe); elliptische Sätze/Einzelworte, inversive Wortstellung (V. 5); Frage der Mutter nach persönlichen Umständen der Tochter (Arbeit/Familie) = indirekte Vorwürfe der Mutter und knappe Antworten der Tochter, die ein weiteres Gespräch abwehren sollen. ... erkennt ggf., dass in Strophe 3 das lyrische Ich in scheinbar sachlicher Betrachtung den Vorwurf und die Erwartungshaltung der Mutter kritisiert: Lebensmodell des Bruders als Kontrast zum eigenen Leben. (Zusätzlich: 3 Punkte)	10	
4	... deutet die Selbstaussagen („Ich halte still", V. 12, und Strophe 5 komplett) dahin gehend, dass sich das lyrische Ich von der Mutter innerlich distanziert, jedoch äußerlich keine Veränderung vornimmt.	7	
5	... analysiert und deutet die letzte Strophe, insbesondere: Vergleich (V. 14), der die Distanz überdeutlich werden lässt; Hilflosigkeit und Resignation im Fazit der Tochter; Rückbezug zur Negation im Titel („Keine Tochter").	8	
		= 50	

Aufgabe 2			
1	... setzt das Gedicht **inhaltlich** in Beziehung zu Merkmalen der Neuen Subjektivität: Alltagssituation, lakonische, eher depressive Grundstimmung, Einsamkeit und Ichbezogenheit des lyrischen Ichs, Kommunikationslosigkeit, Desillusionierung.	10	
2	... setzt das Gedicht **sprachlich** in Beziehung zur Neuen Subjektivität: einfache Wortwahl, Alltagssprache, Ellipsen; prosanahe Sprache: fehlende Reime, Enjambements; Betonung sinntragender Wörter durch Inversion; Häufung der Pronomina.	10	
3	... erfüllt ein anderes aufgabenbezogenes Kriterium (etwa: Bezug zu anderen im Unterricht besprochenen Gedichten, z. B. von R. D. Brinkmann). (Max. 5 Punkte)		
		= 20	
Darstellungsleistung			
1	... gibt den Inhalt des Gedichts korrekt wieder (Zitierweise, Paraphrasieren etc.).	7	
2	... verwendet das Tempus korrekt (Präsens, bei Vorzeitigkeit: Perfekt).	5	
3	... verwendet eine sachliche, angemessene und präzise Sprache (allgemeiner Ausdruck).	8	
4	... verwendet fachsprachliche Begriffe (korrekt, präzise, umfassend).	5	
5	... verknüpft den Text gedanklich-sprachlich korrekt und differenziert.	5	
		= 30	
Gesamtpunktzahl		100	

Literaturhinweise

Buchwald, Christoph (Hg.): 25. Jahrbuch der Lyrik. Die schönsten Gedichte aus 25 Jahren. Suhrkamp, Frankfurt/M. 2007

Burdorf, Dieter: Einführung in die Gedichtanalyse. Metzler, Stuttgart ²1997

Bylanzky, Ko/Patzak, Rayl: Planet Slam 1 + 2. yedermann-Verlag, Riemerling bei München 2002 und 2004

Ewers, Hans-Heino: Alltagslyrik und neue Subjektivität. Klett, Stuttgart 1982

Gnüg, Hiltrud: Was heißt „Neue Subjektivität?“ In: Merkur, Heft 1/1978, S. 60

Korte, Hermann: Deutschsprachige Lyrik seit 1945. Metzler, Stuttgart/Weimar ²2004

Kuhligk, Björn/ Wagner, Jan (Hg.): Lyrik von Jetzt. DuMont, Köln 2003

Spinner, Kaspar H.: Umgang mit Lyrik. Schneider Verlag Hohengehren, Baltmannsweiler 1995

Waldmann, Günter: Produktiver Umgang mit Lyrik. Eine systematische Einführung in die Lyrik, ihre produktive Erfahrung und ihr Schreiben. Schneider Verlag Hohengehren, Baltmannsweiler ³1994

13 Bertolt Brecht: „Die heilige Johanna der Schlachthöfe“ – Episches Theater

Konzeption des Gesamtkapitels

In diesem Kapitel wird Brechts großes wirtschaftskritisches Stück „Die heilige Johanna der Schlachthöfe“ vorgestellt, das Ende der 1920er Jahre am Schlachthof von Chicago spielt. In mehreren repräsentativen Auszügen erhalten die Schülerinnen und Schüler einen Einblick in den Grundkonflikt, nämlich die Auseinandersetzung um die radikal profitorientierte Geschäftspolitik der Fleischfabrikanten und ihre gesellschaftlichen Auswirkungen. Damit wird bereits deutlich, dass es sich trotz der genannten geschichtlichen Verortung nicht um ein bloß „historisches“ Stück handelt, sondern um eines, dessen Thema von bleibender Aktualität ist.

Im ersten Teilkapitel (**„Wirtschaft und Verantwortung im Drama – Die Technik der Verfremdung“**) lernen die Schüler die Antagonisten kennen, vor allem den in wirtschaftlichen Fragen ebenso genialen wie skrupellosen Mauler und seine Gegenspielerin Johanna Dark, die Titelheldin, die sich von einer naiv-weltfremden Predigerin zu einer kompromisslosen Kämpferin für die Rechte der Arbeiter wandelt. Und sie erfahren, wie der Konflikt im Sinne der Besitzenden gelöst wird und wie die Mächtigen versuchen, Johanna für sich zu vereinnahmen. Dabei werden die Schüler auch mit Konzeption und Mitteln des epischen Theaters vertraut gemacht. Über einzelne Aufgabenstellungen wird der Hintergrund in seinen verschiedenen Facetten in den Blick genommen: die Weltwirtschaftskrise 1929, der Marxismus als philosophisch-weltanschauliche Grundlage der Brecht'schen Gesellschaftskritik und das Vorbild der Titelheldin, die französische Nationalheilige Jeanne d'Arc. Die Aufgaben zu den Textauszügen sind sowohl analytischer als auch handlungs- und produktionsorientierter Art.

Im zweiten Teilkapitel (**„Brechts Theaterkonzeption – Spiel mit Distanz“**) wird die Auseinandersetzung mit Brechts Theaterkonzeption weitergeführt. Die Schülerinnen und Schüler lernen mit den Begriffen „Distanz“ und „Gestus des Zeigens“ die besonderen Ansprüche Brechts an die Schauspieler kennen, die sich aus seiner Idee des epischen Theaters ergeben, und erhalten Anregungen, die Vorgaben und Forderungen des Schriftstellers selbst zu erproben und ihre Praktikabilität wie ihre Funktion zu erörtern. In diesem Zusammenhang werden auch die dramatische und die epische Form des Theaters einander gegenübergestellt.

Das dritte Teilkapitel (**„Globalisierung – Theater im 21. Jahrhundert“**) geht der Frage nach, wie Theater im Zeitalter der Globalisierung aussehen kann. Der Fokus bleibt auf der Problematik wirtschaftlicher Zusammenhänge, wird aber nun ausgeweitet: Urs Widmers Stück „Top Dogs“, aus dem ein Auszug vorgestellt wird, spielt unter Wirtschaftsmanagern, die zu den Opfern der Globalisierung gehören. Hier kommen wirtschaftliche Praktiken zur Sprache, die die von Brecht vorgestellten auf globaler Ebene weiterführen. Zwei Sachtexte, die die Folgen der Globalisierung unterschiedlich bewerten, runden das Kapitel ab.

Weiteres Übungsmaterial zu diesem Kapitel

Übungsmaterial im **„Deutschbuch Arbeitsheft 10“**
- Dramenszenen untersuchen: S. 72 f.
- Verfremdungstechniken: S. 74 f.
- Teste dich! Dramenszenen untersuchen: S. 76

	Inhalte	Kompetenzen
S. 265	**13.1 Wirtschaft und Verantwortung im Drama – Die Technik der Verfremdung** Bertolt Brecht **Die heilige Johanna der Schlachthöfe**	**Die Schülerinnen und Schüler können** – Grundzüge der Handlung des Stücks darstellen und den Grundkonflikt erläutern; – die Gerissenheit des Fleischfabrikanten Mauler aufzeigen; – die Konzeption des epischen Theaters erklären; – das Stück in seinen zeitlichen wie weltanschaulichen Hintergrund einordnen;
S. 266	**Drameninhalt und Motive der Figuren**	
S. 270	**Szenentitel, Lieder, Predigten**	– den Gegensatz zwischen der naiv-weltfremden Predigerin Johanna und der Welt der Arbeiter darstellen;
S. 273	**Widersprüchliche Charaktere**	– die verschiedenen Facetten der Figur Maulers nachzeichnen; – die fundamentalen Widersprüche zwischen marktradikaler und humaner Einstellung erkennen;
S. 276	**Die Mittel der Verfremdung**	– Brechts Techniken der Verfremdung in ihrer Funktionalität im Text aufzeigen und mit eigenen Beispielen erläutern.
S. 281	**13.2 Brechts Theaterkonzeption – Spiel mit Distanz**	**Die Schülerinnen und Schüler können** – Brechts Anforderungen an die Schauspieler darstellen und erklären;
S. 281	**Zeigen und Zitieren – Die Rolle des Schauspielers** Texte von Brecht	– Grundbegriffe der Brecht'schen Schauspielkunst in ihrer Technik erklären und hinsichtlich ihrer Intention im Rahmen des Brecht'schen Theaterkonzepts beurteilen;
S. 283	**„... treib den Preis auf achtzig ..." – Szenisches Spiel**	– im szenischen Spiel Möglichkeiten und Probleme der Brecht'schen Schauspielkonzeption nachvollziehen;
S. 285	**Klassisches und episches Theater – Theaterformen diskutieren** Texte von Brecht	– einen eigenen, durch kognitive Beschäftigung mit der Theorie gewonnenen und durch Erprobung gefestigten Standpunkt vertreten.
S. 287	**13.3 Globalisierung – Theater im 21. Jahrhundert**	**Die Schülerinnen und Schüler können** – die Bedeutung der Wirtschaftsproblematik für das Theater der Gegenwart darlegen;
S. 287	Urs Widmer **Top Dogs**	– die Brutalisierung des Wirtschaftslebens unter dem Aspekt der Globalisierung erkennen; – die sprachliche Widerspiegelung dieser Brutalisierung in der Kriegsmetaphorik aufdecken;
S. 289	Sachtexte von Attac/ publik forum und Joseph E. Stiglitz	– Standpunkte in Sachtexten und ihre Begründungen erfassen; – Vor- und Nachteile der Globalisierung benennen und erörtern.

13.1 Wirtschaft und Verantwortung im Drama – Die Technik der Verfremdung

S. 265

1 *Folgende Verbindungen zwischen den Bildern könnten von den Schülerinnen und Schülern vermutet werden: Zusammenhang von Börsenspekulationen (oberes und unteres Bild) mit Lebensmitteln, speziell Fleisch. In der Mitte eine Figur, die dagegen zu Felde zieht.*

2 *Weitere denkbare Stichwörter beim Brainstorming zum Begriff „Börse": Börsenkrise/Börsencrash, Spekulationen/Spekulanten, Frankfurt am Main (als deutscher Börsenplatz), abzocken, (Hedge-)Fonds, Fondsmanager usw.*

S. 266

„Ach unser Geschäft ist blutig" – Drameninhalt und Motive der Figuren

S. 266

Bertolt Brecht

Die heilige Johanna der Schlachthöfe (Bild 1)

1 a) ***Inhalt:*** *Auf Anraten seiner Freunde an der New Yorker Börse beschließt der „Fleischerkönig" Mauler, sich aus dem Fleischgeschäft zurückzuziehen. Gegenüber seinem Teilhaber Cridle, dem er seinen Anteil „billigst" verkaufen will, begründet er seinen Rückzug allerdings mit seiner Abneigung gegen das „blutige Geschäft". Cridle willigt in den Handel ein, aber nur unter der Bedingung, dass Mauler bereit ist, zuvor den Konkurrenten Lennox zu vernichten. Dazu will Mauler Tipps geben (Z. 51 ff.).*
Wirtschaftliche Situation: *Es gibt landesweit Probleme im Fleischhandel (vgl. den Brief von den New Yorker Freunden); vor Ort herrscht ein ruinöser Preiskampf (Z. 42) mit Billigangeboten des Konkurrenten Lennox.*
Verhalten und Motive der Figuren: *Mauler gibt als Motiv Mitleid mit dem Schlachtvieh vor; seine wahren Motive sind aber wirtschaftlicher Art; er belügt und hintergeht also ausgerechnet seinen Teilhaber Cridle. Cridle zeigt unverhohlen seine wirtschaftlichen Interessen: Er will Maulers günstiges Angebot annehmen, wenn dieser zuvor die Konkurrenz aus dem Weg geräumt hat.*

b) *Drei Facetten der Figur des „Fleischerkönigs" Mauler lassen sich hier bereits erkennen:*
- *Wie in Teilaufgabe 1a) schon deutlich wird, ist Mauler seinem Teilhaber gegenüber unaufrichtig (vgl. das Verbergen des Briefes, der auch für Cridle wichtige wirtschaftliche Informationen enthält, Z. 7).*
- *Darüber hinaus sind sein Verhalten und seine Äußerungen geradezu zynisch: (Vorgeschobenes) Mitleid mit dem Schlachtvieh, das Mauler hochstilisiert zu dem Vorsatz, „ein guter Mann zu werden" (Z. 50), verträgt sich für ihn offensichtlich gut mit dem Plan, einen (menschlichen!) Konkurrenten zu „fällen" (Z. 43).*
- *Schließlich weisen Cridles Äußerungen bereits deutlich auf Maulers Genialität und Verschlagenheit in wirtschaftlichen Fragen hin (Z. 43, 45).*

2 a) *Die* ***Besonderheiten der Sprache und der Form*** *bestehen darin, dass Brecht hier den Blankvers (= fünfhebiger, reimloser Jambus) verwendet, also den klassischen Vers des deutschen Dramas seit Lessings „Nathan" (Ausnahme: Z. 44; sie hat sechs Hebungen). Das wirkt sich vor allem auf die* ***Wortstellung*** *aus, die in Z. 45 („dein Gehirn, das listenreiche") auch noch Anklänge an die Voß'schen Über-*

setzungen antiker Dramen enthält (Johann Heinrich Voß, 1751–1826). Eine weitere Auswirkung des Metrums sind eine Synkope („niedren", Z. 41) und drei Apokopen (zweimal „wär", Z. 39, und einmal „nehm", Z. 44). Durch die beschriebenen Aspekte bekommt der Text einen eigenartig „altertümlichen" Klang, der deutlich mit Wörtern wie „Büchse Fleisch" und „kaputtmachen"/„kaputtgehen" kontrastiert.
Die beschriebenen Besonderheiten sind in der unten vorgeschlagenen Umformulierung vermieden; außerdem ist in einem Fall das Tempus geändert („fiel" → „gefallen ist"); das ***Wortmaterial*** *ist (bis auf eine verdeutlichende Ergänzung: „selbst") beibehalten worden, damit beim Vergleich das Wesentliche möglichst deutlich sichtbar bzw. hörbar wird. Die Änderungen sind durch Unterstreichungen hervorgehoben:*

Das wäre nicht teuer, wenn nicht Lennox wäre,/der um jede Büchse Fleisch mit uns ringt,/der uns mit niederen Preisen den Markt verdirbt/und uns kaputt macht, wenn er nicht [selbst] kaputt geht./Eh der nicht gefallen ist, und nur du kannst ihn fällen,/nehme ich dein Angebot nicht an. Solange musst du/noch dein listenreiches Gehirn üben.

b) *Die Tabelle könnte z. B. so aussehen:*

Inhalt	*formale Besonderheiten*
Beschreibung ruinöser wirtschaftlicher Praktiken	*großenteils „altertümliche", getragene Sprache* *klassische Form (Blankvers, fünfhebiger Jambus)*

Inhalt und Form passen im eigentlichen Sinne nicht zueinander, sondern stehen in deutlichem Kontrast. Durch die „Einkleidung" des moralisch fragwürdigen, zum Teil brutalen Inhalts (eine Form der Verfremdung) wird dieser Inhalt sozusagen entlarvt.

3 *Die folgenden Zusatzinformationen bieten eine etwas ausführlichere Übersicht über den Inhalt des Stücks.*

Zusatzinformationen

Inhaltsübersicht zu Bertolt Brechts „Die heilige Johanna der Schlachthöfe"

Das Stück, dessen Urfassung 1929 entstanden ist, spielt an den Schlachthöfen von Chicago in einer Zeit wirtschaftlicher Krisen: Die Fleischpreise sind infolge eines Überangebots ins Bodenlose gesunken; die Fleischfabrikanten können nichts mehr absetzen und sperren die Arbeiter einfach aus, die damit arbeits- und brotlos sind.
Mauler, der „Fleischkönig", versteht die Situation geschickt zu seinen Gunsten zu nutzen. Dabei helfen ihm – wie im ersten Bild gezeigt (vgl. S. 266 f. im Schülerband) – immer wieder die Informationen, die er von seinen Freunden an der Wallstreet, also der New Yorker Börse, erhält. So setzt ihn ein zweiter Brief einige Zeit nach dem Verkauf seiner Geschäftsanteile an Cridle davon in Kenntnis, dass wieder eine positive Entwicklung der Fleischpreise zu erwarten sei. Daraufhin kauft Mauler nicht nur sämtliche bereits vorhandenen Fleischkon-

serven auf, sondern schon im Voraus die gesamte Produktion der nächsten zwei Monate. Nach außen hin erweckt er den Eindruck, er wolle damit den Fleischfabrikanten die weitere Produktion ermöglichen und den Arbeitern wieder Arbeit verschaffen. Gleichzeitig aber kauft er heimlich auch das gesamte Vieh, das auf dem Markt ist. Damit hat er die Konservenfabrikanten in der Hand: Er verlangt von ihnen die vertraglich zugesicherte Lieferung der Konserven; die Fabrikanten aber sind gezwungen, für das Vieh jeden geforderten Preis zu zahlen, damit sie ihren Vertrag erfüllen können. Die Fleischfabrikanten geraten dadurch an den Rand des Ruins.

Parallel zu dieser Handlung auf der Ebene der Wirtschaftsbosse läuft eine zweite auf der Ebene der „Schwarzen Strohhüte". So wird – wegen ihrer Kopfbedeckung – die Heilsarmee genannt, eine wohltätige christliche Freikirche, die sich besonders um Arme und Obdachlose kümmert. Einer ihrer Leutnants ist Johanna Dark, die Titelheldin des Stücks. Johanna beklagt zu Beginn die moralische Verkommenheit der Armen, die ihrer Meinung nach daher rührt, dass sie zu sehr nach Materiellem streben und Gott vergessen haben; in ihren Predigten tritt sie daher für eine Neubesinnung auf Gott ein. Sie sucht aber auch Mauler auf, um ihm wegen der Aussperrung der Arbeiter ins Gewissen zu reden. Mauler erkennt schnell die wirtschaftliche Naivität Johannas. Zugleich ist er von der jungen Frau fasziniert, die so gar nicht in den Kategorien von Geschäft und Profit denkt; er fühlt sich angerührt von einem Hauch „aus einer andern Welt", und ihr Gesicht gefällt ihm, „weil's so unwissend ist". Hinsichtlich ihres Anliegens bleibt er aber unnachgiebig: Dass einige Arbeiter durch die Engpässe auf den Schlachthöfen arbeitslos geworden sind, bezeichnet er einfach als „leider unvermeidlich".

Slift, ein Freund Maulers, soll Johanna die Augen öffnen: Er führt sie über den Schlachthof, um ihr die „Schlechtigkeit" der Armen zu zeigen. Johanna erkennt aber nun erst das Ausmaß des Elends, in dem diese leben, und dass dieses Elend der wahre Grund für ihren Egoismus ist: „Ist ihre Schlechtigkeit ohne Maß, so ist's/Ihre Armut auch" (Bild 4/Ende; S. 42). Und sie fragt: „Woher sollen sie denn eine Moral haben, wenn sie sonst nichts haben?" (Bild 5, S. 52 f.). Als sie dann auch noch Verständnis für die Gewaltbereitschaft der protestierenden Arbeiter bekundet, wirft Snyder, der Major der „Schwarzen Strohhüte", sie aus der Gemeinschaft hinaus. Kurz zuvor hat Snyder den Reichen einen Deal angeboten: Diese sollen für die Einrichtungen der Heilsarmee die Miete zahlen, die die Organisation selbst nicht mehr aufbringen kann; die „Schwarzen Strohhüte" sollen dafür den Armen erklären, dass „das Unglück wie der Regen kommt, niemand weiß woher" (Bild 7, S. 70).

Kurz darauf erscheint Johanna wieder bei Mauler – in der Überzeugung, sie könnte ihn bewegen, etwas am Los der Arbeiter zu ändern. Mauler hält ihr aber einen Vortrag über die Segnungen des Geldes und die Zwänge der Wirtschaft. Daraufhin kündigt sie an, auf die Schlachthöfe zu gehen, um sich mit den Arbeitern zu solidarisieren. Eine Zeitung berichtet wenig später über sie als „Unsere liebe Frau vom Schlachthof".

Auf dem Höhepunkt der wirtschaftlichen Krise bedrängen die Fleischfabrikanten den geschäftlich ebenso skrupellosen wie genialen Mauler, dessen Machenschaften sie durchaus als Ursache für die drohende wirtschaftliche Katastrophe erkannt haben, den Markt wieder in Ordnung zu bringen. Mauler erklärt sich dazu bereit und verkündet einschneidende Maßnahmen, die dazu seiner Meinung nach notwendig sind und die im Kern eine weitere Verschlechterung für die Arbeiter bedeuten.

Das letzte Bild spielt im „nunmehr reich ausgestatteten" Haus der „Schwarzen Strohhüte", wo diese gemeinsam mit den Fleischfabrikanten die Wiederherstellung der Ordnung feiern. Johanna verkündet aber wiederum ihre neu gewonnenen Erkenntnisse: dass die gesellschaftlichen Verhältnisse schuld sind am Elend der Arbeiter und dass man diese Verhältnisse ändern müsse – notfalls auch mit Gewalt.

Davon wollen die anderen zwar nichts wissen, andererseits wollen sie aber Johannas guten Ruf für ihre gemeinsame Sache nutzen. Während Johanna von der Versammlung in geradezu grotesker Weise zur Heldin stilisiert wird, stirbt sie, entkräftet von den körperlichen Strapazen, die sie auf den Schlachthöfen in eisiger Kälte durchlitten hat, als sie sich bei den protestierenden Arbeitern aufhielt.
(Die Seitenangaben beziehen sich auf die Ausgabe: Bertolt Brecht: Die heilige Johanna der Schlachthöfe. Suhrkamp, Frankfurt/M. [34]2006, edition suhrkamp 113)

Die drei Handlungsstränge können folgendermaßen nebeneinander dargestellt werden:

Fleischfabrikanten	„Schwarze Strohhüte"	Johanna
sperren Arbeiter aus	predigen den Armen	predigt den Armen
Mauler treibt Konkurrenten in den Ruin		
Mauler erkennt Johannas wirtschaftliche Naivität	←	versucht, Mauler ins Gewissen zu reden
ist zugleich von ihr fasziniert und versucht, sie für sich einzuspannen	→	wird von Mauler mit Geld (Miete) zu den „Schwarzen Strohhüten" geschickt
		erkennt Elend der Arbeiter als Ursache für ihren Egoismus
		solidarisiert sich mit den Arbeitern
	schließen Johanna aus* ←	hält zunehmend Gewalt für ein legitimes Mittel, um die Lage zu ändern
machen einen Deal: Die Fleischfabrikanten bezahlen den „Schwarzen Strohhüten" die Miete, diese predigen den Armen den Trost Gottes		
Mauler bringt den Markt wieder in Ordnung – mit einschneidenden Maßnahmen		
feiern gemeinsam die Wiederherstellung der (alten Wirtschafts-)Ordnung, stilisieren Johanna zur Heiligen		stirbt an den Folgen ihrer Solidarisierungsaktion

* Das Martialische in dem Lied der „Schwarzen Strohhüte" (vgl. S. 270 im Schülerband) erweist sich damit später als bloße Rhetorik.

4 *Einige Hintergrundinformationen enthält das Zusatzmaterial auf S. 304 f. in diesem Handbuch.*

Zusatzinformationen

Zur Weltwirtschaftskrise des Jahres 1929

1929 setzte in allen Industrienationen ein massiver wirtschaftlicher Abschwung ein – die so genannte *Weltwirtschaftskrise.* Sie hatte verschiedene Ursachen. Zwei der wichtigsten waren Überproduktion und Preismanipulation, Letztere oft verbunden mit Börsenspekulationen. Überproduktion von Nahrungsmitteln und Konsumgütern ließ die Preise abstürzen und brachte große Firmen an den Rand des Ruins. Einige reagierten darauf mit der Vernichtung großer Lebensmittelbestände, was die Preise – durch die Verknappung des Angebots – wieder in die Höhe treiben sollte. Hinzu kamen weitere Formen von Preismanipulationen durch Börsengeschäfte.

Insgesamt entwickelte sich Ende der 1920er Jahre ein regelrechtes Börsenfieber; viele kauften in Erwartung kräftiger Kurssteigerungen Aktien. Als dann die Kurse – entgegen den Erwartungen – immer weiter sanken, brach die New Yorker Börse, die bedeutendste der Welt, zusammen; der 25. Oktober 1929 ist als „Schwarzer Freitag" in die Börsengeschichte eingegangen.

Zum Marxismus

Der in Trier geborene Philosoph Karl Marx (1818–1883) lebte in der Zeit der industriellen Revolution, das heißt der beginnenden Industrialisierung. In deren Folge entstand eine breite Arbeiterschicht, das so genannte „Proletariat", das großenteils in Armut und Elend lebte. Karl Marx war einer der Ersten, die die ungleiche und ungerechte Verteilung der materiellen Güter in der Gesellschaft anprangerten und ihre Ursachen analysierten. Er sah diese in der Tatsache, dass die „Produktionsmittel", also vor allem die Fabriken und damit auch das Kapital, in den Händen weniger konzentriert waren, die den Massen der Arbeiter die Arbeitsbedingungen diktieren konnten und sie rücksichtslos ausbeuteten. Im „Kommunistischen Manifest", das Marx zusammen mit Friedrich Engels verfasste und 1848 veröffentlichte, entfaltete er den Gedanken des Klassenkampfes, der schließlich in einem gewaltsamen Umsturz der gesellschaftlichen Verhältnisse die Arbeiterklasse aus ihrer Abhängigkeit befreien soll. Religion bezeichnete Marx als „Opium des Volkes" (von Lenin später in „Opium für's Volk" umformuliert): Sie dient seiner Überzeugung nach lediglich dazu, das Volk auf das Jenseits zu vertrösten. Damit wird es zugleich von der Tatsache abgelenkt, dass die Gründe für das eigene Elend in den dargestellten wirtschaftlichen Verhältnissen liegen und von deren Nutznießern – eben den Besitzenden und Mächtigen – verursacht sind.

In Brechts Stück „Die heilige Johanna der Schlachthöfe" finden sich viele Züge dieser Auffassung wieder:

- Die Reichen (hier: die Fleischfabrikanten) diktieren die Arbeitsbedingungen, schließen die Arbeiter aus und manipulieren die Lebensmittelpreise.
- Die „Schwarzen Strohhüte" verbünden sich im eigenen wirtschaftlichen Interesse mit den Fleischfabrikanten und vertrösten die Arbeiter nicht nur gezielt mit frommen Sprüchen, sondern verpflichten sich auch, ihnen klarzumachen, dass das Elend naturgegeben sei, womit sie die tatsächliche Ursache (Ausbeutung) verschleiern.
- Johanna erkennt die tatsächlichen, nämlich wirtschaftlichen Zusammenhänge und ist zunehmend bereit, gegen diese auch im Sinne eines gewaltsamen Klassenkampfes vorzugehen.

Die französische Nationalheilige Jeanne d'Arc

Mit der im Titel genannten „heiligen Johanna", im Stück „Johanna Dark", bezieht sich Brecht auf die französische Nationalheilige Jeanne d'Arc (auch Johanna von Orléans, ca. 1412–1431), die im Hundertjährigen Krieg (1337–1453) Frankreich gegen England in die Schlacht führte, später aber trotz ihrer militärischen Erfolge als Ketzerin auf dem Scheiterhaufen verbrannt wurde. 1456 wurde sie rehabilitiert und 1920 heiliggesprochen.
Die Parallelen zwischen dieser historischen Gestalt und der Brecht'schen Figur sind nicht besonders ausgeprägt: Die historische Johanna war völlig in die politischen Auseinandersetzungen ihrer Zeit und ihres Landes eingebunden (Krieg mit England, Thronfolgestreitigkeiten am französischen Hof), wirtschaftliche Fragen spielten dabei keine Rolle (das gilt übrigens auch für Schillers 1801 uraufgeführtes Trauerspiel „Die Jungfrau von Orléans"). Eine interessante Parallele ist allerdings durchaus zu sehen:

- Die historische Johanna wurde zunächst als Ketzerin verurteilt und später heiliggesprochen.
- Die Figur der Johanna bei Brecht wird wegen ihres Eintretens für Gewalt als Mittel zur Änderung gesellschaftlicher Verhältnisse zunächst aus dem Kreis der „Schwarzen Strohhüte" ausgeschlossen, zuletzt aber von diesen gemeinsam mit den Fleischfabrikanten zur Heiligen hochstilisiert.

In beiden Fällen wird also eine starke Frauengestalt zunächst – aus unterschiedlichen Gründen – verurteilt, ihr Ruf aber später für die eigenen Zwecke genutzt.

„Lauscht dem himmlischen Text" – Szenentitel, Lieder, Predigten

S. 270

Bertolt Brecht

Die heilige Johanna der Schlachthöfe (Bild 2 d)

S. 270

1 a) *Johanna sollte in einem Standbild der Szene am besten leicht erhöht platziert werden. Damit kommt nicht nur ihre Rolle als (physisch wie geistig) Gebende zum Ausdruck, sondern vor allem ihr Gefühl der spirituellen Überlegenheit gegenüber den Arbeitern.*

b) *Dieses Überlegenheitsgefühl dürfte auch ihre Gedanken und Empfindungen beherrschen, verstärkt durch das Selbstbewusstsein der Gläubigen; hinzukommen könnte Mitleid mit den Arbeitern.*

c) *Beschreibung, Erklärung und Bewertung von Johannas Verhalten werden sich zunächst auf das im Standbild Dargestellte beziehen. Wichtig ist aber, dies am Text zu messen. Hier sind vor allem folgende Stellen heranzuziehen:*

- *ihre freundlich-naive Überzeugung, mit einer Suppe sähe alles schon besser aus (Z. 40 ff.);*
- *die völlig unpolitische Meinung: „Das Unglück kommt wie der Regen, den niemand machet" (Z. 46);*
- *die Auffassung, die Arbeiter seien arm, „weil ihr keinen Sinn für das Höhere habt" (Z. 58) und „weil ihr eben euren ganzen inneren Menschen vollständig vernachlässigt habt" (Z. 72 f.).*

Damit repräsentiert sie tatsächlich eine Auffassung von Religion, die – wie ein Opiat (s. o. zum Marxismus) – Probleme nur betäubt, anstatt sie zu bekämpfen. Ihre (zum Teil von biblischen Wendungen geprägten, vgl. Z. 63–66) Ausführungen sind andererseits so naiv, dass sie sich selbst entlarven; sie wirken wie eine Karikatur, wozu die Reaktionen der Arbeiter nicht unwesentlich beitragen (siehe dazu unten die Hinweise zu Aufgabe 3). – Im Hinblick auf die spätere Entwicklung Johannas, die in der Übersicht über die Handlung in Grundzügen bereits dargestellt ist (vgl. S. 268 im Schülerband, Z. 24 ff.), ist aufschlussreich, dass sie sich hier dezidiert gegen „rohe Gewalt“ ausspricht (Z. 74 f.).

2 a) *Die Überschriften könnten lauten:*
- *für das Lied der „Schwarzen Strohhüte“: „Kampf gegen Armut und Ungerechtigkeit mit allen Mitteln“*
- *für Johannas Predigt: „Nur das Streben nach geistigen Genüssen führt aus dem Elend“*

b) *Der Kontrast zwischen der martialischen Rhetorik des Liedes (v.a. Z. 23 ff., 31 f.) und Johannas Absage an „rohe Gewalt“ (Z. 74 f.) muss hier zunächst konstatiert werden. Er lässt bereits ahnen, dass es sich in dem Lied lediglich um „starke“ sprachliche Bilder handelt; das entspricht einer Vorstellung von ausgeprägter Bildhaftigkeit in Liedern, die nicht unmittelbar in die Realität übertragen werden kann.*

3 a) *Die Arbeiter zeigen sich in zweifacher Hinsicht als Realisten:*
- *Sie sehen die tatsächlichen Ursachen für ihre Situation („Lennox & Co.“, Z. 48; „Stehkragen“ – Bild für die Zugehörigkeit zur ‚feinen‘ Gesellschaft – als Voraussetzung für gesellschaftlichen Aufstieg, Z. 69)*
- *und sie erkennen ebenso nüchtern wie pragmatisch, dass sie eine Mahlzeit nur dann ergattern können, wenn sie das für sie dümmliche Gerede Johannas in Kauf nehmen (siehe Z. 53 f.).*

Ihre pragmatische Einstellung zeigt sich unter anderem, als drei von ihnen die Suppe stehen lassen, als ein (!) frei gewordener Arbeitsplatz ausgerufen wird. Kommentare über die Qualität der Suppe (Z. 51 f., 91) zeugen ebenfalls von Nüchternheit, die sich bereits in einem gewissen Zynismus artikuliert.

b) *Johannas Erwartung: Mit der Aufklärung über die wahren, geistigen Genüsse das Elend besiegen. – Erwartungen der Arbeiter: Die „Schwarzen Strohhüte“ geben uns zu essen.*

4 *Die ausführlichen Szenentitel, die schon das Ende einer Szene „verraten“, entsprechen Brechts Auffassung, dass nicht Spannung auf den* ***Ausgang*** *des Geschehens wichtig sei, sondern Spannung auf den* ***Gang****. Die Aufmerksamkeit des Zuschauers soll auf die Frage gelenkt werden, wie es zu einem solchen Ausgang kommen konnte – und zu der weiterführenden Frage, wie, an welcher Stelle und unter welchen Voraussetzungen ein anderer – besserer – Gang denkbar wäre.*

S. 273

„Menschen rühren mich nicht“ – Widersprüchliche Charaktere

S. 273

Bertolt Brecht

Die heilige Johanna der Schlachthöfe (Bild 3)

1 *Verschiedene Facetten Maulers:*
- *Er behauptet nach wie vor, sich aus Erschütterung über das blutige Geschäft des Fleischers zurückgezogen zu haben (Z. 39 ff., 58 f.), während tatsächlich der Brief seiner Freunde in New York den Anstoß gegeben hatte (siehe Bild 1, S. 266 f. im Schülerbuch). Damit zeigt er sich als scheinheilig, unaufrichtig, verlogen.*
- *Als unfair kann man seine Äußerungen über seinen ehemaligen Teilhaber Cridle bezeichnen, den er*

einen schlechten Menschen nennt (Z. 33); im ersten Bild hatte er sich ihm gegenüber anders geäußert (vgl. S. 267 im Schülerbuch, Z. 31 f.).

- *Er äußert sich grundsätzlich verächtlich über die Armen bzw. über die Menschen allgemein (Z. 30, 64 f., 88 f.); das Menschenverachtende wird u. a. deutlich in seiner Anmerkung, das Ruinieren eines Konkurrenten sei „nur Geschäftliches" (Z. 35), und besonders durch die Kontrastierung mit dem (angeblichen) Mitleid mit den Ochsen (besonders Z. 92).*
- *Siehe Bild 1, S. 266 f. im Schülerbuch und die Hinweise dazu auf S. 300 f. in diesem Handbuch.*
- *Er kann nicht verstehen, dass jemand (gemeint sind die „Schwarzen Strohhüte") arbeitet, ohne Gewinn erzielen zu wollen (Z. 22 ff.); aber er fühlt sich merkwürdig berührt davon (Z. 75), wobei auch das ‚unwissende' Gesicht Johannas eine Rolle spielt (Z. 80 f.).*
- *Er gibt ihr Geld für die Armen, das er anderen abnimmt – von eigenem Geld ist ausdrücklich nicht die Rede (Z. 76 f.); dabei betont er, dass er „keinerlei Verpflichtung" fühle (Z. 78): Er handelt aus einer augenblicklichen ‚menschlichen' Laune heraus. Dazu passt, dass er auf Johannas Frage, ob er „nicht wirklich helfen" könne (Z. 83), gar nicht eingeht, sondern als Antwort nur das Handeln der „Schwarzen Strohhüte" lobt (Z. 85 ff.).*

2 a) *Johanna ist in ihren Äußerungen sehr direkt (v.a. Z. 11, 55), Mauler antwortet ausweichend (Z. 6 ff.), entschuldigend bzw. beschwichtigend (Z. 30, 35) oder geht überhaupt nicht auf sie ein (Z. 85 ff.; s.o.). Hierzu passt seine Äußerung, seine Stimme sei „Verstellung/ Gewohnt" (Z. 71 f.).*

b) *In diesem Zusammenhang wirkt Slifts Äußerung (Z. 46 ff.) entlarvend, vor allem durch die Verwendung des Verbs „schlachten" als Kennzeichnung für Maulers geschäftlichen Umgang mit Cridle.*

c) *Die Bausteine für einen Rollenmonolog Maulers sind in den vorangegangenen Aufgaben bereits erarbeitet worden. Der Monolog hat also im Wesentlichen die Funktion, das Erarbeitete perspektivisch-produktionsorientiert zusammenzufassen und „auf den Punkt" zu bringen. Wichtig sind folgende Elemente: ungläubiges Staunen über die Selbstlosigkeit bzw. das fehlende Gewinnstreben bei den „Schwarzen Strohhüten"; dabei kann Maulers eigene Einstellung – Gewinnstreben ohne jede Rücksichtnahme auf andere, die ja ohnehin nichts wert sind – deutlich herausgestellt werden. Hinzu kommt das menschliche Angerührtsein von Johannas „Unwissenheit", aber auch von ihrer Direktheit, die das Gegenteil seiner Gewohnheit ist, sich zu verstellen (vgl. Z. 71 f.), die er am Anfang der Unterhaltung gezeigt hat.*

„Reiche den Reichtum den Reichen" – Die Mittel der Verfremdung

S. 276

Bertolt Brecht

Die heilige Johanna der Schlachthöfe (Bild 11)

S. 276

1 *Der Grund für die Wiederaufnahme Johannas in den Kreis der „Schwarzen Strohhüte" ist ihr Ruf, eine Heilige zu sein, der mit ihrer Bezeichnung als „unsere liebe Frau vom Schlachthof" in einer Zeitung begründet worden ist (siehe die Inhaltsübersicht S. 268 im Schülerband, Z. 38 ff.). Snyder, der Major der „Schwarzen Strohhüte", macht dieses Motiv für die Wiederaufnahme deutlich mit den Worten in Z. 102 f. Die Einsichten in die gesellschaftlichen Strukturen, die Johanna gewonnen hat (siehe dazu die Erläuterungen zu Aufgabe 2), und die Konsequenzen, die sie daraus zieht (v.a. bezüglich des Einsatzes revolutionärer Gewalt), will und soll jedoch niemand hören, weshalb Johannas Äußerungen im wahrsten Sinne* *überschrien werden (vgl. Z. 21 f., 100 f., 110 ff.). So ergibt sich eine äußerst groteske Situation: Johanna wird auf Grund ihres Ansehens mit offenen Armen wiederaufgenommen, zugleich werden ihre Ansichten aber niedergebrüllt. Auf der Bühne kann man sich das nur als vielstimmiges Chaos und Kakophonie vorstellen.*

2 *Grundsätze oder Forderungen, die die verschiedenen Positionen zum Ausdruck bringen:*
- *Position Johannas: Auf Erkenntnisse müssen Taten folgen, die die Welt ändern (vgl. Z. 7 ff.). – Es herrschen „Ausbeutung und Unordnung" (Z. 58) und damit gesellschaftliche (strukturelle) Gewalt, und in einer solchen Situation kann auch nur Gewalt helfen (Z. 108).*
- *Position der Schlächter: Es muss „Unten und Oben geben" (Z. 36), und es ist normal und unvermeidlich, dass jemand, der nach oben steigt, „auf andre" steigt und nach unten tritt (Z. 65 ff.).*
- *Position der „Schwarzen Strohhüte": Eine solche Gesellschaftsordnung ist in der Tat unvermeidlich; wichtig ist nur, mit schlechtem Gewissen zu handeln (vgl. Z. 81 ff.) und mit ständiger Berufung auf „das herrliche [...] Gotteswort" (Z. 88 ff.).*

Damit zeigt sich endgültig, wie diametral die Positionen Johannas und der „Schwarzen Strohhüte" einander gegenüberstehen: Johanna fordert Handeln als Konsequenz aus gesellschaftspolitischen Erkenntnissen (vgl. Z. 7 ff.); für die „Schwarzen Strohhüte" dient die Erkenntnis der Fragwürdigkeit des „normalen" Geschäftsgebarens, die dem schlechten Gewissen notwendig zu Grunde liegt, lediglich als Bestätigung, dass man eben ein Gewissen hat, sie bleibt aber für das wirtschaftliche Handeln folgenlos.

3 *a) Der religiöse Grundton des „Chorals" wird vor allem durch den Jubelruf „Hosianna" deutlich, der beim Einzug Jesu in Jerusalem von der begeisterten Menschenmenge im Anklang an Psalm 118 gerufen wurde (Mt 21,9; oft auch in der Form „Hosanna").*

b) Der hier gesungene „Choral" ist in Wirklichkeit eine Parodie auf einen christlich-religiösen Gesang. Die christliche Haltung gegenüber der Gesellschaft wird in ihm völlig auf den Kopf gestellt: Nicht die Reichen und Mächtigen sind aus christlicher Sicht zu unterstützen, sondern im Gegenteil die Armen und Unterdrückten. Christlich ist die Haltung, die Johanna zeigt; die der anderen ist – trotz ihrer Berufung auf das „Gotteswort" (Z. 93) – zutiefst antichristlich.

c) Die Funktion des „Chorals" besteht darin, die Fragwürdigkeit der Haltung der Fleischfabrikanten und der „Schwarzen Strohhüte" pointiert bewusst zu machen. Dies gelingt gerade durch die religiöse „Einkleidung" einer völlig unchristlichen Einstellung: Der Widerspruch zwischen Inhalt und Form wird (von dem kundigen Zuschauer, den man hier voraussetzen muss) unmittelbar erfasst, der Zuschauer erkennt den Zynismus des „Chorals" und entwickelt spontan eine ablehnende Haltung.

4 *Von Brecht hier eingesetzte Verfremdungstechniken:*
- *Die „Schwarzen Strohhüte" müssten als eine christliche Organisation eigentlich die Position Johannas vertreten; dadurch, dass sie sich hier auf die Seite der Reichen und Mächtigen stellen, ist ihre Position „fremd" bzw. „verfremdet" und wird damit der kritischen Auseinandersetzung ausgesetzt.*
- *Dies geschieht u. a. durch den Widerspruch zwischen Form und Inhalt in dem „Choral" – ähnlich wie durch den vergleichbaren Widerspruch im ersten Bild, wo „unpassend" der Blankvers verwendet wurde (vgl. Schülerbuch S. 267, Z. 39 ff., und S. 300 unten, zu Aufgabe 2 a in diesem Handbuch): Das Vertraute wird durchbrochen bzw. aufgehoben; dadurch, dass sie nicht zueinanderpassen, werden sowohl der Inhalt als auch die Form „fremd" und damit im positiven Sinne „frag-würdig".*

S. 279

Bertolt Brecht

Kurze Beschreibung einer neuen Technik der Schauspielkunst, die einen Verfremdungseffekt hervorbringt

1 *Das Ziel der Verfremdungstechniken besteht für Brecht darin, beim Zuschauer „eine untersuchende, kritische Haltung gegenüber dem darzustellenden Vorgang" zu wecken (Z. 2 f.).*

2 *a/b) Bei einer Theateraufführung soll vermieden werden, eine bestimmte „Atmosphäre" (Z. 11) oder eine „Stimmung" (Z. 15) zu erzeugen, da dies – als magisch-hypnotische Elemente (vgl. Z. 8 ff.) – dem genannten Ziel zuwiderliefe. Demnach sollte z. B. im ersten Bild der „Heiligen Johanna" (vgl. S. 266 f. im Schülerband) auf der Bühne kein gediegenes Kontor mit schweren Eichenschränken und Ledersesseln aufgebaut werden, da die damit vermittelte Gemütlichkeit und „Gutbürgerlichkeit" den Zuschauer zu sehr gefangen nehmen und von dem durchtriebenen Charakter Maulers ablenken könnte.*
Dies ist sicher diskussionsfähig; interessant zu diskutieren ist auch, inwiefern Brechts Regieanweisung zu Bild 11, „Das Haus der Schwarzen Strohhüte ist nunmehr reich ausgestattet" (vgl. S. 276 im Schülerband), sich mit seinen eigenen theoretischen Überlegungen vereinbaren lässt. Hier könnte man argumentieren, dass andere Elemente wie die Choral-Parodie so deutlich das Ziel der Verfremdung verfolgen, dass eine „reiche" Ausstattung das nicht beeinträchtigt.

3 *a) Entstehung des Verfremdungseffekts – Vorschlag für ein Tafelbild:*

Brechts Beispiele für Verfremdung im Alltag

„Gegenstand" der Verfremdung	wie der Effekt entsteht
Uhr (Z. 33 ff.)	Frage → genaues Ansehen und Wahrnehmung als technisches Kunst- und Meisterwerk o. Ä., was über den üblichen bloßen Gebrauch hinausgeht
„Mutter als Weib" (Z. 44 f.)	Durch das Werben eines anderen Mannes (Stiefvater) um die eigene Mutter wird einem Mann bewusst, dass diese, außer dass sie seine Mutter ist, auch noch eine begehrte Frau ist.
Lehrer (Z. 47 ff.)	Dadurch, dass dieser „vom Gerichtsvollzieher bedrängt" wird, wird dem Schüler klar, dass der Lehrer nicht nur eine absolute Autoritätsperson ist, sondern jemand, der selbst höheren Autoritäten unterworfen ist.

b) Mögliche Ergänzung:

Weitere Beispiele für Verfremdung im Alltag

„Gegenstand" der Verfremdung	Möglichkeiten der Verfremdung	Mögliche Ziele/zu weckende Erkenntnis
Polizist	wird selbst bei einer Geschwindigkeitsüberschreitung erwischt	Polizist ist nicht nur Autorität, sondern möglicherweise auch selbst Verkehrssünder (und damit sozusagen „menschlich")

Weitere Beispiele für Verfremdung im Alltag		
schlechte Schülerin/schlechter Schüler	wird bei einem Unfall als Rettungshelfer/in erlebt	Schüler/in ist immer auch ein Mensch – unter Umständen ein hilfreicher
Motor oder anderes technisches Gerät	geschickte, evtl. farbige Beleuchtung	Gerät hat jenseits seiner Funktionalität auch eine ästhetische Seite
Beratungssituation (Politik, Wirtschaftsunternehmen ...)	Teilnehmer/innen sitzen in Badehosen um den Beratungstisch, evtl. auch in ungewöhnlicher Umgebung	Karikatur: Entlarvung des Anspruchs auf Ansehen, Würde, Autorität

Anmerkungen:
Wo es um Personen geht, kann man – um Verfremdung zu erreichen oder zu analysieren – gut mit dem Begriff der „sozialen Rolle" arbeiten: Personen, die man in der Regel in einer bestimmten sozialen Rolle erlebt, begegnet man mit den entsprechenden Rollenerwartungen. Verfremdung besteht hier darin, sie in anderen sozialen Rollen, die sie gegebenenfalls in anderen Situationen auch spielen, erlebbar zu machen.
Das letzte Beispiel (Beratungssituation, Teilnehmer in Badehosen) zeigt, dass Verfremdung auch karikierend wirken kann. Anders gesagt: Satire und Karikatur arbeiten häufig mit Verfremdungstechniken, wozu auch die Übertreibung gerechnet werden kann.

4 / **5** *Eine Aufstellung über Verfremdungstechniken in „Die heilige Johanna der Schlachthöfe" könnte z. B. so aussehen:*

Verfremdungstechniken	**Beispiel in der „Heiligen Johanna" (Bild-Nr./S./evtl. Z.)**	**Eigene Vorschläge zu Bild (Nr./S./evtl. Z.)**
Dramaturgische Mittel:		
Verlagerung der Spannung	– ausführliche Überschriften über den einzelnen Bildern (2d/270, 3/273)	
Unterbrechung/Kommentierung		– 1/266 f.: Mauler kommt an die Bühnenrampe und erklärt dem Publikum, dass er Cridle hereinlegt – 2d/270: ein Arbeiter singt einen Song über die Dummheit Johannas
Widersprüche	– wahrer und vorgeschobener Grund Maulers für seinen Rückzug aus dem Geschäft (1/267/30; ähnlich 3/274/59)	

Widersprüche	- Bekundung des Willens, „ein guter Mann zu werden" - im selben Atemzug Tipp, „was du machen mußt, daß Lennox/schnell fällt" (1/267/50 ff.) - Mauler lobt die Tätigkeit der „Schwarzen Strohhüte" und gibt ihnen Geld - aber nicht aus eigener Tasche (3/274/75 ff.)	
Sprachliche/formale Mittel:		
Umdeutung von Hochwertwörtern	- „Harmonie" als beschönigende Beschreibung (Euphemismus) der für die Reichen günstigsten Gesellschaftsordnung (11/277/42) - „gut sein" = „schweigen" (11/277/61)	
polemische Entlarvung	- Kommentar Slifts zu Maulers Selbstdarstellung (3/274/46 ff.)	
Widersprüche zwischen Inhalt und Form	- Maulers Rede in Blankversen (1/267/39 ff.) - „Choral" (11/278/110 ff.)	
Umgangssprache, Dialekt		- z. B. durch die Arbeiter (2d/270 ff.)
verräterische, entlarvende Wortwahl	- „Den reichen Cridle nun zu **schlachten**" (3/274/48)	
Einsatz von Redewendungen und Sprichwörtern	- In gewisser Hinsicht kann die stark stilisierte Sprache in Bild 11 in diesem Sinne gewertet werden, v.a. Z. 35 ff., 63 ff. (S. 276 f.); hier z.T. parodistische Anklänge an klassische Texte, z. B. Schillers „Glocke" und Goethes „Faust II"	- 11/277/Z. 38: „Viele sind berufen, aber nur wenige auserwählt." - „Ehre, wem Ehre gebührt."
gewollte Missverständnisse		- wörtliches Verstehen der Wendung „die Schlachthöfe zugemacht" i.S. einer Verharmlosung: vorübergehende Schließung (bei Nacht o.Ä.; 3/274/55)

13.2 Brechts Theaterkonzeption – Spiel mit Distanz

S. 281

Zeigen und Zitieren – Die Rolle des Schauspielers

S. 281

Bertolt Brecht

Der Gestus des Zeigens/Das Zitieren

1 *Die auf der Grundlage der beiden Texte von Bertolt Brecht erstellte Liste mit Anweisungen für Schauspieler könne z. B. so aussehen wie die folgende Tabelle; die einzelnen Punkte überschneiden sich dabei vielfach, da sie voneinander abhängig (interdependent) sind:*

Anweisungen für Schauspieler	Erläuterungen, Begründungen
In Erinnerung behalten, was du bei der ersten Begegnung mit einer Rolle (Rollentext) fremd, eigenartig, auffallend, merkwürdig fandest.	Das hilft dir, eine Identifikation zu vermeiden.
Nicht in eine Rolle hineinschlüpfen, dich nicht in die Rollenfigur verwandeln und dich nicht mit ihr identifizieren, sondern innere Distanz wahren; deutlich machen, dass du eben **eine Rolle spielst**, gewissermaßen etwas „vormachst": Gestus des Zeigens.	Das hilft auch dem Zuschauer, eine Identifikation, ein „Hineingezogenwerden" (s. auch Schülerband S. 279, Z. 6 ff.) zu vermeiden und die Distanz zu wahren, die die unerlässliche Voraussetzung ist für eine rationale Auseinandersetzung mit der Bühnenhandlung.
So spielen, dass auch Alternativen sichtbar/erahnbar werden.	Es soll deutlich werden, dass ein Verhalten nicht zwangsläufig und naturgegeben ist, sondern auch anders sein könnte.
Verwandle Gefühle in Gesten, die auf die Gefühle hinweisen.	Gesten als **stilisierte** Haltungen machen ebenfalls die Distanz zu dem Dargestellten (hier: dem Gefühl) deutlich und bringen sie damit gleichzeitig in den Fokus der rationalen Betrachtung.
Zeige die Gefühle einer Figur so, dass deutlich wird, dass sie diese Gefühle hat – und nicht du.	Auch hier geht es um die Distanz, also darum, rationale Wahrnehmung und Auseinandersetzung zu ermöglichen.
„Zitiere" eine Figur, d. h., sprich so, dass auch beim Sprechen deutlich wird, dass du nicht diese Figur bist. Das geht z. B. dadurch, dass du den Text der Figur sagst, aber ohne die sonst angemessene, etwa von Gefühlsregungen bestimmte Betonung.	

2 *a) Die Liste könnte z. B. so aussehen:*

Gefühle	Zeichen oder Gesten, die sie darstellen können
Trauer	zerbrochener Gegenstand
Freude	ausladende Gestik, erhobene und ausgebreitete Arme; angesteckte Blume
Angst	vor dem Körper aufgespannter Schirm

b) Bei der Erprobung kann man unterscheiden: Standbild oder kurze Szene. Zu erörtern wäre die Frage, ob die „Geste" aus sich heraus oder im Kontext verstanden werden kann, ob sie also geeignet ist, das Genannte zum Ausdruck zu bringen.

3 *Möglichkeiten, die Distanz zwischen Schauspieler und vorgeführter Figur auf der Bühne augenfällig zu machen:*

- *Kurze Ankündigung: „Als xy sage ich jetzt ..."; zu unterscheiden wäre hinsichtlich der Wirkung zwischen einer solchen Ankündigung im Indikativ und einer im Konjunktiv mit „würde".*
- *Auf der Bühne könnte ein inneres Spielfeld definiert sein, um das herum die Schauspieler/innen sich aufstellen; in dem Moment, in dem sie ihre Rolle zu spielen haben, gehen sie in dieses Feld und spielen, um gleich anschließend wieder ihre „Warteposition" außerhalb des Feldes einzunehmen.*
- *Die Schauspieler haben von ihren Figuren Pappfiguren in der Hand, die sie beim Sprechen jeweils hochhalten.*

Man muss sich natürlich die Sehgewohnheiten der Schülerinnen und Schüler bewusst machen, die geprägt sind von Medien, die auf Perfektion der Inszenierung setzen. Daher ist mit Irritation, Unverständnis und Widerspruch zu rechnen, vor allem wenn es um die Frage geht, ob nicht nur eine einzelne Szene, sondern ein ganzes Stück in dieser Weise gespielt werden kann und sollte. Wenn man dann über Vorteile und Nachteile diskutiert, ist man mitten in der Auseinandersetzung mit Brechts Dramenkonzept.

4 *Die Bedeutung der Distanz in Brechts Theaterkonzept:*
*Der **Zuschauer** soll das Geschehen auf der Bühne aus einer kritischen Distanz heraus verfolgen; denn nur diese Haltung ermöglicht es ihm nach Brechts Überzeugung, die gesellschaftlichen Mechanismen, die hier wirksam werden, zu durchschauen, was wiederum die Voraussetzung dafür ist, sie in der Realität zu verändern. Die verschiedenen Verfremdungstechniken, die Brecht entwickelt hat, sollen diese Distanz bewirken; sie reißen den Zuschauer immer wieder aus der Illusion heraus, ein tatsächliches (und gewissermaßen zwangsläufig genau so ablaufendes) Geschehen zu verfolgen. Eine dieser Verfremdungstechniken besteht darin, dass der **Schauspieler** selbst Distanz wahrt zu der **Figur**, die er auf der Bühne repräsentiert (nicht: verkörpert!). In seinem Spiel muss deutlich werden, dass er Schauspieler ist und bleibt, der aber vorübergehend so handelt wie eine bestimmte Figur.*

Man kann die Schülerinnen und Schüler auch den Zusammenhang in einem Schaubild darstellen lassen; dieses könnte etwa so aussehen (wobei man die in Klammern gesetzten Teile mündlich ergänzen könnte, sodass das Schaubild selbst noch übersichtlicher würde):

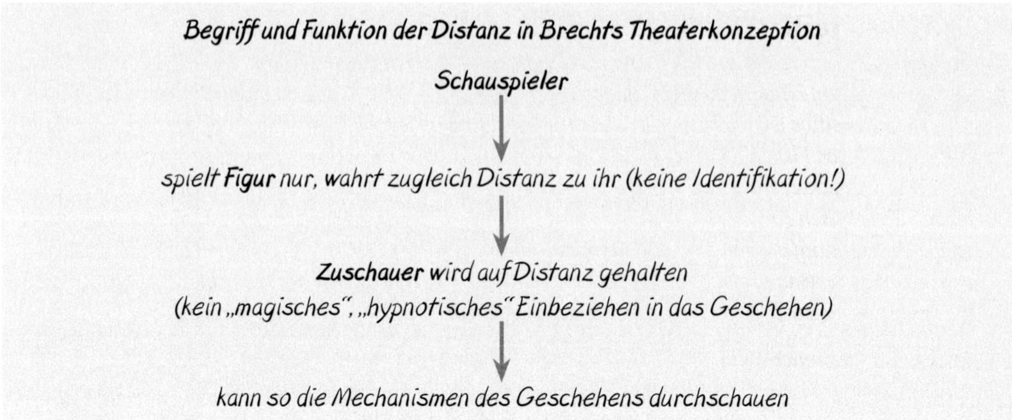

Eine andere Möglichkeit, die verschiedenen Facetten des Begriffs der Distanz in einem Schaubild darzustellen:

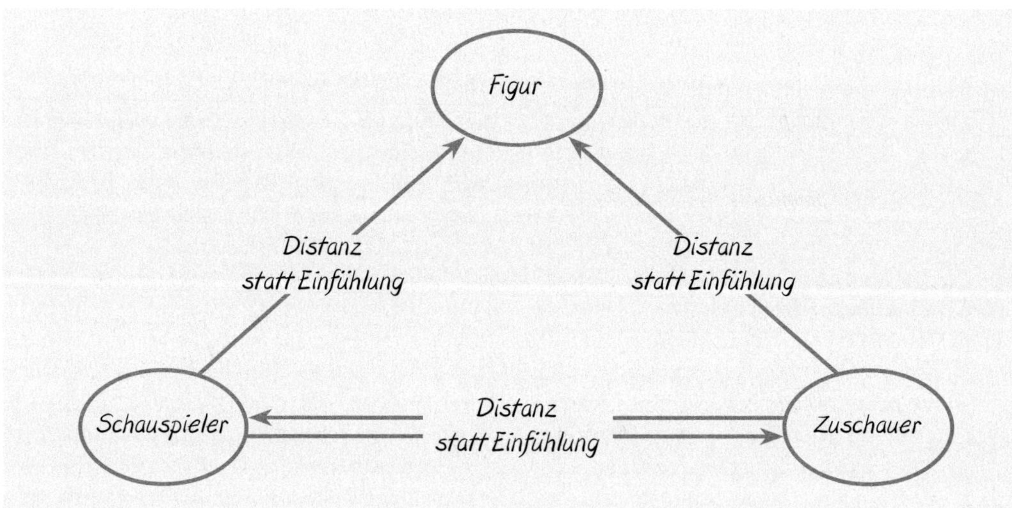

„... treib den Preis auf achtzig ...“ – Szenisches Spiel S. 283

Bertolt Brecht S. 283

Die heilige Johanna der Schlachthöfe (Bild 8)

1 *Erläuterung zum Hintergrund: Ein zweiter Brief aus New York hatte Mauler darüber informiert, dass wieder eine positive Entwicklung der Fleischpreise zu erwarten sei. Daraufhin kaufte er nicht nur sämtliche vorhandenen Fleischkonserven auf, sondern die gesamte Produktion der nächsten zwei Monate. Nach außen hin erweckte er so den Eindruck, er wolle damit den Fleischfabrikanten die weitere Produktion ermöglichen und den Arbeitern wieder Arbeit verschaffen. Gleichzeitig aber kaufte er heimlich auch das gesamte Vieh, das auf dem Markt war. Damit hat er die Konservenfabrikanten in der Hand: Er verlangt von ihnen die vertraglich zugesicherte Lieferung der Konserven; die Fabrikanten aber sind gezwungen, für das Vieh jeden geforderten Preis zu zahlen, damit sie ihren Vertrag erfüllen können.*

Im Schaubild könnten Maulers Geschäftspraktiken folgendermaßen dargestellt werden:

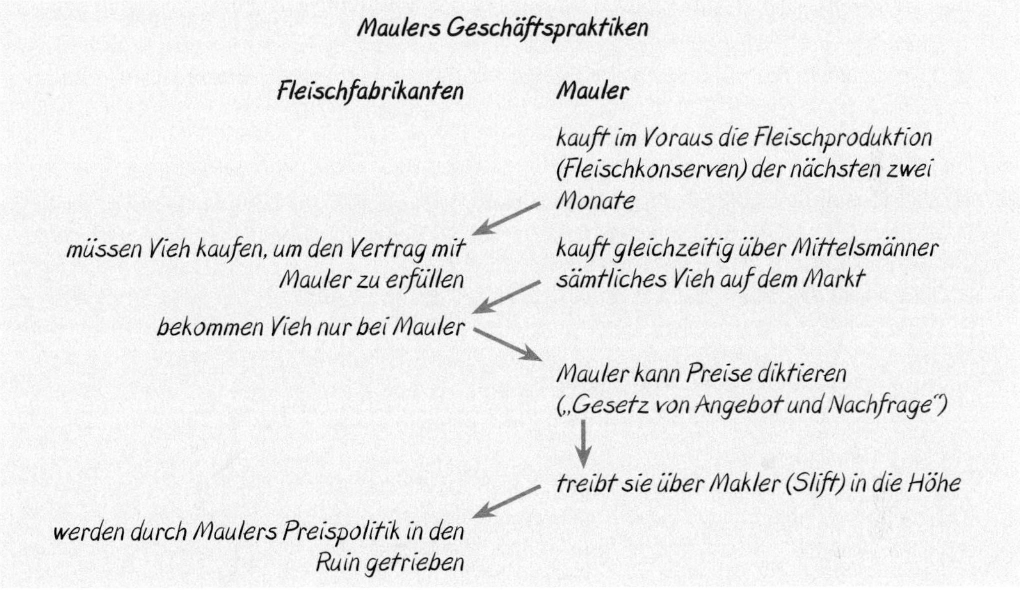

2 *Einige Spielanregungen:*

- *Z. 12: Slift nimmt Spielzeugschwein in die Hand.*
- *Z. 15 ff.: Betont emotionsloses, eher „leierndes“ Sprechen.*
- *Z. 36 ff.: Nimmt ein extra großes Messer aus Pappe in die Hand; hält es an ausgestrecktem Arm weit von sich und zeigt mit der anderen Hand darauf.*
- *Z. 44 ff.: Sprechweise wieder möglichst emotionslos.*

Siehe auch die Vorschläge zu Aufgabe 3 (S. 282 im Schülerband) auf S. 313 in diesem Handbuch. Reizvoll wäre es, zwei Spielweisen miteinander zu kontrastieren, wobei eine Gruppe die Szene möglichst realistisch spielt. Aus dem Vergleich ergeben sich interessante Diskussionen, die ebenfalls wieder zum Kern des Brecht'schen Theaterkonzepts führen.

S. 285

Klassisches und episches Theater – Theaterformen diskutieren

1 *a) Das Stück „Die heilige Johanna der Schlachthöfe" zeigt:*

- *wie skrupellose Geschäftemacher durch geschickte Manipulationen des Marktes andere in den Ruin treiben;*
- *wie soziale Einrichtungen (hier: die „Schwarzen Strohhüte") durch die Aussicht auf materielles Wohlergehen korrumpiert werden können;*
- *wie moralisch integere Gestalten (hier: Johann Dark) gerne als Aushängeschild und moralisches Feigenblatt vereinnahmt und missbraucht werden.*

Die Reaktionen, die Brecht vom Zuschauer des epischen Theaters erwartet („Die dramatische und die epische Form des Theaters", S. 285 im Schülerband, Z. 10–14), drängen sich hier unmittelbar auf.

b) Zur Erörterung der Frage, ob Brecht in dem Stück seine theoretischen Forderungen erfüllt hat: Verschiedene Techniken der Verfremdung sind überzeugend eingesetzt (vgl. Schülerband, S. 279 f.; dazu S. 310 f. in diesem Handbuch). Darüber hinausgehende Anweisungen für die Schauspieler enthält der Text nicht; der „Gestus des Zeigens" kann aber, wie dargestellt, an manchen Stellen realisiert werden. Hinsichtlich des Themas kann sicher konstatiert werden, dass die Entlarvung des skrupellosen Geschäftsgenies Mauler und seiner Helfer gelungen ist. Daher kann der Zuschauer durch dieses Stück durchaus „in seine reale Welt eingeführt werden, mit wachen Sinnen" (vgl. „Die gesellschaftliche Bedeutung des Theaters", S. 285 im Schülerband, Z. 13 f.).

2 *Mögliche Argumente für eine traditionelle Inszenierung wirtschafts- und sozialpolitischer Themen:*

- *Sie spricht nicht nur den Verstand an, sondern auch das Gefühl und macht daher mehr Spaß; dieser sollte im Theater nicht vernachlässigt werden.*
- *Ein ganzer Theaterabend, der nur den Kopf anspricht, ist anstrengend.*
- *Wenn der Zuschauer ganzheitlich angesprochen wird (eben Verstand und Gefühl), kann er auch ganzheitlich reagieren: Emotionen wie Zorn können ebenfalls dazu führen, dass er sich über entsprechende Situationen in der Realität Gedanken macht.*
- *Die Sehgewohnheiten sind heute von den elektronischen Medien geprägt, die auf möglichst realistische Inszenierungen setzen.*

Mögliche Argumente für eine Inszenierung nach dem „epischen" Modell:

- *Gerade wirtschafts- und sozialpolitische Themen lassen sich so besser auf die Bühne bringen; denn die Zusammenhänge sind so komplex, dass sie durch Techniken der Verfremdung besonders gut in den Fokus der Aufmerksamkeit gehoben werden können.*
- *Bei einer traditionellen Inszenierung besteht die Gefahr, dass die komplexen und zum Teil sehr speziellen Zusammenhänge in einem Wust von allzu Menschlichem untergingen; die Emotionen könnten zu sehr überwiegen, als dass noch rationale Überlegungen für die Realität entwickelt werden könnten.*
- *Traditionelle Inszenierungen eignen sich mehr für die Darstellung „menschlicher" Probleme im eigentlichen Sinne: Freundschaften, familiäre Probleme usw.*

13.3 Globalisierung – Theater im 21. Jahrhundert

Einige Hinweise zur Geschichte des Themas „Wirtschaft und Verantwortung" in der Dramenliteratur:
Die Frage nach der Verantwortung der Wirtschaft und nach den menschlichen und gesellschaftlichen Auswirkungen bestimmter wirtschaftlicher Verhältnisse und Praktiken hat Schriftsteller seit Beginn der industriellen Revolution im 19. Jahrhundert beschäftigt, wobei sich im Laufe der Zeit – entsprechend der Entwicklung der Wirtschaft selbst – der Blick geweitet und der Schwerpunkt verschoben hat: Ging es zunächst (z. B. in Gerhart Hauptmanns Schauspiel „Die Weber") „nur" um die Verantwortung des einzelnen Fabrikanten für seine Arbeiter, so nimmt Brecht in seinem Stück „Die heilige Johanna der Schlachthöfe" auf dem Hintergrund der Weltwirtschaftskrise 1929/30 schon größere (US-nationale) Zusammenhänge in den Blick. Der nächste Schritt, der sich logisch anschließt, ist eine Ausweitung auf die Weltwirtschaft und ihre Verflechtungen, wie sie seit einigen Jahren unter dem Begriff der „Globalisierung" diskutiert werden. In Urs Widmers Stück „Top Dogs" geht es z. B. um die Frage, was aus den Mitarbeitern einer Firma wird, die zum „Global Player" werden will (vgl. Z. 32) und dem Druck des Weltmarktes ausgesetzt ist. (Ein weiterer Auszug aus dem Stück findet sich in Kapitel 7.3 auf S. 144 im Schülerband.)

Urs Widmer

Top Dogs

S. 287

1 *Einige Vorschläge für die Habitusübung:*

Denkbare Haltung der Figuren		
	Bihler	Tschudi
Z. 1 ff.	sitzt aufrecht hinter einem Schreibtisch, Hände auf dem Tisch zusammengelegt	sitzt aufrecht vor dem Schreibtisch, Kopf leicht gesenkt
Z. 13 ff.	zeigt auf Tschudi	hebt den Kopf ruckartig
Z. 39 f.	abwehrende Handbewegung	beugt im Sitzen den Oberkörper nach vorne oder erhebt sich
Z. 64 f.	eher gleichgültige Geste, die die Normalität des Angebots betont	leicht nach vorne gebeugt, Arme in die Hüften gestemmt; oder: sich an den Kopf fassend
Z. 102 ff.	zunehmend in Abwehrhaltung: weicht zurück, streckt Arme nach vorne, schüttelt die Hände	zunehmend Machopose: steht sehr gerade, reckt Brust raus, wirft Kopf in den Nacken, um auf sein Gegenüber heruntersehen zu können
...	...	...

2 *In Z. 77 schlüpft Bihler aus seiner Rolle heraus und erklärt, dass er soeben seinen früheren Chef gespielt hat, und zwar in der Situation, in der dieser ihm seine Kündigung erklärt hat. Die eigentliche Wende aber findet in Z. 102 statt: Hier erkennt Bihler, der sich an seine Erfahrungen als Panzerfahrer erinnert, dass er durchaus das im modernen Geschäftsleben geforderte „Monster“ sein kann; in diese Vorstellung steigert er sich so sehr hinein, dass er sich (ab Z. 115) zu geradezu rassistischen Äußerungen hinreißen lässt (die möglicherweise sein wahres Ich zeigen). Tschudi, der das erkennt, reagiert abweisend mit der Äußerung: „Jetzt machen Sie aber einen Punkt.“ (Z. 121)*

3 *Wichtigste Argumente, mit denen Bihler in der Rolle des Firmenchefs die Entlassung Tschudis begründet:*
- *Tschudi hat sich zu sehr auf seinen Lorbeeren ausgeruht (Z. 13 ff.), also nicht mehr das erforderliche Engagement gezeigt.*
- *In dem neuen Geschäftsklima sind „härtere“ und jüngere Leute erforderlich (Z. 36 ff.); dies ist das Hauptargument, das im Folgenden in militärischen Bildern entfaltet wird.*

4 *Die Sprache ist militärisch, die Wirtschaft (Handel, Geschäft) wird metaphorisch als eine Form von Krieg beschrieben, und zwar als Guerilla- oder Partisanenkrieg (vgl. auch die Erwähnung des Vietnamkriegs, Z. 117). Das zeigen deutlich – außer dem Wort „Krieg“ selbst (z. B. Z. 41) – folgende Wörter: „Generäle“ (Z. 42 f.), „Dschungel“ (Z. 43), „draufhalten“ (Z. 44), „Flammenwerfer“ (Z. 45 f.) sowie die Aussagen: „Business, das ist Krieg. Blut und Tränen.“ (Z. 72 f.) und „Der Handel ist Krieg. Blut und Tränen.“ (Z. 92 f.)*

S. 289

attac & publik forum

Die Gefahren der Globalisierung

S. 289

Joseph E. Stiglitz

Der multinationale Konzern

1 *Die Tabelle könnte z. B. so aussehen (bei den Zeilenangaben steht „pf“ für publik forum und „St“ für Joseph E. Stiglitz):*

Folgen der Globalisierung	
positive	**negative**
- Die exportstarke deutsche Wirtschaft profitiert von weltweiten Absatzmärkten (pf, Z. 2 ff.). - Güter der Entwicklungsländer bekommen Zugang zu den Märkten der Industrieländer (St, Z. 42 ff.).	- Mehr Arbeitslose und weniger Demokratie (pf, Z. 1) - Transnationale Konzerne haben große arbeitsmarktpolitische Macht und können damit Politiker/innen unterschiedlicher Länder gegeneinander ausspielen (pf, Z. 7 ff.).

- Erzeuger in allen Ländern erfahren schnell von den Wünschen der Verbraucher (St, Z. 45 f.). - Wissens- und Technologietransfer in die Entwicklungsländer (St, Z. 48 ff.) - Kapitaltransfer in die Entwicklungsländer schafft dort Arbeitsplätze und fördert das Wirtschaftswachstum (St, Z. 51 ff.). - Entwickelte Länder erhalten zunehmend kostengünstige Güter, was den Kapitalmarkt positiv beeinflusst (St, Z. 58 ff.).	- Unterordnung der Politik unter die Wirtschaft zeigt sich v.a. in der Steuerpolitik: Steuern der Konzerne werden zunehmend gesenkt - auf Kosten der Bürger (pf, Z. 12 ff.). - Große Konzerne sind ein politischer Machtfaktor, sie können Staaten - z. B. mit Abwanderungsplänen - erpressen (St, Z. 20 ff.). - Sie sparen an Folgekosten (z. B. Krankenversicherungen) und überlassen sie oft den Ländern, in denen sie tätig sind (St, Z. 32 ff.).

2 a) *Einige Anregungen zu dem Problem, im Zeitalter der Globalisierung „die großen zeitgenössischen Stoffkomplexe auf der Bühne zu bewältigen“:*
- *zur Darstellung von Entscheidungen und Einflüssen internationaler Konzerne: Es könnten die Auswirkungen bei Betroffenen (Verbrauchern, Angehörigen der Unterschicht usw.) dargestellt werden, z. B. Erhöhung der Lebensmittelpreise. In Diskussionen (im Geschäft, in der Familie usw.) könnten Ursachen (eben Entscheidungen internationaler Konzerne) thematisiert werden;*
- *zur Art der Konflikte: z. B. in einem Konzern Auseinandersetzungen zwischen Vertretern rein marktwirtschaftlicher Positionen und solchen, die eher moralisch verantwortlich handeln wollen;*
- *zur Frage der Perspektive: z. B.: Gewinner – Verlierer; Konzernchef – seine Ehefrau – der Pförtner, der Chauffeur usw.*

b) *Anregungen/Stichwörter für eine Stückhandlung könnte man z. B. aus dem Wirtschaftsteil einer Tageszeitung bekommen.*

c) *Bei der Ausarbeitung sind vor allem folgende Aspekte zu beachten: Ausschärfung der verschiedenen Positionen – Entwicklung im Gespräch (Spannungskurve) – Regieanweisungen – traditionelle oder epische Anlage? (Letzteres wäre auch bei Teilaufgabe 2d zu berücksichtigen.)*

Lernerfolgskontrolle/ Themen für Klassenarbeiten

Bertolt Brecht

Die heilige Johanna der Schlachthöfe (Auszug aus Bild 10)

Auf dem Höhepunkt der Krise am Fleischmarkt kommt es in Bild 10 zu dem folgenden Gespräch:

DIE PACKHERREN UND VIEHZÜCHTER:
Erhabener Mauler, wolle dich bequemen
Aus deinen hohen Meditationen
Herabzusteigen zu uns! Bedenk das Chaos
Das alles überfluten würde, und nimm
Da du gebraucht wirst
Auf dich wieder, Mauler, das Joch der Verantwortung!
MAULER:
Ich tu's nicht gern. [...] Das ginge nur
Wenn's sanktioniert[1] würd in ganz großer Weis
Und als zum Wohl der Allgemeinheit unbedingt gehörend
Begriffen würd. [...] Denn nur durch
Äußerste Maßnahmen, die hart erscheinen könnten
Weil sie einige treffen, ziemlich viele sogar
Kurz: die meisten, beinah alle
Kann jetzt gerettet werden dies System
Von Kauf und Verkauf, das wir nun einmal haben
Und das auch Schattenseiten hat. [...]
Die Schwierigkeit, die uns bedrückt hat, hebt sich.
Elend und Hunger, Ausschreitung, Gewalt
Hat eine Ursach, und die Ursach klärt sich:
's gab zu viel Fleisch. Verstopft war
In diesem Jahr der Fleischmarkt, und so sank
Der Viehpreis in ein Nichts. Nun, ihn zu halten
Beschlossen wir, Packherr und Viehzüchter, gemeinsam
Grenzen zu ziehen der hemmungslosen Aufzucht.
Das Vieh, das auf den Markt kommt, zu beschränken
Und vom Vorhandenen auszuschalten, was zu viel ist, also
Ein Drittel allen Viehes zu verbrennen.
ALLE: Einfache Lösung!
SNYDER *meldet sich:*
Wär es nicht möglich, dieses viele Vieh
Wenn es so wertlos ist, daß man's verbrennen kann
Den vielen, die da draußen stehn und die's
So gut gebrauchen könnten, einfach zu schenken?

MAULER *lächelt:*
Lieber Herr Snyder, Sie haben
Den Kern der Lage nicht erfaßt. Die vielen, die
Da draußen stehen: das sind die Käufer!
Zu den andern:
Man sollt's nicht glauben.
Langes Lächeln aller.
Sie mögen niedrig scheinen, überflüssig
Ja lästig manchmal, doch dem tiefern Blick
Kann nicht entgehen, daß sie die Käufer sind!
Gleichwohl, sehr viele werden's nicht verstehen, ist es notwendig
Ein Drittel der Arbeiter auszusperren, denn
Auch Arbeit hat uns den Markt verstopft und muß
Begrenzt sein.
ALLE: Einziger Ausweg!
MAULER:
Und die Arbeitslöhne zu senken!
ALLE: Das Ei des Kolumbus!
MAULER:
Dies alles geschieht, damit nicht
In finsterer Zeit blutiger Verwirrung
Entmenschter Menschheit
Wo nicht mehr aufhören wollten in den Städten die Unruhen
(denn wieder ist Chicago erregt von den Gerüchten drohenden Generalstreiks)
Die rohe Gewalt des kurzsichtigen Volkes
Zerschlägt das eigene Handwerkszeug und zertrampelt den eigenen Brotkorb
Sondern zurückkehrt Ruhe und Ordnung. [...]
SLIFT:
Nun atmet auf, nun muß der Markt gesunden!
Der tote Punkt ist wieder überwunden.
Das schwierige Werk ist noch einmal getan
Und noch einmal behaupten wir den Plan
Und läuft die Welt die uns genehme Bahn.
Orgel. R

(Aus: Bertolt Brecht: Die heilige Johanna der Schlachthöfe. In: Bertolt Brecht: Werke. Große kommentierte Berliner und Frankfurter Ausgabe. Bd. 3, Stücke 3. © Suhrkamp Verlag, Frankfurt/M. 1988)

1 **sanktioniert:** „abgesegnet", als richtig erachtet und gewürdigt

Vorschlag 1:
Einen literarischen Text untersuchen

1 *Analysiere und interpretiere den vorliegenden Textauszug aus Bild 10:*

a) Arbeite die verschiedenen Standpunkte heraus.

b) Erkläre und bewerte sie aus deiner Kenntnis des Stückes und der Intention Bertolt Brechts.

c) Berücksichtige auch die Sprache in Z. 2–7 und 64 ff. Beschreibe ihre Besonderheit und erkläre sie aus deiner Kenntnis der Theaterkonzeption Brechts.

Vorschlag 2:
Produktiv-gestaltend zu Texten schreiben (mit Reflexionsaufgabe)

1 *Entwirf einen Dialog zwischen Mauler und Vertretern der Arbeiter. Dabei sollen die von Mauler geplanten Maßnahmen erläutert sowie ihre Folgen für die Arbeiter dargestellt und bewertet werden.*

2 *Der Dialog kann für die Arbeiter positiv oder negativ ausgehen. Nimm Stellung zu der Frage, welches der beiden denkbaren Ergebnisse aus der Sicht des Stückes logischer, das heißt eher zu vermuten ist. Bedenke dabei sowohl das Stück selbst, soweit du es im Unterricht kennen gelernt hast, als auch deine Kenntnis von Person und Anliegen Bertolt Brechts.*

Vorschlag 1: Erwartungshorizont/Lösungshinweise

1 a) *Bei* ***Mauler*** *geht es vor allem um seine marktwirtschaftliche Position; sie wird in den drei Maßnahmen deutlich, die er ankündigt. Teil dieser Position ist sein Menschen- bzw. Gesellschaftsbild, das sich vor allem in seinen abfälligen Äußerungen über das Volk zeigt.*
Hinsichtlich der marktwirtschaftlichen Äußerungen kann man wiederum unterscheiden zwischen sachlicher (eben marktwirtschaftlicher) Begründung und sprachlich-argumentativer Strategie.
Zu Maulers marktwirtschaftlichen Aussagen und der sachlichen Argumentation:
Die drei ankündigten Maßnahmen sind:
- *ein Drittel des Viehs soll verbrannt werden (Z. 29);*
- *ein Drittel der Arbeiter soll ausgesperrt werden (Z. 47);*
- *die Arbeitslöhne sollen gesenkt werden (Z. 52).*

Maulers Begründung ist rein wirtschaftlich und marktorientiert: Die Ursache der Misere sei ein Überangebot an Fleisch (Z. 20–24) und ein Überangebot an Arbeitskräften (Z. 48 f.). Das Erste führt zu einem Preisverfall, Letzteres bedingt zu hohe Lohnkosten.
Eine Art Oberbegriff in Maulers Argumentation ist der Begriff der „Ordnung", der von ihm sehr einseitig ausgelegt wird: „Ordnung" bedeutet für ihn die Wahrung des für ihn vorteilhaften ausbeuterischen „Systems" (vgl. Z. 16), das nicht gestört werden darf (daher auch die Betonung der „Ruhe", Z. 62).
Zu Maulers Äußerungen über das Volk:
Er äußert sich sehr abfällig über das Volk, das er als „niedrig", „überflüssig" und „lästig manchmal" bezeichnet (Z. 43 f.). Das passt zu seinen früheren Aussagen (vgl. z. B. im Schülerband S. 275, Z. 87 ff.) und weist ihn als einen kalten Misanthropen aus. Vor allem die Bewertung des Volkes als „überflüssig" macht das überdeutlich. Gleichzeitig ist sie paradox, denn wirtschaftlich gesehen braucht Mauler ja das Volk als Käufer.
Zur sprachlich-argumentativeren Strategie Maulers:
Die sprachliche Strategie Maulers stellt eine krasse Form der Beschwichtigung dar, die mit einer harmlosen Angabe beginnt und sich dann negativ steigert: „einige" → „ziemlich viele" → „die meisten" → „beinah alle" (Z. 14 f.); beschwichtigend oder eher beschönigend wirkt auch der Konjunktiv in Z. 13 („hart erscheinen könnten").
Die Strategie eines Eingehens auf mögliche Einwände im Sinne einer vorwegnehmenden Entkräftigung findet sich in der Feststellung „sehr viele werden's nicht verstehen" (Z. 46), der Mauler die Behauptung der Notwendigkeit der angekündigten Maßnahmen gegenüberstellt (Tatsachenbehauptung, verbunden mit einem Werturteil).

Die ***Packherren und Viehzüchter*** *(auch mit „Alle" gemeint) begegnen Mauler mit einer geradezu ehrfürchtigen Unterwürfigkeit (vor allem Z. 2–7) und äußern sich im Wesentlichen in begeisterter Zustimmung ohne eigenen Standpunkt.*

Snyder *schlägt vor, das („überflüssige") Fleisch nicht zu vernichten, sondern den Arbeitern zu schenken, da es bei der Vernichtung ja auch keinen Gewinn bringen würde. Er argumentiert hier aus einer christlich-wohltätigen Einstellung heraus. Die anderen argumentieren dagegen „knallhart" marktwirtschaftlich: Die Arbeiter sollen gezwungen werden, das Fleisch zu kaufen, was sie in dem Fall, dass sie es geschenkt bekämen, allenfalls in reduziertem Umfang tun würden. Maulers Aussage „Man sollt's nicht glauben" und das ‚lange Lächeln aller' (Z. 41 f.) zeigen deutlich die Arroganz derer, die die Marktmechanismen durchschauen und rücksichtslos nutzen, gegenüber dem christlich-menschlichen, aus ihrer Sicht aber auch dummen Snyder.*

b) *Zur* ***Erklärung und Bewertung*** *aus dem Kontext des Stückes und dem Anliegen Brechts:*
Das Verhalten vor allem der Besitzenden und Mächtigen passt schlüssig zu den Intrigen, die in dem Stück vorgeführt werden: Es geht um die rücksichtslose Durchsetzung der eigenen Interessen unter geschickter Nutzung marktwirtschaftlicher Mechanismen. Diese schonungslos aufzudecken und die menschenverachtende Haltung derer zu entlarven, die so agieren, war das Anliegen, das Brecht mit seinem epischen Theater verfolgte.

c) *Die* ***Sprache*** *bzw.* ***Form*** *in Z. 2–7 und 64 ff. ist ein Beispiel für* ***Verfremdungstechniken:***
In Z. 2–7 fällt vor allem die „unpassende" Wortwahl auf („Erhabener", „wolle ...", „hohen Meditationen", „Joch der Verantwortung"), daneben auch die Satzstellung mit dem parenthetisch eingeschobenen Kausalsatz in Z. 6.
In Z. 64 ff. fällt die gebundene Sprache auf (fünfhebiger Jambus, Reim), die ebenfalls nicht zu dem Inhalt „passt". Die Wortwahl wirkt gesucht und salbungsvoll. Der Kontrast zwischen Inhalt und Form ist eine Verfremdungstechnik, die Aufmerksamkeit wecken soll. Er hat hier natürlich auch deutlich satirischen Charakter; auch Übertreibungen wirken ja im Kern verfremdend.
Auf die Spitze getrieben wird die satirische Verfremdung durch die abschließende Regieanweisung „Orgel"; durch sie wird die „Ordnung" der Besitzenden religiös überhöht und damit gewissermaßen zu einer Ordnung göttlicher Art erklärt.
Dass hier auch in der ganzen Diktion Anklänge an eine religiöse Sprache zu konstatieren sind (vor allem in Z. 66 und 68), dürften die Schülerinnen und Schüler ohne entsprechende unterrichtliche Vorbereitung allerdings nicht erkennen können.

Vorschlag 2:
Erwartungshorizont/Lösungshinweise

1 *In dem Dialog wäre der* ***Standpunkt Maulers*** *auszuführen, wie er im Zusammenhang mit der analytischen Aufgabenstellung dargestellt und erläutert ist (s.o., S. 323 in diesem Handbuch): Die drei angekündigten Maßnahmen müssten von Mauler dargelegt und begründet werden. Maulers negative Äußerungen über das „Volk" dürften hier natürlich nicht vorkommen; sie müssten vielmehr ersetzt werden durch eine strategisch „verschleiernde" Argumentation, mit der Mauler die Maßnahmen als solche darstellt, die auch für das Volk die besten wären. Tenor: Maßnahmen, die die Wirtschaft insgesamt stützen bzw. wieder in Schwung bringen, kommen indirekt auch den Arbeitern zugute.*
Verbunden werden könnte das – nach entsprechender Vorbereitung im Unterricht – mit appellativen Elementen: mit einem Appell an die Opferbereitschaft im Interesse des Gemeinwohls.
Seitens der ***Arbeiter*** *sind die negativen Folgen der angekündigten Maßnahmen Maulers darzustellen, die in dem vorgelegten Text nicht ausdrücklich genannt werden, aber leicht erschlossen werden können. Sie ergeben sich vor allem aus der Kombination der drei Maßnahmen, die einander negativ verstärken: Senkung der Arbeitslöhne und vor allem Aussperrung bzw. Entlassung führen zu einer Minderung der Kaufkraft. Wenn gleichzeitig durch die künstlich herbeigeführte Verknappung des Lebensmittelangebots die Preise steigen, führt dies zu einer drastischen Zunahme des Elends in der Arbeiterschaft.*
Zur formalen Gestaltung: *Bei dem Dialog kann man – je nach Vorbereitung im Unterricht – bestimmte Elemente des Gesprächsverlaufs anwenden lassen: Spannungskurve, Umschlag- bzw. Bruchstellen usw.*

2 *Schlüssiger ist ein negativer Ausgang: Er entspricht dem Tenor der Darstellung Maulers und der anderen Fleischfabrikaten (textimmanentes Argument) und auch der – gerade hierin durch marxistisches Gedankengut geprägten – Intention Brechts, die geradezu tödlichen Folgen der gesellschaftlichen Verhältnisse (marxistisch: „Produktionsverhältnisse", vgl. S. 304 in diesem Handbuch) besonders deutlich herauszustellen.*

Literaturhinweise

Brecht, Bertolt: Die heilige Johanna der Schlachthöfe. Suhrkamp, Frankfurt/M. 1962 ([34]2006; edition suhrkamp 113)

Handlungsorientierter Literaturunterricht. Praxis Deutsch, Sonderheft. Friedrich, Seelze 2000

Knopf, Jan: Brechts „Heilige Johanna der Schlachthöfe“. Materialien. Suhrkamp, Frankfurt/M. [6]1986 (suhrkamp taschenbuch 2049)

Knopf, Jan: Brecht-Handbuch. Sonderausgabe in 2 Bdn. Metzler, Stuttgart 2002

Scheller, Ingo: Szenische Interpretation. Kallmeyer, Seelze-Velber 2004

14 Bildung im Medienzeitalter – Sachtexte und Medien

Konzeption des Gesamtkapitels

Das Kapitel greift eine wissenschaftspropädeutische Problemstellung auf: Wie nutzen wir Medien, welche Rolle spielen Printmedien (Texte) und elektronische Medien in Bildungsprozessen? Über Fragen wie diese informieren wiederum Sachtexte und Medien, die lesen zu können die „reading literacy" ausmacht, welche dann wieder in Form von Bildungsstudien länderweit evaluiert wird. So wird dreierlei gelernt: Es wird Orientierungswissen über das Leseverhalten und die Mediennutzung als Tätigkeiten erworben, es wird zu Fragen der Meinungsbildung (eben durch Medien) Stellung genommen und es werden unterschiedliche Textformate – informative Sachtexte, argumentative Texte, Medientexte wie Interviews, diskontinuierliche Texte wie Statistiken, Grafiken, Tabellen – auf ihren jeweiligen Informationswert hin geprüft.
Im ersten Teilkapitel (**„Wie bilden uns die Medien? – Informationsprozesse untersuchen und bewerten"**) stehen die Textprozesse im Vordergrund. Wie sind Medientexte aufgebaut, wie funktioniert die Informationsvermittlung durch Printmedien? Die Antworten auf die Fragen erfolgen wieder in Form informierender und argumentierender bzw. meinungsbildender Sachtexte. Dann geht es um die Bedeutung von Büchern und den Aufbau von Lesekompetenz. Dabei wird Lesen nicht isoliert von Mediennutzung gesehen, sondern – in Übereinstimmung mit den Ergebnissen moderner Leseforschung – als spezieller Teil einer umfassenden Medienkompetenz.
Im zweiten Teilkapitel (**„Bücher, Fernsehen und PC im Bildungswettstreit – Positionen schriftlich erörtern"**) wird am Beispiel des Lesens der Einstieg in den Diskurs über die Wechselwirkungen zwischen der Nutzung von Printmedien und elektronischen Medien vorgestellt und die textgebundene Erörterung eines populärwissenschaftlichen Textes eingeübt.
Das dritte Teilkapitel (**„Medienberufe – Bewerben, Vorstellen, Berichten"**) konzentriert sich auf das für Schülerinnen und Schüler äußerst interessante Themenfeld „Medienberufe" und auf spezifische Textsorten wie Bewerbungsschreiben, Lebenslauf und Praktikumsbericht.

Weiteres Übungsmaterial zu diesem Kapitel

Übungsmaterial im **„Deutschbuch Arbeitsheft 10"**
– Erörterung im Anschluss an eine Textvorlage: S. 16–18
– Teste dich! Textgebundene Erörterung: S. 19

Weitere Übungsmaterialien und Klassenarbeitsvorschläge unter **www.cornelsen.de/deutschbuch-gymnasium**

	Inhalte	Kompetenzen
S. 290	**14.1 Wie bilden uns die Medien? – Informationsprozesse untersuchen …**	**Die Schülerinnen und Schüler können** – eine Grafik in einen kontinuierlichen Text umsetzen;
S. 292	**Eigenarten und Wirkungen des Fernsehens** Text von N. Postman	– einen Text durch eine Concept-Map erschließen; – Theorien zur Wirkung des Fernsehens darstellen und sich mit ihnen auseinandersetzen; – einen medienkritischen Ansatz zum Fernsehen erörtern;
S. 295	**Lost in Cyberspace?** Text von S. Germann	– das Medium Internet unter dem Aspekt der Verlässlichkeit und Glaubwürdigkeit einschätzen; – einen medienkritischen Ansatz zu Computer und Internet erörtern;
S. 298	**Die Welt der Bücher – Warum wir trotzdem lesen** Texte von M. Frisch, C. Wolf, J. Baurmann/A. Müller	– pointierte Einschätzungen des Lesens als hoch geachtete Kulturtätigkeit bewerten; – einem Sachtext über das Leseverhalten Jugendlicher Informationen entnehmen und sie zu einer eigenen Stellungnahme benutzen.
S. 303	**14.2 Bücher, Fernsehen und PC im Bildungswettstreit – Positionen schriftlich erörtern**	**Die Schülerinnen und Schüler können** – in fünf Arbeitsschritten eine textbasierte Erörterung verfassen;
	Interview mit Stefan Aufenanger	– Sachinformationen und theoretische Aussagen aus einem Interview gewinnen;
S. 305	**1. Schritt: Den vorgegebenen Text sichten**	– sich einen Überblick über gebotene Informationen verschaffen, diese klären und ordnen;
S. 305	**2. Schritt: Sich eine eigene Meinung bilden**	– die gewonnenen Informationen in eigenen Worten formulieren und bewerten;
S. 306	**3. Schritt: Einen Schreibplan entwerfen**	– Gedanken für eine Einleitung finden; die Abfolge der Gesichtspunkte im Hauptteil festlegen; einen Gedanken für den Schluss formulieren;
S. 307	**4. Schritt: Den Text schreiben**	– die notierten Gesichtspunkte in einen diskursiven Text umsetzen;
S. 307	**5. Schritt: Den Text überarbeiten**	– überprüfen, ob die Positionen des Textes korrekt wiedergegeben sind und die eigene Position argumentativ abgesichert ist.
S. 308	**14.3 Medienberufe – Bewerben, Vorstellen, Berichten**	**Die Schülerinnen und Schüler können** – sich systematisch mit Aspekten der Berufswahl auseinandersetzen;
S. 310	**Die Bewerbungsmappe – Deine Visitenkarte**	– Grundkomponenten einer Bewerbungsmappe und eines Praktikumsberichts erarbeiten; – Bewerbungsgespräche trainieren.

14.1 Wie bilden uns die Medien? – Informationsprozesse untersuchen und bewerten

S. 291

2 *Die drei Kreisdiagramme informieren darüber, welche Medien und Bildungsmöglichkeiten/ Veranstaltungen Menschen in Schule und Hochschule (erstes Diagramm), bei der beruflichen Weiterbildung während der Arbeitszeit (zweites Diagramm) und für die allgemeine Weiterbildung (drittes Kreisdiagramm) nutzen. Mit „sonstigem Selbstlernen" bezeichnet die Studie, der die Grafik entnommen ist: „Selbstlernen in Form von Hausaufgaben sowie Vor- und Nachbereiten des Unterrichts" (Wo bleibt die Zeit? Die Zeitverwendung der Bevölkerung in Deutschland 2001/02. Hg. vom Bundesministerium für Familie, Senioren, Frauen und Jugend. Statistisches Bundesamt 2003). Nennen könnte man aber z. B. auch das Arbeiten mit Selbstlernkursen (etwa zum Erlernen einer Fremdsprache), sofern man das nicht unter „Bücher" verbucht. Zumindest kann man hier noch differenzieren.*

S. 292

Alles nur Show? – Eigenarten und Wirkungen des Fernsehens

S. 292

Erk Simon

Wie das Fernsehen den Zuschauer prägt

1 *Im Sinne der erforderlichen Nachhaltigkeit der Vermittlung von Methodenkompetenz ist es zu empfehlen, die auf den Seiten 64 bis 70 im Schülerband dargestellten verschiedenen Methoden/ Lesestrategien (überfliegendes/ orientierendes Lesen – gezieltes Lesen – intensives Lesen – kritisches Lesen) anwenden zu lassen. Man kann die Klasse teilen und die Methoden verteilen, um anschließend in einem Vergleich die je besondere Leistungsfähigkeit, aber auch die jeweiligen Grenzen jeder Lesestrategie zu erörtern.*

2 *Die folgende Concept-Map gibt den ersten Teil des Textes von Erk Simon wieder, vervollständigt also das im Schülerband angelegte Diagramm:*

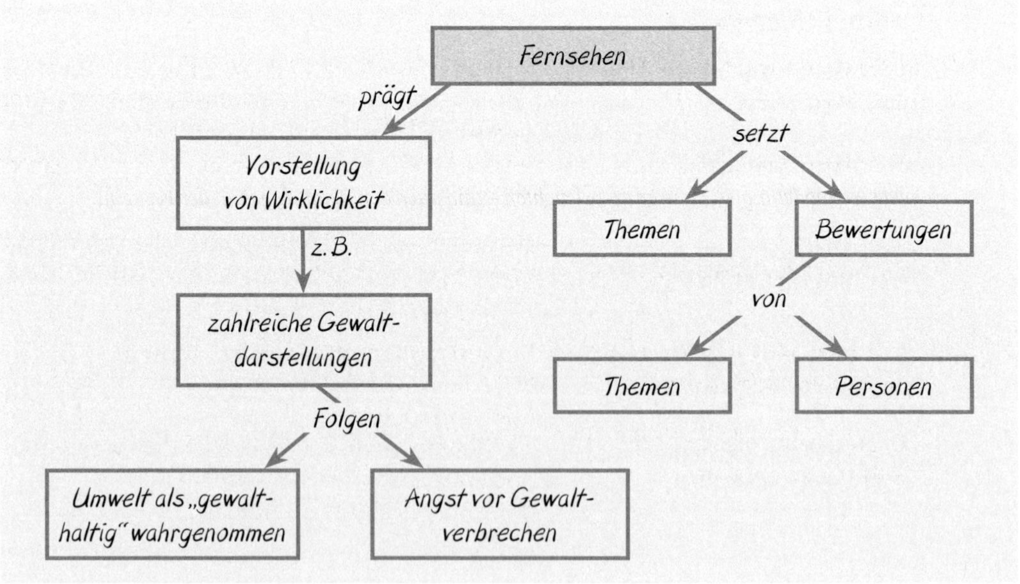

Eine Concept-Map für den zweiten Teil des Textes zu erstellen, ist schwieriger; sie zeigt aber auch, was das Verfahren leisten kann: Es bringt tatsächlich Klarheit in die gedankliche Struktur eines Textes:

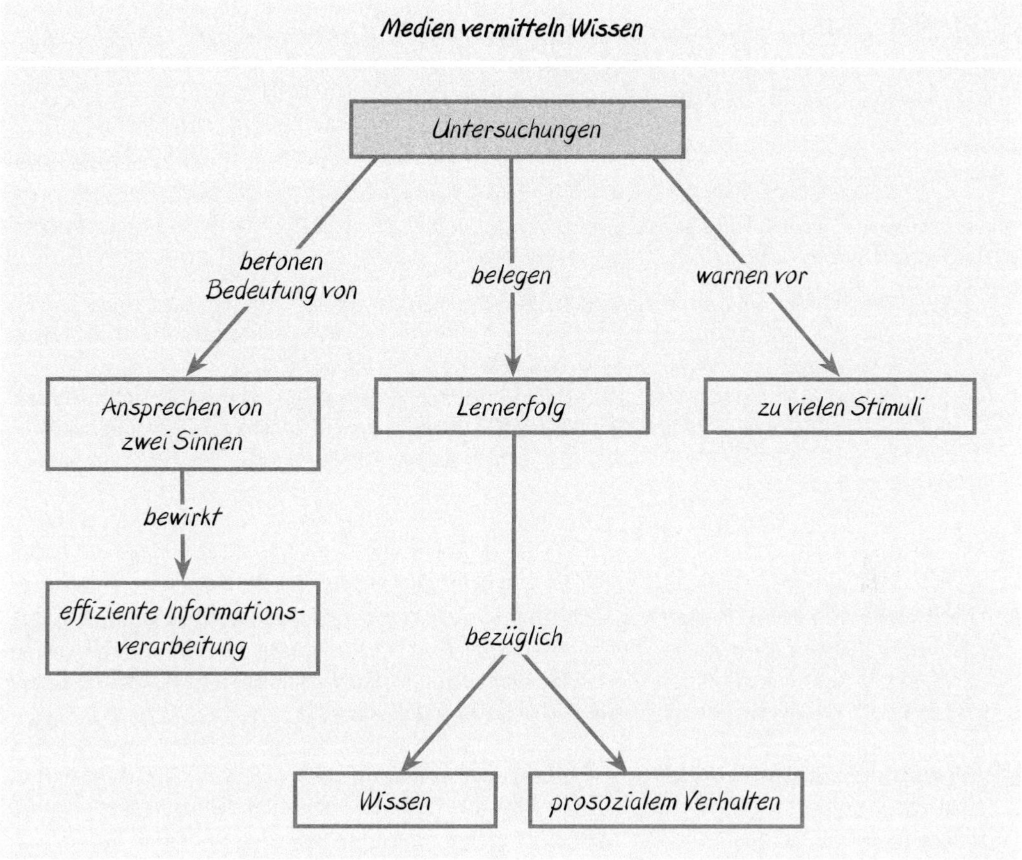

3 *a) Der Text definiert den Begriff „prosoziales Verhalten" einleuchtend als „freiwilliges Verhalten mit dem Ziel, anderen Gutes zu tun" (Z. 68 f.). Der Ton liegt auf der Freiwilligkeit; es geht also nicht um soziale Berufe und dergleichen. Die Schülerinnen und Schüler werden sicher aus ihrem Fernsehkonsum zahlreiche Beispiele nennen können. Interessant wäre es in diesem Zusammenhang, die Motive der verschiedenen modellhaften Figuren zu beleuchten – und auch den Realitätsgehalt der Fernsehsendungen zu diskutieren.*

b) Die Frage suggeriert bewusst eine gewisse Kritik an der möglicherweise einseitigen Darstellung im Interesse des Senders, der selbst Fernsehprogramme ausstrahlt. Aber die Darstellung ist insgesamt nicht einseitig: Im ersten Absatz wird auch die Gewaltproblematik thematisiert.
Insgesamt kann man hier die Frage aufwerfen, ob man in seinem Umfeld (Geschwister, Freunde, Nachbarn usw.) schon einmal eine – positive oder negative – Verhaltensprägung durch Fernsehvorbilder beobachtet zu haben meint. Interessant wären hier natürlich auch Selbstaussagen, die man aber eher weniger erwarten sollte.

S. 293

Neil Postman

Das Zeitalter des Showbusiness

1 *Die These, die Postmans Urteil über das Fernsehen zusammenfasst, könnte lauten: Das Fernsehen stellt alle Inhalte, auch die schlimmsten, als Unterhaltung dar und verharmlost damit die Wirklichkeit. Es eignet sich daher nicht für eine ernsthafte Beschäftigung mit der Realität.*

2 *a) Eigenarten der angesprochenen Nachrichtensendungen (einschließlich ihres Personals): ständiges und unerschütterliches Lächeln (Z. 7 f.), Aufforderung, „morgen wieder dabei zu sein" (Z. 22 f.), gutes Aussehen und Liebenswürdigkeit der Sprecher, Scherze, Musik, Filmbeiträge, Werbespots – alle abwechslungsreich und attraktiv (Z. 32 ff.).*

b) Beim Vergleich mit den Erfahrungen, die die Schülerinnen und Schüler selbst mit Nachrichtensendungen gemacht haben, kann man noch differenzieren zwischen den öffentlich-rechtlichen und den privaten Sendern und der jeweiligen Gestaltung von Nachrichtensendungen.
Ein ***eigenes Projekt*** *könnte man zur Untersuchung der so genannten „Wissensmagazine" durchführen, die viele Sender regelmäßig im Programm haben, z. B. „Kopfball" (WDR), „Quarks & Co." (WDR), „Planet Wissen" (WDR und SWR), „Einfach genial" (MDR), „nano – die Welt von morgen" (3sat), „Galileo" (Pro7).*

3 *Postman vertritt in der von ihm gewählten Textsorte Essay eine sehr subjektive Meinung, und er tut dies auf eine eigenwillige, subjektive, eben nicht „wissenschaftliche" Weise. Das wird in einigen Formulierungen besonders deutlich: in der Anmerkung zu dem „durch nichts zu erschütternden" Lächeln der Moderatorinnen und Moderatoren (Z. 7), in dem Wortspiel Z. 8 ff., in der provokativen Frage Z. 23 und in der Zuspitzung seines Standpunktes in Z. 47 ff., wo er „gutes Fernsehen" ausschließlich mit der „Wirkungsweise von Bildern" in Verbindung bringt und ihm jede Ernsthaftigkeit abspricht.*

4 *Bei der Diskussion dieser Zuspitzung von Postman – „dass ‚gutes Fernsehen' nichts mit dem zu tun hat, was man im Hinblick auf Erörterung, Urteilsbildung oder andere Formen sprachlicher Kommunikation als ‚gut' bezeichnen würde" – wäre bewusst zu machen, dass es im Fernsehen eine Reihe von Sendeformaten gibt, die durchaus und zu Recht den Anspruch erheben, etwa zur Urteilsbildung beizutragen. Außer auf (zumindest einige der genannten) Wissensmagazine (vgl. die Erläuterungen zu Aufgabe 2) wäre auf politische Magazinsendungen wie „Report" oder „Monitor" hinzuweisen.*

S. 295

Lost in Cyberspace? – Wege und Irrwege im Internet

1 *Wohl jeder hat schon einmal die Erfahrung gemacht, dass man sich im Internet „verlieren" kann. Das kann auch durchaus positiv sein: Man kann auf überraschende und interessante Dinge stoßen, die man gar nicht gesucht hat. „Verloren" fühlen kann man sich aber vor allem, wenn man verlässliche Informationen zu einem Thema sucht, weil oft nicht klar ist, ob eine Internetadresse seriös ist.*

2 *Vorzüge des Internets als Rechercheinstrument sind z. B. der Umfang des Informationsangebots und (im Prinzip jedenfalls) seine Aktualität. Der Umfang kann andererseits auch ein Problem darstellen, weil man Kriterien zur gezielten Auswahl braucht – abgesehen von dem in Aufgabe 1 angesprochenen Aspekt der Seriosität. Hinsichtlich der Aktualität ist festzustellen, dass auf vielen Internetseiten das Datum der Erstveröffentlichung einer Information nicht unmittelbar offensichtlich ist. Ein wesentlicher Aspekt ist also die Frage, ob eine Website gepflegt wird oder nicht.*

Eine Concept-Map könnte z. B. so aussehen:

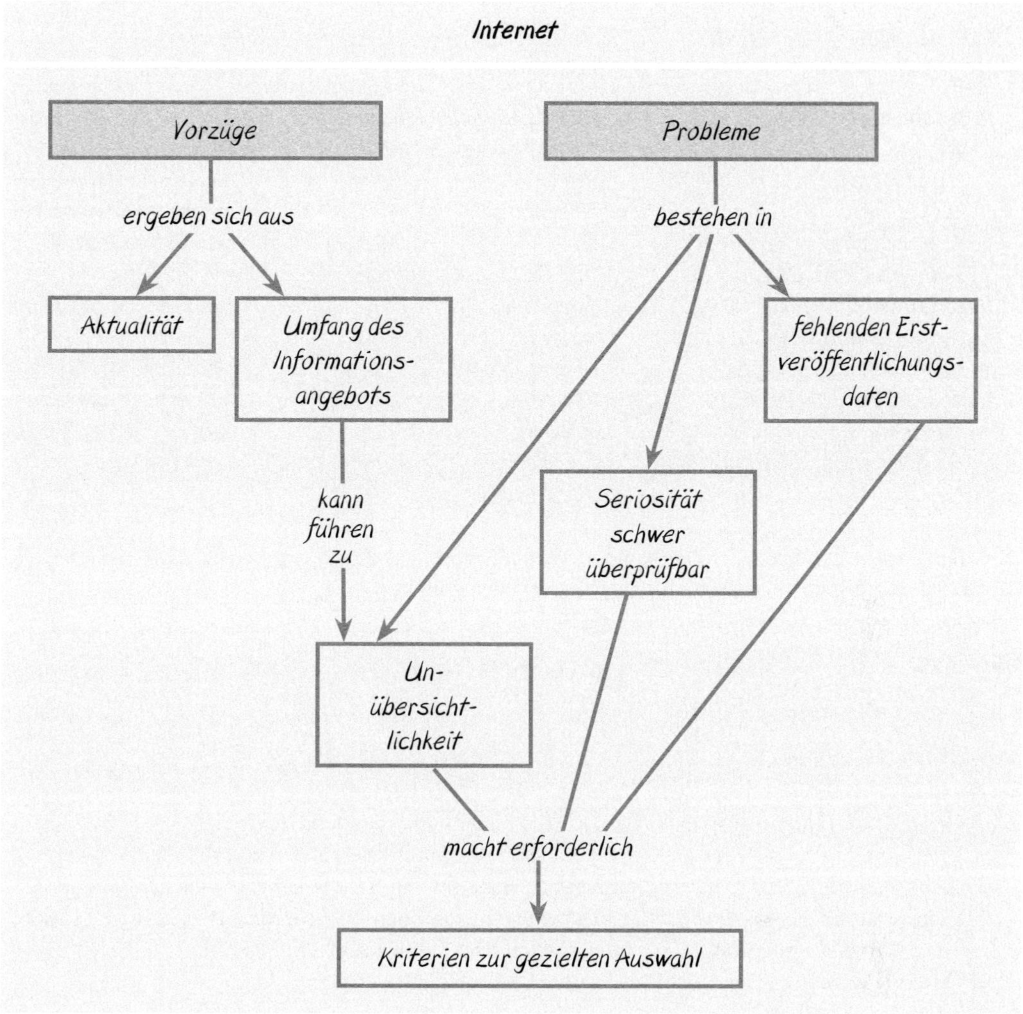

3 *Um zu vermeiden, dass man sich bei Recherchen im Internet „verliert", hilft außer der Berücksichtigung des Aspekts „Verlässlichkeit und ihre Überprüfung" (vgl. dazu den Text von Stefanie Germann, S. 295 f. im Schülerband) oft nur Selbstdisziplin, die auf Umwege (Ablenkungen) bewusst verzichtet.*

Stefanie Germann

Verlässlichkeit und Glaubwürdigkeit im Internet

S. 295

1 *Hier kann man auch Überlegungen noch einmal einbeziehen, die im Zusammenhang mit den Aufgaben auf S. 295 im Schülerband (vgl. S. 330 in diesem Handbuch) geäußert worden sind. Die Einbindung in die Tabelle führt zu einer sinnvollen Wiederholung und Fixierung des Gesagten sowie zu einer stärkeren Systematisierung und – in gewissem Rahmen – größeren Vollständigkeit.*

Die Tabelle könnte z. B. so aussehen:

Anhaltspunkte für zuverlässige Internetseiten	Signale, die besondere Vorsicht auslösen sollten	Hilfsmittel bei Unsicherheit
- bekannte Institutionen wie die ARD - Angabe des Betreibers einer Website (→ Impressum): signalisiert zumindest, dass jemand sich als verantwortlich bekennt, der ggf. aufzufinden ist - Hinweis darauf, dass die Seite gepflegt wird (z. B. durch Angabe des Datums der letzten Bearbeitung)	- Werbung auf einer Internetseite: die sonstigen Inhalte könnten von dem Finanzier dieser Werbung beeinflusst sein - fehlendes Impressum/unklare Urheberschaft: löst die Frage aus, ob jemand etwas zu verbergen hat oder sich zu einer Aussage nicht bekennen will - Ungewissheit über die Aktualität einer Seite	- stichwortartiger Abgleich ausgewählter Angaben mit entsprechenden Informationen aus anderen Quellen - Einholen von Informationen über einen Website-Betreiber, z. B. mit der „Domainabfrage" bei www.denic.de

Es ist festzuhalten, dass die Angaben in der ersten und der dritten Spalte gewisse Plausibilitätshinweise liefern, aber keine absolute Zuverlässigkeit garantieren können.

2 *a) Die Verfasserin macht deutlich, dass auch seriöse Betreiber von Internetseiten bestimmte Interessen vertreten. So wird auch eine Dokumentation wie die hier genannte (nämlich einer Rede der Bundeskanzlerin Angela Merkel) durch die Kontextuierung eine bestimmte Ausrichtung erhalten: Eine politische Partei wird die Rede eines eigenen Parteimitglieds in ein besonders positives Licht rücken; eine Nachrichtensendung nimmt selbst bei größtem Bemühen um Objektivität allein durch die Auswahl der gesendeten Ausschnitte und einleitende bzw. begleitende Kommentierungen bereits Akzentsetzungen vor.*

b) „Inhalteanbieter" könnten bei dem genannten Beispiel (Präsentation/Dokumentation des „neuesten Buchs von XY") – mit jeweiligen besonderen Interessen – sein: der Verlag, bei dem das Buch erscheint, eine Vertriebsorganisation (z. B. Online-Vertrieb), Buchhandlungen, Bibliotheken.

S. 296

Joseph Weizenbaum
Lernen kann ruhig schwer sein

1 *Zusammenfassung der Einstellung Weizenbaums zu Computer, Internet und „Edutainment" in einer These:*

- *Der Computer ist so gut wie die Gesellschaft, die ihn nutzt, weil die Gesellschaft die Werte definiert, die auch die Computernutzung bestimmen.*

Weitere Thesen des Autors:

- *Das Internet ist wertvoll für den, der es sinnvoll nutzen kann (vgl. dazu Aufgabe 2), es enthält aber auch viel Unsinniges („Schrott", Z. 12).*
- *Die Überzeugung, Lernen müsse immer Spaß machen („Edutainment" als Verbindung von Information und Unterhaltung), ist unsinnig, denn Lernen geht letztlich nicht ohne Anstrengung und damit nicht ohne Bereitschaft, Mühe auf sich zu nehmen.*

2 *Von Weizenbaum genannte wichtige Kompetenzen für den Umgang mit Computer und Internet sowie deren Erläuterung an Beispielen:*
- *Wissen, was man sucht (Z. 14): setzt die Kompetenz voraus, aus komplexen Zusammenhängen präzise Fragen zu entwickeln. Beispiel: Nicht allgemein und vage nach „Jugend und Medien" suchen, sondern etwa „Fernsehkonsum Jugendlicher" o.Ä.*
- *Skeptisch fragen/hinterfragen (Z. 28 ff.): Kompetenz der kritischen Auseinandersetzung mit Informationen und Meinungen; auch: Überwindung von Autoritätsgläubigkeit. Beispiel: Skepsis gegenüber den Aussagen bekannter Internetlexika, deren Qualität nicht immer als gesichert angesehen werden kann; gegenüber Darstellungen (Meldungen) auf der Startseite von Servern, gegenüber den Anbietern von Hausaufgaben oder Referaten im Netz. Oft sind hier finanzielle Interessen im Spiel.*
- *Angebotene Informationen interpretieren (Z. 36 f.): Kompetenz, zu erkennen oder zumindest in Erwägung zu ziehen, dass auch scheinbar sachliche und nüchterne Information von Interessen gesteuert sein können (vgl. Stefanie Germann in Schülerbuch S. 295, Z. 9 ff.). Beispiel: (Übertrieben betonte) Warnungen vor bestimmten Gefahren können zurückgehen auf Anbieter von Schutzprogrammen.*

3 *Kompetenzen, die Jugendliche – der Studie „Jugend – Werte – Medien" zufolge – durch Medienrezeption ausbilden:*
- *paralleles Medienhandeln: gleichzeitige Nutzung verschiedener Medien (z. B. PC und Radio), ohne dass diese sich gegenseitig neutralisieren;*
- *Schnelligkeit: sowohl mental (Reaktionen in Computerspielen, in denen Entscheidungen zu fällen sind) als auch im Sinne von Fingerfertigkeit;*
- *vernetztes Denken und gute Orientierung in so genannten Hypertext-Strukturen: Bezüge zwischen verschiedenen Informationsblöcken sehen und nutzen; Verweisstrukturen erkennen;*
- *Selbstlernkompetenzen: „Learning by Doing" – aus Irrtümern und Fehlern Schlüsse ziehen, um sie künftig zu vermeiden;*
- *Aufgeschlossenheit und Kompetenz in moralischen Fragestellungen zu den Medien: Auseinandersetzung z. B. mit der Frage der Gefährlichkeit bestimmter Computerspiele.*

4 *Entsprechend dem Kapitelthema beschränken sich die folgenden Stichworte auf den Bereich Bildung/Informationsbeschaffung und -verarbeitung. Computerspiele und ihre Problematik bleiben ausgespart.*

Computer und Internet	
Vorzüge	**Nachteile**
- schnelle und einfache Informationsbeschaffung	- (v.a. spezielle) Informationen nicht immer überprüfbar
- umfangreiche Informationen auf Grund der weltweiten Vernetzung - Zugriff auf sonst nur schwer zugängliche Quellen (Archive, Datenbanken)	- Unübersichtlichkeit des Angebots auf Grund seiner Fülle und mangelnden Strukturiertheit
- aktuelle Informationen	- Aktualität oft nicht nachprüfbar, weil Datumsangaben fehlen
- Erlangung von Medienkompetenz	
- einfache Verarbeitung der Informationen: übersichtliche Archivierung (Dateistruktur), leichte Zitatübernahme	- Gefahr des Missbrauchs, z. B. nicht gekennzeichnete Übernahme fremder Gedanken („Gedankendiebstahl")

S. 298

Die Welt der Bücher – Warum wir trotzdem lesen

Das Verhältnis von Mediennutzung und Lektüre bei der Informationsbeschaffung verschiebt sich, einschlägigen Untersuchungen zur Sozialisation und Enkulturation Jugendlicher zufolge, in Richtung der elektronischen Medien. Gleichzeitig belegen spezifischere Untersuchungen zur Entwicklung von Lese- und Medienkompetenz, dass die Medienkompetenz in direktem Abhängigkeitsverhältnis zur Lesekompetenz steht. Das heißt: Das Lesenkönnen ist eine Basiskompetenz, auf der auch die Fähigkeit zu selbstständiger und umfassender Nutzung elektronischer Medien basiert. Die Systeme der Schrift, der Printmedien, der Bücher sind nicht nur die ältesten und traditionsreichsten, sie sind auch die kognitiv „bildenden" Systeme für Kommunikation und Informationsgewinnung.

S. 298

Meinungen zum Lesen

1 *Zu dem Bild „Lesende Dame in Blau" von Henri Matisse:*
Henri Matisse malt die lesende junge Frau als eine über die Lektüre Nachdenkende. Folgende (sehr einseitige) Aussagen über das Lesen lassen sich aus dem Bild „ablesen":
- *Lesen ist eine sehr individuelle Tätigkeit: Die Lesende sitzt allein am Tisch, das Buch auf dem Schoß.*
- *Lesen und Nachdenken oder Nachsinnen gehören zusammen: Die Lesende sitzt nachdenklich auf ihrem Stuhl, sie stützt den Kopf in die Hand.*
- *Lesen ist eine Tätigkeit, die eher mit Muße als mit Arbeit verbunden ist: Blumen auf dem mit einer Tischdecke bedeckten Tisch zeigen an, dass hier nicht am Arbeitsplatz gelesen wird, sondern ein Ruhebereich aufgesucht worden ist.*
- *Lesen ist eine weibliche Tätigkeit: Die lesend nachsinnende Person ist eine junge, bürgerlich gekleidete Frau.*

2 *a) Slogans, die die in den Zitaten geäußerten Meinungen über das Lesen zusammenfassen:*
- *Lichtenberg: Lesen bildet den Geist./Lesen hält den Geist lebendig.*
- *Marcel Proust: Beim Lesen blickst du in einen Spiegel./Jeder Leser liest vor allem sich selbst.*
- *Ulrich Greiner („Die Zeit"): Romanlesen ist eine Art, aus der Wirklichkeit zu fliehen./Romanlesen ist Flucht in Scheinwelten.*

b) Weitere Meinungen zum Lesen:
- *„Viele Menschen befinden sich heute, wenn sie ein Buch lesen, in keinem natürlichen Zustand, sondern fühlen sich einer Operation unterworfen, in die sie kein Vertrauen haben." (Robert Musil: „Nachlass zu Lebzeiten")*
- *„Ich muss gestehen, ich lese nicht zu meinem Vergnügen, ich suche weder Entspannung noch Ablenkung noch andere Freuden dieser Art. Ein Buch ist für mich eine Schaufel, mit der ich mich umgrabe." (Martin Walser: „Erfahrungen und Leseerfahrungen")*
- *„Welchen Leser ich wünsche? Den unbefangenen, der mich,/Sich und die Welt vergisst und in dem Buche nur lebt." (Goethe/Schiller: „Xenien")*

Noch mehr Meinungen zum Lesen aus dem Internet:
- *Zahlreiche Zitate zum Lesen finden sich unter http://de.wikiquote.org/wiki/Lesen.*
- *Zur Lesekompetenz vgl. z. B. www.lesen-in-deutschland.de (Suchbegriff „Lesekompetenz"): „Lesekompetenz: Führerschein für die Datenautobahnen der Zukunft" – „Lesekompetenz beinhaltet grundlegende kognitive Fähigkeiten, die für den Umgang mit allen Medien wichtig sind." – „Leser sind die kompetenteren Mediennutzer."*

Max Frisch

Beim Lesen

S. 299

Max Frisch ist – wie sein berühmter französischer Schriftstellerkollege Marcel Proust – der Meinung, dass Lesegenuss Selbstgenuss und Selbstbespiegelung ist. Bücher sind dabei wie Personen, denen man begegnet, wie Gespräche, in denen man eigene Gedanken entwickelt, fremde Formulierungen als passend für diese empfindet, sie als Anregungen nutzt weiterzudenken. Davon unterscheidet er kluge Bücher, die den Leser einschüchtern, die reich sind an Gedanken, aber gerade dadurch nicht inspirieren, sondern erschlagen, weil sie belehren oder überzeugen wollen.

1 *Der Leser ist in Frischs Tagebucheintrag Gesprächspartner des Buches, das er liest. Er ist in erster Linie an sich selbst, der Entwicklung eigener Gedanken interessiert. Daher sind Bücher, die ihm den Eindruck vermitteln, dass er schon in ihrer Richtung gedacht hat, sodass selbst das nicht Niedergeschriebene von ihm „gelesen" werden kann, die wichtigen. Der Leser ist der eigentlich aktive Partner. Der Prozess der Lektüre ist weniger Informationsentnahme, eher Informationskonstruktion.*

2 *Eine mögliche Bestätigung der Argumentation Frischs: Bücher und Texte, die bereits ausgebildete und entwickelte Sichtweisen bereichern und bestärken, werden mit Genuss gelesen, z. B. Hefte der Zeitschrift „Geo", deren Artikel das bereits angelegte eigene ökologische Denken durch neue Informationen bereichern.*
Eine mögliche Kritik an Frischs Zweiteilung: Gerade Bücher, die „inhaltsreich" und „belehrend" sind, können einen Leser „reicher" machen. Es kommt auf den Leser an, ob es ihm Vergnügen bereitet dazuzulernen – oder ob er sich durch ein reichhaltiges Informationsangebot eher belästigt fühlt. Ein Sachbuch, etwa die „Chronik der Jahrhunderte", ist kein Buch, das für ein Selbstgespräch geeignet wäre, aber es ist auch nicht „verstimmend", wenn es Sachverhalte darstellt und keine Dialogangebote enthält.

Christa Wolf

Tabula rasa

S. 299

Christa Wolfs „Gedankenexperiment" gehört in den Kontext der Erziehung des Volkes durch Lesen, Teil der Volksbildungsarbeit des Kulturministeriums der DDR. Es ist ein Lob des Lesens, das zur Identitätsbildung und zur Enkulturation des Einzelnen unabdingbar nötig ist.

1 *Schülerinnen und Schüler von heute weigern sich oft, den Gedanken Christa Wolfs zu folgen. Sie haben die Märchen nicht über Bücher, sondern über Hörkassetten kennen gelernt, die Sagen aus Filmen und die Fabeln über Comics. Es sind auch nicht immer die von Christa Wolf genannten kanonischen Themen und Figuren, die sie als bedeutungsvoll empfinden. Viel wichtiger waren für sie Figuren der Kinder- und Jugendliteratur, Kindersendungen des Fernsehens, die hier nicht genannt sind. Insofern ist der Text für sie der Text einer Erwachsenen aus der vergangenen „Gutenberg-Galaxis".*

2 *Fernseh- und Interneterfahrungen sind in aller Regel flüchtiger als Buch- und frühe Leseerfahrungen. Das liegt – zahlreiche Lektürebiografien, die von Schülern und Studierenden angefertigt worden sind, belegen das – auch daran, dass das frühe kindliche Lesen mit intensiven sozialen Kontakten verbunden ist. Das abendliche Vorlesen vermittelt nicht nur die Inhalte der Bücher, sondern auch die Nähe der vorlesenden Mutter oder des vorlesenden Vaters.*

3 *Weitere Leseerfahrungen, die Christa Wolf erwähnt, sowie Wirkungen, die der Lektüre zugeschrieben werden:*

Einzelheiten des Gedankenexperiments	**Wirkung**
Don Quijote, Gulliver, die schöne Magelone = Helden der Weltliteratur	die „jubelnde Erleichterung über die Rettung eines Helden" erfahren
der Donnerer Zeus, die Weltesche, Adam und Eva/das Paradies = Helden und Motive der antiken und der germanischen Mythologie, der christlichen Religion	Verschiedenartigkeit und Ähnlichkeiten unterschiedlicher Völker entdecken
Troja, Faust = Anspielung auf Kanonwerke der Weltliteratur	vermitteln ein Gefühl für „schön" und „hässlich", „gut" und „böse", leiten an zum Vergleichen und Urteilen
Lektüre insgesamt	durch Nacherleben des Anderen „sich selbst sehen lernen", (Selbst-)Bewusstsein ausbilden, „Differenzierung des psychischen Apparats", Staunen lernen

4 *Einige Materialien für eine Pro-Kontra-Diskussion:*

These: Ein Kind, das wenig oder nichts gelesen hat, gleicht einer „Tabula rasa", einer leeren Festplatte.

Pro-Argumente	**Kontra-Argumente**
Die von Christa Wolf aufgeführten Texte der Weltliteratur sind persönlichkeitsbildend und bereichernd; fehlten sie, fehlte dem Menschen Zeitbewusstsein, Selbstbewusstsein, moralisches Bewusstsein.	Die Figuren der Weltliteratur werden auch über die Medien bekannt gemacht. Es ist also nicht Lektüre notwendig, um Eindrücke und Erfahrungen zu speichern und zu verarbeiten.
Schon das Lesen als Tätigkeit ist etwas, das den Charakter formt.	Nichtleser leiden keineswegs an „geistiger Auszehrung", wie Christa Wolf meint. Es gibt viele Kanäle, über die wir Erfahrungen aufnehmen und bearbeiten können.
Lesen beschäftigt und stärkt die Fantasie, denn die Buchstaben müssen in innere Vorstellungen umgewandelt werden.	Fantasieanregend können auch fantastische Filme sein. Es ist sogar möglich, dass Bilder und Figuren aus Filmen („Herr der Ringe", „Harry Potter") intensiver wirken als das Lesen der verfilmten Bücher.
…	…

S. 301

Jürgen Baurmann/Astrid Müller

Wie Kinder und Jugendliche Sachbücher lesen und nutzen

Der informative Sachtext entstammt der Zeitschrift „Praxis Deutsch", die sich weitgehend an Lehrer richtet, aber darauf achtet, allgemein verständlich zu formulieren.

1 *Zusammenfassende Wiedergabe des Inhalts und der Argumentation des Artikels:*
Das schnelle, auf Informationsgewinn abzielende Lesen muss eigens gelernt werden. Sachtexte werden auch von Schülern „angenommen", die mit Erzählliteratur kaum zum Lesen zu motivieren sind. Die Auswertung von Studien zum „Leseverhalten in Deutschland" erbringt als wichtigste Ergebnisse zum einen eine wachsende Bedeutung des Computers für die allgemeine Befriedigung von Informationsbedürfnissen, zum anderen eine Veränderung der Leseweisen: Die Lektüre wird häufig unterbrochen, mehrere Texte werden parallel gelesen, es wird deutlich selektiv gelesen. Dieses Patchwork-Lesen wird als Reaktion der Jugendlichen auf die Informationsfülle gedeutet. Sie ändern dabei ihren Interessenhorizont: Vom kindlichen Lesen zur Fantasiebefriedigung wechseln sie zum Sachtextlesen. Jungen vollziehen diesen Wechsel häufiger als Mädchen. Auch literarische Texte, die der Deutschunterricht anbietet, sind Opfer dieses „Genrewechsels".

2 *Hier ein Auszug aus der Lesebiografie einer Schülerin der zehnten Klasse, die einen Interessenwechsel, aber keinen Genrewechsel zeigt:*

Besonders schön war es, wenn wir bei unserer Oma übernachtet haben. Sie hat uns aus dem Buch „Die Häschenschule" oder „Die Vogelhochzeit" vorgelesen. Ich fand die Bilder darin schön und die Geschichten waren jedes Mal aufs Neue interessant.
In der Schule konnte ich es kaum erwarten, richtig lesen zu lernen. Für meinen Geschmack ging das viel zu langsam. Meine ersten richtigen Bücher waren dann solche, in denen Bilder in den Text eingearbeitet sind. Diese Bücher habe ich immer wieder gelesen.
In der Schule haben wir eigentlich auch recht schöne und spannende Bücher gelesen. Toll fand ich die „Vorstadtkrokodile" und „Insel der blauen Delfine". Ab der neunten Klasse kam ich langsam auf den Geschmack von Büchern, die in Afrika oder Südamerika spielen: „Die weiße Massai", „Wüstenblume", „Die Sklavin". „Ende der Regenzeit". Dabei gefallen mir besonders die Beschreibungen der Lebensgewohnheiten. Mit den Büchern bin ich schon in viele Länder gereist.
Im letzten Jahr habe ich einige Biografien gelesen. Liebesgeschichten lese ich nicht so gern, weil sie vorhersehbar und oft unrealistisch sind.
Natürlich lese ich auch Zeitschriften. Ich freue mich auf das nächste Heft von „Wendy". Das ist irgendwie ein ganz anderes Lesen, als Bücher zu lesen. Auch Werbung kann man zwischendurch lesen. (Franziska)

3 *Einige Argumente für die Stellungnahme zu der These: „Sachbücher sind geeignet, die allgemeine Lesebereitschaft von Jugendlichen zu erhöhen":*
Pro:
- *Jugendliche lernen (nicht nur in der Schule), dass es für Beruf und Studium von großer Wichtigkeit ist, genau, schnell und zügig lesen zu können.*
- *Für das Informationslesen sind Sachbücher wichtiger als Erzählungen.*
- *Sachbücher sind häufig durch Illustrationen, Fotos, Grafiken erweitert. So wird man auf mehrfache Weise informiert und zugleich unterhalten.*

Kontra:

- *Das Sachbuchlesen entwickelt sich in einem Alter, in dem die allgemeine Lesebereitschaft eher abnimmt. Es ist also schwer vorzustellen, dass Sachbücher die Lesebereitschaft erhöhen. Auch wenn es stimmen mag, dass der Wechsel des Leseinteresses einen Teil desselben erhalten könnte.*
- *Das Sachbuchlesen wird vor allem den Jungen zugeschrieben, die insgesamt weniger lesen als Mädchen. Wenn nun deren Interessen durch Computernutzung ebenso (oder besser) befriedigt werden können, wie soll es zugehen, dass Sachbücher ihre Lesefreude steigern?*
- *Die meisten Sachtexte sind eher langweilig. Wenn schon, dann lese ich lieber Erzählungen.*

Der folgende **Zusatztext** macht auf einen weiteren, oft „vernachlässigten" (Z. 25) Aspekt aufmerksam:

Klaus Ulrich Pech

Sachliteratur schafft Leseerlebnisse – auch Jungen

Sachliteratur besitzt, zusammen mit Schul- und Lehrbüchern, religiösen, politischen, gewerkschaftlichen Programmschriften, verbandsbezogenen Traktaten, Spielanleitungen, Gebrauchsanweisungen mehr den Status der nicht fiktionalen Literatur, kann sich jedoch aller erzähltechnischen Mittel der fiktionalen Literatur bedienen. Sie will auf zumeist ausgeklügelte Weise Wissen vermitteln, aber nicht der vom Wissen abhängige Fachmann, nicht der Spezialist oder Fachmann sind die Adressaten, sondern die von diesem Wissen gänzlich unabhängigen Laien und Dilettanten. Sachliteratur steht mit institutionalisierten Lernkontexten in engem Wettbewerb, aber rezipiert wird sie zumeist in freiwilliger und privater Lektüre. Sie ist primär belehrende Literatur, nüchtern und objektiv, aber sie ist auch ebenso gut als mitreißendes und spannendes Fantasiematerial und zur Ausbildung von Genussfähigkeit geeignet. [...]
Sachliteratur bietet nicht nur Gratifikationen für das Erarbeiten und Vermehren von Wissen, sondern auch – und dieser wichtige Aspekt wird oft vernachlässigt – analog zur Belletristik eine affektive Qualität des Leseerlebnisses. Sie bietet Unterhaltung, Evasion, Tagträumerei und imaginierte Wunscherfüllung, also durchaus lustzentrierte Gratifikationen.
Kennzeichnend jedoch für die Sachliteratur ist nicht die offene, sondern die verdeckte Fantasieanregung. Dieser Aspekt ist wichtig für die männlichen Leser, denn gerade ihr Leseinteresse bezieht sich, aus mancherlei kulturellen und gesellschaftlichen Prägungen, auf sachorientierte Literatur. Das heißt also, dass männliche Leser auf Fantasieanregung durch Bücher nicht verzichten müssen. Nüchternheit und Sachlichkeit stellen sich schützend vor den emotionalen Aspekt. Das offensichtlich Belehrende ist geradezu „Camouflage"[1] des Interesses an der Fantasieanregung, an Emotionalität und an Evasion.

(Aus: Klaus Ulrich Pech: Produktive Spannungen. Sachliteratur zwischen Bildungserwartungen und Marktbedingungen, Medienkonkurrenz und Freizeitbedürfnissen. In: Wieso, weshalb, warum ... Sachliteratur für Kinder und Jugendliche. Beiträge zu Jugendliteratur und Medien, 15. Beiheft. Juventa, Weinheim/München 2004, S. 15–18)

1 **Camouflage:** Tarnung, Maskierung

1 *Formuliert die Aussagen Pechs als Thesen*
- *zum Verhältnis von fiktionaler und nicht fiktionaler Literatur;*
- *zum Unterhaltungs- und Bildungswert der Sachliteratur;*
- *zum besonderen Verhältnis männlicher jugendlicher Leser zu Sachtexten.*

14.2 Bücher, Fernsehen und PC im Bildungswettstreit – Positionen schriftlich erörtern

Die textgebundene Erörterung arbeitet mit Texten *als Vorlagen.* Zum Thema „Bücher, Fernsehen und PC im Bildungswettstreit" gibt es keine einhellige Meinung – im Gegenteil: Es gibt die Position, dass der Fernsehkonsum und der PC das Lesen als Tätigkeit in den Hintergrund treten lassen; es gibt die Gegenposition, dass die Leser die besseren PC-Nutzer und die selbstständigeren Fernsehnutzer sind; und es gibt die Auffassung, dass das Ziel einer differenzierten Förderung von Lese- und Medienkompetenz sein sollte, dass ein Leser vom Zappen durch die Programme über die Nutzung von gedruckten Informationsblättern und Rezensionen in Zeitungen über das Fernsehprogramm bis hin zur Recherche im Internet oder zur Fachtextlektüre und zur eskapistischen Romanlektüre alle Rezeptionsweisen beherrscht und situationsadäquat anwendet. Die unterschiedlichen Positionen werden selten in *einem* Text vorgestellt. Eine textgebundene Erörterung muss also meistens irgendwann ihre Bindung an die Vorlage überwinden und Kontextinformationen heranziehen.
Im modernen Deutschunterricht wird daher sehr häufig zu dem Thema, das den Rahmen der textgebundenen Erörterung bildet, ein Portfolio angelegt, in dem Schülerinnen und Schüler sammeln können, was sie zum Thema finden. Sowohl der Vorlagentext als auch die Portfoliotexte können dann Argumente für eine Erörterung liefern. In der in diesem Teilkapitel vorgestellten Unterrichtseinheit kann z. B. der Text von Baurmann/Müller aus dem ersten Teilkapitel (S. 301 f. im Schülerband) als Ergänzung zu dem vorgelegten Interviewtext mit dem Direktor der Stiftung Lesen (S. 303 f. im Schülerband) herangezogen werden.

Stefan Aufenanger S. 303

Leseförderung ist Teil der Medienerziehung

Kerngedanken des Interviews: Aufenanger erklärt Probleme der Lesekompetenz von Jugendlichen auch als Problem der Schule, weil diese die Lesemotivation nicht eben erhöhe. Um hier einzugreifen, denkt er vor allem an ein verändertes Verhalten der Grundschullehrerinnen und Bibliothekarinnen. Sie sollten mehr auf die Bedürfnisse von Jungen eingehen. Er ist darüber hinaus der Meinung, dass das wertende Gegeneinanderausspielen von Computernutzung und Lesen wenig hilfreich ist: „Jede Form der Abwertung kinder- und jugendaffiner Medien – wie etwa Handy, Computer oder Internet – führt nur zur Verweigerung des Lesens." (Z. 60–63)
Zur Begründung seiner Meinung verwendet er einen sehr weiten Begriff des Lesens. Auch das Verstehen von Bildern, Symbolen oder Filmen gehört für ihn zur Lesekompetenz. Es geht ihm um „Sinnverstehen" (Z. 71) als Grundlage für das „Verstehen von Welt" (Z. 72). Das ist sehr allgemein gedacht, eignet sich aber besonders, um das Erziehungsverhalten der Eltern auch für die Entwicklung von Lesekompetenz in Anspruch nehmen zu können. Nur wenn der Medienumgang wichtige andere soziale Aktivitäten im Alltagsleben (Freunde, Sport) beeinträchtigt, sollten sie erzieherisch eingreifen. Vereinbarungen über die zeitliche Nutzung (etwa des Computers) sollten getroffen und die kreativen Möglichkeiten genutzt werden. Von „Drillprogrammen" hält Aufenanger nichts.
Seine These: „Leseverstehen kann am besten im Rahmen eines allgemeinen Sinnverstehens gefördert werden; dazu können alle Medien gleichermaßen beitragen", ist im Folgenden von den Schülerinnen und Schülern zu erörtern.

S. 305

Die Schritte der textgebundenen Erörterung

S. 305

1. Schritt: Den vorgegebenen Text sichten und darin enthaltene Aussagen sammeln

1 *Überblick über den Text:*
- *Probleme der Schule mit der Lesemotivation, besonders von Jungen*
- *Die besondere Rolle der weiblichen Lehrpersonen und Bibliothekarinnen, die zu wenig auf Sachbücher, Actiongeschichten und Sciencefiction eingehen*
- *Fehler der Eltern, die das Lesen gegen den Fernsehkonsum und den Computer ausspielen*
- *Flexibler und selbstbestimmter Mediengebrauch wird nur erlernt, wenn alle Medien gleichermaßen im „Angebot" sind.*

Das Thema des Interviews:
- *Mangelnde Lesekompetenz der Jugendlichen ist nur zu kompensieren, wenn die Angebote von Schulen, Büchereien, Kindertagesstätten den Kindern und Jugendlichen eigene Entscheidungsspielräume zugestehen.*

2 *Weitere Fragen an den Text:*
- *Was meint die Redaktion, wenn sie fragt, ob die „gleichzeitige Benutzung verschiedener Medien" sinnvoll oder die Ansicht, durch Medienkonsum werde „zu viel Aufmerksamkeit vom Buch abgezogen", richtig sei? (Z. 48 ff.)*
- *Was bedeutet ein „selbstbestimmter Medienumgang" im Kinderzimmer? (Z. 88)*
- *An welche „Drillprogramme" denkt Aufenanger, wenn er vom Computer in Kitas spricht? (Z. 106 ff.)*

3 *Hier werden die gesammelten Aussagen des Textes in eine zweispaltige Tabelle eingetragen (damit später zu jeder einzelnen Aussage von den Schülerinnen und Schülern eine „eigene Meinung" hinzugefügt werden kann).*

4 *Sprache und Stil:*
Die Fragen der Redaktion sind manchmal provozierend gestellt, z. B.: „Wäre es sinnvoll, eine Nichtleserforschung zu betreiben?" (Z. 4 f.) Die fragende Reporterin resümiert Forschungsergebnisse und mischt eigene Schlussfolgerungen darunter: „Der Trendbericht Kinder- und Jugendbuch 2006 hat gezeigt [...]. Was muss sich [...] ändern [...]?" (Z. 19 ff.)
Aufenanger ist vorsichtig in seinen Aussagen: „die Probleme sind sicher durch unterschiedliche Faktoren zu erklären" (durch welche?) (Z. 6 ff.), „Auch scheinen in deutschen Schulen [...]" (Z. 14 ff.), „Zwei Dinge erscheinen [...] (Z. 29 ff.), „meines Erachtens" (Z. 58 f.), „Mir scheint" (Z. 64), „aus meiner Sicht" (Z. 99 f.) usw. Er benutzt das Modalverb „sollen" im Konjunktiv (Z. 36, 84, 86, 101, 102 und öfter), er verwendet Sätze, die Konsens garantieren („Wer angemessen im Internet recherchieren will, der muss lesen können", Z. 54 ff.), und gibt allgemeine Ratschläge („Man sollte sich für das Lesenlernen aber nicht zu viel vom Computer versprechen", Z. 108 ff.). Aufenanger antwortet eher sachlich als emotional. Hypotaktischer Satzbau (mit vielen Parenthesen) und eine Wortwahl mit Fremdwörtern und ungewohnten Komposita (z. B. „Buchpräferenzen", Z. 33, „jugendaffin", Z. 61, „Sinnverstehen", Z. 71, „familiale Medienerziehung", Z. 84 f.) zeigen ein hohes Sprachniveau; gleichwohl ist der Text allgemein verständlich.

2. Schritt: Sich eine eigene Meinung bilden

S. 305

Die „eigene Meinung" der Schülerinnen und Schüler wird eine Mischung aus Vorwissen, Voreinstellung und aktueller Lektüre sein. Deshalb ist es wichtig, dass zum Thema, das bei der textgebundenen Erörterung vorgelegt wird, bereits im Vorfeld der Erörterung Material und Texte gesammelt und besprochen worden sind. Die Möglichkeit, ein entsprechendes Rahmenthema zu vereinbaren und ein Portfolio anzulegen, wird immer häufiger im Unterricht genutzt.

5 *Aufenangers These, „verschiedene Wege" (Z. 40) zu nutzen, um Schülerinnen und Schüler gleichermaßen zum Lesen zu motivieren (was auf den Wunsch nach Binnendifferenzierung im Unterricht hinausläuft), wird sicher Zustimmung erhalten. Auf der anderen Seite stehen die Erfahrungen vieler Schülerinnen und Schüler, dass Vorlesestunden die Lesemotivation stützen, dass es aber schwer ist, einen Lesestoff zu finden, der alle befriedigt. Leseerlebnisse wie „Vorlesestunden" sind eben auch soziale Erlebnisse, die nicht ohne Weiteres an Gruppen delegiert werden können.*
In gleicher Weise können die in Aufgabe 3 zusammengestellten Positionen kommentiert werden. Es wird sich zeigen, dass die Schülerinnen und Schüler nicht alle pädagogischen Überlegungen Aufenangers (z. B. das empfohlene pädagogische Vertrauen der Eltern auf die bereits vorhandene Medienkompetenz der Kinder, Z. 86 ff.) durch eigene Erfahrungen stützen.

3. Schritt: Einen Schreibplan entwerfen

S. 306

6 a) *Möglicher Einleitungssatz:*

Aus Anlass des Trendberichts der Stiftung Lesen zum Kinder- und Jugendbuch wird der wissenschaftliche Direktor der Stiftung Lesen, Prof. Dr. Stefan Aufenanger, interviewt. Es geht um die in der Folge der PISA-Studie zutage getretene mangelnde Lesekompetenz deutscher Jugendlicher.

b) *Stichpunkte zur Aktualität und gesellschaftlichen Relevanz des Themas: Jungen lesen noch weniger als Mädchen, im Verlauf der Schulzeit lässt die Lesemotivation nach, Lesekompetenz ist aber erforderlich, auch zur Nutzung des Computers usw.*

7 a) *Das im ersten Schritt (s.o.) formulierte Thema dient zugleich als Zusammenfassung.*

b) *In einem Interview ist die Argumentationsstruktur eine Abfolge von Gesichtspunkten, die vom Fragenden aufgerufen und vom Interviewten beantwortet werden. Insofern entsteht hier eine „Reihung", die nicht immer eine logische Folge abbildet.*

8 *Im Zentrum des eigenen Standpunkts der Schülerinnen und Schüler kann entweder eine eigene Erfahrung (wie verhalte ich mich selbst als Leser/in?) oder eine allgemeine Meinung stehen (z. B. Schüler/innen sollten selbst bestimmen, was sie lesen sollen./Das Informationslesen kommt in der Schule zu kurz./Man sollte Lesen zu Informationszwecken vom Lesen als Freizeitbeschäftigung trennen usw.).*

9 *Im Schlussteil kommt es auf pointierte Formulierungen an, die den Schreiber/innen schon während des Entwurfs für den Schreibplan (etwa als Zwischenüberschriften für einzelne Abschnitte des Hauptteils) einfallen, z. B. „Der Computer und der MP3-Player im Kinderzimmer sind nicht die Feinde der Bücher, sondern sie bilden mit allen Spielzeugen zusammen die ‚Lernumgebung' der Kinder."*

10 *Carla sieht in ihrem Textauszug das Verhältnis von Interesse, Lesen, Computerrecherche und Schreiben etwas zu idealistisch. Sie verkennt, dass man nur selten bis zu einem Projekt, einem Infostand oder einer Broschüre kommt, wenn man sich für ein Problem interessiert.*
Karsten gibt einen Erfahrungsbericht, aus dem er ableitet, dass Eltern sich mehr zurückhalten sollten, wenn es um Regeln der Fernseh- und Computernutzung geht. Das hört sich gut an, ist aber zu deutlich als „Interessenvertretung" zu erkennen.

S. 307

4. Schritt: Den Text schreiben

11 *Die Niederschrift des Textes bedeutet eine Umorganisation der einzelnen Gesichtspunkte. Bisher wurden die einzelnen Aspekte, die im Interview zur Sprache gebracht werden, in eigene Worte umformuliert, eigene Überlegungen und Beobachtungen dazu wurden notiert. Nun sollen in einem ersten Abschnitt des Hauptteils alle im Interview vorgetragenen Gesichtspunkte hintereinander in einen Fließtext formuliert werden, dann soll in einem zweiten Abschnitt des Hauptteils Stellung genommen werden.*
Diese Arbeit sollte nicht unterschätzt werden. Sie ist dadurch zu unterstützen, dass hier auch (z. B. als Begründung zu eigenen Meinungen und Urteilen) auf Kontexte zurückgegriffen wird, etwa auf Gesichtspunkte, die in dem Zusatzmaterial auf S. 345 in diesem Handbuch zu finden sind, einem Untersuchungsbericht zu Lesebiografien aus Schüler- und Studentenkreisen (Hurrelmann u. a.).

S. 307

5. Schritt: Den Text überarbeiten

12 *Der erste Teil der Textüberarbeitung prüft dessen gedankliche und argumentative Konsistenz. Die einzelnen Bestandteile der eigenen Argumentation bedürfen dabei einer besonders sorgfältigen Prüfung. Erstens muss überlegt werden, ob sie zitiert (also mit Quellenangaben versehen) werden sollen, zweitens ob sie anschaulich genug vorgetragen sind (oder durch ein Beispiel erläutert werden sollten).*

13 *Der im Schülerband abgedruckte Auszug aus einem Aufsatz geht in erster Linie auf das Argument „Versagen der Schule bei der Förderung der Lesemotivation" ein. Er unterstellt dabei den Jungen (positiv), dass sie gezielter und konzentrierter auf Sachtexte zugehen, während Aufenanger sehr viel vorsichtiger von „Buchpräferenzen" spricht und auch fiktionale Texte (Action und Sciencefiction) dem Interessenhorizont der Jungen zuschreibt (Z. 33 ff.). Auch die Gegenüberstellung von Jungen und Mädchen bei der Computernutzung produziert ein Klischee, das nicht durch die im Interview geäußerten Beobachtungen gerechtfertigt ist.*

Zusatzmaterial:
Beispiel einer gelungenen textgebundenen Erörterung

„Leseförderung ist Teil der Medienerziehung" (Interview mit Stefan Aufenanger)

Aufgabe 1: *Arbeitet die Kerngedanken des Interviews heraus.*

In dem vorliegenden Interview mit dem wissenschaftlichen Direktor der Stiftung Lesen, Prof. Dr. Stefan Aufenanger, vom 31. Mai 2006 geht es um beunruhigende Ergebnisse der Leseforschung. Seitdem durch die internationale Studie PISA bekannt wurde, dass deutsche Schüler/innen weniger und weniger gut lesen als etwa die finnischen Schüler/innen, sucht man nach Gründen für diesen Missstand. Der Leiter der Stiftung Lesen stellt fest, dass Lesemotivation und Lesekompetenz bei deutschen Jugendlichen in Besorgnis erregendem Maße abnehmen. In der Öffentlichkeit werden unterschiedliche Erklärungen diskutiert. Aufenanger betont, dass auch Versäumnisse des Schulsystems eine Rolle spielen könnten. Es gäbe Studien, die zeigen, dass zu wenig zur Steigerung der Lesemotivation getan werde. Auch die Art, wie Lesen und Schreiben in Deutschland gelehrt werden, verunsichere viele Kinder. Zum Beispiel werde in Ländern, die in der PISA-Studie erfolgreicher abgeschnitten haben, mehr Wert auf freies und kreatives Schreiben gelegt.
Das zweite Problem, um das es geht, ist die besondere Situation der Jungen. Für sie gibt es wenig anregende Bücher, sie lesen auch weniger als Mädchen und bilden damit im Hinblick auf die Lesekompetenz eine Problemgruppe. Hier ist Aufenanger der Meinung, dass vor allem auf Grund der Tatsache, dass Grundschulen, Bibliotheken, Buchhandel vorwiegend von Frauen bestimmt werden, die Buchpräferenzen der Jungen (Sachbücher, Actiongeschichten) zu wenig Beachtung finden. Außerdem ist er der Ansicht, dass Jungen über andere Medien (Video, Computer, Spiele) angesprochen und zum Lesen motiviert werden sollten. Man müsse eben beide Wege, den über das spannende Buch und den über das Interesse für elektronische Medien, gleichzeitig gehen, wenn man erreichen wolle, dass auch Jungen wieder lesen.
Die Interviewerin geht näher auf diese These Aufenangers ein, sie fragt nach, ob denn seiner Meinung nach ein Medienmix Sinn mache oder ob es nicht vielleicht auch schädlich sein könne, wenn „zu viel Aufmerksamkeit vom Buch abgezogen" (Z. 50 f.) werde. Aufenanger kontert mit der Beobachtung, dass die sinnvolle Nutzung der elektronischen Medien das Lesen geradezu erforderlich mache: „Wer angemessen im Internet recherchieren will, der muss lesen können." (Z. 54–56) Deswegen sei er auch dagegen, gute und schlechte Medien auszumachen; es sei wichtiger, auf Zusammenhänge aufmerksam zu machen, etwa zu betonen, dass es bei Filmen, Videos oder Bildern ebenso um das Verstehen von Texten gehe wie beim Lesen. Die Lesekompetenz solle daher nicht an das Entziffern von Buchstaben gebunden werden, sondern auf das Verstehen von Texten ausgerichtet sein.
Dann schwenkt das Interview zum Thema „Eltern". Wenn nämlich das Anschauen von Filmen und das Lesen von Büchern so nahe beieinanderliegen, ergibt sich für die Eltern das Problem: Was sollen sie erlauben, was verbieten? Auch hier bezieht Aufenanger Position im Sinne eines weiten Begriffs von Lesekompetenz. Er spricht von „Erfahrungsmöglichkeiten" (Z. 85), die die Eltern den Kindern geben sollten und die das Lesen wie das Nutzen der elektronischen Medien umfassen. Erst wenn der Medienkonsum das „Alltagsleben der Kinder" (Z. 91) so bestimmt, dass sie keinen Sport mehr treiben und Freunde vernachlässigen, sollten Eltern einschreiten.
Der zeitliche Umfang der gesamten Mediennutzung ist für Aufenanger von zentraler Bedeutung. Zum Thema „Computer in Kindertagesstätten" weist er vor allem auf die Notwendigkeit hin, Regelungen für die Benutzung aufzustellen und zu möglichst kreativer Nutzung anzuregen. Den Einsatz von Computern für das Lesenlernen sieht er hingegen skeptisch, auch wenn es dazu „interessante Programme" und „erfolgreiche Projekte" (Z. 111 f.) gebe.

An diesen abschließenden Feststellungen kann der Leser des Interviews besonders deutlich erkennen, wie vorsichtig und zurückhaltend der wissenschaftliche Direktor der Stiftung Lesen bei der Formulierung seiner Meinung ist. Er spricht von „erfolgreiche[n] Projekten" (Z. 111 f.), warnt aber gleichzeitig vor dem Einsatz der Computer beim Schreibenlernen. Offenbar will er sich hier nicht festlegen. Auch an anderen Stellen des Interviews bemerkt man, dass Aufenanger politisch ausgewogene, sogar diplomatische Formulierungen wählt. So äußert er zum Thema „Zusammenhang von Lesekompetenz und freiem Schreiben" nur eine Vermutung, keine These. Offenbar reichen die wissenschaftlichen Erkenntnisse noch nicht aus, um hier eine klare Aussage zu treffen. Die zurückhaltende und diplomatische Redeweise muss vor allem Eltern verunsichern, die glauben, sie sollten mit Verboten auf das Lese- und Medienverhalten ihrer Kinder einwirken.

***Aufgabe 2:** Erörtert die These, dass Leseverstehen mit einer Förderung von Sinnverstehen im Allgemeinen einhergehen muss und sich auf alle Medien gleichermaßen bezieht – Stellungnahme zu Aufenangers Positionen*

Für Aufenangers Position charakteristisch ist ein sehr weiter Begriff von Lesekompetenz. Es geht ihm um das angemessene Verstehen von Geschriebenem ebenso wie von „Bildern, Symbolen oder Filmen" (Z. 68 f.). Dadurch verschwimmt die Grenze, die von denjenigen gezogen wird, die Mediennutzung und das Lesen von Büchern gegeneinander aufrechnen und die feststellen, dass z. B. Jungen weniger lesen als Mädchen, weil sie mehr am Computer spielen. Deswegen kann er Eltern auch keine Ratschläge geben, was sie in Bezug auf Lesen und Fernsehkonsum erlauben und was sie verbieten sollten. Er beschränkt sich auf den allgemeinen Hinweis, dass das Lesen wie das Nutzen von Medien den Jugendlichen „Erfahrungsmöglichkeiten" (Z. 85) eröffnen, die für ihre Entwicklung notwendig sind. Wo also liegt das Problem, möchte man fragen, wenn das „Erfahrungmachen" über den Computer ebenso erfolgt wie über das Lesen von Büchern?
Es ist die Frage zu stellen, ob die von Aufenanger betonte große Ähnlichkeit zwischen Mediennutzung und Lesen als Tätigkeiten nicht die beobachteten Mängel, die man beklagt (also die mangelnde Lesekompetenz und Lesemotivation), geradezu erzeugt. Wenn man durch Lesen ebenso wie durch Filme das „Verstehen" von Texten lernen kann und „Erfahrungsmöglichkeiten" geboten bekommt, warum soll man dann das eine Medium besonders fördern?
Meines Erachtens sollte die Leseforschung mehr auf die Unterschiede zwischen Lese- und Medienkompetenz achten. Es mag sein, dass es eine große Schnittmenge zwischen beiden Kompetenzen gibt, aber sind sie einander wirklich so ähnlich, wie Aufenanger sagt? Immerhin erfordert das Lesen eine andere geistige Anstrengung als das Anschauen eines Films. Man muss beim Lesen eigene Vorstellungen aufbauen, Probleme durchdenken, man kann die Lektüre unterbrechen, manchmal muss man Stellen zweimal lesen. Das erfordert einen höheren Zeitaufwand. Das Erlesen einer gedruckten Textvorlage macht Mühe. Die Mühe wird wie eine geleistete Anstrengung belohnt: Man gewinnt Informationen, man lernt fremde Welten kennen usw. Das alles gilt für Spiele und Filme in weit geringerem Maße. Will man also Lesekompetenz steigern, so wäre als Erstes der Wille, sich anzustrengen, zu „trainieren".
Da gerade Jungen in vielen Bereichen ihres Lebens stark leistungsmotiviert denken, zum Beispiel beim Sport, müsste ihnen gezeigt werden, dass Lesen eine Leistung ist, die Befriedigung verschafft, ähnlich den Anstrengungen beim Sport. Dies Lesen aus Liebe zur Leistung müsste deutlich unterschieden werden vom Lesen zur Entspannung, das in den Aktionen der Schulen zur Förderung der Lesemotivation immer im Zentrum steht. Wettbewerbe, bei denen es nicht in erster Linie um das Vorlesen, sondern um das Leseverstehen geht, könnten neben Lesenächten in der Turnhalle vielleicht auch Jungen motivieren, einen schwierigen Text zu lesen und zu bearbeiten.

Zusatzmaterial
zum Thema „Textgebundene Erörterung zum Themenfeld Lesekompetenz – Medienkompetenz"

G. von Glasenapp/S. Graf/C. Roßbach/Ö. Odag/B. Hurrelmann

Familienkulturen und familiale Lesekulturen um 1980

Je höher das Bildungsniveau der Familien der von uns Befragten ist, desto mehr wurde ihre Leseentwicklung unterstützt. Dies beginnt bei der familialen Leseumwelt, setzt sich fort in der Häufigkeit der Gespräche über das Gelesene, in der elterlichen „Verführung zum Lesen". Aus den Erzählungen der Befragten geht hervor, dass buchorientierte Familien insbesondere den Lesegenuss gegenüber der Konkurrenz des Fernsehens betonen. Sie beginnen mit Vorlesen schon, bevor die Kinder selbst lesen können. Beim Fernsehen schauen sie häufiger mit den Kindern zusammen fern und sprechen mit ihnen darüber. Allerdings gibt zu denken, dass die Abwehr des Fernsehens (zu der ja auch die meisten Erziehungsratgeber anhalten) in diesen Familien den Blick auf die wechselseitige Förderung von Medien- und Lesekompetenz gänzlich verstellt.

Die Zusammensetzung unserer Stichprobe (fast alle Befragten stammen aus der sozialen Mittelschicht) gibt uns einen Einblick in die Verbreitung positiver Voraussetzungen für die Lesesozialisation gegen Ende des 20. Jahrhunderts: Für alle Familien ist charakteristisch, dass sich die Eltern kindorientiert verhalten, überwiegend nicht autoritär. 70 % der Befragten berichten von einem positiven Familienklima, was, wie erwartet, in positivem Zusammenhang mit der erfahrenen Leseförderung steht. In allen Haushalten waren Bücher vorhanden, auch Bücher der Kinder. Lesen hat überall Bedeutung. Die Heranwachsenden erleben ihre Eltern als Lesende. Erzählen, Bilderbücher-Anschauen, Vorlesen gehören zum „normalen" Repertoire familialen Umgangs mit kleinen Kindern. Von eigenen Lieblingsbüchern können fast alle Befragten lebendig erzählen. Wenn sie nach beeindruckenden Geschichten ihrer Kindheit gefragt werden, nennen sie vor allem Buchtitel – mit deutlichem Abstand vor Fernsehsendungen, Hörspielen und Comics.

Mit der Erweiterung des Medienangebots kommt es zu neuen Unterscheidungen. Obwohl so gut wie alle Kinder längst Leser und Mediennutzer zugleich sind, werden förderliche Interaktionen zwischen den Medien weder angestrebt noch unterstützt, sondern zugunsten der Konzentration auf die Entwicklung von Lesekompetenz ausgeblendet. Mit diesem Defizit an Problemlösungskapazität entlässt die Mittelschichtenfamilie die Kinder ins Medienzeitalter.

(Nach: Dies.: Zeit des Eintritts in die Mediengesellschaft. Bürgerliche Bildungstraditionen auf dem Prüfstand: Familienkulturen und familiale Lesekulturen um 1980. In: Bettina Hurrelmann, Susanne Becker, Irmgard Nickel-Bacon: Lesekindheiten. Familie und Lesesozialisation im historischen Wandel. Juventa, Weinheim/München 2006, S. 388 ff.)

1 *Welche Besonderheiten der frühen Kindererziehung bilden gute Voraussetzungen dafür, dass die Kinder später einmal gern mit Büchern umgehen und gern lesen? Stellt alle Informationen, die aus den Lesebiografien von Studierenden gewonnen wurden, zu einem „Ratgebertext für Eltern" zusammen.*

2 *Welche Fehler werden in buchorientierten Familien häufig gemacht, sodass ein „Defizit an Problemlösungkapazität" (Z. 52) entstehen kann? Beschreibt typische Situationen, in denen die genannten Fehler gemacht werden, und prüft, ob ihr die gleichen Schlussfolgerungen daraus zieht wie die Verfasserinnen der Studie.*

14.3 Medienberufe – Bewerben, Vorstellen, Berichten

S. 308

2 *Mögliche Zuordnungen von Berufsbildern zu den Interessen, Wünschen und Fähigkeiten:*
- *Natur → Förster, Biologe, Naturfilmer;*
- *Kontakt mit verschiedenen Kulturen → Ethnologe, Auslandskorrespondent, (Kunst-)Historiker;*
- *Wissen vermitteln → (Hochschul-)Lehrer, Wissenschaftsjournalist;*
- *technische Zusammenhänge verstehen → Techniker, Ingenieur;*
- *Interesse an Menschen → Lehrer, Heil- und Pflegeberufe, Mediziner;*
- *Handwerk → Schreiner/Tischler, Maler;*
- *Computer → Informatiker;*
- *Ästhetik → Künstler, (Innen-)Architekt, Designer;*
- *Selbstständigkeit: in verschiedenen Tätigkeitsfeldern möglich.*

3 *Weitere Fragen könnten z. B. sein:*
- *Arbeite ich prinzipiell lieber mit Menschen (im Sinne von Betreuung, Belehrung, Hilfe zur Freizeitgestaltung usw.) oder an Gegenständen (im Sinne von Geräten, etwa PC, oder Maschinen)?*
- *Arbeite ich prinzipiell lieber allein oder im Team?*
- *Liegt es mir eher, Arbeiten nach Anleitung auszuführen (etwa in einem Büro), oder möchte ich beruflich eher eigene Ideen entwickeln?*

Reizvoll ist es auch, die Fragen in der Du-Form zu formulieren und Partnerinterviews zu führen.

5 / **6** *Auf der im Schülerband angegebenen Internetseite finden sich die auf S. 347 in diesem Handbuch abgedruckten genaueren Beschreibungen zu den sechs genannten Berufsfeldern.*

S. 310

Die Bewerbungsmappe – Deine Visitenkarte

2 *Wichtig ist, dass in dem Anschreiben wirklich das Interesse an ebendiesem Beruf bzw. Ausbildungsplatz deutlich wird. Auch eine Anmerkung, aus der hervorgeht, dass man sich bereits ein wenig über die Firma informiert hat, an die man sich wendet, ist sinnvoll: Dies macht deutlich, dass man sich gezielt bewirbt, dass man weiß, was man will.*

4 / **5** *Hilfreich kann es beim Trainieren des Bewerbungsgesprächs auch sein, ein Negativbeispiel durchzuspielen, das Fehlformen des Verhaltens beim Bewerbungsgespräch deutlich macht.*
Besonders wichtig ist es ferner, die Situation im Gespräch zu beleuchten, wobei in jedem Fall auch denkbare Ängste zur Sprache kommen sollten.

6 / **7** *Ergänzungen von Unterpunkten in der im Schülerband vorgegebenen Gliederung des Praktikumsberichts:*

2.2 Anschrift
3.3 Auflistung der verschiedenen Abteilungen
4.1 Organisation der Arbeitszeit (z. B.: Schichtarbeit – Gleitzeitarbeit usw.)
5.1 Art des Arbeitsplatzes
5.2.2 Unter Betreuung/Anleitung ausgeführt
5.4 Verlangter Bildungsabschluss

Berufsfelder in der Medienbranche

Konzeption Konzeptioner sind verantwortlich für die Entwicklung und Konzeption von Multimediaanwendungen und begleiten ein Projekt vom ersten Beratungsgespräch bis zur Auslieferung des Produkts.

Bildschirmdesign Screen-Designer sind für die grafische Gestaltung zuständig und setzen diese um. Hilfsmittel sind dabei Visualisierungstechniken, Grafiksoftware und spezielle Programme für die Entwicklung von Multimediaanwendungen (Autorensysteme).

Programmierung Programmierer setzen multimediale Produktionen mit Hilfe von Programmiersprachen und Autorensystemen auf dem Computer um.

Projektmanagement Ein Projekt- bzw. Multimediamanager ist für die Organisation, das Budget, den Kundenkontakt und die Koordination einer Multimediaproduktion verantwortlich. Neben dem betriebswirtschaftlichen Fachwissen sind technisches Know-how, Kommunikationsfähigkeit, Einsatzbereitschaft und Organisationsvermögen wichtige Qualifikationsmerkmale.

Informations-Broker Im Bereich der Informationsrecherche ist ein fachlich versierter Spezialist gefragt, der im Auftrag von Institutionen, Unternehmen oder Einzelpersonen vorgegebene Fragestellungen in Datenbanken recherchiert, das Material aufbereitet und bewertet. Da es in Deutschland ca. 800 und weltweit ca. 6000 bis 7000 Datenbanken gibt, die unterschiedlich strukturiert sind und verschiedene Suchsysteme haben, ist es nahezu unmöglich, umfassende eigene Recherchen anzustellen. Wichtige persönliche Voraussetzung sind die Fähigkeiten, flexibel und innovativ zu denken sowie sich neue Sachverhalte schnell zugänglich machen zu können. Der Informations-Broker kann sowohl selbstständig als auch im Angestelltenverhältnis tätig sein.

Online-Redakteur Für Redakteure, die aus dem Printbereich kommen, entsteht im Online-Bereich ein neues Tätigkeitsfeld. Voraussetzung ist meist eine abgeschlossene Journalistenausbildung (z. B. Volontariat). Neben fachlicher Kompetenz in bestimmten Themengebieten müssen die Online-Redakteure auch umfassende Kenntnisse im Bereich Internet und der zugehörigen Softwarewerkzeuge vorweisen. Aufgabe ist unter anderem die Überwachung der inhaltlichen und technischen Qualität und die Pflege- und Weiterentwicklung des Online-Angebots.

Der Akademikeranteil ist unter den Projektmanagern (85 %) und Konzeptionern (80 %) besonders hoch. Für Wirtschaftsinformatiker ergeben sich in erster Linie Einsatzmöglichkeiten im Bereich der Programmierung, während sich für Wirtschaftswissenschaftler und -ingenieure eher Tätigkeiten in der Konzeption und im Projektmanagement anbieten. Für Juristen mit Spezialkenntnissen im Urheberrecht und im Datenschutz gibt es ebenfalls interessante Tätigkeitsfelder.

(Quelle: Forum Beruf, Karriere, Zukunft e. V.,
www.boyng.de/arbeitswelt/ausbildung-studium-arbeit/medienberufe-im-umbruch/?mark=medienberufe)

Lernerfolgskontrolle/ Thema für eine Klassenarbeit

Eine textbasierte Argumentation zu einem Sachverhalt erstellen

Forum Lesen

Kongresss: „Gutenbergs Folgen“

Die Deutschen ändern ihre Lesestrategien

Neue Studie der Stiftung Lesen zeigt: „Der Leser“ passt sein Verhalten immer stärker an das Infomationsüberangebot in der Mediengesellschaft an.

Viele lesen zwar nicht weniger, aber dafür seltener, oberflächlicher – und brechen die Lektüre schneller ab, wenn sie nicht ihren Erwartungen entspricht. Das ist das Ergebnis einer aktuellen Studie der Stiftung Lesen, die jetzt auf dem internationalen Leseforschungskongress „Gutenbergs Folgen“ in Mainz vorgestellt wird. Ihr Titel: „Leseverhalten der Deutschen im neuen Jahrtausend“. Das durch die Studie dokumentierte veränderte Leseverhalten deutet Bodo Franzmann, Leseforscher der Stiftung Lesen, so: „Die Leser passen ihre Lesestrategien immer stärker an das Informationsüberangebot in der Mediengesellschaft an.“ Seiner Ansicht nach wird das die Lesekultur in den kommenden Jahren „nachhaltig verändern“.

Auszüge aus der Dokumentation „Leseverhalten der Deutschen im neuen Jahrtausend“

Der Vergleich der Ergebnisse mit einer 1992 erstellten Untersuchung zeigt, dass die tägliche Buchlektüre stark abgenommen hat. Nur noch 6 Prozent der Deutschen lesen täglich in einem Buch, vor acht Jahren waren es noch 16 Prozent. Die Leseforscher erklären diesen Trend damit, dass sich die Buchlektüre vom täglich fest eingeplanten Ritual hin zu einer Nischenbeschäftigung wandelt. Man liest in einem Buch, wenn man Zeit hat und sich entspannt fühlt, etwa am Wochenende. Angefangene Texte auch gründlich durchzulesen – das ist vor allem bei Jüngeren nicht mehr im Trend. Fast jeder dritte Jugendliche bis 19 Jahre gibt zu: „Ich überfliege manchmal die Seiten und lese nur das Interessanteste.“ 1992 war es knapp jeder Zehnte.

Auffallend verstärkt sich das Gefühl, angesichts der Informationsflut mehr Orientierung zu brauchen: „Es erscheinen so viele Bücher, dass es unmöglich ist, den Überblick zu behalten.“ Diesen Satz halten inzwischen 74 Prozent der Befragten für „zutreffend“, vor acht Jahren waren es knapp 63 Prozent.

Daraus folgt für die Stiftung Lesen, dass dringend mehr zur Förderung der Leserkarrieren getan werden müsse – und zwar von der frühen Kindheit an. Die Familie habe lange Zeit die entscheidende Rolle bei der Leseerziehung der Kinder gespielt, doch genau dieser positive Einfluss sei in den vergangenen Jahren zurückgegangen. Der Studie zufolge sagt nämlich nur jeder vierte Jugendliche zwischen 14 und 19 Jahren: „Bei uns zu Hause achtete man immer darauf, dass ich gute Bücher las.“ Vor acht Jahren erklärten dies rund 46 Prozent der Jugendlichen. Und lediglich 28 Prozent der Jugendlichen erinnern sich, dass sie sich oft mit ihren Eltern über ein Buch unterhalten hätten – 1992 waren das noch 38 Prozent.

Die Lesestudie ermöglicht außerdem erstmals genauere Aussagen zum Verhältnis von Computernutzung und Buchlektüre bei jenem Drittel der Bevölkerung, die beruflich oder privat einen PC nutzen. Die Mediengewohnheiten der meist jungen und gut gebildeten Computernutzer unterscheiden sich dabei vor allem bei der Sach- und Fachbuchlektüre. Dreimal so viele unter dreißigjährige Computernutzer wie ihre gleichaltrigen Nichtnutzer lesen Fachliteratur. Und an Belletristik sind mehr als doppelt so viele Computernutzer interessiert wie ihre Altersgenossen ohne PC. Folgendes Fazit der Untersuchung zieht Professor Ring (Geschäftsführer der Stiftung Lesen): „Vielleser sind zwar lesefreudig und kompetent wie nie zuvor, doch ein großer Teil der Deutschen ist immer noch nicht ausreichend auf die Anforderungen des Informationszeitalters vorbereitet." Denn Lesefähigkeit und eine ausgeprägte Lesepraxis seien „unabdingbare Voraussetzungen, um in einer multimedial geprägten Gesellschaft mitzuhalten."

Stimmen von Kongressteilnehmern

Dr. Georg Ruppelt (Bundesvereinigung Bibliotheksverbände):
„Lesen muss medienneutral gefördert werden. [...] Also: Das Lesen fördern im frühesten Alter mit konventionellen wie den jeweils neuesten Medien."

Dr. Ulrich Wechsler (Stiftung Lesen):
„Der Kongress leistet einen wichtigen Beitrag dazu, dass Bildung und Wissen als zentrale Themen für die Zukunft unserer Gesellschaft erkannt und entsprechend in den Mittelpunkt gerückt werden. Und er macht deutlich, dass Sprach- und Lesekompetenz wiederum die Grundlagen für Bildung und Wissenschaft sind."

Prof. Dr. Dr. h.c. Elisabeth Noelle-Neumann (Institut für Demoskopie, Allensbach):
„Leider sind einige Fragen, die ich mir vor 20 Jahren gestellt habe, immer noch aktuell: zum Beispiel, warum die Bedeutung der frühkindlichen Leseförderung immer noch so wenig berücksichtigt wird. Etwa indem Kinder häufiger mit fünf Jahren eingeschult werden."

Heinrich Kreibich (Geschäftsführer Stiftung Lesen):
„Eine wohlverstandene Leseförderung versteht sich angesichts der vorgestellten Zahlen über das Nichtlesen als ‚familienorientierte Sozialpädagogik'. Darüber hinaus gilt es, jede Chance zu nutzen, um mit ‚trojanischen Pferden' in der Konsumkultur für das Lesen zu werben: Mit cleveren Projekten, etwa ‚Pralinen mit Lesetipps' oder ‚Geschichten für die Milkakuh', lassen sich viele Kinder und Jugendliche für die ‚Marke Lesen' begeistern."

(Quelle für alle Materialien: www.stiftunglesen.de/wir/forum/forum43/forum43_12.html, 21.8.2007)

1 a) *Was erfährst du über das veränderte Leseverhalten der Deutschen aus dem Vergleich der Lesestudien von 1992 und 2000? Entnimm die Argumente aus dem Text und fasse die Informationen des Berichts zusammen.*

b) *Welche Schlussfolgerungen ziehen die Kongressteilnehmer aus diesen Fakten? Stelle die in dem Artikel vorgetragenen „Erkenntnisse" in Form von Thesen übersichtlich zusammen.*

2 *Angenommen, du würdest nach der Lektüre dieses Kongressberichts zu einem Artikel aufgefordert über die Frage: „Wie ändern die Deutschen ihr Leseverhalten – und was folgt daraus?" Erörtere die auf dem Kongress geäußerten Thesen und nimm Stellung zum „Lesen in der Mediengesellschaft".*

Erwartungshorizont/Lösungshinweise

1 a) *Informationen, zusammengefasst zu Aussagen/Thesen/Behauptungen:*
- *Es wird nicht unbedingt weniger gelesen – aber anders:*
  - *Insgesamt hat besonders die Buchlektüre stark abgenommen.*
  - *Es wird oberflächlicher gelesen (vgl. Z. 37 ff.).*
  - *Die Lektüre wird (bei Nichtgefallen) häufiger abgebrochen.*
- *Der Buchmarkt ist für viele unübersichtlicher geworden:*
  - *74 % der Befragten halten den Satz: „Es erscheinen so viele Bücher, dass es unmöglich ist, den Überblick zu behalten" (Z. 43 ff.), für richtig (1992 waren es 63 %).*
- *Nur etwa jeder vierte Jugendliche sagt, dass die Familie auf die Lektüre guter Bücher achtete oder dass er mit seinen Eltern über ein Buch geredet hat. Vor acht Jahren waren das noch fast die Hälfte bzw. fast 40 Prozent.*
- *Junge und gebildete Computernutzer lesen dreimal so viel Fachliteratur wie Nichtnutzer.*
- *Auch Belletristik wird von Computernutzern doppelt so oft gelesen wie von Nichtnutzern.*

b) *Ansichten der Kongressteilnehmer/innen, als „Erkenntnisse" in Thesen formuliert:*
- *Allgemein akzeptierte Meinung: Die Buchlektüre ist vom täglich fest eingeplanten Ritual zu einer Nischenbeschäftigung geworden. Man liest ein Buch, wenn man Zeit hat.*
- *Bodo Franzmann: „Die Leser passen ihre Lesestrategien immer stärker an das Informationsüberangebot in der Mediengesellschaft an." (Z. 16 ff.) Das wird die Lesekultur „nachhaltig verändern".*
- *Stiftung Lesen:*
  - *Die Familien spielten früher eine entscheidende Rolle bei der Leseerziehung, doch das geht zurück.*
  - *Es muss dringend mehr zur Förderung der Leserkarrieren getan werden.*
  - *Wir brauchen mehr Initiativen zur Leseförderung, und zwar von der frühen Kindheit an.*
- *Prof. Ring (Geschäftsführer Stiftung Lesen): Vielleser sind nach wie vor lesefreudig und kompetent, aber viele Deutsche sind nicht auf die Anforderungen des Informationszeitalters vorbereitet.*
- *Dr. Ruppelt: „Lesen muss medienneutral gefördert werden" (Z. 90).*
- *Dr. Wechsler: Lesekompetenz ist Grundlage für Bildung und Wissenschaft.*
- *Prof. Dr. Noelle-Neumann: Frühkindliche Leseförderung tut not.*
- *Dr. Kreibich: Clevere Projekte sollen das Lesen interessant machen.*

2 *Eigene Ansichten der Schülerin/des Schülers zum Thema „Lesen in der Mediengesellschaft":*
- *Zuerst ein Durchgang „Zustimmung/Bestätigung" zu oder „Ablehnung/Kritik" gegenüber den geäußerten Meinungen der Experten. Mögliche Fragen dazu:*
  - *Wie ist das mit dem Lesen als Nischenbeschäftigung? Es gibt noch viele, die lesen regelmäßig vor dem Schlafengehen, beim Fahren in der S-Bahn usw.*
  - *Was heißt „medienneutral" das Lesen fördern? Sollen Computer als Leseförderungsinstrumente genutzt werden?*
  - *Lesekompetenz ist die Grundlage für Bildung und Wissenschaft. Ist das nicht eine Selbstverständlichkeit – und betrifft die Aussage nicht diejenigen, die sowieso lesen? Und haben die Nichtleser denn den Wunsch, sich an Wissenschaft und Bildung zu beteiligen?*
  - *Ist das Frühlesen wirklich ein Weg, Lust am Lesen zu erzeugen?*
  - *Die „cleveren Programme" sind oft Gags oder Events, die Lesen in die Eventkultur bringen, aber nicht das Leseverhalten verändern.*
- *Dann ein Blick in die eigene Lesebiografie und eine Selbsteinschätzung als Leser/in.*
- *Schließlich Schlussfolgerungen, indem die eigenen Erfahrungen mit ausgewählten Thesen der Studie konfrontiert werden.*

Literaturhinweise

Biermann, Heinrich/Schurf, Bernd (Hg.): Von der Sachtextanalyse zur Erörterung. Cornelsen, Berlin 1998 (= Trainingsprogramm Deutsch Oberstufe)

Brenner, Gerd u. a.: Umgang mit Sachtexten: Analyse und Erörterung. Arbeitsheft. Cornelsen, Berlin 2004 (= Trainingsprogramm Deutsch Oberstufe)

Brüning, Ludger/Saum, Tobias: Erfolgreich unterrichten durch Visualisieren. Grafisches Strukturieren mit Strategien des kooperativen Lernens. Neue Deutsche Schule Verlagsgesellschaft, Essen 2007

Christmann, Ursula/Groeben, Norbert: Anforderungen und Einflussfaktoren bei Sach- und Informationstexten. In: Norbert Groeben/Bettina Hurrelmann (Hg.): Lesekompetenz. Bedingungen, Dimensionen, Funktionen. Juventa, Weinheim/München 2002, S. 150 ff.

Fix, Martin/Jost, Roland: Sachtexte im Deutschunterricht. Schneider Verlag Hohengehren, Baltmannsweiler 2005

Franzmann, Bodo u. a. (Hg.): Handbuch Lesen. Schneider, Baltmannsweiler 2001

Graf, Werner: Sachtexte zum Fanatsieren. Die männliche Variante der literarischen Sozialisation in der Jugendphase. In: Wieso, weshalb, warum ... Sachliteratur für Kinder und Jugendliche. Beiträge zu Jugendliteratur und Medien, 15. Beiheft. Juventa, Weinheim 2004, S. 33–43

Groeben, Norbert/Hurrelmann, Bettina (Hg.): Medienkompetenz. Bedingungen, Dimensionen, Funktionen. Juventa, Weinheim/München 2002

Kron, Friedrich W./Sofos, Alivisos: Mediendidaktik. Neue Medien in Lehr- und Lernprozessen. Reinhardt, München/Basel 2003 (UTB 2404)

Leseleistung – Lesekompetenz. Praxis Deutsch 176/2002

Lesen beobachten und fördern. Praxis Deutsch 194/2005

Meinungen bilden. Praxis Deutsch 211/2008

Mit Sachtexten umgehen. Deutschunterricht (Westermann), August 2007

Neue Medien – recherchieren, produzieren, präsentieren. Deutschunterricht (Westermann), Dezember 2008 (u. a. ein Aufsatz „Argumentieren: Medienkonsum“)

Sachbücher und Sachtexte lesen. Praxis Deutsch 189/2005

Schreibaufgaben. Praxis Deutsch, Sonderheft (2004)

Schreibkompetenz. Deutschunterricht (Westermann), Februar 2007 (u. a. ein Aufsatz „In Internet-Foren argumentieren“)

Schwerpunkt Sachtexte. Deutschmagazin (Oldenbourg) 4/2005

Spinner, Kaspar H.: Was gehört zu einer guten Argumentation? In: Praxis Deutsch 203/2007, S. 21–24

Standards: Lesekompetenz. Deutschunterricht (Westermann), Oktober 2005

Winkler, Iris: Argumentierendes Schreiben im Deutschunterricht. Theorie und Praxis. Lang, Frankfurt/M. 2003

15 Selbstständiges Lernen – Arbeitstechniken und Methoden

Konzeption des Gesamtkapitels

Der Bereich „Arbeitstechniken und Methoden“ ist im „Deutschbuch“ besonders hervorgehoben. Wie in den vorangegangenen Bänden werden auch im „Deutschbuch“ für die Jahrgangsstufe 10 im abschließenden Kapitel übergreifende Lernstrategien und -techniken an fachlichen Inhalten exemplarisch eingeübt.

Im ersten Teilkapitel (**„Ein Autoren-Portfolio erstellen – Projektarbeit im Team“**) erproben die Schülerinnen und Schüler beispielhaft an der Erstellung eines Portfolios unterschiedliche Methoden. Dadurch wird erfahrbar, dass je nach Arbeitsschritt und Ziel unterschiedliche Methoden zielführend sind. Die Schülerinnen und Schüler schulen und erweitern ihre methodischen und sozialen Kompetenzen im Bereich der Kooperation und der Kommunikation. Zur Aktivierung des Vorwissens werden die Methoden der Kartenabfrage und des Clusters exemplarisch vorgestellt, für die Durchführungsphase Placemat-Verfahren und Schreibgespräch, schließlich für die Präsentation der Arbeitsergebnisse das Gruppenpuzzle.

Im zweiten Teilkapitel (**„Schreibprozesse gestalten – Textplanung und Textüberarbeitung“**) stehen die Planung, Reflexion, Bewertung und Überarbeitung eigener Texte im Zentrum. Insbesondere kontrollieren und optimieren die Schülerinnen und Schüler ihre Ausdrucks- und Formulierungsfähigkeit durch das Anwenden von Ersatz-, Weglass- und Umstellproben.

Im dritten Teilkapitel (**„Wissenschaftlich arbeiten – Fach- und Seminararbeiten verfassen“**) werden die Schülerinnen und Schüler in die Anforderungen einer Fach- bzw. Seminararbeit eingeführt. Sie erhalten Informationen, wie sie einen längerfristigen selbstständigen Arbeitsprozess dieser Art bewältigen können, und sie werden angeleitet, den Prozess Schritt für Schritt zu planen und reflektiert umzusetzen. Dabei werden sowohl Planungs- als auch Strukturierungs- und Textgestaltungskompetenzen weiterentwickelt.

	Inhalte	Kompetenzen
S. 313	**15.1 Ein Autoren-Portfolio erstellen – Projektarbeit im Team**	**Die Schülerinnen und Schüler können** – ihre sozialen Kompetenzen im Bereich der Kooperation und der Kommunikation stärken;
S. 314	**Planungsphase**	– verschiedene Methoden (z. B. Kartenabfrage, Cluster) zur Aktivierung des Vorwissens erproben;
S. 317	**Durchführungsphase – Placemat-Verfahren und Schreibgespräch**	– in verschiedenen Medien recherchieren; – die Rechercheergebnisse beurteilen; – Informationen im Hinblick auf eine Fragestellung auswerten, systematisieren und reorganisieren; – Arbeitsschritte und -ergebnisse reflektieren;
S. 320	**Das Gruppenpuzzle**	– Arbeitsergebnisse präsentieren und diskutieren;
S. 322	**Bewertungsphase**	– ein Portfolio kriteriengeleitet beurteilen.
S. 323	**15.2 Schreibprozesse gestalten**	**Die Schülerinnen und Schüler können** – Texte planen und überarbeiten;
S. 323	**„Geschichte des Fräuleins von Sternheim“ – Eine Interpretation vorbereiten**	– einen Text gezielt im Hinblick auf eine Epoche untersuchen und Epochenmerkmale herausfiltern;
S. 325	**Schreibplan – Gliederung und Niederschrift**	– eine sinnvolle Gliederung für eine Textinterpretation entwickeln;
S. 325	**Schreibkonferenz – Den Text unter die Lupe nehmen**	– Ausdrucksweise, Stil und Formulierungen eigener Texte überprüfen und korrigieren; – selbst verfasste Texte in der Gruppe konstruktiv kritisieren, bewerten und optimieren;
S. 326	**Übungen zum Ausdruck – Proben durchführen**	– verschiedene Methoden zur Optimierung von Formulierungen anwenden.
S. 328	**15.3 Wissenschaftlich arbeiten – Fach- und Seminararbeiten verfassen**	**Die Schülerinnen und Schüler können** – sich im Feld möglicher Themenstellungen orientieren; – ein Thema angemessen dimensionieren;
S. 328	**Das Thema finden und Fragestellungen entwickeln**	– die Phasen einer größeren Arbeit überblicken und sinnvoll planen; – Rahmenbedingungen der Arbeit abklären;
S. 330	**Informationen beschaffen und auswerten**	– zielführend recherchieren und Rechercheergebnisse fachgerecht dokumentieren; – die Qualität von Informationsquellen einschätzen;
S. 331	**Die Arbeit gliedern und erste Entwürfe schreiben**	– für die Arbeit eine Gliederung systematisch entwerfen;
S. 332	**Quellen zitieren und bibliografieren**	– Quellen in Form von Zitaten und Paraphrasen fachgerecht integrieren, eine Bibliografie anlegen;
S. 335	**Den eigenen Text überarbeiten, vorstellen und reflektieren**	– einen längeren eigenen Text fachgerecht überarbeiten; – gezielt eine Präsentationsmethode wählen.

15.1 Ein Autoren-Portfolio erstellen – Projektarbeit im Team

S. 313

1 *Das Projekt „Ein Portfolio erstellen" ist in vier Phasen aufgeteilt:*
1. Planungsphase
2. Durchführungsphase
3. Präsentationsphase
4. Bewertungsphase
In der gleichen Spalte, in der die Phasen aufgelistet sind, wird im Schülerband in Stichpunkten der inhaltliche Schwerpunkt der jeweiligen Phase erklärt. In der rechten Spalte werden den Phasen Methoden zugeordnet, die sich besonders zur Erarbeitung eignen. In Klammern steht, welche Sozialform (Einzelarbeit – Gruppenarbeit – Plenum) die jeweilige Methode erfordert.

3 *Die drei im Schülerband abgebildeten Autoren sind beliebig ersetzbar je nach Unterrichtsreihe oder Thema, z. B. durch Gottfried Benn, Annette von Droste-Hülshoff, Max Frisch, Gotthold Ephraim Lessing, Kurt Tucholsky etc.*

S. 314

Planungsphase – Das Portfolio

In diesem Abschnitt werden die Schülerinnen und Schüler mit den Grundlagen der Portfolioarbeit vertraut gemacht.

S. 315

Ideen zusammentragen – Die Kartenabfrage

2 *Ergänzungen und Oberbegriffe für die Kartenabfrage zu Bertolt Brecht könnten sein:*

Biografie	Weltanschauung	Bevorzugte Gattungen	Politischer Hintergrund	Film
Orte, an denen Brecht gelebt hat (Deutschland, Dänemark, ..., USA ...)	Marxismus/Sozialismus (DDR)	Lyrik (ca. 1300 Gedichte, z. B. Liebeslyrik)	Zweiter Weltkrieg	Filme von Brecht: „Mysterien eines Friseursalons" (mit Karl Valentin) 1923
Wegbegleiter: Helene Weigel ...	Gleichheitsgedanke	„episches Theater"/Drama (30 Dramen, z. B. „Mutter Courage"...)	Leben im Exil	Filme über Brecht: „Brecht - Die Kunst zu leben" (2006, MDR)

Familienverhältnisse	Literatur als Konzept/Medium der eigenen Weltanschauung	Prosatexte (150, z. B. „Geschichten von Herrn Keuner"	nach dem Zweiten Weltkrieg Entscheidung, in der SBZ/DDR zu leben	
Berufe/Tätigkeiten		Romane (3, z. B. „Die Geschäfte des Herrn Julius Cäsar")		
Erklärung seiner weltweiten Bedeutung		Lieder/Songs		

Vorwissen aktivieren – Cluster erstellen

S. 316

1 *Mögliche Ergänzung des Clusters zu Bertolt Brecht:*

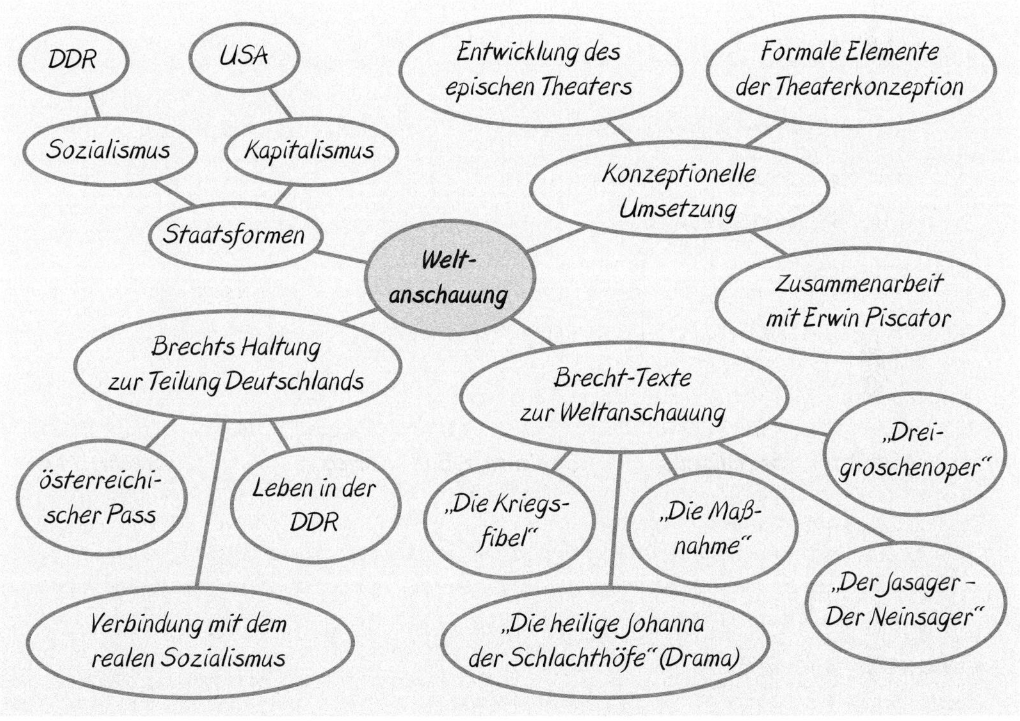

2 *Die Schülerinnen und Schüler lernen mit der Methode des Clusters, sich auf wenige Aspekte zu beschränken, diese dafür aber vertieft zu bearbeiten. So kann auch dem einfachen Herunterladen von Internetseiten entgegengewirkt werden.*

S. 317

Durchführungsphase – Placemat-Verfahren und Schreibgespräch

1 *Zusätzlich zu unterschiedlichen Orten und Medien der Recherche könnte darauf hingewiesen werden, welche allgemeinen Nachschlagewerke der Germanistik sich anbieten, wie z. B. Autorenlexika, Literaturgeschichten, Literaturlexika.*

2 *Eine Recherche an unterschiedlichen Orten lohnt sich, da man nicht nur unterschiedliche Informationen zusammentragen kann. Es können auch widersprüchliche Informationen entdeckt werden, die zu einer vertieften Recherche und zum Hinterfragen bestimmter Medien führen können.*

3 *Es ist möglich, dass die Schülerinnen und Schüler mit der Auswertung des Materials Schwierigkeiten haben. Dies könnte ein Ergebnis der Aufgabenstellung sein. Es wäre denkbar, daran eine Reflexionsphase (z. B. „Blitzlicht“) anzuschließen, um die Schwierigkeiten zu definieren. Alternativ könnte an dieser Stelle auch direkt das Placemat-Verfahren (vgl. S. 318 im Schülerband) eingeführt oder es könnten den Schülerinnen und Schülern z. B. Leitfragen an die Hand gegeben werden. Mögliche Leitfragen für die Auswertung des recherchierten Materials könnten sein:*
- *Welche Materialien/ Informationen sind zentral für die Beantwortung unserer Fragen?*
- *Welche Materialien enthalten gleiche oder ähnliche Informationen?*
- *Welche Materialien enthalten widersprüchliche Informationen?*
- *Welche Materialien sind nicht dienlich für die Erstellung unseres Portfolios?*
- *Welche Fragen ergeben sich aus den gewonnen Erkenntnissen, die noch nicht beantworten werden können?*

S. 319

Eine Portfolioseite optimieren – Das Schreibgespräch

1 *a/b) Im unten stehenden Text sind die Sätze in einer möglichen sinnvollen Reihenfolge nummeriert. Ausdrucksfehler sind grau unterlegt, für die Portfolioseite irrelevante Sätze durchgestrichen.*

Brecht und die DDR
(9) Nach dem Zweiten Weltkrieg, während dessen er in verschiedene Länder exiliert, kehrt er über die Schweiz nach Deutschland zurück – in die Deutsche Demokratische Republik (DDR).
(12b) Hier sieht er sein Publikum. (14) Als Bekenntnis an West- und Ost-Deutschland ist seine Entscheidung für einen österreichischen Pass zu verstehen.
(10) 1926 werden für diese Entscheidung bereits die Weichen gestellt: Brecht beschäftigt sich mit den Schriften Karl Marx'.
(11) Marx' Ideen legt er seinem eigenen Realitätsverständnis zu Grunde, welches sich auch in verschiedenen seiner Werke widerspiegelt.
(12a) Brecht lebte seit seiner Rückkehr in die DDR im Jahre 1947 in Ostberlin.
(13) Dort bespielt er mit dem Berliner Ensemble unter der Intendanz von Helene Weigel das Theater am Schiffbauerdamm.
(15) Am 14. 08. 1956 stirbt Brecht im Alter von 58 Jahren in Ostberlin.
(1) Die DDR wird nach dem Zweiten Weltkrieg auf dem Gebiet der Sowjetischen Besatzungszone (SBZ) gegründet.
(2) Berlin ist die Hauptstadt der DDR.
(3) Die Verfassung der DDR wurde im Oktober 1949 begründet.
(6) Der größte Teil der Industrie, des Handels, der landwirtschaftlichen Betriebe wird zwischen

1945–1948 verstaatlicht, die beiden Parteien SPD und KPD zur SED (Sozialistischen Einheitspartei Deutschlands) vereinigt.
(5) Die Arbeiter bzw. die Arbeiterklasse sind echt wichtig.
(7) Es gibt dort eine zentralistische Planwirtschaft nach dem Vorbild der Sowjetunion. ~~Der Staat macht alles:~~ Produktionsmengen sowie Preise und Löhne werden staatlich festgelegt. Das Volk wird durch gesellschaftliche Massenorganisationen in den politischen Prozess sowie in die Durchführung der Parteibeschlüsse der SED eingebunden.
~~Marx und Lenin schaffen mit ihren Werken die gedankliche Grundlage.~~
(4) Ideologisch fußt die politische Ordnung auf den Ideen von Marx und Lenin, die die Gleichbehandlung der Menschen ins Zentrum ihrer Überlegungen stellen sowie die Wichtigkeit der Arbeiterklasse für den Staat betonen.
(8) Die Verbreitung von Gedanken, die dem System widersprachen, wurde verfolgt, was für einige Schriftsteller wie z. B. Wolf Biermann die Ausweisung aus der DDR bedeutete.
~~(16 ?) 1989 wird Deutschland wiedervereinigt.~~

3 *Die reine Umstellung ergibt noch keinen sinnvollen Text, die einzelnen Sätze müssen durch Konjunktionen oder ggf. Relativsätze sinnvoll verbunden werden. Veränderungen sind im Folgenden unterstrichen.*

Brecht und die DDR
(1) Die Deutsche Demokratische Republik (DDR) wird nach dem Zweiten Weltkrieg auf dem Gebiet der Sowjetischen Besatzungszone (SBZ) gegründet.
(2) Deren Hauptstadt wird der Ostteil von Berlin.
(3) Die Verfassung der DDR wird im Oktober 1949 begründet.
(4) Ideologisch fußt die politische Ordnung auf den Ideen von Marx und Lenin, die die Gleichbehandlung der Menschen ins Zentrum ihrer Überlegungen stellen sowie die Wichtigkeit der Arbeiterklasse für den Staat betonen.
(5) Arbeiter und Arbeiterklasse spielen folglich in der DDR eine zentrale Rolle.
(6) Der größte Teil der Industrie, des Handels und der landwirtschaftlichen Betriebe wird zwischen 1945 und 1948 verstaatlicht, die beiden Parteien SPD und KPD werden zur SED (Sozialistischen Einheitspartei Deutschlands) vereinigt.
(7) Es gibt eine zentralistische Planwirtschaft nach dem Vorbild der Sowjetunion: Produktionsmengen sowie Preise und Löhne werden staatlich festgelegt. Das Volk wird durch gesellschaftliche Massenorganisationen in den politischen Prozess sowie in die Durchführung der Parteibeschlüsse der SED eingebunden.
(8) Die Verbreitung von Ideen, die dem System widersprechen, wird verfolgt, was für einige Schriftsteller wie z. B. Wolf Biermann die Ausweisung aus der DDR bedeutet.
(9) Brecht lebt während des Zweiten Weltkrieges im Exil. Erst nach dessen Beendigung kehrt er über die Schweiz nach Deutschland zurück – in die SBZ, die spätere DDR.
(10) 1926 werden hierfür bereits die Weichen gestellt: Brecht beschäftigt sich mit den Schriften Karl Marx'.
(11) Dessen Ideen legt er seinem eigenen Realitätsverständnis zu Grunde, welches sich auch in verschiedenen seiner Werke widerspiegelt.
(12) Brecht lebt seit seiner Übersiedlung im Jahre 1947 in Ostberlin, (12b) wo er sein Publikum sieht.
(13) Dort bespielt er mit dem Berliner Ensemble unter der Intendanz von Helene Weigel das Theater am Schiffbauerdamm.
(14) Als Bekenntnis weder zu West- noch zu Ost-Deutschland ist seine Entscheidung für einen österreichischen Pass zu verstehen.
(15) Am 14. 08. 1956 stirbt Brecht im Alter von 58 Jahren in Ostberlin.

S. 320

Präsentationsphase – Das Gruppenpuzzle

Mit dem Gruppenpuzzle lernen die Schülerinnen und Schüler schrittweise ein Verfahren kennen, mit dem sie in wechselnden Gruppen Informationen austauschen können.

S. 322

Bewertungsphase – Ein Portfolio kriteriengeleitet beurteilen

1 *Zusätzliche Bewertungskriterien auf dem Bewertungsbogen zur Qualitätseinschätzung eines Portfoliokapitels könnten z. B. sein:*
- *Die Gestaltung des Titelblatts/Covers ist sehr gelungen/weniger gelungen/weckt Neugier etc.*
- *Die Texte sind weitestgehend den Normen der Rechtschreibung und Grammatik entsprechend verfasst.*

Es könnte auch eine Beurteilung einzelner Seiten vorgenommen werden, z. B.:
- *Folgende Seiten sind sehr gut/kaum gelungen, sind übersichtlich/unübersichtlich gestaltet etc.*

5 *Diese Abschlussreflexion stellt zwei unterschiedliche Anforderungen an die Schülerinnen und Schüler: Sie sollen einerseits die Qualität des erstellten Produkts insgesamt bewerten und andererseits auch die erprobten Methoden reflektieren. Beide Aspekte können voneinander getrennt behandelt werden. Eine Zusammenführung beider Aspekte wäre im Hinblick auf die Zweckdienlichkeit der Methoden abschließend folgerichtig.*

15.2 Schreibprozesse gestalten – Textplanung und Textüberarbeitung

„Geschichte des Fräuleins von Sternheim" – Eine Interpretation vorbereiten

S. 323

Ausführliche Hinweise und Erläuterungen zu Kapitel 10 des Schülerbands, in dem Sophie von La Roche, ihr Roman „Geschichte des Fräuleins von Sternheim" und die Epoche der Empfindsamkeit behandelt werden, finden sich in diesem Handbuch auf S. 233–237 und S. 240–244.

Sophie von La Roche

Geschichte des Fräuleins von Sternheim

S. 323

1 a) *Sophie von La Roche, eine Adlige, und der Oberst von Sternheim haben sich verliebt. Eine Liebe zwischen zwei Personen unterschiedlichen Standes ist aber zu jener Zeit nicht vorgesehen, sie entspricht nicht den gesellschaftlichen Konventionen und den Anforderungen an die Tugend. Sophie von La Roche äußert ihre Gefühle deshalb nicht und zeigt sie auch nicht dem Obersten von Sternheim. Dies führt dazu, dass der Beginn des Dialoges zwischen dem Baron von P. und Sophie von Missverständnissen und teilweise auch von Sophies Schamgefühl geprägt ist, da sie nicht vermuten kann, dass ihr Bruder ihr eine derartige Verbindung erlauben oder sogar vorschlagen würde.*

b) *Auch in unserer Gesellschaft gibt es mitunter Barrieren, die eine Verbindung zwischen zwei Personen verhindern: Auf Grund ihrer Religionszugehörigkeit ist eine Verbindung zweier Menschen nicht immer möglich (etwa die zwischen einem Mädchen aus streng muslimischem Elternhaus mit einem Mann, der einer anderen oder keiner Religion angehört). Die Verbindung bei gleichgeschlechtlichen Paaren kann ebenfalls zu Konflikten in der Familie führen, aber auch – wegen kultureller, ethischer oder religiöser Vorstellungen Einzelner – zu Konflikten in der Gesellschaft. Weitere (Einzel-)Beispiele sind denkbar.*

2 *An dieser Stelle könnten den Schülerinnen und Schülern eventuell einschlägige Literaturgeschichten und Literaturlexika genannt werden.*

3 *Die Tabelle, die anhand der Begriffe „Tugend", „Vernunft" und „Empfindung" Bezüge zwischen dem Romanausschnitt und der Epoche der Aufklärung beleuchtet, könnte z. B. so ausssehen:*

Tugend	Vernunft	Empfindung
„Sophie, die Versicherung, dass dein Herz ohne Bündnis sei, erlaubt mir, dich zu fragen: was du tun würdest, wenn ein Mann voll Weisheit und Tugend dich liebte [...]" (Z. 53 ff.)	„[...] Bin ich übeltätig gewesen?" „Niemals, meine Liebe, niemals - aber du könntest es werden, wenn Vorurteile mehr als Tugend und Vernunft bei dir gälten." (Z. 39 ff.)	„[...] aber warum bleibt dir die leidende Miene? Warum der Ton des Schmerzens; warum der Hang zur Einsamkeit?" (Z. 6 ff.)

Tugend	*Vernunft*	*Empfindung*
	„Bruder, du verwirrest mich! In was für einem Falle sollte ich der Tugend und der Vernunft entsagen?" (Z. 43 ff.)	„Bruder, du brichst mein Herz! Ich kann den Gedanken nicht ertragen, dir Kummer gemacht zu haben!" (Z. 17 ff.)
	„Du musst es nicht so nehmen! Der Fall, den ich denke, ist nicht wider Tugend und Vernunft; und doch könnten beide ihre Ansprüche bei dir verlieren." (Z. 46 ff.)	„Tränen hinderten sie, mehr zu sagen." (Z. 26)
	„Der Unterschied der Geburt ist dir also nicht anstößig?" „Gar nicht, sein edles Herz, seine Wissenschaft und seine Freundschaft für dich ersetzen bei mir den Mangel der Ahnen." (Z. 89 ff.)	„O Sophie – hemme die aufrichtige Bewegung deiner Seele nicht; schütte ihre Empfindungen in den treuen Busen deines Bruders aus – Kind!" (Z. 27 ff.)
		„Bruder, rede deutlich; ich bin entschlossen nach meinen geheimsten Empfindungen zu antworten." (Z. 50 ff.)

S. 325

Schreibplan – Gliederung und Niederschrift

1 *Eine sinnvolle Gliederung sähe so aus (in Klammern die falsche Reihenfolge im Schülerbeispiel):*
- *Einleitung und Textbeschreibung (c)*
- *Informationen zur Epoche der Aufklärung (d)*
- *Zusammenhänge zwischen Romanauszug und Aufklärung (a)*
- *Zur Verwendung der Gefühlssprache im Romanauszug (e)*
- *Zusammenfassung der wichtigsten Ergebnisse (f)*
- *Eine kurze, abschließende Beurteilung (b)*

2 *Bei der Deutung des Textes könnte – angesichts des Epochenumbruchs „Aufklärung – Sturm und Drang/ Empfindsamkeit" – auch ein anderer Schwerpunkt gesetzt werden. Abgesehen von Epochenbezügen könnte zudem die Untersuchung der Kommunikation zwischen den beiden Figuren im Zentrum der Überlegungen stehen.*

Schreibkonferenz – Den Text unter die Lupe nehmen

S. 325

Die Schülerinnen und Schüler werden angeleitet, Ausdrucksweise, Stil und Formulierungen, gedankliche und sachliche Richtigkeit ihrer Texte in der Schreibkonferenz zu überprüfen und zu korrigieren. Sie lernen, mit dem Verfahren der Textlupe (vgl. die Aufgabenstellungen auf S. 325 und die „Arbeitstechnik" auf S. 326 im Schülerband) selbst verfasste Texte in der Gruppe konstruktiv zu kritisieren, zu bewerten und zu optimieren.

Übungen zum Ausdruck – Proben durchführen

S. 326

1 *Ersatzprobe – Zutreffende Ausdrücke, die die schiefen Formulierungen des Schülertextes ersetzen, sind hier grau unterlegt:*

Sophie von La Roche ist in ihrer Zeit eine außergewöhnliche und interessante Persönlichkeit, da es im 18. Jahrhundert ungewöhnlich ist, dass Frauen als Schriftstellerinnen tätig sind. Ihr Haus ist ~~daher~~ stets offen für befreundete Dichter und Schriftsteller, so gehören z. B. auch Goethe und Wieland zu ihrem Bekanntenkreis. La Roche ist somit eine Ausnahmeerscheinung und ebnet auch den Weg für andere Frauen.

2 *Ersatzprobe – Der zweite Schülertext mit logischen und sinnvollen Verknüpfungen:*

Im Zentrum des Romanauszugs steht der Dialog zwischen Sophie von P. und ihrem Bruder, dem Baron von P. Der Bruder sucht das Gespräch mit Sophie, ~~obwohl~~ da er seit einiger Zeit bemerkt hat, dass seine Schwester und ein von ihm geschätzter Freund, der Oberst von Sternheim, traurig sind. Der Baron von P. ahnt, dass beide einander lieben, sich diese Liebe jedoch versagen, ~~trotzdem~~ weil sie unterschiedlichen Ständen angehören. ~~Wenn~~ Als der Baron seiner Schwester eröffnet, dass er gegen die Verbindung nichts einzuwenden habe, ist Sophie erleichtert und überglücklich. Dieses Beispiel zeigt, ~~warum~~ wie sich die Wertvorstellungen im 18. Jahrhundert verändert haben: Der Begriff der Tugendhaftigkeit, d. h. die Beurteilung der Menschen nach ihren Tugenden und Verdiensten, nicht nach ihrem gesellschaftliche Stand, ~~als~~ wie er in der Aufklärung geprägt worden ist, gelangt in das Bewusstsein der Menschen ~~und~~, findet Akzeptanz und kann sich gegenüber der alten Ordnung der Gesellschaft durchsetzen. ~~Im Übrigen~~ Andernfalls/Sonst hätte der Bruder diese Verbindung nicht zugelassen.

3 a) *Weglassprobe – Beispiel für den Schülertext, in dem Wörter, Satzglieder oder Sätze, die weggelassen werden können, durchgestrichen, und solche, die ersetzt werden können, mit einem Raster unterlegt sind:*

Sophie von La Roche und Christoph Martin Wieland sind ~~nämlich~~ Jugendfreunde.
~~La Roche verbindet viel mehr mit Wieland als nur eine reine Freundschaft.~~
Bis zum Jahr 1735 ist La Roche mit Wieland ~~gewissermaßen richtig~~ verlobt.
Auch nach der Verlobung stehen die beiden Schriftsteller ~~irgendwie~~ in ~~so einer Art~~ freundschaftlichem Kontakt zueinander.
Wieland fördert und unterstützt die Jugendfreundin ~~praktisch immer~~ in ihrer schriftstellerischen Tätigkeit und Entwicklung.
Er gibt ~~also zum Beispiel~~ auch ihren ersten Briefroman „Geschichte des Fräuleins von Sternheim" heraus.

b) Beispiel für den korrigierten Schülertext:

Sophie von La Roche und Christoph Martin Wieland kennen sich bereits als Jugendliche, bis 1735 sind sie miteinander verlobt. Auch nach der Auflösung der Verlobung bleiben sie einander verbunden: Wieland fördert und unterstützt La Roches schriftstellerische Entwicklung, indem er ihren ersten Briefroman „Geschichte des Fräuleins von Sternheim" herausgibt.

4 *Umstellprobe – Beispiel für den Schülertext, in dem Satzglieder oder ganze Sätze umgestellt wurden, damit die Aussage schlüssiger wird:*

An dem Textauszug lässt sich die Stimmung der Empfindsamkeit nachweisen, da die Sprache von La Roche sehr empfindsam ist, wie zum Beispiel die Anrede „Liebe teure Sophie" (Z. 4) und auch Fragen wie „Warum der Ton des Schmerzens; warum der Hang zur Einsamkeit?" (Z. 7 f.) zeigen. Der Bruder geht auf die Gemütsverfassung Sophies ein und gibt ihr durch seine Worte (Z. 4 ff.) Ausdruck. ~~Die Worte des Bruders sind sehr gefühlsbetont (vgl. Z. 4 ff.).~~

15.3 Wissenschaftlich arbeiten – Fach- und Seminararbeiten verfassen

Das Thema finden und Fragestellungen entwickeln

S. 328

1 *Weitere Themenbereiche für Fach- oder Seminararbeiten können eventuell sein:*
- *Werkvergleiche (z. B. von Brechts „Mutter Courage“ und Grimmelshausens „Landstörzerin Courasche“);*
- *Motivvergleiche (z. B. Vergleich des Reise-Motivs in Sten Nadolnys „Netzkarte“ und Eichendorffs „Taugenichts“, Vergleich des Liebesmotivs in ausgewählten lyrischen Texten aus verschiedenen Epochen);*
- *Stoffvergleiche (z. B. ein Vergleich der Darstellung des Genies in „Das Parfum“ und „Schlafes Bruder“);*
- *Strukturvergleiche (z. B. von Kunst- und Volksmärchen);*
- *Literaturverfilmung (z. B. „Die Verwirrungen des Zöglings Törleß“ oder „Homo Faber“), eventuell vergleichende Analyse ausgewählter Szenen;*
- *Untersuchungen gattungsspezifischer Aspekte (z. B. „Die Blechtrommel“ als moderner Schelmenroman);*
- *Geschichtsdarstellungen in der Literatur (z. B. Auseinandersetzung mit dem Bürgertum der Wilhelminischen Ära in „Der Untertan“ von Heinrich Mann);*
- *Kinder- und Jugendliteratur (Vorstellung und Kommentierung preisgekrönter Titel der letzten Jahre);*
- *literarisches Leben (z. B. Entwicklung der Buchmessen in Frankfurt und Leipzig, ausgewählte literaturvermittelnde Sendungen im Fernsehen, Spielpläne ausgewählter deutschsprachiger Bühnen in einem bestimmten Zeitraum o. Ä.);*
- *kreative Aufgaben (z. B. Übersetzung eines kurzen literarischen Textes aus einer Fremdsprache, Gestaltung eines Programmheftes etc.);*
- *Sprachuntersuchungen (z. B. lokaler Ortsnamen bzw. lokal verbreiteter Familiennamen, jugendsprachlicher Besonderheiten in einem bestimmten Jahr).*

Franz Kafka

Brief an den Vater

S. 328

2 *Mögliche Stichworte, inwiefern die Auszüge aus Kafkas „Brief an den Vater“ Anlass sein könnten, eine Facharbeit über den Autor zu schreiben:*
- *Familienkonstellation des Schriftstellers als Kind/Jugendlicher;*
- *Verhältnis von Biografie (hier: Erlebnisse in der Familie) und Werk;*
- *Generationenkonflikte in der Literatur der ersten Hälfte des 20. Jahrhunderts.*

3 *Sinnvoll eingegrenzt, sodass die Vorarbeiten und Ausarbeitungen in wenigen Wochen neben dem normalen Unterricht geleistet werden können, sind die folgenden Themen:*
(c) Franz Kafkas Erzählung „Die Verwandlung“ – Bezüge zu seinen familiären Erfahrungen
(d) Michael Hanekes Verfilmung von Kafkas „Das Schloss“ (1997)
(f) Kafkas Verhältnis zum Vater als Hintergrund für die kurze Erzählung „Vor dem Gesetz“
(g) Kafkas „Vor dem Gesetz“ und Botho Strauß’ „Wann merkt ein Mann …“ – intertextuelle Bezüge

4–**7** *Schülerinnen und Schüler neigen immer wieder dazu, einige dieser Vorbereitungsschritte wenig ernst zu nehmen. Sie sollten darauf hingewiesen werden, dass es erhebliche nachträgliche Arbeit bedeuten kann, wenn sie planlos an die Erarbeitung einer Facharbeit gehen.*

S. 330

Informationen beschaffen und auswerten

1 / **2** *Die Schülerinnen und Schüler sollten darauf hingewiesen werden, dass ein sorgfältiges Notieren von Quellen mühsame und zeitaufwändige Nachrecherchen gegen Ende des Arbeitsprozesses erspart.*

3 *Der Einsatz der „Checkliste zur Bewertung von Print- und Internet-Informationen" (S. 331 im Schülerband) führt dazu, dass die Schülerinnen und Schüler nicht allzu sorglos mit Internetquellen umgehen und Informationen besser absichern.*

S. 331

Die Arbeit gliedern und erste Entwürfe schreiben

1 *Die Schülerarbeit stellt zunächst einen zentralen Bereich von Kafkas Lebenserfahrung dar, nämlich seine familiären Erlebnisse mit dem Vater und der Schwester. Anschließend werden wesentliche Besonderheiten der Erzählung „Die Verwandlung" herausgearbeitet, wobei ebenfalls das Verhältnis des Protagonisten zum Vater und das zur Schwester, aber auch weitere Aspekte wie die Funktion von Kunst und Musik im Mittelpunkt stehen. Im Schlussteil werden die biografischen und die werkimmanenten Befunde aufeinander bezogen.*

2 / **3** *Die im Schülerband abgedruckte Gliederung hat Anregungscharakter für eigene Entwürfe der Schülerinnen und Schüler; sie sollte nicht einfach übernommen werden.*

4 / **5** *Das vorgeschlagene Verfahren hat sich als zeitsparendes Prinzip der gedanklichen Strukturierung von Materialien erwiesen.*

S. 332

Quellen zitieren und bibliografieren

1 *Zuordnung von Zitat und Regel des Zitierens:*

Zitatbeispiele	Regeln des Zitierens
(a) Kafka betont die „Verschiedenheit" zwischen sich und dem Vater (Kafka 1966, S. XX).	(III) Zitate werden am Anfang und am Ende durch Anführungszeichen kenntlich gemacht. Nach einem Zitat wird am Ende des Satzes oder Abschnitts in einer Klammer die Quelle in Kurzform angegeben.
(b) Kafka teilt dem Vater mit, er habe immer befürchtet, dieser werde ihn „einfach niederstampfen" (ebd., S. XX).	(IV) Kurze Zitate werden in einen selbst formulierten Satz integriert. Wird eine Quelle wiederholt, kann der Kurztitel durch „ebd." ersetzt werden.

(c) Kafka bekennt außerdem: „[...] offen gesprochen habe ich mit dir niemals" (ebd., S. XX).	(II) Zitate, die einen vollständigen Satz bilden, stehen allein und werden durch einen Doppelpunkt abgetrennt. Sind in solchen Zitaten Wörter ausgelassen, wird dies durch drei Punkte in eckigen Klammern angezeigt.
(d) Kafka gesteht dem Vater zu, er habe „[s]ein ganzes Leben lang schwer gearbeitet" (ebd., S. XX)	(I) Zitate, die in einen eigenen Satz eingefügt werden, müssen evtl. grammatisch angepasst werden. Veränderungen werden durch eckige Klammern angezeigt.

Weiterführende Hinweise für die Schülerinnen und Schüler:
- *Wenn man nach einem Zitat eine Kurzform des Quellenverweises wählt – Beispiel: (Maier 2005, S. 12) –, dann muss man in der Bibliografie vollständige Angaben zu dieser Quelle machen. Dieses Verfahren hat sich inzwischen weitgehend durchgesetzt.*
- *Weiterhin möglich ist jedoch auch, nach dem Zitat mit einer hochgestellten Ziffer auf eine Anmerkung zu verweisen, die am Ende der Seite eingefügt wird; diese Anmerkung enthält dann die kompletten bibliografischen Angaben.*

2 *Weiterführende Übungen zum Zitieren bei Brenner 2002, S. 69 ff. (vgl. Literaturhinweise auf S. 367 in diesem Handbuch).*

3 *Weiterführende Übungen zum Paraphrasieren bei Brenner 2002, S. 72 ff. (vgl. Literaturhinweise auf S. 367 in diesem Handbuch).*

4 *a/b) Beispiel für die Buchveröffentlichung eines Autors (vgl. S. 377 im Schülerband):*
- *Kehlmann, Daniel: Die Vermessung der Welt. Rowohlt, Reinbek 2005*

Beispiel für einen Text aus einem vom Autor selbst veröffentlichten Sammelwerk (vgl. S. 376 im Schülerband):
- *Beyer, Marcel: Stiche. Aus: Erdkunde. Gedichte. DuMont, Köln 2002, S. 28*

5 *Beispiel für einen Zeitungstext (vgl. S. 377 im Schülerband):*
- *Holmes, Bob: Welt ohne Menschen. Aus: Süddeutsche Zeitung Wissen 14/2007, S. 84–91*

Maßgabe für die korrekte Angabe einer Zeitungs- bzw. Zeitschriftenquelle:
- *Autorenname, Vorname: Titel des Textes. In: Zeitungs- bzw. Zeitschriftenname, Erscheinungsdatum bzw. Ausgabe/Jahr, Seitenangabe.*

Weiterführende Aufgabe:

1 *Entwickelt anhand des Quellenverzeichnisses im Schülerband eine Maßgabe für die korrekte Quellenangabe von Internettexten.*
Als Muster kann die bibliografische Angabe zu Stefan Anker auf S. 376 im Schülerband dienen: Anker, Stefan: Warum Deutschland freie Autobahnen braucht. Aus: http://www.welt.de/motor/article1321458/Warum_Deutschland_freie_Autobahnen_braucht.html (02.11.2007)

Weiterführende Übungen zum Bibliografieren bei Brenner 2002, S. 80 ff. (vgl. Literaturhinweise auf S. 367 in diesem Handbuch).

6 *Die Schülerinnen und Schüler sollten eventuell darauf hingewiesen werden, dass die Internetquellen in einem eigenen Abschnitt zusammengestellt werden können.*

S. 335

Den eigenen Text überarbeiten, vorstellen und reflektieren

1 / 2 / 3 *Weiterführende Anregungen zur Überarbeitung von Facharbeiten, zu ihrer Präsentation und zur Reflexion des Arbeitsprozesses bei Brenner 2002, S. 84 ff., S. 89 ff. und S. 92 ff. (vgl. Literaturhinweise auf S. 367 in diesem Handbuch).*

Literaturhinweise

Becker-Mrotzek, Michael/Böttcher, Ingrid: Schreibkompetenz entwickeln und beurteilen. Cornelsen, Berlin 2006

Brauckmann, Werner: Die Facharbeit. Pocket Teacher für alle Fächer. Cornelsen Scriptor, Berlin 2001

Brenner, Gerd: Die Facharbeit: Von der Planung zur Präsentation (Trainingsprogramm Deutsch Oberstufe. Hg. von Bernd Schurf. Bd. 4). Cornelsen, Berlin 2002

Brenner, Gerd/Brenner, Kira: Fundgrube Methoden I. Für alle Fächer. Cornelsen Scriptor, Berlin 2005 (Recherchetechniken: S. 99 ff.; Operatorenabfragen: S. 128 f.; Präsentationstechniken: S. 229 ff.)

Brenner, Gerd: Fundgrube Methoden II. Für Deutsch und Fremdsprachen. Cornelsen Scriptor, Berlin 2007 (Techniken der Textüberarbeitung: S. 214 ff.)

Green, Norm/Green, Kathy: Kooperatives Lernen im Klassenraum und im Kollegium. Das Trainingsbuch. Kallmeyersche Verlagsbuchhandlung, Seelze-Velber 2005

Gudjons, Herbert: Methodik zum Anfassen – Unterrichten jenseits von Routine. Klinkhardt, Bad Heilbrunn/Obb. ²2006

Winter, Felix: Leistungsbewertung. Schneider, Hohengehren 2004

Winter, Wolfgang: Wissenschaftliche Arbeiten schreiben. Hausarbeiten, Diplom- und Magisterarbeiten, MBA-Abschlussarbeiten, Dissertationen. Wirtschaftsverlag Carl Ueberreuter, Frankfurt/Wien 2004

Weitere Bestandteile des Lehrwerks neben diesen Handreichungen für den Unterricht sind:
- der Schülerband (ISBN 978-3-464-68060-5),
- das Arbeitsheft mit Lösungen (ISBN 978-3-464-68066-7).

Redaktion: Christa Jordan, Eltville

Umschlaggestaltung: Katrin Nehm
Technische Umsetzung: Uwe Rogal, Berlin

www.cornelsen.de

Das Werk berücksichtigt die Regeln der reformierten Rechtschreibung und Zeichensetzung. Bei den mit [R] gekennzeichneten Texten haben die Rechteinhaber einer Anpassung widersprochen.

1. Auflage, 1. Druck 2009

Druck: CS-Druck CornelsenStürtz, Berlin

ISBN: 978-3-464-68072-8

Inhalt gedruckt auf säurefreiem Papier aus nachhaltiger Forstwirtschaft